張昆

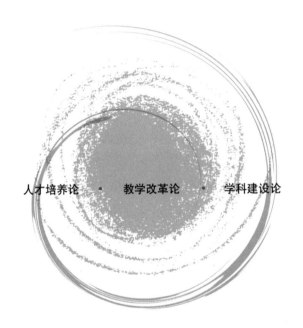

人才培养论 · 教学改革论 · 学科建设论

Second
Thought

三思新闻教育

of Journalism Education

◎ 张昆 / 著

华中科技大学出版社
http://www.hustp.com
中国·武汉

内 容 提 要

在信息化时代,新闻教育不仅关系到媒介系统的发展和文化的传承,更是直接影响到社会的和谐与人的全面发展。本书是一个资深传播学者与新闻教育工作者关于新闻教育的文集,收录了作者论述传媒教育的论文、讲话、报告及媒体专访数十篇。内容涉及新闻人才培养、新闻教学改革、新闻学科建设,既有对实际新闻教育工作的经验总结,也有对人才培养一般规律的理性探讨。作者张昆教授曾先后担任武汉大学新闻学院院长和华中科技大学新闻与信息传播学院院长,在新闻教育领域苦心经营三十多年,其独到的教育理念及其在人才培养、教学改革及学科建设方面的探索和思考,对于新闻教育界、学术界同行具有一定的借鉴意义。

图书在版编目(CIP)数据

三思新闻教育/张昆著. —武汉:华中科技大学出版社,2017.8
ISBN 978-7-5680-3312-1

Ⅰ.①三… Ⅱ.①张… Ⅲ.①新闻学-教育改革-中国-文集 Ⅳ.①G210-4

中国版本图书馆 CIP 数据核字(2017)第 190886 号

三思新闻教育 张昆 著
Sansi Xinwen Jiaoyu

策划编辑:姜新祺 杨 玲
责任编辑:杨 玲
封面设计:刘 卉
责任校对:曾 婷
责任监印:周治超

出版发行:华中科技大学出版社(中国·武汉)　　电话:(027)81321913
　　　　　武汉市东湖新技术开发区华工科技园　　邮编:430223
录　　排:华中科技大学惠友文印中心
印　　刷:武汉市金港彩印有限公司
开　　本:710mm×1000mm　1/16
印　　张:32　插页:2
字　　数:589 千字
版　　次:2017 年 8 月第 1 版第 1 次印刷
定　　价:98.00 元

本书若有印装质量问题,请向出版社营销中心调换
全国免费服务热线:400-6679-118　竭诚为您服务
版权所有　侵权必究

序言一
Preface

今年教师节时,华中科技大学新闻与信息传播学院院长张昆携子张开来访,张开是武汉大学数学与统计学院08级的学生。张昆一开口就说:"我是行弟子之礼。作为当年的学生,向自己的校长表示节日的祝贺!"张昆的名字我是记得的,只是二十多年没见,如果他不做自我介绍,我真的不能辨认了。

通过交谈,往事历历在目,回忆起了当年创办新闻系的佚事。在"文革"以前,国内仅有两所大学设有新闻系,即中国人民大学新闻系和复旦大学新闻系,那时学新闻专业的学生堪为"稀有元素"。1978年经过拨乱反正,在改革开放总方针的指导下,国家各项事业发展迅速,对新闻传播人才的需要剧增,创办新的新闻系已是迫在眉睫的事了。

当时的华中工学院(现称华中科技大学)院长朱九思同志,最早提出理工结合的理念,并决心把华中工学院办成综合性的大学。实施这个战略的第一步就是于1983年创办了新闻系,它是全国工科院校中第一个新闻系。这是有远见的,也是合乎逻辑的决策,因为九思老院长是办报人出身,在新中国成立前后曾担任多家报社的总编辑,他是从办报人转换为著名教育家的成功典范。

这事对我触动很大,一所工科院校居然办起了新闻系,而武汉大学是一所以文科为优势的综合大学,我们岂能落于人后?于是,我们也于1983年向教育部申请创办新闻系。说来也很巧,1983年教育部在同一个文件上,批复了华中工学院和武汉大学等10所大学成立新闻系,并于1984年招收了首届本科生。但是,华中工学院还是走在了武汉大学的前面,他们早武汉大学半年举办了新闻学的干训班,为本科招生和教学积累了经验。

武汉大学成立新闻系,也是我准备拓展新兴学科,把武汉大学办成一所多学科综合性大学的一个步骤。为了办好我校新闻系,我们采取了以下三个措施。

第一,千方百计把陕西省社会科学院的何微先生调入武汉大学,作为武汉大学新闻系的学术带头人,这是关心我校新闻系建设的一位人士的建议。在全国新闻学界,素有北甘(中国人民大学的甘惜分教授)、南王(复旦大学的王中教授)、西北何(陕西省社会科学院的何微教授)三足鼎立之说,他们堪为我国新闻学界的巨擘。很显然,如果我校邀请到何微教授的加盟,将能够迅速提升我校新闻系的地位。但是,好事多磨,在申请调动何微教授的问题上,我们却遇到了重重困难。当时,何微先生68岁,已经退休,而且又是副省级干部,必须经过省委常委批准方可调入。我们先后多次到省人事厅和省委组织部汇报,但他们都以何微先生年纪大和级别高为由予以拒绝。最后,我亲自找省委常委兼组织部部长刘奇志同志,向他说明何微先生身体硬朗,思维敏捷,每日仍能坚持18小时的工作,而且,在这个年龄段,担当大任和创大业者也不胜枚举。例如,唐朝武则天68岁登基,成为中国历史上第一个女皇帝,称帝后在位15年。英国丘吉尔当选首相时,已年近70岁,并前后两度出任,是"二战"时欧洲战场最高统帅,对确保"二战"胜利做出了卓越的贡献。刘奇志同志被我说服了,加之他又是武汉大学校友,最后同意把何微调入武汉大学。这一步非常重要,使我校新闻系迅速进入全国先进行列。

第二,想方设法从社会上或新闻单位调入一批既受过良好新闻教育又有新闻实践经验的专业人才,充实到我校新闻系的教师队伍中。例如,罗以澄、胡武、苏成雪(3人均毕业于中国人民大学)、夏琼(复旦大学毕业)等。这项措施,对于保证新专业的教学顺利进行,对于提高教学质量起到了重要的作用。

第三,学校决定从1984届毕业生中选留几名优秀的毕业生,主要是从历史、哲学、中文和经济学系选拔,以发挥我校文科的优势,体现新闻学是交叉学科的特点。张昆是武汉大学历史系1980级学生,他本有志于攻读世界史研究生,却被选拔到新创办的新闻系当教师。这一决定改变了他的命运,他虽然没有成为世界史的教授,却成长为一位著名的新闻学学者和领导管理者。新闻系的领导颇有眼光,1984年张昆到新闻系报到后,没有马上安排他的教学工作,而是动员他报考中国人民大学新闻系的研究生,虽然仓促应考,但他功底厚实,以优异的成绩被录取为中国人民大学1984级研究生。

1986年学成以后,他回到了学校,讲授外国新闻传播史。在武汉大学工作的20年间,他的学术职称由助教、讲师、副教授晋升为教授,行政工作也由教研室主任、系主任、副院长直到院长。他学成于武汉大学,成长于武汉大学,为武汉大学的新闻教育做出了巨大的贡献。

2006年,他受华中科技大学李培根校长之邀,调到该校任新闻与信息传播学院院长。传统的观点,对他这一转变可能不甚理解,似乎有负于母校的栽培。其实,这是开明的举措,无论是对于个人或是两所大学,都是有益的事。俗话不是说"树挪死,人挪活"吗?对于他个人来说,需要面对一个新的环境,必须去适应,需要重新学习,迎接新的挑战;对于两所大学来说,他可以起到相互交流的桥梁作用。

摆在我们面前的《三思新闻教育》书稿,就是张昆教授先后在这两所大学教学与研究的成果,再次见证了校际交流的必要性。当我看到这部著作电子版的书稿时,立即产生浓厚的兴趣,我的眼球被"改革"二字抓住了。新闻媒体历来是比较敏感的,对"改革"二字也常常是回避的。但是,他敢为人先,奉献了体现改革精神的一部专著。该书共分三编,即人才培养论、教学改革论和学科建设论,在每编中,都有许多闪光的思想。当我浏览了书稿,特别是进一步与张昆教授交流以后,我认为这部专著名副其实,书中确实在诸多方面体现了改革和创新精神。

例如,在人才培养论中,他提出了新闻教育的目标应该是培养什么人的问题,他的回答是:"应当是培养能够独立思考、具有批判精神的报道者。传媒工作者是作为社会哨兵和引领社会前行的力量,必须具备批判精神。"同时,他进一步指出:"批判的必要条件是批判者思想、人格和精神的独立,一个思想贫瘠者,不可能萌生挑战传统的思想火花……"在我国大学精神塑造提升的过程中,他提出的这个目标,的确是大胆而开明的。在教学改革论中,他以自己讲授的外国新闻传播史为试点,提出了把原来的新闻事业史拓展为"新闻事业、新闻制度、新闻观念"三位一体的新闻传播史体系。在新闻传播教学中,他还提出了三个转变:由以教师为中心向以学生为中心转变,由传统的"流水线培养模式"向"订单式"的模式转变,由教师以科研为中心向以教学为中心转变。在学科建设论中,他认为新闻传播学本身就是学科交叉的结果,据此提出了"抓交叉、促融合、求创新"的学科建设方向。总之,《三思新闻教育》一书,是教学改革的产物,是值得推荐的一部佳作。

张昆教授能够写出这部书,绝非偶然,是由于他心怀强烈的改革意识。正如他所说:"当前中国新闻传播教育到了非改不可的地步了。"为什么张昆教授有如此强烈的改革情结呢?我认为,主要有以下两个原因。

一方面,他直接经历了武汉大学20世纪80年代的教育改革,沐浴了那个黄金年代的改革春风。他自己是教育改革的受益者,所以他又励志推进新闻传播教育的改革,让更多的青年学子受益,使他们成为新时代的新闻传播创新人才。

另一方面,张昆教授是一个思考型的学者,他无时无刻不在思考我国新闻传播教育中的问题,可以说他满脑子装的都是问题。例如,他曾提出:新闻传播教育应当坚持什么样的培养模式?应当构建什么样的课程体系?应当怎样认识和理解学生在教育过程中的地位?应当如何发挥学生的积极性、主动性和创造性？我国新闻传播教育中存在诸多问题的症结何在？如此等等。科学和教育的实践都证明，一切研究始于问题，一切新的发明始于问题，一切改革也始于问题。一个人如果脑子里没有了问题，思考就会停止，创造力就会枯竭。张昆教授之所以具有旺盛的创造力，正是因为他是一个理想主义学者，追求完美的新闻传播教育。

我高兴地看到，张昆教授的思考没有白费，他的这本著作就是他对自己所提出的问题的解答。改革的道路是艰难曲折的，新闻传播教育更是如此，更不用说新闻媒体的改革了。张昆教授尚不到"天命"之年，正处在精力充沛的黄金年龄。因此，我希望他再接再厉，继续发扬改革精神，撰写出更富有创意的学术著作，为我国新闻传播教育的改革与发展做出更大的贡献！

读张昆教授《三思新闻教育》有感，特写出以上心得。是以为序。

刘道玉
二〇一一年十一月二十四日于寒成斋

序言二
Preface

张昆教授还没来华中科技大学任教之前，我就有幸认识他了。那是2006年的某一天，我们在学校行政楼里的一个略显破败的小会议室里见面。初次见面，就给我留下深刻的印象，他关于学科发展、建设的思路很清楚（当然源于他的学术视野及在武汉大学的行政历练）。更难得的是他很朴实，对待遇、对学校将提供的条件等都没有过多的要求，骨子里透出一份难得的自信，其后的故事便是华中科技大学新闻与信息传播学院快速而平稳的发展。

他的学术经历和水平是毋庸置疑的（24岁登上大学讲台，31岁被破格提拔为副教授，35岁再次破格晋升为教授，36岁成为当时武汉大学新闻学院的院长）。但他对新闻教育的理解以及办学思想的深邃却是我在粗读这本书之后才获得更清晰的印象的。

培养什么样的人永远是教育的基本问题。在《新闻教育应坚持人文精神的主基调》一文中，他强调培养学生的独立人格："所谓独立人格，是指依据个人自己的观察、判断和意愿去行动而不受环境和他人影响的个性特征。"他认为独立人格需要批判性思维："媒介及其从业者批判思维的主要指向体现在两个方面。其一是对现实的批判。当一个国家、一个民族屡屡遭受苦难而无法改变现实的时候，当这个国家、民族的人民陷于灾难的深渊而无法自拔的时候，社会大众要么变得麻木，要么一般民众因为威权的高压而噤若寒蝉；或者是另一种情况，即一个国家、社会经过多年的励精图治，经济繁荣，民生富足，歌舞升平，人民醉心于社会的繁荣，没有意识到繁荣背后酝酿的社会危机。在这个时候，历史和现实都强烈地需要批判精神，需要有振聋发聩的狮子吼。"（《媒介化时代传媒工作者的综合素养》）"一个社会最可怕的是批判精神的缺失。一个没有批判精神的民族、国家，将会只有一种按统一标准制定的思想、观念，统一的行为模式，划一的制度设施。单调、沉闷、万马齐喑。"（《新闻传播教育的理想与困惑》）他心目中的新闻人："在报道事实的过程中，在追求真理的过程中，要坚持自己独立的判断能力，既不依附于外在的精神权威，也不依附于现实的权力。"（《中国新闻传播教育的两大困境》)张昆教授强调"要培养有思想、有判断力、有洞察力的新闻工作者"。在他们办的评论班(那时还没有其他学校有新闻评论班)中,重视对学生思想深度、高度、宽度的培养。(《依托〈华中评论〉,培养杰出的评论人才》)我由此联想到自己遇到过的某些年轻的新闻记者,其提问不仅缺乏深度,有时甚至令受访者啼笑皆非,追溯到他们所受到的教育,可能也是缺少独立判断和批判性思维之训练所致。

在张昆教授的新闻教育观中,坚持马克思、恩格斯的新闻专业理想是其基本的立场:"即便是作为政党的宣传工具,也要本着价值中立的原则,摆脱现实的利益纠葛,超越国家、民族的利益界限。""真实是新闻的生命,报刊的公信力来源于报道的真实与公正。……要始终对新闻报道的真实性负责。即便是为了正当的目的,也不能使用谎言。用谎言来证明真理是对真理的莫大侮辱。"(《坚持马克思恩格斯的新闻专业理想》)他还谈到要维护报刊的独立地位。虽然这些观点并非他自己的思想,但今天的现实中,有多少新闻工作者或从事新闻教育的学者真正坚持和传播马克思和恩格斯的新闻观?

张昆教授的许多办学思想是值得称道的。首先,他强调面向现实需求,他把华中科技大学的新闻评论班办得有声有色,还办了新闻评论性报纸《华中评论》。"把评论作为一个专业特色的新闻方向班进行培养,全国还是第一家。之所以这么做,就是因为看到了当下社会对于意见、观点,以及民众对于媒体引领功能的需求。"(《依托〈华中评论〉,培养杰出的评论人才》)

其次,重视学科交融体现了他的学术视野。"传统的新闻专业、广播电视专业必须顺应网络传播发展的需要,改革课程体系,增加经济、法律、多媒体技术、网络采访编辑等新课程,改革教学内容和人才培养模式。"(《网络时代新闻教育面临的机遇与挑战》)

再次,他看到在时代的大变局下新闻传播教育面临的选择。大变局与全球化、城市化及信息化有关。在城市化加速的进程中,"进入城市的农村人口要融入城市,化身为城市市民,需要一个再社会化过程。于是传播媒介成为新入城市者社会化的重要渠道,借助于各种传播媒体,这些新市民接受城市文化,适应城市生活的各种规则,寻觅事业发展的空间。所以,城市化进程与新闻传媒的扩张实际是统一过程的两个不可分割的方面"。应该说他从城市化的变局中所看到的与新闻传媒相关的视角是非常独特的。至于当今世界的信息化程度空前提高,他认为"新闻传媒在大数据、云计算时代,承担着更重要的责任"。(《大变局与新闻传播教育面临的选择》)其学术视野由此可见一斑。

最后,张昆教授主张开放办学,因为"现代社会是媒介化社会,传播渗透了社会的'毛细血管',而社会的发展又影响媒介的发展,二者水乳交融"。(《乐观,责任,感恩》)他非常重视发掘校友资源,强化社会网络(《新闻学院 2007 年工作报告及 2008 年工作思路》),还有关于设立冠名教授席的思考等,都是值得新闻教育管理者借鉴的。

张昆教授的新闻理想在书中随处可见,然而读者也可留心他对现实的洞见与困惑:"可是目前的实际情况,与我们的想象和期待有相当大的距离。在当今中国的新闻教育界,几乎所有的新闻传播院系,无论是培养模式、课程体系、教学过程,还是教材讲义,其基本的价值导向却是现实主义,以体制接纳作为人才评价的基本准则,以认同现实和合理性论证作为其职业使命。""目前新闻院系所看重并且致力于满足的恐怕是现实的需要、上面的需要、政治的需要、内部的需要。正是这些需要正在压缩理想主义的空间,挫伤了独立思考的自由精神。"(《中国新闻传播教育的两大困境》)中国真需要这样理性的、有情怀的学者!

读此书还可领略张昆教授的文采,他的讲话、文章中多有佳句,读者不妨细细品味。华中科技大学新闻与信息传播学院的院训"秉中持正,求新博闻"就是他提出的,情怀与文采共现!

原谅我在此序言中只是大段地摘引他的话,一方面因为我不懂新闻专业,对于新闻教育自然没有见解;另一方面实乃因为书中精彩纷呈。此序算是天天关注新闻、时时目睹中国新闻之现实的我读了此书后的朴实感受,唯恐我因愚陋未能摘引到书中的精华,遮蔽了张昆教授思想的光辉。

还望读者细读,方能领悟书中更多的精彩。

李培根
二〇一六年十月十六日醉于云中

目录

上编　人才培养论

培养可爱的人民信赖的传媒人　/3

做有思想、有责任、有担当的传媒人　/7

以马克思主义新闻观为统领,培养卓越新闻传播人才　/11

18 岁的天空　/18

新时代,新青年　/22

忠告与责任　/24

依托《华中评论》,培养杰出的评论人才　/27

转型时代新闻评论人才的培养问题　/31

开放新闻评论教育,培养新时代舆论领袖　/34

时代呼唤引领社会的新闻评论员　/37

融合背景下播音与主持艺术教育　/42

记者风度论　/44

完善实践教学环节,培养复合型新闻人才　/54

马克思恩格斯的新闻专业理想　/64

媒介化时代传媒工作者的综合素养　/70

新闻传播教育的理想与困惑　/83

拓宽视野,扎稳根基,培养优秀的传媒人才　/89

传媒教育要满足业界需求,更要顺应社会期待　/95

考量传媒人才的四个维度　/101

从马航事件反思新闻传播人才培养　/104

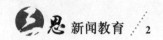

新闻教育应坚持人文精神的主基调　/111
交叉办学重特色,与时俱进求发展　/116
建设好校友的精神家园　/120
加强青少年手机使用研究,优化家庭代际沟通　/123
固本培元,立德树人　/126

中编　教学改革论

我们需要什么样的新闻学院院长?　/141
新闻传播学院院长的多重角色　/146
新闻传播教育的支点错位　/151
中国传媒教育发展的师资瓶颈　/158
打造一支高水平的新闻史学术团队　/165
呈现新闻史的"三维空间"　/169
视频公开课的内容设计与展示策略　/171
与时俱进,创新新闻传播专业的教材体系　/176
改革新闻教育,培养优秀人才　/180
大变局与新闻传播教育面临的选择　/196
网络时代新闻教育面临的机遇与挑战　/203
从传播学视角看当代中国新闻教育的缺失　/210
中国新闻教育面临十字路口　/219
铸魂——新闻传播教育的天职　/225
中国新闻传播教育的两大困境　/230
媒介转型对新闻教育的挑战　/235
后喻时代新闻人才培养中的教学相长　/244
中国传媒研究生教育的重大转型　/251
论新闻传播教育的产学合作　/260
他山之石,可以攻玉　/266
努力践行"秉中持正,求新博闻"　/269
略论传媒教育的十大关系　/275
关于一流大学传媒教育定位之思考　/286
中国新闻传播教育的发展及其面临的挑战　/293

下编　学科建设论

关于设立冠名教授席的思考　/301
责任是我最大的驱动力　/307
纪念新闻教育家何微先生　/314
承先启后，继往开来　/317
发展公共关系学科，满足社会的沟通需求　/319
讲好中国故事，树立国家形象　/321
媒介化时代的国家传播战略　/323
品牌传播与国家传播战略　/326
与时俱进，推动与落实国家传播战略　/329
华文传媒与华夏文明　/332
乐观　责任　感恩　/334
特色办学显实力　锐意进取求发展　/343
关于学院发展的基本思路　/347
关于学院研究生培养改革与学科建设的思考　/363
新闻与信息传播学院学科建设中长期规划　/376
携理念与时俱进，倾思想铸就华章　/390
转型时期的新闻教育与学科建设　/399
推进交叉融合，实现学科的跨越式发展　/404
新闻学院2007年工作报告及2008年工作思路　/408
新闻学院2009年工作总结与2010年工作思路　/423
新闻学院2014年工作总结与2015年工作建议　/435
新闻学院2015年工作总结　/447
新闻学院2016年工作报告　/456
三十而立，再创辉煌　/466
开启新闻传播学科的未来　/472
关于编纂《中国新闻传播教育年鉴2016》的思考　/477
见证历史，传承文脉　/485
后记　/489
补记　/496

上编

R encai
Peiyanglun

人才培养论

培养可爱的人民信赖的传媒人

大家下午好！今天非常高兴，我们能够在这里为2016级本科生举行隆重的开学典礼。在此，我谨代表新闻与信息传播学院师生员工向在座的161位新生表示热烈的欢迎，欢迎你们加盟华中科技大学新闻与信息传播学院，欢迎你们成为我们这个大家庭新的一员。同时作为一个老师，也作为一个父亲，我也要向各位同学表示衷心的祝贺！你们能够经过激烈的考试战争，杀出重围，来到喻家山下美丽的华中科技大学，说明你们是时代的佼佼者，是同龄人中的成功者。在实现人生梦想的第一阶段，你们有了一个很好的占位，占得了先机。毕竟，华中科技大学是中国的十大名校，毕竟，我们新闻与信息传播学院位列国内同类院系的前列。在这里读书，能够保证你们进入行业、学界的前沿，能够帮助你在激烈的竞争中立于不败之地。

人们常说，大学是培养高级人才的摇篮，是社会、是国家和人类的未来与希望之所在。作为国家的重点大学，华中科技大学一直以其优良的学风享誉中国教育界。在整个中南地区，"学在华工"之说家喻户晓，耳熟能详。二十多年前，华中工学院学生有一句口号："今天我以华工为荣，明天华工以我为傲。"几十年来，一批又一批华科大（华中科技大学简称）的学生走向社会，占领了高端的人才市场，引领了中国的改革发展，为华中科技大学赢得了声誉。

我们新闻与信息传播学院是华中科技大学文科的一面旗帜，我们在继承华中科技大学作为一所工科大学的优良传统的同时，也吸纳了开放包容、自由平等、敬天爱民的人文精神，从而成为中国新闻传播高级人才重要的培养基地。在我们的办学理念中，人才培养始终处于重中之重的地位，一切服务于人才培养，一切服从于人才的成长，是我们的基本原则。

我认为，人才这个词应该拆开来理解，才在人后，说明要先做人，后成才。在中国古代象形文字体系里，人字呈侧身垂手侍立状，是一个人鞠躬的剪影。这表明，人是一种谦逊、恭谨的直立动物。所以谦恭，乃在于人类会内心思考，能够反思自己，明白自己力所不逮，要生存与发展，必须得到他人的合作与帮助。所以他必须是一个谦虚的、靠得住的人。

正是基于此,中国古代儒家的目标就是培养君子人,即充满慈爱之心,具有大智慧和人格魅力的人。孟子说:"君子所以异于人者,以其存心也。君子以仁存心,以礼存心。仁者爱人,有礼者敬人。爱人者,人恒爱之;敬人者,人恒敬之。"(孟子·离娄)可见孟子心目中的君子,文质彬彬,恭谨有礼,敬天爱人,用我们今天的话来说,这种君子就是最可爱的人,也是最值得信赖的人。孟子心中理想的君子,也是我们的培养目标。我希望在未来四年中,通过精心的培养,将你们161个同学都打造成为这样的谦谦君子。为了这一愿景,我想在此向各位提出三点期待。

一、学富五车,思想深刻

学富五车,思想深刻,是我对各位同学第一个重要的期待。读书是学生的天职,有效地利用大学四年时间,结合专业要求,静下心来,博览群书,建构合理的知识体系和能力体系,是人才培养目标的基本要求。基于此,我希望同学们在合理、适当地参与社会实践、社会活动的情况下,根据各自专业的特点,结合课程安排,广泛地涉猎,深入地阅读,特别要读经典,通过读经典与先哲对话,进行心灵的沟通,以提升自己的精神境界。我们要读有字之书,更要读无字之书。古人说,读万卷书,行万里路。我们应该结合专业,读懂行业、读懂社会、读懂国情,读懂人类的命运。这样经过长期的积累,使我们成为一个学识渊博的人,正如俗语所说的,秀才不出门,能知天下事。

同时我还要敬告同学们,我不仅仅希望你们读书,更希望你们带着问题读书,边读书边思考。我不希望你们成为一本活字典,更不希望你们仅仅只有硬盘的记忆功能。那太可惜了,实在是浪费了你们的才华。不加分析、不加批判地阅读和摄取,是读书人的大忌。读书人应有一个起码的品质,独立思考,不迷信,不盲从。以批判的意识、辩证的思维,面对人类历史上一切文明的成果。当听到"季文子三思而行"时,孔子说:"再,斯可矣"(《论语·公冶长》),就是要求我们思考,反复地独立思考。只有这样,我们才能成为一个知识广博的人,一个思想深刻的人。这样我们就不仅仅是一个知识的搬运工,而且还会给人类的知识积累提供新的增量,做出自己的贡献。

二、怀抱梦想,意志坚强

人是有意识、能够思维的社会动物。在社会共同体中,每个人都有属于自己的角色,也都有自己的梦想或人生目标。各位同学来到华中科技大学,不一定是你们最初的人生之梦,或许恰恰相反,也许是你们最初的梦想破碎,不得已才选择了这里。我完全理解,在小学时代、初中时代,谁个没有北大、清华之梦?也许华科大不是你们第一选择,但我敢说,来华中科技大学绝对是通向你们梦想的阶梯。说到梦想,我想起了明代谏臣杨继盛的一首诗:"读律看书四十年,乌纱头上有青天。男儿欲画凌烟阁,第一功名不爱钱。"在古代中国,每个好男儿都以能上凌烟阁为荣。今天在座的各位同学,我相信你们都是怀揣着梦想而来的,你们有自己的职业之梦、家庭之梦、国家之梦,我们由衷地希望你们能够梦想成真。

但是要实现这一梦想,是非常不容易的。每个人都有自己的梦想,但不是每个人都能梦想成真。能否实现梦想,最重要的意志力。我们都知道人格由三要素组成,认知、情感与意志。仅仅认识到目标的重要性,凭借着对目标的向往是难以实现目标的。唯有坚韧的意志力,才能为梦想护航。中国古代有头悬梁针刺股、卧薪尝胆的传说,告诉我们要有毅力,任何成果的取得都要付出一定的代价,天下没有免费的午餐。郑板桥的《题竹石画》:"咬定青山不放松,立根原在破岩中。千磨万击还坚劲,任尔东西南北风。"这首诗给我们很大的启示,只有咬定目标,心无旁骛,不管东南西北风,坚拒各种各样的诱惑,才能实现自己的梦想。

三、才华卓绝,灵魂高洁

我在大学做了三十多年的老师,我心目最好的学生一定有卓绝的才华。但是有才华的人不一定有灵魂。没有高洁灵魂驾驭的才华,与魔鬼的才具无异,可能给人类造成更大的灾难。作为一所杰出的新闻传播学院,我们在人才培养方面,有优良的传统和口碑。我们的课程体系和培养模式在业内得到了很高的评价。只要遵从我们的教学计划,严格地执行培养方案,在此前提下,做好社会实践和专业实习,就能够练就必要的职业能力,新闻传播领域的十八般武艺,虽然不能说样样精通,但起码可以仓促上阵。

我不担心我们学生的专业才华,事实上在这方面,华中科技大学新闻与传播学院的成就是有口皆碑的。我所担心、所牵挂的是学生们职业之魂的建构。德国著名哲学家雅斯贝尔斯在其《什么是教育?》一书中说:"教育的本质意味着,一棵树摇动另外一棵树,一朵云推动另外一朵云,一个灵魂唤醒另外一个灵魂。"因为灵与肉是统一的,灵魂牵引着躯体,引导着才华的施展。学院的人才培养不能限于技能的锻造,在灵魂的启迪方面要倾注更多的精力。我们要通过完善的课程体系、实践环节、导师引领、拓展阅读等,熔铸学生的专业之魂。2014年春节,学校放假了,我在校园独自徘徊,百感交集,写了一首古体诗《传之魂》:"喻家山麓,东湖水滨;乔木参天,人杰地灵。学子问津,切磋争鸣;楚才砥柱,于斯为盛。大学之道,善止德明;矢志弘毅,木铎金声。春秋大义,昭彰群伦;天听民听,至真至诚。经世文章,鉴古察今;闯关越险,拨乱反正。迁固风流,铁笔垂勋;术精思锐,探微索隐。匡扶社稷,与时俱进;秉中持正,求新博闻。穿云破雾,洞照万仞;天地共鉴,斯为传魂。"这128个字,渗透这我对专业之魂的理解。我一直认为,一个灵魂高洁的人,绝对是一个有道德的人,一个高尚的人,一个纯洁的人,有一个能担当的人,一个有责任感的人,一个有大局观的人,一个有温情的人。试想想,在这样的灵魂驾驭下的专业才华,自然会为我们的事业、我们的社会源源不断地注入正能量。

同学们,今天在这个庄严的场合,我无法抑制自己激动的情感。我由衷地希望你们都能成为我期待的人,既学富五车又思想深刻;怀抱梦想又意志坚强;才华卓绝而又灵魂高洁。一句话,希望你们成为新时代最可爱的人,也是人民最信赖的人。要达到这一目标,必须从今天做起,从自己做起,抓住片刻的时间。孔子曾经感叹,逝者如斯夫,不舍昼夜。清代思想家,也是中国第一个睁眼看世界的人魏源有一首诗:"少闻鸡声眠,老听鸡声起。千古万代人,消磨数声里。"这些先贤告诉我们,白云苍狗,韶华易逝,造化弄人,如果我们不抓住当下的时光,机会就会从我们的指缝中溜去。

同学们,我希望你们从现在开始,学习学习再学习,思考思考再思考,让优秀成为我们的一种习惯,毫不松懈,坚持到底。我相信你们绝对不会让我失望。想象四年后,十年后、二十年后,我们学院一定会为你们骄傲和自豪!

最后祝大家身体健康,学业进步,爱情美满,梦想成真!

(本文系作者2016年9月1日在华中科技大学新闻与信息传播学院新生开学典礼上的致辞)

做有思想、有责任、有担当的传媒人

今天晚上我们在学院新落成的412会议室里面举行2014级本科生的开学典礼,我想,在这个时候,我们在座的各位老师都有一个同样的心情,非常激动,因为对于一个老师来讲,可能没有任何事情比面对自己的学生,更幸福、更自豪、更有成就感的了。

老话说学校是"铁打的营盘,流水的兵"。我们在6月份送走了169位优秀的本科毕业生,今天又迎来了164位在座的各位同学。在此,我想首先代表我们新闻学院(新闻与信息传播学院简称)的教职工和全体学生,对各位新同学的到来,表示最热烈的欢迎!

欢迎你们加入华中科技大学新闻与信息传播学院。因为有你们的加盟,我们的事业得以存续;因为有你们的加入,我们能够进一步地描绘中国传媒事业的未来,所以在这个地方,我感到非常兴奋和自豪。

我同时也知道,今天同学们能够坐在这个地方,都确实经过了一番艰苦的努力,经历了一场又一场激烈的考试战争,你们是胜利者。能坐在这个地方,同学们应该属于所有考生百分之一行列,你们是真正的百里挑一,是华中科技大学的真正的一时之选,恭喜大家!

此刻,我想起了前几天发生的一件事情。10月5号,我们学院90级的同学回到母校。我和学院老师跟他们开了一个座谈会,当时的场景,至今让我激动不已。这一届的学生是1990年进校的。我们知道1989年的时候,我们华科大新闻系和全国其他兄弟新闻院系一样,暂停了一年的招生,1990年恢复招生。在这场师生见面会上,有一位非常令人尊敬的老师——周泰颐老师,给学生讲了一段话,"我们是多么的期待,在隔了一年之后,我们是把你们作为宝贝迎进了我们的学校,迎进了我们的家庭"。今天看到大家意气风发,神采飞扬,你们还是我心中的宝贝。

对于老师来讲,学生们难道不是宝贝吗?我想,学生跟老师的情缘跟父子的情缘、跟母子的情缘十分相似,甚至可以说是不差分毫的。所以在这里,我想以一个老师的身份对于学生,或者以一个家长的身份对于子弟,和大家谈谈心。

是的,我们在座各位老师,除了几位年轻的班主任或学业导师,在年龄上完全可以作为你们各位同学的父辈,他们的孩子都比你们大,他们成功地把自己的孩子送上大学,看着他们走向社会。同时,作为过来人,作为教育者,我们也成功地送走了一代一代的学生。看到他们进入业界,步入职场,我们看到了他们的成功,也分享他们的喜悦。

我想跟各位同学讲的第一句话,就是转换角色。希望我们的同学们,在作为新生进入学校,开始大学生活之后,最重要的事情就是完成自己角色的转换。一个月前,你们的身份是高中生,现在你们成了大学生。大学和高中,这是人生中两个区别很大的、有着本质不同的重要阶段。学习方式不同,生活方式不同。需要我们的投入、需要我们的执着、需要我们的专注也大不一样。高中阶段有班主任的监督,有父母的督促,还有同学之间的竞争,时不时地考试激励,加上排名先后的变化,都会促使我们自觉地去学习、努力地去前行。

大学则不一样,我们虽然有班主任、学业导师,但是,他绝对不会像高中班主任,像普通高中老师一样,尽管我们的老师也非常爱你们,非常关注你们的成长,但是大学它毕竟是一个以自学为主的地方,大学时代是非常重视学生的创造力、想象力的一个学习阶段。在这里最需要的是大家能够自主地去学习,去进行研究性的学习、创造性的学习。没有鞭子高悬在头上,没有监视的眼睛在后面,全靠我们的自觉。作为一个大学生,我们要体认到自己身上的这么一种责任。对家庭、对社会、对国家的责任。大学阶段,虽然与高中接轨,但我们承担的更多、更重。正是今天变成了大学生,我们才开始真正的承担,才体认到了自己的责任。我想这是第一个要讲的。

第二句话,我想叮嘱我们同学的,就是规划人生。希望大家进校以后,在人生的这个决定性的新阶段,好好地规划一下自己人生。凡事预则立,不预则废。人生百年怎么样度过,我们将会拥有一个怎么样的人生,取决于我们现在的规划。我们将来,是要走仕途,做政治家;还是投身业界,做传媒;还是做实业家,走实业报国的道路;或者做志愿者,致力于慈善事业。我想这一切,虽然贡献大小不同,但是都是为社会、为文明、为进步在提供正能量。我认为这一切都是非常重要的,都是我们这个社会的进步和发展不可或缺的。但是我们究竟要走哪一条路?我们未来的人生,未来精彩的华章究竟应在哪个地方着笔?现在,同学们,你们应该有一个冷静、深刻、缜密的思考,应该有一个长远的规划。绝对不能随意识流,脚踩西瓜皮一样,滑到哪个地方,就是哪个地方。在这么一个美好的大学,在这个重要的历史节点上,思考我们的未来,思考我们的人生,思考未来的定位,是一件幸福的体验。

第三句话，我想叮嘱大家，希望大家能够好好利用这大好的时光，钻研学业。现在在座的各位同学，大体上来自于三个大的专业类型，文科、艺术和工科。我们已有的知识结构和能力结构不一样，我们的学习内容不同，但是我们在完成学业走出校门的时候，都应该是一个合格的大学生。那么，作为一个合格的、专业的大学生，我们应该有一个什么样的知识结构，我们应该建立一个什么样的知识体系，应该读些什么书，应该关注什么问题，我们应该在读书的时候，使我们的哪些能力得到发展，得到提高，我们应该怎么样去上好我们的课程，应该怎么样与老师进行互动，我们应该怎么样去面对和参与各种社团的活动。在大学时代，我们要做一个有心人，一个高度自觉、自律的人。我们应该有自己的主见。因为大学这个时代，非常精彩，外部的世界，也非常绚烂。它也容易使我们迷茫。我们处在光谷的中心，光谷就是一个大的不夜城，就是一个充满诱惑的花花世界。在漫天的霓虹灯下，如果没有专业、理想、责任的牵引，我们真的可能会迷失自己。

第四句话，我希望各位同学能够利用大学四年美好的时光，实现自己的整体提升。我们现在生活在一个媒介融合的时代，也是一个信息化的时代、媒介化的时代。媒介转型使我们未来的传媒业对人才的需求，发生了根本的变化。作为一个重要的研究型的大学，大家都知道，我们的排位很靠前。排位靠前就意味着承担着更多的、更高的社会期待。这种期待也表现在我们的人才规格方面。我们学院有一个基本的定位，我们要培养有思想，有责任感，有批判精神的，并且具有独立人格的传媒人。我认为，考察这种传媒人有三个重要的维度，一个是长度，一个是宽度，还有一个是高度。

长度是什么？长度就是我们应该具备的专业能力。我们将来要从事什么样的职业？广告？新闻？网络？还是产业经营？那么这些职业所需的核心的能力，不可替代的核心的竞争力，我们都应该具备。如果我们经过四年的学习没有掌握这些核心的竞争力，那我们就不是一个合格的学生。就配不上华中科大优秀毕业生这么一个称号。

宽度意味着我们知识体系的结构。宽度决定了长度，也决定了高度。不管我们将来从事什么样的工作，高官也好，传媒人也好，实业家也好，社会工作者也好，都需要有开阔的视野，扎实的功底，以及一种能够超越狭隘专业壁垒的合理的、广博的知识结构。

高度，也可以理解成为深度。这种深度指的什么呢？我想这种深度主要是指独立的人格、洞察力、责任感和批判精神。也许我们将来毕业的时候，会有各种各样的选择。我想，同学们，不管将来你选择什么样的职业，不管你走向何方，独立的人格、批判的思想、深刻的洞察力，都是不可或缺的。

以上四句话,归纳一下十六个字,就是转换角色,规划人生,钻研学业,整体提升。可以说,它代表了一个老师对学生的期望,也表达了一个父辈对子弟的要求。我希望同学们能够记住这四句话,也希望这四句话能够始终伴随我们同学四年的大学生活。

有一句话,叫好的开始意味着成功的一半。今天我们的开学典礼很隆重,大家情绪高昂,意气风发。我由衷地希望,今天的开学典礼,会成为在座164位同学大学时代的一个梦幻的开局。我期待着同学们在大学期间,学业进步,身体健康,爱情美满,梦想成真!

谢谢大家!

(本文系作者2014年9月在新闻与信息传播学院2014级本科生开学典礼上的致辞)

以马克思主义新闻观为统领，
培养卓越新闻传播人才

在社会主义中国，坚持马克思主义在教育领域的主导地位再正常不过。正如欧美国家以自由主义理念作为意识形态的核心，强调其对社会系统的统领作用。在媒介化社会，新闻传播系统对社会的渗透达到了前所未有的程度，决定了整个社会的运行与发展。传媒从业者在社会历史上扮演着重要的角色。作为职业传媒人的养成所，以制造优秀新闻传播工作者为目的的人才工厂，其设计与整个生产过程，都必须在马克思主义新闻观的统领之下，换言之，马克思主义新闻思想，应贯穿于新闻传播人才培养的全过程。

一、对马克思主义新闻观内涵的理解

以马克思主义新闻观统领中国的新闻传播教育，是当前中国新闻传播教育界的最大公约数。问题不在于是否坚持马克思主义新闻观，而在于对马克思主义新闻观的理解，在于是什么样的马克思主义新闻观。笔者以为，马克思主义新闻观是马克思主义经典作家，包括马克思、恩格斯、列宁、斯大林、毛泽东、邓小平等，基于无产阶级新闻传播的历史实践，在批判吸收资产阶级新闻思想的基础上，对新闻传播现象及其内在规律的深刻理解，它不仅表现为一系列具体的见解、观点，而且形成了逻辑谨严的理论体系。马克思主义新闻观的精要所在，表现为以下几点。

其一是以人为本。新闻传播必须以服务人民为宗旨，以贡献社会以取得自己的存在的权利。马克思、恩格斯早年说过，"报刊是社会的捍卫者，是针对当权者的孜孜不倦的揭露者，是无处不在的耳目，是热情维护自己自由的人民精神的千呼万应的喉舌"。[①] 人民是传播的出发点，也是传播的最终归宿。只有作

---

① 马克思著：《摩塞尔记者的辩护》，《马克思恩格斯全集》第1卷，人民出版社1956年版，第210-213页。

为人民精神的喉舌,报刊才能获得无与伦比的道义力量。毛泽东曾经向全党呼吁"全心全意为人民服务",胡锦涛更是提出"权为民所用,情为民所系、利为民所谋",把人民置于首要的位置,是对全党的要求,但是对于新闻传媒及其从业者尤为贴切。

其二是实事求是。传媒及其从业者是社会的哨兵,监测环境变迁是传媒重要的社会功能。这就要求对于自然与社会变动的报道必须真实、客观,对民意的表达也要公正、全面。在19世纪40年代,马克思在论述什么是"真正的报刊"、判断"好报刊"与"坏报刊"的标准时,提出衡量标准是看"谁是根据事实来描写事实""谁是根据希望来描写事实"。马克思强烈地反对"重复别人的谎言","反对纯粹是捏造的报道"。毛泽东也强调报刊工作必须求真求实,1931年,毛泽东就要求《时事简报》:"严禁扯谎,例如,红军缴枪一千说有一万,白军本有一万只说一千。这种离事实太远的说法,是有害的。"①"《时事简报》不靠扯谎吃饭。"随后毛泽东在中共"七大"报告中提出"各地打仗缴枪,缴一支讲一支,不报虚数。我们曾经有一个时期分对内对外,内报一支是一支,外报一支是两支。现在我们专门发了这个通令,知之为知之。不知为不知,一支为一支,两支为两支,是知也";"敢讲真话的人,归根到底,于人民事业有利,于自己也不吃亏。爱讲假话的人,一害人民,二害自己,总是吃亏。"②把真实视为传媒的生命,是马克思主义新闻观的核心。当然,世界万事万物的发展都有一个过程,事物真相的呈现也有一个过程,因此"如同生活本身一样,报刊始终是在形成的过程中,在报刊上永远也不会有终结的东西"。但是只要报刊随着客观事物有机地运动着,"全部事实就会完整地被揭示出来"③。

其三是党性原则。党性原则是马克思主义新闻观的重要内容之一,在社会主义的制度下,报刊、广播电视、通讯社等新闻媒体都是党领导的新闻宣传机构,是党和人民的喉舌。所以在党报党刊党台工作的人员,必须加入党的组织,接受党的领导。同时应真正代表和捍卫无产阶级和人民大众的利益,成为他们自己的报纸。新闻媒体必须遵守和阐述党的纲领和策略,按党的精神进行编辑工作。党组织也要加强对党报党刊工作的领导和监督。必须指出的是,对党负责是对全党负责,而不是对党的某个人负责;共产党具有其他政党无法比拟的先进性,它具有开放包容的胸襟和远见卓识;同时,共产党是代表最广大人民群众的政党,它没有自身的利益,在这个意义上,忠于党与忠于人民是一致的。

---

① 毛泽东著:《普遍地举办〈时事简报〉》,《毛泽东新闻工作文选》,新华出版社1983年版,第29页。
② 毛泽东著:《假话一定不可讲》,《毛泽东新闻工作文选》,新华出版社1983年版,第213页。
③ 马克思著:《摩塞尔记者的辩护》,《马克思恩格斯全集》第1卷,人民出版社1956年版,第210-213页。

其四是社会责任。新闻传播是一个独立的社会职业,有自己的专业精神和职业理想,有自己自由、创造和想象的空间。在新闻传播实践中,新闻传播业者可以也应该追求自己的理想,实现自己的最大价值。但是,由于新闻传播在当代社会扮演着特殊的角色,其影响之大、波及面之广,超乎想象。一言可以兴邦,一言可以丧邦。传媒不能片面地追求自己的利益的最大化,而应该时刻牢记自己的社会责任。当个人利益、个人自由与公共利益、国家安全发生冲突时,必须优先考虑社会责任。

其五是开放创新。马克思主义是一个开放的、发展的思想体系。诞生于19世纪40年代末期的马克思主义与当今中国的马克思主义,虽然在核心内容方面一脉相承,但是在体系架构及具体问题的阐述方面,是不能同日而语的。列宁主义是帝国主义和无产阶级革命时代的马克思主义,时代环境不同,赋予了马克思主义思想体系新的内涵;作为马克思主义的一部分,毛泽东思想是马克思列宁主义的基本理论与中国革命具体实践相结合的产物,是马克思主义中国化的第一个重大理论成果。当代中国的三个代表、科学发展观又在新的历史基点上发展了马克思主义。马克思主义新闻观也是如此,我们不能把它看成是一个孤立僵死的教条。与时俱进是马克思主义新闻观的重要特征。时代在发展,实践在变化,新闻传播现象及其规律也会以不同的方式出现,这就需要在继承马克思主义新闻思想精髓的基础上,根据新的时空环境及传播实践,对于与新闻传播有关的理论与实践问题进行新的阐释。

由此可知,马克思主义新闻观不是凝固不变、止步不前的教条,而是一个持续发展的系统理论。它既是一个开放的思想体系,又是一个与时俱进的思想体系。这一先进的思想体系不仅是当今中国新闻传播的理论基础,而且是中国当代新闻传播教育的指导思想。要保证中国新闻传播教育正确的方向,培养满足社会需要的卓越新闻传播人才,必须将马克思主义新闻观贯彻到新闻传播教育全过程的各个环节,全方位统领新闻传播教育。

二、以马克思主义新闻观统领新闻传播教育

以马克思主义新闻观统领新闻传播教育,关键是将马克思主义新闻观落实贯彻到教育全过程的各个环节。具体而言,有如下七点应予注意。

其一是树立马克思主义的教育理念,清楚地定位培养什么样的传媒人。在当代中国,新闻传播教育的基本使命是在尊重教育规律与新闻传播规律的基础上,培养拥有坚定的共产主义信念,坚守马克思主义新闻观,具有强烈的职业精神和社会责任感,能够独立思考,精通新闻传播业务的卓越新闻传媒人才。简

而言之,当今中国需要的卓越的传媒人才,必须政治上可靠,业务过硬,而且具有深厚的发展潜力。

其二是一支用马克思主义新闻观武装起来的德才兼备的教师队伍。老师是教育活动永恒的主体,老师的水平是决定学生成长的关键因素。师者,所以传道授业解惑者也。教师的人生观、世界观、政治立场、思想境界,对学生的引领和型塑作用是显而易见的。教育者必须先获得教育。其途径不外乎以下几点,一是组织新闻院系的专业教师到党政新闻宣传领导机关,或者到新闻媒体挂职,在领导和业务实践中学习和掌握马克思主义新闻思想;二是由教育主管部门或上级新闻宣传领导部门,组织各新闻院系的教师参加马克思主义新闻观的理论培训。这两个途径近年来在中共中央宣传部和教育部的领导下,已成为新闻教育界师资培训的重要手段。当新闻院系的教师们普遍地坚信马克思主义新闻观的时候,并且乐意在教学实践中贯彻时,新闻传播教育的政治方向就得到了保障。

其三是以马克思主义新闻观为指导建构新闻传播学各专业的课程体系。一般而言,课程体系与专业人才规格直接相关,某个专业的人才定位决定其人才培养的具体规格,决定了它具有什么样的知识结构和能力结构,什么样的人生观和价值观。目前新闻传播类专业的课程体系大体上分为三类,一是马克思主义基础理论课,属于政治理论课的范畴,讲授马克思主义的一般原理与方法,这是马克思主义新闻观的基础部分;二是马克思主义新闻理论课,一般体现为新闻学原理、新闻思想史、马克思主义新闻学经典著作导读等。这类课程是传输马克思主义新闻思想的主阵地;三是一般业务类课程,如新闻传播采编业务课课程,如采访、写作、编辑、评论、摄影、策划、经营管理等,虽然其主体部分属于操作业务,但也需要马克思主义新闻思想的指导。课程体系的设计与建构,贯穿了不同人才培养理念。作为社会主义国家的高等新闻教育,自然要以马克思主义新闻观为统率,让马克思主义新闻观占领课堂。

其四是教材建设。教材建设是新闻教育界贯彻落实马克思主义新闻观的基本路径和重要载体。教材既是课堂教学的要件,又是学生摄取知识的重要渠道。新闻传播类各专业的教材建设具有鲜明的意识形态属性。近年来中宣部、教育部推动了两期中央马克思主义理论建设工程,其中就包括了新闻传播学领域的核心教材:新闻学原理、中国新闻传播史、新闻采访学、新闻评论、传播学等。这些教材由当前国内著名的学者担纲,其重要的特点就是以马克思主义新闻观为主导。同时教育部还延续过去的办法,建设了十一五、十二五规划教材,新闻传播学类各专业也有不少教材纳入其中。在此之外,一些重要的新闻院系、出版社还牵头主编出版了一批系列教材。所有这些教材,在坚持传播规律、出版规则的前提下,都很重视贯穿其中的马克思主义导向。

其五是实践基地建设。实践基地建设是保障马克思主义新闻观落到实处的重要保证。长期以来学校与业界相互抱怨,业界怪学校没有培养好学生,学生出校时马克思主义理论的基础不扎实,沾上了不少自由主义的习气;而学校则指责业界的环境糟糕,学生在学校很纯洁,一到媒体就被浓厚的商业氛围污染了,理想主义顿时消失于无形。这种相互报怨不是没有道理的。2012年,教育部启动了大学生校外实践基地建设,针对一些重要的应用型文科专业,选择一些优质的权威媒体、企业,与优秀的新闻传播院系合作建设国家级的大学生专业实践基地。教育部不仅给予一定的经费支持,而且还要求作为专业实践基地的权威媒体、企业加强马克思主义理论建设,在强化业务指导的同时,保障对实习学生的政治引领,将马克思主义新闻观贯彻到大学生专业实践的环节。

其五是创新团队建设。创新团队建设也是落实马克思主义新闻观的重要环节。近年来一些高校,如清华大学、华中科技大学纷纷设立以学生为主体,以优秀教师为指导的大学生创新团队,其名称各不相同,清华大学叫工作坊,华中科技大学叫创新团队,例如"红树林团队"、"V-fun团队(又名'第二视觉影视创新团队')"。这些团队的组建,以学生的兴趣为牵引,以实践能力提升为标的,以小范围师生互动为特征,以满足社会需求为动力源,在整个创新互动过程中,注重学生健全人格、理性思维、职业理想的培养,尤其是注重结合创新实践的马克思主义新闻观教育。实践表明,凡参与过创新团队的学生,在能力上更加杰出,专业精神更加鲜明,在政治上也显得更加成熟。

其六是在创造性的学生工作中贯彻马克思主义新闻观。在过去一段时间里,不少高校常常把教学工作与学生工作割裂开来。虽然在同一个院系,负责学生工作与负责教学的老师却属于不同的系列,在学校层次还有不同的领导。这两条线应该也完全可以整合起来,聚合力于人才培养的目的上。为此,教师的工作面应该拓展,在上课之外还应该进入到学生的内心世界,在学生的学习与生活、人生规划与学业规划上扮演重要的角色;负责学生工作的人,不能满足于平时的学生思想工作,而要努力将老师们纳入到学生工作之中,调动专职教师的积极性。在这一背景下,日常的学生工作,思想政治教育与组织发展、社会实践不能丝毫放松,而且还要进一步深化;同时,还要动员专职教师进入学生班级,或者担任班主任,或者作为学生的学业导师,指导学生读书,引领学生思考,激发学生的创意,灌输责任意识,强化职业理想,坚定学生的马克思主义立场,让专职教师在教书的同时,承担起育人的责任。

在新闻传播人才培养的过程中,贯彻马克思主义新闻观是一个复杂的系统工程,它涉及人才培养过程的诸多环节、各个要素,需要统筹兼顾,系统思维。

举凡办学理念、教师队伍、课程体系、教材编纂、实践基地、创新团队、学生工作等,都有进一步着力的空间。过去我们往往只是注意到其中一两个环节,而忽略了其他环节,重视了其中一两个要素,而忽略了其他要素,这便是问题之所在。

三、贯彻马克思主义新闻观必须注意的问题

贯彻马克思主义新闻观,是新闻传播事业发展的必需,也是新闻传播教育发展的题中应有之义。在人才培养的全过程中落实马克思主义新闻观,必须注意以下三个关系。

坚持马克思主义基本立场与鼓励独立思考。在新闻传播教育过程中贯彻马克思主义新闻观,教导学生自觉地站在无产阶级的立场,运用马克思主义的新闻传播理论与方法,分析、解读复杂的新闻传播现象,是新闻院系的重大责任。但是,我们在教育实践中贯彻马克思主义新闻观,不等于自上而下的单向灌输,学生们也不是被动地接受马克思主义。马克思主义是放之四海而皆准的真理,学生们对这一真理的接受如果是经过独立、审慎的思考,最终主动折服于马克思主义思想体系,那么这种接受的效果将会异常的牢固。反之,如果是被动地接受,是不得不接受,那么由此而形成的基本立场和新闻观、价值观,将难以经受其他各种思想风暴的洗礼。所以,在传播马克思主义新闻观的过程中,我们还要鼓励形成一种锐意进取、独立思考的学风,反对机会主义和投机取巧。只有这样才能使学生对马克思主义新闻观的理解、接受,建立在独立思考、自主选择的基础上。

坚持党性原则与专业精神的统一。在社会主义中国,新闻媒介是执政党和人民的喉舌、是政府权力机关的宣传工具,是传播主流声音、引导社会舆论的旗帜,所以新闻传播媒介及其从业者必须服从党的领导,遵守党的纪律,自觉地与党和政府的立场保持一致。但是,新闻传播作为一项独立的社会事业,传媒从业者作为一项独立的职业,有着自己独特的不以人的意志为转移的规律,有着本行业必须遵循的基本准则。马克思早年指出,报刊要"完成自己的使命,首先不应该从外部施加任何压力,必须承认它具有连植物也具有的那种为我们所承认的东西,即承认它具有自己的内在规律,这种规律它不能而且也不应该由于专横暴戾而丧失掉"①。规律是客观存在的,它不会因为权力的介入而有所改变。当这两者发生矛盾冲突时,孰重孰轻,哪一个应该放在优先考虑的位置,答

---

① 马克思:《〈莱比锡总汇报〉的查封》,《马克思恩格斯全集》第 1 卷,第 186-194 页。

案是不同的。在共产党领导的社会主义社会,新闻传媒的党性原则是第一位的,但是由于党的先进性,由于党与人民利益的根本一致性,新闻传媒的党性原则与传媒的专业精神完全可能统一起来。

坚持政治导向与职业伦理的统一。与资本主义社会不同,社会主义国家新闻传媒的基本功能是政治性的,其他非政治性的功能处于相对次要的地位。在政治上,新闻传媒不仅要与执政党与政府保持高度的一致,而且还要通过精心策划的报道与言论,进行正确的舆论引导。新闻传媒及其报道活动必须服从政治,服从大局。但是新闻传媒也要有自己的职业操守和行为的底线。坚持客观、平衡、真实报道,捍卫公平正义,己所不欲勿施于人;绝对杜绝有偿新闻、有偿不闻,敢于担当,勇于负责。新闻的职业伦理与社会发展的大局是并行不悖的。只有践行伦理准则,新闻传媒才能更好地服务于政治大局。

总之,在新闻教育实践中贯彻马克思主义新闻观,是一个复杂的动态的历史过程。只有依傍着现实的生活实践,并且以科学的方式方法,正确的载体,恰当的时间空间,才能成功地将马克思主义新闻观内化为教师和学生的信念、指导思想。只有在这种信念、思想的指导下,新闻传媒才能履行自己的职责,完成历史赋予的重大使命。

(本文原载于《中国高等教育》2014年13、14半月刊,总第526期)

18 岁的天空

大家晚上好！很高兴今晚能够在喻家山下、醉晚亭旁，在秉中持正、求新博闻的石碑下，欢迎 2015 级新生。作为一个老师，作为一个院长，没有比开学典礼更神圣、更庄严的事情了。因为一个新的学年开始，一个新年级学生入学，不仅意味着大学一个新的生命轮回的开始，更是薪火相传的教育事业在新的起点上的延续。欢迎大家加入华科大，欢迎大家成为我们新闻学院的一员。

同时，我也要恭喜各位同学，虽然进入华科大新闻学院（华中科技大学新闻与信息传播学院简称）未必是你们的第一选择，但是我相信这绝对不会是一个错误的选择。华科大没有令人骄傲的悠久历史，没有北上广等地那样的卓越的地缘优势，但是，没有积淀也意味着没有历史包袱，可以轻装上阵，地缘环境的劣势反而增强了华科大在国家中部崛起战略中位置的独特性。

我还要恭喜在座的各位老师，孟子说人生三乐，之一便是得天下英才而教育之。在座的各位同学，乃是真正的百里挑一，真正的一时之选，名副其实的英才。我们有幸得到了这批璞玉，成为雕琢、打磨他们的老师，可以预料，他日一旦走出山门，将是安国定邦的栋梁。华科大将会因为同学们的成就而大放异彩。我们也将为此而骄傲。

同学们，老师们！在这个庄严的开学典礼上，我想讲三个意思，即三个关键词。

第一个关键词：18 岁。据我了解，今天在座的新生，90% 以上都是 18 岁。18 岁可是人生黄金时代。七年前，我儿子 18 岁，离家上了大学。35 年前，我本人 18 岁，考进了武汉大学。105 年前，毛泽东 18 岁，不过那年他不是上大学，而是离开家乡去东山高等小学堂就读。一路上他吟诵出著名的诗篇：孩儿立志出乡关，学不成名誓不还。埋骨何须桑梓地，人生无处不青山。

几年前，有一部校园青春偶像剧《18 岁的天空》，演绎了高考决战前夕的高中生活，不知大家看过没有。其中有句对白："十八岁的天空，会更宽阔，更悠远。"还有一本所谓青春版国家地理书《18 岁前禁止涉足的 18 个地方》。像我们这个年龄的人都熟悉《九九艳阳天》这首歌,歌词这样写道:"九九那个艳阳天来哟,十八岁的哥哥呀坐在河边。"

为什么是18岁?而不是17岁、19岁?这么多的机缘巧合都聚集于18岁,这可是个问题。我想了好久都没有想通。前天我查资料时,偶尔发现了这个秘密。原来18岁是人生的一个重要节点,是一个人因为成长告别少年进入成年的重要标志,是人生承先启后的重要枢纽。满了18岁,因为成人了,将不再享受未成年人保护法的呵护,也因此摆脱了父母的监护;因为成人了,心智成熟了,因此具有了完全的行为能力,拥有了成年人享有的全部权利,包括选举权与被选举权。同学们,当你们自信地以大学生身份迈进华科大校园时,你们是否意识到你们已经成人?你们能否妥善地行使自己合法的公民权利?你们是否意识到自己作为公民的权利和义务?

第二个关键词:大学。大学是什么?大学是高等学府,是教师和学生探究学问、追求真理的园地,既是物理的园地,又是精神空间。大学是不同于中学、小学的一个重要的学习阶段,是学生本身走入社会扮演社会角色前的最后一个集中的系统的学习阶段,但不是每个人必需的人生经验。在教育还没有普及的情况下,大学是精英阶层子弟的特权,而一般平民子弟可能与此无缘。

对于大学生而言,大学的意义可能更加复杂。大学可能是学生第一次远离家庭,远离父母的呵护,开始相对独立的生活;大学的学习生活没有家长的督促,也没有班主任的鞭策,更多是自主自觉的,理想与兴趣是学习的内在动力;大学生远比中学生、小学生有更多自由支配的时间,能够在更大的程度上发挥自己的主动性,自由地选择,自主地支配;大学生不再满足于摄取知识,在接受知识、理解真理的同时,立足于自己现有的知识体系,结合社会实践和感悟,做出新的属于自己的解读和阐释,成为大学学习的常态;大学时代是与学生未来职业生涯联系最紧的自主学习阶段,所以大学时代学习的目标性、针对性、功利性更鲜明,人生梦想、职业规划及路径的设计,就显得更加重要;大学比过去中小学的学习形式更为多样,在知识的摄取与整合方面有更大的自主空间,经过大学阶段的学习,一个个富有个性的栋梁之材脱颖而出。

大学是人生的关键阶段,把握住了这个关键阶段,充分地利用了这个阶段,就能够梦想成真;错过了这个阶段,虚耗了美丽的大学时光,等于放弃了人生出彩的机会。《18岁的天空》中有一句台词非常深刻:大学是一个人与人拉开距离的地方,同时也是一个人与人之间相互接近的地方。这句话值得我们深思。

第三个关键词:读书。各位同学,我们现在已经转换了身份,从中学生转变为大学生。大学生固然与中小学生有所不同,但大学生也是学生,既如此,读书学习便是大学生的天职。由于大学阶段的特殊性,大学生的读书学习需要注意如下四个问题。

一是既要读有字书也要读无字书。从幼儿园以至高中,我们的知识来源基本上都是有字之书。由于有字之书的局限性,我们对自然与社会、对历史与现实的认识既不全面,也不深刻。大学时代自由自主的学习特征和充沛的时间,给我们阅读无字之书创造了绝好的条件。常言道,读万卷书行万里路,这就是有字书和无字书的统一。在课堂之外,参与社会实践,参与公益活动,以获得对文化的深刻感悟,进而深刻地认识社会,了解国情,为将来扮演社会角色做好准备。

二是兼顾第一课堂与第二课堂。第一课堂是培养计划、教学方案指定的授课地点,一切皆在计划之中,是大学阶段教学的规定动作。必须高度重视,不可有丝毫的懈怠。但是在此之外,学生还要注意开拓第二课堂资源,诸如学生专业社团、校园媒体、假期实习、专业实践等,它可以有效地弥补第一课堂学习的不足,强化学生的专业能力,在此基础上实习专业知识与职业能力的平衡。两者都要抓,都要硬,不可偏废。

三是传媒专业与相关专业知识的融合。传媒工作者一向被认为是所谓的杂家,博学多才、视野开阔是其职业特征。不能局限于狭义的新闻专业,专业方面研究得再深,知识点掌握的再细致,一旦进入业界前沿,对于超越专业范围的复杂问题与现象,难免捉襟见肘。所以,在传媒专业之外,我们还要有自己爱好或擅长的领域,进行必要的相关知识储备,这样,作为传媒人,才能以专家的身份从事并且胜任相关行业或领域的报道(服务)。

四是理想主义和现实主义的统一。各位都是怀抱着专业理想来到新闻与信息传播学院的,作为老师,我们也鼓励在实践中高扬理想主义的旗帜。我们的院训准确地体现了理想主义的核心内涵:秉中持正,求新博闻。作为社会环境的守望者,公平正义的守护者,必须秉持公正、独立、超然的立场,无所偏私,刚直不阿。理想是丰满的,但是现实却很骨感。在追求理想的过程中,还必须正视现实的各种规则,包括潜规则,并且利用这些规则。因为我们是在现实时空中创造属于我们的历史,无视现实的羁绊,只会增强进步的阻力。这并不意味着屈服,而只是理想与现实之间的一种妥协。妥协是必要的,也是文明人行事的重要特征。人类社会的历史本身就是许多单个自由意志彼此妥协的产物。

各位老师,同学们!

我们今天置身于一个特别重要的时间节点,由少年向成人的蜕变,由中学生向大学生的华丽转身,现在我们就坐在新闻学院的课堂。我相信各位同学都怀抱着自己的梦想和远大的志向。苏轼说:古之成大事者,不唯有超世之才,亦有坚忍不拔之志。唐代诗人李贺有一首诗,应该切合同学们此时的心情:"男儿何不带吴钩,收取关山五十州。请君暂上凌烟阁,若个书生万户侯?"

各位同学,你们正当做梦的年龄,犹如初升的太阳,是社会、是国家、也是人类未来的希望,我们对你们充满期待。你们应该雄心万丈,豪气干云,这才你们应有的性格!今天是通向明天的现实阶梯,每一个明天都是从今天开始的,所以,我们想要拥有怎样的未来,今天就要怎样去努力。从今天开始,各位老师、同学们,我们一起努力吧!

谢谢!

(本文系作者 2015 年 9 月在新闻与信息传播学院本科生开学典礼上的致辞)

新时代,新青年

《新青年时代》迎来了创刊十年,与华科大新闻传播教育的三十周年不期而遇。它创立于华科大新闻传播教育二十周年之际,不仅记录了、见证了华科大新闻学院最近十年演进的基本脉络及心路历程,而且参与了新闻学院当代历史的创造,是华科大新闻学院历史不可分割的一部分。如今,《新青年时代》与新闻学院各自历史上两个关键的节点交汇重叠,犹如晴朗夜空中的巨星聚首,亮度倍增,不禁引发了我的联想。

30年前的1983年,因应着国家新闻传播事业发展的紧迫需求,华中工学院领国内高等教育的风气之先,创办了工科院校第一个新闻学专业,同时也启动了华中工学院向综合性大学迈进的历史进程。自此以来,华科大新闻学人筚路蓝缕,以启山林,历经汪新源主任、程世寿主任、吴廷俊院长及本人领衔的管理团队等四代学人的建设,终于将华科大新闻学院建设成为当代中国新闻学术及新闻人才培养的重镇。

30年来,华科大新闻学院形成了自己的传统。我们传统的内涵有三:一是兼容并包,在学术上反对定于一尊,推进学缘多样化,包容不同学派、不同见解,鼓励基于平等的学术争鸣;二是服务社会、引领社会,新闻教育有很强的职业指向性,必须秉持面向社会、面向业界的办学理念,同时还要担负引领社会的责任;三是艰苦奋斗,新闻教育植根于华科大这个以工科、医科为主体的大学,注定了它难以获得与综合性大学同样程度的物质支持,30年的艰苦奋斗,形成了我们以小搏大、以弱克强的核心竞争力。

30年来,华科大新闻学院经过几代学人的艰难探索,另辟蹊径,终于摸索了一条在工科院校发展新闻教育的新路径,形成了新闻传播教育的华科大模式。这一模式的关键在于:交叉复合,应用领先。交叉复合,首先是课程交叉、其次是专业交叉、再次是学科交叉,通过交叉生发出新的专业方向,培养新的学科增长点,同时增强新闻专业人才的复合性特质,强化新闻传播人才的适应能力。应用领先,是我们学科建设的基本取向,面向国家、社会亟须解决的重大问题、重大需求,在人才培养、科学研究方面主动出击,领先一步。我们的网络传播、新闻评论人才培养,我们的新媒体及战略传播研究,就是这一模式最好的注脚。

30年来,华科大新闻学院建成了高水平的学科平台。30年前,我们只有一个新闻学本科专业,如今我们已形成了一个从本科、硕士、博士到博士后的完整的教育体系,拥有五个本科专业,其中新闻学、广播电视学还是国家级特色专业,四个学术硕士专业(新闻学、传播学、广告与传媒经济、广播电视与数字媒体),两个专业硕士点(新闻与传播、出版),一个一级学科新闻传播学博士点,四个二级学科博士专业(新闻学、传播学、广告与传媒经济、广播电视与数字媒体)。不仅如此,我们还建设有湖北省重点文科基地、湖北省实验教学示范中心,新闻传播学科成为湖北省一级学科重点学科。

三十年来,在喻家山下还走出了一支新闻传播学术的生力军,当前中国的新闻学术星空,有不少星星甚至星座带有华科大的基因。老一辈学者中,汪新源、王益民、程世寿、吴廷俊、孙旭培、屠忠俊、程道才;中生代学者中,石长顺、赵振宇、李幸、黄匡宇、舒永平;青年学者中,刘智、钟瑛、陆晔、刘燕南、陈先红、何志武、韦路、唐海江等,这些学者在履行教书育人职责的同时,为我国新闻传播学术的发展做出了自己的贡献。

三十而立。当年朱九思老校长在喻家山下种下的一株幼苗,如今已成为参天大树。我们在新闻学院这棵大树的庇荫下学习、切磋、研讨,追寻传播价值、人生意义、科学真谛,不禁油然而生发出对于前辈学人的敬意。没有他们的努力与奉献,就没有我们学院的今天。正是他们的开拓进取,艰苦奋斗,成就了我们今天的光荣和自豪。

站在新闻学院30周年及《新青年时代》10周年的节点上,回溯过去,展望未来,我不仅心潮激荡、豪情满怀,而且感到沉重的历史责任。学生的理想、教师的追求、社会的期待、未来的召唤,汇聚成一股看不见但能感受到的巨大力道,推动者我们、鞭策着我们。让我们团结起来,齐心努力,为即将到来的2023、2033、2043的辉煌,打下坚实的基础。

(本文系作者华中科技大学新闻与信息传播学院学生刊物《新青年时代》"十年特刊"写的刊首语)

忠告与责任

首先,我要祝贺大家。我们能够在这里相聚,意味着大家经过了百里挑一的淘洗过程,是真正的精英。进入华科大,是各位自己的自主选择,祝贺大家实现了阶段性的人生目标;感谢大家,因为你们的选择,我们得以结缘,在此共度美好的大学时光。

其次,我要欢迎大家,欢迎大家加盟华科大新闻学院。学校是一个春潮涌动、川流不息的人才工厂。铁打的营盘,流水的兵。你们的到来,正如前辈的离去,一同进入了华科大新闻学院新的生命轮回。

其三,我很羡慕大家,你们做了一个非常正确的选择,正如我九年前所做的。只不过,你们比我更年轻,更有希望。

在我的心中,华科大是一个好地方。背靠喻家山,襟怀喻家湖。古人云,山不在高,有仙则名;水不在深,有龙则灵。现在华科的山水可能不及珞珈山的名气,但我敢肯定,20年后,它将会为你们成功的人生增彩。

华科大新闻学院是一个高平台,更是一个大熔炉。平台、阶梯、载具的差异,能够造成完全不同的人生。好风凭借力,送我入青云。乘牛车前行,不知火车的快捷;乘火车穿梭,无法想象飞机的便利。华科大新闻学院将为你们插上奋飞的翅膀。成为华科大新闻学院的一员,将会为你打上成功人士的印迹。

华科大新闻学院是一个大家庭。师生一千多人,来自五湖四海,没有血缘关系,却是至亲至爱的亲人。大家幸福着彼此的幸福,忧愁着彼此的忧愁,关爱着彼此的关爱,相扶相携,砥砺前行。

华科大新闻学院还是一个命运共同体。组成这个共同体的成员性别不同,年龄各异,出生、兴趣、诉求千差万别。但是大家目标一致,路径一致,肝胆相照,休戚与共。大家深知,只有团结协作,携手前行,才能实现我们的梦想。所以,我们相信团结,信仰我们的共同体,因为它是我们的力量之源。

当然,作为学院的院长,我也深知,华科大新闻学院也有自己的不足。前天,我接到一个兄弟院系的教授转来的一封微信,是一个校友对母校华科大新闻学院的评价。大意是,有些名不副实,过于注重指标,重视外在的物质的东西,而在某种程度上忽略了精神内涵的发展。当然,也有人提出了相反的意见,批驳这种观点。根叔不是讲过吗,母校就是自己可以每天骂八次却不允许别人骂的地方嘛。我认为这个校友的评价,还是有一定的道理的。

今天当着各位新加入的研究生,我要表一个态。我们新闻学院是一个发展中的学院,确实也有不少问题、很多不足,所以要与时俱进。有了一代一代学生的加盟,生生不息,我们就能够和大家一起不断进步,臻于至善。

为了大家的成长,为了学院的提升,学院将在如下三个方面加以改进。

第一,努力营造自由的学术环境。匈牙利著名诗人裴多菲说:生命诚可贵,爱情价更高,若为自由故,两者皆可抛。自由是最重要的价值,它值得我们为此牺牲。自由的环境是万物生长的最好的土壤。只有自由的氛围才能包容自由的灵魂。没有自由的灵魂,就没有放飞的翅膀,就没有想象的天空。就学术而言,自由与创新相辅相成,没有自由,就没有创新。学术自由是学术创新的源泉。所以,学院的职责,就是去除思想的枷锁,砸碎肢体的锁链,让大家勇敢地追求真理,探索未知。学术无禁区,是我们的原则。当然,我们也必须厘清学术与政治的界限。

第二,努力完善办学条件。各位同学,客观地讲,我们的办学条件远不如我们的预期,我自己就很不满意。我们的办学理念、我们的学术水准与学校提供的条件很难匹配。如物理空间,新闻学院目前没有自己的办公楼,教授都没有自己的工作室,实验室空间及器材不能满足需要。许多事情,我们是心有余而力不足,望大家能够谅解。但是,在我们力所能及的范围里,我们还是要尽力做得更好,资料室、阅览室建设,专业实践平台,实验室的开发利用,还有进一步挖潜的空间,我们要把现有资源的潜力使用到极限。

第三,进一步完善学院的服务。学院的主要功能就是服务,服务于出人才,服务于出成果,服务于出效益。从院长书记,到主任秘书,都是服务员。每个老师,各位研究生导师也有服务的责任,只不过这种服务寓于日常的教学、指导、引领工作之中。

作为学院的负责人,作为学院的老师,我们深知自己的责任。但是我同时也主张,学院的发展,也需要学生,需要各位的贡献。学校的名望多半来自于成功的校友。特别是历史积淀不深的年轻学校,杰出的校友,能够在更大的程度上为学校增光添彩。

各位同学,在这里,我作为院长,作为一个老师,要向各位提出几点忠告。

首先,是坚持人格独立,不要做权力的附庸,不要做资本的奴隶。要始终保持独立的人格,保持清醒的头脑,独立思考,自主判断,不要轻信盲从。要敢于质疑,敢于批判,只有这样,才能彰显自己的存在,才能不至于落入平庸。

其次,要努力完善自己的知识和能力结构。我们在传媒学院求学,不管将来就业指向为何,传媒行业的十八般武艺,基本的职业素养,都是我们在媒介化社会安身立命不可或缺的。同时,我们还要有开阔的视野,深刻的洞察力,完善的能力与知识体系。一个人的成就,虽然与命运相关,但更多地取决于他的能力。因为,即便得到命运的垂青,如果没有相应的能力,也是枉然。

其三,是锐意创新与严谨求实的统一。创新是民族的灵魂。全民创新,万众创业,已成为时代的主潮。在科学领域,更是需要创新的引领。创新无止境。但是创新绝不是一句简单的口号。学术创新与严谨求实的学风统一的。我们既要大胆创新,又要小心求证,将创新建立在科学的程序和准确的数据的基础之上。

其四,生活是多彩的,学习不是全部。只有学习的大学时光,是苍白的;没有沸腾的感情波澜,静如止水,这样的大学生活不值得我们向往,更不值得留恋。同学们,作为你们的父辈,作为一个老师,我在这里要再多一句嘴,莫负韶华,华科大人才济济,美女如云,真诚希望你们在搞好学习的同时,找到彼此人生的另一半。

最后,祝各位同学学习进步,身体健康,爱情美满!

(本文系作者在华中科技大学新闻与信息传播学院2015级研究生开学典礼上的致辞)

依托《华中评论》,培养杰出的评论人才

《华中评论》作为我校第一份评论性报纸,经新闻评论班导师指导,由新闻评论班同学主办,是对我校新闻评论教学成果的展示,也是对我校新闻评论的推广。本期,本报记者对新闻与信息传播学院院长张昆进行了一次专访,倾听他对于报纸创办的想法。

记者:您认为当下新闻评论的发展环境如何?您怎样看待新闻评论在当今社会的现实意义?

张昆:就我的理解,现在应该是评论事业的黄金时代。为什么这么说呢?因为现在正是从一个信息匮乏的时代进入到信息膨胀、冗余的时代。当下,人们缺乏的不是信息,而是缺乏对于信息的解读、方向的引领,很显然,这样的需求的满足很难仅靠报道来实现,哪怕是深度报道、系列报道,都难以完成这样的任务。因此,人们对于观点和意见的需求开始逐步提升。这就是评论、评论版、"意见市场"开始逐步提高其重要性,并为社会所认识的重要背景。所以在这样背景下,来发展评论事业、发展评论人才的教育事业,在媒体方面扩大评论的专版,提供多种意见的选择,都是满足社会需求的一个非常重要的途径。

记者:《华中评论》旨在为我校新闻评论爱好者提供学习、交流的平台。那么,我校如此重视对评论人才进行专业培养,让学生投入新闻评论中,是出于怎样的考虑呢?

张昆:华中科技大学(以下简称"华中科大")在评论人才的培养上有独到之处。据我了解,目前还没有其他学校有新闻评论班,在一般高校,评论充其量就是一两门课,而我们把评论作为一个专业特色的新闻方向班进行培养,全国还是第一家。之所以这么做,就是因为看到了当下社会对于意见、观点,以及民众对于媒体引领功能的需求。

华中科大的新闻评论班在新闻业界有非常好的口碑。我到外地去开会,跟媒体业界的领导进行交流,可以感受到他们对评论班人才的需求。事实上,媒

体在现在激烈的竞争中要以"特色取胜，内容为王"。过去的"内容为王"就是指"消息"，而现在已经转移到"言论"，言论多的，言论质量高的意见、信息平台就越来越受到读者欢迎。像《南方都市报》、《新京报》，之所以受到读者的欢迎，其中的言论版就是一个重要的原因。

评论人才的培养是一个漫长的过程。按照通常新闻人才培养机制，很难提供媒体需要的高水准评论人才。在一般的新闻院系，按照标准的课程体系的设定，评论充其量是一两门课，与采访、写作、摄影都是平行的，课时量不够；而且将评论作为一种写作技巧进行培养，层次很浅，流于形式。华中科大开设的评论班，安排的课程不仅注意到培养评论的技巧，更重要的是注意到评论的思维。不仅告诉学生评论的方法，更重要的是提升和锤炼了学生的思想境界。

我们一向有个观点，是要培养有思想、有判断力、有洞察力的新闻工作者。评论班人才尤其需要思想的深度、高度、宽度。开评论班正是从这个方向培养社会所需要的高级专门人才。

记者：您期望《华中评论》能够呈现哪些内容？实现怎样的意义？

张昆：正是因为评论班的培养思路，加之目前的教学资源又有限，所以对于我们学生一起来办这个《华中评论》，我是非常赞赏的，我认为这是一个非常好的尝试。因为它为同学们提供了一个自我锻炼、彼此交流、互相切磋的平台。

当然，我也认为这还不够，其实，要锻炼我们学生的能力，提高我们的水准，眼睛还不能仅仅瞄准自己的这个平台。事实上，现在业界、特别是报界对言论的大量需求，就为我们的学生，特别是评论班的学生提供了作为"校园写手"这么一种可能性。

最近我去深圳，《深圳商报》总编辑要我给他推荐人才，我给他推荐了一个，是我们学校的研究生，叫余宗明。以前我推荐过他申请《南方都市报》的奖学金，对这个学生印象很深，这是个很优秀的学生。总编辑马上接过话说：这个学生真厉害啊，在各大媒体、网络媒体发表了好几百篇评论，要早日下手。

所以，我们实践要有平台，但又不能只局限于我们自己办的平台，这是一个很好的阵地，但是充其量就像是我们唱卡拉OK一样，只是自娱自乐。真正锻炼你们的应该是新闻业界的专业化实践。你们要进入《南方都市报》、《新京报》、《长江日报》、《楚天都市报》，他们有专业化的标准，没有专业水准的文章，别人是不会用的。

新闻评论班的同学应该用专业的标准要求自己，但是还有一个前期过渡，就是我们自己的平台，不能一口吃成胖子，这是第一，我们要重视这个平台；第二，我们要了解业界顶端的需求；第三，我们不能把这个实践的平台仅仅归为己有，我们要把这样一个平台办成面向全国、面向新闻院校、面向评论爱好者的一个共同的阵地,不光是自己人,中国人民大学的、复旦大学的爱好评论的人,甚至包括校内其他专业的学生,也可以通过一定的选稿机制,登入到这个评论月报上去,把这个报纸变成全国高校新闻爱好者的一个共同的家园,这个校园报纸才能越来越火,变成大家关注的对象。也借助这个平台建立评论爱好者、评论方向学生交流的圈子,这就是你们的人脉资源。

因此,办这个报纸要打开视野,力争在办好本身的同时又要超越自己,不仅仅面向校内,更要面向校外,面向整个国内新闻教育界,这个报纸才能办得好。

记者:作为院长,您一直强调新闻学院学生的实践经历。您认为我们这次自办评论报能获得怎样的实践效果?您有怎样的期许和建议?

张昆:维持这样的校园报纸的平台运作,对于我们学生是非常重要的,一方面锻炼我们的"手",另一方面锻炼我们的"脑"。所谓"手"就是写,我们要通过这样一个平台,把我们写作的能力,观察、分析问题的能力,表达的技巧提升上来,"言而无文,行之不远",好的观点也要有好的表达方式,你就算观点再好,没有一个好的表达方式,也很难让读者接受。所以首先要有技能的锻炼、方法的探求,就是练"手",这很重要。还有就是要练"脑",仅仅掌握了这样的技巧、有了华丽的辞藻,并不能成为一个评论家。评论家的可贵之处不在于他掌握文字的技巧和使用华丽辞藻的能力,更重要的是基于他独立的思考所形成的意见,能够成为媒体受众的选择,至少能为其提供参照系。作为一个评论家,最重要的是看他是否有思想、有高度、有深度。

我的期许和建议就是:"依靠自己,相信自己,开门办报,专业标准。"

记者:对于新闻评论班已取得的成绩和未来的发展,您可以谈谈您的感想吗?

张昆:我们的评论班在国内都有很好的评价,很多业界人员写信、打电话要我推荐人才,所以说我们评论人才的培养是有口皆碑的。但是我们这个班开办时间没多久,目前还在探索当中,对于这种培养模式还有进一步改进的空间,我们也在向已经毕业的学生或在校的学生征集意见。

首先说我们的教师队伍,只有做过评论的人才能教好评论,没有做过评论的人怎么能教好评论呢?另外,只有思想敏锐,与时俱进,有强烈的新闻意识的人,才能来做评论的老师,纯粹的学者、坐冷板凳的学者,可以教好其他课程,却难以教好评论的课程。所以,当务之急,就是教学团队的进一步加强。应该在教师队伍中进一步充实有业界经历的人,或者说,有些课程就应该让在业界工作的、一线的评论员来教学。

其次,关于课程体系方面,我们把评论作为专业方向班开设,这是全国第一家,没有前例可循,所以,对于其合理性还要进一步摸索。课程之间的逻辑关

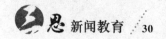

系,是否合乎科学规律？是否能够满足业界对于人才规格的需求？如果提出了不同的看法,我们还要进一步作调整。

另外,就是教材的建设和案例库的建设,我们要有高水准的教材,也要有高水平的案例库。评论有古今中外很多案例,可以供我们进行深入剖析。通过对案例的剖析来提高我们的思维能力、判断能力、鉴别能力和批判能力。

我想我们评论班下一步就要从这三个方面进行改进,只有这样,我们的评论班才会在更高程度上满足业界对于人才的需求。

"依靠自己,相信自己,开门办报,专业标准",张昆院长留给了我们这十六字。我们必将谨记在心,高标准,严要求,将本报打造成开放交流的平台。

(本文系华中科技大学学生刊物《华中评论》记者2012年3月对作者的专访,发表时的题目为《依靠自己,开门办报——访华中科技大学新闻与信息传播学院院长张昆教授》,记者:许瑞仪)

转型时代新闻评论人才的培养问题

大家上午好!这几天两湖地区大雨连绵,江湖水满,正是抗洪时节。但是根据中国传统文化,水旺财,洪水滔天,可能意味着洪福齐天。我们怀着这份虔诚祈祷,希望雨早停,水快退,财快来。正是在这个特殊的环境下,"第二届洞庭湖生态经济区绿色发展与生态文化建设论坛暨新世纪第六届新闻评论高层论坛",在洞庭湖畔美丽的益阳市隆重举行。各位嘉宾朋友自五湖四海而来,共襄盛举。在此,我要代表承办方向各位嘉宾的到来表示热烈的欢迎;同时,我也要代表华中科技大学新闻与信息传播学院向湖南省社科联、湖南省人民政府参事室,向湖南益阳市委、市政府,向湖南红网的领导对会议的精心筹备、周到安排,表示衷心的感谢。

两湖同属楚地,自古一家。有一句话,常常令我们自信满怀。唯楚有才,于斯为盛。古代不必说。中国近代历史基本上是由我们楚人主笔书写的。当然这里楚人,湘军占了一大部分。清末曾国藩统帅的湘军,几乎可以取清廷而代之。中国共产党打天下,湖南的将军、元帅更是战功赫赫。十大元帅中,湖南有三位,十位大将,湖南占了六个。真是无湘不成军啊。所谓武定邦,文安国。在文化艺术方面,湖南湘军也非常厉害。我们这一代人是读周立波的《暴风骤雨》《山乡巨变》长大的。周谷城的《中国通史》影响深远。古华的《芙蓉镇》几乎无人不晓。近几年,唐浩明的作品《曾国藩》《张之洞》更是流行天下。至于艺术家,天下谁人不知齐白石、黄永玉?还有打遍天下无敌手的电视湘军,等等,不一而足。

一方水土养一方人。湖南地灵人杰,无出其右者。但是我最近有个小小的发现,中国传媒湘军,与同是楚人的湖北有着不解之缘。有一段时间,湖南广播电视界、湖南报界的领军人物,如湖南广播电视界的欧阳常林,湖南日报报业集团的社长李凌沙,还有《体坛周报》的社长等,都曾经在武汉求过学。也就是说,在培养新闻传播人才方面,两湖地区是有着很好的合作的。

在湖南,我还会不由自主地想起一个人,那就是毛泽东。我是一个坚定的毛粉。这里讲毛泽东，不是因为我的信仰，而是毛泽东本身就与我们今天会议的主题有关系。在座的各位朋友，可能都读过《毛泽东选集》，《毛泽东选集》中什么内容最吸引大家？我是最喜欢毛泽东的评论文章。看看《民众的大联合》《别了，司徒雷登》《将革命进行到底》，哪一篇不是脍炙人口，酣畅淋漓，出神入化。"世界什么问题最大？吃饭问题最大。什么力量最强？民众联合的力量最强。"这些话出自一个二十多岁的青年人笔下，真是令人难以相信。可以毫不夸张地说，毛泽东就是20世纪中国影响最大的新闻评论员。毛泽东是一个新闻天才，但是毛泽东也接受过当时中国最好的新闻教育。那就是北京大学新闻学研究会，当时北京大学的校长是蔡元培，北大以兼容并包、开放办学闻名，毛泽东就是作为北京大学图书馆的馆员申请，成为北京大学新闻学研究会的会员。说起来，他还是当时中国最牛的报人——《京报》社长邵飘萍的学生。

中国古人有所谓人生三不朽的说法。立德、立功、立言。《左传·襄公二十四年》说："太上有立德，其次有立功，其次有立言，虽久不废，此之谓不朽。"这里所谓三不朽，我认为就是做人、做事、做学问（宣传）。有人说，中国近代史上曾国藩做到了三不朽，有一副对联这样说："立德立功立言三不朽，为师为将为相一完人。"如果曾国藩称得上三不朽，那毛泽东更是当之无愧。

我在这里讲湘军、曾国藩、毛泽东，说到底，是因为我们今天的会议荟萃了全国最优秀、最有影响的评论员。可谓群贤毕至，长少咸集。我们做评论的人干的就是不朽的功业，就是在立言。为民立言，为国发声。今天的中国，面临着空前复杂的社会转型。不过现在我们面对的形势，在转型的深度、广度上远远超过了一百年前的清末民初。首先，全球化的进展超出了人民的想象，国民经济的对外依存度甚至高于一般的发达国家；其次，经济的持续高速发展，贫富分化的程度已经相当严重；其三，新常态下的经济发展疲态显露，经济速度一慢下来，以前积累下的社会矛盾将更加激化；其四，中国的崛起并非受到所有国家的欢迎，有些守成大国正在谋划甚至已经在实施对中国的遏制，如7月12日刚刚公布的南海仲裁案背后，就有某些国家操作的影子。最后，基于以上复杂的环境，国内的舆论生态也发生了变化，民族主义、民粹主义流行，庸俗的甚至暴戾的爱国主义在影响人民的判断，众声喧哗之下，我们更加需要理性的声音。面对如此复杂的局面，尽管我们的人民可以搜集、掌握海量的相关信息，可是我们难辨真假；虽然我们面对着众多的路径，却不知道怎样选择。我们的人民、甚至我们的政府所缺乏的不是信息，而是对信息的解读和分析；人民最需要的不是报道，而是有说服力的权威见解。

我很佩服哲学家们解读历史的大视野，用哲学家的话来说，新闻传播的历史从传播内容的演变来看，经历了一个从最初的观点纸到消息纸的飞跃，如今又实现了从消息纸到观点纸的回归。信息时代我们置身于信息弥漫的空间,信息就像空气,无处不在,无孔不入。但是这弥漫的空气中却严重缺氧,没有氧气的空气也不适宜人类生存。我认为,观点、意见就是信息空气中的氧气。我们新闻评论员所做的工作就是在为我们的地球、为我们的生存环境源源不断地制造和输送氧气。这一点与洞庭湖生态经济区绿色发展的宗旨是完全一致的。

正是因为如此,我们视新闻评论为引领社会前行的精神力量。新闻评论员则是影响社会的舆论领袖,新闻评论功能丝毫不亚于新闻报道。我甚至认为,新闻报道的本质功能是监测环境,反映实际变化;而新闻评论则是立言的伟业,为人民立言,为国家发声,而立言是立功的前提。新闻评论的本质功能是引领舆论,改造世界。从历史的视野看,新闻评论的力量在社会变革时期、转型时期表现得尤为充分。而今天正是评论引领社会的时代。

基于这一认识,我们华中科技大学在新闻传播人才的培养方面,率先改革,选择的突破口就是评论人才的培养。从 2001 年开始,我们学院以赵振宇教授领衔的学术团队就开始思考、筹划评论人才的创新培养机制,一开始我们就形成了不同于一般高校的培养理念。我们认为,评论教育不仅仅是一门课程,不仅仅是一种写作技巧。评论是一种与新闻、广告、文艺不同的内容生产,是一种不同的思维方式,是一种不同的知识和能力体系,是一种完全不同的培养模式。必须从战略的高度,基于社会和行业的需求,从学校学院的人才培养理念的顶层设计上规划评论人才教育的改革。正式在这种理念的指导下,我们开始评论教育的改革。我们建设了新闻评论教育实验班;和研究生一样实行评论学生的导师制培养;建设新闻评论系列课程群,拓展评论的内涵和外延;打造新闻评论的学生创新团队;与媒体合作,建设高水准的评论教育实践基地等。这些做法,取得了显著的成果,受到了学界业界的好评。

今天我们在益阳聚会,举办盛大的论坛,一是为了洞庭湖生态经济区绿色发展与生态文化建设,一是新闻评论及新闻评论人才培养的研讨,这两者其实有着密切的关系。生态经济建设与绿色发展,作为一项基本国策,需要得到全体国民的认同、理解和支持,今天中国新闻评论界大咖云集,构思生态经济和绿色发展的大文章,各位嘉宾的智慧一定会为洞庭湖生态经济区绿色发展有所贡献;而新闻教育的发展、新闻评论的繁荣,除了新闻教育者、业界同仁的努力外,更需要有一个绿色的生态环境和政治环境。所以我满心期待今天两个论坛都能够圆满成功,同时祝两湖人民顺利地战胜洪灾,顺心平安。

谢谢!

(本文系作者 2016 年 7 月 23 日"在第二届洞庭湖生态经济区绿色发展与生态文化建设论坛暨新世纪第六届新闻评论高层论坛"上的致辞)

开放新闻评论教育，
培养新时代舆论领袖

各位领导、各位嘉宾、各位朋友，女士们，先生们：

大家上午好！金秋时节，在丹桂飘香的喻家山，由华中科技大学和阿里巴巴集团联合举办的"新闻评论开放教育建设研讨会"隆重举行，来自国内传媒界的各位时评家欢聚一堂，可谓高朋满座，群贤毕至，共商评论教育的大计。这是华中科技大学人才培养的一件大事，也是中国新闻评论界的一件盛事。在此，我谨代表华中科技大学新闻与信息传播学院，代表华中科技大学新闻评论中心，向莅临会议的各位嘉宾、各位朋友表示热烈的欢迎，向各位长期以来对我们无私的支持和帮助，表示衷心的感谢！

今天会议的主题是新闻评论人才的开放教育。这里有两个关键词。

第一个关键词是开放教育。我认为开放教育就是开门办学，就是将课堂延伸到社会、延伸到业界，遍寻天下高手为师，而不是关门办学，不是自娱自乐，不是画地为牢。开放教育就是超越学校自身的局限，学界业界联手，共襄盛举，一同发展国家的高等教育事业。很显然这与传统的教育理念是完全不同的。

第二个关键词是评论人才。我们首先要了解评论人才对今天这个时代的意义。我们置身于信息时代，或者时髦的说法是媒介化社会，膨胀的信息弥漫于我们的生活空间，构成了我们生存的精神环境。我们现在匮乏的不是信息，而是对于事实信息的判断和评价，和对于社会发展趋势的引领。同时，我们这个时代还有一个重要特征，那就是民主。民主是东西方共有的核心价值。民主作为一种治理形式，其实就是一种以民意为依归的政治。这种政治不同于专制统治的，最突出的两个因素就是倾听和表达。

倾听，就是当政者放下身段，谦卑地倾听人们的声音，听取人们的诉求，并且根据人们的愿望制定现实的政策。这样做一方面可以少犯错误，另一方面可以直接满足人们的要求，从而维护社会的稳定。事实上在古代社会，许多智者就要求统治者倾听人们的呼声。《尚书·泰誓》说："天视自我民视，天听自我民听。"意思是上天所看到的来自于我们老百姓所看到的，上天所听到的来自于我们老百姓所听到的。《国语·周语》："防民之口,甚于防川,川壅而溃,伤人必多,民亦如之。是故为川者,决之使导;为民者,宣之使言。"唐代贤臣魏徵就对唐太宗讲:"兼听则明,偏信则暗。"但是在现今社会,疆域广袤,人头攒动,加上环境的噪音,很容易遮蔽人们内在的心声。如果不是特别的专注,或者借助于专业的信息技术手段,当政者很难把握人们心灵的诉求。

于是表达就成了民主实现的重要途径。在今天这个网络化时代,虽然人人都有麦克风,人人都有摄像头,但是在众声喧哗中,最能打动人心的还是理性的权威的声音。新闻评论家就是发出这种权威声音的舆论领袖。古人说,人生有三不朽,"太上有立德,其次有立功,其次有立言"。这里的立言,就是评论家的事业。在今天这个全球化的时代,评论家不仅要为民立言,如实地反映人民的呼声,反映不同阶层人民的诉求,还要打捞沉没的声音,更要为国家发声,客观地表达国家的意志。在这个意义上,可以说评论家是社会的良心,是公平正义的捍卫者,是国家和人民的喉舌。

我们的社会不仅需要深具洞见的评论员,更需要具有责任感和人文情怀的评论家。正是依赖这样的评论家,国家才能有多元的意见表达,才会有理性而健全的社会舆论。但很遗憾的是,当下中国的传播界,在市场化大潮的冲击下,媚俗化流行,民粹主义思潮泛滥,浮躁肤浅,戾气深重。这可能是转型时期的特殊现象。这里我不由得想起了民国初年(1912年)戴季陶在上海《民权报》发表一篇只有24个字的短论《杀》,"熊希龄卖国,杀!唐绍仪愚民,杀!袁世凯专横,杀!章炳麟阿权,杀!"一连用了四个"杀"字。年轻气盛的戴季陶只是为了反对当时初生的民国政府向四国银行团借债,熊希龄是财政总长,唐绍仪是国务总理,袁世凯是临时大总统,章太炎赞成这一举措。公共租界巡捕房以"鼓吹杀人罪"提起公诉。戴天仇一出狱,即在《民权报》编辑室墙上大书:"报馆不封门,不是好报馆。主笔不入狱,不是好主笔。"现今的媒体言论特别是社交媒体虽然不像戴天仇这么样激烈,但是在一些特殊场合,针对一些社会现象,雷电交加,口诛笔伐,极度煽情,也好不到哪里去。

很显然,这种舆论生态距离我们期待的和谐社会实在太远。古人云:一言可以兴邦,一言可以丧邦。要实现民族振兴的中国梦,我们需要一个具有强烈社会责任感的新闻界,需要一批批充满着理性精神、人文情怀,同时又具有深刻洞察力的评论员队伍,这是时代的呼唤。我们华中科技大学新闻与传播学院正是感受到了这种呼唤,才在新闻评论教育方面采取了非常规的改革措施,改变了把评论仅仅视为一种写作技能的传统认知,而视评论为传媒服务社会的两大天职之一。在其他高校只是把评论作为一门两个学分的写作课时,我们建立了新闻评论实验班,把评论人才培养纳入制度化的轨道,并为评论班的学生开出了系列课程,同时与媒体联合建立了高水平的实践基地。

教育是千秋大业,关系到文化的传承、社会的发展、文明的延续。新闻评论教育更是如此。今天我们召开新闻评论开放教育建设研讨会,又开创了一个新的模式。等会我们将新聘一批国内顶尖的时评家为兼职教授,我们的学生将由此得到业界顶尖高手的栽培,双师队伍不再是一个空洞的概念,而是正在成功运作的现实。对于这一进展,我在这里要特别感谢阿里巴巴集团的支持,作为一个教育工作者,我非常欣赏阿里巴巴的远见卓识,致力于培养高水平的舆论领袖,利在社会,功在国家。我要向阿里巴巴,向马云总裁表示崇高的敬意!

最后,祝新闻评论开放教育建设研讨会圆满成功!祝各位嘉宾精神愉快,一切顺心!

时代呼唤引领社会的新闻评论员

大家上午好！今天是个好日子。第七届新闻评论高层论坛在伟大的英雄城南昌瑶湖湖畔的白鹿会馆隆重举行。作为会议的举办方之一，在此我谨代表华中科技大学新闻与传播学院、华中科技大学新闻评论研究中心向莅临会议的各位嘉宾、各位专家表示热烈的欢迎和衷心的感谢！同时，也要向我们合作伙伴江西师范大学新闻与传播学院的领导和同学们表示崇高的敬意，感谢你们为会议所做的一切，感谢你们周到的服务和倾心的奉献。

我刚看了一下黄历，今天确实是个黄道吉日。在天时方面，今天是我国台湾地区国民党主席选举投票日。国民党是个比较迷信的政党，十分重视风水、时辰选择。他们看中的日子不会错。今天还是虚拟世界的情人节，"5.20"，我爱你。"5201314"，我爱你一生一世。今天在此聚会的各位朋友大多数年龄都不小了，不是谈情说爱的人生阶段，但是我们都怀抱着大爱，对生命、对新闻事业、对评论、对教育、对学生充满爱，是我们共同的特质。正是这种爱，把我们召集在一起了。今天还有一个巧合，我们的高峰论坛是第七届、而今年正是江西师范大学成立77周年。三个七连在一起，十分难得。大家说巧不巧。三巧归一，我想今天的会议会给大家一个好彩头。

地利。我今天早起在校区周边走了走，在美丽的瑶湖边，薄雾腾腾，仙气缭绕。我不知道这个瑶湖与西王母居住的昆仑山麓瑶池有什么关联，但是沈鹏先生说瑶湖风景比瑶池好。还有我们的会场设在白鹿会馆，想想白鹿洞是什么所在，当年理学大师朱熹主持书院时的盛况，大师云集呀。在这个蛟龙蛰伏、仙气迷蒙的所在开会，想不沾仙气也难。

人和。参加这次会议的大多数是业内老朋友，彼此心知，惺惺相惜。会议虽然规模不大，不到一百人，但精品、精华总是量少。高端的会议规模总是比较小。前几天在北京举办的一带一路高峰论坛，也就是29个元首或政府首脑。今天我们的会议层次稍微低一点，规模略大一点，但是精彩可期，不让前者。

我实在是佩服这次会议的筹备水准，佩服曾振华院长、赵振宇教授匠心独运。在合适的时间、地点和合适的人,实现了完全的匹配。天时地利人和样样俱全,实在不容易。所以我对这个会议充满期待。

本次会议由江西师范大学与华中科技大学联合举办,这是缘分。我们的合作不是始于今日,在2008年,我们合作在南昌举办了新闻传播策划学术研讨会。我们合作得非常默契,我一直奇怪,为什么我们的合作会如此顺利。昨晚我翻了一下宾馆中的《师大在我心中》,才恍然大悟。不知大家注意到没有,江西师大的校训是:"静思笃行、持中秉正"。江西师大新闻学院的院训是"求新博闻,唯真乃传。"无独有偶,我们华中科技大学新闻与信息传播学院的院训是"秉中持正,求新博闻"。原来大家的心思、大家的理念是相通的,这是重要的心理基础,志同才能道合嘛。

我们两个学院在新闻评论人才培养、新闻评论学术研究等方面合作做了不少事情。所以要联合举办这次论坛,是因为我们都感受到了社会的需求,和时代的呼唤。我认为我们今天的这个时代有三个重要的趋势值得我们关注。

第一,全球化。如今的世界体系与农耕时代、工业时代完全不同。过去沧海茫茫、疆域辽阔。国家与国家、民族与民族、地区与地区彼此疏离,独立发展。于今,没有一个国家能够独立于全球体系之外,只有实现与其他国家、地区的良性互动,才能确保自身的生存与发展。

第二,信息化。20世纪60年代以来,随着信息传播技术的发展,全球步入了信息时代。传统媒体和新兴媒体和谐共存,信息弥漫于人类生存的全部空间,各个层次各个角落,无远弗至,无处不在。它像空气,影响到我们的呼吸、我们的思维、我们的行动。

因为这两个趋势而带来的时空压缩,改变了我们的世界观和历史观。在时间上,过去一个完整的历史过程需要漫长时间的酝酿,如今却只要很短的时间,如社会革命、政府更替。在空间上,过去长路漫漫,而今茫茫地球变成了伸手可及的全球村。

第三,是社会系统的结构转型。结构转型有三个重要的看点。首先是大国兴衰。近三十年来世界的权力格局发生了重大的变化,一些传统大国开始没落,而一些贫弱的国家则因及时把握了机遇,实现了综合国力的全面增长。譬如中国,GDP总量扶摇直上,如今仅次于美国。物质上的变化必然会引发心理层面的冲击。其次是城镇化,商品经济的发展必然带来城市化,传统的农村地区逐步出现空心化,而城市的规模日益膨胀,城乡差距越来越引起人们的关注,另一方面城市地区的农民工问题越来越突出。再次是阶层分化。经济的发展、财富的积累,也带来了不同阶级、阶层矛盾的逐步累积、日趋激化,贫富差距、利益冲突也越来越激烈。

因为以上的三大趋势，我们的社会充满了不确定性，充满了不安定感。外部世界的变化是那么快速、意见是那么多元，令人眼花缭乱。人类社会、国家将向何处去？我们的内心一片迷茫，无所措手足。我们的社会、我们的国家、我们的人类需要理性的引领，需要智慧的烛照。而这正是传媒人的责任、是新闻评论员的职责。

中国近代舆论界的骄子梁启超曾经这样说：报人有两大天职，其一为向导国民，其二是监督政府。美国著名报人普利策则把报纸视为大海航行中负责瞭望远方、把握方向的水手。现代西方传播学在论述媒介的社会功能时，提出了社会雷达理论，认为媒介及其从业者担负着观察社会、监测环境的责任。这些理论在激烈的社会转型时期，在社会上充满不确定性、不安定感的非常时期，彰显了职业传媒人的重要性。人们越是需要真相、越是需要引领，传媒及其从业者的责任和实际影响力就越大，能否满足社会的期待，事关社会的和谐和安定。

虽然真相只有一个，但是认识真相的角度、接近真相的路径多种多样；虽然真理只有一个，但是反映真理的声音也可以是多元的。无论是揭示真相还是解读真相，无论是探索未知还是传播真理，都需要大量优秀的传媒人，尤其是具有慧眼和责任担当的职业新闻评论员。在这个意义上新闻评论员可以说是天底下最阳光的事业，以培育新闻评论员为己任的新闻评论教育更是伟大的事业，可谓功在社稷，利及千秋。新闻传播教育的价值正在于此。

我们的天职就是培养高水平的，为人民所喜爱、所信赖的新闻评论员。我们的一切工作都要围绕这一天职展开。我认为，一个优秀的新闻评论员必须具备五种重要的素质。换言之，我们可以从五个不同的维度来综合评估或考察新闻评论员的资质。

第一是长度。所谓长度就是职业特长、职业能力和专业精神。这是新闻评论员安身立命的前提，也是其他行业其他人才难以替代的基本特质。它包括理性思维、推理能力、语言功底、表达技巧、新闻敏感、职业精神和专业伦理等。没有这些素质、这些能力，就不可能成为一个职业的新闻评论员。

第二是宽度。所谓宽度是指宽广的视野、合理的知识结构、广泛的适应能力。过去人们常说，新闻工作者是杂家，要广泛涉猎多种不同但又与履行职务直接或间接相关的专业知识。只有具备广博而合理的知识结构，开阔的视野，才能够适应复杂的报道和评论的要求。

第三是高度。所谓高度指的是思想的高度或深度。因为站得高所以看得远，能够高屋建瓴，胸怀全局。因为有高度或深度，所以具有超越时空的历史洞察力，能够透过复杂的现象把握事情的本质。我认为还不止于此，高度或深度还体现在是否具有质疑精神和批判意识。没有这种素养，就会陷于存在即合理的理论陷阱,或者流于表面,浮光掠影,蜻蜓点水。

第四是温度。所谓温度,指的是人文情怀。新闻评论员要有理性精神、批判意识,唯有冷峻的理性思考才能鞭辟入里,把握本质。但是新闻评论员还是一个有血有肉的人,是人就要有一般人类共有的情感,喜怒哀乐忧惧,对生命的敬畏,对弱者的同情,尊老爱幼,扶弱济贫。这种人文情怀会影响到评论员观察、思考问题的方式,影响到他作品的表现风格。一个没有感情的评论员,其作品当然不会打动他人的内心。唯有自己的感情,唯有洋溢着这种感情的作品,才具有震撼人心的力量。

第五是硬度。所谓硬度,指的是评论员的政治立场、政治纪律和政治责任意识。新闻评论是不朽的事业,新闻评论员是引领社会前行的正能量、是启蒙大众智慧的先知先觉,是烛照社会心灵的理性之光。要实现社会和历史的期待,新闻评论员除了要求具备超常的智慧、广博的知识、开阔的视野、深刻的洞察力和人文情怀外,还必须要有过硬的政治素质。这种硬,首先体现在坚定的政治立场,时刻以人民的根本利益为念,民之所欲,常在吾心。其次是政治纪律和政治责任,作为社会政治体系的重要环节,新闻评论员必须服从大局,从大局着眼,服从组织纪律,担当时代使命,绝不能以无冕之王自居。只有这样,才能成为富有建设性的充满正能量的新闻评论员。

这五个维度或五大素质不是割裂的,或互不相关的。他们彼此关联,而在总体上贯穿这个五个维度,或融汇这五大素质的,就是新闻评论员的专业之魂。怎么样理解这种专业之魂?三年前,我曾经写过一首四言诗。其中有这几句:"大学之道,善止德明;矢志弘毅,木铎金声。春秋大义,昭彰群伦;天听民听,至真至诚。经世文章,鉴古察今;闯关越险,拨乱反正。迁固风流,铁笔垂勋;术精思锐,求微索隐。匡扶社稷,与时俱进;秉中持正,求新博闻。穿云破雾,洞照万仞;天地共鉴,斯为传魂。"一言以蔽之,专业之魂就是弘毅、真诚、中正与奉献。

前不久我到湖南大学讲课,在岳麓书院,看到葱茏一片的古香樟,雾气升腾、晚霞满天。不由地来了一点诗兴。做了一首《采桑子·岳麓山》。下阕曰:"自古文章化蛮荒,师道荣光。桃李绽放,万丈豪情付湘江"。文章千古事,甘苦寸心知。新闻评论员以文章传世,以开智、启蒙、引领大众为使命,是何等的光荣、何等的伟大,必须蕴藉万丈豪情,全力以赴。新闻院系是培育新闻评论员的摇篮。为新闻学子,为未来的新闻评论员铸魂,是新闻教育的天职;而为民族铸魂则是职业传媒人、尤其是新闻评论员的责任。

我们生存于伟大的时代,最大的幸运是见证、记录、参与了历史的裂变和质变。我们能够看到评论文字在历史长河中溅起的水花和波澜,乃至最终引发的社会变革。评论的力量无处不在,评论员的价值难以估量。正是基于这一认知,我对今天的第七届新闻评论高层论坛满怀期待,相信今天的会议一定能够圆满成功。

最后祝各位先进、同仁在会议期间心情愉快,一切顺利。谢谢!

(本文系作者2017年5月20日在江西师范大学举行的第七届新闻评论高层论坛开幕式上的致辞,根据录音整理)

融合背景下播音与主持艺术教育

今天是个好日子,太阳的光辉融化了雾霾,登高远眺,穹顶之下的武汉,分外清晰。热情似火的华中科技大学,今天以立夏以来最凉爽宜人的温度,拥抱各位朋友。在这个天遂人愿、环境友好的日子,"媒介融合背景下播音主持艺术人才培养研讨会"在我们学院隆重举行。在此,我谨代表华中科技大学新闻与传播学院,对各位朋友、各位嘉宾的光临表示热烈的欢迎,对各位朋友长期以来的支持表示衷心的感谢!

我们置身于媒介化时代,新媒介层出不穷,弥漫的信息充塞了我们全部的生活空间,我们早已告别了信息匮乏时代,现在我们的苦恼不是信息太少,而是信息太多,不是没有引领启示的声音,而是不知道哪个声音代表着真理,哪条信息反映的是真相。信息时代最大的特点是,人人都有麦克风,人人都有摄影机,但是众声喧哗时,人们最期待的还是理性的声音引领。这就是职业传媒人存在的依据,也是我们新闻传播教育存在的根本依据。

华中科技大学新闻与信息传播学院的历史可以追溯到 32 年前。当时,中宣部和教育部联合批准兰州大学、吉林大学、武汉大学、厦门大学与华中工学院成立新闻学专业。经过三十多年的建设,我们学院已经由过去一个本科专业,发展成拥有五个本科专业、六个硕士点、五个二级博士点、一个一级学科博士后流动站的全系列高水平的传媒人才培养基地。播音主持专业是华中科技大学传媒教育的重要组成部分,也是我们学院重要的发展方向。

我们今天举办这个论坛,目的是研讨播音主持人才培养,为我们学院播音主持人才的培养拿脉问诊。说白了,今天会议的目的就是要向各位专家、各位朋友借脑引智。四年前,华中科技大学创办播音主持专业,当时我们不知道播音主持专业教育的规律,只了解社会对高端播音主持人才的需求。如今播音主持专业是我们学院最年轻的专业,首届毕业生即将出炉。说实话,我们没有底气,有些忐忑不安。

我们创办播音主持专业与 32 年前创办新闻学专业一样,是一个不容易做出的决定。但我们还是审慎而坚决地做出了我们的判断。时间跨越28年,我们走的几乎是同样的道路。

32年前,华中工学院创办新闻学专业,开国内工科学校涉足新闻学科的先河,领一时风气之先。同时,新闻学专业也是华中工学院是第一个文科专业,从此华中工学院走上了综合发展的道路。在工科大学,怎么办新闻学专业?没有前例可循,学校也没有条件照搬综合性大学的模式。我们的前辈们,结合自身的情况,根据自己对新闻职业的独特的理解,另辟蹊径,别开生面,探索出了独特的华中模式。我们首先在新闻专业的核心课程中引入了高等数学、计算机语言、自然科学概论,还破天荒地把汽车驾驶作为新闻专业的必修课程,石破天惊,在学界传为佳话。这些探索后来,相继为其他学校所接受,成为主流新闻学院的必备课程。

播音主持专业应该怎么办?在工科为主的院系里播音主持该怎么定位?我们没有随大流,没有照搬兄弟院系的成熟模式。我们首先考虑自己的办学条件,再考虑社会的人才需要,考虑自己能够干什么?什么是自己的绝活?所以,华中科技大学的播音主持教育,不像一般的综合性大学,也不同于艺术院系,我们的定位,是培养有思想的记者型主持人,培养杰出的新闻评论员、出镜记者。专业技能与综合素质并重,从招生到在校的培养,紧紧围绕并且服务于这一目标。在招生过程中,重视文化成绩,注视根基;进校后,在课程设置上,技能与基础并重,理论与实践并重,第一课堂与第二课堂并重。在教育方式上,自主学习与专业导师指导并重,校内学习与校外实践并重。

四年来,我们秉持华中科技大学新闻与信息传播学院的院训:"秉中持正,求新博闻",立足于我们学院的办学条件,激活现有资源的潜力,摸着石头过河,一步步走到今天。等会,我们学院播音主持专业的负责人彭松教授会向各位报告我们的探索过程,希望各位专家不吝赐教。我们期待着分享各位先进的经验和智慧,在此我再一次向各位学界、业界的专家、朋友表示衷心的感谢!

各位嘉宾,各位朋友,相逢是缘。武汉居天下之中,九省通衢。南来北往的客,在此打尖,歇脚。形成了武汉人好客的传统,我们学院尤其如此。我们随时欢迎各位来学校做客,我们的教室、我们的心灵永远向各位朋友开放!

最后,祝媒介融合背景下播音主持人才培养研讨会圆满成功!祝各位专家、朋友心情愉快,一切顺利!

(本文系作者于2015年在"媒介融合背景下播音与主持艺术人才培养研讨会"上的致辞)

记者风度论

在人的交往活动中,风度往往是决定其成败的关键。作为社会活动家,记者在新闻采访及其他社会活动中,自然也不能忽视风度问题。这在同业竞争激烈的西方新闻界,表现得尤为显著。因为正是在这种情况下,美好的风度,乃是融洽记者和采访对象关系的根本保证。它能帮助记者更快、更全面地捕获新闻事实。但在我国新闻界,风度问题一直没有引起足够的重视。随着社会的日益开放及同业竞争的加强,一些记者已经开始注意其风度了。然则,风度究竟是什么?它由哪些要素构成?记者风度与对象心理状态的关系如何?怎样才能养成良好的风度?这些问题,至今还没有人从学理上进行严密的探讨。有鉴于此,我想谈谈自己的看法。

一、风度与记者风度

风度究竟指的是什么?到目前为止,对风度的解释,大体可归纳为三种意见。其一,认为风度即是人的言谈、举止、态度。在这个意义上,风度与风采、风姿、风韵的意义大体相同。[①] 其二,认为风度"是重要的动态表征。它包括姿态(走路、站立、端坐等)、表情等"。而"表情又是动态表征中最重要的因素[②]"。其三,认为风度是人的"言语表情、面部表情、身段表情动作的综合表现"[③]。这些见解虽有区别,但有基本的共同点,即三者都认为风度的主要内容是人的言谈举止及由此表达的内在情绪。应该说,它们已大体上把握了风度内容的主要方面,但毕竟不是一个科学的定义。这是因为以下两点。第一,人的言谈举止及由此表达的情绪,虽然是风度的主要内容,但不等于风度的全部内涵。在此之

---

① 见《辞海》(缩印本),上海辞书出版社1989年版,第1726页。
② 孙非,金榜主编:《社会心理学词典》,农村读物出版社1988年版,第91页。
③ 汪新源著:《新闻心理学》,华中理工大学出版社1988年版,第61页。

外,人的服饰、交往环境等也是构成风度的重要因素。第二,风度只有在与他人的交往中,才具有实际的意义。当一个人闭门独处时,哪怕是姿态雍容、服装得体、仪表堂堂,充其量也只能是自我欣赏,而他人是不知道也不会承认由此表现的风度的。

我认为,风度应该是指:人们在服饰、环境的烘托下,通过言谈、举止、仪容等动态表征体现出的为交往对象乐于接纳的魅力。要理解这个定义,须把握三个环节,即烘托因素、动态表征和交往对象。其中后面两个环节最为重要。因为即便烘托因素再好,没有动态表征,也不过是木偶穿佳裳而已;而在一些场合,由于动态表征突出鲜明,往往会淡化烘托因素的影响。此外,即便有了烘托因素、动态表征,而只是一人独处,不见交往对象,其风采也不会为人所知,魅力也不会产生;同时,交往对象的心理状态,对对方的风度感知会产生不同程度的影响。

一般来说,不同的人会有不同的风度。学者的风度不同于诗人,农民的风度不同于工人。在同一类型的人中,他们通过动态表征体现出的魅力,也会有或多或少的区别,这是显而易见的。

记者是社会的普通成员,在交往活动中,当然也会有这样或那样的风度表现。那么记者风度该如何理解?我认为,所谓记者风度,是指新闻活动中,记者在服饰、环境的烘托下,通过言谈举止等动态表征体现出的为采访对象或旁观者乐于接纳的魅力。这种魅力对于任何记者来说都是必要的。它乃是记者顺利地履行其职责,取得同业竞争胜利的重要保证之一。没有风度、缺乏魅力,或风度、魅力不佳的记者,往往很难取得事业成功。

二、记者风度要素

既然风度对任何记者来说都是必要的,那么记者风度有些什么要素?我认为,言谈举止固然是主要的风度要素,但如果认为风度就是言谈举止那就错了。实践表明,在此之外,仪表、打扮及现实的交往环境,也是风度的重要因素。而这些因素,一般又和主体的言谈举止结合在一起,互相影响,互相制约。在言谈举止与仪表、打扮及环境要素配合协调的情况下,风度美就会充分表现出来;反之,记者的风度美就会大大减弱,从而有可能导致新闻活动的失败。

在风度诸要素中,言谈举止是最重要的。对作为社会活动家的记者来说具有更严格的要求。

一般来说,记者的言谈,是采访活动中沟通双方的桥梁,同时又是反映自己心态的一面镜子。优雅的谈吐,有助于给对方留下完美的第一印象,即使自己相貌不佳。新闻实践对记者的谈吐提出了许多建设性原则,其中重要者有三。其一,语调要平缓,切忌急促。平缓是自信的表现,同时也便于自己理清思路,观察对方,而急促则往往与焦急、缺乏自信及不成熟等心理活动密切相关。其二,要礼貌周全,切忌大大咧咧。尤其对于初次接触的对象,最好要庄重、客气一些。其三,语句要简洁,内容要文雅,切忌啰唆粗俗。如果记者能坚持这三大原则,则必然会在一定程度上增强自己的魅力。

至于举止,又称动作语言或动作表情。它包括身体全部或局部的任何反应动作和非反应动作。美国心理学家埃克曼认为:"会见中自然流露的体态和面部表情,并非毫无规律的活动。""而是具有与言语行为相关的独特的交流价值。"爱尔波特·梅拉比恩博士发现,在交往过程中,一个人说的话只是他表达的东西的7%,其他38%通过讲话的态度表达,另外55%通过面部表情和身体动作表达出来。所以在新闻活动中,记者应有意识、慎重地利用动作语言,恰当地表达自己的意见和感情,从而更好地实现双方的沟通,增强自己的魅力。具体来说,记者的举止首先要做到敏捷而不轻佻。所谓敏捷,指在面临突发事件时,能果断地采取行动,即时捕获重大新闻及其细节,迅速予以报道。力戒轻佻,则要求与采访对象交往时,尽量避免摇头晃脑、乱打手势、嚼口香糖等与采访气氛不协调的举动。其次,还要做到沉稳而不死板。举止的沉稳,乃是指采访活动中能克服外来因素的干扰,聚全力于采访,做到"泰山崩于前而色不变,麋鹿兴于左而目不瞬"。沉稳不等于死板。死板是指外部形势发生了重大变动时,仍以不变应万变。这种死板的举止对采访的进行有百害而无一利。如果记者的举止能做到沉稳与敏捷的统一,清除轻佻和死板,加上高雅的谈吐,其魅力就很容易表现出来了。

1. 知识、能力与风度

与谈吐、举止密切相关的风度要素,是行为者的知识修养和实际能力。在当今崇尚知识、注重实力的时代,人们一般都喜欢知识渊博、能力强的人,而不愿意与知识贫乏、能力薄弱者交往。1986年进行的一项调查显示,在310名调查对象中,以知识丰富作为第一魅力因素的人最多,以能力强作为第一魅力因素的人次之,以长得漂亮为第一魅力因素者居第三。凭此足见知识、能力作为魅力因素的影响。

对于记者来说,知识能力的意义同样不能忽视。一方面,新闻读者是否接受记者传播的信息,在很大程度上取决于他们对记者知识能力的评价。一般认为,记者的知识越丰富,能力越强,他所报道的内容就越容易为他人所接受。反之,一个对所报道的事情一无所知的记者,其报道必然难以产生预期的影响。另一方面,在采访活动中,记者的知识能力,作为魅力因素,直接影响到采访对象对记者的印象及其对于采访活动的态度。因为能干的、知识丰富的记者或许能在某些问题上给他以帮助,或至少不会找麻烦;同时,能干的、知识丰富的记者的言行,还会使采访对象感到恰到好处,从而构成了对他的精神酬偿。

但是,任何事情都有例外。社会心理学的实验表明,一个极其聪明、能干的人,往往会使交往对象产生一种自卑感和心理压力,从而降低了知识、能力作为魅力因素的吸引力。反之,如果一个杰出的人物,偶尔暴露些微不足道的缺点,或者遭受一些挫折,则会更加受人喜欢。这一原理对记者具有重要的意义。在某些自尊心强的采访对象面前,记者的天真、幼稚及由怯场造成的窘迫,往往会造成意想不到的效果。因此,在知识能力上臻于完美,是不可能也没有必要的。对于特定的对象,记者还得掩饰其知识、能力的实际水平。

2. 仪表与风度

在社会交往活动中,其他条件相同的情况下,漂亮的人总会受到更多人的喜欢,总是易于被他人感受出内在的魅力。尽管对美貌的判断,因时间、地点而有所不同,尽管许多人竭力否认其以貌取人,但人们的交往倾向大多与交往对象的相貌有关。尤其是"在异性之间,特别是初期,魅力是由美的姿容所决定的"[①]。所以,一般的人在和相貌丑陋的人打交道时,心里总感到有些不舒服,同时他们也希望自己的亲友具有漂亮的仪表。美国心理学家赛格尔曾做了一项有趣的实验。他们给假扮的法官们几个案件材料,并附有罪犯的照片。有的照片漂亮些,有的不漂亮。判决的结果令人震惊:对于罪行相同的盗窃犯,外貌漂亮的平均被判刑 2.8 年,不漂亮的则平均被判刑 5.2 年。由此不难看出仪表作为魅力因素的重大作用。为什么美貌者易于被他人感受到出众的风度呢?这是因为审美需要是人类重要的精神需要,而外貌之美能使人们感到轻松愉快,从而构成一种精神酬偿;其次,人们往往还有一种心理倾向,认为漂亮的人常常具有其他方面好的属性,如开朗的性格、坚强的意志等。

但是外貌美毕竟不能与风度美画等号。仪表只是风度的要素之一,而非风度内容的全部。在现实生活中,往往有一些风度翩翩的人并不具有美丽的外貌,而具有漂亮的外貌者,也不一定都会表现出高雅的风度。《世说新语》所载"曹操捉刀"就是很好的一例。相传曹操将见匈奴使臣,因自己生得难看,个子又矮小,怕使者小看中原,就叫崔琰代劳。曹操自己则手提大刀、扮成卫士站在崔琰的床头。崔琰长相威严,眉疏目朗,须长四尺。接见之后,曹操派人探听使者的反应。使者说:"魏王信自雅望非常,然床头捉刀人,此乃英雄也。"可见,貌美不等于风度美,相貌一般甚至丑陋的人,也能借助其他条件表现其美好的风

---

① (日)古田和孝著:《人际关系社会心理学》,南开大学出版社 1986 年版,第 70 页。

度。

3. 衣着打扮与风度

衣着打扮和仪表密切相关,它是风度的烘托因素。得体的服装,能在一定程度上增强主体的仪表美,更加鲜明地衬托主体内在的精神世界,从而越发显出主体的魅力。

记者也是如此。著名记者萧乾说:"做记者还要适当注意仪表,要衣着整齐……在旧社会做记者,不管家里多穷,出门也要西装笔挺,否则人家看不起你。"①邓友梅笔下《紫罗兰画报》的主笔马森,就是"西装革履","一天刮两次脸,三天吹一次风"②。这种情形不仅存在于旧社会,就是今天,服装打扮作为烘托要素,仍起着不可忽视的作用。但是,我们也不能过分强调衣着的时髦、形体的修饰。过分的打扮、修饰必然会破坏衣着与仪表及内在的精神世界的协调,破坏记者与采访对象、现场环境的协调,往往会适得其反。衣着既不要太时髦,也不要太简朴。这一原则同样适用于女记者随身什物。他们认为,记者不应该直接与采访对象争奇斗艳,而那些不修边幅的女人又可能给人造成"索然无味甚至半男不女的印象"③。这一见解的正确性,已得到实践的证明。1987年9月15日,当我国台湾地区两位记者第一次踏上北京的土地时,"李永德身穿一套青色西服,系着一条红领带,徐璐下身穿蓝色紧身裤,上身穿米色外套"。这简朴的打扮,已充分表现出他们作为新闻记者的翩翩风度了。

总之,记者的风度,是在服饰、现场环境的烘托下,记者的仪表言谈举止等动态表征及由此体现出的知识能力的综合表现。片面地追求服饰,或因仪表不佳而苦恼、自卑,都是不正确的。同样,因为自己长得漂亮,就以为自己风度优雅,也是不切实际的幻想。在风度诸因素中,尽管各有特点,但最重要的还是言谈举止及由此表现出的知识能力。服饰简陋、仪表欠佳等外在不足,在一定情况下,可以通过言谈举止及知识能力等因素去弥补。

三、记者风度与对象的心理状态

风度具体体现在一个人的身上,却存在于人与人至少是两个人之间。只有在与他人的交往中,人的美貌、举止、谈吐才能作为魅力因素被他人所感知,进而产生魅力。有的时候,同样一个人的同样风度表现,在面对不同的交往对象时,还会产生不同的效果。风度的表现程度及其客观效益水平,取决于交往对

---

① 中国社会科学院新闻研究所编:《新闻研究资料》1980年第4期。
② 邓友梅著:《京城内外》,人民文学出版社,第8页。
③ 约翰·布雷迪著:《采访技巧》,新华出版社1986年版,第65页。

象的心理状态,在新闻实践中,记者的风度表现也是如此。具体来说,采访对象心理状态对风度感知的制约主要有下面三种情形。

1. 对象的知觉偏见

所谓知觉,是指人脑对直接作用于它的客观事物的各个部分和属性的整体反映。知觉偏见,则是指个体对自己、他人或团体所持有的缺乏以事实为根据的态度。如南非白人对黑人持有的种族歧视态度。这种偏见往往是以有限的或不正确的信息来源为基础的。一般认为,知觉偏见的表现形式有三。其一,光环作用(亦称晕轮效应)。在社会交往过程中,人们对他人的判断最初多是根据好坏得出来的,然后再从这个判断推论出他所有的品质。"由于一个人被标明是好的,他就被一种积极肯定的光环所笼罩,并赋予一切好的品质,这就是光环作用。"如果一个人被标明是坏的,他就被认为具有所有坏的品质,这就是"消极否定的光环"①。光环作用直接影响着对他人印象的形成,从而决定着交往活动的成败。记者的风度表现也不能避免光环作用的影响。如果记者一进入角色,就被对方判定为是个好人,光环作用就被激发出来了,他的魅力就很容易为对方所感知,乃至得到光环的渲染。如果记者被对方判定为是"坏的",则会由于"消极否定的光环",而被对象认为他具有本身并不具有的坏的品质。其二,假定相似性。在交往过程中,人们还有这样一种倾向,即总是假设他人与自己是相同的,把自己的特性归属到与之交往的其他人身上。当对象被这种倾向所支配时,往往会产生两种极不相同而又互相联系的结果。一方面,他对于记者魅力的评价比实际上的记者更像他自己,歪曲记者的人格魅力使之更像自己的人格魅力。这意味着采访对象是怎样比记者的实际风度情况更多地影响着对记者风度的知觉。另一方面,采访对象在知觉——评价与自己相类似的记者的风度时,比其他不相类似的记者要准确得多。其三,先入为主。这是指对象在会面之前形成的对记者的定式心理(态度),对记者风度的感知有着重要的影响,起着同类后继心理活动的趋势的作用。如果交往对象形成了对记者有利的定式,记者的各种动态表征就容易得到上面的理解。反之,如果对象的定式建立在不充分、错误材料的基础之上,这种对记者不利的定式就会驱使对象从消极的方面去感知记者的动态表征,从而大大地削弱记者的魅力。

2. 对象的主观需要

需要是人对于延续和发展其生命所必需的客观条件的需求的反映。它通常以愿望、意向的形式而被主体所体验。一般认为,当人处于愉快、肯定的情绪

---

① 弗里德曼·西尔斯,卡尔·史密斯著:《社会心理学》,黑龙江人民出版社1984年版,第99、190页。

体验时,这种情绪色彩会投射到他所感知的交往对象身上,从而形成积极性评价;如果某人被消极的情绪体验所支配时,他对于对象的评价就难免染上消极的色彩了。

对采访对象来说,接受采访,是满足其社交需要、尊重需要的重要途径。如果记者的言谈举止及其他与对象有关的信息表明,记者很喜欢,并且非常欣赏采访对象,或者记者的热情超过了维持一般交往所必需的程度,从而使对象尊重、社交的需要得到满足,那么对象就会由此产生某种肯定、快乐的情绪体验,这种体验又必然会影响到对记者风度的感知和评价。所以,采访对象对记者风度的感知,与记者对对象的尊重、热情程度密切相关,与对象的尊重、交往需要的满足与否密切相关。

3. 熟悉程度

对主体来说,熟悉的交往对象与不熟悉的交往对象相比也许更能从他那里获得积极肯定的评价。在这个意义上,熟悉程度与好的、肯定的东西是密切相关的。美国学者扎琼克做过这样一个实验。他让被试者看一些人的面部照片,有些照片让他看二十五次,而有的只让看一两次。然后问被试者喜欢每张照片的程度,以及他们觉得多大程度上喜欢照片上的那个人。这种情形告诉我们,在相同的条件下,人们彼此见面越多,就越是互相喜欢,接触次数的增加,意味着喜欢程度的增加。但是这种由熟悉引起喜欢的情况也不是没有界限的。在交往过程中也会出现这种情形:在彼此见面的频度达到极端的情况下,人们对对方的喜欢程度反而会大大降低。也就是说过量的会面会使对方产生厌烦或厌倦的感觉,从而产生对行为者的消极评价。

记者的魅力能否淋漓尽致地表现出来,并得到对象的肯定性评价,也在一定程度上取决于对象对自己的熟悉程度。采访对象若是熟悉记者的各种情况,就容易形成一种对记者来说是积极的心理倾向,从而使他在感知记者的各种动态表征时,产生某种具有肯定色彩的内在体验。这就是记者们为何乐于与采访对象交朋友、多方接触的重要原因。当然,在一些特殊场合,接触采访对象的次数过多,频度过高,也会在一定程度上引起对方的厌恶感,这也是记者应加以注意的。

四、如何增强记者的风度

如前所述,记者风度是新闻活动中,在服饰、环境的烘托下,通过言谈举止仪容等动态表征体现出的为对象欣于接纳的魅力。风度的有无,往往能决定采访活动的成败。增强记者风度,是完成报道任务的保证。那么,记者怎样才能增强自己的风度,显露自己的魅力呢？要实现这一目标,应从以下四个方面着手。

1. 克服心理障碍

所谓心理障碍,指的是人的心理活动中阻碍其内在意识、情感恰当表达的诸因素。一般认为,心理障碍主要有以下四种。

其一,自卑感。有的记者面对某些大人物,往往会自卑得无地自容,手脚不知往哪里放,当问的也不敢问。这样的记者,采访对象是不会满意的。

其二,优越感。一般认为,优越感是指人自以为在生理方面、心理方面、工作地位等方面长于别人、强于别人的心理状态。这种心理状态,往往会以各种令人反感的方式表现出来,如傲慢、固执和自我欣赏等。作为记者,强烈的优越感,只会使采访对象疏远自己,淡化彼此的亲密关系,使采访对象的内部体验染上消极否定的色彩。

其三,羞怯心理。羞怯心理的典型表型,就是害怕与人打交道,在与他人面对面交往时感到紧张、拘束和尴尬,乃至面红耳赤、局促不安。这种心理,一方面使人不能清楚地表达自己的见解和内部体验,另一方面还容易让他人和环境来支配自己的行动,以致在交往中处于被动地位。所以害羞的人,一般很难与陌生人交往。有人说,怕羞有时会使人显得更加可爱,因为他们在群体中往往不爱出风头,不抢人话题,显得谦逊而有涵养。其实,人们喜欢的并不是"怕羞",而是与羞怯相联系的谦逊、稳重、有涵养等品质,而这些品质完全可以在不怕羞的行为上表现出来。如果一个人不害羞,同时又具有上述品质,这个人可能会更加令人喜欢。作为社会活动家,羞怯心理对记者工作的消极影响极为显著,因而克服羞怯心理,培养谦逊、稳重的品质,具有重要实际意义。

其四,嫉妒心理。心理学家认为,嫉妒是一种心理缺陷。它是指由于羡慕一种较高的生活,或者想得到一种较高的地位,或是想获得一种贵重的东西,但自己未得到,而身边的人先得到了,这就使人产生了一种非正当的不适感,为了补偿平衡,就产生了嫉妒。嫉妒是社会交往中的一种心理障碍,它会限制人的交往范围,并抑制其交往热情。对记者来说,嫉妒除了抑制人的交往热情外,还会驱使人去贬损交往对象的杰出品格,消除为维持融洽关系所必需的尊敬和恭维。而这一切又会在有意无意间流露出来,乃至影响到对象的内在体验及其对记者魅力的感知。

可见,自卑感、优越感、羞怯心理和嫉妒心理是记者充分表现其风度的心理障碍。不克服这些障碍,记者就不可能恰如其分地通过各种动态表征来展示自己的风度。

2. 加强知识修养

既然知识修养是记者的风度要素之一,那么,加强这方面的修养,也就是增强记者风度的重要手段。至于如何加强知识修养,已有许多人进行了专门研究,在此不作赘述。

3. 仪态的修饰、谈吐举止的讲究

要增强记者的风度,绝不可忽视仪态的修饰、谈吐举止的讲究。在这方面,记者应充分利用已有的条件并创造新的条件。这些条件主要有气质、性格、相貌、能力等。一般认为,美貌固然是一个重要的魅力因素,但这种自然美如得不到恰当的利用和修饰,反而会引起不利的后果。另一方面,在交往的初期,美貌的吸引力非常明显,但是随着交往的深入,美貌的魅力作用就会逐渐下降,而气质、才能、品德等因素的作用则会逐渐加强。所以利用现有的条件,并不是单指利用自己的外貌,而是通过修饰打扮、言谈、举止,充分发挥自己所有的特长和优势。只有仪表美、动作美、心灵美的综合表现,才是风度美的全部内涵。

此外,记者还要有意识地创造新的条件。前述的相貌、气质、性格具有先天遗传性质,尤其是相貌。而知识、能力、言谈举止、品德修养则是后天创造的,记者完全可以在工作和生活实践中,有意识地对此加以培养,使之在更深的层次上感染采访对象,增强其内在情绪的肯定色彩。这一点已经得到了新闻实践的证明。

4. 提高自己的应变能力

记者还应在实践中不断地提高自己的应变能力,以求在不同的时间、地点,针对不同的对象,采取各种适当的交往方式,充分表现自己的魅力。在这方面,有三点值得注意。

其一,以时间、地点、对象为转移。人们之间的交往及其相互间的感知,在较大程度上受到时间环境的影响。一般认为,在人遇到困苦和感到不安的时候,总希望和别人在一起,在这种情况下,他人微小的安慰就会引起他的感激之情;当某人因事业成功、爱情顺利而怡然自得时,适当的恭维和赞扬,也会引起喜欢的情感,从而影响到他对对象的评价。地理环境也有同样的作用。实验表明,当人处在不舒服(如酷热、严寒)的地点时,对他人的注意力和兴趣容易被转移到内在痛苦的体验上,在这种情况下,对象往往很难引起他的好感。至于交往对象的特殊性品质则直接影响到对他人影响的感知。在老人面前最受欢迎的是礼貌、恭敬、稳重、诚实;而受到青年欢迎的,则是机智、勇敢、朝气蓬勃等。所以,同样一个人同样的风度表征,在不同的对象面前会得到完全不同的评价。这就要求记者在接触不同的交往对象时,要根据时间地点的变化,灵活地调节自己的言谈举止等动态表征,适当修饰自己的仪态,以获得对象的肯定性评价。

其二,合理接近,即在新闻活动中,记者应合理地接近采访对象,认真地掌握交往的分寸。对于这一点,笔者打算另文专论,在此不作赘述。

其三,适当暴露。所谓适当暴露,指的是正确掌握人际关系的"透明度"。在交往过程中,把自己的真实面目暴露给对方。心理学家认为,"个性的更广泛和更亲密的暴露",是促使人际关系"逐渐相互接近和变得亲密"的关键。当某人把自我向他人敞开,让他人了解自己的真相时,就会使他人本能地得到满足,而这种满足的体验又会泛化到交往对象身上。这是因为,自我暴露的程度与人际客观的亲疏关系和信任程度密切相关。交往对象与自己的关系越亲密,越是值得信任,人们就越能在更深的程度上和更广的范围内将自己暴露给对方。在这个意义上,暴露程度乃是信任程度的表现,是衡量交流双方亲密程度的标尺。在采访对象面前,如果记者能适当暴露自己真实的想法和体验,必然会在一定程度上影响到对象对自己的观察和评价。

总而言之,记者的风度表现取决于许多内在、外在的因素。要增强记者的风度,自然也要从多方面着手。其中重要的就是克服自身的心理障碍,加强知识修养,提高自己的应变能力,注重仪表的修饰和言谈举止的讲究。只有综合运用这些手段,记者才能在新闻活动中表现出良好的风度,进而完成特定的报道任务。

(本文原载于《声屏世界》1990年第3、4期)

完善实践教学环节，
培养复合型新闻人才

实践性教学（实验和实习）在整个高等教育中占据着十分重要的地位，它是学生知识接受、技能培养的重要环节与有效手段。在我们新闻与传播学院各系（专业）的人才培养过程中，实践性教学显得尤为重要。

新闻与传播学院涵盖两大学科门类：一是文科，设有新闻学专业、广播电视新闻专业、广告学专业和网络传播专业方向；二是工科，设有印刷工程专业、包装工程专业和电子出版专业方向。这些专业不仅具有很强的实践性、应用性特征，而且在社会上还有可以依托的社会产业，如新闻传播产业、印刷包装产业等。专业的性质和将来的职业都要求学生必须具备各自专业最基本的知识积累和实际操作能力。

20年来，武汉大学新闻与传播学院一直遵循着"加强基础，注重实践，服务四化，面向未来"的办学思想，把实践环节放在战略的高度，为培养合格的新闻与传播人才探索出一条新路，在新闻传播教育界取得了令人瞩目的成绩。

随着新世纪的到来，随着加入WTO（世界贸易组织）后新闻传播业界发展的新趋势，我院围绕着实践教学问题进行了新的思考。首先，新的新闻与传播学院的组建，须整合文科、工科两大学科的优势，促进两大学科在培养复合型人才方面有机地融合为一体，这就需要探索出一套新的实践教学体系。其次，更为紧迫的是，我国加入WTO之后，不仅国内业外资本大量投入新闻媒体，形成组建报业集团、广电集团的大潮，而且外国资本也已多方渗透到我国的新闻传媒中来，大有愈演愈烈之势。这种形势对新闻传播人才的培养提出了更高的要求，在传媒人才市场上，用人单位打出了"随机出题，现场考试"和"有实践经验者优先考虑"的招牌，不仅要求学生有较高的学历、广博的知识，而且希望学生具有超强的工作能力，一上岗就能独当一面，不仅能胜任本职工作，最好还要有完成任务的组织能力和策划能力。

新的形势不仅为高等教育指出了改革的方向，而且提出了更高的要求。就实践环节的教学来说，也有了更明确的目标。基于社会对新闻人才需求的变化,根据高等教育发展的一般规律,同时结合本院所属各专业的具体情况,我们从以下几个方面入手,对实践教学环节进行了新的探索。

一、转变教学观念,强化实践意识

高等学校的人才培养过程,实际上是老师和学生双向互动的过程。学生毕业后能否满足社会的人才需求,能够在多大程度上满足,不仅取决于教师如何教学及教了些什么,更重要的是学生掌握了什么。长期以来,人们对高校人才培养存在着认识上的误区,以为学校、老师的基本职责就是给学生灌输知识,学生掌握的知识越多,教育就越成功。殊不知,知识的无限性决定了学生在短短的大学期间,无法全面掌握。即使掌握了,这些知识也会面临着更新的问题。知识的传输固然重要,但是教育的重点绝对不能局限于传输知识,而还应该包括对利用知识和创造知识的能力的培养和发掘。掌握知识不是目的本身,利用知识解决实际问题,在新的实践中创造新的知识才是问题的关键。不然科学就不会发展,历史就会陷于停滞。在这个意义上,知识的传输与学生能力的养成同为人才培养过程中不可或缺的重要环节。传输知识是基础,学生没有必要的知识储备,就谈不上对知识的利用;而将知识应用于具体的社会实践,在实践中发现、创造新的知识,丰富现有的知识宝库,则是教育的目标。

反思以前的高等教育,特别是新闻传播教育,存在的最大问题就是过于重视知识的传输,过于重视课堂的理论教学,而忽视了实践环节,没有意识到实践环节在人才培养过程中的地位和作用。尽管安排了实验课程,安排了在校外进行的专业实习,但是由于经费投入少,实验设备落后而且不配套,专业实习时间短,加上就近便宜安排,实践环节的教学效果很差。其结果是理论与实践分离,现实与未来脱节。通过课堂学习,学生掌握了不少业务知识,但不知道在实际工作中如何应用,知识没有转变为能力的源泉。以至于学生上岗后,面对新的环境、新的设备,茫然不知所措,无法满足新闻传播界提出的上手快、后劲足的要求。这种情况在新闻与传播教育界十分普遍。随着竞争机制的导入,新闻传播领域对人才的要求,将会在越来越大的程度上倾向于能力素质。不改变传统的教学观念,仍然拘泥于知识的灌输,轻视实践环节的作用,将会丧失新闻传播领域高端的人才市场。20 世纪 90 年代后期以来,这一观点在本院教职员工中达成了共识,在党政班子间达成了一致,在全体学生中产生了共鸣,这是本院实践教学改革的前提和出发点。

二、加强制度建设,设立专门的实践教学协调机制

对于实践教学的重视,不能停留在思想认识的提高和制度法规的确立上,还必须加强管理机构及运作机构的建设,才能确保实践教学任务的顺利完成。经过多年的磨合,本院建立了专门的实践教学管理机构。其运行的原则是:三级管理,系为基础;整体规划,分头运作;统一步调,共享成果。

所谓三级管理:第一级是以主管院长为中心,以文科、工科两个实践教学协调小组组长为助手的院级领导班子;第二级是由各专业推举、抽调的资深教师组成的文科、工科两个协调小组全体成员;第三级是以主管系主任为中心,以各班导师为主体的基层班子。上下统一协调,院级实践教学管理班子直接对教学主管院长负责。其职责如下:

(1) 就当年实习学生的情况制订具体的实习计划和方案,然后下达到两个协调小组;

(2) 召开全院专业大实习动员大会;

(3) 实习结束学生返校后,召开实习总结大会,奖励优秀实习生。

"工科组"和"文科组"实习的性质和基地都有较大差别,全院根据当年学生具体情况制定出整体规划之后,便分头去执行和运作。在文科组内也有新闻专业、广电专业、主持人专业、广告专业等不同的实习任务和实习目标。在小组的协调下,各系负责此项工作的教师便利用各种渠道和途径,为学生联系、落实具体的实习单位。一旦好的实习单位或新的实习单位落实取得突破,便为全院各个专业的学生所共享。

从整个实习的程序和过程来看,更多的工作都在系里,除了系主任和负责此项工作的教师之外,全系教师都把搞好学生的实验和实习当作大事来抓。凡有种种社会关系者,都能积极联络,推荐合适的学生去实习。特别是每个系有不同的专业,每个专业还有不同的班级,以及为数不少的硕士研究生都需要专业大实习。每年要首先征求学生的意向:愿去北京、武汉、广州、深圳,还是去上海或其他城市的媒体、企业?然后落实实习基地,再根据媒体人对人才的需求具体落实到每个学生身上。这个工作量是很大的,也是很烦琐的。为使这项工作有序进行,我们还设计了各种各样的功能表格,既方便了对实习工作的管理,也方便了学生和媒体单位的联络。这些功能表格有:

(1) 武汉大学新闻与传播学院专业实习意向调查表;

(2) 武汉大学新闻与传播学院学生实习登记表;

(3) 实习单位与联络人一览表;

(4) 致实习生接受单位的函;
(5) 武汉大学新闻与传播学院专业实习介绍信;
(6) 武汉大学新闻与传播学院实习学生自我介绍书;
(7) 武汉大学新闻与传播学院实习学生在实习期间必须遵守的规定;
(8) 武汉大学新闻与传播学院学生专业实习鉴定表。

最基层的一级,是各个班级导师。班级导师带领班干部,在学生四年的大学学习期间,始终要把实验和实习放在一定的地位去引导学生,比如课堂上的各种实践活动,各种业余的实践小组,各类为实践而开展的竞赛活动,又如每年一度的摄影比赛、写作比赛、演讲比赛、广告设计比赛等,都以班级为单位进行。专业大实习更是如此,从头至尾的各项工作,都由导师和班干部具体落实到每个同学身上,这是最基础的一级管理,也是最细致的一级管理。

三、建立课堂实验、假日实习、专业实习梯级实践体系

我们要求全院各系专业课程的教学必须将实验、实习放在重要的地位,各系专业课程的教学都要将实习带入课堂,以便学生一入校就在动手能力上有所锻炼。如新闻采访课教学中的模拟新闻发布会,写作课现场采写并评点学生作品,广播、电视和新闻摄影课直接进行的采访与拍摄,广告创意与设计的实战练习,印刷和包装专业课的上机、设计与操作等,这些都需要理论联系实际,直接让学生在老师指导下动手操作。通过课堂上或课间的实验与实践,既提高了学生的学习兴趣,加深了学生对理论知识的认识和理解,也直接达到巩固所学知识、实际锻炼学生的目的。在实践教学的第一梯级中,一些学生就能够有所发明、有所创造,做出了令人振奋的成绩。新闻系、广播电视系每年都有一部分学生在专业课程学习期间,就在公开出版的报纸杂志上发表文章以及新闻照片。比如1998级学生许毅,1999级学生王冰、王平、袁丹,2000级学生张欢,2001级学生张磊、付小燕等。再比如广告系学生在任课老师的组织下,参加了"中广杯"全国公益广告设计大赛,连续三年都有自己的学生夺得金奖和多项一、二等奖。包装工程系学生的课件曾获得全国大学生课件设计一等奖。

所谓假日实习,是指利用节假日进行的课外实践教学活动。每逢双休日、"五一"、"十一"的黄金假日以及寒假和暑假,新闻与传播学院从上至下,鼓励学生积极参加专业实习和其他实践活动。为此,学院开具推荐信、证明书,专业教师还帮助学生联系实习单位,全院80%以上的学生都利用这些时间去新闻媒体或工厂参加实践活动。他们通过这样的小实习,不仅认识了社会,认识了自己以后所从事的工作和事业,而且有不少同学还取得了骄人的成绩。比如1999

级印刷工程专业学生倪立刚参与了"柯林数码胶卷"的研制,于 2000 年获得由中国科协、团中央和教育部颁发的"挑战杯中国大学生创业设计大赛"银奖。再比如 2001 级学生张磊,利用假期在《宜昌日报》实习,一个暑假就发表独立采写的新闻消息 30 篇,通讯报道 1 篇,专题报道 2 篇,新闻照片 1 幅;2002—2003 第一学期,利用双休日参与策划、编排和采写,就为《武汉商报》发新闻专题报道 12 个整版,新闻照片 28 幅。这些收获和成绩,不仅提高了学生的专业兴趣,加深了他们对专业的认识,而且还为实践的第三个阶梯——专业大实习奠定了扎实的基础。

经过多年的比较,我们把专业大实习定在大三的第二学期,即每年春节过后至暑假的 4 个月左右,这是对学生在校学习知识的总检阅,也是学生从业的试验场,是新闻与传播学院各专业学生走上工作岗位的一条必经之路。每年的专业大实习都搞得轰轰烈烈,每个专业大实习都取得了辉煌的成绩,每届学生在媒体上发表的文章、报道或照片,拍摄的电视新闻或采录的广播节目,就有数千篇(幅)以上。2002 年,新闻和广播电视新闻两个系 120 名学生在报纸上发表文章、新闻报道、调查报告及在电视台、广播电台采摄、采录的节目共计 4000 多篇(条),其中独立采写的占 30%。值得一提的是,一些学生采写了颇有影响的节目,得到新闻单位的星级奖。如在经济日报社实习的汪萍,在《经济日报》上发表的《中国城市竞相上电视》、《中国牡丹真被美国抢注了吗?》、《九个字为何节省一个亿》三篇文章获报社"一星稿"奖励,在《经济》杂志上发表的《无意离野心有多远》、《咨询无事》、《人才流往外资机构国有银行满不在乎》、《停下来是蓄势待发》等文章被多家报纸、网站转载,取得了很好的社会反响。她的实习鉴定这样写道:"像她这样能在较短时间内写出这么多文章,并且被大量转载的,在实习生中还很少见。"在本院实习生中这种事例却比较普遍。

四、加大资金投入,完备实验手段,改善实践条件

专业大实习是整个教学的重要环节,我们不仅在学分的确定上文科给予"8"学分的分值,工科给予"6~9"分的分值,而且不惜代价,增加对专业大实习的经费投入,以确保学生专业实习的质量,为学生的实践能力和综合素质培养创造条件。同其他兄弟院校的新闻传播专业相比,我们更愿意花本钱。多年来,在我院学生专业大实习中,学校每年投入经费近 4 万元。另外,我院还从创收中拿出 4~5 万元,补助专业实习的各项开支。这些费用包括:每个学生的实习指导费,院实践教学协调小组成员联络实习单位、巡视学生实习活动的差旅费,教学实习基地维持费,以及优秀实习生的奖励资金等。

至于课堂教学中的实验、实践环节,我们也同样花了大气力,投入较重资金予以重点建设。我们的具体做法如下。

1. 组建并完善教学、科研一体化的实验室

本院利用院系调整带来的机遇,购进了一大批先进的试验设备,组建并改造了一批教学、科研一体化的实验室。例如,新闻系改造了原有的摄影实验室和暗房,摄影实验室占地300平方米,不仅有黑白摄影暗房,还增设了彩色冲洗和扩印系统;不仅有传统摄影系统,而且新增了数码摄影系统,此外,还建立了一个颇具规模的"摄影工作间"(占地100平方米),这么大的工作间在武汉市是数一数二的。广播电视人才的培养是最需要高投入的。本院广播电视系有在全国新闻院校中规模最大的"演播大厅",除原有的摄像、编辑系统以外,还新增了非线性摄像和编辑系统。广播专业课教学也改善了原有的条件,新增了广播电视编辑室、电视录音室及总控制室。我们的广告系与海德广告公司共同组建了"武汉大学海德传播研究院",每年都投入100万元进行教学与科研活动。其中不少项目和实践活动都是由师生共同完成的,直接推动了专业的科研和实践教学活动的开展。除此之外,还建立了"平面广告设计室"、"画室""动画设计室"。网络传播系建设的"网络传播实验室"在武汉高校中是最先进的。印刷传播学科建立了"印刷工程研究中心"(占地1400平方米),具备原有价值100多万元的电子分色机、苹果图像图形工作站、单色对开、四开胶印机及相关的配套设备,依托211工程重点学科建设,多方筹措资金,总投资近400万元,新增有价值50万元的高档扫描仪、先进的CTP直接制版设备、数码打样机、全数字化工作流程、色彩管理系统、德国海德堡四色印刷机以及美国爱色丽(X-Rite)全套颜色测试和计算机屏幕校准设备等,初步建立了从印前到印刷整个流程的实习实验中心。实验室总面积2500余平方米。这些基础设施在全国同类院系中名列前茅。

除了上述各种系科的实验室外,我院还建设了院属的"多媒体多功能报告厅",供全院科研和实践教学使用(如模拟新闻发布会)。此外,还有"图像设计室"、"图文处理制作室"、"报刊编辑室"、"网络控制室"等。"综合多媒体机房"则配备有2300多台最新的电脑,供全院师生的实验、实践活动使用。

总之,近两年内,全院上下一条心,共同建设新闻与传播学院的实验、实践教学场地,共计投资1000万元人民币。这一切努力,为更好地完成实践教学,培养合格的创新型、复合型实用人才提供了有力的技术支撑。

2. 规范管理,整顿实验教学秩序

要充分发挥以上硬件设备的作用,必须在管理上面下更多的工夫。为此,本院重新修订了实验室管理条例,规定实验室在工作时间对全院师生完全开放,实验设备的完好率必须保持在90%以上。同时,为了提高实验教学的质量,学院还组织各系集中修订实验课程大纲,到目前为止,已经有12门课程的教学大纲修订完毕。它们是:新闻摄影实践、实验教学大纲;电视摄像与编辑制作实践、实验教学大纲;广播编辑与节目制作实践、实验教学大纲;广告策划与设计制作实践、实验教学大纲;平面设计实践、实验教学大纲;印刷技术实践、实验教学大纲;微机操作实践、实验教学大纲;三维动画实践、实验教学大纲;印刷工程、包装工程专业印刷集中实习指导书;新闻学专业大实习指导书;广播电视及播音主持专业大实习指导书;广告学专业大实习指导书;印刷工程专业印前实习指导书以及课间实习、实验指导书;包装工程专业包装设计实习指导书等。这些大纲的修订完成,对实践教学质量起到了保证作用。

五、建立稳定的实习基地,将实习与就业结合起来

就我院的系科设置来看,无论是文科的4个系,还是工科的2个系,实验、实习的时间与学分在整个教学活动中都占有较重的比例。因此,不仅需要建设一流的实验室,而且必须建立高层次、高标准而且相对稳定的教学实习基地。否则,学生的质量将无法得到保证。

在实习基地建设方面,本院的起点比较高。与其他兄弟院系就近就地便宜安排不同,本院自20世纪80年代中期以来,就在京广铁路沿线,以北京、湖北(重点在武汉)、广东(重点在深圳)为中心,建立了稳定的三大实习基地。以后,随着长江经济带的确立,我们又在上海发展据点,形成点、线、面结合的,相对稳定的教学实习基地。这些基地的主要媒体如《人民日报》、新华社、中央电视台、中央人民广播电台、《经济日报》、武汉电视台、《南方日报》、《羊城晚报》、《广州日报》、广东电视台、珠江电视台、《深圳特区报》、《深圳商报》、《深圳法制报》、深圳电视台、东方电视台、《解放日报》、《新民晚报》等,每年都要接收我们新闻传播专业一定数量的学生。而留在武汉的学生是总数中很少的一部分。

我们的两个工科专业——印刷传播和包装工程更是重视实践环节、实习基地的作用。多年来,实习生均被分散到条件好的媒体、印刷厂和其他大型印刷企业。具体有:香港中华商务深圳公司、《深圳特区报》、香港星光集团、三九集团九星包装印刷公司、深圳利丰雅高印务公司、深圳雅昌印务公司、深圳精一印刷公司、香港贵联集团深圳公司、广州日报报业集团、广州恒远印务公司、南方邮电印务公司、广州丰采和印务公司、广东省广彩印刷公司、湖北日报报业集团、武汉南洋印务公司、武汉峰迪印务公司、武汉恒新印刷公司以及北京、上海等地的大型印刷企业。高起点的实习基地,使学生能够站在专业的最高端,真

正做到与就业接轨,与最先进的技术接轨。这样既能满足用人单位对毕业生进行考核的愿望,又能让学生较早地适应用人单位的工作环境。

这些年,全国新闻与传播院系和专业大踏步发展,学生实习成了一大难题,各校竞争十分激烈。为了巩固和实习基地的亲密关系,我们每年专业大实习前期都派专人到实习基地去联络,探望有关负责人,在派出学生之前,给每一个实习单位发出一份"致实习生单位的函"。在专函中一一开列实习生的基本情况,并向实习单位致谢,这个专函再加上"实习学生自我介绍书",以利于实习单位对实习生的了解和管理,很受他们的欢迎。实习中后期,我们会派专人到各主要实习基地,主动向实习单位交"实习费"。人民日报社、经济日报社、光明日报社等人事部门的同志反映:"你们武汉大学新闻与传播学院对实习真是重视,别的学校很少像你们这样把工作做得如此细致。"由于学生实习期间大都能够勤勤恳恳,努力拼搏,再加上我们深入细致的管理,不少学生在实习期间就有上乘的表现,他们不仅得到媒体领导的表扬,而且部分同学还被实习单位看中,为毕业后的分配打开了道路。比如在经济日报社实习的贺浪沙同学,实习期间表现突出,用经济日报社人事部门负责同志的话说:"贺浪沙被预订下来后,报社许多部门都抢着要她。"再如在中央电视台实习的1999级同学,由于表现出色,新办的西部频道一次就决定选留五六名在该台工作。印刷工程、包装工程专业的学生也有一部分在实习时就被实习单位预订一空。

六、建立科学评估体系,激发学生勇于实践的积极性

要想成就一项事业,或做好一件事情,固然需要从理论上武装参与者的头脑,解决其思想认识问题,需要科学的计划和具体的实施方案,但仅此是不够的。在实施过程中,如果没有相应的督促、检查、验收、评比及奖罚办法,是很难把工作做好,更难以长期坚持下去。正因如此,我们除做好了以上各项工作外,对于课堂实验、实践及小实习和专业大实习也建立了一套评估制度。

每位专业教师,特别是担任实践课和实验课的教师和实验员,都必须严格按照实践、实验教学大纲去执行。在每学期的期中、期末教学检查中,这项工作都由各系的系主任具体执行,检查合格的教师,其业绩将被记录在案,作为提升、晋级、评优的一项指标。而对那些没有按大纲教学的教师和实验员,要提出批评,并督促其改进。

小实习,还有那些为提高学生的动手能力、工作能力而举行的各种实践活动和比赛活动,如摄影比赛、演讲比赛、写作比赛、CCTV挑战主持人大赛、广告设计大赛等,则由院长布置,系主任下达,各班导师落实。每次都有布置、有检

查、有评比、有奖惩。这种激励政策使我院学生养成了积极参与、争先创优的好风气。

对于长达4个月的专业大实习,我们更是周密安排,中期出版实习简报,定期汇总实习生的情况。每个实习基地设负责人1~2名,每个城市设大组组长1~2名,联络各实习点的同学,向院实习领导与协调小组汇报并与之沟通,解决实习生的各种困难和问题。专业实习结束后,再进行全过程的总结,根据学生的具体表现,由实践协调小组给学生评分。评分的依据主要有:实习态度、遵守纪律情况;实际动手能力和成果情况;团结协作、吃苦耐劳、创新、敬业精神;实习报告,等等。如有下列情况之一者,专业实习课程按不及格处理:由于实习态度、劳动纪律被实习单位辞退者;不能正常完成整个实习过程者;不能完成实习报告者;无故旷工达1/3者;实习单位考核鉴定为不合格者;无实习单位考核鉴定者。

七、结语

如前所述,近年来我们在实践教学改革方面做了一些工作。这些改革对于某些学科特别是工科院系,可能算不了什么,但是对于一个集文科、工科多种专业于一身的综合性学院,全面推进实践教学的改革,则需要相当的勇气和决断力。期间,也碰到过不少困难,但在学院党政领导的支持下,我们终于坚持了下来,不仅得到了国内新闻传播教育界同行的认同,而且取得了显著的成果。改革的成果主要表现为以下几个方面。

(1) 锻炼了学生的实际操作能力,缩短了毕业生上岗前的适应期,真正体现了我院学生上手快、后劲足的特点,提高了学生在人才市场的竞争力。近年来,本院各专业学生的就业率、就业渠道及其规格在国内同行中都名列前茅,受到同行的注目。

(2) 开阔了学生的眼界,使学生一开始就能够站在专业的最前沿和制高点,以本专业、本行业的最高标准来要求自己,从而拉开了与其他兄弟专业的距离。近年来在各种正式、非正式的排行榜中,本院各专业都居于同行前五名之内,尤其是印刷传播专业,更是在今年的专业排行榜中名列榜首。

(3) 强化了学生对理论课程的学习,加深了对专业理论知识的理解,同时促使学生更加有目的、有意识地选修其他课程,以构建合理的知识体系。

(4) 促进了学院的教学改革,学生在实验、实习过程中,发现的教学过程中存在的薄弱环节,成为老师们教学改革的目标,使我们的改革更具有现实针对性。

（5）及时发现并且培养了一批杰出的专业人才。高起点、高规格的实践教学特别是专业大实习,使一些特别勤奋而又具有天分的学生脱颖而出,放出耀眼的光芒,使他们能够及时得到业界的眷顾。像人民日报广告部主任李宏伟、凤凰卫视著名主持人窦文涛、广州日报报业集团总编辑薛晓峰、中央电视台西部频道副主任陈勇庆、名牌时报总编辑刘海法等都是在专业大实习中脱颖而出,而后成为业界的佼佼者的。

（本文系作者担任武汉大学新闻与传播学院副院长时,与学院负责教学实习的苏成雪老师、张旭亮老师合著,文章收入《实践教学改革的理论与实践》,武汉大学出版社 2003 年版）

马克思恩格斯的新闻专业理想

马克思恩格斯首先是站在历史高度的深邃的思想家、学富五车的学者,特别是马克思,他毕生致力于哲学、政治经济学、科学社会主义理论的研究。在这点上,他的战友恩格斯向他表示了崇高的敬意:他(马克思)所始终感兴趣的,归根到底还是他二十五年中以无比严肃认真的态度进行研究和探讨的科学;这种极其严肃认真的态度,使他在自己对自己的结论在形式和内容上尚未满意之前,在自己尚未确信已经没有一本书他尚未读过,没有一个反对意见未被他考虑过,每一个问题他都完全解释清楚之前,决不以系统的形式发布自己的结论。在我们这个模仿者的时代,有独创见解的思想家实在太少了;因此,如果有这样一个人,他不仅是有独创见解的思想家,而且在他自己的领域里具有无比渊博的学识,那他就应当加倍地受到赞许。①

其实,恩格斯也是如此。他们在理论上不懈探索,为他们借助于报刊工具认识社会奠定了深厚的基础。研究他们的传记和当时的有关记载,不难发现他们都是深深打动了当时人心的报刊工作者。在长期的新闻工作生涯中,他们以其坚持真理、忠于事实,追求至善的态度,以及对新闻传播现象和报刊职业的辩证理解,不仅深刻地揭示了新闻传播活动的内在规律,更重要的是,他们还在其职业生涯中体现出强烈的专业精神。总体而言,马克思恩格斯所推崇并且一以贯之的专业精神,主要有以下几点。

第一,价值中立,超越国家、民族的利益界限。马克思恩格斯认为,报刊作为人民精神千呼万应的喉舌和社会的耳目,应该具有超然的性质。即便是作为政党的宣传工具,也要本着价值中立的原则,摆脱现实的利益纠葛,超越国家、民族的利益界限。首先是要排除个人现实利益的影响。尽管利益是个人行为的出发点,但绝对不能以利益作为报刊业务行为的基本准则。马克思曾明确指出,作家当然必须挣钱才能生活、写作,但是他决不应该为了挣钱而生活、写作。

---

① 恩格斯:《卡尔·马克思》,《马克思恩格斯全集》第16卷,第412-413页。

作家绝不把自己的作品看作手段。作品就是目的本身；无论对作家或其他人来说，作品根本不是手段，所以在必要时作家可以为了作品的生存而牺牲自己个人的生存。① 在这里，职业的理想追求显然优先于个人的利害考量。其次，要超越国家、民族的现实利益关系。对于英美报刊对英国人挑起的第二次鸦片战争的报道，马克思曾尖锐地批评其表露出来的基于民族国家利益的偏见。自从关于英国人在中国采取军事行动的第一个消息传来以后，英国政府报纸和一部分美国报刊就不断地诬蔑中国人——不分青红皂白地非难中国人违背条约义务、侮辱英国国旗、羞辱旅居中国的外国人等。可是，除了划艇"亚罗号"事件以外，它们举不出一件确凿的罪名，举不出一件实事来证实这一切诬蔑。可是英国报纸对于旅居中国的外国人在英国的庇护下每天所干的破坏条约的可恶行为是多么沉默啊！② 为什么英美报刊对这场战争的报道呈现这样大的反差，潜藏于其中的国家利益是关键的因素。马克思恩格斯作为无产阶级的精神领袖，是彻底的国际主义者，他们坚决反对将国家民族的情愫夹杂在报纸的报道之中。对于涉及战争的报道，譬如对克里米亚战争，恩格斯主张坚持客观中立的价值尺度："我还将坚持一个原则，即军事科学像数学和地理学一样，并不包括特殊的政治见解。"③价值中立，坚守专业精神，排除个人、民族、国家的利益纠缠，这样报刊的报道才具有公信力。这是马克思恩格斯致力追求的目标之一。

第二，尊重隐私权和消息来源保密。这一原则在当今西方世界的传播领域被认为是最重要的普世价值。其实，这一原则精神的源头也可以追溯到马克思恩格斯那里。关于个人隐私问题，马克思恩格斯始终主张一般公民的个人隐私应该得到法律的保护，除非这一个人的活动可能会对社会造成大的危害。但是隐私保护不应该片面地扩大，如果坚持认为私事和私信一样，是神圣的，不应在政治争论中加以公开。如果这样无条件地运用这条规则，那就只得一概禁止编写历史。④ 也就是说，当特定个人的私人活动可能影响到广泛的公共利益时，对它的报道就不再被看成是对隐私的报道了。至于保护作者和消息来源保密，恩格斯早在协助《社会明镜》杂志时，就公开呼吁"牧师先生、教员、医生和官吏"的

---

① 马克思：《第六届莱茵省议会的辩论》（第一篇论文），《马克思恩格斯全集》第1卷，人民出版社1956年版，第87页。
② 马克思：《英国人在华的残暴行动》，《马克思恩格斯全集》第12卷，人民出版社1962年版，第176-178页。
③ 恩格斯：恩格斯致《每日新闻》编辑赫·林肯，《马克思恩格斯全集》第28卷，人民出版社1973年版，第609页。
④ 恩格斯：《流亡者文献》，《马克思恩格斯全集》第18卷，人民出版社1965年版，第590-591页。

友好帮助,保证在任何情况下为作者姓名保守秘密。① 保护消息来源的秘密,一方面是为了保护消息提供者的安全以维持稳定的消息来源,另一方面则是为了在更广的范围里保护社会的公共利益不受侵犯。此外,恩格斯还强调编辑出版人一定要尊重作者的基本权益,未经作者的同意或授权,不得删改作者的文章。事实上,他本人就是这方面的一个受害者。他曾公开批评一个工人报刊的编辑未经他同意也未经编辑部同意就擅自对他关于俄国政策的文章作了种种修改。② 尊重作者的权利,为消息来源保密,同时在不危害公共利益的前提下,保护个人的隐私权,是马克思恩格斯的基本见解,也是西方当代新闻传播界最基本的道德原则。于此可见,在专业精神方面,马克思主义者职业理想与当代西方的传播道德并不是决然对立的。

第三,维护报刊的独立地位。作为饱经沧桑的新闻工作者,马克思恩格斯深知报纸独立的重要性。这种独立乃是其客观公正的现实基础。要做到独立,首先必须保证经济上的自给自足。经济独立是政治独立的前提。一个报纸只有在财政上能够自我维持,才能在言论立场上自主。一家工人的报纸,如果凭工人自己的力量不足以维持,就只有借助于外力。当这种外力来自资本时,其原本秉持的阶级立场就会发生动摇。当伦敦《工人机关报》在经济上无法坚持时,马克思断言:这家报纸依靠自己的资金维持不了多久了;因此,它会依赖资产阶级的贷款,从而失去自己的性质。③ 即使是作为党的报纸,即使在经济上依赖于党和在政治上服从于党,马克思恩格斯也持有一种保留的态度。恩格斯在致倍倍尔的信中说:依赖他人,即使是依赖一个工人政党,也是一种痛苦的抉择。而且,即使抛开金钱问题不谈,作隶属于一个党的报纸的编辑,对任何一个有首创精神的人来说,都是一桩费力不讨好的差事。只能办一种在金钱方面也不依赖于党的报纸。④ 可以看出,马克思恩格斯坚守报纸独立的地位,其主要原因在于保证新闻工作者的创作自由和首创精神,在属于自己的领域里,了无牵挂,一秉自己的志趣行事。正是在这个意义上,恩格斯建议德国社会民主党创办这种在形式上独立的刊物。他坚信这种刊物肯定是要出现的,不管党的领导人是否愿意,这种形式上独立的报纸及报纸、报刊工作者对独立精神的追求,是无法抑制的。

---

① 恩格斯:《致〈社会明镜〉杂志的读者和撰稿人》,《马克思恩格斯全集》第42卷,人民出版社1979年版,第417页。
② 恩格斯:《恩格斯致狄茨》,《马克思恩格斯全集》第37卷,人民出版社1971年版,第369-370页。
③ 马克思:《马克思致恩格斯》,《马克思恩格斯全集》第31卷,人民出版社1972年版,第226页。
④ 恩格斯:《恩格斯致奥古斯特·倍倍尔》,《马克思恩格斯全集》第38卷,人民出版社1972年版,第517-518页。

第四,公正。不论是资产阶级还是无产阶级,不论是西方还是东方,不论是否能够做到,几乎所有的报刊及其从业者都以公正作标榜。马克思恩格斯在其整个新闻生涯中,一直把公正作为新闻工作者的原则要求。马克思曾高度评价英国报纸:最低限度是 common fairness(一般的公正),即任何一家英国报纸(无论它的派系如何)都不敢违背的这种公正。① 陈力丹认为 common fairness 可以翻译为"共同的公正",即在报道新事实、新的争议时,报刊所能保持的一种形式上的公平姿态。② 这一姿态对于赢得读者、公众的认同是十分重要的。但是只有能够抵制利益诱惑的报人,才能做到这一点。马克思曾批判英国《泰晤士报》失去了公正的精神,因为《泰晤士报》的这些家伙,例如,詹·斯宾斯所得到的公债券,一部分不花钱,一部分是按票面价格打了对折。他们靠广告把行情抬到一百○五,做了一笔很不坏的买卖。③ 当报纸及其从业者接受了他人的利益馈赠时,读者无论如何是难以相信他的公正立场的。所以,恩格斯在报道法奥战争时,就非常注意对双方情况的平衡报道,并根据事实否定了关于奥军的暴行的传闻。为了避免对其立场的误会,他解释说:我们请读者注意这个事实,不只是为了要对双方严守公道,而且是为了我们对于这些报道的不信任曾被曲解为我们对于弗兰茨·约瑟夫(奥匈帝国皇帝)的同情;其实,与此相反,我们甚至不愿意看到这位帝王被推翻的日子延迟一天。④ 不仅对一般的国内国际事务的报道评论要秉持公正的态度,就是无产阶级党报对党内事务的报道,也要贯彻公正这一基本的理念。1891年,德国社会民主党中央机关报《前进报》在报道党内一次私人纷争时,只刊登了一方的声明,没有发表另一方的反驳。恩格斯对此十分不满,并从编辑道德的角度致信该报编辑:编辑,可以不赞成他们的做法,但却必须承认他们有权利按照自己的意愿来维护自己的利益。⑤ 也就是说,在报道政治争论时,不仅要给对立的双方提供同等程度的讲话机会,而且要理性、冷静,保持中立的立场,不偏不倚。

第五,真实性。真实是新闻的生命,报刊的公信力来源于报道的真实与公正。马克思恩格斯从事新闻工作伊始,就把真实性作为新闻工作的第一原则。他们反复强调要根据事实描写事实,要始终对新闻报道的真实性负责。即便是

---

① 马克思:《给"总汇报"编辑部的信》,《马克思恩格斯全集》第14卷,人民出版社1964年版,第768页。
② 陈力丹:《马克思主义新闻思想概论》,复旦大学出版社2003年版,第60页。
③ 马克思:《马克思致恩格斯》,《马克思恩格斯全集》第30卷,人民出版社174年版,第365页。
④ 恩格斯:《奥军的失败》,《马克思恩格斯全集》第13卷,人民出版社1962年版,第426页。
⑤ 恩格斯:《致奥·倍倍尔》,《马克思恩格斯全集》第38卷,人民出版社1972年版,第161页。

为了正当的目的,也不能使用谎言。用谎言来证明真理是对真理的莫大侮辱。①他们坚信,无产阶级作为最先进的阶级,代表着历史进步的方向,他们无所畏惧,事实的发展只会有利于革命的无产者。所以无产阶级不怕了解真实情况,哪怕这种情况看来是不利的。恩格斯自豪地对朋友说:"您从我这里任何时候都不会接到哪怕是稍微地歪曲事务本来面貌的消息②。"在致《社会明镜》读者的信中,恩格斯表示:杂志将完全立足于事实,只引用事实和直接以事实为根据的判断——由这样的判断进一步得出的结论本身仍然是明显的事实。③ 虽然事实的真相的显露有一个曲折的过程,人们对事实的认识也有一个过程。但是只要报刊有机地运动着,全部事实就会完整地被揭示出来。最初,这个完整的事实只是以同时发展着的各种观点的形式出现在我们的面前,这些观点有时有意地,有时无意地揭示出现象的某一方面。但是归根到底,报纸的这种工作只是为它的一个工作人员准备材料,让他把材料组成一个统一的整体。报纸就是这样通过分工——不是由某一个人做全部工作,而是由这个人数众多的团体中的每一个成员担负一件不大的工作——一步一步地弄清全部事实的。④ 无产阶级报刊就是按照这一内在逻辑在履行自己的使命。惯于制造谎言、欺骗世人的,只是资产阶级的报纸。恩格斯曾辛辣地讽刺俾斯麦的御用报纸:如果需要给对方脸上抹黑,需要散布真正的弥天大谎,进行真正有声有色的诽谤,或者需要真正致力于卑鄙龌龊的勾当,那么人们就会选择《北德总汇报》去担任这个光荣的使命。而《北德总汇报》也非常乐意去执行这一使命。⑤ 在这方面,无产阶级报刊与资产阶级报刊有着天壤之别。

第六,纯洁与反庸俗化。马克思恩格斯坚持认为,报纸的本质总是真实的和纯洁的。⑥ 报纸不仅能够锻炼新闻工作者本身,也能教育、启蒙、引导广大的读者。而要使读者接受自己的宣传,就必须了解读者。一般而言,一个报纸的成功主要是指该报比其他报纸赢得了更多的读者。而读者的结构,总是高端的

---

① 恩格斯:《科伦日报》论六月革命,《马克思恩格斯全集》第 5 卷,人民出版社 1958 年版,第 165-166 页。

② 恩格斯:《恩格斯致卡洛·卡菲埃罗》,《马克思恩格斯全集》第 33 卷,人民出版社 1973 年版,第 254 页。

③ 恩格斯:《致〈社会明镜〉杂志的读者和撰稿人》,《马克思恩格斯全集》第 42 卷,人民出版社 1979 年版,第 413 页。

④ 马克思:《摩塞尔记者的辩护》,《马克思恩格斯全集》第 1 卷,人民出版社 1956 年版,第 210-213 页。

⑤ 恩格斯:《品特是怎样造谣的》,《马克思恩格斯全集》第 19 卷,人民出版社 1965 年版,第 348-350 页。

⑥ 马克思:《莱比锡总汇报》的查封,《马克思恩格斯全集》第 1 卷,人民出版社 1956 年版,第 188 页。

精英读者居少数,而低端的大众读者占多数。大众读者文化水平比较低,理解能力也比较薄弱,故对他们的宣传应该以更通俗的方式进行,要经常照顾到通俗性,也就是要向没有知识的读者解释。① 科学理论的宣传应避免学究化。恩格斯曾比较伯恩施坦和考茨基的宣传风格。他认为:考茨基是一个很不错的年轻人,但也是一个天生的学究和搞烦琐哲学的人,他不是把复杂的问题简单化,而是把简单的问题复杂化……在报社内有这样一个学理主义者,是一种真正的不幸。② 但是,通俗化不等于庸俗化,特别是不等于以利益为导向的低俗化。马克思曾对风靡英国的大众化"黄色"报纸《每日电讯报》进行了严厉的批评。他引用《星期六评论》杂志的话说,《每日电讯报》"便宜而讨厌"。其致命的症状是:勒维(每日电讯报的老板)坚决要肮脏的东西而不要干净点的东西;为了给一篇龌龊的文章腾地方,他可以不顾一切地删去最重要的报道。③ 只有坚持报纸纯洁的本性,并且以通俗化的风格面向大众读者,才能排斥反动报纸的影响,把目标读者引导到正确的轨道上去。

马克思恩格斯从事新闻工作的年代,离今天有一百多年。当时的社会环境、政治斗争的需要及新闻传播的发展水平,与今天当然是不能同日而语的。但是,他们作为职业新闻工作者所怀抱的专业理想,他们对于价值中立的追求,对于国家、民族利益界限的超越,他们对于隐私权的尊重和消息来源保密的呼吁,他们对于公平正义的执着和对报刊独立地位的维护,他们对真实性、客观性原则的坚持,以及他们崇尚纯洁与反对庸俗化、低俗化的努力,直到今天仍然具有重要的现实意义。当我们迷醉于金钱游戏而丧失理想,或屈服于权力意志而忘却责任时,重温马克思恩格斯阐发的新闻专业精神,无疑是十分必要的。

(本文原载于《新闻记者》2007 年第 9 期)

---

① 马克思:《马克思致恩格斯》,《马克思恩格斯全集》第 34 卷,人民出版社 1972 年版,第 48-49 页。
② 恩格斯:《恩格斯致奥·倍倍尔》,《马克思恩格斯全集》第 35 卷,人民出版社 1971 年版,第 211-212 页。
③ 马克思:《福格特先生》,《马克思恩格斯全集》中文版第 14 卷,第 656-660 页。

媒介化时代传媒工作者的综合素养

在媒介化时代，媒介及其信息传播联系和支撑着人类社会的生活空间，它不仅影响着个体的思想、意识与行为，更决定着社会机体的有序运行。人们无法想象一个没有传播没有信息的时代。正是因为信息传播的决定性影响，人们对媒介及其从业者产生了很高的社会期待。虽然公民写作、公民新闻成为流行话语，但是，职业传媒人的生活和工作方式仍然是大众羡慕的对象。不是所有人都能够适任记者的岗位，只有具备健全人格、人文情怀、责任意识、协作精神、学习能力、批判思维、全球视野和专业技能的人，才能成为优秀的传媒工作者。

一、健全人格

健全人格是决定一个人能否成为合格传媒工作者的首要条件。所谓人格，是个体所具有的与他人相区别的独特而稳定的思维方式和行为风格。它是一个复杂的结构系统，包括许多成分，其中主要有气质、性格、认知风格、自我调控等方面。在社会共同体中，是否具有健全的人格，不仅关系到个体融入社会的程度、与同类的合作，而且直接影响到他对世界的认知及其行为方式。对于一个传媒人而言，其健全的人格要求主要有以下四点。

第一，主动而非被动。主动是与被动相对而言的。所谓主动，是指个体面对外部事物（环境）的变化，不靠外力推动、促进，而是积极地采取相应的行动。唯其如此，个体在事物发展进程中，才能始终把握大局，顺势而为。主动性是一种积极的人格特质，具有这种特质的人，容易发挥自己的潜能，张扬自己的个性，为人处世，积极进取，其成功的概率远高于被动性人格特质者。在新闻传播领域，业内竞争激烈，环境制约严苛，如果处处被动，等对方出招再思谋应对之策，则先机丧失，不仅难尽社会责任，而且在业内将会成为同行的笑柄。所以，积极主动乃是传媒从业者不可或缺的重要素质。

第二，独立而非依附。独立的人格特质，一般是指个体依据自己的观察、判断和意愿去行动而不受环境和他人影响,并以此作为处世准则。具有独立人格的人,善于独立思考,具有个人信念、判断的坚定性和行动的独立性。这对于新闻从业者来说,特别重要。因为,独立人格是独立发现的保证。在这个变化节奏激烈、信息泛滥的社会,环境演变的不确定性,迫切需要理性的媒介对人们进行正确的引领。唯有理性观察,独立思考,才能客观地为社会大众提供正确的资讯,并且在此基础上,做出公正的评价,提出可资选择的参考意见。如果没有了独立的人格特质,凡事依附主流,从众行事,人云亦云,不是自己独立思考,在这种情况下,社会通过媒介能够看到的只有划一的镜像,一个主流的声音,一个统一的意见,没有选择,没有鉴别,这种镜像、声音、意见即便是正确的,其媒介存在的价值也会大打折扣。

第三,中和而非偏执。中和的人格特质的最突出表现,就是主体能够恰当地调节自己的情绪,而不致陷于极端。古人云:"喜怒哀乐之未发,谓之中;发而皆中节,谓之和。中也者,天下之大本也;和也者,天下之达道也。致中和,天地位焉,万物育焉。"[①]用今天的话说,喜怒哀乐没有发作失控,是为中;喜怒哀乐情绪宣泄的时候,都恰到好处,是为和。君子如果能够做到中和的境界,天下才能归于正道,各安其位,各展所长,和谐共生。与中和相对的就是偏执。偏执的人格特质有强烈的情绪特征,主要表现为:极度的感觉过敏,对侮辱和伤害耿耿于怀;思想行为固执死板,敏感多疑、心胸狭隘;爱嫉妒,对别人获得的成就或荣誉感到紧张不安,或公开抱怨和指责别人;容易自以为是,自命不凡,对自己的能力估计过高,惯于把失败和责任归咎于他人,在工作和学习上往往言过其实;同时又容易自卑,倾向于过多过高地要求别人,但从来不信任别人的动机和愿望,认为别人存心不良;难以正确、客观地分析形势,有问题易从个人感情出发,主观片面性大。这种人格特质,不仅不利于传媒工作者间的合作,而且会在很大程度上影响到媒介报道的客观与公正。

第四,果断而非犹疑。对于新闻传播工作者而言,没有比果断的人格特质更重要的了。在这个高度信息化的时代,社会系统的横向联系日益密切,社会变化的节奏日趋频密,时间与速度不仅意味着效益、成功,更是意味着生命。面对大千世界的莫测变幻,大众媒介必须及时反应,充当社会系统的监测者,通报正在发生的或即将发生的重大变化,如是,即便不能防患于未然,也能在事发后引导社会大众及时应对。否则,媒介及其从业者稍有犹疑,就容易错过有效应对的黄金时间,造成重大的社会灾难,从而辜负社会的期待。

也就是说,作为一个优秀的传媒工作者,在人格特质方面,必须主动而非被

---

① 《礼记·中庸》。

动,独立而非依附,中和而非偏执,果断而非犹疑,如此,方才算是人格健全。只有具备了健全的人格,传媒从业者才能胜任传播工作,履行自己的社会责任。

二、人文情怀

人类社会的信息沟通,不同于纯自然或科学实验环境下的信息传播。人类的传播活动,处处洋溢着温馨的人文精神,彰显着人类精神的印迹。作为社会机体的黏合剂,传播媒介及其从业者不是抽去灵魂、没有情感的传播机器,它必须具有深厚的人文情怀。所谓人文情怀,或者说人文精神,具有极为丰富的内涵,它是人类一种普遍的自我关怀,表现为对人的尊严、价值、命运的维护、追求和关切,对人类遗留下来的各种精神文化成就的高度珍视,对一种全面发展的理想人格的肯定。人文情怀的核心就是"以人为本"。即把人放在最重要的位置上,一切为了人,尊重人的价值、维护人的权益,敬畏人的生命。

对于传媒从业者而言,人文情怀主要体现在如下三个方面。

第一,敬畏生命,以人为本。地球上原本没有生命,生命是地球亿万年自然进化的结果。正是生命使原本荒芜的地球添加了色彩,充满了活力与精彩。生命是圣洁的,生命在展示过程中需要获得尊重、理解、呵护。不仅是人的生命,地上搬家的小蚂蚁,春天枝头鸣唱的鸟儿,高原雪山脚下奔跑的羚羊,大海中戏水的鲸鱼,等等,都是生命世界的重要成员。我们敬畏地球上的一切生命,不仅仅是因为人类有怜悯之心,更因为它们的命运就是人类的命运:当它们被残杀殆尽时,人类就像是最后一块多米诺骨牌,接着倒下的也便是自己了。所以我们热爱生命、敬畏生命,最终还是爱人类自己。丰子恺曾劝告小孩子不要肆意用脚去踩蚂蚁,不要肆意用火或水去残害蚂蚁,他认为自己那样做不仅仅出于怜悯之心,而是怕小孩子那一点点残忍之心以后扩展开来,以致驾着飞机装着炸弹去轰炸无辜的平民。在生命世界中,人是万物之灵。人的生命权是一切生命最终的也是最高的体现。社会系统的一切设施、科学技术的一切进步,无非是为了人类生活得更好,更幸福,更有尊严。所谓"天视自我民视,天听自我民听"[1],"民为贵,社稷次之,君为轻"[2]。这不仅是基本的政治原则,也是新闻传播的基本法则,一切传播活动都必须围绕着人的需求、人的利益、人的尊严展开。无视人的存在,无视生命的价值和尊严,一切媒介及其从业者都将为历史所淘汰。

---

[1] 《尚书·泰誓》。
[2] 《孟子·尽心下》。

第二,众生平等,推己及人。平等是千百年来流行的普世价值。《金刚经·净心行善分》曰:"是法平等,无有高下,故名无上正等菩提。"《阅微草堂笔记·如是我闻一》亦称"以佛法论,广大慈悲,万物平等。"①19世纪法国著名的思想家皮埃尔·勒鲁在其《论平等》一书中指出:如果你们问我为什么要获得自由,我会回答你们说,因为我有这个权利,而我之所以有这个权利,乃是因为人与人之间是平等的。人们如果不能平等相处,又怎能人人自由呢?②美国《独立宣言》的起草者们庄严地宣布:我们认为这些真理是不言而喻的,人人生而平等,他们的造物主赋予了他们某些不可转让的权利,其中包括生命、自由和追求幸福的权利。人与人既然是天生平等,那么在社会生活的各个方面,当然要得到同等的待遇。共同体中的你我他,自然要"不独亲其亲,不独子其子"③,以至"老吾老以及人之老,幼吾幼以及人之幼"④。这是社会和谐之必需。作为环境的检测者,作为社会成员的喉舌,传媒工作者理当怀抱平等的意识,既不能居高临下,也不能自下仰视,在行使自己的专业职能时,要设身处地,推己及人。像捍卫自己一样,坚定地捍卫他人的人权、利益、尊严;"己所不欲,勿施于人"。在这种行事原则下,才可能有负责任的新闻传播事业。

第三,崇尚理性,服膺真理。当今世界虽然科学昌明,可是水变油等形形色色的伪科学、迷信、非法宗教活动却时常见诸媒体,误导舆论、混淆视听;以法治国、以德治国的观念已深入人心,但是担负社会哨兵的新闻媒体却不断爆出蔑视真理、践踏真实、屈从权势、收受贿赂的丑闻。其原因固然很多,但从新闻教育的角度分析,主要是我们的日常教学过程中,只注重了传授真理,而忽视了服膺真理的科学精神。所谓服膺真理,就是衷心地信奉真理。《中庸》曰:"得一善,则拳拳服膺而弗失之矣。"只有服膺真理,敬畏真理,才有可能接近真理、发现真理,真正按照真理的要求行事,并自觉地维护真理、传播真理。要服膺真理,首先必须要坚持实事求是的原则。媒体的报道关系到大众对社会真相的把握,影响到大众的事实判断。要帮助大众接近真理,认识真理,新闻工作者必须以事实作为出发点。坚持实事求是的原则,按照事物的本来面貌如实播报新闻,就是服膺真理的精神在新闻行业中的具体体现。同时,传媒工作者还要有捍卫真理的勇气。真理是不以人的意志为转移的,职务、权势、资历、财富都无法左右真理,更没有垄断真理的权力。也就是说,在真理面前、在事实面前,人人都拥有平等的地位。如果新闻工作者是在自己的工作范围之内,就新闻事实

---

① 纪昀著:《阅微草堂笔记·如是我闻一》。
② (法)皮埃尔·勒鲁著:《论平等》,人民交通出版社1988年版。
③ 《礼记·礼运》。
④ 《孟子·梁惠王》。

与他人产生争执、分歧,无论对方处于什么样的位置,拥有什么样的力量,都应有与之平等对话的勇气。

三、责任意识

在媒介化社会,媒介及其信息传播无孔不入,无处不在,它不仅影响到个体的思想、情感及其行为,更能在一定程度上决定社会演进的方向。拿破仑说:一张报纸胜似三千毛瑟枪。日本早期新闻学者松本君平称:"吾人试环游欧美文明之邦,莫不惊叹其新闻之势力,出人意料。于舆论则为先导者,于公议则为制造家,于国民则为役使之将帅,挟三寸管做全国之主动力……是新闻者,不仅国民之日用饮食,而又为国民教育、社会教育之大学校也。故其势力所及,伟大无朋,无敌于天下。是以黄金之雄力,宗教之魔锋,帝王之权术,而皆莫与之京,其他更无论也。"[①]正是因为媒介拥有硕大无朋的力量,所以传媒从业者承担着重大的社会责任。2009年10月9日,胡锦涛总书记在世界媒体峰会开幕式致辞中表示,世界各地媒体要切实承担社会责任,促进新闻信息真实、准确、全面、客观传播。当今社会,媒体对国际政治、经济、社会、文化等各领域的辐射日益加强,对人们思想、工作、生活等各方面的影响日益深入。正因为如此,对各类媒体来说,树立和秉持高度的社会责任感比以往任何时候都更为重要。各类媒体要被公众广泛接受、受社会广泛尊重,不断提高公信力和影响力,就应该遵守新闻从业基本准则,客观报道世界多极化、经济全球化、文明多样性的现实,充分反映世界各国发展的主流和趋势,热情鼓励发展中国家发展进步。

那么应该怎样理解媒介及其从业者的社会责任呢?2004年4月8日,中央电视台《焦点访谈》创办十周年前夕,温家宝总理致信该栏目组,专门论及了新闻的社会责任。温家宝总理在信中指出:责任就是新闻工作者对国家的责任,对社会的责任,对人民的责任。责任,源于对国家和人民深刻的了解,对国家和人民深厚的感情。只有对国家和人民了解得深,爱得深,才会有强烈的责任感。责任体现在对焦点的关注和正确的把握,特别是善于把握关系人民切身利益的事。责任还体现在坚持真理、实事求是,一切从实际出发,讲求效益。"知屋漏者在宇下,知政失者在草野",人民的意见、要求和呼声,是对政府工作最好的批评和监督,只有人民批评和监督,政府才不敢松懈,才不会犯骄傲自满的错误。温家宝总理最后要求,焦点访谈栏目应以邓小平理论和"三个代表"重要思想为指导,坚持对党负责和对人民负责的一致性,在宣传党的方针政策的同时,如实

---

① (日)松本君平著:《新闻学》,参见《新闻文存》,中国新闻出版社1987年版。

地反映人民群众的意见。由此可以看出,媒介及其从业者的社会责任来自对国家和人民的了解,来自对国家和人民深厚的感情,这种了解越深,这种感情也纯,其责任意识就越强烈。在实际的新闻传播实务中,媒介及其从业者的社会责任具体体现在三个方面:一是客观地报道事实,促进新闻信息真实、准确、全面、客观传播,履行社会哨兵的职责;二是忠实地反映民意,做好人民的喉舌和代言人,同时代表人民监督政府及其他权力机关,促进社会的公平正义;三是正确地引导社会舆论,引导社会,引导民众走向积极的、阳光的方向,倡导文明、道德、正义、和谐,宣扬好的、正面的人和事,同时也要实事求是地揭露腐败、不道德、不文明、不和谐的阴暗面,起到公平、公正、扬正揭弊的良性作用。传媒还有通过传播与传承先进文化,抵制低俗、媚俗、庸俗之风,营造健康有益的文化环境,发挥对社会大众的启迪和引领作用。在传媒技术日新月异、传媒影响越来越大的媒介化社会,媒体从业者唯有强化自己的社会责任意识,大众媒介才能在社会进化过程中扮演积极的建设性角色。

四、协作精神

作为市场主体,传媒产业是竞争最为激烈的社会行业。不同的媒介各尽所能地争夺受众的注意力资源。在内容上竞争,各种媒介想尽花招,独辟蹊径,不断地求新求奇求异,不仅以丰富多样的信息内容,而且还以自己的意见争取受众;在发行上竞争,在收视(听)率上竞争,争取比对手更大的发行量或收视(听)率,以占领更大的市场份额;在广告上竞争,争取更多的优质广告客户,提高广告收入在媒介总收入中的比重;在服务上竞争,发行服务更加周到,对社会公益更加关心,在传播方式上更贴近,更富于人性化;在技术手段上竞争,不断地加大投入,更新技术手段,一方面提高传播的时效,另一方面则提高信息的质量,同时丰富传播的内涵。在整个传播领域,几乎所有的环节,各个角落,都充满了竞争。竞争是媒介生存的常态,竞争意识是传媒工作者必备的心理素质,没有强烈的竞争意识,就不可能成为一个合格的媒体从业者。

但是,竞争并不排斥协作和合作。事实上,这个高度竞争的时代,也是需要通力协作的时代。这是因为,随着技术的发展而带来的社会分工愈来愈细,在新闻传播的每个流程中,每个人能够扮演的角色只是其中的一个环节,纵有三头六臂,也无法拉起整个流程的链条。他必须与其他环节合作,才有可能得到其他环节的承担者的支持。即便是就中观而言,一个独立的媒体虽然自成体系,但是在整个传播业界,也需要不同媒体间彼此合作,才能维系业界运行的必要秩序和行业的基本规则。所以我们在强调竞争的同时,也不能忽视协作。每个传媒工作者,都要有强烈的协作精神。这不仅是学界的共识,新闻传播业界也高度认同。《中国新闻工作者职业道德准则》第六条就规定:团结协作,形成合力,是社会主义新闻工作的一大优势。新闻界同行之间应建立平等、团结、友爱、互助的关系。提倡互相学习、相互支持,开展正当的业务竞争。不仅社会主义国家如此,在资本主义国家,不同媒介之间、从业者之间,竞争之中有协作,协作之中也有竞争。由此看来,竞争与协作既对立又统一,乃是同一工程的两个不可分割的方面。

在新闻传播实践中,协作精神除了与竞争意识相关之外,还与独立观念直接相关。我们强调协作精神,不是否认单兵作战的现实性,更不是反对独立中自立求胜的意志。事实上,在传播现实中,处处可以看到杰出员工的独立表现,他们的想象力、创造性和卓越的业绩,成为传播流程中最亮丽的景观,这也是传媒职业的魅力所在。我们要提倡协作,更要弘扬独创精神,在更多的场合,独立观念、独创精神、独立运作更能反映传媒职业的特质。当然凡事均有度,当具体事务超越了个人能力所及的范围,个体的力量不足以应对时,协作就成了必然。这时如果仍坚持独立单干,那就是固执的蛮干,明知此路不通仍意气用事,其结果只能是失败。如果通过协作,则可以利用集体的力量整合既有的资源,实现协同效应,从而实现诸多协作方的共赢。所以,竞争意识也罢,独创观念也罢,都是协作精神的对立面,也是能够彼此整合起来的重要精神力量。在这个意义上,协作精神也是传媒从业者所必备的。没有起码的协作精神,就无法在竞争激烈的传媒行业立足。

五、学习能力

我们今天置身的社会,有人称之为后工业时代,有人称为知识经济时代,也有人称之为信息时代。由于网络与资讯技术的发展,改变了人类社会的生存环境和经济形态,知识的生产、传播、交换和利用已经成为一股重要的力量,它突破了时间与空间的界限,正创造着人类有史以来难以想象的价值。不管我们使用其中的哪一个称呼,它都在一定程度上说明,知识已经成为各类企业最核心的生产要素和竞争要素,学习能力已经成为个人或组织的核心竞争力。管理学者彼得·德鲁克说:20世纪的企业,最有价值的资产是设备;21世纪的组织,最有价值的资产将是组织内的知识工作者和他们的生产力。也就是说,知识已经超越土地、资本、普通劳动力而成为价值增值的主要来源,知识已逐步取代金融资本的主导作用,成为企业组织最重要的战略资源。在这个大的趋势下,个体要提高自己的社会适应能力,成功地扮演在组织中的重要角色,履行社会职责,必须通过持续的学习过程,建构合理的知识和能力体系,提升自己的核心竞争力。所以学习能力的强弱,不仅决定了个体对知识的全面掌握,而且直接影响到个体的执行能力,影响到企业或组织在市场上的核心竞争力。

在知识经济时代,现代传媒已经转型为知识密集型企业,其在整个社会经济体系特别是在文化产业体系中的地位日益提升。作为文化或知识企业,传媒组织一方面要重视知识的生产、吸收、转化、创新与整合,不断地储备和累积其在同业竞争中出奇制胜的核心优势;另一方面,传媒组织还要作为整个社会的知识中心,承担传播先进文化、科学知识、多元意识的重任,以满足社会大众多样化的精神文化需求。要顺利驱动这个日趋大型化的知识密集型企业,传媒组织必须转型为学习型组织,建构终身学习体系和学习型社会。而学习型组织的核心诉求乃是人才,说到底知识竞争就是人才竞争,知识资源就是人才资源。2003年12月22日,中华全国总工会、教育部、科技部、人事部等九部委和人民团队联合举办全国"创建学习型组织,争做知识型职工"活动启动仪式。该活动的总目标是:倡导终身学习的理念;营造尊重人才、尊重创造的氛围,形成全员学习、全程学习、团队学习的机制;推动建设各种学习型组织;促进人才队伍建设等。此种"创争"活动虽然是针对整个社会而言的,但是对传媒行业,具有特别重要的意义。

作为传媒行业的从业者(包括在校学习的大学生),必须认识到学习能力的重要性。所谓学习能力是指个体以科学的方法与技巧,以快捷、简便、有效的方式获取准确知识、信息,并将它转化为自身综合能力的本事。这种本事十分重要,它乃是个体一切能力的基础。一个没有学习能力的人,不可能有其他的能力,在激烈的社会竞争中,也不可能有克敌制胜的核心竞争力。学习能力的培养与提高,实际上有两个不同的环境,一是在校学习,二是在职继续教育。在校学习环境中,老师的指导是重要的因素。学生通过教师的指导而掌握科学的学习方法,从而达到"会学"的境界,只有经由这个境界,才能"学会",以至不断提高学习能力。在职继续教育环境,即传媒从业者在传媒企业这个学习型组织里,利用组织的氛围,在全员学习、全程学习、团队学习的背景下,实现工作学习化,学习工作化,即在实践中学习,在学习中实践,不断地摄取知识,创造新知,实现与既有知识的融会贯通,并且转化为专业能力。不管是在校,还是在职,除了老师的指导或组织目标愿景的牵引外,个体的自觉和能动性十分重要。只有把学生的自觉与老师的指导结合起来,把个体的规划与组织的愿景结合起来,学生的学习能力才能得到最大限度地提高。

六、批判思维

批判思维,本文是在与批判精神同样的意义上使用的。人们习惯上把传媒看成是社会的一面镜子,在传媒反映、报道现实的功能意义上,这种说法有其合理性;但是,如果传媒仅仅是社会的镜子,那就忽略了传媒的建设性作用。传媒的建设性作用,体现在批判力量上。正是通过传媒的理性批判力量,实现了传媒对社会的引领。批判精神或批判思维,是人类文明的基本标志。一旦失去了批判的能力,社会就会停滞不前。所谓批判思维,就是站在一个比现实更高的层面上,运用具有高度技巧的概念化、推论、分析、综合,对历史或现实作深刻甄别和审视,对人或事进行分析和解剖,以期发现问题和解决问题。其目的是在现实的基础上实现更大的发展,其着眼点是更光明的未来。

在新闻传播领域,媒介及其从业者批判思维的主要指向体现在两个方面。其一是对现实的批判。当一个国家、一个民族屡屡遭受苦难而无法改变现实的时候,当这个国家、民族的人民陷入灾难的深渊而无法自拔的时候,社会大众要么变得麻木,要么一般民众因为威权的高压而噤若寒蝉;或者是另一种情况,即一个国家、社会经过多年的励精图治,经济繁荣,民生富足,歌舞升平,人民醉心于社会的繁荣,没有意识到繁荣背后酝酿的社会危机。在这个时候,历史和现实都强烈地需要批判精神,需要有振聋发聩的狮子吼。其二是对权威的质疑。我们必须尊重权威,这是毫无疑义的,但是不能绝对服从权威。一个社会如果没有条件地匍匐在权威的脚下,一切唯权威之命是从,不能对权威提出半点质疑,即使权威的观点破绽百出时也无条件服从,则这个社会是没有希望的社会,这个民族是没有将来的民族,这个国家是没有前途的国家。

一个社会最可怕的是批判思维的缺失。一个没有批判思维的民族、国家,将会只有一个按照统一标准制定的思想、观念,统一的行为模式,划一的制度设施。单调、沉闷、万马齐喑。正常的民族、国家、社会,都需要批判的力量。但是由于人性本身的弱点,批判本身在人类文明史上往往是以叛逆的形式出现的,并且往往得到不公正的待遇。因为在一般情况下,一个社会成型了,各个阶层的地位相对固定,并且已经成为传统,社会一切似乎已经合理化,秩序井然,如是,一切对社会的批判都容易被大众视为异端或者叛逆,被视为秩序破坏者。所以历史上很多伟大的批评家,在当时被视为异端,在世时遭到各种非人的折磨,而最终得到社会公正的评价,往往是在当事人离世数百年甚至千年之后,这是历史的悲哀,也是人性的悲哀。

当前中国处在前所未有的重大历史转型期,虽然经济社会高速发展,人民生活持续改善,但是不容否认,各种矛盾聚集,社会乱象纷呈。这时尤其需要批评的力量。作为社会哨兵和引领社会前行的力量,传媒工作者必须具备批判思维,诊疗社会疾患,清除社会垃圾,成为促进社会健康前行的理性力量。对于传媒工作者来说,其批判思维立足于理性,并且借助于科学的分析、归纳、推理,借以透过现象捕捉本质,揭示各种社会弊病的内在与外在根源。同时批判的必要条件是批判者思想、人格和精神的独立,一个思想贫瘠的依附者,不可能萌生挑战传统的思想火花,只有独立思考,另辟蹊径,才能提出与众不同的见解,描绘出众人难以想象的愿景。媒介及其从业者建设性的批评思维,源于其强烈的社会责任意识,正是他们对人类、民族、国家的了解和深厚的爱,他们的批判才具有深刻性、正确性,并且成为推动社会进步的动力之源。

七、全球视野

当今世界最重要的发展趋势就是全球化。而推动这一趋势的基本动力有两种,一是经济超越国界迅猛发展,由地区化向全球化飞跃;二是资讯传播技术革命,促进了信息传播的全球化进程。这两个动力的推动,使得地球的空间日益变得扁平化,原来遥不可及的国家与国家、地区与地区间的距离,如今瞬息可达;原来国家藩篱、山河阻隔、海洋天堑等政治与地理障碍,丝毫不影响天各一方的人们同时共享信息资源。经济与信息的全球化,不仅使地球的空间越来越小,而且使地球各个地区、不同国家的联系越来越密切。发生在南太平洋的火山爆发,在其火山灰远未飘浮到欧亚大陆的上空时,其在经济上造成的风暴早已席卷全球;中东地区的武装摩擦,会导致全球能源价格的上涨,影响世界经济的平稳发展;金融危机中中国政府的四万亿元用于刺激经济的投入,不仅保证了中国经济的强劲发展,而且把美国、欧洲从水深火热中拉了出来。地球村由预言变成了现实,各地区、国家间千丝万缕的联系,使地球本身转型为一个有机体,各地区休戚与共、生死攸关,牵一发而动全身。在这种情况下,很难说有纯粹的国际问题或国内问题。事实上,传统意义上的国内问题已经国际化,而一般意义上的国际问题也越来越多地国内化了。中国西南澜沧江、湄公河地区的水利水电建设,是国内问题,但是不能不考虑东南亚地区邻国的感受;在墨西哥坎昆召开的全球气象会议是举世关注的国际问题,但是落实到各个签约国,又是切实的不容推卸的国家义务。

在这个全球化时代,每个社会成员都要有一定的全球视野。特别是从事新闻传播工作的记者编辑,其报道与言论直接决定着社会的视听,影响大众的思想与行为,引领社会演进的趋向。所以,国际观、全球视野应是每个传媒从业者必备的素质。所谓的全球视野,是指超越地区、民族、国家的宽广视野,观察事物,认识问题,不是就事论事,抓住一点不及其余,而是能够由点到面,注意从事物与事物间的联系,从地区与地区间的互动,来把握此事物与他事物、对象与环境的横向互动关系,从而揭示国内问题的全球价值,以及国际问题的国内意义。全球视野还有一层含义,那就是现有的国家、地区乃至全球格局,本身就是历史演化的结果,而且还将继续向未来进化。所以要把握事物与事物、国家与国家、地区与地区间的横向联系,还须具备透视现实所必需的历史洞察力及未对未来的预见力。一个没有历史感的传媒工作者是不可能胜任其岗位职责的。同样,作为社会环境监测者的传媒及其从业人员,还需要基于历史洞察力的前瞻性思维,在全面掌握事物、国家、地区横向互动联系的前提下,科学地预示将来,展示事物未来演化的前景,这也是媒介时代社会对传媒工作者的殷切期待。

传媒工作者要符合社会期待,具备全球视野,引领社会航程,就必须在学习和工作中、在继续教育的过程中,学习历史、地理,掌握地球政治空间纵向演化的基本脉络,深刻理解现实权力格局的由来;同时,还要借助媒介的便利,拓展自己的眼界,尽可能多地了解国际事务,国际政治、全球经济、世界文化、地区冲突乃至宇宙探索等,凡事关人类命运的超越民族、国家、地区的事件或问题,均应纳入自己涉猎的范围。除此之外,传媒工作者还要在工作和学习过程中,熟练地掌握和运用辩证法,善于从历史的发展、从事物与事物的联系来认识事物,透过现象把握本质,从而促成问题的解决。只有同时通晓历史、地理,熟悉国际事务,并且掌握辩证思维的人,才能真正具备全球视野。

八、专业技能

随着资讯传播技术革命日益深化,新媒体特别是网络媒体逐步崛起,人类社会的传播景观发生了重大变化。千百年来信息传播过程中传播者与受众地位相对固定的时代结束了。在新媒体时代,传播者与受众的地位远非过去那么确定。由于技术的进步及操作系统的人性化,信息传播的职业技术门槛大为降低,一般公众也能轻易地使用传播工具。于是受众可能会成为积极的传播者,传播者也可能会成为传播过程中分享信息的受众。"人人都有麦克风",人人都可以成为报道新闻的传播工作者。事实上,这不仅是一种可能,而且已经成为一种现实。进入21世纪以来,有很多轰动世界的大新闻的第一报,就不是职业新闻工作者所为,甚至不是出自传统意义上的权威媒体。网络新媒体的迅猛发展,不仅改变了人类社会的传播生态,对传统媒体的生存与发展提出了挑战,而且使传统的职业传媒工作者面临着严峻的考验。不过,"平民记者"、"公民新闻"虽然日趋流行,但在整个传播系统中,目前还只是居于次要的地位。在一般情况下,职业传媒工作者的地位和作用还是难以替代的。

作为社会大系统的子系统,传媒系统本身也包罗万象,由一系列子系统组成,包含着诸多系统要素。传媒从业者也来自各个不同的知识领域,具有不同的学习经历。在传媒行业内部,基于专业分工,从业者本身也分为报道业务人员、传播技术人员、经营管理人员、后勤服务人员,他们在媒体业务流程中各据要津,履行自己的岗位职责。其中最具专业或行业特性的是报道业务人员,也就是社会普遍认知的记者、编辑。他们主要是来自高校新闻传播院系的毕业生,在大学(或研究生)期间就为适应这一岗位需求量身定制,打造合理的知识体系和能力结构。走上媒体岗位后,又结合工作需要,接受继续教育,在实践中学习,在学习中实践,不断地摄取知识,创造新知,实现与既有知识的融会贯通,并且转化为卓越的专业能力。网络时代融合媒体的传播实践及其发展趋势,对传媒工作者尤其是报道业务人员的专业能力提出了全新的要求。

笔者以为,现代融合媒体的新实践,对其从业者最基本的要求是全能化。也就是说,融合媒体所需要的报道业务人员,应该能够掌握并熟练运用各种通用的传播技术手段,驾驭文字、图片、音频、视频等多种内容的表现艺术,胜任传媒企业内部整个业务流程各个环节的基本要求,不仅能够采访写作、摄影摄像,而且可以编辑制作,甚至能够直接对外传播,传媒企业内部业务流程的十八般武艺,他们应该样样精通。正是因为有这样高的专业要求,才得以完善传媒的社会服务,提高传媒的业务品质;也只有这样,才能提高传媒行业的准入门槛,突显传媒从业者基本素质的不可替代性。要使传媒专业人才达到这样的境界,新闻传播院系和传媒业界承担着重要的责任。一方面,高校新闻传播院系的专业教育必须转型升级,革新传统的针对不同性质媒体的专业设置和课程体系,改革培养模式,更新教学设施和教学手段;另一方面,传媒企业本身也要适应知识经济时代的潮流,转型为学习型组织,将人才资源作为传媒企业的核心竞争力,营造全员学习、全程学习、团队学习的氛围。只有如此,传媒从业者才能养成人无我有、人有我强的卓越的专业能力。

总之,在如今的媒介化时代,传媒及其从业者在社会系统中扮演着越来越重要的角色。民族、国家、社会对传媒从业者的期待超过以往历史上的任何时代。在职业光环的笼罩下,传媒从业者自然带有某些神秘色彩,而社会成员所以看重媒介,往往与其独特而卓越的专业技能相关。传媒从业者的专业技能固然非常人所能及,其难以替代的特性也为世人所共知,但是在专业能力之外,其实还有很多更重要的东西。诸如健全的人格、人文情怀、责任意识、协作精神、学习能力、批判思维、全球视野等,它们虽然在专业能力之外,但是直接制约着专业的高度和深度,影响到专业能力的正向或负向的发挥。所以在传媒从业者养成的过程中,不论是在学校,还是媒介业务岗位上,专业能力之外的人格塑造,责任意识、协作精神、人文情怀的提升,学习能力、全球视野的拓展,批判思维的强化,都是应该重点注意与强化的内容。只有全面关注、平衡发展,传媒从业者才能经由学习和实践过程,最终具备融合传媒实践所需的全面素质,进而在更高的层面上满足社会的期待。

(本文被收入《新闻与信息传播论坛》(2011卷),华中科技大学出版社2012年版)

新闻传播教育的理想与困惑

在媒介化时代,传媒及其从业者在社会上扮演着重要的角色,其日益增强的横向影响与纵向穿透力,得到了社会各界的公认。传播媒介被视为社会系统的神经网络,而传媒从业者理所当然地成为社会机体的神经末梢。来自外界的刺激经由末梢神经传导至中枢神经系统,从而引发社会机体的适应性反应。在政治经济全球化和各地联系空前紧密的情况下,信息弥漫于人类全部的社会空间,渗透到社会系统的各个环节和各个角落。人们无法想象一旦出现神经麻痹或神经系统紊乱,将会导致什么样的后果。何况,传播媒介在社会系统内,还担负着沟通、教化及监督的职责。如果传播媒介不能履行自己的社会责任,必将对人类社会的永续发展产生巨大的消极影响。要促使传播媒介在社会期望的正常轨道上运行,唯有在提升传媒从业者思想境界、规范传媒从业者言谈举止上下功夫。在这方面,大学的新闻传播院系承担着重要的责任。

一、培养什么样的传媒人

大学新闻传播院系以培养什么样的人为目标,在不同的语境下,不同的人有不同的回答。笔者认为,在当前的媒介化社会,在信息泛滥的氛围中,大学新闻传播院系的培养目标,一言以蔽之,就是培养富有批判精神的报道者。

人们习惯上把传媒看成是社会的一面镜子,在传媒反映、报道现实功能的意义上,这种说法有其合理性,但是,如果仅仅将传媒作为社会的镜子,则会忽略传媒的建设性作用。传媒的建设性作用,体现在传媒的批判力量上。正是通过传媒理性的批判力量,实现了传媒对社会的引领、对于传统的超越。批判精神或批判思维,是人类文明的基本标志。一个社会的精英阶层一旦失去了批判能力,社会就会停滞不前。所谓批判精神,就是站在一个比现实更高的层面上,运用各种高度的思维技巧,对历史或现实作理性的甄别和审视,对人或事进行深刻分析和解剖,以期发现问题和解决问题。其目的是在现实的基础上超越,以实现更大的发展,其着眼点是光明的未来。

一个社会最可怕的是批判精神的缺失。一个没有批判精神的民族、国家,将会只有一种按统一标准制定的思想、观念,统一的行为模式,划一的制度设施。单调、沉闷、万马齐喑。所以,正常的民族、国家、社会,都需要批判的力量。但是由于人性本身的弱点,批判本身在人类文明史上往往是以叛逆的形式出现的,并且往往得到不公正的待遇。因为在一般情况下,一个社会成形了,各个阶层的地位相对固定,并且已经成为传统,社会一切似乎已经合理化了,秩序井然,如是,一切对社会现实的批判都容易被大众视为异端或者叛逆,被视为对秩序的破坏。所以历史上很多伟大的批评家,在当时被视为异端,在世时遭到各种非人的折磨,而最终得到社会公正的评价,往往是在当事人离世数百年甚至千年之后,这是历史的悲哀,也是人性的悲哀。

必须指出的是,批判不等于破坏,媒体批判的目标不是颠覆社会系统本身,而是为了社会机体更加健康,犹如城市的清道夫,他们的工作是清除垃圾,但目的是为了人类的家园更清洁、更卫生。不要把批判看成是对立,看成是对秩序的挑战,出于责任感的正确批判,是建设性的同义词。一个正常的社会,应该包容媒体的批判,应该有容纳富有批判精神的报道者的雅量。

当前中国处在前所未有的重大历史转型期,虽然经济社会高速发展,人民生活持续改善,但是不可否认,各种矛盾聚集,社会乱象纷呈。这时尤其需要批判的力量。作为社会哨兵和引领社会前行的力量,传媒工作者必须具备批判精神,诊疗社会疾患,清除社会垃圾,成为促进社会健康前行的理性力量。对于传媒工作者来说,其批判精神立足于理性,并且借助于科学的分析、归纳、推理,借以透过现象捕捉本质,揭示各种社会弊病的内在、外在根源。同时,批判的必要条件是批判者思想、人格和精神的独立,一个思想贫瘠的依附者,不可能萌生挑战传统的思想火花,只有独立思考,另辟蹊径,才能提出与众不同的见解,描绘出众人难以想象的愿景。媒介从业者建设性的批判思维,源于其强烈的社会责任意识。温家宝曾在致中央电视台《焦点访谈》节目组的信中指出:责任就是新闻工作者对国家的责任,对社会的责任,对人民的责任。责任,源于对国家和人民的深刻了解,对国家和人民的深厚感情。只有对国家和人民了解得深、爱得深,才会有强烈的责任感。责任体现在对焦点的关注和正确的把握上,特别是善于把握关系人民切身利益的事情。责任还体现在坚持真理、实事求是上,一切从实际出发,讲求效益。"知屋漏者在宇下,知政失者在草野",人民的意见、要求和呼声,是对政府工作最好的批评和监督,只有人民批评和监督,政府才不敢松懈,才不会犯骄傲自满的错误。正是他们对人类、民族、国家的了解和深厚的爱,他们的批判才具有深刻性、正确性,并且成为推动社会进步的动力之源。

新闻传播院系应该以富有批判精神的报道者为培养目标。其中批判精神是魂，它决定着传媒工作者的精神境界和价值取向，一个没有批判精神的传媒工作者，其全部工作只会沦为合理性论证的注脚，他只会看到自己脚下的土地，而看不到头上的蓝天，更看不到社会的未来，这不是一个拥有愿景的健全社会所乐见的。同时，作为报道者的基本技能，是传媒职业赖以与其他职业区别开来的本质特征，也是新闻传播院系在日常教学中必须达成的基本目标。虽然在媒介化时代，公民写作成为时尚，但是它毕竟不是信息传播活动的主体。媒介融合的现实，使得传媒职业的专业技能要求日趋复杂化，远非普通公民业余爱好或一般兴趣所能胜任。融合传媒所需要的报道业务人员，应该能够掌握并且熟练地运用各种通用的传播技术手段，驾驭文字、图片、音频、视频等多种内容的表现艺术，胜任传媒企业内部整个业务流程各个环节的基本要求，不仅能够采访写作、摄影摄像，而且可以编辑制作，甚至能够直接对外传播，传媒企业内部业务流程的十八般武艺，他们应该样样精通。这种要求对于传统的基于媒体界别而设置专业的新闻教育格局，提出了严峻的挑战。

二、传媒教育者的困惑

理想的新闻传播教育不可能建立在真空中，它需要有起码的条件支撑。适任而充足的教师队伍，开放而宽松的育人环境，必要的物质技术条件，以及高水准的专业实践基地，是办好新闻传播教育不可或缺的重要资源。但是，在当前的情况下，这些条件并不完全具备，传媒教育者常常面临"巧妇难为无米之炊"式的煎熬；来自社会及业界的不当要求和责难不绝于耳，令教育者目不暇接，不知所从；在日趋功利化的社会氛围下，校园的学风和教风建设也日趋艰难，传媒教育者的困惑有增无减。

第一，传媒教育所必需的物质技术条件匮乏。如今的传媒教育，已不同于20世纪廉价的文科教育，随着传播技术的日新月异，媒介的技术装备日趋先进，进入传媒行业的门槛越来越高，传媒教育也是如此。要缩短学校理论教学与媒体业务实践的差距，新闻传播院系必须具备完备的实验教学条件，从平面媒体到电子媒体，特别是广播电视专业的专业实验设施，如演播室、高清摄影及编辑制作设备，需要大量的经费投入，但是绝大部分高等院校都把新闻传播类专业视为普通文科专业，很少有学校能够为新闻传播专业建设完备的实验教学设施。学校不重视，新闻传播院系无能为力。这样，在新闻传播类人才培养方面，在知识结构与能力结构方面，存在着严重的不平衡。在大多数情况下，学生们在知识体系建构方面可以达标，在专业技能的培训方面却严重不足。来自业界的评价也呈现两极化,少数重点大学的新闻传播学院教学质量稳定,学生的知识结构与专业能力得到业界的认可,但是大多数普通大学新闻传播院系的毕业生在职业能力上达不到业界的入门标准。这种情况越来越严重,必须引起大学及教育行政管理部门的高度重视。

第二,来自方方面面的要求与压力,令新闻教育者无所适从。新闻传播教育依赖于大学及社会各方面的支持。包括报社、广播电台、电视台、出版社、通讯社、网站在内的传媒业界,既是新闻传播各专业毕业生就业的基本目标单位,也是新闻传播人才培养过程中不可或缺的实践教学平台,在学校投入相对有限的情况下,争取业界的资助也是新闻传播院系筹措办学资源的重要途径。可是,近年来,随着新闻传播类专业持续扩招,媒体接受专业实习生的能力也受到挑战,传媒单位对实习学生的选择更加挑剔,甚至有相当部分媒体还要向学生收取实习指导费。在就业市场上,媒体对新进员工的专业选择也趋向多样化,而对新闻传播类专业毕业生的学历和业务技能的要求也日益提高,在激烈的市场竞争中越来越多的媒体难以给予新进员工宽松的职业适应期。这种鲜明的功利意识反馈到大学,在很大程度上扰乱了新闻传播教育单位的教学安排。来自家长的要求也受到浮躁的社会心态的影响。基于长期以来的应试教育,家长普遍意识到,对于经过考试大战进入大学的学生而言,应该放松放松了。他们对业界的需求、人才市场的激烈竞争,还缺乏足够的心理准备。

第三,日益颓废的学风与教风。在近三十年的市场化进程中,功利化成为社会意识领域的主流,浮躁成为大众社会心理的主要特征。这一切反映在高等教育界,就是学风和教风的颓废。在如今的大学校园,很难再看到20世纪80年代如饥似渴地学习知识的莘莘学子,很难再看到在图书馆争抢座位的热烈场面,学生进入大学后继续学习的动力严重不足,目标、方向感也扑朔迷离,很难坐下来认真看书,很难按照教学计划安排按时上课,迟到、早退、旷课越来越普遍,第二课堂的吸引力高于第一课堂,外部社会的吸引力远大于学校日常教学的吸引力。特别是新闻传播类专业的大学生,对他们最富诱惑力的是沸腾的业界动态和校园内的各种社团活动。与其他文科类专业相比,新闻传播类学生最大的不足就是无法沉潜,坐不下来,阅读量严重不足,同样年龄同样年级的学生,其掌握的理论资源与人文社会科学的积淀,表现出很大的落差。另一方面,在教师教风上,也呈现出令人揪心的倾向。近年来持续的大学扩招,以及高校普遍的升级,大专升学院,学院变大学,本科教学点办硕士生教育,硕士点升格为博士点,成为中国高等教育发展的基本轨迹。许多新闻传播院系,教师虽然还是那么多,学生的规模却增长了几倍,而且学生的层次变得越来越多样化,过去只有本科生,现在有了硕士生,少数学校还有博士生。更何况还有日益频繁的社会活动,不断增长的纵向与横向合作项目,老师们能够用于日常教学尤其是本科教学的精力实在有限,相当一部分一线教师对教学缺乏激情,教学内容难以及时更新,教学形式相对单一,基于新媒体技术的教学手段难以推广,课堂教学无法展现吸引学生的魅力。这种应付式的教学活动,必然会影响到学生的培养质量,无法满足社会及业界的期待。

三、传媒教育者的呼吁

中国社会正处在全面转型的关键时刻,新闻传播也面临着有史以来最为剧烈的变局,在这种背景下,新闻传播教育要适应社会的需求,培养传媒业界急需的高级专业人才,需要多方面的共同努力。

第一,社会及业界要承担传媒人才培养的责任。社会特别是传媒业界与大学新闻传播院系是利益共同体,虽然分工不同,职能不一,但是它们的目标应该是一致的。新闻传播院系为传媒业界输送专业人才,满足其对人力资源的需求,这些传媒从业者担任着社会系统环境监测者的角色,履行着社会哨兵的职责。专业人才质量的好坏,直接影响到媒体运作的效率,影响到社会的和谐和永续发展。所以,在传媒专业人才培养方面,社会及传媒业界具有同样的责任。虽然学生是在学校学习,但是他们的出路在于传媒业界,最终还是要拥抱社会;虽然学校是传媒人才培养的主体,但是更多的教育资源,特别是物质资源掌握在社会系统,特别是传媒手中;虽然学校是学生人格型塑、知识体系建构的主要场所,但是学生职业能力、专业素质的养成,却更多地依赖于业界的实践平台。离开了社会系统和业界的支持,传媒教育将寸步难行。另一方面,社会系统、传媒业界如果得不到优质的专业人才补给,其运行将难以避免各种困扰。所以,支持传媒教育,在物质、道义上支持大学新闻传播院系,并非单纯意义上的付出,而是回报丰厚的投入。在这个意义上,支持传媒教育就是在支持自己。社会系统,特别是传媒业界,应该有这样的自觉,将支持、资助传媒教育视为自己不可推卸的社会责任。

第二,大学要改变对新闻传播类专业性质的认识,改进教学管理,优化教学资源配置。如前所述,一般大学普遍把新闻传播类专业视为普通的文科专业,一方面,不断扩大招生规模;另一方面,在教学资源的投入上又非常吝啬。由于当今的媒介环境日新月异,传媒业界技术装备的门槛越来越高,与高校新闻传播院系实验教学设施的差距越来越大。虽然近年来教育部在少数高校建设了十几个国家级传媒教育实验教学示范中心,但是绝大多数高校的新闻传播院系与业界的技术设施存在着"代沟",有的差距还不止一代。这种装备落后的现实,影响到学生专业能力的建构,加大了学生就业后适应新岗位的难度。大学管理者必须改变对传媒教育的定位,重新认识新闻传播类专业的性质。要学习发达国家新闻传播教育的先进经验,把新闻传播类专业当作工科专业来建设,加大对实验教学设施的投入,用现代化的实验器材建设高水准的实验室,缩小与传媒业界技术装备的差距。这是时代的需要,也是新闻传播院系莘莘学子的呼唤,大学管理者应该积极回应这种呼唤。

第三,传媒教育工作者必须与时俱进,加倍努力。当今社会被称为媒介化社会,而媒介系统本身又正在经历着融合化的历史进程。不同性质媒介的功能聚合于一个统一的数字化传播平台,完全打破了20世纪不同性质媒体各自为战的格局。媒介形态的变化,对于新进入者的知识与能力结构提出了全新的要求。而新进入者的素质在相当程度上取决于他们的老师——传媒教育工作者。可以肯定的是,目前大学新闻传播院系的师资队伍绝大部分是20世纪培养出来的,是媒体融合时代前培养出来的人才。要适应今天的传播现实,传媒教育工作者必须与时俱进,克服自己的弱点与盲点,努力完善自己的知识与能力结构。如果没有这种自觉,没有基于这种自觉的自我教育或继续教育,就有可能被这个飞速发展的时代所淘汰。人生不满百,常怀千岁忧。在这个意义上,传媒教育工作者也面临着严重的生存危机,也应该有忧患意识。同时,在这个功利化与浮躁的时代,传媒教育工作者还要耐得住寂寞,不要为外部浮华的世界所牵引,要坐得冷板凳,须知,传媒教育是信息化时代最崇高的职业之一,在这个岗位上,教育工作者能够享受到比一般人更高的成就感和光荣感。热爱传媒教育,热爱学生,敬畏社会期待,善尽社会责任,应该成为传媒教育工作者自觉的选择。

总之,在社会转型、媒介转型的环境下,中国大学的新闻传播教育面临着诸多困惑,许多困难影响到传媒教育的持续发展,影响到新闻传播专业人才的培养质量,从而导致传媒教育社会评价的下降。但是,我们没有理由悲观,中国社会三十多年来的持续发展,累积了大量的物质财富,传媒的社会影响力空前提升,社会各界包括传媒业界逐渐意识到新闻传播教育的重要性及自己应该承担的社会责任,社会的批评已经在一定程度上引发了大学领导层对传媒教育的反思,一个有利于新闻传播教育持续发展的舆论环境正在形成。现在的问题在于传媒教育者自身,在于新闻传播院系对于教育革新的自觉和实行变革的意志,还有新闻传播院系整个师资队伍对于教育职业的责任感、荣誉感。如果传媒教育工作者能够践行自己的社会责任,利用这种有利的舆论环境,就有可能得到来自社会、业界乃至学校的各种资源,传媒教育的振兴将会由理想变为现实。

(本文原载于《新闻与写作》2011年9期)

拓宽视野,扎稳根基,培养优秀的传媒人才

中国当前的传媒教育怎么样了,应该如何评价新闻传播教育?是目前困扰我们的一个重大问题。对传媒教育机构的评价,基本上取决于其提供的人才质量,质量高,能够满足业界的人才需求,就能得到社会的正面评价;反之,社会评价可能会很低。根据我们掌握的资料,社会、业界对新闻传播教育的评价远不如我们的期待,传媒教育工作者、媒体领袖,包括宣传管理部门,都应该反思、检讨,思考传媒教育脱困的路径。

一、新闻院系的培养目标是什么?

新闻传播院系究竟应该培育什么样的传媒人才?学界众说纷纭。国家重点高校的新闻院系和一般高校的新闻院系,发达地区与落后地区的新闻院系,其人才培养的目标定位是不一样的。在实际教育过程中,目标定位是一回事,而执行的结果又是另外一回事。来自社会、业界的反馈信息表明,新闻传播专业大学毕业生、研究生的社会评价并不高。

究其原因,不外乎以下几点。其一,新闻传播专业的大学生、研究生大多眼高手低,业务能力较差。不少高校的新闻业务课程教学,主要由没有业界经验的学术型老师操刀,而且大多数学校的教学实验设施简陋,不能满足业务技能课程的要求,其专业实践平台也比较落后,绝大多数高校新闻院系的专业实习都是就地安排,这一切都严重影响到学生专业能力的培养。其二,一些学生思想太过活跃,甚至有自由化的倾向。大学是摄取知识,探求真理的地方,思想开放是前提,一切价值都要重新经过理性的审慎判断。大学生需要想象和创新的思维品质,应敢于探索,敢持异见,坚持真理,毫不退让。但是学生一旦离开学校进入社会,或进入媒体,其职业身份就发生了重大的变化。其持论不仅影响到个人,更影响到整个社会。一个过于自由的媒体或新闻工作者,可能会给社会造成困扰。其三,视野较窄,知识结构不合理。不少高校的新闻传播专业,课

程开得很专、很深,而一些与新闻传播有关的其他人文社会科学领域、与社会生活直接相关的自然科学领域,却很少纳入学生的必修或选修的课程范围。即便是在新闻传播学一级学科范围内,专业之间壁垒森严,学习新闻专业的不了解广告,学广告的可能不了解广播电视,学网络的不了解出版。学生知识结构单一,视野狭窄,无法立体透视,更难以触类旁通。其四,对中国国情不了解。学生不了解国情,不了解省情,是一个十分普遍的现象。面对社会问题、重大事件,往往从西方历史、普世价值中寻求解决办法,而不是从中国的特殊国情出发。在国际社会日益认同中国模式、中国道路的情况下,我们的学生对祖国的历史、文化传统和家底不甚了了。其五,责任意识淡漠。现代大学生不同于20世纪80年代、90年代的大学生,最重要的就是政治理想缺乏,责任意识淡漠。20世纪80年代,莘莘学子立志为中华之崛起而读书,肩负国家和民族的希望。可是现在的大学生,大多已丧失了对政治的激情,虽然也要读书,但大多是为了自己未来的职业,为了自己的事业成功,至于国家、民族的前途,社会的公平、正义与和谐,很少能够引起他们的关注。

笔者认为,在当前的信息化时代,高校新闻传播院系的培养目标应该是为社会提供富有责任感和大局观的、具备扎实的专业知识与业务技能的优秀传播人才。这里面有三个关键词:责任感,大局观,专业知识与业务技能。

大学生或职业传媒工作者的责任感,主要体现在对国家、对社会、对人民的责任上。温家宝在2004年致中央电视台《焦点访谈》节目组的信中,专门论及了媒体从业者的社会责任。温家宝认为,责任来源于对国家和人民的深刻理解,对国家和人民的深厚感情,只有对国家和人民了解得深、爱得深,才会有强烈的责任感。

大学生或传媒从业者的大局观,主要体现为对国情的了解,对世界大势的洞悉,以及建立在历史洞察力基础上的理性思维和政治判断。有大局观,才会知所进退,才会有轻重权衡,才会有公德意识,才会有行为底线。一个传媒人、一张报纸,如果没有大局观、大局意识,随心所欲,为所欲为,就会失去审慎,缺乏节制,难免会给国家、社会造成困扰。

专业知识与业务技能,这是新闻传播专业区别于其他专业的标志。新闻传播院系的学生应该具备新闻传播方面的系统知识,能够解析复杂的传播现象,理解并且善于利用传播规律;同时还要具备熟练的媒体业务能力,适应媒体运作全流程各环节的岗位需求。在新闻传播类专业的综合素质中,虽然专业技能不是最重要的,但绝对是不可或缺的。传媒职业之所以能够独立于其他行业,就在于这种专业技能的不可替代性。

总之,责任感,大局观,以及专业知识与业务技能是传媒工作者综合素质中不可或缺的重要组成部分。三者密切相关，不可分离。责任与大局对接，决定了传媒从业者的行进方向；而专业知识和业务技能，则直接影响到传媒从业者服务社会的能力和水平的高低。

二、怎样才能实现培养目标

怎样才能实现既定的传媒人才培养目标，笔者认为，必须做好如下几个方面的工作。

第一，要加强马克思主义新闻观的教育。马克思主义新闻观是马克思主义经典作家关于新闻传播的系统论述，是他们对传播现象与传播规律的全面解读。它是无产阶级新闻传播事业的理论基础，也是中国共产党所领导的新闻宣传工作的行动指南。它不仅保证新闻宣传工作的政治方向，而且直接影响到新闻工作者的世界观和思想境界。要提高新闻工作者的理论修养，必须让马克思主义新闻观进课堂、进教材，通过完整的教学过程，在学生中入脑入心。

第二，建构科学、合理的课程体系。优秀的传媒人才必须有一个合理、完善的知识和能力结构。学生的知识与能力结构取决于课程体系的设计。新闻院系在设计课程体系的时候，首先要考虑的是业界对新闻传播专业人才知识、能力的需求。这种需求在不同的媒介传播技术发展水平下，在不同的媒介生态环境中，是大不一样的。当前世界传媒发展的大趋势是媒体融合，所以，新闻传播院系要根据媒体融合的发展趋势，顺应传媒业界新的人才需求，与时俱进，加大改革力度，在该做加法时做加法，该做减法时做减法，大刀阔斧，建构科学、合理的课程体系。

第三，建设一流的师资队伍。教师是教育之本，教师的水准决定了学生的水准。没有一流的师资队伍，就不可能有一流的学生。一流的师资应该有合理的结构，最重要的是学历、经验结构。教师队伍如果主要来源于一流大学、一流学科，系统地受过本科、硕士、博士阶段教育，这等于是教师品质的重要保证。但是即便是重点的一流大学，教师的来源也要尽可能地多元化，对来自同一个学校、学院、学科的老师的数量要有所控制，出身单一学校、学科的老师的比例不能过高。除了来自高校的学术型师资外，还要有来自业界的、具有丰富的行业经验的师资。要确立一个原则：没有业界经验的老师不能担任传媒业务课程的教学。在此之外，师资的年龄结构、职称结构等都要趋于合理。

第四，开门办学，实现与业界的对接。新闻传播教育要开门办学，向业界开放，向社会开放，与业界接轨，与社会接轨，缩短与业界的距离。目前新闻传播教育的一大弊端就是离实际太远，离业界太远。学校不知业界前沿的动态，关起门来自娱自乐,学生毕业出来,才发现学校与业界具有天壤之别。新闻教育界必须开通与业界联结的快速通道,一方面,可以借助于业界的实践平台,开拓新的教学资源,弥补学校资源的不足;另一方面,可以在服务业界的过程中,提升新闻传播院系的教学与科研实力,进而将其转化为日常的教学资源。

第五,强化第二课堂,增进学生对国情的了解。新闻教育要以第一课堂为主,但是不能忽视第二课堂。通过第二课堂,可以弥补学生知识系统的结构性缺陷,加深对社会的了解,增进对国情的认识,强化学生的职业精神,提高学生适应社会、适应业界规则的能力。

三、发展新闻教育的四条经验

华中科技大学新闻传播教育开始于 1983 年,是进入 20 世纪 80 年代后中国传媒教育蓬勃发展的第一次浪潮的产物。28 年来,华中科技大学从刚创办时的单一本科教育,到如今不仅形成了本科、硕士、博士、博士后一条龙的全程传媒人才培养体系,而且成为国内新闻传播的学术重镇,其人才培养和学科建设的成就,得到了学界、业界的认可。总结华中科技大学新闻传播教育的经验,可以归纳为以下几点。

第一,让马克思主义新闻观进课堂,自然地融入学生的知识体系。采取切实措施,让马克思主义新闻观占领思想阵地,成为新闻传播类大学生的思想武器,是中国大学教育的题中应有之义。在华中科技大学不长的办学历史中,形成了重视马克思主义理论教育的传统。学校有公共基础类课程大平台,其中有马克思主义原理、中国共产党史、毛泽东思想与邓小平理论等课程,这些课程可以视为马克思主义新闻观的前置课程。学院有专业基础课,其中有新闻学原理、马克思主义新闻原著导读等,其核心内容就是马克思主义新闻思想;在此之外,还有新闻业务课程、新闻历史课程,如新闻采访、新闻写作、新闻评论、中国新闻史、外国新闻史等。其部分内容可能直接联系到马克思主义新闻观的某些具体原理,如采访学中的深入实际调查研究以及群众路线,写作评论课程中的贴近群众、切合实际、走近生活,新闻史课程中对唯物史观的坚持等,都是传播马克思主义新闻观的具体途径。

华中科技大学新闻与信息传播学院在马克思主义新闻思想研究领域,已积累了丰富的研究成果和学术力量。在中央马克思主义理论建设工程第一批教材建设中,学院就有两名教授参与。2010 年,学院又有两名教授入选教育部马克思主义理论研究和建设工程项目首席专家。围绕着马克思主义新闻思想研究,二十多年来,学院出版了几本专著,发表论文近百篇。

第二，以需求为导向，与时俱进，不断改革教学体系。传媒教育要以传媒业界的需求为导向，业界需要什么样的人才，学院就培养什么样的人才，输送什么样的人才。新闻教育界也要坚持三个面向，即要面向业界、面向社会、面向国际，不能自以为是、自娱自乐。要把握业界演进的脉动，瞄准行业竞争的前沿，了解媒体的变化和需求，不断改革人才培养模式，完善课程体系，更新教材内容，优化教学手段。只有这样，才能提高教学水平，保证人才培养质量。

第三，引入传媒精英，构建"双师"队伍。师资队伍结构应该多元化，但应以学术型教师与实务型教师两种基本类型为主体。对于学术型教师，应该要求具有较高的学历层次、全面的学术素养和扎实的理论功底；对于实务型教师，不一定要求具有博士学位，但一定要有丰富的业界经历；他可以不写高深、抽象的学术论文，但一定要是传媒行业的行家里手，在学生的专业技能培养方面，要有点石成金的能力。华中科技大学新闻传播教育开办以来，就一直重视从业界引进高端精英。新闻系第一任系主任汪新源就是来自《湖北日报》，时任《湖北日报》理论部主任。在世纪之交，学院又从业界引进了赵振宇教授、石长顺教授、何志武教授、孙发友教授，如今他们已是学院教学科研的顶梁柱。对两种不同类型的师资，应该采取不同的考核方式，使用不同的指标体系，使之在大学生态环境中，彼此理解，和谐共生，共同发展，一起服务于传媒人才的培养。

第四，与业界结盟，建设高水平的实践平台。学生的专业技能养成，首先要依赖于学校的业务课程教学和实验教学设施，但是要提高其专业能力，缩短与业界的距离，必须要到专业的权威媒体去实践。传媒行业是以高新传播技术装备起来的信息产业，传媒的竞争不仅是报道业务的竞争，也是传播技术和传播手段的竞争。所以，绝大多数高校新闻传播院系都重视学生的专业实习及其平台建设。但是，由于办学条件的差异，各个学校在这方面投入的资源千差万别。华中科技大学新闻与信息传播学院长期以来一直把实习平台建设作为学院办学的重中之重。笔者作为该学院现任的院长，就多次带队到长沙、广州、深圳，拜访当地权威媒体，商谈双方的合作事宜；今年还专门到北京走访《人民日报》、新华社、中央电视台、《经济日报》、《光明日报》、新浪、搜狐、网易等媒体的高层领导，建设专业实习基地。有高水平的实习平台，学生就可能接近行业的最前沿，其专业能力的养成就可能进入到一个新的境界。

四、两点具体建议

发展与改善新闻传播教育是一个系统工程，需要调动方方面面的力量，需要来自社会、来自业界的支持。

第一,通过制度化安排,拓展、固化媒体与新闻传播院系的合作关系。目前国内新闻传播教育界,大多与媒体建立了不同层次的合作关系。对新闻传播院系而言,媒体不仅是实习基地,更是就业的主要渠道;不仅是物质资源的主要来源,而且是专业师资的蓄水池。对媒体而言,新闻院系不仅是候备员工的主要来源地,而且是员工继续教育的主要师资来源;不仅是人才培养基地,更是媒介发展的主要智库。媒体与新闻传播院系应该是利益共同体,在产业链上也属于上下游的关系。但是客观地审视目前新闻传播院系与媒体的合作,大多停留在比较低的层次,仅仅是建立实习基地,或者聘请媒体高管为院系的兼职教授(基本上是名义的)。这种合作基本上是单向的,而且在一定程度上取决于两方领导者的友情,没有落实在制度的层面上。一旦人事变更,一切又得从头开始。要提升媒体与新闻院系的合作层次,必须发掘彼此对对方资源的需求。新闻传播院系需要媒体,媒体也需要新闻传播院系。双方的合作不仅限于学校的人才培养,在媒体员工的继续教育、媒体委托的专项研究、媒体发展的战略规划等方面,都有相当大的提升空间。两者互利合作、诚信以待,就可达到双赢的结局。

第二,设立新闻传播教育基金,资助新闻传播院系的教学与科研工作。新闻传播教育不仅仅是大学的事业,而且是全社会共同的事业。实际上,媒体是新闻传播教育的最大受益者。媒体每年都从新闻传播院系吸纳源源不断的新从业者,几乎无须付出任何代价。是学生家长、广大纳税人的资金投入,维持着新闻传播院系的运作,媒体只是在最后的阶段摘下成熟的果子,这是不合理的。媒体应该主动介入新闻传播人才的培养过程,并且应该提供最低限度的资源支持。笔者认为,可以尝试提取媒体广告收入的一定比例,比如一个百分点,设立新闻传播教育基金,用以支持当地的新闻传播教育事业;或者政府对媒体支持、赞助新闻传播教育事业的行为,可根据媒体赞助的额度在税收方面予以减免,以鼓励媒体继续支持新闻传播教育。

(本文系作者于2011年6月24日在湖北省"高校马克思主义新闻观教学工作座谈会"上的发言,文章核心部分发表于《新闻爱好者》2011年11月上)

传媒教育要满足业界需求，更要顺应社会期待

作为一名学者，他的人生经历与脉络很简单，也很清晰。从武汉大学历史系毕业后担任该校新闻专业老师，然后做副教授、教授，并从新闻系主任直接升任新闻学院院长，随后又相继担任大众传播与知识信息管理学院副院长、新闻与传播学院副院长，2007年受聘华中科技大学新闻与信息传播学院院长……他的人生路看似很顺，殊不知，其中充满了"阴差阳错"。虽然很多次"阴差阳错"让他走上了自己不太熟悉的人生车道，但他总能把每一次"差错"当作新的起点、新的机会，也总能以感恩之心和强烈的责任感把每一个角色演绎好。他就是张昆，一个新闻传播学界给予"非常勤奋，著作颇丰，在学术上很有造诣"评价的中年学者。

一、"阴差阳错"地走上新闻教育道路

"学习历史学专业是兴趣使然，走上新闻教育道路却不是自主的选择。"这是张昆回顾自己学术人生的一句评价。20世纪70年代，农村里没有什么读物看，唯有的就是农村大队里留存了一些历史书籍。当时，张昆村里有一个人在乡村小学教书，经常带一些历史书籍回家，其中有周一良、吴于廑主编的《世界通史》。张昆很感兴趣，时常借来阅读。长此以往，他养成了喜欢阅读历史书籍的习惯。1980年，他的高考成绩中历史科目分数很高，于是选择报考武汉大学历史系，并被顺利录取。

兴趣是学习最大的动力。本科阶段，张昆的专业成绩总是名列前茅。他的一篇课程结业论文被历史系某知名教授看中。该教授希望他继续读研深造。1983年，本科毕业前夕，他果断选择报考武汉大学历史专业研究生。然而，就在此时，华中工学院、武汉大学在华中地区率先组建新闻系，急需专业人才。华中工学院从报社、电台等媒体单位引进了一批人才作为初创班底，武汉大学不仅从文科的优势院系中选拔了一批人才参与组建，还从中文系、历史系、经济系、

哲学系中挑选了6名优秀毕业生作为青年教师,张昆名列其中。张昆很困惑地问老师:"我学的是历史专业,对新闻不太懂。"老师说:"不懂可以再学,你有参加电台节目制作的经历。相信你做新闻老师也能做得很好。"其实,当时担任学生会学习部长的张昆与武汉人民广播电台联合组织过中国近代史系列讲座栏目,并参与节目制作和文稿撰写。张昆没有想到,这段经历居然成为他被选中担任新闻专业老师的重要依据。

就这样,张昆被分配到新闻系任教。研究生入学考试前,6名分配到新闻系的毕业生均修改了报考志愿,分别选择报考中国人民大学新闻系、复旦大学新闻系。最后,只有张昆一人被中国人民大学录取。就读新闻专业研究生后,张昆便开始思索自己未来将从事哪个领域的研究。他认为:"新闻有新闻的历史。"做新闻史学研究也就成了他的方向选择,并一直延续至今。

历史专业的学习经历不仅为张昆从事新闻研究奠定了深厚的学术基础,还使得他拥有了独到的新闻史观。20世纪80年代,武汉大学历史系大师云集,学术氛围与研究风气令人神往。历史系老师不仅给学生授课,还指导学生读书和做研究。读本科时,张昆对宦官制度很感兴趣,于是去找教先秦史课程的老师探讨。老师十分惊讶,也十分高兴地指导他读书,并列出书目。当时,他去图书馆查阅资料,看的全是没有标点符号的繁体线装本。他一个字一个字地啃,最后反倒觉得津津有味。这不仅培养了他踏实、严谨、勤奋、好学的学术作风,还训练了他爱学习、爱读书、爱思考的良好习惯。深厚的学术积淀和独到的新闻史观为他未来在新闻传播研究中树立自身特色优势创造了良好条件。

二、跨学科研究的关键是找到交叉学科的结合点

张昆的研究领域涉及历史学、新闻学、政治学。跨学科研究成了其科研人生的主轴。对此,张昆感悟良多。他认为,跨学科看似很时髦,实则存在很大风险。跨学科能否跨过去,能否把两个或三个学科对接交融到一起,实现新的科研突破,是选择跨学科研究的学者们所必须面对的困难。

当前,跨学科研究的成功者并不多。跨学科研究若没做好,就容易出现两张皮贴在一起,很尴尬,很无助。张昆认为,做好跨学科研究需要有两个基本动力:一是兴趣爱好,二是挑战自己。"我是被逼出来的。从历史跨到新闻,再跨到政治。幸运的是,历史与新闻、政治有着密切联系。我也初步找到了学科交叉的结合点。因此,我从新闻理论、新闻史、政治传播方面开展研究,均能探寻到一定的研究空间。"

张昆说,跨学科的关键是找到交叉学科的结合点。在研究中,能否用不同

学科的理论和方法来审视与研究共同的问题,并做到由点到面,融为一体,不是一件易事。跨学科就是要实现"1+1>2"的效果。

张昆研究的主要领域是外国新闻传播史、国家形象传播等,均是相对冷门的方向,可他一直在坚持。这主要得益于读书时深深地影响着他的那句话"板凳要坐十年冷,文章不写半句空"。在张昆看来,历史学研究虽然有些冷门,但离生活的现实较远,因此也比较安全。他之所以坚持把冷门学问做下去,主要有三个方面的要素:坚定做基础研究的信念;放弃急功近利的思维;不断寻找学问之中的兴趣与乐趣。

正是因为淡定的坚持和独特的思考,张昆主持的"外国新闻传播史"课程成功入选教育部2009年国家精品课程。他的新闻史观"完整的新闻史,应该是新闻事业、新闻观念、新闻制度三个层次有机的统一",已得到学界越来越多的认可和肯定。复旦大学新闻学院童兵教授曾这样评价:"张昆教授的新闻史研究思路和体系特色鲜明。"

三、新闻学院院长需要的是"全才"

自新闻一词诞生之日起,人们对新闻定义的争论就没有停止过。新闻在日本国语大词典里有一百多种解释。其中包括信息、主体、工具等不同解读。张昆认为,新闻是影响和推动社会发展的重要社会现象和社会职业。新闻业的发达,有益于信息传播,有利于社会发展,有助于人类进步。

做新闻不容易,担任新闻学院院长更难。1995年,武汉大学新闻与传播学院成立,33岁的张昆任新闻系主任。1998年,36岁的他直接升任院长,成为当时国内最年轻的新闻学院院长。当时,武汉大学党委书记找他谈话:"你是武汉大学最年轻的正处级干部,您做好准备了吗?"长期潜心于学术研究的张昆对"正处级"没有什么概念,对做院长也没有充分的思想准备。"阴差阳错"地担任院长后,他大刀阔斧地推进教学改革,努力为武汉大学的新闻传播教育探索出科学发展的新路径。一年后,武汉大学实行院系大调整,张昆转任大众传播与知识信息管理学院副院长,直到2007年受聘华中科技大学新闻与信息传播学院院长。

1998年至今,先后担任院长、副院长、院长共12年的张昆对如何做一名合格的新闻传播学院院长感悟颇深。他认为,一名合格的新闻学院院长的核心标准有三条:一是"全才",不仅学问要好,沟通协调能力、整合资源能力同样要强;二是要有特别能牺牲的服务意识;三是要有超强的忍耐力,要能对学生、对老师、对职工做出全身心的投入和付出。

他还认为,仅仅做好这些,只能算是一名合格的院长,还不算是一名优秀的院长。要想做一名优秀的院长,还需要具备三点素养:一是强烈的责任感;二是高瞻远瞩的眼界;三是有主见,能独立思考,能提出在较长时期内引领学院持续发展的战略思维。

结合担任华中科技大学新闻与信息传播学院院长3年的工作实践,让张昆对新闻学院发展有着独特的理解。他说,华中科技大学新闻与信息传播学院经过近30年的发展,已成为以人文社科为基础,实行人文社科与信息计算机及通信等工科交叉而成的新型学院。学院搭建的平台很高,学校投入的人力、物力、财力也很大。在高平台上做事不是很难,实现跨越式发展却不容易。

为此,他提出了自己的发展思路:工科背景的新闻学院要有自身的特色,如今在新闻院校第一方阵这个平台上参与竞争,既要讲个性,更要讲共性,要坚持以文理工交叉培养复合型新闻传播人才为办学特色,走新闻学与传播学并重、传播文化与传播科技结盟的办学新路。希望能通过一两代人的努力,实现学院发展的"三高"目标,即高层次专业人才的摇篮、学术研究的高地、高水平社会服务中心。具体而言,在人才培养方面,要占领高端新闻人才市场,培育出业界、学界的精英和领袖;在学术研究方面,要突出选题、方向特色,努力抢占某些领域的学术制高点;在社会服务方面,要坚持高水平"服务业界,服务社会"的办学理念,努力用新闻传播理论去推动社会发展。

四、"按订单组织生产"是传媒教育的大趋势

有不少学者提出:"满足业界需求是传媒教育的目标。"对于这一论断,张昆认为,其有科学的一面,但也有不够准确的地方。新闻教育应该培养出能满足业界需求的人才。但是,假如仅仅是为了培养能满足业界需求的人才,那么传播教育就可能会降格为职业教育。传媒教育既要满足业界眼前的人才需求,还要满足长远的人才储备需求;既要满足媒体自身的发展需要,还要能引领传媒业持续发展的需要。

在张昆看来,新闻院校培养的人才既要具备业务技能,还要有社会批判意识和社会责任感,简单点说就是要成为具有较强业务技能的深邃的思想者,为社会服务,为公众服务,为人类服务。

在学术研究之余,张昆大力推进传媒学界与业界的深度互动与对接。他认为,这是校企合作、开门办学的探索与实践。通过校企合作,新闻院校可以吸纳社会资源,一方面为学生提供实践的平台,另一方面为老师提供研究的素材。更重要的是,在深入合作中,院校和媒体可以实现互惠互利。院校可以得到物

质资助和办学资源,媒体可以得到智力支撑和品牌提升。

通过开放办学,新闻院校可以探索国际化道路,瞄准学术的最前沿,给学生和老师营造一个开放的平台。近年来,华中科技大学新闻与信息传播学院先后与英国、美国、日本、新加坡、澳大利亚等国家和地区的一些新闻院校建立了良好的合作关系,并联合举办了一些学术会议。比如,2007年和新加坡南洋理工大学在我国台湾地区联合主办的海外华文报纸与华夏文明传播学术会议,2008年、2009年分别在我国香港、澳门地区举办的2008公关与广告国际学术论坛、第三届公关与广告国际学术论坛,已成为学术界的品牌。

"传统工业时代,流水线式的粗放生产占主导;现代工业时代,个性化的精细生产唱主角。这是经济发展规律,传媒教育同样需要遵循这一规律。"张昆认为,"按订单组织生产"是理想的传媒人才培育模式,也是传媒教育的大趋势。不同地区、不同媒体、不同组织的人才需求有很大的差异,新闻院校不能用同一个规格来满足不同层次的需求。这就需要引进个性化设计理念,通过"按订单组织生产"思维来引导传媒教育的发展方向。

课程设计需要设置不同模块,教学评估需要设立不同体系,人才培养需要分设不同类别……对此,张昆认为,"订单生产"的新闻教育模式将会面临很多困难和阻力,但必须不断推进,边尝试,边探索,边完善。

五、传媒教育需要与时俱进,大胆革新

目前,不同等级的高校新闻传播类专业的在校生多达20万,媒体人才的需求不到10万。有关数据显示,一流新闻院校的新闻专业毕业生找到专业对口工作的不到30%。张昆认为,当前传媒教育呈现泡沫化,难以让社会满意、让家长满意,这已成为社会现实。为此,传媒教育迫切需要挤掉泡沫和水分,提高质量和水平。这就要与时俱进,大胆革新,特别是要根据满足业界需求和顺应社会期待的标准来重新配置资源,推进教学改革,实现差异化定位和特色化培养模式。

对于传媒教育的未来,张昆提出了两点期待:期待相关权力部门能把教育的自主权没有保留地授予院长和教授,让他们按照教育规律和传播规律来办传媒教育;期待学校和社会能够更加重视传媒教育。传媒工作者的责任越来越重要,传媒教育的高技术、高投入、强实践等特征越来越明显,传媒教育要想实现健康快速发展,离不开学校和社会各界的参与和支持。

对于自己的学术人生,张昆有着这样的期许:有生之年,在自己感兴趣的领域做一点具有突破性并能获得大家认可的工作,哪怕只留下一点点痕迹,也就

心满意足了。

作为一名资深传媒学者,他对青年新闻人充满期待。他认为,做一名社会认可、业务能力强的新闻传播者,必须具备以下几点基本素养:①要有胆识,敢担当,敢立言,这是自身定位;②要有专业精神、职业素质和技能,这是从业基础;③要有前瞻思维,勇立时代潮头,引领社会发展,这是发展目标。

张昆预言,现在全国的新闻传播教育发展得非常快,洗牌的速度也会很快。未来几年内全国新闻传播学院将面临新一轮的洗牌,华中科技大学新闻与信息传播学院正处在一个历史的拐点。"我坚信,未来中国经济的高速发展将会给传媒教育提供强有力的物质支撑,并带来超乎想象的发展空间。历史一次又一次告诉我们,每一次社会变革,都需要思想启蒙作先导。身处社会转型期,传媒教育面临着空前的发展机遇和挑战。青年新闻人要努力担当起传媒发展的历史重任。"

(本文系《今传媒》记者对作者的专访,发表于《今传媒》2010 年 5 月号,记者:陈栋)

考量传媒人才的四个维度

在媒介化社会,信息传播对人类社会的渗透超越了此前的任何时代。传播不仅刺激到个体的感官,更是深入到其内在的心灵,进而影响到个体的情感、态度和行为,甚至整个社会的有序运行也严重地依赖于媒介的传播。在这个意义上,称传媒人为人类灵魂的工程师,社会环境的瞭望者,公平正义的守护神等等,一点都不为过。作为一个传媒人,究竟需要具备什么样的资质?或者一个传媒人在其职业生涯中怎样才能够满足社会的期待?作为一个以培养传媒人为己任的新闻传播学院院长,从我自己的教学生涯中,深感考察一个传媒人是否能够满足社会的期待,应该从如下四个维度,即长度、宽度、高度和温度着眼。

第一是长度。所谓长度指的传媒人的职业素养、专业能力。新闻传播的历史经历过一个非职业化到职业化再到非职业化的过程。在人类社会早期的群居时期,生产力低下,传播是人的一项本能,每个个体都是信息传播者同时也是信息接受者。随着社会分工,信息传播职能开始从一般的生产活动中剥离开来,于是出现了最早的传播工作者,如行吟诗人、包打听。到了工业时代,信息传播的职业化程度越来越高,媒介的产业化规模越来越大,传媒人群体也日益壮大,对传媒人知识与职业能力的要求也日益严格,进入传媒行业的门槛相当高。20世纪末21世纪初,由于网络新媒体的崛起,信息传播又一次模糊了职业与非职业的界限,人类社会进入了一个人人都有麦克风,人人都有摄像机的时代。似乎谁都是传媒人,谁都可以做传媒工作。其实不然,网络化时代看似抹杀了传媒职业的门槛,但是在人人都能发声、人人都是传播者的时代,社会更加需要权威的声音,职业传媒人的公信力比过去任何时期都显得重要。这种权威性、公信力与传媒从业者的职业素养、专业能力是分不开的,也就是说长度决定了传媒人职业的权威性和公信力。长度意味着崇高的专业理想,超凡的职业见识和倚马可待的专业技能。一个没有长度的人,绝对难以成为一个优秀的职业传媒人。

第二是宽度。对于传媒人而言,宽度意味着开阔的视野,广博的学识,完善的知识与能力结构。在这个万象更新、复杂如麻的信息时代,每个事件、每个问题、每个人、每个过程,都不是单个的孤立的存在。正如恩格斯早年所说的,正是无数个力的平行四边形,交织成了对立统一的历史过程。作为社会的守望者和灵魂的工程师,传媒人应该对自己报道的事件、人物、过程有透彻的理解,应该对横向纵向坐标轴上的新闻有立体的把握。这就需要从不同的视角,运用不同的理论与方法,去全方位地透视。由此决定了,单一的知识和能力结构,无法胜任信息时代的传媒工作的需求。我们常听那些资深的传媒人讲,新闻工作者应该是杂家,应该是百科全书式的人物。也就是说,传媒人的知识结构应不限于新闻学,广泛涉猎与传播相关的其他学科,诸如政治、经济、法律、文化等领域,建构广博、合理的知识体系。面对复杂的新闻事件,他不仅能运用新闻的价值尺度去评估,还能够根据其他学科的学理与方法,进行多角度的立体审视,触类旁通,由此及彼,游刃有余地驾驭报道过程,全面地揭示事件蕴含的历史意义。

第三是高度,也可以说是深度。它指的是思想的高度、道德的高度、政治的高度,也指敏锐的洞察力、深刻的反思与批判精神。美国著名报人普利策曾形象地说,记者是航行于汪洋大海间立于桅杆之上远眺四方的水手,其观察报道的准确与否,直接关系到全船的安危。更多的人把传媒人视为公平正义的守护者,道德文化的传承者,人类灵魂的工程师,这一切都要求传媒人具备能够穿透雾霾、烛照万物的洞察力、宏观统筹的大局观,具备强烈的反思意识、批判精神和独立思考的能力。面对纷繁复杂的万象,不张皇失措,不人云亦云,不被表象所迷惑,不被利益所左右,不屈从于权力,而能够本着理性的精神,从政治大局、道德精神的高度,独立地审慎思考,客观报道,公平立论,这样才能排除各种干扰,驱除阴霾,正确地引领社会的航向,为社会的健康发展提供正能量。在信息传播过程中,如果传播工作者格局狭隘,见识不高,缺乏大局意识,没有起码的道德操守,我们无法想象他们能在多大的程度上善尽自己的社会责任,履行自己的职业使命。

第四是温度。所谓温度,就是人性、人情味,就是爱人,就是敬畏生命、同情弱者,就是慈悲心肠。一个传媒人应该具有悲天悯人的情怀,敬畏生命,对于弱者,能够自然地流露出关爱之情,应该推己及人,老吾老及人之老,幼吾幼及人之幼。当专业追求与人性的善良发生冲突时,应该回归人性本身。人不是一般的动物,主宰人世间的不应是丛林法则。莎士比亚曾经强烈地批判意大利的思想家马基雅维利,把他称为"残酷的马基雅维里"。因为在他留给后人的著作中,对那些野蛮的、悲惨的谋杀和权术,用一种陈述事实的笔调,在必须加以谴责的地方,他也毫不动感情,使人感到他对历史的陈述过于冷酷,以至于令人心寒。事实上,在新闻界,我们常常看到一些挑战人伦极限的报道。如大量记者簇拥在医院病房外等待着病人死亡；为了生动地报道，一些记者内心平静地摄下对象自杀的场景而不加阻拦；对于事故或灾难的受害者，丝毫不考虑他们的感受，毫无顾忌地提问，对他们施加再度的伤害；还有对刑事案件、战争场面血淋淋的呈现，对于搏杀动作的肆意渲染，完全不考虑对青少年可能的负面影响。这些情况，对于富有道义责任感、具有悲悯情怀的记者而言，是绝对不能原谅的。

以上包括长度、宽度、高度和温度的四个维度，是考量每一个职业传媒人合格与否不可或缺的重要视角。一个传媒人如果没有长度，或者长度不长，也就是说，其专业技能和职业素养没有达到及格线，那他只能做一个业余的传媒人，正如当下的流行语，人人都有麦克风，人人都有摄像机，他只能是这些普通的"人人"中的一员。如果一个传媒人有长度没有宽度，或者宽度不够宽，知识结构比较单一，视野相对也比较狭隘，他就很难有大局观，更难有全局思维，其想象力也会受到局限，面对复杂的新闻事件，他能够借以解读分析的理论、工具与方法也是有限的，由于难以调动必需的知识资源，社会对他的期待也难免会落空。高度对于职业传媒人而言，尤其重要。因为这个高度不仅是思想的高度、政治的高度，更是道德的高度，更是穿云破雾的深刻的历史洞察力。有高度的传媒人，能够透过现象看本质，入木三分，主次分明，有理有节。有高度的人，会有强烈的社会责任感和职业使命，"虽千万人吾往矣"。如果没有这种高度，纵有杰出的专业技能，巧舌如簧，下笔千言，也只能是一个肤浅的传媒人。同样，一个没有温度的人，一个没有爱心、同情心、人情味的人，即便他有传媒人坚实的专业素养，杰出的专业技能，多学科的知识结构、宽广的视野，博学多才，触类旁通，也难以为社会的发展提供正能量，能够吸引他注意力的只有冲突、血腥、色情，在他的心里只有本能、贪欲和利益，生物的动物性支配了人的社会性。很显然，这不是一个健全社会所需要的传媒人。

环顾宇内，当下中国的新闻传播领域，能够通过这四个维度全面考量的传媒人有多少？恐怕很难做出乐观的回答。作为一个新闻学院的院长，长期致力于传媒人才的培养，深感社会对优秀职业传媒人的殷切期待。愚意以为，一个优秀的职业传媒人，应该是一个立体的全面发展的人，一个高尚的人，一个深刻的人，一个有杰出专业才能的人，一个博学多才的人，一个富有人间温情的人。这是媒介化时代社会最大的需求，为社会培养一批又一批优秀的职业传媒人，是新闻传播院系能够为社会做出的最大贡献，也是新闻传播院系赖以保证自己存在的基本依据。

（本文原载于《青年记者》2015年9月上）

从马航事件反思新闻传播人才培养

2014年3月8日发生的马来西亚航班失联事件,原本只是一起灾难性突发事件。随着各国新闻媒体争相进行同题报道,事件无意间演变成了一场国家"传播软实力"的竞赛。英国路透社、BBC,美国CNN、《纽约时报》、《华尔街日报》,法国法新社以及新加坡《联合早报》等国外各大媒体都对马航事件进行了积极的追踪报道,内容涉及失联原因推测、飞行员调查、失联地点确认、客机可能坠毁地点和客机飞行状况分析等,对事件真相的揭露起到了重要推动作用。而中国媒体虽然也前往一线采访,却只是跟着各大新闻发布会和外媒报道的节奏走,并无重大原创报道。二者差距之明显,让国内公众忍不住发起了一场"中国媒体落后在哪里"的大讨论,其中尤以数落和嘲讽为主。抛开偏激的情绪化语言,我们有必要认真地分析和反思,在这场"没有硝烟的战争"里,中国何以败?

一、中外记者的差距在哪里?

从表面上看,中国记者与外国记者的差距主要体现在新闻发现能力的薄弱,以及国际信息资源的贫瘠。事实上,马航给中外记者出了同一道难题,题面的信息量并未厚此薄彼。可是,当中国记者被各大新闻发布会牵着走时,外媒却能通过各种渠道发掘潜藏信息并取得突破。有人提出,作为信息源的军方、卫星公司和情报机构在这过程中发挥了重要作用,这固然有一定道理。但实际上,中国记者的不足不仅体现在缺乏"实体信息资源"(尤其是国际层面上)的积累,更在于对"虚拟信息资源"的浪费。这里的"虚拟信息资源"指的是海量规模却高居"云端"的大数据。对于"大数据",目前学界的主流定义是"大小超出常规数据库工具获取、存储、管理和分析能力的数据集",而在传播学的视角下,大数据实际上已成为至关重要的新闻生产资料。谁能获取并将其整合应用,谁就具备核心竞争力。不能善用大数据发现新闻信息,是中国记者在技能上的最大短板。

其实,中国记者与外国记者的差距远不止于此。更值得关注的,首先是中国记者的主动性和主体意识的丧失。所谓"主体意识"(consciousness of subject),是指作为实践和认识主体的人对于自身的主体地位、主体能力和主体价值的一种自觉意识,是主体自觉能动性和创造性的观念表现。对于官方消息,中国记者是盲目相信并传达,外国记者则是主动质疑并求证,其差距由此可见一斑。长期以来,被动报道成了中国记者的业务常态,他们多已习惯这种"传达"的思维模式,而缺乏一名记者应有的独立、批判和质疑精神。其结果是任由官方一次次地推翻此前发布的消息,而媒体却只能一次次地"复制粘贴",媒体公信力在这过程中严重挫伤。殊不知,马航事件对于社会大众来说,存在着一大片事实上的空白。记者奔波在前线,自然肩负着探寻事实真相的重任,而不只是被动地报道事件进展。中国记者对自身主体地位并未有足够的意识。更直白一点,他们并不打算凭借自身努力发掘出事件真相,而是等待他人直接给出结果。当然,他们也有可能认为这超出了自身角色或能力范围。无论如何,这直接从主观上导致其丧失了报道行为的主动性和创造性。

其次是社会责任意识淡漠和职业价值认知失范。除了不加证实、随手转发国外媒体的报道,国内媒体做得最多、也是最让公众诟病的一件事是在网上点蜡祈祷、无度煽情,内容单薄飘忽,毫无建设性可言。这种情绪上的煽动,对他人痛苦的无度消费,对媒体人来说,是一种极端不负责任的行为,也是缺乏新闻职业素养的表现。做一些对社会无意义、无价值的报道,纯粹为了发稿量而发稿,恐怕是国内媒体普遍存在的现象。且不说在他们身上难觅昔日"无冕之王"的职业理想、精神气质和责任担当,连起码的职业尊严都已丧失殆尽,被行业内外戏称为"新闻民工"就是一个例证。国内记者对自身的职业价值认知已经发生了严重偏离。没有职业追求和职业理想,也就不可能有杰出的职业表现,难以赢得社会的尊重,于是更加自暴自弃,这是一个恶性循环。

此外,中国记者也普遍缺乏国际视野。报道所关注的焦点总是有意无意地往"中国"上靠,甚至有一家国内媒体在其官方微博上发出了"154人遇难,我们等你回来"这样具有狭隘民族倾向的话语。我们当然不能否认新闻接近性、新闻落地的重要,但这也得看语境,起码"尊重每一个生命"这样的价值观念不应遭到无视。而在对马航事件这种引发全球关注、具有国际影响力的事件报道中,中国媒体不应只将受众市场局限在国内,而应有更大的传媒雄心:探寻出事件真相,借机将新闻市场拓展到全球,做真正意义上的"国际新闻报道"。事实上,在信息全球化的今天,国内公众完全可以接收国外媒体传播的信息。缺乏国际视野的所谓"国际新闻报道",其结局必然是连国内市场也要丢失,这不得不令人警醒。

二、原因何在？

（一）新闻体制的原因

所谓新闻体制，是在一定的历史条件下所形成的国家管理新闻传播事业的制度体系。新闻体制决定着新闻事业的发展方向，制约着新闻媒介的政治法律地位，影响着新闻事业基本功能的发挥，从而对记者的角色定位和职业行为产生了不容忽视的影响。在计划经济时代，由于特殊国情的需要，中国采取的新闻体制是传媒为国家所有，党管新闻。在以正面宣传为主的要求下，记者做的几乎都是正面报道，这并不需要费尽心思地挖掘信息，倒有一大堆材料主动送到记者面前。久之，被动报道的思维模式悄然形成，而偶然遇到"马航事件报道"这样的国际媒体大比拼，中国媒体也就很无力了。随着改革开放，尤其是入世以来，中国新闻体制开始缓慢改革，媒体逐步走向市场化，媒体之间的竞争也日趋激烈，上述情形在一定程度上有所改观，但远未到可以乐观的地步。必须承认，长期的新闻管制已经在社会意识、社会风气及行为模式层面造成新闻记者的主动性、创造性缺失，这种现状不是短期内就能彻底改观的。新闻体制改革也不是一蹴而就的事情，而需要党和国家，以及社会各界的决心、智慧和持续不断的努力。持续推进新闻体制改革，是造福国家和社会的需要。

（二）新闻教育的问题

人才培养的问题，其实就是教育的问题。当前中国的新闻传播人才难以令人满意，必须从新闻教育中寻找原因。

首先，重视硬件，忽视软件。为了改善办学条件，尽量实现教学与业界的对接，提高学生的适应能力，近十年来，新闻传播院系在技术装备上加大投入，情况得到了极大改观。我们为此感到欣慰，但同时也有一些不安。毕竟每个人的心力都是有限的。对硬件的过分追求，已经让我们忽视了对教育理念、教育方法的思考。时代在不断发生变化，我们的教育理念和教育方法有没有与时俱进？课程设置和安排是否合理？学生是否能够接受？如何让学生更快更好地养成新闻职业精神，并掌握专业所需的技能？如此等等，很多新闻教育者对此并没有足够的意识。必须认识到，没有软件的强大，纵有高楼大厦、精尖设备，也无法让我们走在一流传媒教育的行列。

其次，重视技能，忽略精神。新闻是一门实践性很强的学科，因此，从课程设置到实习实践的安排,几乎所有新闻传播院系都特别注重对学生专业技能的培养。这是不错的。技能是一个人的求生饭碗,在竞争激烈的新闻行业,没有足够的技能就会被无情地淘汰。然而,作为教育者,我们有时候是否应该审视,过分重视技能,是否忽略了对学生精神世界的关照。新闻是一个"理想者"的行业。这里所谓的理想,是基于职业信仰的一种追求。新闻传媒从业者是社会的哨兵,是公平正义的守护者,在其履行社会职责时,尤其需要独立思考,敢于批判与质疑,既不依附于精神的权威,也不依附于现实的权力。这种精神追求,是新闻教育者必须准确传达给这些准新闻工作者的。可是非常遗憾,我们在教学过程中讲了采写编评,讲了摄影,讲了广告艺术、公关技术,只注重"术"的传授,却恰恰忽略了"精神"的启蒙与提升。毫无疑问,这样的新闻教育是失去灵魂的。

第三,强化服从,丧失主动。新闻是一门崇尚自由、多元价值观,富有生气和创造性的专业,新闻教育也理当如此。国内现在存在的一个问题是把新闻教育政治化,而又把政治服从化了。这里的"新闻教育政治化"是指新闻教育以政治教育为中心的倾向。新闻教育重视对受教育者的政治素养的培养,这是必需的。新闻毕竟离不开政治。江泽民同志在1996年视察人民日报社时曾提出著名的"祸福论",即"舆论导向正确,是党和人民之福;舆论导向错误,是党和人民之祸"。传媒从业者必须要有这种社会责任、政治意识和大局观。在很多情况下,"政治"表现为对公权力的服从,少数对多数的服从,下级对上级的服从等等。但是,"政治"绝对不仅仅等同于"服从"。在现代社会,"政治"还表现为一种"协商""沟通",甚至是"妥协"。而"政治服从化"是指将"政治"简单地归结为"服从",并且是"绝对地服从"。这无疑是把"服从"放大化了。一旦"服从"被放大,就没有"质疑""批判"和"反思"的空间了。凡事都要看上级指示,丧失了主动,在与人竞争时,自然不堪一击。

第四,重视专业,忽视融合。长期以来,新闻传播业界大体上划分为报纸、广播电视、出版、广告、网络新媒体等几大领域,而新闻传播院系的专业设置也与此相对应。各专业独自埋头苦干,彼此之间壁垒森严,极少往来。然而,随着传播技术的发展,媒介融合已经成为传播发展的大势所趋,它提出了一种全新的人才需求。这种人才应该能够掌握纸质媒体、广播电视媒体乃至网络新媒体运作的基本技能,包括文字、图片、音视频等各种信息承载形式的生产、制作与传播,即通常所说的"全能型记者"。显然,现有的新闻传播教育格局难以实现这个目标。因为专业之间人为制造出来的鸿沟,在很大程度上阻断了彼此之间的交流与互动,遑论专业融合与全能型记者地培养了。

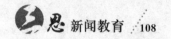

三、新闻教育改革势在必行

事实上,"新闻教育改革"的口号在中国喊了很多年,可是见效甚微。今天的马航事件再次敲响警钟:如果再不进行富有成效的新闻教育改革,新闻传播人才的短板将对中国新闻事业的健康发展,以及中国国际影响力和国家形象的提升,都极为不利。

那么,我们应当如何进行新闻教育改革?对于这个问题,学界和业界已有很多探讨。笔者认为,新闻教育改革应当紧密结合当下所处时代的特征、结合社会发展的需求而展开。当下是一个媒介融合、信息全球化时代,比以往更强调民主多元价值观。因此,这种时代特征给新形势下的传媒工作者提出了种种新要求,这也正是新闻教育改革的方向。

(一)注重政治与专业的平衡,推崇新闻职业精神

如前所述,新闻与政治密不可分。在中国现行的新闻体制下,宣传党和国家的政策方针依然是媒体的重要职责之一。这要求记者必须具备基本的政治素养、政治常识,否则很容易对重大政策方针产生误读和歪曲。所以,政治教育是新闻教育中不可或缺的组成部分。然而,我们必须警惕"新闻教育政治化""政治服从化"和"服从最大化",否则,对培养学生的独立人格、批判意识和创造精神是很不利的。如果学生不具备这些精神品质,必不善于独立、理性思考,凡事被动依附于主流和权威,人云亦云,只会"服从""围观"和"转发",这样的学生难以成为优秀的传媒工作者。因此,新闻教育要注重政治与专业之间的平衡。为了达到这种平衡,在培养学生基本政治素养的同时,要大力推崇新闻职业精神,主要意涵包括独立意识、批判思维、创造精神和人文情怀,敢于质疑,追求真理,客观理性,注重平衡,实事求是,一切从实际出发,等等。

其次要强化受教育者的社会责任意识。传播媒介是一个特殊的行业,肩负着服务社会、监督权力运行的神圣职责。所谓"一言而可兴邦,一言而可丧邦",传播媒介必须对其舆论影响力持有审慎的态度。因此,传媒工作者在追求其新闻理想、在进行新闻价值判断的时候,必须要有社会责任的担当,处处讲求社会效益。唯有如此,传播媒介在社会运行中才能不断释放出"正能量"。但"正能量"绝不等同于只讲好话、只做正面报道。有时候,对负面的揭露和批判能够形成"老鼠过街人人喊打"的氛围,引起整个社会的反思,有助于社会问题和矛盾的化解,这是一种更加宝贵的正能量。如今,新闻教育还应该跳出国家与民族的局限,强调更大的社会责任。例如在马航事件报道中,记者不应只关注本国

受害公民，而应为整个事件真相而奔走。因此，我们强调的社会责任应是为整个人类社会进步而努力。这并非一句大而空的口号。落实到日常教学中，我们应引导学生主动关注世界性问题，引起课上课下的讨论，并针对某些具体问题开展研究或新闻策划报道。这种意识的培养不能被教育者所忽视。

（二）推进教学方式与内容改革，适应社会和时代需求

其一，新闻教育有待进一步专业化。这是指新闻教育在新时代背景下，以培养专业所需的新思维和新技能为导向，追求专业价值，使被教育者能更好地成为新闻传播岗位人才。眼下正处于媒介融合时代，媒介思维、技术和形式不断变革，推陈出新，传播方式、流程，乃至运营和操控，都与过去有很大的不同，因此，对传媒工作者的知识结构和能力结构提出了新的要求。比如利用大数据获取信息资源是当下亟须培养的新技能，而全媒体人才的培养则成为新闻教育的新方向。另一方面，随着新媒体，特别是自媒体的发展，人人都有麦克风，人人都有摄像头，在这种情况下，更需要专业、权威的资讯和意见，以引领社会风向。虽然信息传播行为的门槛降低，但绝非人人都能成为真正意义上的"记者"。换言之，在新时代语境下，"记者"不再只是简单地传播消息，而应表现得比过去更杰出，综合能力更强，思维更开阔，思想更有高度，剖析问题更加鞭辟入里。因此，新闻教育的专业化，就意味着探求职业传媒人应具备的知识结构、能力结构，及其职业理想，并在此基础上建构相应的课程体系和培养模式。此过程中，教师本身也面临挑战，在知识体系、教学方法和内容上需要不断新陈代谢，要勇于革自己的命。如果采用的课件、教材，包括讲课时的思维方式、眼界都停留在几年甚至十几年前，培养出来的学生必然难以适应社会和时代需求。因此，如何让新闻教育与业界无缝接轨，是改革的一大要点。

其二，新闻教育必须强调个性化。新闻教育有必要从标准制式的大工业生产模式，转入柔性的个性化小工业生产模式。不得不承认，过于强调"统一"的新闻教育让很多学生丧失了最初的新闻热情，自身的兴趣和特长未能得到充分发挥，扼杀了大批优秀的新闻传播人才。从孔子开始，教育就提倡因材施教，给学生提供多向发展的机会。新闻教育更当如此。从业界反馈的情况来看，与其他专业学生相比，新闻系学生缺乏核心竞争力。例如在财经新闻岗位上，新闻系学生往往能很快上手，可是后劲不足，专业深度也拼不过财经类专业的学生。眼下时常有新闻报道被人指责"不专业""外行"，就是因为记者本人欠缺相关行业知识，对报道内容理解不透，出现浅读和误读是常事，甚至有可能被人忽悠、利用。因此，强调个性化的新闻教育是有必要的，它不仅能在最大程度上激发学生的学习热情，也能够培养"专家型记者"，进行具有专业水准的新闻报道。

为此,建议将通识课程和新闻业务基础课程集中安排在前两年,从第三年起,让学生根据自己未来发展的方向,在本院或本校其他学院选择相关课程进行深入学习。或通过主辅修和二学位制度,也可实现这一目标。

其三,新闻教育必须倡导国际化。对于一名记者来说,视野很重要,尤其是在信息全球化的今天,拥有国际化视野是时代对记者提出的新要求。类似马航事件报道这种全球媒体竞争的机会,以后会越来越多。因此,新闻教育必须培养学生的国际化视野及相关技能。首先,应开设《国际关系》《国际新闻传播》等课程,积极训练学生的国际关系素养,引导学生主动关注国际新闻,了解国际形势,并形成自己的意见;其次,加强外语能力的培养,为日后随时"跨国出战"打下扎实的语言基础;再次,推行开放办学理念,与国外大学建立合作办学平台,通过交换学生,增进中外传媒大学生的交流,弥补新闻传播的政治、文化鸿沟,激发课堂的创新氛围,促进教学相长;复次,加强国际学术交流,联合举办学术会议,或交换师资,或合组学术团队以研究共同感兴趣的新闻传播前沿课题,与国际接轨,实现新闻传播学术创新,并将成果转入教学当中。培养具有国际竞争力的新闻传播人才,是当下中国提升国际传播力、重塑国家形象的迫切需求。

(本文系作者和熊少翀合著,原载于《新闻记者》2014年7期)

新闻教育应坚持人文精神的主基调

自1918年"北京大学新闻学研究会"成立至今,中国的新闻教育事业已经走过了九十余年的历程。经过几代人的努力,我们的新闻学科建设取得了有目共睹的成就。但是,由于新闻学是伴随"欧风美雨"而来的舶来品,中国新闻教育草创之际,不免因陋就简。而在后来的发展过程中,不时为战乱、政治动荡所干扰,以至于我们的新闻教育还存在着很多问题。其中最突出者,乃是过于重视技能和实践环节,忽略了完整知识系统的建构;过于强调政治原则,忽略了人文精神的涵养。尤其是后者,已经在越来越大的程度上影响到新闻媒体。在媒体的报道中,人特别是普通人的位置没有得到应有的重视,媒体从业者心目中对人的权益、价值、尊严乃至人类命运缺乏必要的关注,以至于媒体话语与民间话语日渐疏离,尤其是主流媒体,与主流人群渐行渐远。所以,当前中国新闻教育的当务之急,不是课程体系的调整、实验设施的改善和实践环节的强化,而应该是强化学生的社会责任意识,唱响人文精神的主旋律。

人文精神一词,具有极为丰富的内涵,它是人类一种普遍的自我关怀,表现为对人的尊严、价值、命运的维护、追求和关切,对人类遗留下来的各种精神文化成就的高度珍视,对一种全面发展的理想人格的肯定。人文精神的核心就是"以人为本",即把人放在最重要的位置上,一切为了人,尊重人的价值、维护人的权益,敬畏人类生命。这种精神应该熔铸在新闻传播院系的各个教学环节、各门具体课程之中,从而最终流进学生的血液,进驻学生的心灵深处。对于新闻工作者而言,要弘扬人文精神,必须做到如下几点。

一、敬畏生命

在宇宙洪荒时期,地球上没有生命。后来生命出现了,地球上才有了色彩。我们能设想一个没有生命的地球吗?生命使地球充满了活力与精彩。尊重生命、敬畏生命,是人文精神的必然诉求。在汶川地震救援报道中,有一组耐人寻味的镜头：当一位姑娘被救援人员从瓦砾中救出，现场所有记者的镜头一起对准她的时候，劫后余生的姑娘做出的第一个动作便是努力提起有些脱落的衣裤，以掩盖裸露的肌肤。这一细节告诉我们，生命是圣洁的，在生命的展示过程中需要获得尊重、理解、呵护。不仅是人的生命，地上搬家的小蚂蚁，春天枝头鸣唱的鸟儿，高原雪山脚下奔跑的羚羊，大海中戏水的鲸鱼，等等，都是生命世界的重要成员。我们敬畏地球上的一切生命，不仅仅是因为人类有怜悯之心，更因为它们的命运就是人类的命运：当它们被残杀殆尽时，人类就像是最后一块多米诺骨牌，接着倒下的也便是自己了。所以我们热爱生命、敬畏生命，最终还是爱人类自己。丰子恺曾劝告小孩子不要肆意用脚去踩蚂蚁，不要肆意用火或水去残害蚂蚁，他认为自己那样做不仅仅出于怜悯之心，而是怕小孩子那一点点残忍之心以后扩展开来，以致驾着飞机装着炸弹去轰炸无辜的平民。

当前我国的新闻报道，有很多不尽如人意之处，其最突出的便是对生命的敬畏、尊重不够。例如：在批评性报道中，经常出现火药味十足、攻击性极强的语言暴力；在政治、军事、经济等重大题材报道中，常以枯燥的数字、图表的罗列取代对鲜活的个体命运的关注；在犯罪、灾难新闻中，以饱受摧残的生命形象去赢取眼球资源；在娱乐新闻中，热衷于对思维另类、举止怪异者的炒作，误导民众集体"审丑"……凡此种种，不一而足。溯其根源，在于传统的新闻教育单纯从专业技术的层面教授学生如何表达，怎样表达才能吸引公众的关注，而没有考虑到怎样才能使学生真正认识到生命的伟大与神圣，并产生由衷的敬畏之心。这种重术而轻道的教学方式，使学生走上工作岗位之后，无法将报道对象视为和自己一样的生命，而是将其物化为一种信息载体或者是为赢得竞争而努力去占有的资源。即便他们有时会抒发一丝悲天悯人的情怀，但最终也会因为内心的虚无而有失真诚，让受众感到带有很大的表演成分，无法产生震撼人心的力量。

要落实敬畏生命的宗旨，新闻工作者首先要怀抱平等意识，不仅在人和人之间，要平等相待，所谓"老吾老以及人之老，幼吾幼以及人之幼。"而且在人和一般动物之间，也要尊重动物生存的权利。这既是为了动物，也是为了人类自身。其次是恕道。恕道是儒家思想的精髓，也是中国传统人文精神的核心价值。所谓"恕"，按照孔子的解释是"己所不欲，勿施于人"。新闻工作者不能总以个人为中心，要学会换位思考，自己不愿意做的事情，不能让别人来做；自己不希望面对的问题，不能让别人面对。还有博爱。博爱不是西方社会独有的价值。中国自古以来，便有自己的博爱思想，从孔孟的"仁爱"、墨子的"兼爱"，到孙中山的"公爱"。2007年3月16日"两会"后的记者会上，温家宝就明确指出：民主、法治、自由、人权、平等、博爱，这不是资本主义社会所特有的，这是整个世界在漫长的历史过程中共同形成的文明成果,也是人类共同追求的价值观。新闻工作者有了对生命的大爱,自然会产生对生命的敬畏和由衷的呵护。

二、服膺真理

当今世界虽然已进入科学昌明的时代,水变油等形形色色的伪科学、迷信、非法宗教活动却时常见诸媒体,误导舆论、混淆视听;以法治国、以德治国的观念已深入人心,但是担负社会哨兵的新闻媒体却不断爆出践踏真实、屈从权势、收受贿赂的丑闻。其原因固然很多,但从新闻教育的角度分析,主要是在我们的日常教学过程中,只注重了传授真理,而忽视了服膺真理的精神。所谓服膺真理,就是衷心地信奉真理。《礼记·中庸》曰:"得一善,则拳拳服膺而弗失之矣。"只有服膺真理,才能够发现真理,真正按照真理的要求行事,并自觉地维护真理、传播真理。

要服膺真理,必须要坚持实事求是的原则。媒体的报道关系到大众对社会真相的把握,影响到大众的事实判断。要帮助大众接近真理、认识真理,新闻工作者必须以事实作为出发点。坚持实事求是的原则,按照事物的本来面貌如实播报新闻,就是服膺真理的精神在新闻行业中的具体体现。同时,新闻工作者还要有捍卫真理的勇气。新闻工作者不是"无冕之王",无论在新闻系统内部,还是置身于整个社会之中,都只是普通的一员。而新闻工作者在日常工作中所接触的群体极为广泛,不仅包括一般的群众,还涉及党政领导、商界巨头以及各个领域的精英人物,在权、钱、名面前,新闻工作者很容易未曾开口便先生三分怯意,一旦发生分歧,更是退多进少。真理的客观性本质告诉我们,真理是不以人的意志为转移的,职务、权势、资历、财富都无法左右真理。也就是说,在真理面前、在事实面前,人人都拥有平等的地位。如果新闻工作者是在自己的工作范围之内,就新闻事实与他人产生争执、分歧,无论对方处于什么样的位置,拥有什么样的力量,都应有与之平等对话的勇气。

三、独立人格

人格特征与职业适应性有着密切的关系。如果一个人的人格特征与所从事职业的要求相适应,就可能在事业上获得成功,反之,则会妨碍事业的发展。新闻工作者是公平正义的捍卫者,是社会的良心。他们必须具备独立、高尚、健全的人格。范长江曾经这样讲:有了健全高尚的人格,才配做新闻记者。有了健全的人格,才可以谈到其他各种技术问题。令人惋惜的是,时下新闻院系的学生培养与新闻单位的人才选拔,往往本末倒置,片面强调专业技能而忽视对人格的要求。

新闻工作者究竟需要具备怎样的人格呢?除了道德意义上的健全、高尚之外,今天尤其需要独立人格。所谓独立人格,是指依据个人自己的观察、判断和意愿去行动而不受环境和他人影响的个性特征。具有独立人格的人,善于独立思考,具有个人信念、判断的坚定性和行动的独立性。这对于新闻从业者来说,特别重要。因为,独立人格是独立发现的保证。新闻同质化是目前困扰媒体的一大难题,要解决这一难题,无非是报道独家新闻,独占或抢先占有新闻资源。但是,记者要发现独家新闻,并非单纯依靠率先发现新闻线索,而主要取决于能否率先解读出新闻线索中的特别意义。这就要求新闻工作者打破思维定式,独立思考,而此能力非拥有独立人格者不能具备。其次,独立人格有利于形成独特的风格。站在新闻传播者的角度,决定受众接受状况的重要因素主要有两种:一是作品或节目所包含的信息及外在表现形式;二是在新闻传播过程中,记者、主持人及相关工作人员是否具有引人瞩目的独特风格。因为只有具备独立人格的人,才能够按照自己的思维方式指导行动,耻于模仿,不甘从众,保持个性不失,久而久之便形成了独具魅力的风格。否则,要么陈陈相因,千报一腔,万台一面,要么东施效颦,贻笑大方。

正是因为独立人格对于新闻工作者的重要意义,我们今天的新闻教育才应当摒弃传统的教育观念及现代应试教育对人的个性的压抑,唤醒学生的个性,塑造他们的独立人格。为此我们必须创造自由开放的学习氛围,鼓励学生独立思考。在课堂上,教师应当避免一言堂,要尊重学生的自主性、独立性,变灌输式的教学为启发式教学,努力营造一种自由互动的课堂氛围,鼓励学生大胆质疑,主动思考,发表自己的看法。此外,我们还要提倡尊重个性,因材施教。要尽量少开大课,多开小课。在课程设置上,要做到面向全体与照顾个体相结合。在基础课、专业课的设置方面要面向全体,有统一的标准;而在选修课的设置上,应当尽量增加种类,特别是任意选修课的比例要有所提高,尽量给学生自由选择的空间。

四、社会责任

在法治社会,权利与义务是对等的,一种职业被赋予什么样的权利,取决于其所承担的社会责任。如果某行业的从业者,从整体上未按照社会的期待履行其职责,那么,轻则会丧失社会的尊重与信任,重则会受到相应的制裁。中国新闻界当前最大的问题便是社会责任缺失,以致信息传播滞后、虚假新闻泛滥、有偿新闻屡禁不止。在《焦点访谈》创办十周年的前夕,国务院总理温家宝致信《焦点访谈》,专门论及了媒体的社会责任问题:责任就是新闻工作者对国家的责任,对社会的责任,对人民的责任。责任源于对国家和人民深刻的了解,对国家和人民深厚的感情。只有对国家和人民了解得深,爱得深,才会有强烈的责任感。责任体现为对焦点的关注和正确的把握,特别是要善于抓住关系人民切身利益的事情。责任还体现为坚持真理,实事求是,一切从实际出发,讲求社会效益。

可见,社会责任最终的落脚点还是人民和国家,而国家不过是人民的安身立命之所,所以说到底,社会责任还是对人民的责任,体现为对人民的了解、对人民的感情、对人民的热爱有多深,这是人文精神的核心所在。长期以来,我国媒体和新闻教育界一直强调政治责任,而对媒介的社会责任重视不够。往往是以政治责任取代社会责任。以胡锦涛总书记为核心的中国共产党新一代领导集体提出的"权为民所用,情为民所系,利为民所谋",应该成为新闻工作者行事的指南。新闻工作者,包括高校新闻院系的学生,要时常反躬自问:人民在我们的心中究竟处于什么位置？我们时常牵挂的是人民的利益还是自己的利益？民之所欲,常在我心,应该成为我们的座右铭。

总之,在这个媒介化社会,新闻传播的影响无处不在、无孔不入,它在越来越大的程度上决定了社会的走向和人民的福利,甚至会影响到人类未来的命运。作为致力于这一事业的新闻工作者,必须坚持人文精神的主基调,完善独立人格,怀抱无疆大爱,以人为本,心系民生,只有这样,媒体及其从业者才能善尽责任,对社会进步有所贡献。

(本文原载于《新闻与写作》2010年6期)

交叉办学重特色，与时俱进求发展

华中科技大学被视为新中国大学发展的缩影，进入21世纪以来，其综合排名连续居于国内一流大学前十名之列。"敢于竞争，善于转化"是华中科技大学的办学理念。

1986年，张昆毕业于中国人民大学新闻学院新闻学研究生班，同年分配至武汉大学新闻系任教，24岁时就踏入了新闻教育界，36岁就任武汉大学新闻学院院长。2006年7月，张昆教授被聘任为华中科技大学新闻与信息传播学院院长。走进华中科技大学，来到了喻家山下，张院长使华中科技大学新闻与信息传播学院的办学特色更加鲜明，并且进一步展示了学院的办学实力。

中国报业网：近年来，华中科技大学新闻与信息传播学院一直以强劲的态势在发展，您认为目前学院在全国的新闻院系当中处于一个什么样的位置？

张昆：近年来，华中科技大学新闻与信息传播学院发展十分迅速，并且得到了学界、业界的普遍认同。至于我们学院在全国新闻教育界中的具体位置，我不好说，因为标准不同、立场不同，可能会得出完全不同的结论。

可以这样说，华中科技大学新闻与信息传播学院是国内办得最好的几所新闻学院之一。有以下几个重要指标可供参考。国内新闻教育界有新闻传播学一级学科博士授予权的学校共有六所：中国人民大学、复旦大学、武汉大学、中国传媒大学、清华大学、华中科技大学。国务院学位委员会新闻传播学学科评议组成员来自六所大学的新闻学院：中国人民大学、复旦大学、武汉大学、中国传媒大学、清华大学、华中科技大学。国内新闻教育界有七个博士后流动站，分别在中国人民大学、复旦大学、武汉大学、中国传媒大学、清华大学、华中科技大学、暨南大学。教育部新闻传播学科教学指导委员会主（副）主任委员来自六所大学的新闻学院：中国人民大学、复旦大学、中国传媒大学、清华大学、华中科技大学、四川大学。综合这些因素，华中科技大学新闻与信息传播学院居于国内新闻教育的前列。

一、办学特色：立足交叉，注重应用

中国报业网：1983年，华中科技大学新闻学专业建立（原华中工学院新闻系），是全国第一个在以理工科为主的高等学校创办的新闻系，那么，在这个以理工科为主的学校里，新闻学专业办学有什么特色？

张昆：华中科技大学被视为新中国大学发展的缩影，进入21世纪以来，其综合排名连续居于国内一流大学前十名之列。"敢于竞争，善于转化"，是华中科技大学的办学理念。新闻与信息传播学院在华中科技大学，是一个年轻的学院，也是一个朝气蓬勃、后劲十足的学院。

华中科技大学在1983年建立新闻学专业，迄今有26年。是国内工科院校创办的第一个新闻学专业，引领了单科院校办新闻传播教育的风气之先。

华中科技大学新闻与信息传播学院不同于一般综合性大学新闻学院的办学特色是：立足交叉，注重应用，以实践为导向。交叉体现为文理交叉、文工交叉以及文文交叉。学院注重培养既有扎实人文社科功底，又能掌握现代传播技术的复合型新闻传播人才。学院最早把计算机、数据库作为新闻专业的核心课程，把高等数学作为必修课程，而且让学生学会开汽车。学院还依靠我校作为工科院校的传统和优势创办了全国第一个网络传播专业，在全国范围内创办了唯一一个新闻评论专业方向班。这是华中科技大学新闻与信息传播学院办学的最大特色。

二、人才培养：与时俱进，主动变革

中国报业网：在刚刚落幕的中国传媒大会·2008年会上，有场特别具有现实意义的主题论坛——"传媒多元化人才探讨"。那么，作为一位年轻有为的新闻学院院长，对于人才的培养，您有何独特的看法呢？

张昆：作为一个新闻学院的院长，对于目前新闻传播教育面临的问题，我有着深切的感受。三年前，我就在北京中外著名大学新闻传播学院院长会议上提出了中国新闻教育面临十字路口的观点：新闻教育在膨胀，可是专业十分单一，与新闻业界多元化的人才需求相矛盾；在校新闻传播专业的学生数量急剧增长，但学校的资源投入相对滞后，人才培养质量下降；信息传播技术在急速发展，可是学校的课程体系一如既往，没有相应的改变。这些问题必须引起我们的重视。

我以为，新闻传播教育必须与时俱进，适应新闻传播事业的变化和传播技术的发展。在课程体系、教学模式、教学手段等方面,应主动进行改革;重新调整专业定位,划定专业边界,大胆探索与媒介融合相适应的新的专业教育模式。坚持市场导向,根据业界需求调整新闻传播教育的规模和质量规格,实现学生、学校、业界三者利益的最大化。

三、就业良策:强化教师的责任意识

中国报业网:在金融危机下,您如何看待大学生新闻学子就业难的问题?作为全国知名的新闻院系,华中科技大学新闻与信息传播学院又有何应对良策呢?

张昆:大学毕业生就业困难,是一个不可否认的现实问题。应该怎样看待这个问题?为什么会出现这个问题?

我认为,新闻学院学生就业难与其他专业学生就业难,在本质上是一样的,它们产生于同样的环境,也基本上是出于同样的原因。其一,金融危机的影响,消减了社会的人才需求;其二,大学持续多年的扩招,使在校新闻传播专业学生数量膨胀,而业界对人才的需求基本上已处于饱和状态;其三,学生的定位问题,不少学生非大城市、非全国性媒体不去,而大量二线城市特别是地市级媒体的人才需求得不到满足;其四,专业趋同化,新闻传播专业的学生与其他社会科学专业的学生相比,其不可替代的独特性渐渐地消失,以致其他专业的学生很容易取代新闻专业的学生。

我认为,学生就业困难是一个系统问题,必须多方着手,统筹兼顾。最近我们在这方面有一些思考,准备从以下几个方面着手解决。

第一,主动响应市场需求,果断调整我们的培养方案和课程体系,最大限度地满足人才市场的最新需要。

第二,加强对学生的国情教育,呼吁学生正视现实,适当调整自己的期望值,不要一味眷恋大城市、全国性媒体,勇敢地奔赴国家最需要的地方。

第三,调动一切积极因素,充分利用各地的校友和合作媒体的支持,广泛拓展就业门路。

第四,落实老师在就业服务方面的责任。学生就业是学院最大、最重要的工作,压倒一切。这不仅是学生工作组的责任,更是全体老师的责任。特别是高层次人才的培养与就业,与指导老师息息相关。我们初步考虑,把研究生就业状况与老师的招生指标结合起来通盘考虑。如果某个老师指导的研究生没有按时就业,那就要扣掉他下一年度的研究生招生指标。以此来调动全体老师的积极性,强化他们的责任意识。

四、责任是我最大的驱动力

中国报业网:作为教授、博导,您承担了很重的教学和科研任务,同时,您又是一院之长,行政事务非常繁重,那么,在教学、科研和行政方面,您是如何来平衡的?

张昆:作为高校一个学院的业务负责人,其与企业、政府机关或媒体的领导人是完全不同的。院长的职务对学院非常重要,但对我个人而言,它不过是个兼职。

我的本职是教授,对我的考核,主要是业务上的,是科研、教学的质和量;管理方面的指标比较软,但责任大,一千多人的学院,加之学生和家长的关注,学生的前途和学科的发展,迫使我不得不全力以赴。所以,我平时的大量精力主要投入到院长的职务方面,而在对本人至关重要的教学研究方面,则投入很少。

但是,我还是尽最大的努力,挤出时间从事自己的学术研究,因为作为院长,我在学院里应该做出表率;作为在新闻教育界扮演一定角色的成员,我理应就一些重要的问题表达自己的意见,这是不容推卸的责任。所以基本上,白天交给了学院,晚上留给自己。这几年,在学业上,在自己感兴趣的领域,我还是取得了一些成绩。

中国报业网:近年来,中国传媒界开展了不少学术会议和媒体活动,在这方面,华中科技大学也积极参与,并作为主办方之一举办了"中国传媒大会·2008"年会,对此,您有何感受?

张昆:华中科技大学新闻与信息传播学院一向注重与业界的合作,在去年,我们作为主办方之一举办了"中国传媒大会·2008"年会。这次年会非常成功,我们感到欣慰,或者说有一种油然而生的成就感。我希望这个会议能够年复一年地办下去,如果可能,将会议搬到武汉举行,这也是我们的一个期望。

(本文系《中国报业网》中国传媒观察专栏记者对作者的专访,发表于2009年5月8日,记者:丁启超)

建设好校友的精神家园

各位学长、各位同学：大家下午好！今天是个好日子。艳阳高照，春光明媚。我们一行乘高铁北上，车过石家庄，久违的蓝天白云扑面而来，令人兴奋。华中科技大学新闻与信息传播学院北京校友会成立会在这个春意盎然氛围下召开，来自各界的一百余位校友欢聚一堂，共筑我们的精神家园，可喜可贺。在此，我谨代表华中科技大学新闻与信息传播学院全体教职工，也代表全国各地的新闻与信息传播学院校友们向北京校友会，向在京的同学们表示热烈的祝贺！

校友会又叫同窗会、同学会，是由具有在同一学校学习经历的学生们自发组建的社会组织。校友会是学校和毕业校友联系的平台，也是毕业校友们的精神家园。把校友会比喻为一种媒介，或许更恰当。作为一种媒介，校友会不仅是同学们身体的延伸，更是同学们精神境界的拓展，它所营造的精神家园，给了同学们独特的体验，这种体验是其他任何组织都无法替代的。

说起校友会，我想起了一件事。还是20世纪末的1996年，就在海峡两岸关系因"两国论"陷于紧张的情况下，我和华中理工大学（华中科技大学的前身）新闻系主任程世寿参加了大陆新闻传播代表团，去台湾地区交流。刚进入宾馆，正待办理入住手续时，突然有人喊我的名字。随团服务的一位年轻人告诉我，有两位老人要见我。我很纳闷，我在台湾地区没有亲戚朋友啊！莫非是台湾地区情报系统的人？我忐忑不安下硬着头皮见了那两位老人，我不认识，事实上他们也不认识我，他们拿着一份当天的报纸，上面刊登着我们到访的新闻，其中有我的名字。他们自我介绍是武汉大学台湾地区校友会的负责人，我紧张的心才放了下来。随后，台北武汉大学校友会专门设宴款待，到会的十余位老校友，年龄最长者89岁，最年轻者69岁，他们围着我这位34岁的年轻小师弟嘘寒问暖，急切地问询母校的情况。拳拳游子情，悠悠学子心。此情此景，至今难忘。

因此，我对校友会有一种特别的情愫，对教育我、栽培我的母校也常怀着感恩之情。2006年我工作调动到华中科技大学新闻与信息传播学院。在工作开展过程中,得到了不少校友的支持。2013年,华中科技大学新闻传播教育创办三十周年。以此为契机,我们发动、联络各地的校友,组建学院的校友会。先后在广州、武汉、长沙、郑州等地成立了省级的校友会。在条件成熟的地市,还成立了市一级的校友分会,如深圳校友分会。这些校友会在联系母校与校友,在服务母校和服务同学方面,扮演了重要的建设性角色。今天,北京校友会的成立,就是这一自然历史过程的延续,可谓水到渠成,瓜熟蒂落。虽然比其他城市晚了一些,但好事不怕晚,重要的人物往往是在后面登场的嘛。

通过观察,我感觉到一个校友会是否能够办好,是否有活力,取决于三个重要的条件。第一,要有一面旗帜,没有举旗的人,四散的同学就难以汇聚在一起。这个举旗的人必须有威望,有感召力,有足够的资历,这样大家才比较服气。第二,要有一个有执行力的班子,这个班子的成员必须心甘情愿地为大家服务,而且还要有效率,工作周到而细致。第三,校友会要想顺利地运作,还要有坚实的物质基础,特别是在起步阶段,开会、组织活动,都需要一定的经费支持,巧妇难为无米之炊。今天我看北京校友会的成立,完全满足了我说的这三个条件。举旗的有影响力、感召力,办事的有执行力、有热情又细心,更重要的还有经济保障,资助者实力雄厚。所以,我对新闻学院北京校友会充满信心,完全看好北京校友会的前景。

我希望新闻学院北京校友会在现任领导班子的领导下,做好学校和校友之间联系的桥梁,扮演好校友精神家园的角色,延伸、拓展校友的物质世界和精神空间。学会正式成立后,还有许多事情要做,千头万绪,而各位校友都是有自己的本职工作和职业操劳。我们对北京校友会的期待,主要有两点。

第一,服务母校。同学们完成了学业,离开母校来到社会,扮演着社会建设者的角色。经过一段艰苦的磨炼过程,大家终有所成。作为一名成功人士,感念母校的栽培之恩,思念回报母校,以各种方式力所能及地支持母校的教学与科研,帮助在学校的师弟师妹,是很正常的,也很容易理解。但是校友的报恩行为、校友对母校的支持,并不意味着学校能够把校友作为一个随时兑现的提款机。学校、学院也要爱护校友,体惜校友。不要滥用校友爱校的情感,尽量不要添加校友的负担,只有这样,校友对学校的眷念、对母校的情感才能长期维持。我必须告诉各位校友,我期待校友会成为联系母校与校友的纽带和服务母校的平台,目的不是单纯地为了募捐,不纯粹是为了钱。而是希望校友更加关心母校、与母校、与学院结成命运共同体,对母校、对师弟师妹给予更多的道义的支持。

第二,服务校友。校友会应该是校友的精神家园,围绕着校友会,延续着校友情，大家会有共同的精神寄托。事实上，校友会不仅能够解决精神上的皈依问题，它还能够借助于校友之间的互助行为，取长补短。它虽然不一定能够帮助解决大的问题，但是在相关信息共享、经验交流、精神支持等方面，还是十分有效的。在这个意义上，校友会可以说是校友们人生的加油站或充电器，是助推校友腾飞的翅膀。校友之间的交往很少带有功利的目的，感情是维系校友情的主要纽带。正是在纯真的同学情的引领下，一些在正常情况下难以解决的问题可能会迎刃而解。校友会不仅要帮助毕业的老同学，对于还在学校学习的师弟师妹，更要投以关爱的眼神。在专业实习、在求职就业等方面，对他们施以援手，这种帮助胜过其他物质上的资助。

校友会的建设不仅是校友的事情，也是学校学院的日常工作。为了促进学院校友会的发展，学院也要扮演重要的角色。对于校友会在运作过程中出现的问题或困难，学院应该提供力所能及的帮助。学院办公室是负责校友会与学院及学校校友总会联络的中转站，其职责之一就是服务各地的校友会。

各位校友、各位同学：

相逢是缘。古人云，百年修得同船渡。我们因为华中科技大学结缘，同窗四载或同学三年、两年，是多么难得的机缘。没有这个机缘，在芸芸众生中我们擦肩而过，都不知彼此是谁。是母校、是华中科技大学新闻与信息传播学院使我们成为同学、成为校友，是华中科技大学新闻与信息传播学院在血缘家庭之外给了我们学缘意义上的精神家园。这么多的学兄学弟学姐学妹，这么大一个温馨、充满着爱意的家园。当我们学有所成，当我们背起行囊闯荡天涯时，在遥远的他乡还有一个温馨的家，这是多么令人向往的事啊！我希望华中科技大学新闻与信息传播学院北京校友会就是这样一个家！我和学院的同仁们愿意和同学们一起努力！

祝华中科技大学新闻与信息传播学院北京校友会成立大会圆满成功，祝各位校友身体康泰，一切顺心！

（本文系作者2017年2月26日在华中科技大学新闻与信息传播学院北京校友会成立会议上的致辞）

加强青少年手机使用研究，
优化家庭代际沟通

在今天这个媒介化时代，信息弥漫于我们全部的生活空间，如水银泻地，无处不在，无孔不入。传播影响着我们的认知、思维和情感，进而决定着我们的行为。我们无法想象一个没有信息、没有传播的社会。在林林总总的传播渠道之中，手机是使用频度最高的移动互联终端，是人们守望环境，获取信息，分享意见，协调利益，沟通社会的基本工具。无论是在全球、国家，还是在家庭传播层面，手机都扮演着重要的角色。随着手机进入大多数家庭，手机已经成为家庭体制不可或缺的一部分而深深嵌入当代家庭生活之中。

对于现代家庭来说，手机作为现代化传播媒介的典型代表，因其便捷、时尚，成为人们尤其是青少年最为喜爱的点对点传播工具。"对今天的孩子来讲，他们早上就把手机放进兜里，并不特别意识到它的存在。对这些孩子来说，身边带着电话才算是穿好了衣服，反之亦然。"手机的接触和使用已经成为各国青少年成长发展过程中的重要经历。据中国互联网信息中心（CNNIC）发布的《第38次中国互联网络发展状况统计报告》报告显示：截至2016年6月，我国网民仍以10～29岁群体为主，占整体网民的50.5%（其中，10～19岁占20.1%，20～29岁年龄段的网民占30.4%）；在青少年网民当中，使用手机上网的比例超过了90%。由此可见，青少年已成为我国手机网民中最重要的群落。

正如人类社会历史上的其他一些技术突破，手机也具有双面刃的特质。手机成为家庭生活的必需装备，一方面，便利于家庭内部及家庭与社会的交流与沟通，另一方面也滋生出了亲子关系的一系列突出问题。手机延伸了沟通的渠道，使得家庭代际传播不再受"共同在场"的支配，实现了"缺场的在场"，即实现了不在同一物理场景中的亲子互动，延伸并强化亲子之间的情感纽带。与此同时，手机也使"近在咫尺"的亲子之间面临着"在场的缺场"和"交流的无奈"。父母不明白为什么孩子更关注和手机那一端通话的人，而不是在家里的人？为什么孩子连吃饭时都拿着手机不停地刷着微博？另一方面，子女也不明白为什么父母对他们使用手机是如此的不放心？手机的出现究竟是加大代际鸿沟还是缩小代际鸿沟？是促进亲子和谐还是引发了亲子冲突？这一系列现实问题与困惑的出现，引发了人们对手机传播的关注。

这本专著《青少年的手机使用与家庭代际传播研究》就是朱秀凌博士对上述问题的学理解答。该专著是作者承担的教育部2014年人文社科研究青年基金项目"青少年的手机使用与家庭代际传播研究"（14YJCZH234）的研究成果。我有幸能够成为它的第一读者，得以预先领略作者的研究设计及其最终结论。我是怀着紧迫而兴奋的心情阅读完这本专著的，因为我既是朱秀凌博士的老师，是她攻读博士学位时的院长，也是一个在读大学生的父亲。在我的工作和生活中，切身感受到了手机作为传播手段在家庭代际沟通中或正面或负面的种种影响，迫切需要有这方面的专业引领和学理的启示。

朱秀凌博士的这本专著以吉登斯的现代性理论和约书亚·梅罗维茨的"媒介情境论"为理论基础，根据拉斯韦尔的5W模式，通过对617名青少年（包括大、中、小学生）及其家长的问卷调查，还有对61位青少年及其家长的深度访谈，在大量第一手数据的基础上，以定性研究与定量分析相结合的方式，深入剖析了在高度现代性、信息化的社会环境下，青少年的手机使用对于家庭代际传播产生的影响。这里所谓的代际传播，或谓亲子沟通，指的是家庭中父母与子女之间的信息传播过程，是以传递感受、态度、信念和看法为主要特征的社会互动过程。家庭作为现代社会的细胞，其和谐和稳定对于整个社会、整个国家的运行都具有重要的意义。而家庭的和谐主要取决于家庭成员之间的沟通，尤其是代际的沟通。正是在这个意义上，朱秀凌的这本书不仅具有重要的理论价值，对于促进家庭传播学理论体系的建构、拓展和丰富现有的手机与青少年传播研究有重要的促进作用，而且对于在高度媒介化的社会环境下，如何构建和谐的代际关系，引导青少年正确地使用手机，促进青少年的健康成长具有重要的实践价值。

朱秀凌博士在书中从家庭代际传播的主体、时空、渠道、内容、效果五方面展开论述，在一系列问题上表达了自己的见解。作者研究发现，父母与孩子在使用手机上，在动机、方式、时间及功能开发利用等方面，存在着明显地代际"鸿沟"。由于手机等新媒体的普遍使用，一方面，打破了父母在信息方面的垄断，其权威地位被逐渐消解；另一方面，子女由于手机使用掌握大量的信息而具有了文化反哺的能力。由此引发了家庭权力关系由单向权威向双向权威的转变。作者还发现，由于手机的使用重塑了传播时空。手机使家庭代际传播不再受"共同在场"的支配，实现了"缺场的在场"，即实现了不在同一物理场景中的亲子互动。与此同时，手机也使"近在咫尺"的亲子之间面临着"在场的缺场"，甚至形同陌路的尴尬图景。手机的使用，一方面，使青少年的"私人场域"得以构建;另一方面,延伸了父母的控制,使父母即使"身体缺场",也能随时随地嵌入孩子的"私人场域"之中,继续对孩子的生活、学习和规则进行着"微管理"。至于亲子之间沟通的渠道,作者描述了一个突破时空局限的,包括手机通话、手机短信、手机QQ、微信、手机微博多种传播方式并存的立体沟通格局。从传播内容看,作者的研究发现,工具性、情感性讯息成为家庭代际传播的主要内容。从信息形式上看,碎片化的微内容占了主导地位。在此基础上,作者还剖析了手机在家庭代际传播中的双重效果:一方面,手机促进了亲子亲和,成为亲子关系的黏合剂;另一方面,手机也引发了亲子冲突,成为亲子关系不和谐的原因。这些分析及见解,为我们全面地认识信息时代家庭代际传播现象及其存在的问题,提供了很好的借鉴。

读了朱秀凌博士的这本书,我领会到该著实现了两个重要的创新。其一是将手机传播置于家庭这一特定的传播情境中,在家庭代际传播中审视手机传播的社会功能。这无论是对于手机传播理论,还是对于家庭传播理论,都具有一定的创新性。而此前的研究基本上局限于手机对于青少年的影响,而没有深入到家庭这一特殊的场域,去探讨手机作为一种变量所产生的影响。其二是从现代性视角展开手机媒体与代际传播的研究,拓展了手机传播和代际传播的思维空间。当然,作为一本开拓性的学术论著,而且面对还在继续发生的研究对象和正在逐步展现的研究主题,要想穷尽一切问题,解释所有疑惑,从认识论的角度来看,也是不可能的。事实上,如果再能够从社会化的视角,或者运用后喻文化理论,来解读手机媒介与家庭代际传播现象,可能还会有不少新的发现。

看到朱秀凌博士的专著顺利出版,我感到由衷的高兴,一种成就感油然而生。几年前,她还是我们学院一名在读博士研究生,给我的印象是很认真,能吃苦,讲礼貌,低调朴素,文质彬彬,在讨论课堂上发言积极,不因袭陈言,敢于坚持己见。当时我就很看好她的学术潜力。如今,我看到了一个在学术上非常活跃、不断进取的学术新锐,一个受到教师学生普遍欢迎的好老师。我为朱秀凌博士取得的成绩感到骄傲,我相信这本《青少年的手机使用与家庭代际传播研究》的出版只是一个开始,希望她再接再厉,也期待着更多的朱秀凌式的青年学者能够成长起来。因为我们这个转型的时代需要传播学,我们这个急剧变化的社会需要科学的引领,我们迅猛发展的新闻传播教育需要更多富有责任和爱心的教授来主导。

(本文系作者2017年初为朱秀凌的专著《青少年的手机使用与家庭代际传播研究》所做的序言)

固本培元,立德树人

今天能够代表文科院系在学校暑期工作会议上发言,要感谢学校领导的信任。站在这个讲台上,我想起了一句古乐府:"年年岁岁花相似,岁岁年年人不同。"学校暑期工作会议是研究学校发展战略、讨论学校面临的重大问题,统筹安排下一学年学校工作的重要平台。我今年是第十次参加。今年的暑期工作会议与往年最大的不同,就是以本科人才培养作为会议的中心议题。

上午丁校长做的主题报告十分精彩,视野开阔,信息量大,而且很务实,尤其是对学校当前在人才培养方面存在的问题的把握,非常精准,很接地气。我非常认同,在此我要给丁校长的报告点一个大大的赞。同时,校长能够在学校战略的高度认识人才培养问题,并且提出了具体的路径和措施,说明问题解决有望,给了我们信心。

下午会议的议程丰富,花开五朵,各表一枝。前面四个学院的代表发言,精彩纷呈,可圈可点。我在这里想从一个新的视角,谈谈一个文科院系怎样理解本科人才培养,怎样贯彻落实学校的人才培养战略。在此基础上,提出自己的几点建议。

我的汇报分为六个方面。

一、新闻传播人才培养的特点

华中科技大学新闻与传播学院是由本科起步的,至今本科人才培养仍是学院工作的重心。以本科为核心的人才培养一直是新闻与传播学院的基本职能。关于大学的职能,有各种各样的说法,但不管是哪种说法,人才培养都是居于第一位。新闻与传播学院始终把人才培养放在重中之重的位置,从来没有含糊过。学院的历任领导人都坚信,人才培养与科学研究、社会服务没有矛盾,而是相辅相成,彼此促进的关系。事实也表明,华中科技大学新闻与传播学院的人才培养与科学研究、学科建设是并行不悖的。第三次全国一级学科评估的数据表明,华中科技大学的新闻传播学科综合排名居于全国第五位。其本科人才培养也得到学界、业界的高度评价。

(一)人才培养的历史回眸

华中科技大学新闻与传播学院的历史最早可以追溯到 1983 年,这一年教育部正式批准华中工学院创立新闻学专业,同年华中工学院正式招收(干部)专科生。1984 年,正式招收本科生。1986 年停招专科生。翌年开始招收硕士研究生。2003 年开始博士研究生培养。2007 年,劳动人事部正式批准华中科技大学设立新闻传播学一级学科博士后流动站。至此,一个从本科到博士后的完整的新闻传媒人才培养链正式成型。在新闻与传播学院全部在校学生中,本科生占了大约 2/3。本科人才培养成了新闻与传播学院名副其实的工作重心。

(二)高等新闻教育的特点

我认为新闻传播教育的重要特点体现在如下四个方面。

首先是新闻传播职业的公共性。我们今天生活在媒介化时代,信息弥漫于我们生活的全部空间,无处不在、无孔不入。传播不仅关系到公众认知、文化传承,更是直接地影响到社会舆论和政治稳定。所以一个健康的传媒业乃是社会文明发展、进化的保障。

其次,新闻教育对应着庞大的传媒行业,报纸、广播、电视、出版、广告、印刷、网络、电商等,主要是面对这些行业培养高级专门人才,在某种意义上,与传统的文史哲专业不同,到像会计、医学类专业,具有鲜明的职业教育特性。

再次,新闻传播教育是由最先进的技术装备起来的,技术的发展进步直接影响、制约着传媒教育。在今天这个信息化时代,网络新媒体、云计算、大数据等对新闻传播教育的影响甚巨,必须以新的思维即互联网思维来思考新闻传播教育的改革,才能保证新闻教育行进在准确的轨道上。

我们华中科技大学新闻与传播学院人才培养的特点很鲜明。在 20 世纪 80 年代之初,新闻专业初创时,华中工学院没有一个文科专业,没有文科的积累,能够依靠的只有工科的资源优势;同时华中工学院新闻专业也是国内工科院校第一个新闻专业,没有前例可循。创办伊始,我们就选择了文工交叉,应用领先的特色办学之路,领国内新闻教育的风气之先。这一特色后来影响了同类及相似院系的办学实践。

(三)当前新闻传播教育面临的挑战

新闻传播学科的历史不长,积累尚浅。当技术进步、社会转型到达今天信息时代这个节点时,我们的新闻传播教育面临着一系列的挑战。一是全球化、国际化的挑战。经济全球化、政治全球化、全球村等不再是一个名词、一个口号,而是一种现实。传播全球化,媒介资源的全球配置,新闻传播专业人才的全球性、跨行业、跨媒介流动成了一种大趋势。新闻传播教育既面向国内外新闻行业、新闻媒体,也为国内外非传媒行业输送传播人才。这在十年前是无法想象的。二是市场化。我们都知道教育是公益事业,但是近年来引入了市场机制。市场机制的重要特点就是优胜劣汰,赢者通吃。今年全国一级学科评估中,许多学校撤销了相对弱势的学科和专业。新闻传播学首当其冲。新闻传播学科已经告别了过去只管播种不问收获的粗放发展时代,不是生存,就是死亡。这是不能回避的严峻现实。三是新闻传媒的结构性调整。由于技术的革命性变化,传统媒体趋向萎缩,网络媒体迅速崛起,媒介融合成为一种大趋势,可是我们的新闻传播教育还停留在专业细分的阶段,新闻学、广播电视学、广告学、编辑出版学、网络与新媒体等专业壁垒森严,与传媒界的现实格格不入。

二、为什么要以人才培养为本

本科教育乃现代大学之本。这里首先要理解什么叫本?从词源上来考察,本有四种含义:草木的根;事物的根源,与"末"相对;草的茎,树的干;还有一个衍生的意义:中心的,主要的。这四种意思大体相同,意即根本,一般形容事物的重要性。常常表达主要、核心、根源的意思。所以我说以本科新闻传播人才培养为本,就是说要把本科人才培养放在压倒一切的中心位置。

何以要以人才培养为本,以本科教育为本?我认为可以从下面五个方面考虑。

第一,人才培养是现代大学的基本职能、核心工作。关于现代大学的职能,有很多种说法,有三职能说、四职能说,也有多职能说,但不管是哪种说法,人才培养都稳稳地放在第一位,其他职能都是围绕着人才培养或者是人才培养的衍生职能。

第二,绝大多数大学甚至研究型大学中,本科生的规模基本上都占在校生大半。而且本科生的学费收入以及配套的政府投入,也是学校办学资源的重要来源。可以说,学校的正常运行所需的物质资源,主要是靠本科生。我们新闻与传播学院,各类在校生约千人,其中本科生约700人,约占2/3。

第三,本科生的母校情结最深、对学校最忠诚。对于一个受过高等教育的人来说,大学阶段学经历最为重要,最为刻骨铭心。所以大学生相对于研究生、博士生、进修生等,母校情结更重,对母校的感情更深,对母校最忠诚。每当校庆或毕业周年纪念,回母校最多的往往是本科的学生。当母校需要时,他们的贡献也会最大。

第四,本科生的质量最高、生源最好、最有想象力、创造力。对于像华中科技大学这样的重点大学来说,虽然是研究型大学,有各种不同层次的学生,但是一般而言,其本科生的质量是最好的,真正的百里挑一、千里挑一。研究生阶段,来自本校及本校层次以上的学生比较少,而来自本校层次以下的学生则比较多。孟子说得天下英才而教育之乃人生之一大乐事,对本科生是最为贴切的。

第五,本科教学对科研的牵引拉动力最强。大学教育有一对重要的矛盾关系,即教学与科研的关系。由于优秀本科生的汇集,在学生与教师互动之中,最容易碰撞出思想、智慧的火花,从而给教师的科研创新提供新的灵感和启示。而科研资源转化为教学资源,对于提高人才培养质量又是一个重要的保证。

三、人才培养关键在教师队伍

每个教育工作者都知道教学相长。其实,从字面上理解,教在学先,先有老师后有学生,老师在前面引领,学生在后面跟进。在这个意义上,教师可以说是教育之本。另方面,教学又是教师的天职,又是老师的安身立命之本;大学教师的职称有不同的层级,助教、讲师、副教授、教授,无不与教学相关。老师决定学生。有什么样的老师,就会有什么样的学生;从学生的身上可以看到老师的影子。优秀的老师能够点石成金,化腐朽为神奇。所以要培养一流的人才,必须要拥有一流的师资。

华中科技大学新闻与传播学院在建设自己的师资队伍方面有自己的探索。

(一) 多元的师资结构

新闻传播学本身就具有多学科交融的特性。所以组建师资队伍,比较注重学缘的多样性。选择引进专业人才,在纯新闻传播专业和非新闻传播专业的学历背景方面,我们倾向于选择非新闻传播专业的,希望能够从不同的专业视角,观察省思新闻传播的理论与实践问题。事实上,我们现在主要的学术带头人,在其本、硕、博、博后经历中,至少有一两个是非新闻专业的,这对于我们培养新的学科增长点,开拓交叉学科研究领域提供了便利。针对专业的特性,在组建师资队伍时,除了从学校、研究机关引进人才外,还注意从新闻媒体引进顶尖的专业骨干,让他们担任新闻传播业务课程的教师。这些教师的教学效果比科班的学者型教师要好得多。由于信息传播技术的发展,新闻传播教育的技术含量越来越大,传统的人文学科出身的师资越来越难以胜任技术类操作类课程的教学,于是新闻学院打破小而全的办学格局,利用学校的工科优势,与计算机学院联合组建教学团队,一方面减轻了自己的负担,另一方面又充分地发掘了学校既有的教学资源。对于一些前沿类的实务课程,学院还在媒体或企业,聘请了一些名家,作为兼职师资。这些兼职教师不是名义的,而是实质性的,实际上担任部分主干课程的教学任务。

（二）严格执行分类管理

在2012至2015年间,华中科技大学推进了以人事管理为核心的综合改革,新闻学院做得比较彻底,得到了学校的高度肯定。综合改革的核心诉求是分类管理。由于人与人的差别,不同岗位要求的差异,对所有的人采用一个评价标准显然是不合适的。新闻与传播学院将所有教师分为三个类型:教学为主、科研为主和教学科研并重,不同的类型,适用不同的考核晋级标准。打破了传统的一条鞭法或全校统一、全员统一的划一化管理,而代之以柔性的细分化、个性化管理。教学型教师考核侧重于教学,重点考察教学工作的量和质,科研型的则侧重于学术研究,重点考察其论文、著作及科研项目,教学科研并重型的则两者兼顾。这种分类管理比较符合客观实际,适才适用,有利于调动教师的积极性。

（三）采取实际措施鼓励本科教学

我们新闻与传播学院有一个基本原则,所有教师必须给学生讲课,教授也不例外。不仅是用名义上的精神鼓励,而且采用实际的物质激励措施。我们学院独有的十个冠名教授席的设置,就把本科生教学作为人选决定的先决条件。对于一般教授担任本科生课程的教学,在计算工作量时,我们会乘以1.3的系数。教师在晋升、晋级时,本科教学的考核结果具有一票否决的效用。这些措施,将教授、名师引领到本科教学岗位,将优质的科研资源转化成了教学资源。

（四）重视青年教师培养

青年教师是本科人才培养的主力军,也是学科发表的希望和未来。提升青年教师的学术水平和教学水平是确保人才培养质量的重要保证。我们学院重视青年教师到国外访学、进修,资助他们参加国际学术会议,直接进入国际学术前沿,提高其学术水平,进而将学术资源转化为教学资源。鼓励青年教师相互听课,建立教学观摩制度,激励青年教师参加各类各级教学竞赛,最近五年来我们学院每年都有教师获得学校教学竞赛一等奖,今年还有一位青年教师龚超获得湖北省青年教师教学竞赛一等奖。我们还十分重视个性化教学,不搞千篇一律、划一化,鼓励青年教师形成自己的风格。这些措施很有成效,青年教师在学院学生中大受欢迎。

四、调动学生积极性,激发学生的潜能

在人才培养过程中,老师固然很重要,但老师不是唯一的决定性因素。在教学过程中,学生不是被动的,而是有思想、有情感、有意志的能够自主选择、判断的行为主体。唯有唤醒学生的主体意识,调动学生主动学习的积极性、创造性,才会促进师生互动,实现教学相长。

(一)致力于建设优良学风

大学教育重在学风,在优良的学风环境下,普通的学生也能够成才;学风不好,好的学生也可能变坏。在学风建设方面,我们比较注意处理下面几对关系。一是读书与社团活动、专业实践的关系。大学阶段不同于中学,在第一课堂之外,有大量自由支配的时间。不少学生对社团活动、社会实践感兴趣,大量的时间投进去,却没有时间坐下来静心读书,冷静的思考。这不是好的选择。大学期间最主要的任务应该是上课学习、读书特别是拓展阅读,社团活动和社会实践当然重要,但要与上课读书保持大致的平衡。二是强化团队协作意识与独创精神。团队协作精神在今天的信息时代十分重要,但是独立人格与独创精神也同样不能忽视。在某种意义上,独创、独立甚至更为重要,不能因为协作、团结,而放弃独立思考、自主创新。三是平衡政治原则与专业理想。新闻传播的意识形态属性决定了新闻传播的政治敏感性,新闻传播从业者必须讲政治、讲大局、讲党性、讲政治挂帅。但是新闻传播又是一个特殊的行业、职业,这个职业、行业同其他行业职业一样,有自己的职业精神和专业理想。他首先是一个传媒人,其次他才是一个政治人,属于特定的党派、处于特定的立场。所以在政治与专业之间也要保持一定的平衡。这些努力,归根到底就是为了唤醒学生的主体意识,激发学生的主动性。

(二)注重专业灵魂的塑造

人才培养的目标有三,格物致知、型塑人格、净化灵魂,三者缺一不可。格物致知、人格型塑大家都很重视。但是对灵魂问题关注较少。对于新闻传播教育而言,为学生熔铸专业之魂,升华其精神境界,乃是新闻教育的天职。怎么样理解专业之魂?我认为专业之魂本身内涵丰富,它涉及:责任感、使命感、信仰、

理想、价值观、道德和理性等内容。两年前,我曾经写过一首四言诗,题目就是《传之魂》,全篇128个字。"喻家山麓,东湖水滨;乔木参天,人杰地灵。学子问津,切磋争鸣;楚才砥柱,于斯为盛。大学之道,善止德明;矢志弘毅,木铎金声。春秋大义,昭彰群伦;天听民听,至真至诚。经世文章,鉴古察今;闯关越险,拨乱反正。迂固风流,铁笔垂勋;术精思锐,探微索隐。匡扶社稷,与时俱进;秉中持正,求新博闻。穿云破雾,洞照万仞;天地共鉴,斯为传魂。"这128个字,核心在于"秉中持正,求新博闻"。专业之魂的型塑,主要是通过合理的课程体系,周到的导师引领,前沿的社会实践,环环相扣,水滴石穿。最重要的还是学院文化的建设。华中科技大学新闻与传播学院非常重视学院文化的建设,近年来,陆续地编修了院史、制订了院训、院歌、院徽,提炼了学院的精神,得到了全院师生的认同。

(三)建设创新团队,激发引领学生的职业兴趣

华中科技大学新闻与信息传播学院有好几个知名的学生创新团队,每个团队都有一名专业导师。陈先红教授主导的红树林团队,将学生直接引导进社会服务的前沿,参与重大的公关策划。胡怡教授的 V-fun 团队,跨院系组建,每年一部学生大电影,在武汉地区影响很大。2017年准备走院线,正式按照商业化模式运作,我们很有期待。鲍立泉副教授的 Loading 互联网创新团队,面向传播学专业的学生,致力于互联网信息产品的开发。李贞芳教授的传播学方法学术沙龙,持续进行了105期,非常不容易,很多外地的学生都要参加,影响及于全国。还有赵振宇教授、顾建明教授新闻评论学社,紧密结合行业实践,关注社会现实,指导学生时评创作,推出了不少才华横溢的时评作者,产生了全国性的影响。

(四)发挥奖助学金的作用,调动学生的积极性

近十年来,学院非常重视各种奖助学金的设置。在各种国家、学校奖助学金之外,我们还自筹社会资金,在学院层面设立了不少奖助学金,如博闻传媒奖学金、人民网奖学金、南方都市报奖学金、阳光喔奖学金、嘉兴日报奖学金、播音主持专业奖学金等。这些奖助学金的评审,有一个重要的原则,就是注重学生学习态度、绩效和经济状况的平衡,目的是调动学生学习的积极性、主动性,同时也解决一些家庭困难学生的经济问题。事实表明,这些奖助学金用得不错,效果很好。

(五)尊重学生的个性,包容、欣赏、鼓励学生的创新冲动

学校学院是否开放,老师是否开明,环境是否宽松,直接关系到学生的未来

成长。为了学生,最终也是为了社会,我们鼓励老师们包容学生的个性、以严父慈母之爱,爱护学生的创新冲动,呵护学生的职业梦想。这里涉及一个学生评价的问题。什么样的学生是好学生?是听话的学生?是讨巧的学生?还是调皮的学生?那些经常给人惊奇、出乎意料的学生,甚至恶作剧的学生,常常受到老师的批评,而这部分学生恰恰可能是最富有想象力、创造力,最有可能雕琢成才的学生。最近国内火红的新闻评论员曹林,在华中科技大学读书时,曾经在校内学生刊物上写了一篇杂文"教授,我来为你剥皮",批评少数教授尸位素餐,不思进取,误人子弟,引起了不少人的批评。但是当时学院的老师和领导勇敢地为他辩护,替他挡下不少子弹,保护他的锋芒。至今谈到这件事,学生都心怀感激!我们要崇尚个性,对于青年人,我们鼓励展现锋芒,对于过分注重情商,追求八面玲珑的倾向,我们并不赞成。

五、顶层设计,动态管理,环节协调

对于人才培养过程,应该强化顶层设计,在动态运行中,注重对各个环节的协调。顶层设计的功能发挥,有利于强化人才培养体系的整体性,在突出重点的同时,兼顾一般。理顺各个要素、各个环节的关系,以实现教学运行的整体优化。

(一)课程体系的重新建构

一定的培养目标实现,依赖于配套的课程体系。课程体系是围绕着人才目标而设计的,每一个不同的课程,都有一个具体的功能指向,负责一定的知识与能力建构。而一系列课程有机地整合起来,经过一个完整的教学过程,就会帮助学生建立起合理的知识与能力体系。在不同的技术条件下,不同的媒介格局及新闻生产流程,决定了对从业者知识与能力的不同要求。工业时代与信息时代的传媒从业者,在知识与能力方面可能完全不同。目前的网络信息化环境,要求新闻院系与时俱进,瞄准业界新的需求,不断地予以完善。我们新闻学院的课程体系经过了几次大修,在课程结构、教学环节及具体要求方面,都有了重大的变化。

(二)课程与教材建设

课程建设是人才培养的关键。华中科技大学新闻与传播学院近年来在课程建设成就斐然。张昆教授主讲的《外国新闻传播史》先后被评为国家精品课程(2009)、国家精品资源共享课程(2013),张昆教授主讲的《传播的历程》

(2011)、赵振宇教授的《社会进程中的公民表达》(2014)先后被评为国家视频公开课程。在教材建设方面,除了由学院老师主编的系列教材之外,学院教师还在高等教育出版社、中国人民大学出版社、复旦大学出版社、中国传媒大学出版社、北京大学出版社、清华大学出版社、武汉大学出版社等出版了近三十本教材。其中不乏国家规划教材。目前,学院教师正在致力于国家级微课、反转课程的建设,老师们的积极性很高,学生们也十分欢迎。

(三) 实验室、专业实习、校外实践基地建设

新闻传播人才的培养,是知识与技能并重。专业技能的强弱,直接影响到学生的就业走向。为了强化专业技能,我们学院建设了功能齐全、设备完善的示范实验中心,能够满足校内教学实验的全部要求。对于专业大实习,学院成立了院级专业实习协调小组,统筹全院的大小实习;编制专门的预算,保证协调小组的正常运行。同时,与在北京、广州、深圳、上海、武汉的权威媒体、传媒企业、电商及其他相关跨国公司,签订合作协议,建设稳定的专业实习基地。每逢大实习期间,学院领导、协调小组成员都会到实习单位巡视、拜访、慰问学生,感谢实习单位和指导老师。为了学生的安全保障,还专门为学生购买保险。这些努力,保证了专业实习的高起点,也保证了学生在技能上与业界的接轨,不仅受到学生的欢迎,更受到社会的欢迎。

(四) 教学研究与教学观摩

我们学院还非常重视组织教学研究、经验交流和教学改革。学院规定,每周四除政治学习外,其他都安排教学探讨。学院在自己财力许可的范围内,自主设立教学改革课题,主动组织老师编撰教材。每个学期,学院会安排各系组织教师间相互听课,彼此切磋。这对于青年教师的成长十分有益。

(五) 强化本科学生导师制

我们学院还非常重视对学生的日常指导,建立起了班主任和学业导师相结合的双导师制度,在坚持政治思想教育的同时,也强化对学生专业的指导。特别是学业导师,对于学生课程选修、课外阅读、思想问题、人生设计,能够提供咨询参考,很受学生的欢迎。为了确保可持续性,我们改原来的义工制的学业导师为有偿劳动,对每个担任学业导师的专业老师,给予一定的课时津贴,在一定的程度上调动了老师的积极性。这一制度设计,受到老师、学生两方面的欢迎,彼此都收益,有利于师生的相互理解,促进了教学相长。

六、几点建议

随着社会的进步,学校的发展,人们对于大学在人才培养方面的期待也有所提升。应该说,我们学校在科研成果方面可圈可点,但是在人才培养方面,与社会期待、学校潜力还有些不相称。我们还有很大努力、改进的空间。在一般教职工心目中,大家都知道本科重要,年年都有相关会议,但是相关决议、相关政策都很难落实。口号喊得越响,说明存在的问题越大;年年讲同一个问题,说明这个问题积重难返。譬如农业问题、环境问题、房地产问题就是例子。在人才培养方面,问题还有不少,丁校长在上午的报告中归结出三大问题,投入不足,改革力度不够,国际化程度不高,不限于一校一地,而是一个普遍的现象。要改变这种现状,真正把本科人才培养放在重中之重的位置,我有如下几点建议。

(一)稳定教师队伍,调动教师的积极性

人才培养是学校之本,教师是教学之本。没有一支稳定的富有活力的高水平师资队伍,教学为本就是一句空话。我以为,老师的积极性是一张额度有限的信用卡,虽然可以透支。但是我们要切记,一定要按期还款,同时又不能无限地透支。老师虽然是阳光下最崇高的职业,有崇高的使命感,但是他们也是人,是人就有人的七情六欲。我们必须要照顾老师的物质利益。马克思就说过:"人们的奋斗所争取的一切,都同他们的利益有关。"中国古代思想家管子也说:"仓廪实而知礼节,衣食足而知荣辱。"如果连生存的需要尚且得不到满足,还要他们做出奉献,是无法做到的。我们一定要从利益引导上考虑和制定政策,让老师们感到被重视,受尊重,才能确保持续性。只有让从事教学的教师有成就感、幸福感,他们才会在教学方面加大投入。

(二)保证起码的物质条件,营造和谐的人文环境

虽然精神在一定的条件下可以变成物质,但是仅仅依靠精神是不足以维持教学运行的。人才培养、教学运行需要起码的物质条件。学校在教学资源的配置方面,应该做到更加公平合理。可事实上,学校的教学资源分配,在工科与文科之间,畸重畸轻,显而易见。文科类专业特别是新闻传播类专业的资源供给远远不能满足教学的需要。不仅如此,文科院系的教师们普遍没有自己的工作室,到学院来办事,连个坐的地方都没有。与学生谈话,与研究生交流,都无法在学院举行。老师们对学院、对学校没有归属感,学院难以成为他们物质家园,

更难成为他们的精神家园。我们常说大师比大楼重要,但是在目前的情况下,大楼是最重要的,没有起码的空间,老师们的心灵就没有地方安放。我们常说没有梧桐树,引不来金凤凰。连个独立的工作室都没有,谁能在这里安身立命?

还有人文环境的建设问题。因时间关系,此不赘述。

(三)坚持综合改革的成果,落实分类管理的政策

在人力资源管理方面,应该杜绝一条鞭法。我们应该尊重差异,注重个性。不同类型的老师,考评奖惩的规则应该有所区别;不同岗位的教师,晋升晋级的条件应该不同。对于教学型的教授,应该适当降低科研方面的要求;对教学工作的考评,应该建构科学的指标体系。而科研型的教师,则应适当降低他们的教学工作量。我们应想办法,制定恰当的政策引导科研资源向教学过程的转化,让教授、大师们甘心本科教学。

(四)立足学校,面向社会,激发学院工作的想象力

在现有的大学体制下,学院的办学资源的基本来源在于学校,搞好了与学校的关系,争取到学校主要领导的支持和理解,资源就会源源不断。但是这还不是全部。在市场化、社会化程度越来越高的背景下,稳坐在家中是办不好大学,办不好学院的。作为院长、系主任,应该面向社会、面向行业、面向政府,以服务、以贡献建构共赢关系,尽力发掘社会资源。这样做不仅可以筹措更多的资源,更重要的是还能感受社会的脉动、需求的变化,及时调整因应策略。我一直以为,院长仅仅做好学校安排的规定动作是不够的。在现有的办学体制下,在学校赋予的权限内,院长系主任只要是有想象力,敢闯敢干,可以有很多富有张力的自选动作,激发学院的活力,把学院的人才培养工作提升到一个新的台阶。

此时此刻我是百感交集。到今天为止,我调进华中科技大学工作已满十年,任新闻与传播学院院长也是十年。十年来,我一直担任本科生核心课程的主讲教师,每年本科生的纯教学工作量不少于80课时。我主讲的本科生核心课程"外国新闻传播史",被评为国家精品课程、国家精品资源共享课程,我主讲的通识课程"传播的历程",被评为首批国家视频公开课程。我为自己能够成为一名教授而自豪。我有一个基本信条,要老师们做到的,自己一定要首先能够做到。今年五月份,我们新闻学院2016届毕业生拍毕业照,现场气氛祥和,师生尽欢。看到学生幸福、兴奋之情,甚为感动,于是我写了一首打油诗,现在给大家朗诵,作为我发言的结语:"十年珞瑜两茫茫,栽得乔木柱明堂。严父霍霍

催奋起,慈母殷殷望成长。秉中持正德为先,博闻求新著文章。谁言师者无寸功?三千子弟守八方。"

(本文系作者 2016 年 8 月 25 日下午在华中科技大学暑期工作会议上做的报告)

中编

Jiaoxue
Gaigelun

教学改革论

我们需要什么样的新闻学院院长？

在信息时代，新闻传媒的重要性再怎么说都不为过。而作为职业传媒人养成工厂的大学新闻学院，自然承担着重大的社会责任。人们期待着理想、负责、高品质的传媒业，服务于社会的和谐运行、文明的延续发展。由于传媒业的主体是人，是有目的、有意识、有情感的人，其主体部分又来自于新闻院系，于是大学新闻院系成了社会关注的焦点。一个好的新闻学院，应该是一个有道德有责任的新闻传播知识的发源地，是一个优秀的新闻专业人才生产工厂，是一个引领传媒与社会发展的思想中心。而一个好的新闻学院的背后，总有一个优秀的院长。因为在现代大学体制下，院长是赋予学院灵魂、决定学院性格的人。在教育与知识的海洋上，院长是决定航向的舵手，是他引领着航船驶向此岸而不是彼岸。

前不久，我曾在一篇文章中说，在现代大学体制下，"院长作为学科或专业的总负责人，是承上启下的枢纽。所谓承上，即对校长负责，遵循校长的办学理念，确定学院的教育方针、目标及路径。启下，则是作为一院之长，赋予学院以灵魂，组织学院的教师，落实校长的办学理念和学院的教育方针、目标定位，制订培养方案和课程体系，完善培养模式；同时引导学生全心向学，在德智体诸方面均得到充分的发展，达成培养目标，以满足社会的期待。这还仅仅是其中的一面。现代大学不仅是人才培养中心，还是重要的科学研究中心、社会服务中心。……要实现这一切目标，实在是一件非常困难的事情。因为许多环节不是操之在院长一人，不是院长一人的主观努力所能及的。"更有甚者，凡担任过院长者，几乎都体验到那种上挤下压、全能要求、无限责任背景下的痛苦。正是在这个意义上，要做一个大家认可的好院长，实在不是一件容易的事情。

最近一段时间，舆论界关于新闻教育议论纷纷，其中也涉及院长职务。事实上，21世纪以来，新闻教育界在院系管理方面出现了一些重要的变化，其最突出者莫过于院长来源的多元化。直到20世纪90年代末，国内新闻院系的院长（主任），几乎没有例外都是学者出身，由教授出任。如今，由学者、教授担任院长的新闻院系虽然占教育界大半,但越来越多的高校在任命院长、主任时,开始向媒介、党政机关借将。一些退休(或在岗)的知名高官担任重点院系的院长,或者延揽权威媒体的社长、主编、台长主持学院事务,开始成为一种常态,而引人瞩目。有的院系成效显著,因此攀上新的台阶,有的则绩效不彰。这种现象,引起了业界、学界的关注和思考。是不是学者教授不再合适担任院长职务了,或者,是不是高官或媒体高管才是新闻学院院长最适合的人选?众口纷纭,见仁见智,莫衷一是。

愚意以为,一个人是否适合于担任新闻学院院长,关键不在于他的出身,不在于他的职业、不在于他的地位,也不在于他的学问,虽然这些因素对他履行院长职务有这样那样的影响。最重要的,还是他综合的素质、情怀与履行职务的专业能力。

首先,一名优秀的新闻学院院长必须有强烈的社会责任感和坚强的意志品质。这是一个必要的条件。作为一个学院的院长,应该怀抱有舍我其谁,我不下地狱谁下地狱的使命意识。在当今信息社会,新闻传播教育的天职在于向新闻媒体输送合格的职业传媒人,同时满足社会各界对信息传播和服务方面的人才需求。由于信息本身就是社会系统的粘合计,信息传播的发达水平直接影响到社会系统的进化程度。所以,教育系统是否能够按照社会的需求,输送高质量的传媒人才,以承担历史记录者、环境守望者、文化传承者、公平正义捍卫者的职责,不仅事关教育本身的绩效,而且直接关系到社会的公平正义、文明的延续发展及国家的和谐稳定。教育事业乃是百年大计,新闻传播教育更是如此。新闻教育界责任重大,新闻学院院长自然是社会关注的焦点。新闻学院院长不是一份简单职业,也不是一个普通的工作岗位,在这个位置上,聚集了太多的社会期待,承载了太重的历史嘱托,其道义的责任和历史的使命感超越了其他几乎所有的职业或岗位。

新闻学院院长要实现自己的抱负,需要超越常人的意志品质。不仅要有高远的志向,更要有坚实的步履;要能想人之不敢想,能为人之不敢为,要敢于出招;要有坚忍不拔的斗志,不怕困难,迎难而上,即便失败了,也要起而再战。一个普通人可能以平常心对待自己的工作,院长则不行,院长面对的是千百名师生期待的眼神,承担着社会舆论的重负和现实的物质的压力。新闻学院院长的工作千头万绪,同时面对上头和下头,接触里面与外面,服务老师和学生,兼顾教学与科研,明明不是超人,却要像超人那样工作;明明不是自己的责任,却需要自己去承担。不仅要分配好资源,更要竭尽全力拓展新的社会资源。不仅要做好学院的工作,使学院得到最大限度的发展,自己的教学科研也要走在老师们的前面,以起到表率引领作用。普通人如果不是糊涂,断然难以承接院长的重担。当然,我们也会看到一些缺失良知、尸位素餐的院长。作为一个富有责任感、使命感的院长,必须以毅然决然的态度直面自己的工作,抱定决心,全力以赴。事实上,一个成功的院长,仅仅有决心还是不够的,还必须有恒心,能够在自己的工作岗位上,始终如一,毫不松懈。这种高度紧张、甚至是亢奋的心理状态,是院长事业成功的心理前提。

其次,一个优秀的新闻学院院长,还必须具有一定的人格魅力、牺牲精神和大爱情怀。所谓人格魅力,是指一个人在性格、气质、能力、道德品质等方面具有的特别能够吸引人的力量,因而成为大家特别亲近、喜爱的人,并对大家产生一种榜样示范的效应。一个学院院长具有这种那种人格魅力,对于学院的学生、对于学院的教师,不仅能够起到言传身教的效果,更能增强学生、教师对于学院的认同感、归属感,它是一种能够凝聚人心的正能量,他们会为拥有这样的院长感到骄傲、自豪。就像北京大学学生对于蔡元培、清华大学学生之于梅贻琦。但这种人格魅力是主体长时期修炼的结果,是长期以来学习、工作及内在修养的积淀,在短期内是学不来的,也是装不来的。同样的话语、同样的形体动作,体现在不同的人身上,会具有不同的意义。有的真切、诚挚、可爱,有的则虚伪、做作、令人厌恶。在新闻教育界,我们会看到一所优秀的学院,往往有一个具有人格魅力的院长,清华大学新闻学院的范敬宜就是一个典型,学生老师们敬重他的人格、尊敬他的操守、佩服他的职业水准,是他们心中敬爱的德高望重的师长。

新闻学院院长是一个复杂浩繁的工作,要应付工作上的千头万绪,需要耗费大量的精力,必须将自己的学术追求暂时搁置,只有牺牲小我,才有可能成就学院的大我。当然院长个人的学术研究也不能说与学院的学科建设没有联系,它实际上是学院学科建设的组成部分。但是如果把院长自己的研究等于学院的科研,就容易混淆公私的界限,就可能出大错了。院长在任内时,学院工作第一、服务第一、运筹第一,其他的应该放在第二位;离开了院长的岗位,才可以全心追求自己的学术理想。

大爱情怀也是院长不可或缺的重要品质。要爱学生,爱老师,爱学术,爱人民,本着一腔热爱面对学院的师生,服务社会和人民。爱的前提是理解。不理解学生和老师的苦衷,不理解他们的本意,就无法包容,没有包容就没有自由,就没有学术。不能把学校机械地理解为一个工厂,按照统一规格生产人才产品。人是多样的,世界上找不到两片完全相同的树叶,也不可能有两个完全一样的人。作为院长应该尊重学生、尊重老师的个性,尊重他们的创新精神和批判意识,应该能够包容不同的意见,应该允许学生头上长些刺。一个好的学院绝对不是一个一言堂,不能一花独放,而应该是万紫千红。院长的爱有多深厚、胸襟有多大，学院的发展空间、师生的舞台就有多大。院长的大爱可以营造一个温馨和谐开放宽松的小环境，让学生、学术、学科、学者在这里健康成长。

其三，一个优秀的院长还要有杰出的管理协调能力、广泛的人脉和敏锐的学术感觉。院长是一院之长，学院的师生、学院的运行一切取决了院长。院长的职务履行，涉及学院上下、学校内外，学生老师，不仅要督理教学和科研，而且还要负责学院的稳定、拓展社会服务，不仅要做好学院的事情，还要做好自己的本职工作，也就是说既要做人的工作，又要做具体的事情。院长必须要有弹钢琴的本领，没有这种统筹协调的能力，万万不能接院长这个瓷器活。站在院长的位置，相对于一般老师和学生，视野更加开阔，大局意识更强，更容易抓住问题的关键，看到问题的实质。其决策才更容易为大家所接受。同时，由于院长是学院的代表，而新闻传播学院在大学体系中，与学校内部各单位、与社会大系统的联系十分紧密，院长自然就具有了教育家、外交家的特征。出入于官场，交往于业界，左右逢源，人脉广泛。这是履行院长职务所必需的。唯其如此，他才能够从社会、从学校争取到更多的物质资源和精神资源，补充学院教学科研所需，维持学院的正常运转。

由于学院还是一个学术单位，不仅生产传媒专业人才，而且还生产新闻传播专业知识；不仅有教学，还有科研。所以新闻学院的院长还必须具有敏锐的学术嗅觉，有高深的见识。院长可以不是顶尖的学者，不是杰出的科学家，但他应该了解当下学术界的最新进展，应该了解学术发展的态势，了解学术生产的规律，知道哪里是前沿，哪里是关键，能够根据学校学院的基本条件做出正确的决策，选择正确的学术方向，凝练和建设学术团队。

我们观察当今的新闻传播教育，会发现，一个一流的新闻学院背后，一定会有一个优秀的院长。但这个院长本身各有特色，不尽相同。没有一个统一的模式。院长作为院务的主持者，居间沟通师生、协调上下、整合力量、配置资源，扮演的是一个教育家的角色。老子曰，治大国如烹小鲜。能够做好院长的人，很容易做好一个校长。但是院长的来源各色千样，院长本身的素质和能力，也大不相同。

表面上看，院长的任职与其出身、资历、职位、能力相关，但并不是说，有着某种资历、某种职位、某种意识的人就一定能够做好新闻学院的院长。譬如说，一名退休（或在职）高官担任了新闻学院院长，学院实现了很大的发展，当然与他的高官经历有关，但绝对不是完全如此。在中国当前的环境下，教育与政治难舍难分，离任（或在职）高官肯定会在政界有不少人脉、不少资源。这对学院的发展是必要的。但如果他不了解学科、没有学术意识，没有大爱情怀，不了解教育规律，延续其作为高官时的行为模式，估计这个院长他也很难做好。毕竟院长是教育家,而不是政治家。

业界领袖现在似乎是新闻学院院长的热门人选,在省部共建的模式下,越来越多的学校任命媒体的现任领导人为新闻学院院长,或是礼聘离休媒体领袖为院长。从加强产学结合,建设实习、实验平台,打通人才市场通道的角度来看,这当然是十分合理的选择。但大学教育与媒介经营是完全不同的两回事,规律不同,原则不同。在媒介行业注重宣传纪律、利润至上,而新闻教育是属于公益事业,院长的职责之一是要营造自由、宽松的学术环境。所以一个好的台长、社长、总编辑,按其平时的行事方式和做人的准则,不一定能够完美地履行新闻学院院长的职责。

那么,一个德高望重的学者呢?按常理,一个好的学者似乎是新闻学院院长最合适不过的人选。事实上高等教育界就很流行这种做法,理工大学或综合性大学的校长一定是科学院或工程院的院士。当然,院士、著名学者精通学术,站立在学术的前沿,德高望重,有很高的影响力和感召力,同时,由于他知道学科建设发展的规律,由他主政,对于提升学院的学术声誉具有正面的影响。但是学术水平、学术意识仅仅是担任院长职务的一个条件。从根本上说,院长是一个行政管理岗位,而不是一个学术岗位。院长有大量的日常管理事务,有大量的应酬,处在院长的位置,学者不得不暂时搁置自己的学术研究,而把学院的管理事务放在首位。同时有些事情不是你想做就能够做好的,行政管理和沟通协调能力需要长时间的历练。所以一定要知名学者做院长,对学者学术可能是个损失,对学院工作的展开、学科的发展也不一定完全有利。

由此可见,要做好一个新闻学院的院长实在不是一件容易的事情。一个优秀的新闻学院院长,不一定出自高官,不一定是德高望重的学者,不一定是来自业界的领袖,也不一定长袖善舞,但是他一定要有政治意识、大局意识,一定要有大爱情怀,要有教育理想、新闻精神,富有责任敢于担当,要有一定的道德和人格魅力,要有牺牲精神,愿意为教育,为社会,为文明,为学生和老师尽心尽力服务。只要他愿意付出,愿意奉献,坚持执着,就有可能做好一个院长。在此之外,他的出身、地位、资源、能力等,虽然也很重要,但显然不是绝对必需的。不过,在具备以上各种基本素质的前提下,又有业界或官场的经历,或者学养深厚、德高望重,对学院的建设发展自然有正面的助益,那当然是锦上添花。

(本文原发表于《新闻记者》2017 年 2 期)

新闻传播学院院长的多重角色

今天我们生活在信息社会,与人类历史上的农耕时代、工业时代不同,信息比物质在更大的程度上决定了社会的运行及个体的生存与发展。新闻传播作为维系社会的黏合剂,将分散的个体聚合成彼此相依、不可须臾分离的有机体。信息弥漫于人类生活的全部空间,渗透到社会系统的每个角落、各个层面。它就像空气,影响到人类的呼吸,丰富着人类的思想,引导着人类的行为。在社会系统的延续发展中,传播不仅在守望着社会、传承着文化、维系着社群,而且其本身就构成了人类生存的环境。作为人类环境的信息传播,不仅制约着人类的思维空间及其生存与发展的物理空间,而且决定了人类的精神境界。在现实的政治语境下,新闻传播更是影响深远。习近平最近指出:"做好党的新闻舆论工作,事关旗帜和道路,事关贯彻落实党的理论和路线方针政策,事关顺利推进党和国家各项事业,事关全党全国各族人民凝聚力和向心力,事关党和国家前途命运。"新闻传播与人类社会同生共存,是历史进化的铁则。

正如无法想象一个没有传播的社会,同样我们也无法想象一个没有新闻传播教育的传播业。新闻传播从自发的社会活动演变成一项根系发达、枝干茂盛社会事业,除了社会需求的拉动,传播技术的支撑之外,还有一个十分重要的因素,那就是一批批具有专业技能和职业理想的传媒人的不断涌入。人自始至终都是传播的主体,是人类社会及其传播历史的主人。在传播本身进化的历史上,传媒人始终是决定性的因素。但是,传媒人不可能在真空中成长起来,传媒人的成长不仅需要空气、水分和阳光,更需要导师的雕琢、教导与引领。就像医生、律师、历史学家、天文学家一样。

新闻传播教育的意义即在于此。新闻传播教育的使命在于为社会、为信息传播行业培养、输送有技能、有理想、有操守的传媒人才,以扮演文化传承者、社会守望者、公平正义护卫者的角色。孟子曰:"君子有三乐,而王天下不与存焉。父母俱存,兄弟无故,一乐也;仰不愧于天,俯不怍于人,二乐也;得天下英才而教育之,三乐也。君子有三乐,而王天下不与存焉。"在这里,孟子把教书育人视为人生的三大乐事,其重要性甚至超过"王天下",此语可能有点言不由衷,但是,以此强调教育的重要性,我认为其用意还是可以理解的。

在现代社会,新闻传播教育是大学教育的一项重要内容。与传播有关的专业设置,是现代大学专业体系的重要组成部分。以中国的情况而言,截至2015年底,全国有高等学校2824所,其中681所大学开设新闻与传播类专业,开设新闻传播类专业的高校约占高校总数的1/4。而"985""211"大学中开设新闻与传播类专业的比例高达55.9%。可见,大学层次越高,创办新闻传播教育的积极性越大。这些学校共设有1244个本科专业点,其中新闻326个,广电234个,广告378个,传播学71个,编辑出版82个,网络与新媒体140个,数字出版13个。其本科生在校学生总规模达22.5691万人。还有一级学科博士点15个,一级学科硕士点75个,二级学科博士点3个,二级学科硕士点13个。这是当今世界规模最大的新闻传播教育体系之一。

现代大学新闻传播教育的运作,关键在于院长。在现代大学体制中,院长作为学科或专业的总负责人,是承上启下的枢纽。所谓承上,即对校长负责,遵循校长的办学理念,确定学院的教育方针、目标及路径。启下,则是作为一院之长,赋予学院以灵魂,组织学院的教师,落实校长的办学理念和学院的教育方针、目标定位,制订培养方案和课程体系,完善培养模式;同时引导学生全心向学,在德智体诸方面均得到充分的发展,达成培养目标,以满足社会的期待。这还仅仅是其中的一面。现代大学不仅是人才培养中心,还是重要的科学研究中心、社会服务中心。在教书育人的同时,大学还需在科学研究、社会服务等方面同时进步。新闻传播学院作为现代大学之一部分,当然也不能例外。要实现这一切目标,实在是一件非常困难的事情。因为许多环节不是操之在我,不是院长一人的主观努力所能及的。正是在这个意义上,有人说,院长是天下最难最苦的职业。

何以新闻传播学院院长天下最难最苦?有三个原因。

其一,上压下挤。在理论上,院长乃一院之长,学院上下视院长为统帅和灵魂,以为院长无所不能,期待院长能够解决学院面临的所有难题,所以在教学、生活等方面,无论是老师还是学生,甚至退休员工,都对院长提出了很高的要求。可事实上,在大学行政化的背景下,院长的角色是很尴尬的,他虽然是学院的头,却是学校的尾。院长虽然承担了学院的全部的责任,却没有掌握支配履行职责的所需资源的权利。在学校领导层、学院师生的双重压力下,院长成了夹心饼干,成了矛盾焦点的所在。

其二,全能要求。在现有高校体制下,院长都是属于学术兼职,对院长的考核是双重的,一是作为干部——院长——的考核,重点是管理责任;一是作为教授的考核,重点在院长本人的教学和科研。应该说,院长的职位,身系学院师生的根本利益,其最重要的责任,应该是管理责任,至少在院长任期内是如此。院长好不好,是否合格?主要应该看在其任内,学院的学科建设、人才培养、科学研究、社会服务等方面是进步了还是退步了?学院教职工满意还是不满意?至于院长本人的教学科研应该是次要的。院长不是铁打的,除极个别特例外,不可能是全能冠军。做院长是一种奉献和牺牲,在院长任上,应该把管理责任置于首位。一旦卸任,再回复纯粹的学者身份。

其三,保姆责任。前文提过,院长虽然没有掌握多少资源,可是承担的责任却大于天。在一个学院,院长与其说一院之长,不如说是一个学院的保姆。院长是学院不可或缺的最大的一个服务员,教学方面的事情,科研方面的事情,生活方面的事情,学术交流方面的事情,行政管理方面的事情,财务方面的事情,都离不开院长。要参加的会多,要填的表多,找你的人多,欠他人的人情债多。老师们有困难要找你,学生们有问题也要找你。到了特别的日子,或者突发事件时,还需要紧急灭火。在这个意义上,院长实际不是院长,他承担了远超院长职责的无限责任,做了许多不该由院长做的事情。

然而很不幸,时代把我们推到了院长这个岗位。虽然是天下最难最苦的事情,但也要人去做。"我不下地狱,谁下地狱?"在其位,谋其事,尽其责,乃做人的本分。但是一个学院能否健康运行,能否立于时代的潮头,能否满足社会的期待,不能完全依赖这个院长。新闻传播教育是千秋大业,新闻传播学院的运作是一个系统工程,涉及很多的环节、诸多的要素,非院长一人所能完全统摄。在这个意义上,办好新闻传播教育,是院长的天职,更是全社会的责任。

首先是学生。如果把学校比喻成一所工厂,那学生是学校的产品。学生应以学习为本,学习是学生的天职。韩愈在《师说》中讲:"人非生而知之者,孰能无惑?惑而不从师,其为惑也,终不解矣。生乎吾前,其闻道也固先乎吾,吾从而师之;生乎吾后,其闻道也亦先乎吾,吾从而师之。吾师道也,夫庸知其年之先后生于吾乎?是故无贵无贱,无长无少,道之所存,师之所存也。"只有专心学习,才能致知解惑。从孔子到韩愈,都主张要学无常师,无论贵贱长幼。学校是习得知识、追求真理的殿堂,在这个神圣的地方,学生应该抱着虔诚的态度,心无旁骛,砥砺学问,锤炼精神,完善人格,明确责任。学生还应该与老师们建立起良好的互动关系,促进教学相长。学生像个学生,学生做好了学生分内的事情,学院的工作就做好了一半。

其次是教师。大学是学生、学者(教师)、学术、学科等构成的有机整体。学者在其中扮演着关键性的角色,所谓师者传道授业解惑者也。教师决定学生,反过来从学生知识与能力也可以看出教师的水平。教师与学生之间,既矛盾又统一。两者的矛盾体现在彼此的直接目标不同,达致目标的路径有别,所以难免发生冲突;但这两者根本目的又是一致的,在引领学生格物致知、完善人格、强化能力的过程中,促进教师的自我提升。作为教师,应该体认自己的社会责任和历史使命,面对莘莘学子,应该有更多的包容和耐心,应该尊重学生的个性,鼓励学生创新的积极性,激发学生追求真理的激情;同时,在今天这个后喻时代,科学技术飞速发展,教师必须与时俱进,不断地开阔自己的视野,更新既有的知识体系,在现有的基础上实现知识的创新,做到日新、日新又日新,这样才能胜任学生的导师角色。

其三是学校。学院是学校的一部分,学校的资源配置,学校对学院院长的赋权,学校的教学和学术规范,学校的薪酬分配制度,无不影响制约着学院的发展。如前所述,目前国内新闻传播类专业教育,重点大学开设的比例远高于一般大学。由于新闻传播学科的学术积淀不及其他成熟学科,所以越是重点大学,新闻传播学科在学校整体中的地位越低,因而在资源分配方面,新闻传播院系往往处于弱势。新闻传播学科在学校学科建设中,在与其他学科的互动合作中,话语权偏小。加上新闻传播学科自身的基本盘不大,新闻传播院系的规模普遍偏小,而且新闻传播学科又属于应用文科,具有职业教育的特性,因而常常给人以"新闻无学"之感等,更是弱化了新闻传播学的学科地位。所以,在学校领导层面,有必要更深入认识新闻传播在社会系统中的重要地位,从战略的高度理解新闻传播学科在学校学科整体建设中的辐射和带动作用,在此基础上,尊重新闻传播学科的独特性,赋予更多的自主权,在资源配置、硬件上建设方面予以适当的倾斜。

其四是社会。社会是新闻传播教育的环境。教育资源的输入要靠环境,人才培养过程尤其是实践环节也有赖于环境的支持,高校智力资源及新闻传播人才的输出,瞄准的也是环境。没有环境的支撑,就不可能有令人满意的新闻传播教育。在新闻传播院系与环境的互动方面,新闻院系当然要积极主动,主动地融入社会,积极地服务社会,服务媒体,通过服务来彰显自己存在的价值。但是社会系统尤其是传媒或企业更应该主动,因为社会系统是教育资源的最终供给者,而社会系统的有序运行也要依靠高水准的新闻人才和传播智慧。所以,社会应该向更多的新闻院系开放,加大向新闻传播教育界资源输入的力度,为新闻传播院系提供专业实习的平台,为新闻院系提供业务课程的师资,开展与新闻传播学界的合作研究,强化与高校的合作共建新闻传播教育。如此,方能使学校、学院与传播业界结成生死与共的命运共同体。还有一点,党政权力系统也要努力为新闻传播院系营造一个宽松的学术氛围,毕竟学校不是机关、更不是军营,学校应该鼓励独立思考,倡导学术自由,促进知识创新。在政治纪律与学术自由之间,力求达成平衡。

　　总之,新闻传播教育事关社会系统的运行、延续、和谐与发展,事关党和国家的前途和命运。作为新闻传播教育的主要承担者,新闻传播学院的院长负有重要的历史责任。可谓悠悠万事,唯此为大。但是,现有的教育体制又使得院长一职成了院长们的不能承受之重。责任过大,权力过轻;目标过高,资源过少。唯有学生理解、教师认同、学校支持、社会包容,中国的新闻传播教育才能顺利发展,真正地满足社会的期待。如此,院长一职才不会成为畏途。

(本文原载于《青年记者》2016年第11期)

新闻传播教育的支点错位

在媒介化社会,新闻传播教育扮演着重要的角色。它承担着向社会输送职业传媒人的责任。大凡经济发达、信息化程度高的国家,都会有发达的新闻传播教育。新闻传播教育作为现代大学教育的主要分支,本身也是一个完整的系统。如果把新闻传播教育界视为一个平面,那么这个平面就建构在三个重要的支点之上。犹如几何学告诉我们的,非共线的三个点确定一个平面。这三个支点是什么?愚意以为是教师、学生和人才市场。一般而言,市场需求决定师资配置,师资结构影响学生规格,学生质量决定市场需求的满足与否。这三者的关系正常,新闻传播教育就能够顺利发展;如果关系颠倒了,新闻传播教育就会出现种种的问题。观之今天的新闻传播教育,可谓问题丛生,困难重重,推其大原,在于这三者关系的错位。

一、新闻教育常态下三大支点

教育是千秋大业。古人云,十年树木,百年树人。而教育的正常运行,首先取决于教育的主体——教师。唐代学者韩愈讲,"古之学者必有师。师者,所以传道授业解惑也。人非生而知之者,孰能无惑?惑而不从师,其为惑也,终不解矣。生乎吾前,其闻道也固先乎吾,吾从而师之;生乎吾后,其闻道也亦先乎吾,吾从而师之。吾师道也,夫庸知其年之先后生于吾乎?是故无贵无贱,无长无少,道之所存,师之所存也。"[①]教育的天职是传承文化,培养人才。历史上虽然不乏自学成才者,但从社会文化传承的历史意义上讲,没有教师,就没有教育;没有教育,文脉就会断绝。但教师存在的价值在于启迪学生的心智,在于栽培引导学生成才。学生是教师彰显其价值和存在感的名片。孔子所以被称中国历史上最有影响的教育家,就因为他不仅有三千弟子,更有七十二贤人。教师

---

① 韩愈:《师说》。

因学生而存在,学生因教师而成才。教师与学生的关系是教育过程中一对基本的矛盾关系。

如果说教师是教育过程的主体,那么学生就可以说是教育活动和教育过程的中心。学校的一切工作,教师的一切工作都要围绕学生、围绕着学生培养、围绕着学生成才来展开。在知识社会,学校特别是大学被视为是一个大规模的标准化的人才工厂,而学生就是其主要的产品。华中科技大学原校长、学生心目中敬爱的偶像校长李培根说,在教学过程中,学生是待雕琢的原材料,是教师的工作对象。李培根在担任华中科技大学校长时,就提出要实现从"以教师为中心的教育"向以"以学生为中心的教育"的转变。[①] 大学的核心,一切都是为了学生的成才。评价大学的绩效、大学的好坏的重要标准之一,就是这所学校培养了多少优秀的学生,这所学校的校友们在国际国内社会扮演着什么重要的角色,为社会发展和文化昌明做出了哪些突出的贡献。学生在教学过程中的中心地位,在市场经济条件下更为突出。因为学校的运作所需的物质供给,相当部分来自于学生的学费,或者是基于学生教育的政府拨款,也就是说教师的薪酬中,有相当的份额是学生的学费或者因学生存在而产生的政府投入。教师所以能够在大学这个象牙之塔安身立命,学生在其中起到了重要的作用。

学生是学校工作的中心,是教师的工作对象,也是学校最重要的终极产品。但是这个人才产品,是否能够适应社会的需要,是否能够为社会所接受,才是问题的关键。人是人类社会历史的主体,历史的延续取决于一代一代的接班人在保证自己生存的同时,是否能够传承前辈创造的文化。如果回答是肯定的,这样的人才产品才是社会所需要的。根据经济学需求决定生产的原理,只有能够满足社会需求的生产才是有效的生产,也只有这种生产才能够实现它的最终价值。在这个意义上,人才市场的需要对大学教育具有根本性的牵引、推动或决定性作用。若大学培养的正是社会需要的人才,学生的专业能力和知识结构、学生的综合素养能够胜任社会分配给他的工作,社会或者职场必会以开放的胸襟欢迎、拥抱这些学生。

由此可见,在现代大学教育中,教师是学校教育的主体,学生是学校工作的中心,学校的一切工作必须围绕着学生教育运转。而学生的培养目标、学生的知识与能力规格,必须适应社会的人才需求,只有适销对路的人才产品才能受到社会的欢迎。而学校的产品只有适销对路,人才产品才能源源不断地流向社会而不致产生积压或过剩。因为有了优秀的人才,社会的发展才有了绵绵不绝

---

① 李培根:《师问》,《批判性思维与创新教育通讯》电子双月刊总第19期。本文系李培根院士2014年7月22日在全国第四届批判性思维教学研讨会上的发言。

的动力。同时,学校也能够从社会获得更多物质资源的反哺,于是学校才能步入良性的人才生产循环。

教师、学生与人才市场的三角关系,不仅是对一般教育而言具有普遍的意义。对于新闻传播教育更是如此。无论是国内还是欧美新闻传播事业发达的国家,新闻传播教育的繁荣莫不是建立在这种良性关系的基础之上。战后四十年代到六十年代,美国新闻传播事业的发展,一个重要的原因就是新闻传播教育为传媒行业提供了人才和智力的保障。20世纪末21世纪初,在改革开放、经济发展的背景下,中国大学新闻传播教育迅猛发展,新闻传播专业教学点遍地开花,有大约超过四分之一的高校创办了新闻传播类专业,在校新闻传播专业大学生由几百增长到二十余万。其重要的原因便是中国新闻传播事业空前繁荣的拉动,正是这种繁荣发展产生了对职业新闻传播人才的巨大需求。新闻教育发展与新闻传播行业的繁荣相得益彰,彼此互助,实现了共赢。在这个过程中,新闻院系的教师也得以分享发展的红利,作为学校教育产品的新闻传播的专业学生们,也获得了施展抱负的广阔天地。

二、当下新闻传播教育支点的错位

置身今天的信息化社会,审视我们的新闻传播教育界,会发现存在着诸多问题,如教育与业界的脱节、人才培养质量的下降、学生能力与知识结构的不合理、就业水平不高等,社会的批评,学生、家长的质疑不绝于耳,新闻传播业界的满意度也有所下降。其原因虽然多种多样,但最主要的还是三大支点的错位。

在常态的教育体系中,教师是教育过程的主体,主体决定着教育的展开和结局,决定着学生的知识与能力规格,决定着社会需求的满意程度,但是这个主体必须围绕着一个中心工作,这个中心就学生。教师的一切工作都是为了学生的成才,都是为了学生能够满足社会的人才需求。可是在当下新闻教育领域,教师队伍的工作似乎并不是完全意义地围绕着学生展开,似乎并不是完全根据人才市场的需求在培养和塑造学生,教师自我成长、自我价值的实现,自身利益的追求似乎成了其职业行为的基本动力。一些教师自身的利益格局、思维方面的惰性,在越来越大的程度上成为教学改革的阻碍。在师资队伍中,年轻者,加入教育行业时间不长者,或许更容易对时代的诉求做出敏感的反应,主动地摄取新知,探索驾驭新的传播技术;而资历越深,历史越久,地位越高者,可能在知识与能力的转型方面,困难越大,阻力越大。

从学生方面来看,在常态教育的格局下,学生是学校工作的中心,是学校能够提供给社会的主要产品,也是学校教育的基本目的。可是现在,学生在教育过程中的中心地位越来越淡化,越来越模糊。因为在越来越多的高校,特别是重点高校,真心地以教学为本以教学为业的教师在师资队伍中的比例在持续地下降,人才培养作为教师本职工作的重要性也大不如前。在一些教师看来,与其把精力耗费在学生的身上,还不如在科研上多做一些工作,对自己的成长、发展更加有利。教学工作说起来重要,但在学校的考核评价中,科研的权重越来越大。在这个情况下,教师们很难把精力分配到学生的身上,而不得不关注自身。中心地位的削弱,自然会影响到学生的主动性、积极性和创造性,进而影响到师生互动,教学相长。

那么人才市场呢? 根据经济学的原理,在一般的情况下,市场需求的导向能够起到引领资源配置的作用。市场上需要什么产品,生产部门就会组织各种资源生产这种产品。市场上需要什么规格的人才,教育部门自然会根据这一要求配置相应的师资和物质资源。市场需求有一种强大的传导力量,直至生产部门在生产资料、生产过程中做出相应的调整。可是当下的新闻传播教育界,似乎并没有展示人才市场的这种引导力量。需求侧没有能够影响到供给侧。现在我们看到的是基于数据技术的革命性发展,媒介融合方兴未艾,可是新闻传播教育界仍然困守在细分的专业壁垒之中;我们知道业界在呼唤全能型的传播人才,可我们仍然深陷于基于不同介质媒体的专业教育的窠臼难以自拔;我们明明知道,传播在越来越大的程度上成为公众的基本素养,新闻传播专业学生的就业正趋向于多样化,可我们仍然坚守着专业对口的教育理念。

总之,市场的人才需求的变化没有及时传导至教育领域,没有形成对教育领域的压力、牵引力和驱动力,也就是说人才市场没有发挥其最终决定人才生产的作用,以至于教育领域中,教师的主体地位过度强化,甚至在一定程度上扮演了学校中心的角色,教师在教育教学方面的责任弱化,其自我发展、自我实现的诉求成了其职业行为的主要驱动力;另一方面,学生在学校、在教学过程中的中心地位在弱化,学校系统、教师并不是在完全围绕着学生在运转,人才培养作为学校、教师基本工作的定位越来越淡化,学生主动学习的积极性、创造性也弱化了。换言之,当下中国的新闻传播教育,以常态的眼光审视,教师有些不像教师,学生有些不像学生,人才市场有些不像市场。角色混淆,支点错位,滋生了新闻传播教育界的一系列问题,如质量下降、就业困难等,影响到教育目的的实现,进而制约了媒介功能的发挥,以至于在相当的程度上辜负了社会的期待。

三、为什么会出现支点错位?

新闻传播教育界为什么会出现如此严重的支点错位呢? 原因很多,最主要的表现在如下三个方面。

首先是狂飙突进的传媒转型,将新闻传播教育系统远远地抛在了后面。在20世纪末21世纪初,基于信息传播技术的突破,网络传播迅速崛起,各种新的媒介形式如互联网、移动互联网、数字电视网络,博客、微博、微信、客户端等,像雨后春笋般的遍地生长。在网络新媒体的冲击下,传统媒体陷于停滞甚至萎缩状态。不同性质的媒体之间的渠道融合正在如火如荼地进行,新闻生产的流程在再造,内容生产的机制在转型,人们信息消费的形式与渠道在变化,传媒单位的岗位设置及其技能要求也在发生深刻的变化。中央厨房主导下的内容生产与分发,基于大数据技术和移动互联平台的信息推送,全能记者在报道前线活跃的身影等,改变了新闻传播生态。这种变化必然会对新闻传播教育界提出新的要求,期待新闻院系在专业设置、课程体系、知识能力规格、培养模式、教学环节等方面做出相应的改变。可是,传媒系统急剧变革并没有及时拉动新闻传播教育系统,新闻传播院系与业界的距离渐行渐远。

其次,高等教育改革的严重滞后。20世纪80年代以来,中国的改革开放全面推进,社会系统的各个子系统、各个要素无不受到波及,从政治到经济、文化各个领域,都发生了深刻的革命,以致整个社会产生了颠覆性的变化。今天回过头来审视这段改革的历史,如果要评价各个领域、各个部门的改革力度及成效,那么教育部门尤其是高等教育部门可能是最差的,这也几乎是全民的共识。教育系统基本上是一个自我封闭的系统,它与社会大系统及其他子系统互动的活跃度远远低于其他系统间的互动联系。系统之间的物质、信息和能量的交换,在教育领域也处于较低下的水平。在外部世界今非昔比的情况下,教育系统特别是高等教育领域俨然是一个世外桃源。高等教育领域的管理制度、运行机制、人事政策、教育模式、质量评价、资源分配等,基本上沿袭了传统的做法,行政主导了学术学科,而求稳又是最基本的权力逻辑。所以,政治、经济、军事、外交、文化等领域都换了人间,而教育领域依然故我,基本上没有感受到变革的压力。

其三,是人性的弱点。如前所述,教师是教育系统的主体,教师决定了教育、决定了学生的发展空间。教师能够想多远,学生才能够走多远。教师作为学生的引路人和启蒙者,本来应该走在社会的前面,走在学生的前面,对新闻传播类专业而言,更应该走在新闻传播行业的前面,与时俱进,日新日新又日新。可是教师也是人,是人就会有人性的弱点,就会有惰性。这种惰性表现在对现状的维持,多一事不如少一事,能够不改的最好不改,等到实在是不改不行了,才不得不被动地改,被动地适应。正如大家所知的,最近十多年新闻传播行业在信息技术革命驱动下的急剧变革,完全超越了人们想象的极限。在20世纪末的人们极少能够想象到今天的信息传播生态。而新闻传播院系的教师们,其主体部分都是在 20 世纪末或 21 世纪初毕业的,而且还有相当一部分不是出自新闻传播类专业,他们在学校学习的课程,他们的知识体系与能力储备,他们现在研究的课题和学术兴趣,大多与当下信息传播的现实不搭界。换言之,他们的知识与能力结构在相当的程度上都过时了,都不是学生和社会亟须的,这是一个残酷的现实。要让他们正视现实,转换视角,另辟新的未知领域,开设新的课程,研究新的问题,练就新的专业能力,实在是一件很痛苦的事情。

因为这些原因,新闻教育界面对外界火热的现实,缺少一种内生的革新冲动。在教师、学生和人才市场三大支点的关系方面,学生作为教育活动的中心地位大大地削弱。作为学校教育的终极产品,作为老师们的工作对象,学生丧失了磁吸各种教学资源的能力,无法完全地调动教师和各种物质资源服务于自身的成长。另方面,人才市场新的需求压力因为教育系统的自我封闭难以传导至新闻院系,难以对教师们的教学科研活动起到引领作用,于是安于守成成了教师们的思维定式。在这种情况下,教师在教学过程中的角色悄然地发生了嬗变,不仅坚守了主体的地位,而且还渐渐地具备了"中心"的特质。其自我利益追求逐渐压缩了对学生、对社会服务的空间。学生的中心地位因此大大地削弱,教育终于在越来越大的程度上背离了使学生成为人的本质使命。

四、复位:新闻传播教育当务之急

如前所述,三大支点的错位严重地影响到新闻传播教育系统的稳定运行,动摇了新闻传播教育的根基。要改变这种现状,愚意以为,应该综合施策,统筹应对。

首先,当务之急是打开封闭的教育之门,让高校直接感受到社会的脉动,使社会的人才需求成为教育资源配置的决定性引导力量。新闻教育界目前的问题在相当的程度上由来于高等学校与社会系统的疏离,大学自成一体,与社会大系统联系基本上处于隔绝状态。在改革开放的大背景下,全社会都打破了铁饭碗,破除了计划经济的藩篱,市场成为决定资源配置、利益分配的基本杠杆;可是在高等学校,仍然执行的是计划经济、行政主导。学校运行、学科建设、人才培养,看不到社会需求在背后的影响。学校与社会的脱节,到了令人匪夷所思的地步。所以,如果再不打开学校的封闭之门,学校如果仍然呼吸不到社会的空气,感受不到社会生理的脉动,任凭风浪起,稳坐钓鱼台,学校的人才培养与社会需求愈加背离,其结果是可以想见的。

其次,回归教育的本质,落实以学生为中心的教育理念,强化学生的中心地位。教育的本质是什么？是一个一直困扰着人们的哲学问题，可谓见仁见智，言人人殊。"真正的教育，其责任必须以引导学习者成人为务，以发展人性、培养人格、改善人生为目的。"①简而言之，我以为教育的本质是使人成为人，即是使学生成为一个大写的人、一个舒展的人、一个人格健全、恣肆汪洋的人。俞敏洪说过这么一句话，可以说是对这个本质的注解："教育的本质应该是培养一个人格健全，加上知识结构完整的人，同时还要加上旺盛的求知欲、创新能力和探索未知世界的能力。"②这是教育的本质使命。围绕着这个使命，为师者须聚精会神地唤醒学生的灵魂。正如德国存在主义哲学家雅斯贝尔斯所说的："教育的本质意味着：一棵树摇动一棵树，一朵云推动一朵云，一个灵魂唤醒一个灵魂。"③老师们要致力于唤醒或启迪学生的灵魂，不仅要有这种自觉意识，更重要的是，在学校层面还需有一种可操作性的制度安排。只有这样，这种本质要求才能落地生根，开花结果。

其三，强化师者的使命感和责任意识，完善自我，提升境界，让爱心、责任、义务，贯彻到教书育人的实践全过程。教师是教育的主体，教师的水准决定了学生能够成长的高度和广度，这是毋庸置疑的。虽然在今天这个后喻时代，老师的主体地位今非昔比，但是老师在引领学生成长方面的作用仍然不可或缺。从历史进化的角度看，教师在人类文明传承中的角色更是不能忽视。所以教师应该有更加强烈的使命感和责任感，为了学生，为了社会，为了明天，老师们应该与时俱进，不断地完善自我，让爱心、责任、知识丰富自己的内心，掌握新技术、新技能，勇敢地以今日之我告别昨日之我。这种觉悟在今天这个瞬息万变的信息时代，对于新闻教育领域的从业者尤其重要。没有这种自觉、没有这种觉悟，承担传道授业职能的师者，就难以战胜自我、超越自我，回应社会的期待。

（本文原载于《新闻记者》2017年第6期）

---

① 贾馥茗：《教育的本质——什么是真正的教育》，世界图书出版公司，2006年12月。
② 《俞敏洪：中国教育需要回归本质》，2015-11-09 17:34:14，来源：网易教育频道专稿。
③ 雅斯贝尔斯：《什么是教育》，邹进译，北京，生活·读书·新知三联书店，1991。

中国传媒教育发展的师资瓶颈

在信息化时代,传播媒介在社会运行中扮演着重要的角色。传媒工作者作为社会的哨兵,不仅履行着报道消息、为民立言的职责,而且在传承文化、社会沟通方面的功能,也是其他社会职业无法替代的。但是,随着网络传播的迅猛崛起,随着全球化进程的加快,传媒及其从业者的表现与社会期待的落差日益显现,社会批评的声音不绝于耳,而且逐渐由针对媒介本身转向传媒教育界。应该说,舆论界针对传媒教育的批评不是没有道理的。传媒的表现最终取决于其从业者,而传媒从业者绝大多数来自学校,来自新闻传播院系。追根溯源,传媒业界的弊端与传媒教育的病根息息相关。在此检讨传媒教育,诊断其由来已久的病根,确有必要。笔者认为,当前中国传媒教育的病根在于师资。正是师资问题,成了制约传媒教育发展的瓶颈。

一、师资在传媒教育中的重要地位

教育之本在于教师,从某种意义上说,有什么样的教师,就有什么样的学生,教师的水平从根本上决定了学生的水平,教师的品质决定了学生的规格,这是学界,也是社会的一般常识。所以,作为新闻传媒人才的制造工厂,大学新闻传播院系的建设,首在师资。

建设一流的高水平师资队伍,有利于建构科学合理的人才培养模式,建设健全完善的课程体系。在高等学校的人才培养过程中,培养模式和课程体系至关重要。一个好的、合理的培养模式与课程体系,能够在很大程度上决定人才产品的品质。知名大学与一般大学的区别就在于此。一般而言,一所大学或一个院系的培养模式、课程体系,与教师队伍的教育理念直接相关。只有立足于先进、科学的教育理念,才有可能保证培养模式与课程体系的科学性;而先进的教育理念,只会掌握在立于时代潮头,具有敏锐的洞察力,对人类命运、社会发展和环境需求有着深切感受的教学科研工作者手中。一个对社会发展、时代进步和环境变化感应迟钝的人,一个对自己所属领域了解不透的人,即使占据着教师的岗位,也不可能成为一个合格的教师,不可能拥有先进的教育理念。

一流的教师队伍还可以通过教学过程,直接影响,进而提升学生的价值观、知识体系和能力结构。教师的职责是传道授业解惑,其工作对象就是学生。一个真正的教师,其成就感应该主要来自其学生的成功,而不是自己的研究发明。在人才养成过程中,学生正是按照老师的模型,亦步亦趋。老师的渊博知识与人格魅力,会吸引学生潜心向学,主动模仿;老师的价值观,会自然地影响到学生对人生、对社会、对自然的认知与感悟;老师描绘的美好愿景,会成为学生孜孜以求的人生目标;老师在学业上提出的要求,会成为学生课内课外学习,进而完善自我的动力。一个优秀的导师与普通老师所能给予学生成长的影响,是完全不同的。优秀的老师视野开阔,目光敏锐,思维活跃,在与学生的互动中,不仅能够启人心智、点石成金,更能提升学生的道德力量与精神境界;而一个平庸的教师,由于其见识、能力及道德禀赋的不足,对学生成长的帮助是非常有限的。

二、新闻院系师资结构存在的问题

现代传媒教育在中国的出现有近百年的历史。但是中国传媒教育的历史曲折蜿蜒,其真正的黄金时代是在20世纪80年代以后。经过近30年的发展,传媒教育在中国已经颇具规模,在教育部正式注册的新闻传播类专业约九百多个,设立新闻传播院系的大学有四五百所,在校新闻传播类各专业大学生近十五六万人。有十五所大学设有新闻学或传播学的博士生教育点,开设新闻传播学硕士生教育点的学校有百所之多。但是,社会对传媒教育的评价并不高,其直接表现是作为其产品的学生,不是那么适销对路,即便是在业界就职学生的表现,也与业界及社会大众的期待相去甚远。究其原因,在于新闻传播院系根深蒂固的师资问题。

从总体情况看,国内新闻传播院系的专职师资,除极少数"985"大学以外,基本上都是以国内大学培养的学术型师资为主。而这部分师资,又有两种情况。一是教师队伍中,绝大部分来自新闻传播类各专业,他们基本上都没有媒体业界的从业经验,从本科到硕士、博士,正所谓科班出身。他们受过系统、严格的学术训练,系统、完整地掌握了新闻传播的理论知识和科学研究的基本方法。这对于强化学生的专业意识和职业精神是相当有利的。二是教师队伍中,大部分来自非新闻传播类的其他专业,如人文社会科学相关专业或自然科学相关专业,他们的第一专业虽然不是新闻传播学,但因工作需要,从他们独特的学科视角切入新闻传播学科领域,并且运用其独特的研究方法与新闻传播学的方法相融合。这种队伍结构对于拓展新闻传播研究的新空间,对于打开学生的视野,完善学生的知识结构,应该是很有帮助的。

然而,正是上述师资结构,导致了我国高校新闻传播教育的封闭性特征。这种封闭性首先表现为与国际新闻传播学术界的隔绝。国内高校新闻传播院系中,很少有来自国外一流高校的新闻传播专业教师,或者在教师队伍中,很少有具备国外一流大学硕士、博士学位的。所以,我们国内的新闻传播教育视野狭窄,很少了解国际新闻传播教育界的现状及其发展演变的趋势。虽然在改革开放的大局下,国内不少新闻传播院系正在逐步加大与国外知名大学新闻院系的学术和师生交流力度,但是总体而言,国内新闻传播院系基本上置身于国际新闻传播教育与新闻传播学术的主流之外,无法与新闻传播教育的常规接轨。这必然会影响到学生的质量,影响到学生的社会适应能力。其次,是与新闻传播业界的疏离。新闻传播教育的基本特点,就是其鲜明的职业指向性。面向新闻传播院系,有一个生机勃勃的信息传播行业,涉及新闻出版、广播电视、电影、网络等,它们已经产生并将继续产生巨大的专业人才需求。在这一点上,新闻传播院系与其他人文社会科学院系是大不相同的。新闻传播院系必须为新闻传播业界量身定制其急需的专业人才。这种专业人才,不仅要有开阔的视野,合理的知识结构,强烈的社会责任感,科学的理性思维品质,更要有驾驭传播技术,胜任新闻传播全流程各环节的业务能力。前者通过高校新闻传播院系的教学过程,基本上可以达成,后者则不然。因为新闻传播院系的教师队伍中,从学校到学校的纯学术型教师占绝大多数,他们的兴趣在于对新闻传播现象及其内在规律的学理探讨,他们擅长的是理性思维而非操作经验,对于业界的最新发展及未来趋势,对于新闻传播的实际技能,却不甚了了。所以在校园内,学生们无法得到必要的技能训练,学生从校园走出去,面对媒体业界的选择,相对于其他专业毕业的学生,并没有自己独特的优势。

可见,目前国内新闻传播院系专业师资结构的弊端,已经深刻地影响到新闻传播人才的培养,甚至在很大程度上决定了人才培养的质量规格。社会对新闻教育的负面观感,业界对新闻传播院校的批评,都与新闻传播院系的师资队伍有关。不解决师资队伍的问题,新闻传播教育发展的愿景就会难以实现,社会各界对于媒介及其从业者的期待也会落空。

三、遵循传媒规律,建设一流师资

新闻传播院系要建设一流的师资,必须从两个方面着手。第一是面向业界,延揽一流的业界精英,充任传媒专业核心业务课程的主讲教师。第二是面向国际,引进外国知名大学的新闻传播学院的优秀博士和教授,加强与国际一流大学的学术交流、合作研究,从而实现与传媒教育国际惯例的接轨。

延揽业界精英担任传媒专业核心业务课程的主讲教师,事实上是国际传媒教育界的流行做法。在美国大学的新闻传播院系,其核心业务课程大多由来自业界的具有编辑、记者经历的教师担任,他们具有丰富的实践经验,但一般都没有博士学位。这些来自业界的业务课程教师是美国新闻传播院系专业师资的重要组成部分。在我国传媒教育界,早期也十分重视业界精英在专业人才培养过程中的地位,北京大学新闻研究会就聘请著名报人邵飘萍为高级讲师,担任业务课程的教学。20世纪80年代上半期,国内涌现出一批新闻院系,这些院系草创之初,就从业界延揽了一批骨干记者。如华中科技大学新闻系首任系主任汪新源就来自《湖北日报》,副主任程道才来自湖北人民广播电台,第二任系主任程世寿来自《襄阳日报》;武汉大学新闻系则从报界、广播电视界请来了罗以澄、胡武、单承芳、刘惠文,其中罗以澄后来担任武汉大学新闻传播学院院长达十年之久。华中科技大学的前身——华中工学院院长朱九思是一个从延安走来的老报人,具有深厚的新闻情结。正是他创办的华中工学院新闻系,后来演变成华中科技大学新闻与信息传播学院。他在当时作了一个死规定,没有从事新闻实际工作的人不能担任业务课程的教师。这一做法在华中科技大学一直坚持下来。实际上许多一流高校的新闻院系,一直保持着这一传统。21世纪初,中国人民大学新闻学院从业界引进高钢、马少华等,其中高钢一度担任该院的院长,后又担任学院党委书记兼常务副院长。

但是国内绝大多数高校新闻院系在建设师资队伍时,往往忽略了新闻传播专业的特殊性,过于重视学历学位等统计指标,将学术研究放在压倒一切的位置上,对于业务课程的建设和学生专业能力的培养,没有予以足够的重视。在这种情况下,师资队伍的来源基本上从学校到学校,博士生硕士生满座,其专业课程的教学基本上是从理论到理论。仅就知识摄取而言,或者说就学生的理论素养而言,新闻院系可以说是基本达标。但是新闻传播专业的毕业生能否适应业界的需求,能否胜任传媒所赋予的业务工作,恐怕还存在着诸多疑问。特别是随着最近十年来传播技术的突飞猛进,融合媒体已成为传播发展的基本趋势,新闻传播操作实务的复杂程度更是远非昔日可比,在这种情况下,以现有的师资储备,新闻传播院系所能给予学生的技能训练与业界的人才需求相去甚远。这正是当前传媒教育为业界诟病之所在。要解决传媒院系师资瓶颈问题,当务之急便是从业界引进具有学术理想的媒体精英,改变目前新闻院系师资清一色学术人才的结构,在理论人才与业务精英之间达致一定的均衡,彼此互补。

从而在人才培养过程中,在建构学生合理的知识结构、夯实理论基础的前提下,同时给予学生必要的技能训练,提高学生适应业界需求的能力。

另一方面,鉴于国内新闻院系相对封闭性的环境,其教学组织和学术运作昧于国际大势,教学内容与学术训练难以与国际通行标准接轨,目前新闻院系最紧要的工作就是从国外一流大学新闻传播院系引进有实力的教授和高水平的博士,来补充现有的师资队伍。固然新闻传播学,特别是新闻学,具有中国自己的特色,与西方国家不能一概而论。但是新闻传播学作为一门社会科学,或者新闻传媒作为一种社会职业,也有超越国家、民族乃至意识形态的共同价值和一般规范。也就是说,来自国外一流大学的教授和博士是可以与本土培养、成长起来的教师和谐共生的。在培养传媒所需要的一流人才的共同目标上,海外教授与博士可以发挥建设性的作用,他们不仅能够帮助学生打开国际视野,引进国外先进的理论与方法,而且能引导学生以新的视角理性地审视其面临的行业现实和社会环境。除此以外,借助这批海外教授和博士的人脉,还能够进一步扩大国际学术交流,推进合作研究,就共同感兴趣的问题召开学术会议,从而拓展中国当代传媒教育和传播学术的空间。

教师是教育之本,传媒教育的发展也依赖于这个根本。当前国内的新闻院系,师资之本并不稳固,从而威胁到传媒教育的可持续发展。所以固本乃是当务之急。新闻院系一方面要延揽业界精英,另一方面则要从国外一流大学传播学院引进教授和优秀博士,改善师资结构,使学术型师资与专业型师资,本土成长的师资与来自海外的师资,保持一个合理的比例。只有这样,才能建设合理而完善的课程体系,确保传媒人才的培养质量。

四、推进配套改革,完善管理机制

如前所述,师资是制约当前中国传媒教育的瓶颈。建设一流的师资队伍,是传媒教育健康、持续发展的保证。但是师资队伍建设本身又是一个系统工程。它不仅是一个引进来的问题,还有一个留不留得下、干得好不好的问题。围绕师资队伍建设,需要对现有的制度体系和院系文化进行大幅度的革新。不然即使引进了大量的顶尖人才,也难以留下,难以融进既有的院系文化,其结果可想而知。

首先,要改革现有的师资评价体系,对于不同类型的师资,应该实行不同的考核方式。在现有的师资队伍中,既有学术型的,又有专业型的,既有来自业界的业务课程教师,又有来自学界的研究型教师。这不同的师资,在人才培养和学科建设过程中扮演着不同的角色,履行着不同的职能,对于其绩效考评理应采用不同的指标。来自业界的业务课程教师,其职责在于提升、强化学生的职业能力,在日常教学过程中,在课堂内外,围绕着传播过程中不同环节的专业技能的培养,耗费大量的精力,这必然会影响他们在学术理论方面的探索;而学术型教师,其深厚的学养和理论功底,使得他们在培养学生理性思维能力,建构学生完善的知识体系方面,具有独特的优势,如果一定要安排他们指导学生的业务实践,那也有强人所难之嫌。不论是哪一类型的教师,在新闻院系,只要能够履行岗位职责,都应有发展晋升的空间,其业绩也应该得到公正的评价。要做到这一点,就必须实现分类考核,对业务课程教师,重在考核其专业实践和人才培养方面的成果;而对于学术型教师,则要以其在学术探索方面的贡献作为核心指标。当然这两类不同性质的师资,也并非两条互不交织的平行线,业务课程教师也要注重自身的理论素养,要致力于对传播现象的理性思考;而学术型教师,在进行学术探索的同时,也要了解媒体的实际业务,掌握起码的专业技能。这样的要求,对于两类不同师资自身的全面发展,都有重要的意义。

其次,要实行灵活的人事制度,不求所有,但求所用。传媒院系与其他院系一样,承袭了几十年来中国大学在师资建设方面的弊端,师资队伍小而全,而且都是全职正规在册人员,只进不出,生老病死全包,基本上没有灵活用工,社会上的教学资源无法利用,院系自身也因此背上了巨大的包袱。由于每个院系都有固定的编制,如果编制满了,即使有紧缺的岗位、尖端的人才,也无法引进。有不少院系在业界聘请了一些兼职教授,但基本上都是名誉性质,很少有兼职教授担任实际的教学任务。相邻大学的新闻院系即便有充沛的师资,限于所有制,也无法为其他院系所用,从而导致人力资源的浪费。这种用人制度显然不合理。在这个媒介化社会,在传播技术狂飙突进的时代,传媒教育界应该打破师资管理上的藩篱,摒弃小而全的单一人才所有制,实行灵活的用工制度,在主体是全职正规在编师资的前提下,可以向业界、兄弟院系聘请一批急需的兼职教师,担任特定课程的教学,或者担任学生专业实习的指导老师,其薪酬可以按其付出的劳动量来计算。这样既能促进教学资源的有序流动,实现人尽其才,又能提高新闻院系的生产效益,保证传媒专业人才培养的质量。

再次,要营造进取、创新、和谐的院系文化。新闻院系不仅是一个传媒人才工厂,更是创新与传承文化的精神共同体。要促进传媒教育的永续发展,保持与发展一流的师资,培养一流的传媒人才,新闻院系必须有深厚的文化积淀。在建设院系文化时,有三个关键因素应予注意,那就是进取、创新、和谐。要摒弃保守、因循的心态,弘扬进取、创新的精神;要清除冲突的隐患,营造和谐的氛围。只有在这种文化环境中,来自不同单位、具有不同背景的多元教师队伍才能和谐共生、与时俱进,从而保证新闻院系的人才培养与学科建设有序推进。

总之,师资瓶颈是制约当前中国传媒教育的关键。要破解这一瓶颈,必须从战略的高度,在制度设计上下功夫,改革教师绩效考核指标体系,实行灵活的用人制度,同时创新院系文化。只有这样,才能最大限度地延揽业界精英,引进国外一流大学的教授、博士,完善师资队伍结构,提高师资队伍的学术水平和专业能力,从而满足业界对于传媒教育的期待。

(本文原载于《新闻记者》2011年第7期)

打造一支高水平的新闻史学术团队

今天是个好日子,第二届中国新闻史青年学者论坛在华中科技大学隆重开幕,这是中国新闻传播教育界的一件大事。本次会议由中国社会科学院新闻与传播研究所、《新闻与传播研究》杂志社主办,华中科技大学新闻与信息传播学院承办,是我们华中科技大学新闻与信息传播学院的荣幸。在此我谨代表华中科技大学新闻与信息传播学院向莅临会议的各位领导、专家、学者表示热烈的欢迎,向长期以来一直支持我们学院办学的中国社会科学院新闻与传播研究所,向一直呵护、支持新闻传播史研究、提携青年史学研究者的《新闻与传播研究》杂志的各位领导和同仁,表示衷心的感谢!

我们都知道,万事万物都有其从来,都有其从无到有、从小到大、从简单到复杂的发展、进化的历史。我们经常说这么一句话,忘记历史即意味着背叛,这个说法也许太过沉重,但是,我们确实发现一个失去历史记忆的国家、一个忘却了自己历史从来的民族,不可能有强大的内心,也不可能凝聚起巨大的物质力量。在精神病学看来,一个失忆症患者是找不到自己的皈依、找不到属于自己的精神家园。我记得还是在20世纪末叶,在中央电视台上看过一部外国电影《鸳梦重温》,讲的是一个战争(第一次世界大战)英雄通过自己的爱妻治愈失忆症而最终找回自己、重温鸳梦的感人故事。每个人都有自己的过去,我们经常填写各种表格,少不了的一个内容就是简历,那就是我们人生历史的重要节点。每个行业、每个学科也是如此。不了解它的过去,不了解它的从来,我们就无法在现实中给它定位,就无法预知它的未来。

对于新闻传播学科来说,新闻传播史的知识积累具有特别的意义。众所周知,新闻传播学知识体系的建构,源于新闻史的研究。世界历史上最早一部新闻学研究成果是17世纪末德国人研究当时德国报刊史的作品。不仅如此,在新闻传播学诞生以来几百年间,在其各知识领域中,新闻传播史的研究是最成熟的,也最能经受时间的检验。如果要我们评点中国新闻传播学术的历史,在能够隆重推介的成果中,属于新闻传播史的研究成果绝对会占大部分的比例。

这是因为,在新闻传播学的三个相对大的研究领域,新闻传播实务与当下的行业实践联系太紧,会随着技术的进步、业务的发展而变迁,很难有一种操作原理技巧或能够在历史上贯彻始终;新闻传播理论则会受到政治规则、意识形态因素的影响,其学术研究、成果呈现也很难实现我们的期待。只有新闻传播史的研究,因为源于历史事实,同时与政治现实保持一定的距离,它给我们提供了一个秉持职业操守、理性判断、自由言说的精神环境。我常常为自己作为一名新闻史学者的身份而感到自豪。这倒不是因为我们自以为品德高尚、灵魂纯洁,而是因为我们安于寂寞、愿意常伴孤灯的恬淡的心性和为学术献身的理想追求。可以不夸张地说,这种心性与精神的追求,不是所有人都具备的,因为它必须要有能够排除外在物质诱惑的强大的心理定力。正是因为如此,我们非常佩服历史学家,也特别欣赏青年的新闻史学者。在这里我作为一个新闻学院系负责人的代表,要向在座的各位青年才俊表达我的敬意。

当然我也深知,在当前的信息化时代,正如其他社会生活领域面临的危机,新闻传播史的教学与研究也面临着严峻的困境。由于急功近利的社会思潮,不少学校新闻传播史教学的课时、学分在压缩,学生的学习兴趣也在下降,我们任课老师的自信心也受到一定的影响。同时在新闻传播史研究方面,由于获得资助的途径比较单一,对研究的物质支持远低于其他的领域;加上研究视野、研究方法的局限,新闻史研究获得其他同行认可度的提升也面临着瓶颈。一些学术期刊为了发行的目的,也在压缩新闻传播史文章发表的空间。最近我看到了一个可喜的现象,唐绪军教授主政新闻与传播研究所以后,不仅在成果发表方面对新闻传播史研究予以了大力的支持,而且还组织了中国新闻史研究青年学者论坛,集中栽培了一批有希望的青年学者。这可是功在社稷,利及千秋。正是受到了这种道义的感召,我们华中科技大学新闻与信息传播学院愿意共襄盛举,我们不仅乐意举办第二届论坛,如果大家需要而且信任,我们愿意和中国社会科学院新闻与传播研究所一起把这个论坛办下去。

今天,中国新闻史学界青年才俊们在我们华中科技大学汇聚一堂,是为了我们共同的事业。实际上,华中科技大学自20世纪80年代初期草创以来,新闻传播史研究一直就是我们重要的学术方向。现在我们新闻与信息传播学院虽然块头不够大,但我们在人才培养、科学研究方面的产值或者说GDP还是比较高的。今年初,一个关于在国内四大新闻传播权威期刊论文发表的数字表明,我们在《新闻与传播研究》、《新闻大学》、《现代传播》、《国际新闻界》上面发表的论文,位居全国新闻院系前四位。全国一级学科评估中,华中科技大学新闻传播学科位居全国第五。我们能够取得这些成绩,一个重要的原因,就是我们的学科布局和团队建设。说实话,华中科技大学队伍规模不到40人,准确地说,只有36人。但是这些人力资源的配置比较合理,呈三足鼎立之势。新闻传播史论是一足,新媒体传播是一足,另外一足是战略传播或策略传播。三者互为犄角,相辅相成。特别在新闻传播史论这一部分,中国新闻史、外国新闻史及思想史研究是我们的特色,我们的资深带头人吴廷俊教授的大公报研究及新编中国新闻史两次获得吴玉章奖,并且是教育部马克思主义理论建设工程中国新闻史教材的第一首席专家;唐海江教授是我们学院青年学者的代表,入选教育部新世纪人才,其思想史研究也有小成。我本人这些年不学无术,但在课程建设方面做了一些工作,主讲《外国新闻传播史》先后入选国家精品课程和国家精品资源资源共享课,主讲《传播的历程》被纳入首批国家视频公开课程。华中科技大学的新闻传播史学术团队结构比较合理,老中青无缝连接。最近我们在网上公布了十二个岗位的招聘引进计划,其中就有新闻传播史教学研究岗。在这里我诚恳地发出邀请,欢迎各位青年才俊加盟。

我们现在正值社会转型、媒体转型时期,在人类传播史上,这可是千载难逢的重要节点。人类从口语传播时代过渡到手书文字传播时代,历经了几十万乃至百万年漫长的时间,从手书文字到印刷传播几千年,从印刷到电子传播几百年,从电子(广播电视)传播到网络新媒体时代不到一百年。历史累积的能量在这短暂的几十年间爆发,让我们领略到新闻传播历史的奇情壮彩。我们何德何能,享受了我们的前任难以想象的愉悦和快感,这真是我们的幸运。我们见证了历史的爆发和嬗变,注定了我们的新闻史研究,在这一重要节点上要扮演重要的角色。我们要有这种基本的认知和责任意识。新闻传播学科要与时俱进,解释和指导当下纷繁复杂的传播现实,建构科学的理论和方法体系,必须建立在扎实的新闻史研究的基础上。在这个意义上,在座的各位青年才俊任重道远。新闻传播学科的希望在各位的身上。

大约在20多年前我读了林甘泉先生的一篇文章,我非常认同林先生的对历史研究的认识。林先生告诉我们,历史研究实际上在致力解决三个层次的问题。第一个层次是事实判断,即确定事实的真伪,这必须要有扎实的甄别、考证的功夫;第二层次是认知判断,即要理清事情的来龙去脉,前因后果;第三层次的问题是价值判断,即对历史事件、历史人物、历史过程的理性评价。我认为,无论是中国新闻史还是外国新闻史,无论是思想史、事业史还是制度史,无论是专门史、断代史还是综合性通史,都需要从这三个层次开拓,而其中最重的,还是事实判断,没有正确的事实判断,就没有一切。要做到这一点,不仅需要智慧,更重要的还需要德行。古代历史学者反复强调治史者要兼具史才、史识、史德,而以史德为最优先。只有兼具三者才有可能成为所谓的良史。可事实上,我们都知道在中国文化史上,千古多文人而少良史。说实话,我对一般历史学的传统很有信心，但对新闻历史传统的信心却没有那么坚定。因为在新闻学科不长的历史上，新闻史研究受到了太多的干扰，尤其是政治因素的影响。由于内心不是那么强大，我们太容易屈服于权力与资本，太容易为五斗米而折腰，太容易因外在因素而改变我们的信仰。当然，我相信这一切在你们中并不存在。但是我还是要提醒各位，要排除一切外在的干扰，心无旁骛，致力于我们的学术，同时拓展我们的思维空间。因为你们是中国新闻学术界的希望。

各位嘉宾，各位朋友，各位同仁，新闻史研究是新闻传播学科的重要领地，它不仅关系到新闻传播理论的科学建构和新闻传播学科整体水平的提升，更是影响到新闻传播学与传媒行业乃至社会系统的良性互动。而你们正是担当责任，肩负使命的人。我愿意与你们同行，愿意为你们分忧，愿意为你们加油，我们更愿意分享你们的成果！我相信你们怀抱着追求真理、创造新知的冲动，更尊重你们默默地耕耘和付出。我们期待着你们的成功，正如你们自己。

在此，我还要作为一个新闻院系的管理者向教育界同仁发出呼吁，希望各大新闻院系能够给新闻史研究者营造一个宽松的环境，要鼓励大家坐冷板凳，鼓励新闻史研究者本着十年磨一剑的态度，精心地打造不俗的学术精品。千万不要把目前流行的数据考核纳入到新闻史研究领域，不要像期待母鸡生蛋一样，要求我们的新闻史研究者每 24 小时生下一枚。新闻史领域的知识生产有其特殊的规律，我们必须尊重，它有漫长沉寂的知识积累，也会有短期成果的爆发式奔流。有的人，甚至努力一辈子也不会推出代表性的成果，但是他的努力会为后来者打下坚实的基础，扮演后来者人梯的角色，对此我们应该予以承认。对每个新闻史研究者，我们作为管理者都应该有起码的信任和尊重，要想尽办法解决新闻史研究者的生存与发展的问题。很显然，在目前的办学体制下，再有能耐的院长也难以解决这些问题，但是我们应该竭尽全力去呼吁，充分地利用学校的授权，为我们的新闻史研究者做一点实实在在的事情。

最后，祝我们的第二届中国新闻史青年论坛圆满成功，祝各位在武汉期间身体健康，心情愉快，梦想成真！

（本文系作者于 2016 年 11 月 19 日在华中科技大学召开的第二届中国新闻史青年学者论坛上的致辞）

呈现新闻史的"三维空间"

完整的新闻史,应该是新闻事业、新闻观念、新闻制度三个层次的有机统一。突破原有以新闻事业为核心主线的新闻史教学框架,转而突出新闻人的主体作用,经过26年的积累沉淀、创新打磨,新闻学院张昆教授主持的外国新闻传播史课程成功入选教育部2009年国家精品课程。

一、独到的新闻史观

以前的新闻史研究,总是按照国别进行梳理,像下雨时的雨线,平行而没有交织融合,只有时间上纵向的演绎,看不到横向的发展。

张昆毕业于武汉大学历史系,因为该校创立新闻系的缘故,才"半路出家",学习、研究新闻史。不过他认为,正因为如此,自己才拥有独到的新闻史观。

张昆认为,以往单向的新闻史叙事线索往往不能够反映历史的全貌,"同世界史的演进线索类似,媒介与环境应该也是互动发展的"。

为此,张昆在总结前人研究的基础上,强调新闻史应该是新闻事业、观念和制度史的有机统一,坚持多维立体的新闻史研究方向。这种研究思路也通过他的《简明世界新闻通史》等专著的出版,逐渐被国内新闻史学界接受,复旦大学新闻学院教授童兵评价道:"张昆教授的新闻史研究思路和体系特色鲜明。"

二、不断积累渡难关

20多年来,新闻学院对外国新闻传播史课程的研究从未中断过。2006年张昆来校后,进一步推动了该课程的建设进展。2009年,该课程连续被评为校级精品课程、省级精品课程,最终成为国家精品课程。

尽管如此,张昆还是感到,新闻史在新闻学中仍是薄弱的冷环节,前期积累较少,还有不少困难。在外国新闻传播史课程研究中,第一手资料的收集非常困难,而且体系建构和历史表述常常受到客观因素的影响。

在吸收、借鉴先前研究成果的同时,课程组人员利用国际交流和进修的机会,关注业界动态,注意资料图片的收集、积累,重视与其他社会系统的互动,在国内外补充、收集第一、二手资料。潜移默化中,这已成为课程组成员们的自觉行为。张昆每次出差,都会收集当地的信息,观察其新闻业界的动态变化,甚至在机场候机时,都会把报纸摊在椅子上,用随身携带的相机拍下来。

三、学生认可的教学模式

作为全国第一门被评为国家精品课程的新闻史课程,外国新闻传播史课程凭借独到的新闻史观、不断创新的教学形式、力量强大的课程团队得到了学界的广泛认可。

但是,"只有学界的认可是不够的,作为一门课程,它还需要得到学生的认可"。张昆表示,"现在我们要回过头来探究并做好相关教学工作"。

自外国新闻传播史课程被评选为国家精品课程后,教学难度进一步增加,一人难调百人味。张昆认为,怎样更受学生欢迎、吸引学生,依然是教学过程中需要深度发掘和探讨的问题。

经过多年的教学实践,张昆总结出一套规律。他把吸引学生兴趣作为出发点,即便再忙,都要上网收集一些最新的资料,寻找其中历史与现实的结合点,以吸引学生进行深入思考。

"课很生动,上课成了一种享受。"这些做法受到了学生们的广泛欢迎。广电0601班学生吕虹认为,该课程对历史发展线索阐述得非常清晰,学起来很轻松。

(本文系《华中科技大学报》记者对作者的专访,刊载于《华中科技大学报》2009年12月14日,第341期,记者:蒋甜甜)

视频公开课的内容设计与展示策略

教育部高教司在教高司函〔2011〕80号文件中指出,视频公开课是我国高等教育适应世界高等教育发展的新趋势,通过采用现代信息技术手段,面向以大学生为主体的社会公众免费开放的优质视频课程。

这里有三个关键点要引起注意:一是面向什么人,即视频公开课的对象是谁;二是在什么环境下讲课;三是用什么手段讲课?

显然,答案是清楚的。视频公开课的对象不是坐在教室的全日制学生,而是以大学生为主体的社会公众,是一般的网民。前者的天职就是听课学习,而后者上网的第一需要可能是获取一般资讯或娱乐,主要是消遣而非学习。那么该怎样理解相关环境?笔者以为视频公开课的环境是世界高等教育竞争的新格局,跨越国界的教育竞争愈演愈烈的态势,以及媒介化社会信息传播高度发展的现实。在媒介化时代,由于信息爆炸,信息不再是稀有资源。面对多元的信息,受众拥有近乎无限的选择的可能。至于手段,自然是以网络数字技术为基础的现代信息技术。在网络上有无数精彩的内容能够吸引一般网民的眼球,由于网民具有流动性和不确定性,视频公开课要从一般的娱乐内容或刺激性题材那里把他们的注意力吸引过来,不是一件容易的事情。

教育部就是在这个语境下启动了视频公开课建设工程。其战略意义自不待言。笔者主讲的"传播的历程"有幸列入第一批视频公开课建设规划。这是国内新闻传播类专业推出的第一门视频公开课。必须指出的是,由于是第一次讲授,而且时间很仓促,我这门课的制作还存在着不少问题。经专家评议,还需要做一些修改才能正式上线。但是亲自做了一次,而且经历了后期的专家的客观评价,真是感慨良多。现想结合这门公开课的建设,谈谈自己的两点体会。

一、关于内容设计

正如一般商品的生产,课程内容的设计应该始终瞄准目标对象。看菜吃饭,量体裁衣,是一个普遍规律。由于视频公开课的收视对象超越了传统的教育对象,不再局限于在校大学生,而是以大学生为主体的社会大众,其目标定位实现了从精英到大众的转移。听众变了,消费者变了,课程内容自然也应该发生相应的改变。这是视频公开课内容设计的基本出发点。不了解、正视这一现实,视频公开课无异于缘木求鱼。知道了我们的目标对象,就要根据对象的兴趣、胃口、理解能力及接受习惯来组织课程内容,以此来适当迎合对象,激发对象的兴趣,将对象从其他信息渠道那里争取过来。笔者以为,在视频公开课的内容设计上,应该坚持如下四个原则。

1. 大众口味

基于对象的大众化,视频公开课的内容及风格自然不能再是阳春白雪,而应该接近或趋向于下里巴人。大众口味应该居于主导地位,高端内容、精英兴趣的淡化成为必然的选择。大众口味不仅意味着大众的兴趣,而且意味着大众的理解能力、接受习惯。如果视频公开课的内容能够从大众感兴趣的事情出发,采取大众能够接受、喜闻乐见的表现方式,就能够抓住大众的心理。大众口味还有一层意思:在娱乐与教育内容方面,一般人更愿意选择哪一种?古希腊哲学家柏拉图曾经主张,在娱乐中学习,娱乐过程中的愉悦体验,能够强化学习的效果。教育自然不是娱乐,讲课也不是演戏,但是可以采用能够带来愉悦体验的内容和表现形式,调动视听者自主学习、主动收视的积极性。

2. 贴近生活

大众虽然有自己浪漫的追求和人生理想,有自己独特的目标愿景,但是他们感到最亲切的还是他们的现实生活,来自生活中的矛盾冲突、充满生活情趣的俗言俚语、真实丰满的人物群像,从这里升华、总结、归纳,演绎出生活的逻辑和历史的规律,用生活化的语言表达,才能适应大众的接受能力和欣赏趣味。传播本身是人类生活的重要组成部分,与人类社会同生共存。作为人类共同体黏合剂的信息传播,渗透到社会系统的各个角落,所以与生活联系密切的传播现象、新闻人物和媒介事件,自然会引起大众的关注。比如在如今的信息时代,我国网民可能有人不了解现在的美国总统、英国首相是谁,但几乎没有人不知道电视相亲节目"非诚勿扰"和网络红人"芙蓉姐姐"。

3. 从近到远,从远到近

人们对社会万象、物理规律,只有与已有的知识和经验相联系,才有可能辨识、理解、接受和记忆;人们对身边事物的兴趣总是会高于遥远的事物,发生在遥远地方的事情,只有关涉到身边的人物,影响到自己的切身利益,才会引起大众的关注。所以,视频公开课的内容组织,应该以观众为中心,从目标对象的切身利害出发,从近讲到远,从远讲到近,尽可能地与目标对象联系起来。

4. 中外合璧

如今的世界，早已没有中外之别、内外之分。自21世纪以来，世界已趋向于全球一体化，世界是包含中国于其中的世界，中国则是置身于世界的中国。发生在遥远的大洋彼岸的地震，会引发此岸滔天的海啸；冰岛的火山喷发会导致亚洲农作物的减产；美国金融危机很快波及世界，乃至影响到中国经济的基本面。中国强劲的需求及刺激经济的重大举措，也会使西方发达国家受益。所以在组织视频课程内容时，要秉持整体的、统一的世界历史观，站在地球之外看地球，审视国家与国家、地区与地区的互动。如印刷术的发明及其重大影响，单纯放在一个国家的范围内是难以得到全面理解的。其原初的发明者可能是在某一个国家，但印刷术本身在不同历史阶段的完善及其扩散，则要归功于全球的其他众多参与者，归功于他们之间的互动。近年来风靡世界的微博，起源于美国，但其产生的影响远远超越了北美的地域范围。今年上半年的"阿拉伯之春"，如今风头正劲的"占领华尔街"，在其背后都可以看到微博的影响。

笔者主讲的视频公开课"传播的历程"就是根据这四个原则来组织课程内容的。希望以此改变传统的历史教学，使平面的陈述立体化、枯燥的内容趣味化、学术话语口语化，将课程内容与目标对象紧密联系起来。听过该课程的同学们反映，甚至评审专家们也认为，它在内容组织方面是比较成功的。

二、关于内容的表达

根据人类认识发展的规律，发现真理是非常艰难的事情，但科学地表达真理尤难。要吸引以大学生为主体的广泛受众，突破汹涌而来的信息包围，使之主动收看我们的视频公开课，仅仅在内容上下功夫是不够的。好的内容还须辅之以完美的形式，才能收到事半功倍之效。视频课程的主讲老师还必须正视受众的理解能力和接受习惯，在表达方式、方法、技巧上着力，努力提高课程的表达水平，完善表现技巧，从而在系统地传授知识的同时，展示视频公开课的魅力，也展现主讲教师的风采。

笔者以为，在课程内容的表达或呈现上，要处理好以下四个关系。

第一，线性思维与发散思维的关系。历史课程的讲授，本身重在历史线索的梳理，沿着时间的长河，理清人类社会演进的基本脉络。所以线性思维是历史学者基本的思维方法。但是，由于线性思维只是重视事件的来龙去脉，而对于事件得以发生的社会历史环境，对于同一历史时空中人与人、事与事、过程与过程间的横向互动有所忽略。这就需要用发散思维来补救，借助于发散思维，审视人物、事件所处的环境，注意点与面的关系，注意时空环境与历史人物、事件及其过程的相互作用，这对于建构丰满的历史体系是有帮助的。如大众化都市类报纸本身固然有其演进脉络和内在逻辑，但是一个地区、城市乃至国家的大众化报纸，与其所处环境息息相关，而且不同城市的报纸、同一城市的不同报纸，都存在着相辅相成的关系，它们既互为条件，又互为因果。在这个意义上，传播的横向联系的重要性丝毫不亚于纵向发展，发散思维的价值也不低于线性思维。

第二，抽象思维与形象思维的关系。长期以来，大学教育特别是基础理论课程的教学和研究出现了一种玄学化的倾向，将简单的事情复杂化、具体的问题抽象化，基本上秉持抽象思维的法则。固然这种抽象思维长于说理，善于利用逻辑的力量，但是叙述僵硬呆板、毫无生趣，教学效果相当有限，难以与娱乐内容竞争。要改变这种状况，必须加强形象思维方法的运用，形象思维最大的功能就是使复杂的问题简单化，抽象的问题具体化，僵化的题材趣味化，相信事实胜于雄辩，坚持动之以情，对于激发学生的学习兴趣，活跃课堂气氛，具有积极正面的影响。

第三，平面展示与立体呈现的关系。视频公开课与一般的课堂教学不同，受众是借助于网络视频收看老师的讲授，其现场感远不如课堂教学，而且也无法进行及时的互动。在这种情况下，多信道信息传输的效果远比单信道的信息传输要好，课程内容的立体展现比平面展现的效果要好得多。所以，在设计表达策略时，应该尽可能地采用多元化的表现手法，从不同的视角，尽量利用多种不同的传播渠道，如音频、视频、文字、图片等，全方位、立体地展示课程的内容。如此一来，课程的内涵将更丰富，视野将更开阔。否则，如果课程讲授只限于单一的内容，表现方式和渠道也较单一，受众能够接收到的只是平面的内容，信息量有限，刺激强度不够，受众的兴趣是难以激发起来的。即便有一定的兴趣，也难以维持下去。

第四，单向传播与双向交流的关系。教学过程不是从老师到学生的单向的知识传递，而是教学互动、教学相长的动态过程。在一般意义上的课堂教学中，老师面对学生，能够根据学生的反馈及时调节教学内容，如此循环往复，保持了教学活动的源头活水。视频公开课虽然也能够与听众实现双向互动，但是这种互动是延时的，这与面对面的课堂教学完全不同。正因为如此，在录制视频公开课时，一定要尽量安排相应的议题，实现与课堂内听众的交流互动。在互动中铺陈引申，波澜起伏，不仅能加深受众对课程内容的理解，而且能激发听众的好奇心，拓展听众的思维空间。

总之，视频公开课是网络时代一种新的教学形式，对于我们来说也是一种全新的体验。要驾驭好这种新的教学形式，展示视频公开课的魅力，提高视频公开课的教学效果,必须深入了解当代网络传播技术提供的可能,理性地分析、研究课程的对象,认真地做好课程的目标定位,根据目标对象的接收兴趣、理解能力和接受习惯,深入发掘课程资源的潜力,在搞好内容设计的同时,追求完美的表达艺术。只有这样,视频公开课的建设才能实现预期的目标,满足社会的普遍期待。

（本文系作者代表华中科技大学于 2011 年 10 月 21 日在上海交通大学召开的教育部"高水平大学本科教学改革推进会"上的发言）

与时俱进,创新新闻传播专业的教材体系

人们常常把人类社会视为一个休戚与共的有机体,而有机体生命的延续,与其感知神经系统的功能有着直接的关系。如果说这种认知是正确的,那么是人类社会的哪个部门担负着类似感知神经系统的角色？英国社会学者斯宾塞尝试着利用生物学的原理解读这一问题。在他看来,社会系统的神经就是信息传播媒介。这一判断给予职业传媒人巨大的精神鼓舞和专业的自信。美国报人约瑟夫·普利策就把人类社会比喻为汪洋大海中航行的轮船,而当今社会的职业传媒人就相当于轮船上负责瞭望的水手。在整个20世纪,这一认知成为传媒业界的共识,也得到社会的普遍认同。虽然20世纪末21世纪初期,随着传播技术的革新和网络新媒体的崛起,空前的受众参与改变了传媒的生态,人人都有摄像头,人人都有麦克风。但是,在众声喧哗中,职业传媒人的权威和公信力并没有因此而降低,相反,人们对于其理性、专业的声音表现出更加强烈的需求。

自20世纪初期欧美国家高等职业新闻教育产生以来,在绝大多数新闻传播事业发达的国家,新闻传播界从业者主要来自于大学新闻传播院系的毕业生。所以大学新闻传播院系不仅是新闻传播学术的重镇,也是新闻传播人才的摇篮。而新闻传播人才的培养,是一个复杂的系统工程。不仅涉及办学的物质条件(实验设备、资料储备)、师资队伍,更依赖于院系的文化氛围、课程体系和教材建设。其中,教材建设尤其重要。所以,言教育者,不可不谈教材。中国新闻传播教育虽然晚于欧美,但是相对于报业的历史进程,新闻传播教育与欧美诸国的差距不是太大。1918年,北京大学新闻学研究会成立之初,徐宝璜、邵飘萍等编纂的第一批专业教材奠定了近代中国新闻传播教育的基础。20世纪30年代以后,新闻传播教育在国内迅速兴起,教材建设也风起云涌,一片繁荣。共和国成立后,新闻传播教育虽然历经坎坷,但是20世纪80年代以来,随着改革开放、经济社会发展和新闻传播事业及新闻传播教育的繁荣,新闻传播专业的教材建设进入了黄金时代。以中国人民大学、复旦大学、中国传媒大学及高等

教育出版社为代表,集中国内智力,编纂出版了一批又一批高水平的新闻传播专业教材,基本上满足了新时期新闻传播人才培养的需求。

然而,最近一二十年来,由于传播技术革命的迅猛发展,传媒转型与社会转型齐头并进,不仅整个社会结构、功能及运行模式发生了深刻的改变,新闻传播领域也今非昔比。在传统的纸媒、广播电视媒体之外,各种网络数字媒体层出不穷,媒体及其信息对社会系统的渗透达到了前所未有的程度。信息的交流和分享不再是上流社会独享的精神特权,越来越多的人开始进入信息交流与分享的过程,成为信息传播的主体。以至于出现了人人皆传者、人人皆受众的局面。在这个几乎完全消除了信息门槛,人人都是传播者,所有人都是接受者的信息时代,信息传播的模式由过去的自上而下或由点到面辐射式传播转变成为及时交互式传播;传播流程在新的技术条件下实现了再造,一些传统的工作岗位被裁汰或合并,一些适应新的需求的岗位应运而生,不同的岗位对于工作技能和职业操守提出了新的要求;过去不同媒体对于信息资源的一次性使用,在媒介融合的背景下被视为一种浪费,中央厨房式的信息生产实现了对信息资源的多次开发和充分的利用;在这种情况下,信息传播的机制和对于传播渠道、手段的调控也发生了新的变化。所有这一切,必然会传导至新闻传播教育领域,对新闻传播专业人才的培养提出新的要求,从而倒逼新闻传播教育的改革。

在网络时代,职业传媒人应该有更加敏锐的新闻嗅觉、更加深刻的历史洞察力、更加全面的专业技能、更加丰富的知识储备、更加宽广的观察视野,能够胜任新闻传播过程中不同岗位的自由流动,新闻传播实务操作的十八般武艺,应该样样精通。对这种新的职业要求,必须从学校开始,进行有目的、有计划的系统培育。而教材建设就是其中最重要的一个环节。长期以来,新闻传播专业的教材在形式上一直停留在纸质教材的层面;在知识结构方面,基本上都是以课程为单位封闭的知识链环;其内容的组织,大体上都是满足于单一专业领域知识点的梳理和整合。这种教材编纂与印刷时代的知识传播特点是直接相关的。可是我们今天置身的时代环境已经全然不同于过去,信息时代的知识爆炸,网络环境下的大数据、云存储及移动互联的便利技术,使得知识的传播和学习方法也发生了重大的改变。在这种情境下,老师与学生的知识不对称状况已经不复存在。在教学过程中,学生比过去任何时候都要主动、积极,其获取知识信息的能力也远胜于既往。这一切不仅对老师的教学提出了严峻的挑战,对于专业教材的编撰也提出了更高的要求。

正是基于对这一现状的认识,华中师范大学出版社为了满足新形势下新闻传播专业人才培养的需要,着手编纂了这套"华大博雅·新闻系列'十三五'规划教材"。如前所述,到目前为止,在中国新闻传播教育空前发展的形势下,新闻传播专业教材的编撰出版也是相当繁荣。其中最具影响的有中国人民大学出版社、复旦大学出版社、中国传媒大学出版社，他们分别依托本校新闻学院的强势品牌和学术资源，在二三十年时间里，成系列地推出了整套的新闻传播专业教材；高等教育出版社亦以其统摄全国的特殊地位，集中全国顶尖师资，荟萃业内精华，组织出版了新闻传播专业系列教材，且影响有后来居上之势。在此之外，清华大学、北京大学、武汉大学、华中科技大学等高校，也结合本校的新闻学院，牵头整合业内资源，出版了不少优秀的新闻传播专业教材。这些出自不同学校、不同出版社的新闻教材各具特色，在不同类型的专业、不同性质的学校具有不同程度的影响力。华中师范大学的新闻教育虽然创办的时间不长，积累还不够丰厚，但是在重视本科人才培养、重视教材建设方面，也有自己的独到之处。

本套教材的编撰，相对于各所名校出版社推出的系列教材，有如下几个特点：

第一，与时俱进。全面地反映了新闻传播发展、变化的最新现实，紧密跟踪新闻传播行业的最新趋势，吸收了国内外新闻传播学术界的最新成果。在理论阐述、概念界定、知识梳理、技能训练等方面与时代接轨，与实践联通。站在时代的制高点上，鸟瞰当今的新闻传播，审视新闻传播现象，解读新闻传播规律，体现了与时俱进的创新特质。

第二，应用性。基于新闻传播专业的职业教育特性和新闻传播学科的应用学科属性，本套教材的编撰，贯彻了鲜明的职业导向性和实践应用性原则。尤其是业务类课程的教材，如新闻采访、新闻写作、新闻评论、新闻编辑、新闻摄影等，注重与业界常规的对接，以案例为切入点，强调可操作性。至于新闻传播理论与历史课程的教材，则重在知识的系统化，重在线索脉络的梳理，强调理论与实践的联系、历史与现实的联系，以及老师讲授与学生思考的互动，以激发学生的想象力、创造力为旨归。

第三，开放性。本套教材的编撰自始至终，一直致力于将新闻传播知识建构为一个开放的知识系统，而不是一个封闭的知识链环。各本教材虽然注重体系建构，但是不求完整，力求给老师、学生留下想象的空间。在每本教材覆盖的知识领域，都预留通向其他知识领域的路径，以便利与其他课程、其他专业、其他学科交叉或嫁接；同时，关注业界的最新动态、社会的最新变化，及其与新闻传播知识生产的联动，以利于拓展老师和学生的思维空间，培植新的知识增长点。

第四，立体性。在网络信息时代，由于传播渠道的多样化，信息传播与接收的日益便捷、快速，在传统的纸质媒介之外，光盘及网络资源不仅有超大的信息量,获取便利,而且还能实现教学互动。所以本套教材在策划之初,就注意突出纸质、光盘与网络介质的结合,发挥不同介质教学资源的优势,使各种不同介质的知识信息相互补充,彼此延展。配合着纸质教材,出版社还向主讲教师附送作者制作的讲义PPT、试题库等教学资源,为主讲教师的教学和学生的学习提供了莫大的便利。

特别还要指出的是,本套教材的定位与其他知名高校出版社新闻传播专业教材也明显不同。前述的几家国内知名出版社,在新闻传播专业教材编纂方面,几乎没有例外地瞄准一流研究型大学的新闻学院,主要是"985""211"大学新闻传播专业的学生,按照这样的定位去组织编纂者队伍,建构知识体系,其内容的呈现也考虑到他们的接受习惯。但是,在这些大学之外,更多的是省属重点大学、一般大学、二本、三本院校的新闻传播专业,与一流大学相比,这些学校学生的来源不同,学校的定位不同,学生的生涯规划也不一样,他们对教材当然也有自己的需求。华中师范大学出版社正是瞄准了这一特定市场、特定师生人群的发展需要,以个性化、差异化的知识生产、教材编纂,服务于其新闻传播人才培养的要求。

为了这套教材的编撰,华中师范大学出版社专门组建了专家委员会,我有幸成为专家委员会的成员。在专家组的周密策划之下,组建了一支老中青相结合的作者队伍。这些作者来自于华中地区主要是湖北省的不同高校,但都是各领域的专家。经过几年的共同努力,这套教材终于可以付梓。作为编纂团队成员之一,我参与、见证了这一历史过程,倍感欣慰,与有荣焉。在教材正式出版之际,除了表达祝福之外,我感到还有责任写出我对此的感想和体会,期待学界业界同仁的指教。

(本文系作者2017年初为华中师范大学出版社推出的"高等院校'十三五'规划新闻传播学系列'立体化'教材·广播电视"写的总序)

改革新闻教育,培养优秀人才

武汉大学新闻学院的前身是1983年成立的武汉大学新闻系。在十余年的办学过程中,该院形成了"加强基础、注重实践、服务四化、面向未来"的基本理念,以培养最高层次的专门人才为目标。其新闻实务教育的历史虽然不长,但是在课程体系的设计、教学实践的安排及研究方向的确定诸方面,形成了自己的特色。在新世纪之交,随着中国经济的持续增长、对外开放的深入、市场经济体制的确立、新的传播科技的突破及"一国两制"构想的实现,新闻实务教育将会面临新的机遇和挑战。为了因应时势,新闻实务教育必须进行更大的调整,进一步改善办学条件,完善现有的课程体系,同时调整学术研究的重点,以保证教学水平稳步提高。

一、武汉大学新闻实务教育的历史与现实

中国的新闻实务教育,如同中国的新闻事业,起步虽晚,发展却很快。尤其是20世纪80年代以来,随着中国的改革开放,新闻实务教育不论是在规模还是质量上,都实现了前所未有的飞跃。至1995年,已有百余所高校开设了新闻专业。新闻实务教育的发展,不但和新闻事业的发展互为表里,而且在总体上与中国改革的具体过程相一致。在发展中改革,在改革中发展,可以说是20世纪80年代以来中国新闻实务教育的基本景观。为了更加深入地了解中国的新闻实务教育,从而推进内地与港台地区新闻实务教育的比较研究,本人打算借此次学术研讨会,就武汉大学新闻学院新闻实务教育的具体情形,进行简要分析,以求教于在座各位专家。

1. 历史与前瞻

武汉大学新闻实务教育的历史,最早可以追溯到1976年。是年春,在武汉大学中文系内开始筹建新闻专业。翌年夏,一部分中文专业学生转到新闻专业,同时还正式招收了一届学生。但在1976年,新闻专业停办,其学生和师资

重于中文专业,新闻实务教育的历史于是中断。

1993年9月,武汉大学校长刘道玉决定重开新闻实务教育,命吴高福教授负责(于中文系之外)筹建独立的新闻系。第二年秋季新闻系正式招收新闻专业本科生。1985年又增设了第二个专业广播电视新闻专业。1986年成立武汉大学新闻学研究所,首任所长为老报人、原陕西社会科学院院长何微教授。同年经国务院学位委员会批准,武汉大学新闻系获得了硕士学位授予权,并正式招收新闻学硕士研究生,初步形成了以教学、研究为中心的办学格局。1992年,经国家教委批准,武汉大学新闻系增设了广告学专业。同年,为顺应内地与台港澳地区的经济文化交流的发展,推进对台港澳地区新闻传媒的研究,成立了武汉大学台港澳新闻研究中心,这是我国第一个在高等院校中设立的专门从事台港澳新闻研究的科研机构。

1995年6月,武汉大学新闻系正式升格扩编为武汉大学新闻学院。下设新闻系、广播电视新闻系、广告学系、新闻学研究所和台港澳新闻研究中心五个教学科研机构,还有新闻实验中心与新闻资料馆两个辅助机构,拥有教职工近60人。教员中约60%集中在新闻系,除本科生、第二学位生(双学位)、硕士研究生外,还招收插班生、留学生、大专生,形成了多层次、多形式的新闻专业人才培养基地。十余年来,武汉大学新闻学院已累计向社会输送硕士研究生41名,本科生412名,第二学位生和插班生153名,大专生1100余名。目前在校硕士研究生33名、本科生282名、第二学位生和插班生38名。尤其是硕士研究生教育发展迅速,由原来的每年招收一名发展到现在的每年招收15名,是中国内地三所招生规模最大的新闻院系之一。

在武汉大学新闻学院下属的五个教学科研机构中,最大的是新闻系,作为新闻学院主体,其存在的历史最久。新闻学院实际上是在新闻系的基础上发展而来的。新闻系现有专职教员22人,其中教授4名,副教授13名。下设新闻史论、新闻实务及传播学三个教学研究室。主要的研究方向有中外新闻史、新闻理论、新闻业务、传播学和台港澳新闻传播等。研究成果的发表,主要集中于不定期出版的《新闻学探求录》。目前,新闻学院准备于新闻学专业之外,办一个国际新闻专业,并把已有的摄影专业方向发展为摄影专业,形成一系三专业的格局。

武汉大学新闻学院的办学历史虽然不长,但是在课程设置、科学研究、学生培养诸方面大体上已形成了传统,突出了自己的特色。这主要表现为以下三个方面。一是基础厚实、视野开阔。武汉大学是一所具有一百多年历史的综合性大学,学科门类齐全,基本上覆盖了自然科学、社会科学各个领域,学生们可以根据自己的兴趣来选修课程,教师亦可利用学校丰富的图画情报资料,以及与其他学科、专业教师的交流来充实自己的教学内容,因此在课程设置、专业教学方面,显得比较厚实,视野亦较为开阔。二是注重理论研究、实务教学与新闻实践的关联。在研究课题的选择上,以实践中提出的现实问题为主,以纯学术的理论问题为辅;在专业教学上,重视学生实际操作能力的培养,增加实习时间。三是坚持走出去请进来的办学方针,加强同海内外新闻教育界和国内新闻界的交流。武汉大学新闻学院在美国及国内新闻界聘请了一批兼职教授,每年安排一定的时间请主要兼职教授给师生讲课或举办学术讲座;同时,还向美国、日本、澳大利亚、英国等国家和地区派出自己的访问学者,或者接派遣教员去国内主要新闻单位实习。

随着中国改革开放的进一步深入和新闻传播事业的大发展,社会对于新闻人才的需求将会更加迫切,而且更趋多样化,这一客观形势必将推动新闻教育事业,踏上一个新的台阶。根据武汉大学制定的近期规划,在未来五年内,武汉大学新闻学院将向大传播方向发展,在现有三系三专业的基础上,增办一个国际新闻专业,同时设立摄影和新闻事业管理两个专业方向;教职工由目前的50多人增至70人左右;每年招生数量,本科生120名左右(含插班生、第二学位生)、硕士研究生20~25人,在校生规模稳定在500人左右;在学科建设上,将适应传播科技和对外学术交流发展的新形势,全面的修订、补充、完善现有的课程体系,更新目前的教材体系,增加投入以更新现有教学试验设备;在学术研究方面,除已有的中外新闻史、新闻实务、新闻理论外,将集中力量于传播学的中国化问题、台港澳新闻及内地与台港澳新闻交流问题和广告与广播电视文化诸问题的研究,推出一批具有独到见解的研究成果。

2. 理念与目标

任何一项社会事业,任何一种社会活动,其盛衰荣枯,无不与其具有的理念和目标密切相关。新闻教育事业也不例外。合理而正确的理念与目标,不仅是新闻教育的指南,在根本意义上,它还是发展新闻教育事业的保证。而理念的形成、目标的确定又离不开一定的社会环境。它不可避免地要受到各种因素,诸如人文环境、社会需要、师资结构等要素的制约。武汉大学新闻实务教育的基本理念与目标,无论是其形成的过程,还是对新闻教育事业的实际影响,可以说与海内外其他新闻院系没有什么质的区别。

武汉大学新闻学院新闻实务教育的基本理念是"加强基础、注重实践、服务四化、面向未来"。这一理念在武汉大学新闻学院的前身——武汉大学新闻系创立不久即已提出。其内涵的形成与武汉大学的人文环境、新闻事业的性质及中国改革开放的基本国策和宏观历史背景是密切相关的。

"加强基础",即加强人文社会科学和自然科学的知识基础,提高学生文化修养,拓展知识面,完善学生的知识结构。这一基本要求在武汉大学这所综合性的百年老校,不仅是必需的而且是完全可能的。总体而言,武汉大学专业设置齐全,学科门类众多,在自然科学方面除了传统的数学、物理、化学、生物诸学科外,还有新兴的计算机科学、电子信息等学科。在社会科学方面,不仅有传统的文学、外语、史学、哲学、经济学、法学、政治学专业,而且新办了图书情报学、社会学、管理学等专业。这些不同性质的专业既相互区别,又相互联系,构成了一个有机的整体。而新闻学正是这个整体结构中的一个组成部分。在现代科学高度分化、高度综合的形势下,要想适应日趋复杂的社会生活,每一个学生,尤其新闻专业的学生必须掌握多学科特别是人文社会科学的基本知识,构筑厚实的知识基础。

"注重实践",即强调新闻实践在教学过程中的地位和作用,除了系统地学习多学科知识,拓宽视野,打下坚实的基础外,还要求学生掌握基本的业务技能、强化动手能力的培养。这与新闻学科本身的性质是分不开的。与传统的哲学、历史学、文学等学科不同,新闻学是一门实践性、操作性极强的学科。仅仅掌握专业的基本理论知识,不可能成为一个合格的新闻工作者。这就要求在新闻人才的培养过程中,做到知识与技能并重,提高新闻实习在整个教学体系中的地位,把实践意识贯穿于新闻教育的全过程。要做到这一点,在专业性的新闻学校也许并不难,在学术传统研究气氛浓郁的综合性大学却很不容易。武汉大学新闻学院办学伊始,就把注重实践作为业务教学的基本原则。在教学过程的各个阶段,安排相应的实务课程;就是假期,也充分加以利用,组织学生到报社、电台、电视台参观或短期实践。这一做法,在国内新闻教育界得到了较高的评价。

"服务四化",即强调新闻实务教育必须为四个现代化服务。四个现代化是指工业现代化、农业现代化、国防现代化和科学技术现代化。实现四个现代化,是我国的奋斗目标。这一目标的实现,离不开新闻传播。新闻传媒作为社会机体的重要环节,是现代化建设过程中不可或缺的重要力量。新闻教育应该通过新闻专业人才的培养服务于现代化建设。进入20世纪90年代以来,人们很少再提四个现代化,这一概念在习惯上已被中国特色的社会主义所取代。但是中国特色的社会主义的实质性内涵,无疑还是指工业、农业、国际和科学技术的现代化。为了保证传统的一贯性,"服务四化"作为新闻教育理念的重要内容,在表述上仍然保留下来。

"面向未来",强调的是新闻实务教育要有前瞻性或超前性。新闻教育与新闻传播一样,与时代的脉搏同时跳动。社会历史的每一次进步,政治、经济的每一次变动,经济、科学文化的每一次进展,都会给传媒最终也会给新闻教育带来直接的影响。在中国社会随着改革开放的步伐走向新世纪时,有许多不确定的未来因素是新闻实务教育所必须关注的。诸如经济改革和社会主义市场经济秩序的确立,政治体制改革与中国社会的民主化进程,对外开放与西方生活方式、文化观念的涌入,对香港、澳门地区重新恢复行使主权以及内地与台湾地区关系的变化,新的传播科技的开发与信息高速公路的建设等,将会直接决定未来我国的社会面貌,从而对新闻传播事业产生决定性的影响。新闻实务教育应该考虑以上各种因素。以超前的战略眼光,在教学内容、课程体系、教学方法诸方面求新求变,以适应未来社会对于新闻专业人才的特殊需求。只有这样,新闻实务教育才能与时俱进,而不致被历史淘汰。

总之,"加强基础、注重实践、服务四化、面向未来"作为指导武汉大学新闻实务教育的基本理念,大体上体现了综合性大学新闻实务教育的基本特色、体现了社会发展转型时期新闻实务教育的基本特色,根据这一理念,武汉大学新闻学院确定了新闻实务教育的基本目标。那就是培养德智体全面发展,具有分析问题与解决问题的能力,了解国情、熟悉政策、热爱新闻事业,基础厚实,知识面宽,上手快、后劲足,适合在报社、广播电台、电视台、杂志社等新闻媒介从事记者、编辑和经营管理工作,以及在其他机构从事宣传与公关工作的专门人才。

从武汉大学十几年来新闻实务教育的历史来看,"加强基础、注重实践、服务四化、面向未来"这一基本理念应该说是正确的,这可以由教育界同行的肯定性评价得到证明。至于专业人才的培养目标,根据对历届毕业生就业情况、工作状况的分析和在校学生的综合表现,可以说基本上已经实现。

3. 课程体系

武汉大学新闻学院自开办新闻实务教育以来,一直把设计一个完备的课程体系(全程教学计划,下同)作为教育工作的中心任务。在20世纪80年代至90年代的十余年间,根据"加强基础、注重实践、服务四化、面向未来"的基本理念,提出了设计新闻专业课程体系的指导原则。首先,新闻专业人才的培养必服务于国家的现代化建设,满足正在发展的新闻事业的需要,新闻教育应按照这一要求来组织学生合理的知识结构;其次,在新旧世纪之交培养的新闻专业学生,既要为现实需要服务,更要使他们在新的世纪依然能跟上时代而发挥作用;再次,应该充分发挥武汉大学身为综合性大学的基本优势。在这三大原则的指导下,武汉大学新闻学院对新闻专业的课程体系进行了三次大的修订。目前正在使用的课程体系是1994年修订成形的。这一课题体系的基本特点是,以专业必备的基本理论和基本技能课程为主干,以与专业密切相关的基础学科课程和完善、扩充专业知识结构需要的多学科课程为两翼,把教学实习和社会实践贯穿于培养人才的全过程。

根据现行的课程体系,武汉大学新闻学专业本科毕业生必须修满总学分165分。这165分又分解为公共必修课、专业必修课、指定必修课、任意选修课四个部分。其中公共必修课,由学校统一为校内各文科专业,计38分,占总学分的23.0%;专业必修课,由本系为新闻专业学生开设,计68分(含毕业生论文),占总学分的41.2%;指定选修课,亦为本系为新闻专业学生开设,并建议指定学生选修,此类课程计24分,占总学分的14.6%。以上三类课程,虽然名分不同,但都具有强制性质,学生不修习并得到学分,就不能毕业。任意选修课35分,占总学分的21.2%,由学生在学校各院系及其他学校的各类课程中自由选修。如按课程的内容性质划分,在新闻专业必修、指定选修的130分中,公共基础课7门(含体育、军事理论、中国革命史、马克思主义原理、社会主义建设、外语、计算机应用基础),计38分,占总学分的23.0%;新闻专业课18门(含新闻学概论、新闻阅读与评析、马列新闻论选读、中国新闻史、外国新闻史、新闻采访、新闻写作、新闻编辑、新闻评论、新闻摄影、传播学、新闻信息概论、新闻广播电视学、电视摄影与编辑制作、广播编辑与节目制作、舆论学、专业实习、毕业论文),计59分,占总学分的35.8%;文学、基础课6门(古代汉语、现代汉语、中国古代文学、中国现代文学、中国当代文学、基础写作),计21分,占总学分的12.7%;相关学科类课程5门(公共关系学、广告学、社会学、美学、传统文化概论),计12分,占总学分的7.3%。

这一课程体系及各类课程的比例安排,体现了对于政治理论、新闻专业和专业基础课程的重视程度,得到内地各新闻院系的好评。从这一体系的实施结果来看,基本上达到了预定的培养目标。但是,随着社会主义市场经济体制的确立,中国新闻专业的基本结构发生了重大变化,过去以"党报"为标志的综合传媒主体格局已被打破,代之以综合性、知识性、专业性或与消遣性并重的多元传媒并存局面。新闻专业的发展,迫切地需求那些既有广博的知识面又有专门学问的"专家型"记者,而现有的课程体系至少在两个方面与这种需求存在着差距。其一,学生依据自身的爱好、兴趣、志向自由决定的任意选修课,只有35分,在为毕业所需的总学分165分中占21.2%,而必修课和指定选修课在总学分中占有的比例高达78.8%,在较大程度上限制了学生个性、特长的发挥。其二,在必修课和指定选修课中,相关学科的课程太少,而且在今天看来至关重要的经济学原理、法学基础、伦理学等课程还没有列进去,还与发挥综合性大学多学科优势的宗旨相去甚远。这两个因素加在一起,势必会造成学生知识面过窄,难以适应社会需要。

基于上述认识,武汉大学新闻学院现正考虑对目前的课程体系进行新的调整修订。其思路有三:一是精简压缩基础类专业类课程,尤其是后者,通过精简压缩,克服目前存在的专业课程交叉重复现象,突出主干,裁减枝蔓;二是取消指定选修课,并将其原有学分转入任意选修课范畴,扩大选修课学分在总学分中的比例,鼓励学生自由选修;三是在必修课中适当扩大相关学科课程的分量,扩大知识面,发挥综合大学的优势。在这种情况下,使学生毕业所需的总学分降至160分,其中公共必修课40分,占总学分的25.0%;专业必修课50分,占总学分的31.2%;任意选修课70分,占总学分的43.8%。此次修订实际上是以往几次修订的继续(见表1)。

表1 武汉大学新闻学专业课程体系沿革比

类别			版次	1986年版	1988年版	1994年版	1996年版
总学分				158	158	165	160
必修课	公共必修课		学分	32	38	38	40
			比例	20.3%	24.1%	23.0%	25.0%
	专业必修课		学分	83	65	68	50
			比例	52.5%	41.1%	41.2%	31.2%
	合计		学分	115	103	106	90
			比例	72.8%	65.2%	64.2%	56.2%
选修课	指定选修课		学分		28	24	
			比例		17.7%	14.6%	
	任意选修课		学分	43	27	35	70
			比例	27.2%	17.1%	21.2%	43.8%
	合计		学分	43	55	59	70
			比例	27.2%	34.8%	35.8%	43.8%

由表1不难看出,自1986年至1996年间所进行的四次调整修订,虽在总学分的要求上有些起伏,但是不同种类课程学分及其在总学分中所占比例的变动趋势是相当明显的。首先,专业必修课在总学分中所占的份额逐年下降,由1986年的83分降至1996年的50分;如果把专业必修课与公共必修课加在一起都作为必修课计算,则必修课学分在总学分中所占的比例,在1986年为72.8%,1988年为65.2%,1994年为64.2%,1996年修订时再降为56.2%。其次,指定选修课在总学分中所占的份额由下降转趋消失,如果把指定选修课与任意选修课合并作为选修课处理,则选修课学分及其在总学分中所占的比例

呈现了逐年上升的趋势,在 1986 年为 43 分,1988 年为 55 分,1994 年为 59 分,1996 年为 70 分,其在总学分中所占的比例亦由 1986 年的 27.2%,1988 年的 34.8%升至 1994 年的 35.8%和 1996 年的 43.8%。这种变动趋势,一方面表明武汉大学新闻学院对于选修课程在专业人才培养过程中的作用和地位的高度重视;另一方面,又基本上适应了目前新闻事业发展对于新闻人才的新需要。

4. 教学与实践

课程体系是落实教育理念和人才培养目标的基本框架。在设计制定出完备的课程体系之后,当务之急就是要在具体的教学过程中加以实施。由于新闻教育具有强烈的实用性特征,而现行的课程体系又特别地突出了教学实习和社会实践在学习活动中的地位,所以教学与实践在新闻专业人才的培养过程中基本上是相辅相成、不可分割的。

如前所述,在现有的课程体系中,武汉大学新闻专业的课程内容大体上分为四类,即公共基础课程、新闻专业课程、文学基础课程、非新闻类的相关学科课程。其中,公共基础课程,由学校集中开设 7 门,包括政治理论、外语、计算机应用、军事等内容。除计算机、军事课程外,基本上沿用传统的教学方式,以讲授为主。非新闻类的相关学科课程包括法律、经济、历史、公关、广告、文化诸学科,主要由其他院系开设,其教学形式与公共基础课大同小异。文学基础课由新闻学院自行开设,包括古代文学、现当代文学、古代汉语、现代汉语、基础写作等内容。此类课程的讲授,与中文系颇不相同。根据新闻专业的教学计划,文学基础类课程必须面向新闻专业,向新闻专业靠拢。如在文学作品、语言的分析上,从新闻专业的角度着眼,同时在内容的取舍安排、讲授形式的选择上,力求符合新闻专业人才培养的需要。这可以说是武汉大学新闻学院实务教学的重要特征。

新闻专业性课程,就其内容性质又可划分为三个部分:新闻史、新闻理论和新闻实务。其中,新闻史包括中国新闻史和外国新闻史。此类课程的教学在 20 世纪 80 年代基本上沿用国内兄弟新闻院系惯用的模式。中国新闻史从古代邸报讲到 1949 年,使用中国人民大学方汉奇教授编著的《中国新闻事业简史》。外国新闻史则讲授几个主要国家或主要地区的新闻事业发展演变历史,中国一般被排斥在外国新闻史的体系之外,教材是中国人民大学出版的《外国新闻事业史简编》。进入 20 世纪 90 年代后,武汉大学新闻学院的一些教师力图克服新闻史教学中存在的中外分离、古今脱节的弊端,在教学内容上进行了改革。在中国新闻史方面,实现了古今贯通,从古代邸报一直讲到 20 世纪 90 年代。外国新闻史则被改造成世界新闻史,在讲述世界主要国家或地区的新闻事业发展演变历史的同时,也确定了中国在世界新闻通史体系中的位置。作为这场改革的成果,推出了两本新编教材,即刘加林副教授的《中国新闻通史》、张昆副教授的《简明世界新闻通史》。理论课程包括新闻学概论、马列新闻论著选读、传播学、舆论学、新闻信息论等五门,其中前四门课程的教学在20世纪80年代,也使用中国人民大学或复旦大学编著的教材。20世纪90年代以来,武汉大学新闻学院的部分教师对这些课程进行了改革,在此基础上推出了自己的教材,如吴高福教授的《新闻学原理》、李卓钧副教授的《新闻理论纲要》、秦志希副教授的《舆论学教程》。新闻信息论课程所用教材为李元授教授的专著《新闻信息概论》,该书出版后,在国内学术界赢得了较高的评价。

在新闻专业类课程中,分量最重、门数最多的要属新闻实务课。新闻实务课包括新闻采访、新闻写作、新闻编辑、新闻评论、新闻摄影、新闻作品评析与阅读、电视摄像编辑制作、广播编辑与节目制作、专业实习等内容。它们是实务课程的主干,在新闻专业人才的培养过程中占有重要地位。其中,前8门课程的教学由教师在校内进行,采取课堂讲授与学生实习相结合的方式,一方面系统地传授相关的理论知识;另一方面注重学生动手能力的培养。如采访课的教学,除老师讲授外,还举办模拟记者招待会,组织学生就当前的重大问题或新闻人物进行实习采访。新闻写作课非常重视学生基本功的训练,结合对名家新闻作品的分析,总结经验得失,同时布置并批改大量作业,评点范文,以提高学生的写作能力。新闻编辑与评论的教学,则结合读报评报,评析标题、版面、消息、言论,结合课程教学,组织学生去报社短期实习。至于广播和电视节目的编辑制作课,则大部分课时是在实验室演播厅进行的,一面授课,一面演练。在系统讲授告一段落后,再组织学生自摄自导节目,将优秀节目送中央或省市电视台、电台播放。此举不仅增强了学生的专业兴趣,而且加深了他们对于实务课程的理解,提高了他们的动手能力。专业实习是所有专业课程中唯一在校外进行的必修课,有12个学分。在新闻专业本科学生四年8个学期教学计划中,一般安排在3年级的下学期。此时,学生已基本上学完了本专业主要的必修课程,为在新闻媒体进行较长时间的专业实习打下了基础。实习时间过去是3~4个月,现在准备安排整整一个学期。由实习单位指定资深记者、编辑以"一带一"的方式进行。专业实习完结后,学生就大体上具备了作为一名新闻记者所必需的知识结构和业务技能了。

为了配合新闻实务课程的教学,武汉大学新闻学院还非常重视第二课堂的建设。所谓第二课堂,是指在学生的专业课、公共基础课的学习时间之外,组织学生开展与专业有关的各项活动。如新闻系学生在专业教师的指导下,与长江日报社联系开展定期的评报活动,给报社提出合理建议,其大部分评报文章都在《长江日报》内部业务刊物上发表,受到了报社的好评;去年末,新闻系还组织部分学生与《新闻信息报》联合评选1995年度世界十大新闻、中国十大新闻和武汉十大新闻。此次评选采取问卷调查与专家评审相结合的方式,其结果由《新闻信息报》用两个整版全部发表,在武汉新闻界引起了轰动。通过第二课堂,一方面可以检查学生对于专业知识掌握的牢固程度,从而刺激他们的学习兴趣;另一方面,它还能使新闻教学与新闻实践、新闻院系与新闻媒体更紧密地联系起来。这是第一课堂的教学难以做到的。

毕业论文的写作,是大学新闻专业教育的最后环节,也是对学生在校期间所学知识及基本素质的综合检验。按武汉大学新闻学院的教学计划,毕业论文安排在学生在校期间的最后一个学期,用四个月的时间,在专业导师指导下完成。其基本程序是这样的,首先由系教学委员会确定毕业论文选题范围,学生可以在老师提供的各种性质不同的论文选题(如中国新闻史、外国新闻史、传播学、舆论学、新闻理论、新闻评论、新闻写作等)中自由选择。学生选定题目后,再由系教学委员会根据具体情况决定指导老师名单。由此进入论文写作阶段,规定老师必须指导写作的全过程,对资料的收集整理、论文提纲的拟定、初稿定稿的修改应该全权负责。论文完成后,再由系教学委员会组织论文答辩,并由论文答辩小组老师共同评定论文成绩。由于要求严格、指导仔细,加之学生本身对毕业论文的意义亦有深刻的认识,所以作为成品的毕业论文的质量都还不错,其中有不少文章在毕业前后就在国内学术期刊上公开发表。

5. 教学成果与就业途径

在"加强基础、注重实践、服务四化、面向未来"的办学理念的指导下,武汉大学新闻学院不断进行教学改革,完善课程体系,努力改进教学质量,提升专业实习、社会实践在教学过程中的地位,注重综合素质和业务技能的锻炼与培养,从而提高了学生对于未来新闻工作的适应能力。从在校学生综合表现和已经毕业的大学生、研究生在新闻界的表现及社会对他们的评价来看,武汉大学新闻学院的教学质量达到了相当高的水准。

目前,中国新闻教育界用以衡量教学水平及在校学生质量的重大比赛有两项:一为可口可乐杯新闻实习奖大赛;二为韬奋新苗奖评选。在这两项比赛中,武汉大学新闻学院的学生均有不俗的表现。1993年秋,在首届可口可乐杯新闻实习奖大赛评比结束时,武汉大学新闻学院获奖总数名列榜首。1995年春,第二届韬奋新苗奖评选结果揭晓,武汉大学新闻学院又获丰收。且看获奖最多的五所大学各等级奖项及人数比较(见表2)。

表 2 获第二届韬奋新苗奖最多的五所大学各等级奖项及人数比较

学校 \ 获奖人数	一等奖 获奖人数/人	二等奖 获奖人数/人	三等奖 获奖人数/人	获奖总人数/人
中国人民大学新闻学院	2	2	5	9
复旦大学新闻学院	2	2	1	5
武汉大学新闻学院	4	5	3	12
中国新闻学院	3	4	4	11
北京广播学院	1	2	9	12

不难看出,此次评选不论是获奖级别,还是获奖总人数,都表明武汉大学新闻学院不弱于其他新闻院系。大多数走上新闻工作岗位的毕业生也受到了所在单位的高度评价。在国内最高级别新闻奖评选中,他们也不断地捧回奖杯,如 1988 届毕业生陈勇庆曾获全国好新闻一等奖、全国广播好新闻特等奖各一次,1988 届毕业生刘海法获全国经济新闻大赛最佳新闻奖,1989 届毕业生窦文涛获全国广播十佳主持人金话筒奖,1990 届毕业生温闽获全国首届现场短新闻大赛一等奖,1990 届毕业生刘长松获全国体育新闻大赛一等奖,1992 届硕士生意金生获 1994 年中华环保世纪行好新闻大赛一等奖,1993 届硕士生杨与龙获全国法律征文大奖赛一等奖。此外,还有 1991 届毕业生游勇的电视新闻作品获得法国举办的国际科技电视片大奖赛金奖,等等。这些评选的结果或许有一定的偶然性,尚不足以证明一个学校的教学水平。实际上,武汉大学新闻学院并没有因此而满足,我们知道,就教学科研的总体情况而言,我院与中国人民大学新闻学院、复旦大学新闻学院等还有不小的差距。

在就业方面,由于武汉大学新闻学院的学生基础比较扎实,上手快,后劲足,受到了新闻界的普遍欢迎。1988 年,武汉大学新闻系第一届毕业生共 74 人,在新闻单位就职的 65 人,占总人数的 87.8%,去非新闻单位工作的仅 9 人,占总人数的 12.2%。1989 届毕业生 72 人,有 55 人在新闻单位就职,占总人数的 76.4%,17 人在非新闻单位就职,占总人数的 23.6%。1990 届毕业生 84 人,有 53 人在新闻单位就职,占总人数的 63.1%;在非新闻单位就职的 31 人,占总人数的 36.9%。1991 届毕业生 92 人,在新闻单位就职的 70 人,占总人数的 76.1%;在非新闻单位就职的 22 人,占总数的 23.9%。1992 届毕业生 92 人,在新闻单位就职的 80 人,占总数的 87%;在非新闻单位就职的 12 人,占总数的 13%。1995 届毕业生 50 人(不含插班生)在新闻单位就职的 47 人,占总数的 94%;在非新闻单位工作的 3 人,占总数的 6%。综合分析武汉大学新闻学院历届毕业生的走向,在地域上,基本上是北京、武汉、广东三分天下,各占三分之一左右。在工作性质上,去新闻单位工作的占毕业生总数的78%以上;在非新闻单位就职的仅为22%。在单位级别上,就新闻职业而言,去中央级(全国性)新闻单位工作的约占毕业生总数的20%,在省级新闻单位(含省会大城市)工作的约占毕业生总数的70%,在地市级新闻单位工作的约占10%。与武汉大学传统学科及其他一般学校新闻系相比,我院毕业生的就业要轻松一些。正是因为如此,每年有大量学生报考武汉大学新闻学院的硕士生、插班生、第二学位生。其中硕士生的报考录取比例近几年一直维持在15∶1左右,是国内几所考生竞争最激烈的院系之一。

然而,从1996年开始,情况发生了变化,随着中国由计划经济体制向市场经济体制过渡,计划分配被取消,大学毕业生全被推向人才市场;此外,由于新闻单位企业化经营趋势的强化以及对效益和合理化的强调,其对于人才的需求远不如过去旺盛,对于人才综合素质的要求却更高。从而造成了新闻人才供需之间的尖锐矛盾,给教育界带来了较大的压力。虽然这种压力对于不同新闻院系的意义颇不相同,但是它告诉新闻教育界,必须改革课程体系,提高教学质量,注意综合素质培养,提高学生的适应能力,开拓新的就业领域,只有这样,才能促进新闻实务教育的持续、稳定发展。

6. 师资与研究

教师是新闻教育过程的主体性因素,是专业新闻人才培养的先决条件。只有合格的教师,才能培养出合格的学生。要办好新闻教育,必须从师资队伍的建设开始。武汉大学新闻学院和新闻实务教育的历史不长,而且基本上是白手起家的。在师资队伍建设方面,经历了一个从无到有,从不完善到完善的过程。自开始办学到20世纪80年代中后期,武汉大学新闻学院的教师大体上由以下三部分人组成。一是来自新闻媒介或曾经从事过新闻工作而有志于新闻教育者,这些人曾在省级以上新闻媒介工作,有着丰富的实践经验,主要担任新闻实务课程的教学与研究工作。二是新闻院系的研究生、本科生,主要来自中国人民大学、复旦大学、北京广播学院。这些人受过系统的新闻专业教育,年纪较轻,主要承担新闻史论课程和实务课程的教学研究工作。三是来自相关学科的非新闻专业(包括中文、历史、经济、哲学等专业)的教师,他们承担了新闻系新闻专业课程之外的主要课程,是文学基础课和相关学科课程教学的主干力量。

自20世纪80年代末以来,武汉大学新闻学院的师资队伍几经调整,教师承担的教学工作也发生了部分改变,主要表现为:非新闻专业教师在承担文学基础课及相关学科课程教学的同时,向新闻专业方向靠拢;教师的年龄、职称结构也渐趋合理(见表3)。

表3 1995年底武汉大学新闻学院师资情况简表   单位：人

职称\年龄	35岁以下	36～45岁	46～50岁	51～55岁	56岁以上	合计	占教师总数的百分比
教授				1	3	4	11.8%
副教授	2	5	5	3	5	20	58.8%
讲师	7	1				8	23.5%
助教	2					2	5.9%
合计	11	6	5	4	8	34	100%
占教师总数百分比	32.4%	17.6%	14.7%	11.8%	23.5%	100%	

由表3不难看出，具有副教授以上高级职称者占教师总数的70%以上；而在35岁以下，36～45岁，46～50岁，51～55岁，以及56岁以上的各个年龄段里，都有一定比例的教师，如以50岁为界，则50岁以下者占教师总数的64%以上，而50岁以上者占教师总数的35%以上。这表明，从总体上讲，武汉大学新闻学院的师资力量层次比较高、年龄结构比较合理，不存在严重的青黄不接现象。

在大学新闻实务教育中，教师的任务不仅在于教书育人，而且应该结合专业进行学术研究，吸收学术界最新的研究成果，以充实革新教学内容。武汉大学新闻学院的教师，在进行教学活动的同时，对于新闻传播及与此相关的一些重大问题进行了持续不断的研究。具体而言，这些研究集中于如下六个方面：一为新闻史，含中国新闻史与世界新闻史两大领域；二为新闻理论，含舆论、新闻信息论、宣传学等领域；三为新闻实务，含新闻写作、评论、编辑、采访、摄影、经营、发行等领域；四为大众传播学；五为台港澳新闻传播；六为广告与广播电视文化。研究课题的设置申请及经费渠道主要有国家社会科学基金、国家教委社会科学基金、国际合作项目、省社会科学基金、学校社会科学基金及某些横向联系合作单位。目前武汉大学新闻学院正在进行的研究项目有18个，其中国家级项目5个，国际合作项目1个，省级项目4个，学校级项目4个，横向联系项目4个。就其内容性质而言，既有理论研究、综合研究、应用研究，又有实证研究，在研究过程中，普遍采用理论分析与抽样调查以及定性研究和定量分析相结合的方法。

至于研究成果的出版，在武汉大学新闻系成立不久就提出了一个重要方针，即为了推行规范化教学、提高教学质量，首先用十年左右时间致力于教材建设；在此基础上，再结合现有的研究课题推出系列的研究专著。为了解决目前学术著作的出版困难,武汉大学新闻学院自筹20万元人民币作为出版基金,资助本院新闻学术著作的出版。至1995年底,已出版各类著作教材达70种(册),其中属于新闻类且由本院教师独著或主编的有20种。其代表性著作有吴高福教授著的《新闻学原理》,罗以澄教授著的《新闻采访学教程》,李元授教授著的《新闻信息概论》,樊凡教授主编的《中外新闻比较论》,它们或者是获得了全国性或省级的奖励,或者是得到了学术界、新闻界的高度评价。还有一本《新闻学探索录》,系武汉大学新闻学院教师、学生研究论文的结集,由吴高福教授主编,不定期出版,现已出版两本,第三本将于年内付梓。1996年,将是武汉大学新闻学院学术著作出版的高峰年。据已经通过的出版计划,在年底之前将有《现代新闻编辑学》(胡武著)、《新闻舆论学》(秦志希著)、《传播观念的历史考察》(张昆著)、《中国传播史稿》(李敬一著)、《评论学原理》(周永固著)、《电视文化导论》(冉华著)、《视听媒介批评》(王瀚东著)等13本新闻著作问世。这些著作的出版,表明武汉大学新闻学院已达到了一定的学术水准。当然这些著作并非完美无缺,它肯定存在着这样那样的不足,即便如此,它对于发展新教育,繁荣新闻学术,毕竟会起到一定的促进作用。

二、新闻实务教育的再调整

在20世纪末和21世纪初的一二十年里,中国的新闻事业与新闻教育将会迎来重大的机遇,同时也会面临严峻的挑战。

第一,持续的经济发展将会给新闻事业的扩张注入更大的推动力。中国经济自改革开放以来,仅用十几年的时间,国民生产总值就实现了翻两番的目标。从目前的情况看,如果不出现意外情况,这种高速增长会持续到2010年左右。再过若干年,中国经济的总体规模将会超过美国而成为世界第一大经济实体。虽然那时中国的人均收入仍将低于美国,但是比起20世纪的今天无疑要富裕得多。而经济的发达程度与国民的信息需求是成正比例关系的,国民收入的增加又为其需求的满足创造了必要的物质条件。因此,在21世纪初期,中国将会出现比目前规模大得多的新闻市场。

第二,随着对外开放的深入和市场经济体制的确立,中国政治的民主化进程将会给新闻事业提供更为宽松的政治环境。新闻媒介法律地位、政治地位的明确化,无疑会导致新闻从业人员主体意识的强化,其权利与义务、自由与责任相互平衡的观念亦会随之确立。这些变化,不仅会给未来的新闻媒介提供更为广阔的活动空间,媒体及记者本身的个性也会随着报道范围的扩张而得到充分的发挥。在此基础上,新闻产业界将会建立起专业意义上的既竞争又合作的经营秩序。这些竞争将会涉及传播内容、服务质量、价格等各个领域,其结果,一方面是传播媒介的多样化发展趋势;另一方面,它还会对新闻人才的培养提出更新、更高的要求。

第三,新的传播科技的发展、信息高速公路的建设,将会给新闻事业的发展提供新的机遇。20 世纪 80 年代之前,传播科技的重大进展,主要表现在报纸制作领域,结束了"铅与火"的历史,进入了计算机激光照排时代。90 年代以来,传播科技的革新开始向更广的领域进军。多媒体技术的开发,信息高速公路的建设,成为席卷世界的大潮。这些新技术一旦进入信息传播过程,则不仅可以改进新闻传播的质量,提高报道时效,节省人力,促进新闻经营的合理化;而且会加强受众对传播活动的参与、改变现有的工作原则和程序,从而直接影响未来新闻传播的形式和内容。这既是一个前所未有的机遇,又是一场挑战。因为以目前从业人员的知识结构、业务能力是无法适应高科技条件下的新闻工作的。他们必须更新观念,吸收新的科技知识,掌握新的业务技能,只有这样,才不会为进步的社会所淘汰。

第四,在 1997 年和 1999 年,中国将相继恢复行使对香港、澳门地区的主权,"一国两制"的构想即将变成现实。在一国两制的前提下,必然会出现新闻传播的多元化发展格局,几种性质不同的新闻事业同时并存于一个主权国家范围之内,既合作又竞争,这无疑是中国现代新闻史的最大变化。

面对上述已经发生或即将发生的诸多变化及由此带来的机遇与挑战,新闻教育界必须因应时势,在教学与研究的各个环节进行重大调整,以跟上时代的进步。新闻实务教育的调整,主要应从以下三个方面进行。

其一,增加投入,进一步改善办学条件。新闻学是一门实践性极强的学科,要培养适应未来发展的跨世纪的新闻人才,新闻教育必须具备起码的物质条件。而国内各新闻院系由于资金匮乏,一方面,实验设备比较落后,大多停留在 20 世纪 70 年代末 80 年代初的水平,与目前的先进设备有着较大的差距;另一方面,各种教学研究资料也很缺乏,尤其是关于我国台港澳地区及外国的资料残缺不全。要提高教学质量,就应该加大投入,购进一批比较先进的试验设备,如电脑、激光照排系统、摄像机、编辑机等,同时广泛收集国内外各种资料,特别是与我国台湾、香港、澳门地区的新闻传播有关的资料,为高水平的专业人才培养创造必要的物质技术条件。

其二,进一步改革和完善现有的课程体系,根据新闻业发展的客观需要,增设一些重要课程,减去一些不太重要的课程,在此基础上调整基础课与专业课、必修课与选修课的比例关系。其基本思路是,浓缩基础课,突出专业课,减少必修课、扩大选修课。在基础课中,以哲学、政治学、外语、计算机的基础知识为主体;必修课以实务课程为主,增加台港澳新闻的研究课程及其他相关学科课程;选修课方面,结合专业特点和个人素质对学生加以引导。只有这样,培养出来的学生才会基础厚实,上手快,后劲足,不仅能跟上现实,而且能适应未来。

其三,结合新闻专业教育,调整学术研究的重点。在未来一二十年间,中国经济的持续增长、对外开设的深入、民主政治的发展、新的传播科技的进步及"一国两制"构想的实现,无疑会给新闻学术研究提出许多新的研究课题。适时地结合专业特点,调整研究布局,集中力量研究一国两制条件下的新闻政策及新闻传播模式,探讨两岸交流与新闻传播的关系,探索信息高速公路对未来新闻传播的影响,研究市场经济条件下新闻媒介的运行机制等问题,不断吸收新的研究成果以充实现有的教学内容,是提高教学水平、保证教学质量的基本条件。

(本文系作者于1996年在武汉大学新闻学院新闻系主任任上,代表武汉大学新闻学院出席台湾大学新闻研究所举办的学术会议时提交的论文,论文收录入《台大新闻论坛》1996年冬季号)

大变局与新闻传播教育面临的选择

最近三十年来,随着中国社会经济的全面发展,教育的普及及文化的繁荣,中国的新闻传播教育迅猛发展。国内高校设置有1080多个新闻传播类专业,设立新闻传播类专业或新闻院系的大学越来越多,专业师资队伍空前壮大,在校的新闻传播院系本科学生超过了23万余人,约占全国在校大学生总数的1%。新闻传播教育的繁荣是一个可以看见的客观现实,但是最近一个时期以来,由于外在环境的变化,繁荣的背后,新闻传播教育却面临着诸多的问题,似乎在一个接一个的十字路口前迷失了自我,难以选择前进的路径。这是新闻教育界应该正视的不容回避的重大问题。

一、大变局对传媒的新期待

在工业革命、信息技术革命的推动下,近来社会环境的变化正呈现出加速度发展的态势。这一态势集中表现在三个方面。

第一是全球化进程如火如荼,世界的空间距离大大缩短,地球村由幻想变成了现实。马克思早年曾说过,世界历史不是一开始就有的,作为历史,世界历史本身是历史发展的结果。人类早期的历史是分散的,分散在不同地区的人类创造了不同的文明,当这些不同的文明实现了交汇融通的时候,统一的世界历史就形成了。这一重要的进程开始于15、16世纪,当时的新航路开通,环球航行,全球贸易,以及稍后的殖民地开拓,人们的世界观发生了根本的变化,历史开始具有了世界的格局。到了19世纪30、40年代,蒸汽动力带来的工业革命,使商品市场扩大到真正意义上的世界规模,一些原本自立于欧美经济体系之外的亚洲大国被打开国门,被动地纳入到世界经济体系。20世纪的两次世界大战,都是全球规模的战争,建立于战后各种国际军事组织,都是跨越各个大洲的超级结构。进入21世纪以来,在新的信息技术革命、网络迅猛崛起的背景下,各地区各大陆的经济文化联系更加紧密,性命攸关,全球化不仅具有物质的外壳,而且拥有了更加充实的精神内核。全球化的现实,给地球人的适应提出了严峻的挑战。

第二是城市化进程加速。20世纪80年代初改革开放刚刚启动时,中国基本上还是一个农业国家,城镇人口不过全国总人口的20%。在长达30年的高速经济增长的带动下,中国城乡人口的大流动可谓空前绝后,来自农村的青壮年劳动力源源不断地涌向城市,农村越来越趋于空心化。到2012年底,中国城市化率超过了50%。城市集中了大量的人力资源,不仅是政治权力中心,是商品经济的中心,也是信息交流的中心。进入城市的农村人口要融入城市,化身为城市市民,需要一个再社会化过程。于是传媒媒介成为新入城市者社会化的重要渠道,借助于各种传播媒体,这些新市民接受城市文化,适应城市生活的各种规则,寻觅事业发展的空间。所以,城市化进程与新闻传媒的扩张实际是统一过程的两个不可分割的方面。

第三是信息化程度空前提高。特别是20世纪90年代以来,基于计算机的网络数字技术的突破,终于引发了媒介融合的潮流。各种不同性质的媒介,借助于超高速计算机技术,在数字化信息平台上实现全面的融合,大数据、云计算、云传播成为当今时代不同于既往的重要景观。信息传播深入渗透到了人类社会生活的各个层面、各个环节,真可谓无孔不入,无处不在。弥漫的信息资源影响到我们的呼吸,我们的感受,我们的情感,我们的行为。我们无法想象一个没有传播、没有信息的时代。由于信息爆炸,我们同时也面临着冗余信息的困扰。在过去农耕时代、工业时代,人们常常苦于信息匮乏,所以占有信息资源最多的人往往是社会上最有权势的人。如今的情况不同了,只有有效的、高质量的信息,才能成为社会大众的必需。作为信息传播者,作为把关人,新闻传媒在大数据、云计算时代,承担着更重要的责任。

以上三个方面的急速变化虽然是全球性的,但是在中国的表现尤其突出。因为在工业时代以来,中国作为超大经济体创造的持续30年的超高速增长,和大规模、急速的城市化进程,无论是速度、规模还是质量,都是史无前例的。其带来的深刻的社会影响,丝毫不亚于一场社会革命。新闻传播的历史表明,每当社会面临重大转折,或每当一次重大的社会转型来临时,人们的思想领域都少不了一场深刻的革命。而转折或革命中的新闻传媒将作为新时代的助产婆发挥巨大的历史动能。这种历史经验,使得人们自然地对传媒,对传媒从业者,进而对传媒教育提出更高的期待。人们期待传媒在这个转型的重要历史节点上,不仅能够如实地记录历史,而且还要能够正确地引领时代。新闻传媒何以能够实现如此重要的历史使命?除了制度、技术的完善之外,重要的还是在于传媒从业者自身。

我认为,作为历史纪录者和时代的引领者,传媒从业者要履行自己的社会责任,首先必须达到一定的思想高度,具备较强的理性批判能力。传媒从业者不仅是报道者、瞭望者,更是思想者。通过媒体的报道不仅要提供高质量的新闻,揭示事件背后的信息,还要引领时代的航向,提供可资决策的选项。面对变动不安的大千世界,媒体不能仅从合理性的一面做镜面的呈现,还应该以批判的眼光审视其不合理的因素。其次传媒从业者还要有超越地区、国家、民族的视野,拥有世界公民的情怀。我们现在置身于地球村,全球化的语境决定了哪怕相去千万里,不同语言、不同发肤的人类也是命运相连,肝胆相照。我们只有一个地球,所以作为引领时代的传媒人,必须超越狭隘的地区利益、民族利益、国家利益,而要以整个人类、整个世界作为思考问题的基点,以一个世界公民的情怀面对纷争不息的世界。其三,也是本质性的要求,那就是新闻工作者还必须具备崇高的职业理想和杰出的专业能力。所有这一切,都与新闻传播教育密切相关,都需要新闻传播教育与时俱进,顺应时代的变化,做出切实的改进。

二、新闻传播教育的迷失

在上述大变局面前,新闻教育界显示出诸多的不适应症,甚至可以说是迷失了方向。我们没有准备好怎样迎接这场大变局,也不知道怎样才能适应这场大变局,我们不知道在这种全新的格局下究竟需要什么样的新闻人才?或者说社会需求的人才应该具备什么样的规格?仓皇应对之下,免不了荒腔走板。检讨当下新闻传播教育,不难发现存在的各种问题,其最主要者莫过于如下四点。

首先是盲目的技术崇拜。当前的新闻教育界洋溢着一种盲目的技术崇拜热,各学校、各院系比拼的不是软件、不是内力,而是外在的物质、硬件。似乎设备越齐全,数量越多,技术越先进,办公大楼越是豪华气派,院系的水平就上了档次。殊不知大学之大,不在于大楼之大,而在于是否有大师;不在于物质的完备,而在于精神的丰富。此前,新闻教育之弊在于视新闻专业为普通文科,视新闻教育为廉价教育,毫不重视实验设备等硬件的投入。如今完全倒过来了,不少学校片面地强调新闻传播类专业与工科专业的相似性,在设备投入方面求新求尖求全;同时,教育行政管理部门的考核指标体系,也越来越重视技术设备的投入,而忽视了软件,忽视了人的能动作用,忽略了教育的经济效益追求。事实上,技术上再先进,物质上再富裕的国家,其高校的教学实验设备也难以跟上业界的先进水平,实际上也没有这个必要。教学实验设施,只需达到最低的必要限度即可,其功能在于帮助学生深化了解基本原理及实践操作的基本程序,至于专业技能的训练,完全可以利用业界提供的专业实践基地,发挥业界作为人才培养合作伙伴的作用。

其次是疯狂的数字扩张。最近十年以来,随着高校一轮又一轮的扩招,高校在校生规模已屡创历史新高,超过了现有条件所能承载的极限。而且还需注意的是,这些扩招中扩得最厉害的并不是办学水平高的一流大学,而是那些新办的条件比较差的二本、三本院校。扩招固然出于是社会的需要,但是这种需要的满足,靠的是合格的人才产品。扩招带来的人的质量的下降已是不争的事实。与扩招同时,还有一种现象愈演愈烈,那就是学院升级为大学,专科升格为本科,本科争取硕士学位授予权,有硕士授予权的学校,争取设立博士点,已经成为教育界的全民运动。很少有人安心致力于自己分内的工作,或者全力以赴把现有的专业、学科办好,一切的目标都是围绕着升级升格,心情浮躁,缺少定力。从正面而言,或许可以将之理解为追求上进,但是从实际的效果来说,是很难予以积极、正面的评价的。

再次是技能至上的教育理念。目前新闻教育界流行着技能教育至上的趋势,课程体系主要围绕着新闻传播的业务流程设计,在教学过程中,在课堂内外,都强调实践环节,强调第二课堂,强调深入新闻传播的业务流程。学生一进校,就置身于技能之上、实践为王的氛围之中,根本没有办法静下心来读几本书,根本就没有心思深入地思考新闻及与新闻传播相关的理论与实践问题。新闻传播教育固然是有很强的职业教育特征,具有鲜明的职业导向性。通过教育过程强化学生的专业能力,是新闻传播教育的题中应有之义。但是新闻传播从业者不仅应该拥有专业技术,而且还应是一个有思想、有情感、有意志的血肉之躯。如果一味地强调专业技能、业务技巧,忽略了学生精神、情感境界的提升,忽视了学生人格的塑造,那么这种新闻从业者充其量只是新闻生产流水线上的一个标准的熟练工,而不会是思想深刻、富有创造性的职业传媒人。

复次是片面地强调政治认同,而忽略了独立的理性思考。新闻传播学有很强的意识形态属性,在社会主义中国,新闻传播教育与其他专业教育一样,必然是在主流意识形态下进行,绝对不可能完全脱离政治,在新闻传播从业者的行为规范方面,也绝对不能忽视道德规制与政治纪律。现在的问题是,我们过于强调政治认同和作为下级对上级的服从,而放弃了独立思考;过于强调对传统的坚守,而忽略了对创新的追求;片面地肯定现实的合理性,而忽视了从合理到不合理再到新的合理的辩证的发展过程。

由于以上的问题,我们新闻传播教育界呈现出物质发达、精神匮乏、指标上升、灵魂失落的现状。检讨今天新闻教育的得失,最直接的途径是对作为教育产品的新闻人才的检验。相对于今天信息化时代的传媒人才需求,目前新闻院系输出的产品固然大部分都合格乃至优秀,特别是专业技能方面,在政治合格方面。但是不容否认的是,在精神层面上还存在着诸多不足。

当前新闻传播教育的问题反映在学生的精神层面,主要有如下问题。其一是责任意识淡漠。目前在校的大学生绝大多数是独生子女,都是在父母祖父母的呵护下成长,自幼形成了比较强烈的个人中心意识:对他人、对社会要求多,反求诸己的少;权利意识强烈,责任意识淡漠;个人、小团体中心倾向鲜明,欠缺全局观念和协同意识;习惯于顺风顺水的环境,缺少逆境奋斗的忍耐力。待其进入社会,入职新闻岗位时,难以与他人合作,习惯于享有权利,而不习惯于善尽义务;不知道个人对他人、对团体、对社会、对国家的责任。其二是缺乏深刻的洞察力。传媒的重要性不在于对事物表象的简单呈现,而是透过表象对本质的深刻剖析,对事物发展趋势的解读。要做到这一步,传媒从业者必须具备深刻的洞察力,由此方能得以察微知著,由表及里,举一反三,触类旁通。洞察力的可贵,在于其观察世界不停留于表层,不满足于对现象的描摹,而是致力于探索现象背后乃至导致现象的原因,从而在认知思维上表现出巨大的穿透力。这种能力对传媒从业者而言,是不可或缺的。其三是欠缺批判思维。传媒的建设性力量,不仅表现在对社会现实的认同,建构现实的合法性基础,更重要的还在于在认同现实合理的同时,揭示现实的不合理性,并且从建设的角度,探讨消除不合理因素的可能选择。认同现实不等于一味地唱赞歌,揭露现实的阴暗面,批判落后与腐败现象,致力于这些负面现象的消除,是另一种更高形式的认同。目前新闻界突出的问题之一,就是批判意识、批判思维的缺失,对现实的剖析只有一种视角,对未来愿景的描绘,只有一种选择,而提不出可资借鉴的参照系。这不仅不能实现传媒的功能,反而会削弱传媒的力量。其四独立人格的缺失。在中国,新闻传媒作为党和人民的喉舌,固然应该坚持党性,保持与党和政府的高度一致,而不能够闹独立。但是作为一个传媒从业者,在履行自己的职业使命时,必须具备独立的人格,养成独立思考、自我判断的习惯,坚持真理,不能人云亦云。传媒从业者是监测社会环境的哨兵,其亲眼所见,能否如实报道,关系到社会的安危,在大是大非面前,在危及社会的紧要关头,必须秉笔直书,绝不能见风使舵,否则就是对职业使命的亵渎。

由于这些问题的存在,大众传媒及其从业者在社会上难以有效地树立起职业的权威,媒介的公信力亦难以形成,加上自媒体、社会化媒体的挑战,自然在相当大的程度上消解了大众传媒在社会进程中的建设性功能。

三、新闻教育应该回归教育的本质

新闻教育的迷失,及其对新闻传媒功能的消解,消极地影响了社会的有序运行,辜负了社会大众的对于传媒职业的期待。要改变目前的窘境,重塑新闻传媒及从业者的职业形象,梳理传媒的公信力,必须从源头抓起,从新闻教育界开始审视各种问题的由来。反思当前中国的新闻传播教育,我认为要回应社会的期待,当务之急是重新认识教育的目的,回归教育的本质。

孟子曾说,人生有三大乐事。其中之一就是"得天下英才而教育之"。[①]《说文解字》云:"教,上所施,下所效也。""育,养子使做善也。"教育作为一个专门术语,其内涵有两个核心,或者说教育有两大职能。一是传授知识,启迪心智,增进受教育者的知识与技能;二是发展受教育者的人性,完善他们的人格,提升他们的道德修为。

检讨当前的新闻传播教育,大家普遍的感觉是,第一个职能发挥得还可以,但是还有进一步提升的空间。目前各新闻院系的教学过程,都非常重视专业技能,在四年学制中,试验实践贯穿始终,所以大多数新闻院系的毕业生,其动手能力还是能够满足业界上手快的基本要求的。但是,由于过于重视业务技能,学生花在这方面的精力远远大于在理论学习方面的精力,于是在系统的知识建构方面,在必要的自然科学和社会科学知识的积累方面,在基本的认识论、方法论的掌握使用方面,新闻传播类专业毕业的学生就显得不足。在社会普遍功利的情况下,新闻传播院系的学生也难以静下心来,在冷板凳上享受阅读的快乐,其结果自然是知识结构不完善,理论功底不够扎实,看问题浮于表面,其见解缺乏深度,也没有说服力。所以,新闻教育界在第一个职能方面还应有所加强,重点是要拓展学生的学科视野,鼓励学生静心读书,加强理论修养,或者利用学校其他学科的资源,通过主辅修或第二学位的方式,建构合理完善的知识与能力结构,增强理论思维的长度、宽度和高度,强化学生的想象力和创造力,进而提高认识问题解决问题的能力。

如果说新闻教育在第一个职能方面大体合格,那么其第二职能即在发展人性、塑造健全人格方面,存在的问题就十分突出了。所谓人格,是个体所具有的与他人相区别的独特而稳定的思维方式和行为风格。它是一个复杂的结构系统,包括许多成分,其中主要有气质、性格、认知风格、自我调控等方面。在共同体中,是否具有健全的人格,不仅关系到个体对社会的融入,而且还直接影响到他对世界的认知及其行为方式。当前新闻教育的最大问题,就在于忽略了学生人格的培养。对于传媒人而言,其健全的人格有四大标志。首先是主动而非被动。主动是与被动相对而言的,指的是个体面对外部事物(环境)的变化,不靠外力推动、促进,而积极地采取相应的行动。唯其如此,才能在事物发展进程

[①] 《孟子·尽心》。

中,始终把握大局,顺势而为。其次是独立而非依附。独立的人格特质,一般是指个体依据自己的观察、判断和意愿去行动而不受环境和他人影响。有独立人格的人,善于独立思考,具有个人信念、判断的坚定性和行动的独立性。再次是中和而非偏执。中和人格特质的突出表现,就是主体能够恰当地调节自己的情绪,而不致陷于极端。古人云:"喜怒哀乐之未发谓之中,发而皆中节谓之和;中也者,天下之大本也,和也者,天下之达道也。致中和,天地位焉,万物育焉[1]。"用今天的话说,喜怒哀乐没有发作失控,是为中;喜怒哀乐情绪宣泄的时候,都恰到好处,是为和。君子如果能够做到中和的境界,天下才能归于正道,各安其位,各展所长,和谐共生。与中和相对的就是偏执。第四是果断而非犹疑。对于传媒人而言,没有比果断的人格特质更重要的了。在信息化的时代,社会系统的横向联系日益密切,社会变化的节奏日趋频密,时间与速度不仅意味着效益、胜败,更是意味着生命。面对大千世界的莫测变幻,新闻媒介必须及时反应,充当社会系统的监测者,通报正在发生的或即将发生的重大变化,如是,即便不能防祸患于未然,也能在事发后引导大众及时因应。也就是说,一个优秀的传媒人,在人格特质方面,必须主动而非被动,独立而非依附,中和而非偏执,果断而非犹疑,如此,方才算是人格健全。具备这种人格,才能胜任传播工作,履行自己的社会责任。

在当前的环境下,要回归教育的本质,就是要在尊重教育规律的基础上,致力于学生知识与能力体系的完善建构,不仅重视专业技能,更要重视能够升华技能的理论素养,这样在未来的工作适应上,学生才能够上手快,起点高,视野宽,后劲足。同时,还有在教育的程中,重视学生的人格塑造,关注学生的内在的精神世界。这样才能避免技能与思想、道德的背离。教育的本质要求我们,发展新闻教育,不能有太多的功利意识,不要太重视各种物理的指标和数据,也不要太在于学科排名,我们的关注点应该由外在转向内在,从形式转向内容,从物质转向精神,更多地关注学生的心灵,关注学生的精神世界。杰出的技能只有与高尚的情操、崇高的精神境界结合在一起,才能迸发出震撼世界的力量。

(本文原载于《传媒评论》2014年第6期)

---

[1] 《礼记·中庸》。

网络时代新闻教育面临的
机遇与挑战

20世纪90年代初,在欧美发达资本主义国家,相继掀起了建设信息高速公路的热潮。随着各国加大对信息基础设施的投入,网络媒介迅速崛起,世界新闻传播史上一个新的时代——网络传播时代终于拉开了帷幕。1998年5月,联合国新闻委员会将因特网和正在构建的信息高速公路,正式认定为继报刊、广播、电视三种传播媒体之后的"第四媒体"。网络传播媒介集报纸、期刊、电台、电视台等媒介的功能和特点于一身,并在功能整合、优化的基础上,从传播速度、传播方式、信息含量、广告、覆盖率等方面,对传统媒介提出了严峻的挑战。可以预见,在不远的将来,网络媒介将会引发新闻传播领域一场深刻的革命。

一般认为,与传统媒介相比,网络媒介的优势主要体现在以下三个方面。第一,传播的交互性、互动性。网络媒体为受众提供了开放的、双向的、具有交互性的信息传播渠道。在传播过程中,受众的主体性大大增强。受众可以自由选择传播内容和传播顺序,并就媒介传播的事实和观念自由地发表意见,从而大大提高了受众对于新闻传播的参与性和选择性。第二,传播的跨时空特性。网络传播不受时间、地点、国界和气候的限制,没有截稿时间和版面的限制,传播的信息量之大和传播范围之广,超出了人们的想象。可以说,正是由于网络的出现,我们所处的世界才真正地缩小为一个"地球村"。第三,传播的多媒体性。网络传播是文字、声音、图像的三位一体化传播,使各种传播方式高度融合,给受众提供全方位的、多维的、图文并茂的信息。这就使得网络在传统新闻媒介面前显示出无比的优越性。

在改革开放成就所奠定的经济基础上,我国的网络媒介也显示出强劲的发展势头。目前,我国上网人数已经超过了2650万,约占全国总人口的1.5%。其绝对数量虽然不大,但这个数字还在每年以30%以上的速度增长。互联网的发展不仅是信息传播领域的一个亮点,而且是中国经济领域一道亮丽的风景线。它不仅引起了社会的广泛关注,而且受到了新闻传播界的高度重视。目前全国已有建立独立域名的新闻单位700多家,其中新华社、《人民日报》、中央电视台等中央新闻单位,在网络传播的人员、经费投入、上网信息量等方面已粗具规模。近年来,中国新闻界通过因特网积极参与国际、国内问题的报道,如香港回归、江泽民主席访美、克林顿访华、党的十五大召开、抗议以美国为首的北约袭击我驻南联盟使馆、新中国成立五十周年大庆、奥运会和澳门回归等重大事件,中央各新闻单位,都在网上开设了专栏、专题主页,及时发布新闻及评论,扩大链接,取得了显著的效果。另一方面,各专业网站的新闻传播也有声有色,受到社会各界的广泛好评。

一、网络的崛起,使传统新闻教育面临严峻挑战

人类新闻传播的历史已经进入了网络时代。网络媒介的兴起对传统新闻事业的影响是不言而喻的。网络的发展不仅改变了新闻传播的既有格局和业务运作方式,创造了对专业人才的大量需求,而且对新闻从业人员的综合素质和专业水平提出了新的要求。这一切,使现有的传统新闻教育面临前所未有的严峻挑战。

我国的新闻网站与国外新闻网站是同时起步的,但由于资金、技术、人才的原因,上网的新闻单位不论是新闻数量和质量均与国外存在较大差距,我国70%的新闻宣传网站的信息更新速度基本上与原媒体发布周期同步,少数网站甚至落后于原媒体,多数媒体网站发布的新闻内容只是传统媒介如报刊、广播、电视的翻版,只有10%的网站对信息进行了重组和充实。在这里,网络新闻传播人才严重缺乏无疑是制约我国网络新闻传播发展的"瓶颈"。随着网络新闻事业的发展,我们必须逐步扩大网络新闻队伍,尽快建立一支既熟悉新闻工作,又掌握网络传播技术的专业网络新闻传播队伍,在全球网络传播中加强我们的声音,维护和扩大我们的话语权。即使是在传统媒介中的新闻工作者,也面临素质的更新问题:网络时代新闻报道和编辑的运作方式出现了许多新变化,要求新闻工作者具备一些新的业务素质,如必须掌握使用网络资源的能力、利用网络进行网上采访的能力、利用网络获得受众反馈的能力等。因此,网络新闻传播业的发展向新闻教育提出了一个崭新而迫切的课题:如何培养出适应网络时代需求的人才——包括专业网络传播人才和适应网络时代新闻传播特点的人才?这是中国新闻教育在网络时代亟待正视和解决的重大课题。

虽然近几年来,中国新闻教育界做出了一些改革,如提出"宽口径"、"文理渗透"、重视实践环节、重视培养创新型人才等。但在教育模式、专业设置、课程体系和教育方法上不能适应网络时代的需求,按旧有模式培养出来的新闻人才与新时期新闻传播的需求仍有较大的差距。这种差距如果继续下去,必然会影

响、延缓中国新闻事业的发展。新闻教育必须进行相应的改革,尽快改变新闻教育模式落后于新闻传播事业发展的现状。

网络新闻传播的飞速发展向新闻教育提出新的要求和挑战主要表现在如下方面。

首先,网络新闻传播是现代通信技术和电脑技术相结合的产物,构成当代信息技术的最新前沿。网络新闻教学应追踪现代科技的最新发展,使学生跨越通常属于理科、工科专业的电脑技术和信息技术障碍,增强新闻专业人才的全方位适应能力。可是,传统的新闻教育理念,一直把新闻专业归属于人文科学,视之为单纯的人文教育。至于传播科技,则不在专业课程之列。传统新闻教育要适应网络事业的发展,还需要在办学理念、专业定位上下一番工夫,增加专业课程体系的科技含量。这对新闻教育本身来说是一个巨大的挑战。

其次,网络世界是一个变化很快的新兴行业,新技术、新问题和新发展层出不穷。网络传播教育必须始终密切关注网络事业的发展趋势,网络技术的更新和应用、国家信息安全、电子商务以及网络传播政策的变化,紧跟时代发展的步伐。这一要求必然会增加教学工作的难度,常常使教师苦心摸索的教学心得或精心编著的教材迅速过时。针对这种局面,在教学过程中,应该考虑采取与以往的传统新闻教育略有区别的教学方式,同时在教学内容方面加强自我更新能力。

此外,网络新闻传播是一门实践性很强的专业,网络新闻传播中有许多借助电脑和网络技术来实现的效果和服务,这些技能课程的操作性很强,要求学生有较强的动手能力。要培养一流的网络传播专业人才,学校应该让学生有较多的上机、上网机会,在操作中学习,以提高教学效果。为此要建立一定规模的具有先进水平的网络实验室,这些设备投资规模大、运作风险高,需要有较大的资金投入,加之更新速度快,今年购置的最新设备,在明年就会过时,这对经费困难的我国各高等院校的新闻教育来说也是一个难题。

二、网络发展也为新闻教育提供了新的机遇和空间

网络新闻传播事业的飞速发展也为新闻教育提供了更大的需求空间,为新闻人才的发展提供了更多更大的机遇。据调查,60%的人上网是为了浏览新闻,网上新闻传播与网站访问率的提升直接相关,各大新闻媒体纷纷采取措施,积极利用最新的网络科学技术来发展和完善自己,以适应网络时代变化了的社会环境和物质技术条件。其主要做法,首先是报纸网络版和网络报纸的大批涌现。据不完全统计,全球已有2000多家新创办的网络报刊,我国新创办的网络

报刊已达到 250 家以上。其次是电视与网络技术相结合,电视台依靠互动网络技术,同观众在电视机屏幕上进行面对面的直接对话,观众可以随时点播自己想看的节目。目前,上海在国内率先实现的信息网建设,其中一个重要的内容就是双向有电视接入,反映了电视媒介发展的趋势。广播电台也纷纷上网,以实现网上播出服务。国庆五十周年之际,中国国际广播电台在因特网上成功地进行了实时同步直播。传统媒体与网络媒体彼此融合,相互渗透,已成为时下新闻传播事业发展的趋势。在西方国家,由这种融合、渗透所形成的传播事业规模也达到了前所未有的程度。2000 年初,美国在线和时代华纳合并,形成了一个资本市值达 3500 亿美元的超大规模传媒企业。传播媒介在社会政治体系和经济体系中的地位大大加强,其对于社会发展进程的影响更是今非昔比。

  网络崛起所促成的新闻传播事业大发展,扩大了社会对于从事新闻传播事业高级专门人才的需求。不管是传统媒体还是网络媒体,在专业人才的质和量方面的要求均有很大的提高。中国的情况也不例外。随着社会主义市场经济体制的逐步建立,国民经济迅猛增长,在此基础上,不仅网络新闻传播业迅速膨胀,传统新闻媒体也得到了长足的发展。新闻传播事业的繁荣,加剧了新闻传播专业人才的供需矛盾。报纸、广播电视需要大量高质量的专业人才。网络媒介的人才缺口更大。国务院新闻办公室规定:综合性非新闻网站从事登载新闻业务,必须是具有相关新闻工作经验和中级以上新闻专业技术职务资格的专职新闻编辑负责人。这一规定又给新闻传播教育提供了更大的社会需求空间。由于缺乏相关的专业人才,各大新闻网站纷纷到传统媒介那里以高薪"挖"其墙角;有人预测 21 世纪中期,在中等发达程度以上的国家将有约 60% 的人从事信息处理与传播相关工作,其中有相当一部分便是从事新闻传播事业。而目前新闻传播教育的规模与社会的实际需要相距甚远。新闻传播教育不能满足社会的人才需求,即意味着新闻传播人才的培养存在着极大的增长潜力,意味着新闻院校可以在更大程度上利用社会资源,开展联合办学,意味着新闻传播教育还存在着巨大的发展空间。在这个意义上,网络时代新闻传播教育不仅会比以前具有更大的内在动力,而且还会获得更多的社会支持。新闻传播教育前景光明,已是不争的事实。对此,新闻教育界必须有足够的认识,否则将会错失发展的良机。

三、适应时代需求,推进新闻教育改革

  网络新闻传播的发展,在很大程度上扩大了新闻传播的市场容量,增加了社会对于高级新闻专门人才的需求。传统的新闻教育已经落后于新闻实践,在

人才培养的质和量两个方面,离时代的要求还有较长的距离。这就要求我们在新闻教育方面进行重大改革。具体而言,个人认为改革可以从如下几个方面进行。

1. 修改专业目录,增开网络传播专业

20世纪90年代中后期,为适应教育改革需要,我国高等教育界进行了一次较大规模的专业调整。原先500多个本科专业一下子减少了250个。原来新闻传播学科下面的体育新闻、国际新闻等专业合并到新闻学专业中。于是新专业目录在新闻传播学之下,设有新闻学、广播电视新闻学、广告学、编辑出版四个本科专业。专业数量的压缩,在当时的情况下是十分必要的。但是专业调整不能只做减法,在必要的条件下也应该做加法。该砍的必须坚决地砍,该增的也要坚决地增。随着网络传播的迅速崛起,网络作为第四媒体的地位的确立,创办网络传播专业势在必行。因为传统新闻教育的培养目标主要是为报纸、广播、电视等传统媒介提供专业人才,其开设的专业课程不外乎新闻理论、新闻采访、写作、编辑、摄影、评论等。而网络新闻传播需要的是专门的高级网络人才,这些人才不仅要掌握传统的新闻理论和专业知识,而且要接受计算机、信息、多媒体等专业技术方面的教育。在传统新闻媒介为了生存和发展而纷纷吸收网络传播技术,以及各类商业网站迅猛崛起的新形势下,网络新闻传播专业人才奇缺,为了满足这种迫切的需要,在新闻传播学一级学科下面,新设网络新闻传播专业已成为时代的要求。因此,有必要修改教育部制定的本科专业目录(1998年版),使新闻传播学一级学科同时拥有新闻学、广播电视新闻学、广告学、编辑出版学和网络传播学五个本科专业,允许、鼓励条件具备的重点高校新闻院系开办网络传播专业,为社会培养、输送高规格的网络新闻传播专业人才。

2. 改革新闻专业教育,加强新闻人才的适应能力

第四媒体的迅猛发展,改变了新闻传播事业的基本格局。网络在越来越大的程度上成为主流传播媒介。由于信息来源增多,受众的选择余地很大,其独立思考和判断的能力也大大加强。受众的口味日益变化,对新闻媒介愈来愈挑剔,各种传播媒介及其从业人员必须时时处处、方方面面都保持真正的高质量,才能稳定并且不断地吸引新的受众。

网络时代传播环境和受众需求的变化,对新闻专业人才提出了更高的要求。首先,对复合型新闻人才的需求加强。传统的新闻教育是静态的、单一型教育,主要是老师向学生单向灌输知识,而且不少知识陈旧老化。而网络时代"第四媒介"加入竞争,新闻争夺战日益激烈,新闻单位需要的是复合型人才,要求新时期的新闻工作者具有很强的实践能力和良好的心理素质、广泛的知识面、理性思维、即时反映的能力等。传统的新闻教育课程基本上是文、史、哲的基础课加上新闻学采、写、编、评等专业课,这种教学体系造成新闻专业学生知识面狭窄,缺乏必要的政治、经济和法律知识,而这些又是他们进入新闻单位后将主要接触和报道的领域。对这些重要领域缺乏必要的研究,必然导致写出来的经济、法律报道缺乏深度,现在许多新闻专业出身的记者、编辑采写出的经济、法律报道,多属流于表面化的动态消息,少有一针见血的观点和抽丝剥茧的分析,甚至出现违反经济政策、不符合法律法规的提法和观点,这都是深受新闻专业课程设置过于狭窄之限,这样的新闻报道不可能吸引新时代的受众。同时,网络时代对新闻工作者提出了网络化的要求。要求新闻工作者适应采编工作流程的电脑网络化,掌握数字交换技术;要具有使用网络资源、利用互联网收集信息、发掘新闻的能力。目前全球互联网数据库达上万个,3/4 的美国新闻工作者每天使用互联网,1/2 的美国记者利用网络信息来挖掘报道题材,从而提供更全面的信息和更开阔的思路。中国的新闻教育在这方面基本上还是个空白。因此,传统的新闻专业、广播电视专业必须顺应网络传播发展的需要,改革课程体系,增加经济、法律、多媒体技术、网络采访编辑等新课程,改革教学内容和人才培养模式。

3. 扩大开放,加强与新闻传播界的联系

网络时代日新月异的社会变化,使新闻传播与社会各个领域的联系、渗透日益加强。只有增强新闻教育的开放性,强化与新闻传播界的联系,才能紧跟时代飞速前进的步伐,使学生真正成为时代潮头的观潮人,成为名副其实的"时代的守望者"。

新闻学是一门实践性很强的应用学科,这一性质本身就要求新闻教育与新闻实践紧密结合,正确地把握新闻事业发展的脉搏。一方面,要把新闻实务界有丰富经验的记者、编辑、新闻传媒及党政机关的有关负责人请到校园里来讲课,可以采取开办定期讲座、聘请兼职教授、成立新闻实践指导委员会等方式,给新闻教学注入鲜活的内容。新闻实务界前辈走上讲台,现身说法,使大批新鲜信息涌入课堂,他们的智慧、经验、知名度及社会影响力可以为丰富和改进新闻教学工作提供很多良机。如武汉大学开办了新闻与传播论坛,定期邀请新闻界知名记者、编辑开办讲座,反响强烈。另一方面,教育界要利用报纸、广播电视、网站的资源,建立稳定的专业实习基地。去实务界实地考察、学习,缩短理论与实践的距离。如选派青年教师到新闻单位兼职实习,带学生到新闻单位进行采编业务实践,利用新闻业务课时间,适当安排学生到工厂、农村实地采访、写作,让学生主持校内实习网站,到新闻网站现场工作,等等。有的新闻院校与当地新闻媒介合作出版报刊、制作电视节目,这也是一个让学生直接参与新闻第一线工作的好办法。

4. 加强对外交流,学习外国经验

在全球一体化趋势日益明显、"地球村"已成现实的情况下,新闻教育不能独立于世界潮流之外,它必须与国外的新闻传播教育接轨,学习、借鉴国外的先进经验。国外的新闻传播教育已经领先一步,比我们发达。西方国家的新闻教育以"融合"模式为主,把新闻学与传播学紧密结合,在新闻教育中加入传播学、心理学、政治学、社会学等内容,学生的知识结构比较合理,视野开阔,思维方式比较灵活,新闻敏感性也比较强。另外,国外的网络传播专业早已开设,他们的课程设置、教学模式都可以为我们所借鉴。例如,国外网络新闻中采用较大比重的案例教学和讨论分析方式,对网络传播的各个门类进行专项分析和研究,诸如网络类型分析、网站内容结构分类、网站功能分析、网络新闻写作特征、网络新闻的多媒体传播技术等。我们可以结合中国的国情对于这些成功的方法、经验加以引进、学习。

5. 走向市场,实现教育机制创新

新闻传播教育不是一般的文科教育,它所要求的经费投入绝不在一般的工科、理科专业之下。现在全国各院校新闻传播学各专业都普遍面临着经费困难问题。要解决资金问题,显然不能光靠国家拨款,而要逐步走向机制创新,利用自身优势吸收资金,如举办网络新闻培训班、利用已有的设备面向社会进行信息经营业务或者其他网站信息服务,使网络新闻传播教育和研究能够良性地自我发展,解决网络时代新闻教育的资金短缺问题。

总之,在网络媒体迅速崛起,新闻传播整体格局已经并将继续发生重大转变的情况下,新闻传播教育既面临着严峻的挑战,也引来了空前的发展机遇。新闻传播教育不能沿着过去的路子走下去,现有的人才培养模式、教学计划、教学手段、办学条件已严重落后于新闻传播事业发展的实际。新闻教育界必须面对现实,着眼于未来,果断进行全面的改革。从理念到实践,从内容到形式,从人力资源到物质条件,重新作通盘的考虑。只有这样,新闻教育才能抓住机遇,实现更大的发展。

(本文系作者在"第四届两岸传媒迈向 21 世纪学术研讨会"上的发言,与赵莉合著,收入《21 世纪新闻传播研究》,汕头大学出版社 2001 年版)

从传播学视角看当代中国新闻教育的缺失

1948年,美国传播学者拉斯维尔在其《传播在社会中的结构和功能》一文中,提出了其著名的"5W"传播模式,即:谁(who)——说了什么(says what)——通过什么渠道(in which channel)——向谁说(to whom)——取得了什么效果(with what effect)。以后传播学的研究,基本上就按这一模式分为传者分析、内容分析、媒介分析、受众分析和效果分析等五大领域,并且在每一个领域都取得了很大的成就。[①] 传播学虽然发源于西方,但在近年来日益受到国人的重视。从传播学的角度看,新闻传播教育无疑也是传播行为的一种,同样存在着传者、内容、媒介、受众、效果诸问题。那么,我们的新闻传播教育是否遵循了传播学的规律?按照这一视角,我们的新闻学教育存在哪些缺失?传播学有哪些原则值得新闻教育工作者借鉴?本文想就此略作探讨。

一、传者分析——传播者的角色定位和角色规定

从古到今,对教师的基本定位是"传道、授业、解惑",新闻教育者概莫能外,只是在"传什么道、授什么业、解什么惑"上有更具体的规定罢了。从传播学角度分析,作为信息收集、加工、发送的"把关人"——新闻教育者,认清自身的角色定位、角色规定,对于搞好新闻教育,具有重要的意义。

新闻教育者的角色定位应该是新闻价值观、理念和业务技能的先行者和传播者。也就是说,作为新闻教育者,其第一要务应是传道,其次才是授业、解惑。20世纪初,普利策建议在哥伦比亚大学内成立一所新闻学院时,宣称学院的宗旨是使新闻工作者在采集和报道新闻的过程中变得更有责任感。美国著名报人普利策曾在《北美评论》上撰文指出:只有最高尚的理想、最严谨追求真理的

---

① (英)旦尼斯·麦奎尔,斯文·温德尔著:《大众传播模式论》,上海译文出版社1987年版,第16-19页。

热望、最正确的丰富知识以及最忠诚的道德责任感,才能将新闻事业从商业利益的臣民、自私自利的追求以及社会效益上的敌对中拯救出来。也就是说,新闻教育者不仅应培养新闻工作所需的各种专业技能,还要把社会责任感的养成,以及高尚的人品、敬业精神的塑造放在新闻人才培养的首位。在这里,普利策明确提出了新闻教育的价值取向问题。这种价值取向会直接影响到学生未来的职业生涯。而学生的责任感、人格、专业精神与教师是密切相关的。有什么样的教师就有什么样的学生。所以,教师本身的教育显得尤为重要。教育者首先必须接受教育。教师作为"人类灵魂的工程师",不仅要教好书,还要育好人,各个方面都要为人师表。[①] 要通过我们的教育,培养出一批富有责任感、高尚人格和专业精神的新闻工作者,新闻教育者自身就要具备高尚的理想和情操。反观现实的新闻学教育,十分明显的问题是部分新闻教育工作者在价值取向上发生了倾斜,在义与利、责任与义务等方面迷失了方向。一些教师要么是关起门来做学问,做纯粹的概念推演,内容空洞,术语成堆,很少具有社会价值,要么下海走穴、四处办班,到处讲课,全力追求经济利益的最大化。还有一些教师对自己的学生漠不关心,缺少最起码的交流和沟通,师生关系日趋淡化。为人师表是教师的天职,身教胜于言教。在市场经济大潮的冲击下,新闻教育单位应是一方净土,教师应该是高尚人格的留守者,客观真理的追求者,不熄火种的播种者。我们提倡新闻工作者要有高尚的职业道德和强烈的社会责任感,那么作为培养新闻工作者的新闻教育者,当然应该首先做到。

在新闻教育者的角色定位中,新闻理念是一个十分重要的方面。有什么样的理念就会有什么样的运作。一个科学的新闻理念,有时会产生不可估量的社会效益和经济效益。新闻教育工作者应该是科学的新闻理念的创造者、力行者。新闻教育者应承担起科学新闻理念的教育工作,在某种程度上,这比传授知识更为重要。如新闻工作者的人文关怀意识的培养,使职业新闻工作者从人本的层次上,怀抱着对人类的尊严、权益、自由意志、价值的尊重,对人类的命运、灾难、痛苦的理解和深切的关怀,以此为基点去观察社会和自然,去发掘事件潜在的新闻价值。还有平等意识、自由精神、疾恶如仇、追求真理、监督权力等理念,对于新闻工作者、对于新闻传播事业、对于社会体系的有序运转,都具有十分重要的意义。

对于新闻教育工作者来说,丰富的实践经验和娴熟的专业技能是不可缺少的。新闻学科在性质上属于应用学科,在新闻传播诸专业背后,存在着一个庞大而且生机无限的媒介产业。新闻传播专业的学生将来就业的趋向是既定的、

---

① 江泽民著:《论有中国特色的社会主义》,中央文献出版社2002年版,第267页。

明确的。这一特点决定了他们必须具备其他行业所没有的特殊素质和专业技能。既如此,新闻教育工作者的角色规定中就应该强调实践经验和业务能力。现在走上工作岗位的许多毕业生感到在学校学到的理论知识和工作实践是两张皮,存在着严重的脱节现象。究其原因,是由于高校新闻教育重理论轻实践,而这也与新闻教育者自身实践能力不够有关。一项调查显示:在美国大学的新闻学院里只有17%的教授没有当过记者;在美国大学新闻学院中,5个教授中有4个坚决主张要把具有丰富实践经验的记者聘为新闻学院的教授,只有37%的人认为新闻教育工作者需要有博士学位。而大部分教授认为,和博士学位相比,新闻从业经验更是聘任新闻教育工作者的一个先决条件。比如加州大学伯克利分校是美国最著名的新闻学院之一,该学院院长是原《纽约时报》驻北京记者,在这个学院的教员中只有18%的教授或教员拥有博士学位。另一所美国著名的新闻学院——纽约州立大学新闻学院,其教师更是以有经验的新闻记者为主,这些教师的成果包括对新闻学和新闻媒体深刻的批评著作。最近的一项调查发现,在新闻学教育的各个专业中,并不是每个专业都需要博士或会做学问的人。比如在美国大学里从事新闻采写和编辑教学的教授中,很少有博士学位的,这类新闻学教授具有的是丰富的实践经验,而不是概念性的理论和方法,而这些教授是美国新闻学教育中最成功的老师。当邀请媒体一线的记者来评估他们早年在新闻院校中上课时,在"谁对他们现在从事的工作最有帮助时"这一项中,56%的记者的回答是,最好的新闻学教授是那些有丰富的新闻工作经验而没有博士学位的老师;36%的记者认为新闻学教师应该拥有"大众传播学理论"的博士学位。① 笔者认为,要从根本上改变新闻学教育中理论与实际脱节的现状,最根本的是新闻教育者要真正走出"书斋",探索出一条"产、学、研"相结合共同发展的道路。比如:新闻媒体和新闻学院可以一方面联合办学,另一方面联办媒体;新闻学院可以聘请具有丰富工作经验的资深记者为客座教授,新闻媒体的一些年轻记者也可以到新闻学院接受系统培训;新闻学院每年可选派一部分教师到媒体兼职做主任、编辑、记者、策划等,新闻学院的学生也可以把媒体作为常年的实习基地。如果有条件,新闻单位和新闻学院可以联办一些子报、杂志或者栏目,这样可以互通有无、取长补短,并能从根本上解决理论和实践脱节的问题。

二、内容分析——信息价值判断和选择

在传播过程中,信息内容对传播效果有着十分重要的影响。只有那些具有

---

① 李希光著:《是新闻记者的摇篮还是传播学者的温室?》,《新闻记者》2001年第1期,第26页。

传播价值并且能够吸引人的内容,才能引起受众的注意,并为其接受。传者要把那些有价值的信息传播给受众,首先就涉及一个价值判断和选择问题。具体到新闻学教育中,就是新闻学教育工作者要选择有价值的知识传播给学生。可是,在目前的新闻学教育中,大家普遍感到存在这样一个问题:新闻学专业不专。新闻学专业的毕业生能干的工作,中文、哲学、历史、法律、经济学专业的学生同样能干,而且在媒体中更受欢迎,因为其他专业的学生更有后劲,这不能不说是对新闻学教育的莫大讽刺。目前,在一些高校新闻学院中,甚至一些著名教授开的课,学生听课上座率也很低,更不用说青年教师了。逃课成为学生的一种时尚,并不是说学生都不愿上课,而是上课收获极小,与其这样,不如自己上自习,泡图书馆,学生自嘲为"教育就是自我教育"。有些学生尽管不逃课,但人在课堂心在外面,或者心作他用。一些老教授也惊呼:"如果这样发展下去的话,不出10年,新闻学教育要全线崩溃。"造成目前这种局面的原因,除了和新闻学学科定位有关外,还和新闻学所开设的主干课程、核心课程有直接的关系。那么,新闻学的核心课程到底应该是什么呢?笔者认为,核心课程的设置应该有助于培养学生系统地收集、分析和传播信息的能力。一些专家认为,在面临各种利益集团强大压力的今天,新闻学教育应该把对新闻媒体质量的评估、公众的关注点和提高新闻记者与公众的水平变成当代新闻学教育的主要课程。比如目前公众对媒体的关注点有:新闻报道的公信力、信誉度、可靠性、准确性、公正性以及对个人隐私的保护;新闻报道中的阴暗面太多,如煽情、暴力、丑闻、耸人听闻的报道和明星逸事等,这些与现实生活显然是不相称的;某些记者不讲求职业道德,在采访中采用欺诈行为或隐瞒真实身份等。这些基本问题,是未来记者们在新闻学院读书时就应该解决的最基本的价值观和伦理道德问题,很显然,与这些问题相关的知识信息应该成为新闻学专业教学的主要内容。

大学新闻学院是学术中心,更是人才培养的工厂。就对社会的贡献而言,后者的影响可能还更大。因此,新闻学院的重点不是也不能是从概念到概念的空洞的纯理论的研究,而是传授给学生们最基本的新闻学原理、基本采写技能和基本价值观,使学生们在走进复杂的社会从事新闻报道前受到严格的职业训练,这种新闻学训练的严格性不亚于医学院、法学院、商学院对学生的职业训练。那么,怎样衡量一个新闻学院的教学安排、课程设置是否合理?美国新闻界的标准十分简单:看教学中有多少资源被用于新闻采访编辑、新闻史、新闻法规和新闻伦理等课程。曾经做过40年记者的波士顿大学新闻系主任比尔·凯特说,新闻的基本价值观、职业道德观、伦理道德观、新闻的公平和公正原则应该列为新闻院校的核心课程。新闻的核心价值包括:真实性、可信性、准确性、完整性、全面性、公正性、平衡性、言论多元性、为公众服务性,以及避免个人利益冲突、不惧怕权威、不煽动仇恨、不传播谣言、无人高于法律之上,等等。关于新闻学院的教学重点,美国最有影响的新闻研究机构和媒介集团"自由论坛"曾在美国各大媒体的人事部门做了专门的调查,其结果是:70%以上的人主张应该开设"高水平的写作课程"、"培养学生对新闻的兴趣"、"培养具有批评精神的思想家"、"聘请新闻记者担任教授";有40%的人建议"把新闻学与公共关系和广告分开"、"突出新闻伦理学课程";而有40%以上的人完全不同意"用传播学取代新闻学"、"突出传播学理论课程"。"自由论坛"还分别对美国各新闻学院的教授和业界媒体专家就传播院校的学生应该学习和掌握的知识领域、价值观念等问题做了专业性调查,结果表明[1],二者都认为下列知识领域和价值观是必须掌握的:"新闻采访写作的基本技能"、"采访技能"、"信息分析和产生思想的能力"、"清晰的写作能力"、"截稿压力下的写作能力"、"深度报道调研能力"、"对新闻事业的献身精神"、"产生新闻灵感和点子的能力"、"对时政和重大事件的关注"、"与各种背景的信息源谈论问题的能力"、"发现新闻报道中的陷阱的能力"、"明快流畅地报道复杂新闻事件的能力"、"相信准确性和真实性是新闻学核心"、"信仰美国宪法第一修正案"、"相信公民知情权并提供他们需要的信息"、"新闻院系一毕业就成为合格记者的能力"等。至于"了解社会对新闻媒体的批评"、"为各种媒体(报纸、广告和网络)做报道的能力"、"了解新闻发展和演变史的知识"、"了解新闻媒体内部变化"、"培养记者需要的勇敢精神"等,二者也近乎一致地认为不太重要。

由上面的调查可以看出,在自由主义的美国——事实上其他西方发达国家也是如此——新闻学院应该给学生开设的课程,主要集中于专业技能、职业精神、道德法律、基本知识等几个方面。至于传播理论、历史课程等内容,在这个孕育实用主义哲学的国家中,并没有引起媒介部门和新闻学院教授的重视。很显然,这种课程体系的核心是专业技能的培养。

中国的情况有所不同。作为世界上最大的社会主义国家,作为一个正在开放之中的发展中大国,新闻传播媒介在政治体系中特殊的政治法律地位,使得社会对新闻工作者的角色期待完全不同于资本主义性质的美国。在现有体制下,新闻工作者被视为灵魂的工程师,是执政党的耳目和喉舌,其次才是信息传播工具、社会舆论工具。因此,与西方国家相比,对于新闻从业人员的业务能力要求基本一致,但在政治要求、道德要求、学养要求、语言能力要求等方面则远远超过了其他西方国家。所以在构建课程体系时,政治理论、社会科学、语言能力等被提到了几乎与专业主干课程相同的高度。

---

[1] 李希光著:《是新闻记者的摇篮还是传播学者的温室?》,《新闻记者》2001年第1期,第27页。

三、媒介分析——教育者人体的延伸

加拿大著名传播学者马歇尔·麦克卢汉有一著名的观点:媒介是人体的延伸,如广播是人的嘴巴和耳朵的延伸,电视是人的眼睛、耳朵和嘴巴的延伸。"人这个制造工具的动物,长期以来使自己的感官延伸。"[1]这一观点把媒介在传播中、在人自身发展过程中的重要作用形象地描绘出来了。在新闻传播史上,每一次媒介的革新、每一种新媒体的出现,都会带来一次深刻的传播革命。同样,在新闻学教育中,传播手段对传播效果也会产生很大的影响。

现代科技一日千里,特别是第四媒体的出现,对新闻教育中教学手段的变革提出了更高的要求。除了极少数条件很好的知名大学新闻学院外,目前我国大多数新闻院系的办学条件、教学手段还十分落后。不少学校仍然视新闻专业为普通文科,其实在信息传播发达的社会,新闻传播诸专业都被视为文科中的工科。专业性质认识上的误区,决定了教学资源分配的不均衡。如今,网络作为新媒体在传播领域中的影响与日俱增,但一些新闻院系的计算机数量少得可怜,即使学生自己买了计算机,也很难上网,学生对此叫苦不迭。电视作为覆盖率最高的现代媒体,其更新换代是最快的,电视早已从手工的影片剪辑发展到电子编辑,现代用的都是非线性编辑、三维动画,而在教学过程中用的大多还是落后的旧式编辑设备,甚至有的新闻院系连这也没有;其他如演播室、摄影机、多媒体教室等设施或设备,要么根本没有,要么十分落后。广播已有了微型无线话筒、高档录音设备,而教学中用的还是旧式采访机,就连这些落后的设备数量也是少得可怜。[2] 教学手段的落后,制约了教学方法的改革,使得课堂上无法采用双向互动、学生参与的模式,而只能沿袭传统的"满堂灌"的单向传输,这无疑会影响传播—教育—效果。如果具备足够的教学试验条件,不仅可以活跃课堂气氛,开阔学生视野,学生的动手能力也会有很大的改善。例如:老师可以让学生经常观摩一些国内外经典的专栏节目、电影、电视剧,领略一些知名主持人的风采;让学生自己动手拍一些短片,或策划一些小栏目等;可以让学生运用先进的软件练习版面编辑、制作网页等。这样在实践中学习,把理论教学与专业实践结合起来,其效果比起单向灌输来要好得多。

目前,国内新闻院系中普遍存在教学手段落后局面,这已是不争的事实。

---

[1] (加)埃里克·麦克卢汉,弗兰克·秦格龙编:《麦克卢汉精粹》,南京大学出版社2000年版,第561页。

[2] 王克敏,张芹著:《从应用型广播电视人才调查看广播电视新闻教育》,《中国广播电视学刊》2000年第3期,第24页。

人们一般把原因归结为经费不足。笔者以为这只是触及了问题的表层，深层次的问题是教育单位、新闻教育者和新闻管理者的观念问题，即在观念上是否认识到现代科技手段对新闻教育的重要性，并切实采取措施去改变目前的状况。诚然，作为传统意义上的文科教育，普遍存在着经费不足的状况，但也不能说我们不能去创造条件。在申请学校加大办学投入的途径之外，新闻院系能否和新闻媒体加强合作，新闻院系作为技术股、人才股加入到广电集团、报业集团中去？能否从新闻学院社会服务收入中划出一定的比例用于改善教学条件？如果这样多管齐下，新闻院系的办学条件、试验教学设施一定会有很大的改善，人才培养的质量也会有切实的保障。

四、受众分析——"受众中心论"的启示

以"使用与满足"理论为代表的受众研究确立了受众在传播过程中的重要地位。"受众中心论"的提出，使得受众不单单是媒介产品的消费者，而且是信息、媒介以至传播者的最终检验者，受众是新闻传播活动中又一个活跃因素，是新闻传播活动中积极主动的参加者，是不可忽视的反馈信源。选择性注意、选择性理解、选择性记忆的接受过程，以及求知、求新、求异、求趣、求美等心理取向，使我们需要研究受众、了解受众，在满足他们的要求中进行引导，同时发挥受众的主观能动性，在传者和受众双向互动中，适时调节传播的内容，从而达到理想的传播效果。在新闻学教育中，学生也不是被动的接收者，而是积极的主动的受众。因此，新闻教育者也要研究自己的"受众"，才能收到较好的传播效果。

我国古代大教育家孔子提出教育要"因材施教"，距今已经几千年了。古人尚且自觉不自觉按照"受众中心论"原则进行教学，现代信息社会中的新闻教育工作者，却似乎把这一至理名言抛在脑后了。我们的教授上课采用的是"填鸭式"教学，管你学生爱听不爱听，只管照本宣科，难怪一些学生说，听某某老师的课，是给他面子，否则才不愿意坐冷板凳活受罪呢。而且，这样上课浪费的机会成本也太大了！所以，新闻教育者要深入学生、了解学生，才能知道他们的需求，懂得他们的情感，了解他们的心理活动，这样老师在讲课时才能有的放矢，才能给受众提供适合他们口味的精神食粮。

"受众中心论"还要求新闻教育工作者在教学过程中，要充分发挥学生的积极性、主动性，变"我说"为"他说"。比如某一学科的教师可以把自己的授课内容分为若干个专题，然后征求学生的意见，待学生认可后，再组织教学；或者让学生围绕某一专题去收集信息，然后在课堂上进行广泛的讨论，最后教师再点

评和进行总结,"纸上得来终觉浅,绝知此事要躬行",这比老师"满堂灌"要好多了。另外,组织各种各样的活动,也是发挥学生主动性的很好的方式,如让学生自己举办一些前沿的学术知识讲座,举行演讲会,邀请一些校内外的知名专家召开座谈会,等等。方式可以不拘一格,关键是发挥学生的主观能动性,教师不妨当一下听众或观众,提出一些合理化建议。

如果我们把学生比作新闻教育的产品的话,"受众中心论"要求我们满足不同受众的偏好,这样的产品才是具有广泛市场前景的好产品,一个新闻学院才能有特色,才能有旺盛的生命力。

五、效果分析——传播的出发点和归宿

传播效果是传播活动的出发点和归宿。效果问题是整个传播活动的中心,这个问题贯穿于传播活动的全过程,设定效果的实现,需要传播者、受众的良性互动,需要相当质量的信息,需要畅通无阻的传播通道。所有这一切协调运作的结果,就是满意的传播效果的获得。

新闻教育的目的同样也是为了获得理想的传播效果,这种效果具体表现为高质量的人才产品。它和上述新闻传播活动的各个环节都有关系,在这里,笔者想提出三条不成熟的建议。

1. 要对新闻教育者建立竞争激励机制

不可否认,目前的新闻教育管理中,存在着一定程度的竞争激励机制,但笔者认为其力度还不够。其具体表现是重奖轻罚,只上不下,师资队伍中缺乏危机感和使命感。高校新闻院系应该废除教授职务终身制,定期审核教授任职资格,如果某位教授连续两年无论文发表,则应该自行解聘;反之,对那些有突出贡献的教授和教师要实行重奖,破格提拔等。教授的选聘要在全国甚至全球范围内进行,力求用优惠的条件吸引一流的人才。对于教育者的评审机构,不能只由学校的领导和学者组成,还应该加入媒体专家和学生的代表。现在一些学校开始实行学生给老师公开打分,笔者认为,这是监督老师的一种很好的举措,学生是应该有发言权的,对于人品差、学问差的老师,学生有理由拒绝上课。

2. 要在教育者和学生之间建立有效的互动反馈机制

传播活动不应是单向的,而应是双向互动的。在新闻教育者与学生之间建立双向的互动反馈机制是十分迫切和必要的。学生对老师有什么意见和建议,可以和老师进行沟通,老师也应该倾听学生的意见,对学生进行有针对性的指导。这样,教学双方既加强了了解,又增深了感情,还提高了业务水平。笔者设想,新闻院系能否仿照政府的"市长信箱"、"市长接待日",也设立"院长信箱"、

"院长接待日",给学生一个表达自己的机会,也给院系领导增加一扇了解学生的窗口。这样的反馈不能只局限于在校师生之间,也应扩展到老师和毕业生之间,因为毕业生更接近实际,更能提出合理化建议。新闻院系应该有专职人员做这方面的工作,建立毕业生跟踪调查档案,利用计算机进行管理,提交学院领导和老师作为参考。

3. 拓宽筹资渠道,尽量改善办学条件

新闻专业是文科中的工科,需要高投入,其成本之高远非其他普通文科专业所能比。要满足新闻专业人才培养的条件,单靠学校的经费投入是远远不够的,必须在此之外,在与业界的互动之中、在社会服务之中开辟新的财源,改善办学条件,更新试验设施,为高素质新闻专业人才的培养创造必要的前提。

(本文原载于武汉大学学报(人文科学版)2003年第4期,与张永德合著)

中国新闻教育面临十字路口

2005年11月1日,新华社发了一条消息,题目为《新闻专业设得太滥,学生到哪儿就业?》。该消息表明,中国新闻专业教育与市场需求严重脱节,在校学生数量大、素质差,远不能适应业界的要求。这一消息引起了社会的普遍关注。11月19日至20日,中国人民大学新闻学院院庆50周年之际,中外著名新闻传播学院院长论坛在京举行。在会上我做了一个内容有些沉重的演讲《中国新闻教育面临十字路口》,会议代表多表示认同。"人民网"及时做了转播,但由于会议记录存在诸多缺漏,网上所见,与我演讲的原意多有不符之处。现将演讲原文整理发表,期望能够引起相关人士的注意。

一、新闻教育的空前发展

笔者长期工作在新闻教育的第一线,深感这20多年来中国新闻教育事业的迅猛发展,但是也发现了其中存在的诸多问题。这些问题如得不到圆满解决,将会严重影响到中国新闻教育的未来,影响到中国新闻教育事业的可持续发展。

对20余年来中国新闻教育事业的发展,可以从以下四个方面予以审视。

首先是新闻专业办学点的迅速增长。20世纪50年代中期,中国人民大学新闻学专业成立前后,全国只有5个新闻专业点;1994年全国新闻专业点增加到66个;到2004年底,全国新闻传播专业办学点一共达到661个。从事新闻教育的学校在20世纪80年代只有十几所,到2004年底达到200多所。同时学校的性质也发生了重大变化,从正式的高等院校到独立学院、二级分校,从国家重点院校逐步扩展到地方学校、地方分院,从综合性高校到各类专业院校、师范学院,办学点四面开花,呈现出欣欣向荣的景象。

其次是在校学生规模的空前扩大。在20世纪80年代初期,全国高校新闻院系的学生规模不大,在校生不过几千人,可是现在中国新闻院系的在校学生规模已经达到 12.3 万人,每年走向社会的毕业生由 20 世纪 80 年代的数百人提高到现在的每年 3 万多人。

再次是新闻传播专业人才培养系列的延展。20 世纪 80 年代初期,全国只有中国人民大学、复旦大学、北京广播学院三所学校有新闻学的硕士点,新闻人才培养的主流产品是本科生,专科生是重要补充。如今不少重点大学新闻传播院系的研究生招生规模与本科生几乎持平,有的超过了本科生。现在拥有新闻传播学类硕士点的学校达到 88 个,拥有新闻传播学二级学科博士学位授予点的学校达到 13 家,其中拥有新闻传播学一级学科博士学位授予权的学校达到 6 家。从以本科为主到本科生、研究生并重,新闻传播人才培养系列得到全面延展。

此外,社会对新闻传播类专业的期待也在上升。从每年的招生情况来看,各个学校的新闻传播学专业都是非常火爆、非常热门的专业。好多学校新闻专业的录取分数是最高的,或者是位居前两位的。为什么会出现这样的情况?对此当然也有很多不同的理解。其中恐怕有一部分原因是对新闻传播职业的理解有偏颇之处。关于新闻传播职业的性质、就业前景、投资回报率,社会上存在着不少不切实际的看法。在中外新闻传播学院院长论坛上,北京大学新闻与传播学院的龚院长说,有部分学生报考新闻学院是出于对新闻工作者职业形象的错误认知,认为当记者第一很神气;第二有国家干部身份,有地位;第三出去活动的时候有红包,很实惠。当然,并不是所有的人都这样看。但大家对这个专业趋之若鹜则是不争的事实。

二、新闻教育在重复纺织业、钢铁工业昨日的故事

作为长期在新闻教育第一线工作的教师,耳濡目染,产生的第二个深刻感觉,就是新闻教育的过度发展,以至于孕育着泡沫化的风险。甚至可以说,中国新闻教育的现状似乎正在重复中国纺织工业、钢铁工业昨天发生的故事。

20 世纪 80 年代初期,中国开始改革开放的时候,确定了工业改革方面先轻工业后重工业的战略次序。轻工业则选择了纺织业作为突破点,因为轻纺工业投资小、见效快,回报率高,所以,全国一下子到处办纺织工业。由此,中国纺织业的规模大量扩张,出现了产能过剩。到了 90 年代,国内外纺织业市场严重供大于求,大量产能放空,国家不得不关闭许多纺织工厂,导致大量纺织工人下岗。2000 年前后,中国加入 WTO(世界贸易组织),海外市场打开了,海外市场的诱人前景,引起了业界的投资热潮,各地大干快上,引起了新的产能过剩,于是又有了价格战,欧美国家相继开始对中国纺织品进行反倾销调查。

中国钢铁工业同样出现了这种由盛而衰的迹象。类似的情形还有很多,如早期的电视机制造业、汽车制造业等。

从当前中国新闻教育事业发展的实际来看,新闻教育似乎也面临着相同的情况:一种由盛而衰的关键点。因为在很多高校领导者看来,新闻教育是一种廉价的教育,不仅投资少、见效快,而且社会的看好度高,能够招到很多学生,学生多了收费就高了,办学的效益就会体现出来。于是,大家都来办新闻教育,有条件的上,没有条件的也要上,在这种情况下,新闻教育终于出现了泡沫化迹象。

新闻教育是遍地开花,正在重复纺织工业、钢铁工业当年的故事,前车之鉴,不可不虑。对于新闻教育的泡沫化,可从以下四个方面来把握。

第一,质量和数量不成比例。从总体情况来看,国内高校新闻传播院系的学生数量在急速膨胀,从 20 世纪 80 年代的在校生数千人,到如今的 12.3 万人,速度太快,增幅太大。与此同时,新闻传播人才的培养质量却在下降。主要有以下四个原因。

第一,新办的院校教学条件差,有些学校根本就没有人才培养的基本设施和师资,但是它们的胆子特别大,招生的规模更大。特别是那些二级学院,多是与企业界老板合作建立的,纯粹按照市场机制运作,追求投资回报,希望在最短的时间内收回成本,获取暴利。另外,一些条件较好的院校,由于办学的战线在拉长,过去主要培养本科生,现在有了硕士生、博士生,还向成人教育延伸,这样一来,精力必然分散,从而导致本科教学质量的进一步下降。

第二,学校的专业结构和社会的人才需求结构不成比例。目前人才市场反馈的信息表明,国内新闻传播院系的专业结构调整严重落后于社会需求结构的变化。这主要表现为,新闻传播业界最需要的人才,大多数新闻院系不能提供。业界需要有思想、有深度、有广度的高级业务人才和高质量的经营管理人才,大部分新闻院系不能提供,他们能提供的只是一般性的普通人才。正因为如此,在人才市场的激烈竞争中,新闻传播专业的学生不一定能够竞争过其他专业的学生。如经济类媒体可能会从经济专业吸纳新鲜力量,新闻专业的学生正面临着经济专业学生的挑战。

第三,办学单位的水平与办学规模不成比例。高水平的办学单位招生的规模基本上趋于稳定,或者趋于减少。如中国人民大学新闻学院,其在校生中,本科生、硕士生、博士生加起来只有 900 多人,还不到 1000 人。可是那些新建的二级学院、独立学院却在大规模招生,两者在规模上的反差非常明显。目前中国人民大学、复旦大学、武汉大学、华中科技大学等名校的新闻学院,每个专业每年招收的本科学生一般不超过 50 人。但新成立的学院在招生上每个专业动辄两三百人或四五百人，数量惊人。如果审视其办学条件，其师资和硬件设施远不足以维持教学的正常进行。

第四，社会的总需求和总供给不成比例。从这几年中国新闻传播业发展的实际情形来看，新闻传播业界对于新闻传播人才的总体需求，总体来看应该是增长趋缓，或者基本稳定。可是由于新闻教育的爆炸式发展，新闻传播类专业人才的总供给扩张太快，远远超过了需求。现在，国内新闻传播院系每年向社会输送大约 3 万名新闻专业人才，以目前国内新闻传播业界的实力，实在难以全部消化吸收。这种严峻的现实，导致了一个令人忧虑的现象，就是一般院校新闻院系学生的就业率急剧下降，有的达到 50% 左右，重点高校新闻院系的就业率在 80% 左右。现在出现的考研热潮，在某种意义上，是为了回避就业率低下的现实。即便考上了研究生，毕业后还是要面临社会的选择，考研不可能从根本上解决就业率低下的问题，充其量只是将其延缓而已。

三、前景堪忧

基于以上分析，笔者对于中国新闻教育的发展前景深感忧虑。在这个信息化时代，中国新闻教育面临着严重的危机。这种危机主要表现在以下四个方面。

第一，严重的人力资源浪费。本文开头部分引述了 2005 年 11 月 1 日新华社的一条消息《新闻专业设得太滥，学生到哪儿就业？》，该消息引述了教育部教学指导委员会主任、中国新闻教育学会会长何梓华教授对当前新闻教育的评价，得到了学界、业界的广泛认同。现在学生找不到工作，尤其是新闻学专业的学生找不到工作，可以说是一个常态。但是多数学生找不到工作，应该是不正常的。就业率的下降，造成重大的社会浪费，不仅是人才的浪费，在人才浪费的背后还有更多社会财富的浪费。去年，根据上海的一个调查，一个孩子从出生到大学毕业，其家庭花在他身上的费用在 49 万元人民币左右。可以设想，家长在投入 49 万元后，没有一点回报，还会找不到工作，血本无归，对他们将是什么打击。

第二，教学质量整体下滑。现在流行着这样一个说法"现在的硕士相当于过去的学士，现在的博士相当于过去的硕士"，赞同这种看法的人不在少数。其实，人才培养质量的下降，并不限于研究生阶段，本科生的质量也令人忧虑。特别是那些招生规模很大的新办新闻院系，在不具备办学条件的情况下，怎么可能培养出能够满足社会需求的专业人才？即便是条件较好的著名新闻院系，在不能保证本科教学中心地位的前提下，其质量标准也难以令人乐观。

第三，劣币驱逐良币。由于新闻传播人才市场良莠不齐，加上业界用人机制不透明，社会关系在其间的影响空间相当大，从而造就了这样一种可能：高水平的、合格的学生，在专业职位竞聘上，不一定能战胜低水平的、不合格的学生。因为不合格的学生可能有非常硬的社会关系，而出身寒门的高水平学生则可能与理想职位失之交臂，于是出现了劣币驱逐良币的现象。这种情况必然会加剧社会不公，累积不满情绪。

第四，影响社会的稳定。学生就业率下降，大量的学生不能就业，是一个重大的社会问题，甚至可以说是一个破坏力巨大的定时炸弹。因为现在走出校门的大学生，绝大多数都是独生子女，他们的出路、未来，对于家庭、社会具有特别的意义。何况，新闻传播专业学生，有其专业特长，他们比其他专业学生更能利用媒体尤其网络媒体表达自己的意见，他们的活动能量更大，也更容易得到社会的同情。如果待业的新闻传播类学生达到一定的数量，将会在很大程度上影响到社会稳定。

以上四个方面的危机，对于中国新闻教育的可持续发展是个严重的威胁。中国新闻教育的明天是否会十分灿烂，主要取决于以上问题的解决与否。

四、我们该怎么办

面对上述问题，新闻教育界该怎么办？笔者认为，在目前的情况下，可以从如下四个方面采取必要的措施。

第一，加强专业评估。即加强对各办学单位的办学水平和教学质量的评估。评估事宜千头万绪，需要有专门的组织履行相应职责。笔者以为，这一重要职责应该赋予教育部新闻学科教学指导委员会，由其对全国范围内的新闻院系及所属专业进行合格和优秀两级评估。鉴于评估涉及面广、工作量大，建议对评估对象以随机抽样的方式，或者根据社会投诉来确定，并实行非形式化的评估。评估的最终结果在权威媒体或网上进行公布，以期对各类学校新闻专业的招生产生直接影响。

第二，提高新闻教育市场的准入门槛。新闻教育不同于一般的文科教育，在某种意义上，新闻传播类专业可以说是文科中的工科，它需要有较高的投入，所以必须设置准入门槛。首先，应对办学的物质条件提出最起码的要求，对专业图书资料、实验室及试验设备数量、种类和技术档次，要有明确而具体的规定；对师资队伍也要提出最起码的要求，没有一定数量的专业师资，或者教师队伍中没有必要的专业背景，应该拒绝批准。笔者以为，新闻传播类专业审批权不应完全委之于教育管理职能部门，职能部门的审批意见必须得到教育部新闻学科教学指导委员会的认可方能生效。

第三,引入淘汰机制。要改变新闻传播类专业只生不灭的现状,在新闻教育界引入淘汰机制,实行优胜劣汰。至于怎么淘汰,根据什么标准淘汰,可以以教学指导委员会的评估结果为依据。对专业评估中质量表现太差的,应该立即取消其招生资格。

第四,适当控制招生规模。当前中国新闻教育的规模已经过大了,超出了中国新闻传播业界的现实需要,教育管理部门应该采取措施,严格控制招生计划。对于一般院校、新办院校、二级学院,应该限制其招生规模,同时鼓励重点学校、名牌学校的新闻院系,扩大本科阶段的招生数量,从而改变办学单位的水平与办学规模的大小之间严重失衡的局面。

总之,现在中国的新闻教育,正面临着一个十字路口。在这个紧要关头,如果方向正确、决策科学、措施得力,就可以顺利前行,实现可持续发展;反之,如果无所作为,顺其自然,新闻教育就有可能发生方向性的错误,乃至面临灭顶之灾。作为新闻教育工作者,我们也应该承担起自己的社会责任。与其等到事态不可收拾时再面对现实,不如现在立即行动起来,以避免将来出现贻害国家、祸及子孙的情形,从而保证中国新闻教育的健康发展。

(本文系作者第一次以华中科技大学新闻与信息传播学院教授的名义发表的教学研究论文。文章原载于《迈入21世纪的中国新闻教育》,中南大学出版社2007年版)

铸魂——新闻传播教育的天职

在信息时代,没有比新闻传播更重要的职业;但是随着网络媒体的崛起,人人都有麦克风,人人都有摄像头,"公民记者"论开始甚嚣尘上。不过,在众声喧哗中,在信息弥漫和奔涌之下,公众并没有感到欣喜,反而平添了更多的不确定性和惶恐之感,人们还是在期待理性的声音。职业传媒人的公信力和权威性仍然是不可替代的重要品质,只不过,他们还要适应网络时代的传播现实,应该习惯于插上网络的翅膀。

新闻传播教育存在的价值在于向社会输送有专业理想、有职业能力、有道德操守、有大局意识的传媒人才。这种人才对于信息时代社会的有序运行、对于媒介社会的社会沟通、对于文明的传承是不可或缺的。习近平最近在和新闻工作者的座谈会上说:"做好党的新闻舆论工作,事关旗帜和道路,事关贯彻落实党的理论和路线方针政策,事关顺利推进党和国家各项事业,事关全党全国各族人民凝聚力和向心力,事关党和国家前途命运。"在这个意义上,新闻传播教育可以说是百年大计。

所以,在中国高等教育迅猛发展的情况下,新闻传播教育成为高等教育界的一个不可或缺的重要领域。以中国当下的情况而论,截至2015年底,全国有高等学校2824所,其中681所大学开设新闻传播类专业,开设新闻传播类专业的高校占全国高校总数的约1/4。而"985""211"大学中开设新闻传播类专业的比例高达55.9%。可见大学层次越高,创办新闻传播教育的积极性越大。这些学校共设有1244个本科专业点,其中新闻326个,广电234个,广告378个,传播学71个,编辑出版82个,网络与新媒体140个,数字出版13个。其本科生在校学生总规模达22.5691万人。这还不包括研究生,事实上,许多重点高校研究生的招生规模远远超过了本科生。

新闻传播教育一片繁荣,同时也面临着社会各界的批评。首先是表面上的问题,在媒介融合如火如荼的背景下,新闻传播院系的专业设置却越来越细,专业之间的壁垒越来越深,似乎与社会进化、传播大势背道而驰。新闻传播院系的毕业生到传媒行业就业的比例呈持续下滑的态势。此不赘述。其次是内在的问题,即繁荣表象下的问题。这方面的问题集中体现在教育过程中一些主要矛盾关系的轻重失衡。具体而言,有如下四点:一是重物质而轻精神。在办学理念上,重视硬件建设,物质投入增加了,技术条件大大改善了,却忽略了软件建设,忽视了文化建设,以致精神境界没有随着物质一起提升;二是重技巧而轻操守。把新闻传播视为一种普通的职业,专注于职业技巧,而忽略了新闻传播的社会责任,忽略了传媒行业的职业操守和行为底线;三是重知识而轻道德。无论是教师还是学生,大多都以为学生的天职是学习,摄取知识,却不知道德的重要性,忽略了做人优先于做学问的基本道理;四是重现实而轻理想。现实是行为的出发点,但不应该成为人们的最终归宿。我们的行为应该立足于现实,但是应该有高于现实的理想追求。但是我们现在的教育,引导学生如何与尊重现实,与现实妥协,却没有给学生愿景,没有引领学生追求理想。

总之,现在中国的新闻传播教育,表面上轰轰烈烈,蔚为大观,十分繁荣。实际上问题严重,其要害之处在于拘泥于现状,落后于现实,丧失了理想,忽视了灵魂。须知,从古到今,中外的教育家们无不把教育的本质定位为格物致知、型塑人格、净化灵魂,三者缺一不可。可现实的情况是,我们只是关注了致知,而忽略了人格和灵魂,尤其是灵魂。这里所谓的灵魂不是宗教意义上的灵魂,而是属于意识形态范畴,它是指在一定的教育和社会环境的熏陶影响下,经过主体长期的积淀和内化而形成的理想、信仰、人格、责任感、价值观等精神内涵。这种精神内涵一旦形成,将会在一个比较长的时间内保持稳定,不仅会对主体的行为产生导向性的作用,而且还会对其同伴或所在的群体的心理认同产生一定的影响。

在当下,中国新闻传播教育界最应该做的事情,是在教书育人的过程中,营造良好的学习氛围,在建构学生合理知识和能力体系的前提下,重视学生灵魂的熔铸和精神的引领。应该说,在新闻传播院系学习新闻传播类专业,专业知识摄取和业务技能的锻炼,自然是题中应有之意。但是如果没有高尚而纯洁的灵魂,没有崇高的精神境界,即便具备了完备的专业知识,掌握了高超的专业技能,也未必能够在传媒岗位上服务人民,为社会的进步提供正能量。

因此,为新闻传播院系的莘莘学子熔铸专业之魂,升华他们的精神境界,乃是新闻传播教育工作者的天职。但是专业之魂本身,内涵丰富,博大精深。专业之魂的熔铸,更是一个复杂的系统工程,涉及人才培养过程的各个环节,每个层面。从课程、教材、教师、实习,到培养模式及全程教学计划,无不影响到学生的内在精神。作为一个教育工作者,我以为可以从如下几个方面努力来达成铸魂的目标。

第一,责任感。责任感乃是一种意志力的表现。它是主体不仅对自己,更重要的是对他人、对家庭、对组织、对社会、对国家,乃至对自然界,主动积极地施以正面、积极影响的心理状态或精神状态。这种责任感在本质意义上,肯定主体利己的行为,但是同时又必须利及他人、利及组织、利及社会、利及国家,而且当个人的利益与组织、社会、国家的利益发生冲突时,要以后者为优先考虑。责任感与责任最大的不同,在于责任是主体分内应做之事,有不得不做的被动性质;而责任感则是主体积极自觉地做好分内分外一切有益事情的一种主动的精神状态。新闻传播专业学生的未来,是从事新闻传播事业,这一职业最大的特点是公益性,故责任感是从事这一职业的基本前提。

第二,使命感。在社会系统中,每一个人都有属于自己的并且适合于自己扮演的社会角色,如医生、教员、牧师、军人、科学家等,与这种角色直接对应的责任、任务或者命令,就是使命。使命感则是主体对这种属性的追寻和实现。新闻传播职业被定位为社会的瞭望者、公平正义的守护者、社会文化的传承者,对于社会的有序运行,对公众利益的维护,不可或缺。由于在履行职业使命时,必然会牵动既有的利益格局,所以连带地会产生一定的风险。在和平时代,记者可能是风险系数最大的职业。但是新闻报道事关国家和人类的命运,所以从事此业者,必须有强烈的使命感,乃至为了使命奉献生命的勇气,正如孟子所言,"虽千万人,吾往矣"。没有这种精神准备,传媒人是难以胜任自己的角色的。

第三,信仰。一般来说,信仰是主体的一种强烈的情感体验,是一种心灵的产物。它表现为主体对某种宗教、主义、主张,或者对某种人、组织,或者是对某种事物的信奉和敬仰。强烈的信仰是人们行为源源不绝的动力,它会排除一切障碍,不达目的不罢休。在当代中国,对马克思主义理论、共产主义愿景的信仰,是传媒人的精神皈依和职业行为的动力。当然,在一个日趋多元的社会,人们的信仰也会趋向多元化。信仰自由是宪法赋予的基本人权,只要是不违背人类的共同价值,只要不危及人类共同的利益,只要不是极端的主义和信条,这种信仰就值得肯定,就应该坚持。不同信仰的人们从事着同一的事业,有利于从不同的角度共同推进这一事业的发展。

第四,理想。理想是对未来的愿景,或者是主体对未来美好的想象和希望。理想是人生的奋斗目标,有理想才会有追求。在这方面,理想与信仰有相同之处。但是理想是源于实践、基于现实的有可能实现的向往和追求。理想不是空想、不是幻想,更不是妄想。新闻传播教育应该引导学生适应现实,但又应该鼓励他们超越现实,不满足于现状。新闻传播院系应该给学生以未来的愿景,给学生以理想,但是这种理想、愿景,应该有其实现的现实和可能性。有理想的新闻工作者,才会有进取心、创造性,才会有绵绵不绝的原动力。

第五,价值观。价值观是主体对各种客观事物的评价,这种评价往往是从是非、善恶、轻重等维度展开的。诸如民主、自由、平等、幸福、权威、服从、诚信、自尊等,在主体的心目中,自有主次轻重之分,是非善恶之别,从而构成了他的价值体系。人们的价值观的形成是一个漫长的过程,家庭、学校、朋友、媒体都会在不同的程度上影响到它的形成。而价值观一旦形成,就会在相当的程度上决定人们的态度和行为。大学是学生价值观形成的重要阶段,应该在培养过程中,通过完善的课程体系和实践环节,帮助学生形成正确的价值观,从而为其今后的职业生涯打下坚实的基础。

第六,道德。道德是一种社会意识形态,是调节人们行为的规范或准则。道德常常以善恶为准则,通过内心信念、社会舆论和传统习惯来评价人们的社会行为,调整现实生活中人们之间包括人与人、人与社会间的相互关系。有一般的道德,也有行业或职业的道德。新闻传播是一项影响深远的公共事业,其职业道德准则对于传媒的有序运作,具有重要的意义。所以,新闻传播院系在给学生灌输知识的同时,应该给学生完备的道德理念,掌握判断善恶的标准。这样才会有有操行的传媒人和有道德的媒体。

第七,人格。人格主要是一个心理学的术语,它是指主体独特的稳定而统一的心理品质,是融合思想、情感和行为于一体的心理特征的总和。一般而言,人格由两个部分组成,性格和气质,性格主要体现在行为模式上,气质则主要体现在心理活动层面。人格最主要的特征是独特性,世界上没有两片完全相同的树叶,也不可能有两个完全相同人格的人。所以特立独行是人格的核心诉求。新闻传播重视独家视角,多元社会要求多样思维,唯有人格独立,唯有张扬个性,传媒才不会成为划一的世界。

第八,理性。理性往往与感性、激情相对应。理性一般是指主体能够自信、冷静地面对现实和问题,基于现有的科学理论与方法,通过判断、分析、综合、比较,运用合理的逻辑推理得到确定的结果。理性这种思维品质对于新闻传播从业者特别重要,在信息化时代,时空的压缩,节奏的加快,要求及时、正确、全面地报道现实世界的变化。这就要求新闻工作者以冷静的心态,求真务实的态度,处理新闻事件。而绝对不能以感性的态度,煽情主义的手法,放任自己的激情。唯有理性,才能维持传媒的公信力,才能彰显传媒人的权威性。

传媒人的专业之魂是传媒人所以区别于其他职业,确保自己权威性、公信力的根本条件。而这种专业之魂又有着丰富的内涵,包括责任感、使命感、信仰、理想、价值观、道德、人格和理性。这种内在的精神内涵的形成,在相当的程度上依赖于大学教育。换言之,大学新闻院系是浇铸传媒人专业之魂的熔炉,通过合理的课程体系,周到的导师引领,前沿的社会实践,水滴石穿,积沙成塔。在这个意义上,传媒教育工作者责任重大,要想受教育者得到教育,教育者必须先教育好自己。同样,要让学生具备专业之魂,新闻传播院系的教师们则必须事先拥有。这是教育者的天职,也是教育者的使命。

2014年春节,笔者感于时势变幻和传媒行业的艰困,仿四言古诗作了一首《传之魂》,现录于下,以与读者诸君共勉。"喻家山麓,东湖水滨;乔木参天,人杰地灵。学子问津,切磋争鸣;楚才砥柱,于斯为盛。大学之道,善止德明;矢志弘毅,木铎金声。春秋大义,昭彰群伦;天听民听,至真至诚。经世文章,鉴古察今;闯关越险,拨乱反正。迁固风流,铁笔垂勋;术精思锐,求微索隐。匡扶社稷,与时俱进;秉中持正,求新博闻。穿云破雾,洞照万仞;天地共鉴,斯为传魂。"

(本文原载于《新闻与写作》杂志2016年第9期)

中国新闻传播教育的两大困境

我们今天生活在媒介化时代,媒介及其传播的信息充盈于我们全部的社会生活空间,它影响到我们的呼吸、我们的生存、我们的发展。在这个意义上说,传媒从业者是我们社会系统不可或缺的重要成员,而以培养传媒从业者为目的的高等院校新闻传播院系更是肩负着重要的社会期待。近年来,在强大的社会需求及经济社会发展所奠定的物质基础上,中国新闻传播教育事业迅速发展起来,作为一个传媒教育工作者,看到新闻传播教育欣欣向荣的景象,和大家一样感到高兴,但同时,又为当下的浮躁、现实和功利化担忧。我认为,中国当前的新闻教育面临着两大悖论,应该引起社会的关注。

一、现实主义与理想主义

进入工业时代以来,大学不再是象牙塔,不再是与世隔绝的梦幻之境,也不是脱离现实的世外桃源。大学的使命不仅在于保护、传授和丰富人类的知识与文化,而且在于它是现实社会的人才工厂,以培养社会理想的接班人为目标。随着信息传播事业的发展,随着信息传播对社会系统的全面而深入的渗透,新闻传播教育也迅速发展起来,在一些经济文化发达的国家,相当数量的大学都设有专门的新闻传播院系,其目的就是培养能够满足社会需要的新闻传播人才。

在我们现在的社会系统中,新闻传媒堪称社会机体的神经网络,它不仅能够感知环境的刺激,对刺激做出反应,而且在很大程度上决定了社会系统的智力水平及其社会机能的发挥。在这个意义上,可以说传媒是引领社会前行的力量。一个国家如果没有发达的传播事业,绝不可能臻于文明的境界。

在任何国家,信息传播系统的主体是人,而人是有情感、有智慧、有性格的社会性动物。能够承担传媒社会责任的从业者应该是怀抱理想的现实主义者。这里所谓的理想,是基于职业信仰的一种追求。理想主义是跟信仰紧紧联系在一起的,有信仰的地方,理想主义才会形成,没有信仰的地方,绝不会有理想的存在。而现实主义则是一种长期存在的哲学传统和世界观,它是对待生活的基本态度。在现实主义者看来,适应环境、适应现实是第一位的,目的能检验手段,只要能够实现目标,过程不一定要完美、手段不一定要合理。所谓怀抱理想的现实主义,就是要在信仰、理想的引导下,适应现实,以现实的、合理的方式,引领社会,实现理想。这就是新闻传播院系的基本目标。

2012年5月21日,温家宝总理在武汉接见中国地质大学师生时说:"一所学校最重要的,是要倡导自由之精神、独立之思想。青年学生要有自己独立的思考,这是最宝贵的。""在母校的学习,使我养成了从不迷信权威的习惯,遇事总是要问一个为什么,通过自己,探寻追求真理的脚步。""同学们在学习时,一定不要忘记树立远大理想,把今天学习与今后工作结合在一起,练就本领,将来更好地为人民工作。"这是一个过来人的由衷之言。虽然他不是传媒从业者,但是他对于学生理想主义和独立思考的重视,对于以培养传媒人才为目标的新闻传播教育具有重要的指导意义。

新闻传播院系要实现自己的使命,满足社会的期待,必须在人才培养过程中,注重学生的独立人格、前瞻意识和批判思维的培养。独立人格是前提,新闻传媒从业者是社会的哨兵,是公平正义的守护者,在其履行社会职责时,尤其需要独立思考,独立实践,富有创造性,在报道事实的过程中,在追求真理的过程中,要坚持自己独立的判断能力,既不依附于外在的精神权威,也不依附于现实的权力。在此基础上,才能以基于历史与现实的优势,表现出前瞻的意识和理性批判的力量。只有这样,新闻传媒从业者才能在这个信息爆炸、物欲横流的时代,以自己的智慧之灯照亮人类的前途,引领社会前进的步伐。

可是目前的实际情况,与我们的想象和期待有相当大的距离。在当今中国的新闻教育界,几乎所有的新闻传播院系,无论是培养模式、课程体系、教学过程,还是教材讲义,其基本的价值导向却是现实主义,以体制接纳作为人才评价的基本准则,以认同现实和合理性论证作为其职业使命。

我们的目标很清晰,新闻传播教育的一切努力都是为了满足社会的需要,为了服务于国家和社会。但是,我们没有进一步思考我们致力于满足的到底是现实的需要还是未来的需要?上面的需要还是下面的需要?政治的需要还是文化的需要?内部的需要还是内外共同的需要?目前新闻院系所看重并且致力于满足的恐怕是现实的需要、上面的需要、政治的需要、内部的需要。正是这些需要正在压缩理想主义的空间,挫伤了独立思考的自由精神。

中国目前正处于社会转型期,30多年前,中国刚刚启动改革时,没有人能够想到今天会是这个模样。社会阶层的分化,思想意识的多元,民主观念的普及,完全超越了当时人们想象力的极限。30年后的情形,我们也很难预测,但是有一点是肯定的,那就是未来的中国绝对会越来越民主、越来越多元、越来越开放、越来越富裕、越来越文明。显然,未来中国的传媒从业者,更加需要自由思考、民主意识和独立人格。

我们当然是立足于现实的土壤之上,但历史不会停留在今天。有理想才会有未来。在新闻传媒人才的培养过程中,我们要有强烈的现实感,认同稳定是最重要的政治价值,所以我们要认同现实,接受规则,服务于当下。但同时我们还要鼓励学生们憧憬未来,怀抱理想;要鼓励学生独立思考,追求真理。毕竟,我们这个社会还有未来,我们的学生不仅要有适应现实的能力,更要在未来的社会中扮演建设性的角色。心有多远才能够走多远。只有怀抱埋想的现实主义者,才可能拥有属于自己的未来。

二、物质至上与精神贫困

新闻传播类专业是文科中的工科,新闻传播教育是高投入的教育,是需要高技术装备的教育。这是教育界和业界的共识。所以,加大物质投入,改善办学条件,缩短学校与业界的距离,提高学生的适应能力,是必需的。如果还把传媒教育视为普通文科教育,新闻教育就不会有未来。但是,最近十年来,随着经济文化的长足发展,高校新闻传播院系的技术装备有了根本的改善,甚至有些院系的硬件水平超过了欧美一些发达国家的一流传媒学院。我们为此感到欣慰,但同时也有一些不安。我越来越明显地感到,目前中国新闻教育界存在着一种盲目的技术崇拜热,片面地认为新闻传播教育是高技术教育,盲目追求实验技术装备的高、尖、新、全,与此同时忽略了精神家园的建设。

目前我们经常看到的是:一个个先进的实验教学示范中心、一座座豪华的办公与教学大楼拔地而起,一个个面子过程相继落成,社会有限的物质资源被大量消耗在硬件建设上。这样做固然有其一定的必要性,但是否超过了必要的限度?从投入产出比上看这样做合理吗?由于信息传播技术飞速发展,技术装备更新换代频繁,如此的高投入在保持设备完好率要求的前提下,可以持续吗?院长和系主任的心思既然瞄准了物质和技术,尽全力而为之,必然会在一定程度上忽略精神建设层面。物质的列车在飞奔,精神却被抛在后面。GDP(国内生产总值)上去了,灵魂却掉了下来。我们的躯壳只装得下物质、技术,而塞不进灵魂了。

2012年5月,武汉大学原校长刘道玉在《深圳特区报》"名家论坛"上指出:"中国教育需要改变'游戏规则',从知识游戏转向思想游戏。"为此,这位深刻的教育家提出了"思想之光"理论,认为教育应培养学生的"四力"——想象能力、质疑能力、批判能力和反思能力。这正是我们所欠缺的。我们必须反思,我们在塑造学生的人格方面,在丰富与提升学生的思想方面,付出了多少?我们对学生的内心世界有多少了解?现在大学生的理想是什么?我们的学生有践行新闻理想的专业精神吗?我们的学生怎样理解传播行业的基本价值,如客观、公正、平衡、正义等,这些价值能够在多大程度上为同学们所接受?在物质利益之外,我们的学生还有对普通人的同情、社会责任和人文关怀吗?我们的学生是否认同并且愿意遵守传媒行业的职业底线?如此等等,对于以上这些,院长、系主任以及老师们知道多少,是否尽在掌握之中?

物质越丰富,技术越发展,则越需要精神关照,越需要灵魂统驭。没有灵魂的物质,没有精神的技术,没有人性的媒体,不会造福于社会,更难服务于人类。对于未来的传媒工作者,不仅需要驾驭技术的能力,重要的是还要有起码的人文关怀,如对生命的敬畏,对弱者的同情,对异见的包容,对真理的追求,对灵性的呵护,等等。未来的传媒工作者,应该是具有高尚情趣、热爱生命的报道者,是理性辩证、思想深刻的引领者,是能够与大众心灵沟通的朋友,是敢于担当、立于潮头的守卫者。既要具备细致、敏感、深刻的精神禀赋,更需要具备勇敢、进取和抗压的人格特质。

物质是重要的,技术也是不可或缺的,要发展新闻传播教育,培养能够适应传播发展、胜任传媒角色的高级专门人才,我们必须建设起码的技术装备体系,必须满足传媒人才培养的最低的必要需求。每个教育工作者,每个校长、院长、系主任都要有这种共识。但是我们在关注物质条件建设的同时,千万不要忽略了学生的心灵世界,在人才培养的各个环节,在第一课堂或第二课堂上,都要注意学生的人格塑造、灵魂净化、视野拓展、思维训练、情操陶冶、境界提升。在这方面不一定要有大量的物质投入,但是需要精神的关注,需要时间的投入,需要老师与学生心灵之间的沟通。我们应该反思,近年来,新闻传播院系在这里花了多少的精力,投入了多少的资源。

上述问题的存在,是多种因素造成的。社会的评价机制、社会思潮,以及教育工作者的办学理念,特别是官方的评价机制,过于重视数字,而忽视了数字之外的因素;过于重视硬件,而忽略了软件的作用;还有普遍浮躁的社会氛围,对于面子工程、政绩工程的向往,使得越来越多的资源被投入到物质条件建设方面,而本应得到呵护的精神世界被置于遗忘的角落。在物质与精神的博弈中,精神处于极端的弱势地位。

面对新闻传播教育界理想与现实的博弈,物质与精神的分裂,笔者越来越感到不安。我们现在选择的路径,似乎有偏离正道的危险,与社会期待,与教育规律背道而驰。所以,作为一个教育工作者,我要在此呼吁,在传媒人才的培养方面,我们要尊重现实,立足现实,但同时要给学生以理想。我们的学生,不仅应该适应社会,胜任社会系统的合法性论证,更要扮演引领社会前行者的角色。我们要重视教学条件改善,但不能奉行物质至上主义。在目前的情况下,少一些物质至上,技术崇拜,而适当地增加对学生精神和灵魂的关注,才能使物质与精神同步、平衡和协调起来。

（本文系根据作者于2012年4月12日在清华大学新闻与传播学院建院十周年庆典上的演讲修改而成,发表于《新闻界》2012年第8期）

媒介转型对新闻教育的挑战

当今社会,常被称为信息社会或媒介化社会。大众媒介对社会的渗透可谓无所不在、无孔不入。人们无法想象一个没有传播的时代。我们依赖信息媒介,传播成为社会共同体的黏合剂。我们的思维情感、生活方式、活动空间乃至社会愿景,都与我们的媒介素养及社会的传播发展直接或间接相关。最近一段时间以来,世界信息传播的总体格局正在发生重大的变化,或者说正在进行着深刻的转型。在中国,除了与一般国家相同的媒介融合趋势以外,还有一个更为重要的体制转轨问题。也就是说,体制转轨与媒介融合,正在影响着中国目前的传播生态,而且给中国的新闻传播教育提出了新的挑战。

一、中国传媒的转型

近年来学界、业界关于传媒的转型有很多的讨论。这些讨论大多集中在两个主要的方面:一个是传媒体制的转型,另一个是资讯传播技术发展带来的媒介融合。关于传媒体制的转型,在中国是一个持续了三十余年的历史过程,与改革开放三十年的历史进程互为表里。从初期的事业单位到事业单位企业化运作,20世纪90年代开始的传媒集团化及投融资体制改革,到进入新世纪,开始把传媒看作是文化产业或文化事业。根据中央文化体制改革的基本要求,我国传媒已进入了事业与企业两分开的时代。不同性质的媒体实行不同的改革策略。随着传媒改革力度的加大,中国传媒在市场化的道路上大踏步迈进。传媒企业越来越强,传媒集团的规模越来越大,由过去单一媒体的裂变到跨媒体的兼并融合,再到跨地区的传媒集团的建立。一个媒体,一个传媒集团就成了一个社会的缩影。传媒景观远非昔日所能想象。在经济全球化、经济信息化的知识经济年代,传媒集团不仅是一个日益增强的经济组织,更是一个充满活力的学习型组织。知识资本而不是政治资本在越来越大的程度上成为传媒的核心竞争力。

至于媒体的融合,更是当下学界、业界的热门话题。媒体融合应该说是20世纪晚期资讯传播技术,特别是计算机网络技术迅猛发展的产物。应该怎样来解释媒体的融合?学界是见仁见智。"媒介融合"(media convergence)这一概念最早由美国马萨诸塞州理工大学的浦尔教授提出,其本意是指各种媒介呈现出多功能一体化的趋势,这种关于媒介融合的想象更多地集中于将电视、报刊等传统媒介融合在一起。还有一个美国学者也谈到了这种媒体融合,他把媒体融合定义为印刷的、视频的、音频的以及互动性的受众媒体之间进行的战略性、操作性的文化上的融合。这种媒体融合已经不仅仅是一个理论上的想象,而是一种有着实在进展的传播实践。不仅在西方发达的传播大国,媒体融合如火如荼,就是在中国内地,在最近几年因政策推动,特别是由于"三网合一"的国家战略,加之媒介自身动力的推进,媒体融合进展迅猛,尤其是中央级权威媒体和发达地区重要媒体,在融合的道路上迈开了大步。

无论是循序渐进的传媒体制转型,还是迅猛发展的媒体融合,都在越来越大的程度上改变着当今社会的传播景观,影响着传播内容与传播形式,进而对媒体从业者的知识结构和素质能力提出了全新的要求。这必然会进一步回馈到新闻传播专业人才的培养环节,从而对高等新闻传播教育产生重要的影响。

二、转型背景下新的传媒人才需求

在媒体转型的背景下,传播业界的人才需求出现了哪些变化?这是每个新闻教育工作者必须正视的问题。因为它直接关系到新闻传播教育的生存与发展,影响到新闻传播教育改革的路径选择。笔者以为,新闻传播业界的人才需求变化主要表现在如下三个方面。

1. 新闻传播业界人才需求的多元化

随着传媒产业的发展及其集团化趋势,特别是跨媒体、跨行业综合传媒集团的出现,传媒组织的人才需求日趋多元化。它们不仅需要传媒专业采编、广告营销人才,更需要管理、策划、金融、技术、会计甚至法律等方面的人才。也就是说,现在的新闻院系、新闻传播专业并不是传媒组织唯一的人才需求来源。而且,新闻传播专业人才在传媒组织总体人才需求中所占的比重在持续下降。换言之,传媒组织不仅面向新闻院系,而且面向整个教育系统;不光面向国内教育系统,而且面向全球范围,寻觅它们所需要的人才。

此外,新闻院系人才培养的目标定位也在悄然发生变化。过去主要是面向媒体组织,如今企业、党政机关等,也成为新闻院系毕业生的主要输出方向。也就是说,传媒组织不是新闻院系的唯一主顾,新闻传播教育必须拓展自己的视野,认清自己必须服务好的各位"上帝",准确把握其需求差异及变动曲线,所生产的人才产品才会适销对路、畅行无阻。近年来一些数据表明,国内一流大学新闻传播院系的毕业生,包括中国人民大学、复旦大学、华中科技大学,只有30%左右的学生走向了传媒组织,而70%左右新闻传播专业的毕业生走向了其他行业。对于这种人才需求的变化,新闻教育界必须予以正视。因为只有按需生产,才能有效地满足供给。

2. 业界对传媒专业人才本身也提出了新的要求

长期以来,由于新闻工作的特殊性质及中国的特殊国情,我们对于新闻传播专业人才的要求,被简单地归纳为"又红又专",既要党性强、又要业务精。应该说这种要求到现在也没有过时。但是由于我们对于"红"和"专"的褊狭理解,在新闻教育领域,影响了新闻传播人才品质规格的全面提升。在传媒转型的背景下,对新闻传播专业人才的品质规格,应该有新的理解。我认为在坚持"红""专"统一的前提下,对新闻传播专业人才还要提出三点具体的要求。

第一,成为全能型传播人才。也就是说在媒体融合的背景下,新的新闻传播人才应该能够适应传播业务流程中不同新闻岗位、不同工作环境的流动,掌握纸质媒体、广播电视媒体乃至网络新媒体运作的基本技能,也就是说,在全媒体领域的十八般武艺,新闻传播人才要样样精通。

第二,做有深度、有思想的观察者。新闻工作者不仅要能写、会采访,更重要的是还要有深度、广度和高度。仅仅掌握采写技巧是远远不够的,这样做的人充其量只是一个懂得码文字的工匠,这并不需要高深的学养,甚至一个高中生就可以做到,在简单的手工作坊就可以训练出来。在媒介化时代,信息爆炸的社会现实,使得新闻传媒及其从业者不仅要尽环境守望者之责,更重要的是还要扮演社会领航者的角色。这就要求传媒工作者必须具备高出普通人的思想广度和深度,不仅能够描述变化的社会万象,更能解读万象变幻背后的本质,揭示社会发展的趋势。

第三,要有强烈的社会责任感和深厚的人文情怀。作为社会的守望者和领航者,为了彰显其公信与独立,传媒工作者不能不保持一定的超然地位,与现实的利益关系作适度的切割。但是,他绝对不能置身事外,只是作为一个冷峻的报道者,仿佛一切与他无关。新闻传媒工作者必须具有强烈的社会责任感,对公平正义、社会发展、民生福利保持深切的关心;必须敬畏生命,服膺真理,对弱势群体要有真诚的同情,对强权和不义要敢于直面抨击。如果没有这样的人文情怀,新闻传媒及其从业者存在的价值就会大打折扣。

3. 业界对传媒专业人才需求的相对饱和

进入21世纪以来,中国经济高速发展,各行各业的人才需求日趋旺盛。但是，新闻传播领域的人才需求虽然在持续增长，其增幅却明显低于其他行业。是什么因素导致了这种饱和状态的出现？一是目前传媒领域大力推进的集团化和经营合理化，要求对人力资源进行优化配置，即要求以最少的人力资源投入产出最大的价值，特别是媒体融合的趋势对全能型传播人才的需求，使得媒体为使其规模与业务量相当，设岗数大为减少。同时，国内由政府主导推进的媒体结构调整，使得绝大多数县级报纸被取消，以及对地、县（市）级电视台自办节目的限制，等等，在一定程度上压缩了新闻传播专业人才的需求空间。

三、新闻教育体制的不适应症

相对于媒体的转型，新闻传媒教育基本上仍停留在20世纪八九十年代，本着那个时代的思维，以不变应万变，以至于整个新闻教育界原地踏步，面对眼花缭乱的社会现实，新闻教育领域表现出了诸多的不适应症。

1. 陈旧的教育理念束缚了新闻教育发展的空间

教育理念陈旧是新闻教育界存在的重要问题。这主要表现在如下三个方面。一是目标定位与就业指向过时。在人才市场需求日趋多元的背景下，新闻院系在日常教学中仍然强调专业对口。似乎新闻传播专业的学生只有到媒体部门就业才算是正途，否则就是不务正业。殊不知，国内高校新闻传播专业约70%以上的毕业生走到了非媒体岗位，在企业、社会、政府部门找到他们的归宿。即使是到传媒部门，也未必就是到采编岗位工作，而是面向媒体传播业务全流程的不同环节。过于狭隘的定位与就业指向，束缚了学生在就业、创业方面的想象力，在一定程度上不利于业界相关需求的满足，从而阻碍了新闻传播教育的发展。二是对于专深的过分执着。新闻教育界存在着这样一种趋向，课程设置、内容建构越专深越好，似乎专深就代表着水平、代表着品质。这样一来，专业之间的界限越来越明晰，乃至出现了专业鸿沟，学平面媒体的，不了解电子媒体，反之亦然。这与国际高等教育界淡化专业色彩的潮流背道而驰。由于课程设置过于专业，专业与专业之间缺乏融通，学生的社会适应性大打折扣，一旦找不到对口的专业，就难以实现跨专业就业。三是职业意识的偏颇。我们到现在仍在强调新闻与宣传的共同性，在专业教育中更多地强调政治挂帅，更多地强调服从党性，传播意识、受众观念与职业精神没有得到应有的重视。在这种职业意识的指导下，我们培养出的学生大多遵守纪律，服从全局，坚持党性。但是在专业精神、创造意识和社会责任感方面严重不足，这种情形与信息时代社会对媒体及其从业者的期待是背道而驰的。

2. 大工业生产模式与细分化人才需求的矛盾

新闻传播教育是工业时代大众化报业发展到一定阶段的产物。这种时代特征决定了新闻传播教育的生产模式。在不同的大学不同的新闻院系，基本上是按照同一模式、同一规格、同一流程，也就是说按照大工业生产的思路生产品质相同的专业人才，这些专业人才的目标指向也是同一的。可是如今在工业领域，相同规格产品的大规模生产已逐渐被精细化、个性化的生产模式所取代。如生产同一规格或级别的汽车，在颜色、配置等方面，消费者会有不同的需求。如果产品完全相同，固然能够满足部分人甚至是大部分人的需求，但是必然会有一部分人因为局部的不满意而转向其他产品。新闻传播专业人才的培养也是如此。同样是面向报纸，不同的报社，如党报、都市报、专业报等对人才的需求会表现出相当的差异；同样是面向电视台，不同的电视台以及电视台的不同频道，对专业人才的规格也会有不同的要求。但是，我们的专业人才教育，培养模式、课程体系乃至教材教案，基本上都是根据统一的国家标准设计的。同一规格的产品，面向不同趣味、不同要求的消费者，这是当前新闻教育界的又一重大问题。

3. 既有新闻教育格局与媒介融合的矛盾

现有的教育格局或者说专业格局基本上与传媒格局是相适应的。长期以来，在传播业界，大体上划分为报纸、广播电视、出版、广告、网络新媒体等几大领域。与此相对应，高等学校新闻院系的专业设置，也是新闻、广播电视、出版、广告、网络等专业并列。专业与专业之间壁垒森严，不相往来。可是自进入21世纪以来，随着资讯传播技术的发展，媒体融合已经成为传播发展的基本趋势。媒体融合及融合新闻的发展，提出了一种全新的人才需求。这种人才应该能够适应传播流程中不同新闻岗位、不同工作环境的流动，掌握纸质媒体、广播电视媒体乃至网络新媒体运作的基本技能，属于全能型传播人才。很显然，这样全能的传播人才，在现有的新闻传播教育格局下是难以培养出来的。因为专业与专业之间的鸿沟，在一定程度上阻断了彼此之间的交流与互动，在这种情况下，学生的跨专业学习能力和跨专业适应能力自然就很弱了。

4. 老化的课程体系难以应对媒介转型的挑战

与专业格局相适应，专业课程教学体系也严重老化。它与媒体融合及融合新闻语境下的媒体从业者知识与能力结构的要求相比，存在着很大的落差。现有课程体系的老化，不仅体现在失败的外语教学和政治理论课学分的占比过大，而且在专业课程设置方面，也延续了过去几十年的传统。业务课程，将采访、写作、编辑、评论分开，独立授课，忽略了这些课程之间的内在联系，不断重复，相互矛盾；新闻史课程则中外分治，割裂了中外关联，忽略了世界新闻历史的整体性；课程的内容指向，则是基于专业导向，忽略了不同媒体之间日益融合的总体态势，忽视了业界火热的生活现实，理论与实践脱节，历史与现实割裂，中国与外国隔离，等等。课程体系问题必然会反映到人才培养的质量和规格上，不解决这个问题，新闻教育界将难以满足社会及业界的期待。

5. 现有的技术装备无法满足现实的需要

根据教育部1998年颁布的学科专业目录，新闻传播学下属各专业应归属于人文学科。这一学科定位给新闻传播教育带来了很大的困扰。在高校一般管理者看来，既然是文科专业，自然就没有实验室建设的问题，充其量就是购置一些电脑。其实，在国际高等教育界，几乎所有国家的新闻院系，都是被当作工科专业来建设的，至少被看成是文科中的工科。教育界的共识是，新闻传播专业教育必须按工科的要求投入，按工科的要求建设教学实验设施。应该说，国内新闻教育界在20世纪末期，随着高等教育的迅猛发展，在物质技术装备方面有很大改进。但是国内新闻院系现有的教学实验设施基本上都是基于原有的新闻传播格局建设而成的，其理念与运作，已远远落后于媒介融合语境下的新闻传播实践，以致在学校新闻教育与媒体实际业务运作方面的差距越来越大，学生的业务技能和上手能力无法满足业界的需要。

6. 专业教师的知识与能力结构不合理

教育的主体是学生，而其根本则在老师。有什么样的老师就有什么样的学生，老师的水平决定了学生的水平。应该说，近十年来，高校新闻院系的师资结构在改善，高学历的老师在成长，新进青年教师成为教师队伍的主体。但是问题也不少。20世纪八九十年代，新闻院系在师资队伍方面存在的主要问题是，来自其他专业的非科班出身的老师是师资队伍的主体，其中大多数教师尤其是业务课程的教师又没有业界经历，在这种情况下，不少老师的教学是纸上谈兵，在专业意识上老师甚至不如学生强烈。如今，新闻院系的老师基本上是科班出身，而且博士学历所占比例持续上升。但是现在又出现了新的问题。首先是具有业界经历的老师比例过低，学校的考核导向是鼓励学术型老师，业务课程教师发展空间有限；其次，受制于专业细分的教育格局，教采访的不搞写作、评论，搞编辑的不懂评论、采访和写作，研究报纸的不涉及广播电视、网络新媒体，绝大多数老师知识面过窄，面对学科融合与专业交叉，惶然无措；再次，理论脱离实际，对于业界媒体融合大潮，既缺理论分析也乏实际操作，涉及新媒体业务时，学生反过来能成为老师的老师。高校新闻院系专业教师的这种知识与能力结构，显然落后于实际，难以应对媒体转型语境下的挑战。

四、改进新闻传播教育的路径

如前所述，在媒体转型语境下，新闻教育界面临着新的挑战，已然表现出种种不适应。那么,怎样才能克服这种不适应,正确地应对环境的挑战,激发新闻教育持续发展的动力呢?只有改革。唯有通过改革来实现新闻教育的自我革新,才能推动新闻院系克服惰性,迎难而上,与时俱进。笔者认为,新闻教育改革可从以下四个方面着手。

1. 观念更新

人才培养质量的高低,取决于办学者和教育者的基本理念。只有在先进、科学的教学理念指导下,才能办出社会满意的新闻高等教育。如前所述,教育理念的陈旧已经严重地制约了新闻教育的发展。要实现观念的更新,至少要解决如下三个问题。首先是培养什么人的问题。目前新闻教育界最大的弊端就是目标一致、标准同一,几乎所有的新闻院系都是按照一个规格培养人才。这是一个巨大的历史错误。要改变这一点,各高校新闻院系应该根据自己不同的情况,不同的办学条件和历史传统,结合人才市场需求的多样化,提出具有独家特色的培养方案,与其他高校新闻院系实行差异化定位,如此才能办出自己的特色。其次是怎么办学的问题,是关起门来办,还是开门办,也关系到学生的品质与对社会需求的满足程度。在这个信息化时代,新闻院系必须开门办学。开门办学有两层含义。一是加强与媒体及社会的互动,建设开放的传媒教育平台。媒体可以向新闻院系提出订单,明确指出人才培养的具体规格;媒体负责人可以担任当地新闻院系的兼职教授,直接介入教学过程;媒体本身又可以向新闻院系提供专业实践的平台。在与媒体的合作中,新闻院系也不全是被动的,新闻院系不仅可以向媒体提供急需的人才,开展媒体所需的员工继续教育,还能够接受媒体的委托来推进相关战略咨询与研究工作。二是加强新闻教育领域的国际合作,不仅要加大国际学术交流与合作力度,还要实现与国际一流高校新闻学院的接轨,扩大交换生规模,实行互认学分制度,拓展学生的国际视野。再次是如何看待学生在教学中的地位。在教育思想史上,早就有教学相长的说法。可是我们在实际的教学过程中往往忽视学生的主体地位,实际教学基本上是以老师为主体,一切围绕着老师进行。学生的主动性、学生的个性条件、学生的正当需求、学生的接受能力,难以引起老师的重视。教学过程难以做到有的放矢,缺乏针对性,结果自然会影响到人才的质量。所以必须正视学生在教学过程中的主体地位,一切围绕学生,一切为了学生,来展开新闻院系的教学研究工作。

2. 队伍建设

一流的新闻教育依赖于一流的教学平台,一流的教学平台依托于一流的专业师资。师资队伍建设是新闻教育的核心所在。师资队伍建设,首要在于结构合理。一个学院、系,其专业师资应该包括来自不同专业、不同学校乃至不同国籍的学者,这种多样化的学缘,有利于学科交叉和彼此互补,有利于形成和谐的小气候。同时,专业师资中还要有一定数量的来自业界的精英,具有媒体从业经历,这对于新闻传播专业业务课程的教学是一笔重要的财富。此外,在年龄结构方面,还要呈合理的梯形结构,年龄的高低应与教师的人数成反比,这样的年龄结构有利于新老交替,同时保持过渡中的稳定。其次,在队伍建设达到一定程度时,要把机制建设放在首位。要保持队伍的活力,激发队伍的创造力,就必须形成一定范围和一定程度的竞争和激励机制,通过竞争与激励机制,奖优罚劣,引领师资队伍不断进取、敢于创新、勇于超越。没有竞争,新闻院系就会成为一潭死水,毫无生机。但是竞争不等于一切,竞争也不是解决所有问题的灵丹妙药。事实上,在新闻院系这个知识分子的圈子内,只强调竞争是不够的,只有竞争,没有合作,就无法造就一个和谐的人居环境。只有把竞争与合作联系起来,形成一个既竞争又合作的人力资源管理机制,现有的师资队伍才能支撑起新闻传播教育的大厦。

3. 组织再造

目前国内各高校新闻学院的组织结构,绝大多数是在院下设系。由于国家教育部颁行的专业目录规定,新闻传播学一级学科下设新闻学、广播电视新闻、广告、编辑出版等四个本科专业,所以各新闻学院一般据此下设四个专业,系的名称与专业保持一致。在系下一般再根据课程的相关性设立若干教研室。专业跟系等同的组织模式几十年来一直没有变化。这一模式最初来源于台湾政治大学,几十年前在确立时有其合理性,这主要表现为有利于突出专业特色和学生的社会适应。但是,如今社会发展、业界环境远非昔比。随着信息传播技术的发展,不同媒介之间的边界日益模糊,在数字化技术平台上,出现了媒体融合与融合新闻的趋势。在这种背景下,新闻学院原有的组织结构就显得不合时宜了。首先,现有的院系组织结构,刚性十足,每个系都相对独立,是一个小而全的封闭圈子,系与系之间缺少横向交流,不利于在全院的范围内优化人力资源的配置,发掘教学资源的潜力。其次,过去的每个专业,其目标都是瞄准一个单一性质的媒介(或传播)领域,如新闻系面向报业、广播电视系面向广播电视业、编辑出版面向出版业、广告面向广告与市场营销业。可如今,专业面对的媒体或专业领域已经发生了变化,如报社早已上网,网上不仅有文字,更有视频;广播电视与出版行业,也涉足报纸与网络;通讯社不仅出版报纸,兴办出版社,开办新闻网站,而且涉及网络、电视台。变化的业界需要能适应业界全流程不同岗位的通才,即便是记者也要是全能记者。而专业的课程体系与人才规格的设计仍然照旧,没有跟上时代的步伐。新闻院系要与时俱进,就必须再造组织体系,以一种更加柔性的教学组织,适应社会新的人才培养需求。

4. 课程重构

现有的课程体系存在着很多问题，十分不利于专业人才培养。一是硬性的公共基础课比例过大，学校学院在这一块都没有自主权。仅外语一门课就占了总学分的10%以上，而且效果很差，四年本科下来，外语成绩不进反退。政治理论课也在相当程度上炒现饭。二是专业课程的设置基本固化，在一定程度上照顾到老师的既得利益，几年甚至几十年一以贯之。如新闻业务课程，多年来就是新闻写作、新闻采访、新闻评论、新闻编辑、新闻摄影分设，新闻史教学也是分成中国新闻史和外国新闻史，没有人对其合理性提出质疑。事实上，学生和业界都了解这样课程设置的弊端，并且建议考虑到课程之间的内在联系，进行必要的整合。三是专业课程开设越来越深、越来越细，专业学分越来越高，比例越来越大。这与各新闻院系学科发展的现状密切相关。要发展学科，提高办学平台，就必须增加专业师资。专业老师增加了，就得考虑为他们度身定制开设课程，否则，这些老师就无法在高校安身立命。也就是说，现在新闻院系的课程设置并非出自实在的社会需求，反而在相当程度上出现了因人设庙的倾向。要提高专业人才培养质量，满足社会对新闻传播教育的期待，就必须对现有的课程体系进行结构性的改造。为此，可以从三个方面着手：基于新闻传播的业务流程和课程内容之间的逻辑关联，对现有的课程进行必要的整合，如采访与写作合并，外国新闻史与中国新闻史重组等；对一些现在没有迫切需要的课程，或者可以在更高层次开设的研究性课程，要大胆删减，须知减法有时比加法更有用；对一些过去没有，而现在特别需要的理论知识或业务技能，如融合新闻业务、新媒体技术等，应努力想办法开设。只有通过这些努力，陈旧的课程体系才能在根本上得以更新，新闻传播专业人才的规格和品质才能满足社会和业界的需求。

总之，在媒介转型的语境下，中国新闻传播教育面临着诸多困难和挑战，新闻传播院系已经不能再因循守旧，得过且过了。新闻传播院系及教育工作者要有危机意识、责任意识。只有直面现实，大胆革新，从教育理念、教学组织、课程体系到师资建设诸方面，全方位推进改革，才能摆脱困境，利用技术发展和社会进步提供的全部可能，全面提升新闻教育的品质，满足社会和新闻传播业界的期待！

(本文原载于《今传媒》2010年第9期)

后喻时代新闻人才培养中的教学相长

教育是传承知识文化的重要途径,同时也是个人发展过程中重要的社会化手段。因而,教育中的师与生、教与学的关系一直是人们所关注的重点。在过去,作为晚辈的学生一直都接受着来自长辈老师的文化传喻,美国人类学家玛格丽特·米德在《文化与承诺》一书中将这种人类文化称为"前喻文化",是指晚辈主要向长辈学习。同时,她也提到了另一种长辈反过来向晚辈学习的文化:"后喻文化"。这两种文化都反映了不同时期人类社会中的文化变迁,而在不同的社会文化的背景下,教育中的主、客体及其方法也都发生着改变。

一、"前喻文化"环境下的师生关系

原始社会的生产资料单一且简陋,人类一直在竭力维持自身的生存,因而缺乏社会变革所需要的物质手段,整个社会的发展进程十分缓慢。老一辈人为了维系整个文化的绵延不断,将自身对生活的理解以及公认的生活方式传授给年轻一代。而年轻的一代为了顺利地生存下去,自然会接受父辈的训诫。

在古代社会的师生关系中,文化传承的形式正体现了"前喻文化"的特征。师生关系是教育活动的表现形式,也就是说,师生关系就是教育本身的表现方式。[1] 在"前喻时代"的教育活动中,老师是组织者、实施者和承担者,是教育的主体,而学生则是客体,往往只是教育活动中被动的参与者。韩愈曾在《师说》中提到:"师者,所以传道授业解惑也。"他认为老师是讲授道理、传授学业和解释疑难的人。因此一名好的老师应当懂得许多道理,掌握相当多的专业技能,以此来承担整个教育活动的核心职能。在"前喻时代",学生了解信息的渠道窄、获取信息的速度慢,因而,知识的储备量较少,这就造就了师生之间信息极

---

① 金生鈜.理解与教育——走向哲学解释学的教育哲学导论[M].北京:教育科学出版社,1997:125.

其不对称的情形。在这种不对称的局面中,老师由于掌握了大量的信息,从而处于权威地位。正是由于权威不可动摇,缺少其他途径的补充和修改导致知识在传播的过程中往往容易固化。米德认为,为了维系整个文化的绵延不断,每一代人都会将自己的生活原封不动地传喻给下一代看成是自己最神圣的职责。①"前喻文化"下的老师也正是如此。最早的新闻教育仅以培养新闻媒体从业人员为目的,老师们从老一辈那里承袭了专业的技能和知识,在传统媒体作为主要传播渠道的时代,这些技术和信息具有一定的专业门槛,在他们心中是相当具有权威性的,因而,老师很难接受知识的更新和改变,更不用说来自晚辈的质疑和批判。

知识的固化和以老师为主体的教学方式使得"前喻时代"下的学生缺乏质疑和自我意识。由于教育活动中地位的不对等、信息的不对称,老师对学生知识的灌输具有自上而下的强制性。学生们会慢慢形成一种观念:老师所教授的知识是正确的,是毋庸置疑的。而他们却并不会去考虑这些知识是如何产生的。这种缺少对信息本源的探索以及质疑使得教育活动变得单一且重复。由于社会变化迟缓,他们尚能顺利地在所熟悉的社会中生存下去,却很难推动社会的发展。学生们习惯了以老师为主体,自然而然地忘记了自身作为一个独立的个体也具有创造和传播信息的能力。一味地模仿使得学生的自发性被扼杀,主动性和创造性也随之减弱,从而导致社会变革的动力不足,社会进程缓慢。

老一辈人在潜意识里认为,后辈们所生活的世界应当与自己所经历过的世界无甚差别,因此他们希望通过对后辈们直接教化,让后辈能够快速地适应社会生活。诚然,在以纸媒为主的社会变化缓慢的时代,由掌握了大量新闻业务经验的前辈们对知识经验寡淡的后辈们直接进行灌输式教育,是使得后辈们快速掌握职业技巧、适应当下传播环境的最快途径。但这种做法的弊端也十分明显,年轻一代能够稳定地维持既有的报刊处理方式,而当广播、电视等新的媒体相继出现后,业务条件发生改变,只记住知识结果却不知演变过程的学生们无法根据已掌握的知识举一反三。当有更多的新媒体出现时,他们很难立马做出调整,适应新的社会环境。

"前喻时代"的教育模式也使得学生类型单一。老师将自身所教授的知识作为标准,来对学生的学习做出指导。对于超出老师所掌握知识范围的部分,老师往往不鼓励不支持学生去发展。一方面超出部分触及了老师的知识盲区,有损他们的权威;另一方面,老师对于他们所不了解的部分无法给学生提供指

---

① 玛格丽特·米德.文化与承诺:一项有关代沟问题的研究[M].石家庄:河北人民出版社,1987:8.

导和帮助。学生没有别的获取更多信息的渠道,而老师又旨在将学生教化成自己所熟悉和掌控的类型,久而久之,学生的个体差异被磨平,教出的学生类型也趋于单一。

总的来说,前喻时代的老师具有绝对的权威,是教育活动中的主体,他们掌握了学生所学知识的来源,因而很难接受知识的改变和晚辈的质疑。以老师为主的形式也使得学生缺乏疑问和自我意识,主动性、自发性和创造性相对较弱,同时知识的固化使他们的学习方式逐渐变得单一,难以适应其他文化环境。

二、"后喻文化"环境下师生关系的变化

19世纪的工业革命代替了原始简陋的手工生产,自此世界变革的火车开得越来越快。互联网诞生后,世界性社区的出现,使得整个人类第一次共同生活在一个能够互相沟通信息、交换反应的社会之中,分享着知识和忧虑。[①] 信息浪潮借助媒体的变革以一种势不可挡的力量渗透进了人们的生活,作为新闻学院的学生,原本就频繁接触媒体,因而对于新媒体的运用更加迅速和娴熟,也能更多地获取资源。当年轻的学生正不断吸收着变革之后的信息时,他们的老师们由于信息的爆炸、世界的变化跨越了数代人的经验,在艰难且缓慢地与新的信息方式进行协商。由此"前喻时代"老师向学生单向传喻的方式被打破,"后喻时代"的师生通过不断的对话,改变以往"传者""受者"的身份,在信息化的课堂教学中磨合出了新的互动模式。

进入"后喻时代",学生最先开始发生变化。信息技术带来社会泛媒介化,每个人都能够通过多种媒介来接触世界,新闻学院的学生更是能够快速学会运用新旧媒介来获取自己所需的知识资源。当学生们发现在课堂中所学到的知识已经远远与现实世界脱轨,甚至存有矛盾冲突的时候,他们不再片面地接受书本上的知识。而一旦跳出了课堂,学生们才开始意识到自己是学习的主体,过去以老师为主体的教育模式渐渐不被学生们所接受。对于同一个新闻事件,学生们不仅可以从老师那里接收到一个观点,更能够从网络世界中获取到千万个看法,由此组成了对事物更加全面的评价。老师无法强求学生只听从他一个人,科技所带来的信息爆炸让学生的视野更开阔,同时也给予了他们反驳老师、反对既有学习模式的勇气和动力。

玛格丽特·米德在《文化与承诺》中认为,今天,整个世界没有哪一处的长

---

① 玛格丽特·米德.文化与承诺:一项有关代沟问题的研究[M].石家庄:河北人民出版社,1987,第78页.

辈知道晚辈所知道的一切。不仅父辈已不再是人生的向导,而且根本不再存在向导。[①]"前喻时代"信息闸口单一,且主要掌握在老师的手中。随着媒介的发展,报纸、广播、电视,一直到现在遍布全球的互联网,越来越多的信息闸口被打开,信息交流达到了前所未有的畅通,过去老师知识垄断的局面被打破。学生与老师获取信息的地位趋于平等,根据个人搜集信息的能力不同,甚至会出现学生信息量超过老师等信息不对称的逆转局面。可以说,在信息量的掌控上,新闻学院的老师面临着前所未有的"困境"。学生从网络中了解到新的媒介知识和技术,而这些知识和技术恰恰可能是老师也不了解的。当老师还在谈论互联网时,学生已经开始熟练使用移动互联网中的各种应用。此时的课堂已经不是老师向学生灌输知识,而是掌握着新知识的学生将其基于各种媒介收集来的信息分享给老师,从而形成师生之间信息的交流与互动。老师和学生不再是知识的传授者和接受者的关系,而是一种共同学习、相互影响的合作学习关系。后现代思想家多尔(W.E.Doll)曾指出:"这种关系将较少地体现为有知识的教师教导无知的学生,而更多地体现为一群个体在共同探究有关课题的过程中相互影响。"[②]也就是说,老师的"权威主宰"地位逐渐被瓦解,师生之间界限趋于模糊。

信息的互通也意味着各个领域破除壁垒逐渐渗透、融合。课堂教育也无法只局限在某一专业领域,学生的思维敏捷、开阔,往往能对老师所提出的问题给予多角度、新思路的回答。一方面看,这似乎是对传统老师的"权威"的一种挑战,从另一方面看,"后喻时代"师生正是通过这种方式相互启迪,教学相长。在过去,新闻学相关的研究基本上都属于文科领域,近些年来,一些学科相互交叉,彼此借鉴,学科之间相互融合,新闻学尝试着借用理工科的视角和技术来进行专业的研究。如今新闻学院大多以文科出身的老师为主,而学生则可能拥有多样的学科背景,这就极大地促进了学科之间的交融、弥补了专业知识领域的空缺,同时也大大提升了专业研究的创新程度。老师与学生之间,更多的是学科知识的互补与合作,甚至学生启发老师,带动老师的创新能力。

三、后喻时代新闻人才培养中的教学相长

不论是过去还是现在,人们始终关注着教育活动中师生的共同成长。当学生们也能站上讲台介绍自己收集的信息、陈述自己的观点时,他们已经不仅仅

---

① 玛格丽特·米德.文化与承诺:一项有关代沟问题的研究[M].石家庄:河北人民出版社,1987,第85页.
② 阳荣威,卢敏.后喻文化时代师生关系解构与重构[J].中国教育学刊,2013,(03):64-66.

是在学习,同时也在进行着传授的行为。老师则拥有了更多的学习空间,"教学相长"在后喻时代的老师身上体现得更加明显。有学者指出,最早载于《礼记·学记》中的教学相长的思想是针对教师而述,强调教师运用理性思维,把握自己学习知识和教学技能的缺失,积极开展自主反思,刻苦钻研。[①] 在如今不仅仅是老师要做到"教学相长",学生也要能够边学边"教",进行信息的交流与补充,提升自己对知识的理解和应用,这就使得后喻时代的学生对老师提出了种种要求。

首先,除了知识的传授外,学生更需要从老师那里获得更多高效的搜寻知识的方式。瞬息万变的世界每分每秒都大量产生着信息,在过去人们利用媒介筛选出有价值的信息进行传播,互联网诞生后却将所有信息尽收网中,随时可供人们调用。人们从被动的接受转向了主动的探索,根据自己想要的去寻找相关线索并进行挑选吸收,成为当下学习型社会的典型特征。不过,信息量虽然庞大,接触各种信息的渠道虽然便捷,但如何去搜集有用的信息、如何快速找准目标信息,使自己不被淹没在浩瀚的信息海洋中,这对于老师和学生来说,都是一项重要的能力。对于学生而言,比起传统的传授知识,他们更希望老师教给他们如何搜寻到这些知识的渠道。所谓"授人以鱼不如授人以渔","渔技"才是保证学生们能够持续学习的关键。但是,检索信息的能力并非与生俱来,通过老师的传授能够最高效地获取基本的信息检索能力,在此基础上,学生自己进一步地去了解更多的信息收集技能。通过一段时间的自我摸索,每个人所掌握的方法可能有所不同,师生之间通过交流合作能够相互补充和启发,各自的能力都能有所提升。

其次,挖掘深度比泛泛了解更重要。对于学生而言,老师应当是帮助他们深度剖析信息的伙伴。在当下的许多课堂中,老师往往先抛出整个课程的大致框架,介绍几个基本理论,然后让学生们分成小组在课后去查找相关资料,通过阅读文献和小组讨论来对知识理论有更加深入的了解。通过学生在课堂上的演讲分享,完成师生角色的互换,加深学生对专业知识的掌握,同时也给老师开启了新的思路、补充了新的知识信息。这种教学模式在后喻时代的课堂中应用广泛,然而离所期望达到的教育效果可能还有一定的距离。一方面,学生利用媒介所检索到的文献繁多,在短时间内难以消化,难以从海量文献中摘取最重要的信息,因而对某个理论往往只停留在浅层的理解上;另一方面,由于学生分成小组进行学习,对于非本小组的其他理论学生们可能并没有进行系统地查

---

① 李保强,薄存旭."教学相长"本义复归及其教师专业发展价值[J].教育研究,2012,(06):129-135.

询。此外,课堂上同学们的展示与陈述可能并没有老师讲授得生动有趣,其他学生难以接受和吸收,由此容易造成学生对非本小组的理论学习的印象不深。在当下的课堂中,知识的广度已经借由媒介得到了无限地拓宽,人们反而需要重视的是对于深度的挖掘。学生拥有了扩大自己知识空间的渠道,同时也需要老师对其进行引导。有学者认为,知识在这个时代,更需要讲究传承的方式,有很多核心能力和价值,仍需要通过教师来传承。[①] 挖掘知识背后深层次的因素,才能使学生的学习不流于表面,真正对理论知识理解透彻并能运用到实际的研究中去。

再次,尽早让社会来检验学生的能力,老师同样也需要保持业务活力。除了理论的学习之外,掌握社会所需要的专业技能同样是教育培养的重点。随着技术的革新,过去传统的技巧渐渐被从业者弃之不用,一些新兴的方式为人们所欢迎,成为业界主流。这些新诞生的技能对于老师来说同样是一个新知识,甚至有可能是一个未知的领域,而一些对技术感兴趣的同学可能比老师更早地接触和了解了这些新技能,但他们尚不具备系统化的专业整合能力,因此,老师不仅应该和学生们一起探索研究这些新进的技术,同时也要紧密联系业界,让社会来检验学生的成果。当微信公众号兴起之时,无论业界学界,许多媒体人都在探索它的经营传播之道。不同于传统媒体的是,学生能够轻易地接触到互联网,并且能够低成本地建立个人的媒体,在此平台上进行有效的实践活动。而检验学生成果的,不再是老师,也不是业界人员,而是学生们步入社会后将要面对的受众们。此时老师的角色就处于一个备受挑战的地位,当学生在实践方面有着天赋和热情时,老师自身应当快速了解和掌握新技术,并在从学生身上学到新技巧的同时,同样地给予学生以启迪,维持专业素养,保持业务活力。

最后,学生还需要老师尊重他们多样化的发展。新闻教育需要培养学生独立思考的能力,而每一个人所思所想都与他所见到的事物和习得的知识息息相关。利用互联网和其他媒介,学生和老师接触到的信息多种多样,因而,做出来的新闻产品也各有千秋。老师应当鼓励每一种不同思路的做法,而不只是让学生依照范例去模仿,学生们的创新会得到时代的检验,他们的作品很有可能会成为另一个别人争相学习的案例。学生的发展不再单一,老师也能够从众多学生的身上拓宽自身知识面。在米德眼中,后喻文化的发展将依赖两代人之间的持续不断的对话,通过这种对话,积极主动地自由行动的年轻一代,一定能够引

---

① 张小琴,陈昌凤.后喻时代的新闻教育——清华大学新闻与传播学院的"清新传媒"实践教学模式[J].国际新闻界,2014,(04):150-157.

导自己的长辈走向未来。① 或许未来的新闻教育正如米德所想,师生之间持续不断的对话,亦"教"亦"学"的成长,无论是老师还是学生都能够在不断变化发展的世界中获得广博而新颖的知识,最终达成良性互动,共同进步。

(本文系作者与研究生王宇婷合写,发表于《新闻与写作》2017年第4期)

---

① 玛格丽特·米德.文化与承诺:一项有关代沟问题的研究[M].石家庄:河北人民出版社,1987,第98页.

中国传媒研究生教育的重大转型

2010年9月,国务院学位委员会下发文件,正式公布了刚刚批准的2010年新增硕士专业学位授权点名单。此次批准的新增专业学位授权点共1431个,分布在全国350个学位授予单位。到目前为止,中国已设置了38类专业硕士学位。其中金融、国际商务、应用统计、税务、保险、资产评估、应用心理、警务、新闻与传播、出版、文物与博物馆、林业、药学、中药学、护理、工程管理、旅游管理、图书情报等18种硕士专业学位为今年新增专业学位类别,也是首次纳入全国研究生统一招生计划。这一文件的执行,改变了中国高等传媒教育硕士阶段只有学术型硕士的单一高级人才培养模式,开始向学术型硕士与专业硕士学位并存的双轨体制转型,这是中国传媒教育史上的重大进展,它不仅会影响到传媒教育的基本生态,而且会深刻影响到中国传媒业界的运行。

一、从单一到双轨制转型的必要性

中国在20世纪70年代末恢复高考制度后,紧接着开始建立研究生教育体系,先是硕士生,随后是博士生。短短几年间,中国现代高等教育制度基本成形。由于经历了反右及"文革"十年的断层,社会各界特别是科技、教育领域,急需高层次研究型人才,所以,刚刚起步的硕士研究生教育毫无例外地都以培养高层次学术型人才为目标,而且为了弥补更高层次人才的缺口,硕士研究生学制定为三年,授权单位和导师受到严格限制。这种硕士培养模式与西方国家的作为博士前期的硕士教育不能同日而语,其规格倒有些类似于苏联的副博士教育。在整个80年代,硕士生教育蓬勃发展,为满足社会对高层次学术型人才的需求做出了巨大贡献。

进入90年代,由于社会的发展进步,特别是科技文化的发展,社会的现代化程度越来越高,社会对于专业性学位人才的需求越来越大。所谓专业学位(professional degree),是随着现代科技与社会的快速发展,针对社会特定职业领域的需要,为培养具有较强的专业能力和职业素养,能够创造性地从事实际工作的高层次应用型专门人才而设置的一种学位类型。一般来说,专业学位具有相对独立的教育体系和教育模式,具有特定的职业指向性,是职业性与学术性的高度统一。从1991年起,中国高校开始设置和试办专业硕士学位教育,到2008年为止,国务院学位委员会相继批准设置19种专业学位,参与专业学位教育的高校达431所,占我国博士、硕士学位授权单位总数的60%。在某种意义上,中国至此已经基本建立起了具有自己特色的专业学位教育制度。

但是,直到2009年,中国专业硕士教育的布点仍然没有覆盖到新闻传播学科及新闻与传播领域。众所周知,新闻传播学科本来就属于应用文科,新闻传播教育开始就是为了给新闻传媒培养专业人才,满足业界持续发展的需求。新闻传播学科与其他传统基础文科的最大差异,就是前者对应着一个庞大的社会产业,在对新闻传播人才的需求方面,随着知识经济及传播技术的发展,社会对学术型硕士的需求量在逐渐减少,而对高层次应用型专门人才即专业硕士的需求在持续增加。事实上,新闻传播学科随着改革开放以来几十年的发展,其发达程度及重要程度远非昔比。在新闻传播诸专业对应的新闻与传播领域,被视为朝阳产业的报纸、广播、电影、电视、杂志、出版、动漫、广告公关等行业,吸纳了近千万的从业人员,其生产总值的年增幅远远超过了国民生产总值的年增幅。这一朝阳产业急需的人力资源就是高层次应用型专门人才。可是,高校的硕士生培养,完全是按照学术型硕士的培养模式,以同一规格,生产学术型硕士研究生,对应社会上两种根本不同的人才(学术型研究人才与高层次应用型专门人才)需求。而高层次应用型专门人才的绝对需求量远大于学术型研究人才。这种奇特的"小牛拉大车"的教育格局几十年一以贯之,以不变应万变,以致社会的人才需求结构与高校的人才培养结构明显脱节。

中国传媒教育界的结构性问题,已成为学界、业界普遍关注的话题。从2007年起,中国人民大学、北京大学、复旦大学、清华大学等六所知名高校的新闻传播学院,响应业界的呼吁,围绕着设置新闻传播硕士专业学位的论证进行了深入探讨,并向国务院学位委员会提交了论证报告。2008年,新闻出版总署专门委托中国人民大学郑保卫教授牵头,组织北京大学、中国人民大学、武汉大学、华中科技大学、中国传媒大学等高校的专家,专题论证设置新闻传播学硕士专业学位的必要性与可行性。2009年,国务院学位委员会同时委托北京大学、南京大学,分别就新闻与传播、出版两个专业硕士学位的设置方案进行了深入讨论。所有这些论证、讨论,都得出了几乎一致的结论,那就是新闻传播学科硕士生的单一培养模式必须改变,必须实现由单一模式向学术型学位、专业学位并重的双轨制过渡,只有这样才能顺应社会的期待。

同时，来自业界的呼声也十分强烈。"新闻传播学专业硕士学位论证报告"课题组 2009 年在北京进行调查，该调查面向北京市内 16 家媒体的从业者，发放了 356 份问卷。调查结果表明，其从业人员中，非新闻传播专业背景的人员占比达 69.4%，相当一部分从业者没有受过新闻传播的系统训练，他们在进入媒体后也缺乏正规的职业培训。随着传播技术的飞速发展和媒体融合的趋势，媒体对从业者的专业素质要求越来越高，在接受调查的对象中，回答他们掌握的新闻传播学专业知识够用的仅占总人数的 13.5%。[①] 这足以说明现有的新闻传播学教育存在着严重的问题：新闻院系提供的人才特别是研究生层次的人才，不能对应社会的需要；新闻传播业界的从业员工中，也存在着继续教育的庞大需求。所有这一切都要求，在现有的学术型硕士学位之外，另起炉灶，再设立新闻与传播硕士专业学位，专为社会提供高层次应用型专门人才，以完善现有的高等教育学位体系。

反观国外的情况，也给我们不少启示。早在 1921 年，哈佛大学就授予了美国的第一个专业博士学位——教育博士学位。第二次世界大战结束以后，欧美各国开始因应社会需求，大力调整研究生教育结构，积极发展专业学位教育。其中，美国在经济文化快速发展的基础上，专业学位发展尤其突出，其专业学位已经成为国家高等教育学位体系的主要组成部分。不少大学的新闻传播硕士研究生教育设置有两种不同导向的培养模式，即专业导向的培养模式和学术型导向的培养模式。这两种模式在教学目标、针对对象、课程安排和获得学位的要求等方面都有明显的差异。在英国和澳大利亚等国家，也建立有完善的专业学位教育体系。我们的近邻日本和韩国，在 20 世纪 90 年代也急起直追，开始建设独立的专业学位教育体系。

可见，在新闻传播领域设置硕士专业学位，一方面是基于新闻传播学科的性质，新闻传播学科本身就属于应用文科，其硕士研究生教育的主体，本来就应该是专业学位，何况其对应的庞大社会行业所需要的并非高级学术型人才；另一方面是社会巨大需求的拉动，传统的学术型硕士教育固然有其存在和继续发展的必要，但是比起社会对高层次应用型专门人才的需求来，毕竟要少得多。可是，这几年大学的扩招，学术型硕士规模越来越大，除了少数能够找到适合的学术型岗位或直接攻读博士外，绝大部分学术型硕士是被业界勉强接收的。这种情况已经到了非改不可的时候。

[①] 引自"新闻传播学专业硕士学位论证报告"课题组：《关于设置新闻传播学硕士专业学位（MJC）的申请报告》，2009 年 6 月。

二、学术型硕士与专业型硕士的比较

由于国家政策的强力推动,新闻传播领域的硕士专业学位教育马上就要正式启动。2011年,全国将有48所大学设置新闻与传播专业硕士学位、14所大学设置出版专业硕士学位,并向全国公开招生,其设点学校分布在除贵州、海南、西藏、宁夏四个省、自治区外的各个省市区。新闻与传播、出版专业硕士学位的设立,与新闻学、传播学学术型硕士学位并立,本身就说明中国新闻传播教育的重大转向,传媒研究生教育的一个新的时代到来了。

专业硕士学位与学术型硕士学位分属于两个不同的研究生学位教育体系。如果对二者做一比较,就可以看出二者的鲜明差异。

在目标定位上,学术型硕士学位研究生教育,一般被视为博士研究生教育前期,其前景就是博士研究生,或者到相关领域从事理论研究,其目标是培养高层次学术型研究人才。与此不同,专业硕士学位研究生教育则是针对社会特定职业领域的需要,培养具有较强的专业能力和职业素养,能够创造性地从事实际工作的高层次应用型专门人才。在新闻传播领域,学术型硕士研究生下设的两个专业,即新闻学与传播学,基本是按照学术型研究人才的培养目标设置的;而专业硕士研究生下设的新闻与传播、印刷专业,则是瞄准新闻与传播业界,包括报纸、广播、电影、电视、杂志、出版、动漫、广告公关等行业,为这些行业培养合格的、高层次的从业者。必须指出的是,中外各国专业硕士学位教育,还有一个共同的特点,那就是专业硕士学位与行业就业资格的衔接。两者的目标不同,决定了两种硕士研究生教育在其他方面的差异。

在人才规格上,按学术型硕士研究生模式培养的新闻学、传播学硕士研究生,偏重的是基础理论、系统知识建构及研究方法、研究能力的训练,虽然也要设置与新闻传播业务相关的课程,但业务技能在整个知识与能力结构中处于次要地位。而按照专业硕士研究生模式培养的新闻与传播、出版专业的研究生,则强调理论基础与专业能力的平衡,理论基础课程的设置是为了专业能力的挖掘与提升,专业能力在学生的知识与能力结构中居于核心的位置。这种专业能力包括在发现、表达、批判、创新等方面的潜能。经过专业硕士研究生教育,学生应该能够及时胜任传媒行业全流程各岗位的工作要求,上手快,后劲足,具有成为行业领军人物的潜力。

在学制上,学术型硕士研究生教育以全日制学习为主,因为系统的知识习得和研究思维、研究方法的训练,不仅需要完整的时间,而且需要导师的及时指导。零碎的时间和滞后的师生交流,不利于学术型研究人才的培养。专业硕士研究生教育则不然，它采取灵活的学制，既可是全日制，也可是非全日制。全日制专业硕士研究生招收应届大学毕业生；非全日制专业硕士研究生则招收传媒行业的在职工作人员，他们可以一边工作一边学习，或者结合工作来学习，带着工作中的问题学习，这对于提高他们的专业能力具有非常重要的作用。与学制相关的还有招生方式的差异，根据国务院学位委员会制定的《硕士、博士专业学位教育发展总体方案》，从2010年起，对学术型硕士研究生和专业硕士研究生招生，采取"分类报名考试，分别标准录取"的方式进行，按照"科目对应、分值相等，内容区别"的原则设置专业学位招生考试科目。其考试内容突出考查考生运用基础知识和基本理论分析问题、解决实际问题的能力。学术型硕士研究生招生考查的重点则是基础理论、系统知识、研究方法和思维能力。

在培养方式上，学术型硕士研究生与专业硕士研究生也大异其趣。学术型硕士研究生的教学以第一课堂为主，以理论讲授和课堂讨论为主，注重系统知识的建构和理论方法的训练，注重学生的问题意识和创造意识，基础理论、研究方法与思维创新是学术型硕士研究生教育的基本取向。专业硕士研究生教育则不然，它在教学方法上强调以学生为本，以能力培养为本，以职业导向为本；重视运用团队学习、案例分析、现场研究、模拟训练等方法，树立学生的自信、自强意识，强化学生的职业意识和专业精神，注重培养学生研究和解决实际问题的能力。

在学位论文环节，学术型硕士研究生与专业硕士研究生也有很大的差异。学术型硕士研究生的学位论文要求有鲜明的学术导向，其选题要有一定的学术价值和实用价值，尽可能与国家建设迫切需要解决的问题相结合，与导师的科研项目相结合；论文作者要在本学科掌握坚实的基础理论和系统的专门知识，具有独立从事科学研究的能力，遵循严格的学术规范；在了解本领域国内外研究动态及学术前沿的基础上，论文还要突出自己工作的创新点和新的见解。相比之下，专业硕士研究生的学位论文要求强化应用导向，论文选题必须来源于社会实践或实际工作中的现实问题，要有明确的实践意义和应用价值；其表现形式也可多种多样，鼓励采用理论研究、调研报告、规划设计、产品开发、案例分析、项目管理、业务作品等多种形式，重在考察研究生综合运用理论、方法和技术解决实际问题的能力；其论文答辩的方式也可灵活多样，但其答辩评估成员中必须有在相关行业实践领域具有高级专业技术职称的专家。

由上可见，学术型硕士研究生教育与专业硕士研究生教育看上去是两股道上跑的车，这两条不同的道路通向不同的目标。当然，两者的差异也不是绝对的，在个别情况下，学术型硕士研究生也可以到传媒业界就职，专业硕士研究生也可以报考博士研究生或者从事学术研究工作。实际上，与其说专业硕士研究生教育与学术型硕士研究生教育是两条不相交的平行线,倒不如说是两股紧紧地交织在一起的绳子。虽然两者在目标定位、培养方式、人才规格、学制乃至论文环节上相差甚远,但是也有不容否认的共同基础,那就是有关新闻传播的基本学理。新闻与传播、出版专业硕士研究生教育,虽然自成体系,但实际上是新闻传播学科大树上长出的一个新枝。它们和新闻学、传播学硕士研究生教育一样,每时每刻都在从新闻传播学科的强大根部吸取营养,这便是新闻传播领域学术型硕士研究生教育、专业硕士研究生教育相异又不相离的根本原因。

三、按需生产,双轨并举

根据国家《硕士、博士专业学位教育发展总体规划》,国家在未来十年内将积极发展专业学位教育,并在2010年实现我国研究生教育从以培养学术型人才为主转变为学术型人才和应用型人才并重,基本完善专业学位的教育体系。这是高等教育方面的基本国策。国策既定,剩下的当然就是执行的问题了,在研究生教育转型方面没有任何讨价还价的余地。在新闻传播领域,这次重要的转型,不仅给新闻传播业界注入了继续发展的动力,而且给传媒研究生教育以绝好的机遇。我们应该抓住机遇,按照教育的基本规律,改造我们的传媒研究生教育,双轨并举,按需生产,只有这样,中国传媒研究生教育才能顺应社会的期待,保持持续发展的活力。

第一,以教师为本,建设一支"双师型"的师资队伍。此前,国内新闻传播院系研究生教育的单一模式,使得新闻传播院系形成了以高水平学术研究型人才为主体的师资队伍。他们不仅具有高学历和很高的理论水平,而且其兴奋点集中于理论问题的探讨。正是因为有了这样一批教师,保证了新闻传播教育的学术水准。不足之处,这些高水平的教师大多没有专门的业界经历,缺乏相关领域的实践经验。很显然,这样一支师资队伍是难以适应双轨制下硕士专业学位教育的需要的。要改变这一局面,各新闻传播院系必须采取切实措施,保证专职教师在一定时间内到对应的媒体从事调研或任职,提高专任教师的专业实践能力和教育教学能力,提升师资队伍的专业化水平;要大力引进既有理论水平,又有实践经验的优秀专业人才从事专业学位的教育教学工作;至少要保证三分之一以上的专业课程由来自业界的具有丰富实践经验的高层次专业人员担任,他们还应该积极参与教学实践、项目研究、论文考评和答辩等工作。在可能的情况下,新闻传播院系还要从业界聘请一批具有较高业务水平的记者、编辑、制片人、主持人等担任兼职教授。所有这一切努力,都是为了建设一支结构合理的"双师型"教师队伍。这实际上是国际新闻传播教育界的一种惯例。在美国大学的新闻传播学院,其师资就有"绿眼罩人"与"卡方人"之分。① 所谓"绿眼罩人",就是具有丰富的传媒实践经验,在新闻院系担任业务课程教学,致力于提高学生专业技能的教师;而所谓"卡方人",就是学术导向的理论课教师,他们一般具有传播学博士学位,具有较高的学术水平。只有建立起"双师型"师资队伍,双轨制的传媒硕士研究生教育才能顺利起步。

第二,重视实践教学环节,努力建构高水平的实验实习平台。在单一模式的前提下,国内各新闻传播院系的硕士研究生培养,普遍重视理论课程教学和研究方法,关注学生思维能力的训练,所以理论教学和研讨被置于重中之重的位置,相对而言,实验实践环节受到不同程度的忽略。现在专业硕士学位正式启动,学术型硕士与专业硕士学位双轨并行,要保证人才培养质量,满足社会需求,必须改变以前的做法。当务之急是业务课程的教学改革,业务课程不能只讲不练,要配合课程内容安排一定时间的教学实验、实训,要充分利用学校、学院的教学实验设施,特别是要利用各种校园媒体,强化学生的专业体验和职业意识。同时,还要加大与业界的合作力度,与媒体建立长期、稳定、实质性的联合培养机制,搭建高水平的合作培养平台,明确校企各自的权利和义务,建立专业实习(实践)基地,提高实践教学的学分比重,保证学生有不少于半年的专业实习时间。实验实践环节的强化,有利于学生的全面发展,对于培养能够满足社会需求的,专业能力强,职业素养高,能够创造性地从事实际工作的高层次应用型专门人才,是重要的物质保障。

第三,尊重教育规律,革新研究生课程体系。目前的研究生课程体系,是适应单一制研究生培养模式而建立起来的。而按单一制研究生培养模式培养出的新闻传播硕士研究生,又要尝试着满足学术型、专业型两种完全不同的社会需求,其结果自然是两不像,两头不讨好。随着硕士研究生培养双轨体制的启动,随着对两种不同类型研究生的重新定位,我们不仅要根据社会需求的人才规格量身定制专业硕士研究生的培养方案,而且要革新原有的学术型硕士研究生的课程体系。学术型硕士的课程体系,应强调学术导向,以满足培养高层次的研究型人才为目标,注重基础理论的探讨、研究方法的训练、知识系统的建构,致力于学生观察视野的开阔以及批判思维、创新能力的培养和提高。至于专业硕士的课程体系建设,则要反映传媒职业领域对专业人才知识与能力结构的要求,要反映传播技术的最新发展,以实际应用为导向,以满足职业需求为目标,以综合素养和应用知识与能力的提高为核心,将行业组织、培养单位和个人职业发展的要求有机结合起来。这两套课程体系,不应该彼此封闭,相互设限,

---

① 张晓静:《战后美国大众传播教育研究》,湖北人民出版社2009年版,第61—72页。

而应该是开放的,专业硕士研究生和学术型硕士研究生可以在一定的范围内互选对方的课程。

第四,以质量为纲,改革学业考核体系。质量是传媒研究生教育的生命线,只有数量而没有质量的教育,是对教育资源的浪费,是对社会的犯罪。教育的质量最终反映在学生的质量上。而学生作为教育的产品,其质量的高低,取决于在整个培养过程中每个阶段每门课程的学习成效。所以要提高人才培养质量,重在对学业的考核,要使考核建立在科学可靠的基础上。科学的考核方法,有利于引导学生全过程、全身心投入到学习中。过去研究生的学业考核,一般只重视终结性评价,而忽略了形成性评价。应该把终结性评价与形成性评价有机地结合起来。重点是强化形成性评价,也就是加强学习过程评价,在整个教学过程中,要对其中的每一重要阶段展开评价。要鼓励老师广泛采取平时测验、大作业、课程论文、课堂讨论等多种考核评价方式,并将其作为平时成绩纳入课程总成绩。要逐步提高形成性评价在总体性评价中的比重。对终结性评价也要进行改革。过去的终结性评价,一张试卷,几种固定的题型,客观题多,重点关注知识点,而不注意知识、理论的应用,于是导致了死记硬背、高分低能。对于专业实习也要进行全过程的跟踪、管理、服务和质量评价,确保实践实训的质量。学位论文是人才培养过程的最终也是最重要的环节。对学位论文的考核不仅要制定严格合理的程序,而且要有明确细致的规范,论文的选题开题,论文的文本要求,论文的审查,论文的答辩等,都要坚持标准,绝对不能放水。考核的方法科学,考核的标准严格,考核的程序合理,才能够保证人才培养的质量。

第五,坚持市场导向,实行弹性学制。传媒研究生教育必须坚持市场导向,顺应市场需求,否则,如此巨大规模的在读研究生将难以为市场所接受,可能会酿成重大的社会问题。目前的传媒市场,不仅向全日制硕士研究生提出了具体的要求,更为重要的是,传媒业界从业员工的继续教育,也是新闻传播院系服务业界的重要领域。一般来说,全日制学术型硕士,甚至专业硕士的培养,都采取固定学制,这是比较合理的。但是,对于专业硕士研究生中来自业界的精英,也一律采取固定学制,要求他们在规定的年限毕业离校,实在是有些强人所难。由于来自业界的在职专业硕士研究生,是边工作边学习,基本上是利用假期或双休日学习,工作单位的重大日程变更、社会重大突发事件的发生等,难免会打断他们正常的学习进程;一些研究生将业界面临的新问题作为他们硕士论文的选题,而这一问题的呈现和解决需要时间,这也难免会延后他们的学业。所以,对于专业硕士学位研究生中的在职学生,应该采取弹性学制,规定他们可以在一个比较宽幅的时间段(如 3~5 年)内完成学业。这种弹性的安排,有利于调动专业学位研究生的积极性，便于他们利用在职学习的优势，发掘所在单位的教学资源，这对于提高专业学位研究生的教学质量是很有帮助的。

总之，中国传媒研究生教育现已进入了一个重要的历史阶段。单一模式向双轨制的过渡，是教育规律使然，是变化着的人才市场的拉动使然。在这个重要的节点上，中国传媒教育界应该抓住机遇，大胆推进研究生教育的改革，只有这样，中国传媒研究生教育才能健康发展，顺应社会的期待，满足业界的需求。

(本文原载于《新闻前哨》2010 年第 10 期)

论新闻传播教育的产学合作

从世界历史演化的轨迹来看,自工业革命以来,教育的发展每每关系到社会进步,乃至国运的兴衰。新闻传播教育作为现代教育的重要组成部分,固然有其特殊性,但其与产业界的密切关联,跟其他教育领域毫无二致。新闻传播教育的发展,一方面必须遵循教育规律,加大投入;另一方面有赖于与产业界特别是媒体业界的密切合作。这种合作,乃是当代新闻传播教育发展的重要动力之一。

一、产学合作是促进产学互利双赢的必要举措

媒体业界与新闻传播教育界的密切合作,不仅是推动新闻传播教育发展的动力,也是媒体业界实现可持续发展的必要举措。两者合则互利双赢,分则皆蒙其害。站在学校的立场,就新闻传播教育的发展而言,与产业界的合作至少在下面六个方面有助于新闻传播教育的进步。

一是有助于学校吸纳社会资源,满足新闻传播教育对资金及其他物质条件的需求。新闻传播教育的发展不仅与媒体业界乃至整个社会密切相关,而且需要巨大的成本投入。在学科分类的意义上,新闻传播教育属于人文科学,但其对技术的依赖,并不亚于一般的理工科。所以有人称新闻传播学为文科中的工科。在日益开放的现代,要完全满足新闻传播教育的物质需求,单纯依靠学校的投入是不够的。必须拓宽视野,面向业界特别是媒体业界,通过与业界的合作吸纳社会资源,以弥补学校投入的不足。

二是有助于拓展新闻传播院系的就业市场。大学是高级专业人才培养的工厂。新闻传播教育的宗旨是向媒体业界输送具有专业知识、技能和职业精神的高级专门人才。这种专门人才能否适应社会、业界的需求,能否占领专业人才市场的关键,与其说在培养过程结束之后,不如说是在培养过程之中。只有根据业界具体的人才需求,在培养过程中,从培养方案、课程设计到课程讲授和

实践安排，全面适应业界要求的品质和规格，才能在人才市场竞争中立于不败之地。没有产学合作，是无法做到这一点的。

三是有助于完善新闻传播人才培养环节。新闻传播教育具有职业教育的特质，社会要求新闻传播人才不仅要有合理的知识结构，而且要有完善的能力结构。一般而言，知识问题基本上可以在校园内完成，能力问题在校园内充其量只能打下基础，更多的是要借助于媒体业界的专业实践。在这个意义上，新闻传播教育必须产学结合，没有业界的配合，新闻传播学院的在校学生就没有必要的专业实践平台。只有借助于这一平台，学生才能完成自己的学业，学校的人才培养链才算是完整的。

四是有助于改善新闻传播院系教师队伍的结构。毫无疑问，新闻传播教育的主体是院校专业教师队伍。不论是我国内地，还是欧美主要国家的新闻传播院系，其学者型教授队伍的学术水平决定了其办学水平的高低。但是，新闻传播教育不同于一般的文科教育，新闻传播职业对业务能力的要求，决定了仅靠学者型的教师无法达到人才培养的目标。只有充分利用业界职业新闻传播工作者，吸收他们进入教师队伍，利用他们丰富的实践经验和专业技能，才能使学生在知识和能力结构间达成一定的平衡。如果新闻传播院系与媒体业界间没有良好的合作机制，是难以做到这一点的。

五是有助于跟踪业界发展，聚焦热点问题。与其他行业对相关专业教育的推动一样，媒体业界与新闻传播教育也呈现出良性的互动关系。这种互动，对于新闻传播教育而言，有利于拉近业界与学界的距离，有利于学界跟踪业界的发展，聚焦业界的热点问题，将学界的兴奋点与业界的焦点统一起来，急业界之所急，想业界之所想，为业界面临的难题提供解决方案，从而引领传播业界的发展方向，提升业界与学界的合作水平。

六是有助于更新教学内容，进占学术前沿。新闻传播院系与传播业界的合作，学界与业界兴奋点的契合，有利于学界掌握业界发展的最新动态，掌握学术发展的新方向，进占学术前沿，在此基础上吸收最新的研究成果、最新的成功经验，更新教学内容，提高教学水平。受到这种教育的学生，自然眼界开阔，基础扎实，思维活跃，得到业界的欢迎。

媒体业界与学界的密切合作不仅有助于学界的发展，有助于提升新闻传播教育的水平，提高新闻传播人才培养的质量，而且对业界本身也有莫大的助益。如果某项合作，只对一方有利，而合作的另一方只有付出没有收益，那么这种合作是无法持续下去的。站在媒体业界的立场，其与新闻传播学界的合作对业界自身的积极影响，主要表现在以下几个方面。

一是借助学界的智力资源，共商媒体发展战略。在当今媒介化社会，信息传播对社会的渗透可谓无孔不入,对社会意识、民众生活、政治过程具有重大的影响力;同时,传播媒介作为一个日益扩张的文化产业,其经济实力及其改变社会的潜力也与日俱增。如何确定媒体未来的发展战略？怎样发挥媒体的建设性作用,以实现媒体的社会功能？怎样才能保证媒体在与同行的竞争中立于不败之地？要考虑这些战略课题,不仅需要实业家的商业天才和常人难及的直觉,更需要学者的理性思考。所以,在决定自己未来战略目标和具体策略时,媒体业界更需要外界的智力支持。而新闻传播院系的智力资源正是媒介取之不尽的宝库。与学界联手,意味着打开了智慧之门。

二是合作打造适用的高级专门人才。在激烈的媒体竞争之中,人才是制胜的决定性因素。谁拥有一流的人才队伍,谁就拥有了决胜天下的资本。但是新闻传播院系提供的人才,在具体的规格上,是按照传播业界的最大公约数来制造的,能够满足业界的普通需要,但未必能够满足某一媒体自身的特殊要求。而这种特殊要求往往是特色竞争不可或缺的。要拥有这样的特殊人才,必须与传播院系合作,向院系提出明确的要求、具体的规格,这样,新闻传播院系才能为媒体量身定制,满足其个性化的需求,变大规模生产为精细化生产。

三是解决业界的紧急问题。在市场经济条件下,媒体业界的竞争已超越了国家的范围而臻于全球的规模,空前激烈。加之环境的不确定性和受众要求的多样化,新的困难、复杂的问题和挑战层出不穷。要在竞争中立于不败之地,必须妥善处理这些问题和挑战。很显然,媒体这一努力也需要借助于学界的智慧。学者理性思考,及其作为局外人的冷静观察,完全有可能提出局中人难以想到的决策方案,促成问题的合理解决。所以,仰仗学界的智力支持,有利于保证媒体在市场中的主动地位。

四是补充人力资源(实习生)。通过与新闻传播院系的合作,通过向新闻传播院系的学生提供专业实习基地,一方面可以满足传播院系专业学生实践能力的培养需要,延伸专业人才培养链;另一方面,这些新闻传播专业的实习生,又可以成为媒体业界急需的劳动力资源。这些年轻的专业劳力虽然缺乏实践经验,但是他们富有专业知识,有理想,有热情,敢于创新,乐于奉献。他们的到来,既弥补了劳动力的不足,又可以激活媒体内部的由"老人"控制的一潭死水,打破陈旧格局,解放生产力。

五是为媒体业界在职员工提供继续教育。新闻传播职业富有强烈的挑战性。随着传播技术的不断革新,社会环境的飞速变化,业界竞争的日趋激烈,媒体员工的工作适应将成为难题。要实现媒体的可持续发展,必须对员工进行继续教育,即在岗职业培训,以保证员工能与时俱进。由于职能的局限,媒体自身很难周全地规划和实施对员工的继续教育,而这正是大学新闻传播院系的强项。依托新闻传播院系,利用院系的充沛师资和其他学术资源,科学规划,认真落实对员工的培训,提高员工的专业能力和综合素质,不仅质量高,而且投入低,收益高。

可见,通过与新闻传播院系的合作,媒体自身的收益并不比新闻传播院系少,这是一种典型的互利双赢的合作模式。媒体和业界彼此互通有无,密切协作,是媒体也是传播教育发展的重要动力之一,它不仅提升了媒介产业的品质,而且提高了新闻传播教育的水准。

二、新闻传播教育的产学合作有待于进一步拓展

新闻传播教育的产学合作,不是产学双方出于一时冲动的偶然选择,而是势在必行。在市场化环境下,不论是媒介,还是传播院系,为了生存和发展的需要,单凭自身的努力是远远不够的。它们必须不断地从社会、从环境获取资源,以弥补自身的不足。而媒介和传播院系,各有短长,在社会系统内完全能够彼此互补、相互协作。

就新闻传播教育的历史进程而言,产学合作有一个从小到大、从幼稚到逐步成熟的过程。在媒体产业规模还不是很大、传播教育还处于幼年阶段时,产学合作处于比较低的层次,其空间局限于地区的范围。随着新闻传播教育和媒介产业的发展,主权国家的领土空间成了产学合作的基本平台。媒介和传播院系均可利用国家政策,在法律许可的范围内,彼此合作,以延伸各自的生存空间。当全球化浪潮席卷大地,各主权国家竞相融入全球体系时,传播事业的发展已进入世界级的规模,其实力远非此前任何阶段所能比。全球一体化的背景,给新闻传播教育的产学合作提供了更大的空间,媒体企业和新闻传播院系不仅可以超越国家的政治地理界限,在世界范围内寻觅合作伙伴,而且其合作的力度也较此前大为加强。纵观欧美各国新闻传播教育的发展轨迹,正好印证了这一总的趋势。

我国内地的新闻传播教育起步较晚,其媒体产业的发展也远未达到西方同业的水平。就目前的情况而言,新闻传播教育界产学合作的范围尚未超越本国的政治地理空间,基本上是在地区级或国家级的层面上进行的。同时,这种合作,大多呈现出自发性特征,缺乏整体的战略性规划和全局性合作。而以个体性的、零星的项目咨询,或单纯的实习基地建设、兼职教授为合作的主体。这种合作远远不能满足新闻传播教育发展的需要,离业界的要求也有相当大的距离,学界、业界都具有提升合作层次的强烈愿望。

怎样才能促进媒体业界和学界的相互合作,这是两者面临的共同课题。要

解决这一问题,媒体业界和传播教育界首先要从自身的实际出发,并且考虑到对方的需要和相关政策的限制;同时,政府相关部门也应基于支持新闻传播事业和新闻传播教育的立场,采取有利于后者发展的具体政策。只有业界、学界和政府三者齐心,共同努力,新闻传播教育的产学合作才能提升到新的水平。

从新闻传播院系本身的实际情况来看,要解决产学合作的深层次问题,必须做好以下三个方面的工作。

第一,树立新的办学理念,确立开门办学的方针。在信息传播高度发达的现代社会,新闻传播教育已成为一个开放性的社会事业,不是学校院系一家所能独立完成的。由于传播教育与新闻传播事业的高度关联,以及传播技术更新频率的提升,新闻传播教育的硬件投入远非一般文科教育所能比,加上学生实践能力的培养还须依赖业界提供的实习平台,学生的就业更是离不开业界,新闻传播院系不能关起门来办学。新闻传播院系必须树立开门办学的理念,向社会主要是向业界敞开大门,吸纳社会资源,争取业界的物质和人力支持,为新闻传播人才的成长创造一切必要条件。

第二,新闻传播院系在与业界合作时,必须牢记互利互惠的原则,致力于形成双赢的长效机制。新闻传播教育的产学合作,应该是双向的。如果新闻传播院系只想从对方索取,不想自己付出,这种合作就不可能持续下去。事实上,新闻传播院系也有自己的优势,其智力资源就是业界最为缺乏的。如果业界和学界能够彼此互通有无,取长补短,这种合作就能为双方带来实际利益。从近年来产学合作的实际情况来看,比较成功的经验是,业界付出物质资源,换取学界提供的金点子,而新闻传播院系主要付出的是智力资源,获得的却是自身发展急需的真金白银。虽然双方的付出和获取不尽相同,但目的一致,那就是通过这种互利互惠的合作,为自身的发展打下坚实的基础。所以,新闻传播院系必须时刻注意,要想对方能够持续地支持自己,自己也应该能够为对方提供些什么。

第三,以传统方式的合作为基础,同时致力于开辟产学合作的新领域。产学合作的传统方式是:媒体向新闻传播院系提供专业实习平台,为新闻传播院系提供业务师资,为传播专业学生提供正式工作岗位,或者向新闻传播院系提供物质支持(如设立奖学金、研究基金等);传播院系为媒体发展提供战略咨询、承担媒体委托的研究课题、承担媒体员工的继续教育等。这些方式在过去被证明是非常富有成效的。在可预见的未来,这些方式仍将是新闻传播教育产学合作的主体。在此基础上,新闻传播院系和媒体业界还要努力开辟新的合作领域,如媒体业界与院系联手,共同研究媒体格局变迁带来的影响,共同投资新的传播领域等,只有这样,新闻传播教育的产学合作才能与时俱进,攀上新的阶梯。

媒体业界也要充分利用新闻传播院系的智力资源,利用新闻传播院系的人力资源优势,开展发展战略研究、进行员工的继续教育。同时,为了吸纳能够满足自己的需要的专业人才,媒体业界还要主动参与新闻传播院系的人才培养过程,从人才培养方案制定、师资队伍建设、专业实验室建设,到专业实习平台的维持、就业市场的开拓,都可以发挥自己的作用。媒体业界在与新闻传播教育界合作时,也面临着与学界同样的问题。不仅要从合作中有所获取,更要有付出的准备和胸怀。面对学界的困境,媒体业界一毛不拔,于情于理都是说不过去的。媒体应该主动表达自己支持教育事业的诚意和决心,以实际行动实现支持新闻传播教育的承诺,从而维持学界、业界互利双赢的机制。

此外,作为社会管理者,政府及其他管理部门也要有所作为。无论是媒体产业还是新闻传播教育,都关系到社会发展、国家命运和民族未来。必须站在战略高度考虑如何促进传播教育的产学合作。政府可以采取特别政策,对支持新闻传播教育的媒体产业或其他行业给予特殊的优惠措施。当某个企业捐助新闻传播院系,在物质方面帮助传播教育,或者以其自身的平台延伸新闻传播院系的培养链条时,政府相关部门应该在其他方面予以相应的补偿,如减免部分税收,或者对其相关开发项目的贷款实行一定的贴息政策。这种政策的实施,有助于解除有志于新闻传播教育的产业界人士的后顾之忧,至少可以在经济成本上为其减少一些压力,从而有利于形成促进传播教育产学合作的长效机制。

总之,媒体业界与新闻传播院系的合作乃是新闻传播教育可持续发展的重要动力之一。但这种合作得以开展,不是没有条件的。媒体产业自身的发展水平,产学合作本身的成本与效益,政策环境等,都会在一定程度上影响到合作的程度和范围,从而影响到新闻传播教育的发展。所以,促进媒体业界与新闻传播院系的产学合作,实际上是一个复杂的系统工程,必须从多个方面、不同的视角思考其总体战略与具体策略,只有这样,产学合作才能立足于稳健的平台,并实现可持续发展。

(本文系作者参加台湾铭传大学新闻传播学院校庆学术会议时提交的论文,文章原载于《今传媒》2007年第9期)

他山之石，可以攻玉

在信息化时代，世界变得越来越小，地球的物理空间日趋紧缩，可人们之间的心理距离却日渐拉开，彼此间的疏离感日益增强。于是，交流成了人类生存与发展的第一需要。只有借助于交流，才能维系人类生活的共同体，才能在与自然界的互动之中延续人类的种群。由此，信息媒介也越来越深入地渗透到人们的社会生活中。以不同的方式接触媒介，消费媒介提供的各种资讯，在信息与情感上实现与他人的互动，已经成为人们的生活方式中不可分割的重要组成部分。信息媒介及其从业者在社会演进的过程中扮演着越来越重要的角色，乃是不容否认的客观事实。

信息媒介及其从业者怎样履行自己的社会责任，不仅直接影响到媒介机能的发挥和受众信息需求的满足，而且直接关系到社会的和谐与稳定。所以，无论是社会主义国家还是资本主义国家，社会对于媒介从业者的品格和职业素养都有较高的期待，正如对医生、法官角色的认定。虽然信息传播作为一种社会职业，对整个社会是完全敞开的，但并不是所有的人都适于从事新闻传播工作，就像法官、医生职业对从业者的特别要求一样。信息传播的职业要求从业者不仅要具备必要的专业技能，熟悉基本的传播业务，而且要拥有强烈的社会责任感、历史使命感以及高尚的职业道德和人文情怀。所有这些，显然不是普通人都能具备的。要进入信息传播业界，成为新闻传播工作者，担负社会和历史赋予的特别责任，在正常情况下，都须经过正规的学校教育或职业教育。近代报业产生以来，特别是广播、电视业问世以来，随着社会对新闻传播人才需求的增长，新闻传播教育也迅速发展起来。

从世界教育史的演进过程来看，最早的高等新闻教育开始于美国。1908年，美国密苏里大学成立新闻学院，开创了人类新闻传播教育的先河。以密苏里大学新闻学院为代表的美国新闻教育，理论联系实际，以能力培养为重点，注重学界与业界的互动，在世界新闻传播教育界独树一帜。美国新闻从业者基本上以专业新闻学院的毕业生为主体，高等院校专业新闻传播教育对美国新闻传播界具有举足轻重的影响力。在西方新闻传播发达的国家(如日本、英国),还有一种特别的新闻教育模式。在这些国家,虽然也有一些学校设有新闻传播类专业,但这些学校基本上都是一般性大学,相当于中国的高职高专层次。新闻业界从业人员的主体,并非来自这些学校,而是来自重点大学其他专业的毕业生。不过这些非新闻专业的毕业生进入媒体单位后,必须经过一个系统的职业培训过程,以弥补其专业意识和业务能力的不足。这两种不同的新闻传播教育模式成为当今世界新闻传播教育的两个重要的参照系。

中国新闻传播教育的历史开始得并不晚。美国密苏里大学新闻学院成立后的第十年,北京大学就成立了新闻学研究会;1924年,燕京大学成立新闻专业;1929年,复旦大学正式创立了新闻系。经过近九十年的发展,如今中国新闻传播教育已经蔚为大观。截至2007年底,全国已经有367所大学设立877个新闻传播类本科专业,其各类各级在校学生数量在15万人以上。新闻传播教育不仅能够培养本科生、硕士生,而且有十多所高校能够培养新闻传播专业的博士研究生。仅以数量规模论,中国新闻传播教育居于世界各国的前列。但是,最近几年来,随着高等教育界超常规发展,新闻传播教育也出现了一些问题,例如:教育界整体的无序性,缺乏宏观的管理与监督;过分注重外延扩张,忽略了内涵的提升;超常规发展造成了人才市场的供大于求;有些院系课程设置不合理,与业界存在着很大的差距;新闻专业精神在新闻教育中迷失;高层次人才培养质量下降,等等。

要解决中国新闻教育界目前存在的问题,必须从历史、从他国的经验中吸取智慧。在这方面,美国新闻传播教育的历史传统和成功经验无疑能成为我们重要的镜鉴。因为,中国目前的新闻传播教育模式与美国高校的新闻传播教育十分类似,特别是在目标定位、培养环节的安排方面,中国的新闻院系深受美国的影响。在这个意义上,美国新闻传播教育的他山之石,就可以攻中国新闻传播教育之玉了。近年来,国内出版、发表了不少研究美国新闻传播教育的论著,这些论著多从宏观全局着眼,致力于描述美国新闻传播教育产生与发展的全过程,给我们提供了不少资料,开阔了中国新闻教育工作者的眼界。

张晓静博士近年来也一直在研究美国的新闻传播教育,这本专著既是她的博士论文,也是她近年来在这方面的研究成果的汇总。本书不同于同类著作的重要特点,在于它是一本断代史著作,以第二次世界大战结束以来美国新闻传播教育的演变为研究对象。她的研究表明,以第二次世界大战为界,美国的新闻传播教育可以明显地划分为两个阶段。前期,美国新闻传播院系坚守重视人文学科基础和专业技能训练并重的传统模式。此后,随着传播学的兴起,美国新闻传播教育逐步发展成为以社会科学为主要基础、吸纳多学科知识和研究方法,学科领域和教学内容不断拓展,既重视专业训练又重视学术研究的新型教育模式。简而言之,第二次世界大战后美国新闻传播教育的基本特点,就是专业性和学术性的统一发展。张晓静在专著中集中探讨了三个议题:从战后美国新闻传播教育的历史、现状和未来趋势展现美国新闻传播教育在专业训练和学术养成方面的对立统一关系;分别从教育者、学生与课程、教学与评估以及学术研究和学科发展等方面评价战后美国新闻传播教育的成就和不足;探讨美国新闻传播教育对全球新闻与传播教育的有益经验。

在对大量第一手资料进行深入分析的基础上,张晓静博士认为,第二次世界大战后美国新闻传播教育的发展为全球新闻传播教育提供了宝贵的经验和启示,这主要体现在如下方面。①新闻传播教育既要重视人文科学的基础作用,又要融入社会科学乃至自然科学的研究方法;既要注重专业技能训练,又要提高学生的学术素养。②大学新闻传播院系除专业教育之外,还应承担一定的媒介素养教育、通识教育和业界人士继续教育的责任。③有必要提高新闻学与大众传播学在大学中的学科地位。这些启示对于中国当前的新闻教育界具有重要的现实意义。

张晓静博士这本专著的可贵之处,不仅在于其对第二次世界大战后美国新闻传播教育理念及教学模式变革的深入探索,观照中国当下的新闻传播教育,并提出了自己独创的观点,更可贵的是,它还给我们提供了不少第一手资料。特别需要指出的是,作者针对美国新闻传播教育界专业人士的问卷调查,直接掌握了美国新闻传播教育思想的新脉动。当然,作为一本学术专著,本书也存在一些有待完善之处。例如:书中引述了不少外文第一手资料,但对资料的解释稍显不足;作者全面介绍了第二次世界大战后美国新闻传播教育的演变,有分析有见解,如果再有一些批判精神,则有助于进一步会提高本书的学术水平。好在张晓静博士还是一个刚刚出道的青年学者,来日方长,我相信她在将来的研究工作中,一定会再接再厉,发挥自己的优势,为社会奉献更多更好的学术专著。

(本文系作者为《战后美国新闻与大众传播教育研究》写的序言,湖北长江出版集团,湖北人民出版社 2009 年版)

努力践行"秉中持正,求新博闻"

在华中科技大学新闻与信息传播学院建院30周年之际,笔者采访了该院院长张昆。

采访者问:作为现任院长您能谈谈感受吗?

张昆答:1983年,华中工学院应朱九思老先生的要求创办了新闻系。我当时正在同时创办第一批新闻专业的武汉大学读书。但由于进入教育界很早,平时华中地区两大高校——武大、华工交流机会很多,我对当时的华工新闻系的发展状况是有所了解的,对华中科技大学也有很深的感情。

30年前我们学院只单一招收文科专业的学生,而且1983年第一届我们招收的是专科的学生,第二年才开始招本科生。30年后的今天,我们的学院学生从文科到工科再到艺术生,真正实现了跨学科;30年前,学院只招收本科生,30年后的今天,我们还培养硕士生、博士生、博士后,层次更加丰富。30年前,学院的职能主要侧重于教学一方面,30年后的今天,我们将教学与科研并重,既是教学中心,又是科研中心。

30年间,近万名新闻学院的学生从喻家山走向四面八方,融入全球世界。30年,对于诗人而言,不过弹指一挥间;可对于现实主义者来说那可是30个365天,一万多个昼夜。顺利时,嫌其短;遇挫时,常常感到长夜难眠哪!华中科技大学能有今天的辉煌,确实不易,前人栽树,后人歇荫,我们今天能在这里安身立命,要感谢在这里辛勤耕耘的前辈学者,要感谢长期支持学院的领导、业界同仁。

30年院庆也让我感到空前的压力和责任感。学院拥有了自己的一级学科博士授予点,学科排名位于全国同行的前列,已经处于一个比较高的平台,但是,我们与北京大学、清华大学这样的高校相比,综合平台优势不大;与中国人民大学、复旦大学等名校老牌的新闻学院相比,学术沉淀明显不足;而与东南沿海地区的高校相比,地缘优势也有差距。一万年太久,只争朝夕,我们依然任重而道远。

问:学院一楼大厅醒目的八个字——"秉中持正,求新博闻"。这是新闻与信息传播学院的院训,您是如何理解的?

答:所谓"中",《说文解字》曰:"中,内也,从口";中的本意为内、里,从内、里引申为中间,一定范围内适中的位置。而与中对应的是过与不及。我们都知道,事情做得过头和做得不到位,其结果都是一样的。"中"作为一种个性品质作为一种理想人格应该是不激进、不偏执、不保守、不恇弱,为人稳健行事中庸。

所谓正,乃公正、端正、正直、正派之意,正是一种道德品质。论语说:"其身正,不令而行;其身不正虽令不从。"当政者只有行事端正才能令行禁止。

秉中持正,是对人的道德的最高要求,即为人处事要不偏不倚折中调和,坚守正义,捍卫真理。

求新博闻。求新是新闻职业的本质特征,事实上对新的追求不是始自近日,古人早就意识到新的意义。新思想、新观念、新知识,不仅能够启人心智,而且能够引领时代。汤之《盘铭》曰:"苟日新,日日新,又日新。"《诗》曰:"周虽旧邦,其命唯新。"人生与江山,皆日有变更、岁有延替唯革故鼎新、新益求新。

所谓博闻,即博学广闻。求新的前提是博闻,作为传媒人要履行其职业使命须具有广博的学识完善的知识与能力结构智慧超群倚马可待。

"秉中持正,求新博闻"的院训告诉我们,做事必先做人。作为一个传媒工作者,必须不偏不倚,行事稳健,秉浩然之正气,虽千万人吾往矣。这种人就是所谓的正人君子,是大写的人,堂堂正正的人。当这种顶天立地的大写的人,同时具备求新的职业精神、广博的见识和卓越的专业能力,才能胜任传媒的职业使命,才能满足社会的期待。

问:您担任华中科技大学新闻与信息传播学院院长一职已近七年。您的管理思路是什么?

答:学院发展目前状态良好与校领导班子的指引密不可分,是学院全体员工奋力打拼的结果。管理思路可以用四句话概括:第一,以学生为中心,第二,以师资为根本;第三,以教学为基础;第四以科研为先导。

问:如何做到"以学生为中心"?

答:大学教育要根据大学生的特点展开,从学校到学院乃至教研室都要围绕学生及其特点、需求来进行创造性的工作。我们新闻学院坚持把学生当作工作中的重中之重。这几年,学院在学生作方面还是投入了大量的精力。强大的学工组、各种创新实践团队(红树林、V-FUN等)在华中科技大学校园内是一道靓丽的色彩。

我们在专业实践基地建设方面也做了很多工作,为学生提供更多的高水准实践学习机会。过去有段时间我们对学生的专业实践不那么重视,但最近几年我们的专业实习情况在全国都是最好的,沿着京广线的北京、郑州、武汉、长沙、广州和深圳这一条线都提供了很多优秀的实习岗位。

问:"以师资为根本"如何体现?

答:任何大学师资队伍的建设,都直接关系到学校办学水平和教学质量及人才规格。我们学院现在位于全国同类学科前五,拥有非常好的师资力量。这几年我们在师资队伍的打造方面下了很大的功夫,记得我刚来任职的时候,我们学院是28位老师,呈哑铃结构:两头大中间小,年龄大的资深教授占比较大的比重,年轻老师也占比较大的比重;中间四十几岁的中坚力量比较少。面临未来几年老教师的退休高峰,中坚力量有一下子接不上去的危机。而现在我们已经有了38位老师,引进了较多的中坚力量的老师,教师结构也有了很大改观,呈橄榄状结构。

我们学院是个"移民学院",我们的老师来自五湖四海,而且老师大都具有多种学科的知识背景。这既避免了近亲繁殖,又杜绝了门户之见、派系之争。同时,学院又是一个"大熔炉",一经融入学院这个命运共同体,我们就成了正宗的"华工新闻人"。此外,我们非常注重团队协作精神,但也注重竞争意识。我提出了"把狼引入羊群"的观点。现在开始更加重视大家的协作和整体实力的提升。虽然就全国来说我们的老师数量不是很多,但是我们拥有全国最多的纵向科研项目。目前,学院有湖北省文科重点研究基地"媒介科技与传播发展研究中心",组建了新媒体与网络传播研究、政治传播研究、整合营销传播研究等学术团队。近5年,研究总经费达四百余万元,课题完成率达到95%。

问:"以教学为基础"体现了哪些特色?

答:学院一直以文理工交叉培养复合型新闻传播人才为办学特色,走新闻学与传播学并重、传播文化与传播科技结盟的办学新路,也就是交叉见长——"文理交叉、文工交叉、文文交叉"。

第一,立足于交叉,注重应用,以实践为向导。学院注重培养既有扎实人文社科功底,又能掌握现代化传播工具的复合型新闻传播人才。学院最早把计算机、数据库作为新闻专业的核心课程,把高等数学作为必修课程。学院还依靠我校工科院校的优势办了全国第一个(传播学)网络传播专业,在全国办了唯一一个新闻评论专业方向实验班。这条路子成为华中科技大学新闻教育的一大特色。

第二,学院在师资队伍的建设上同样强调注重应用、注重实践经历。办学伊始,学院新闻业务课教师几乎全部来新闻传播业务第一线。新闻系创办人朱九思老院长就是个老新闻人,他将自己在新闻界的朋友、一些著名高校的毕业生请来当老师,新闻学院第一任系主任就是当时在《湖北日报》做部主任的复旦

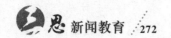

大学新闻系毕业生汪新源。

问:"以科研为先导"怎么入手?

答:推进科研,一是课题,二是经费。为此,我们积极开发校友资源,以地方大都会为中心,建立起校友分会。建立校友会绝不是仅仅为了向他们要钱,绝不是把校友当成金主。校友会的建立目的在于给校友提供更好的服务,给校友搭建精神家园和交流平台,通过服务各地校友,来争取校友对学院各项工作的支持。

开源是解决问题的一方面,另一方面,学院积极推进节流。学院一直秉持节约的原则,压缩一切不必要的开支,不搞面子工程、政绩工程,集中财力以服务于人才培养和科学研究。古人曰:塞翁失马,焉知非福。在经费相对短缺,政策支持相对不足的情况下,我们的老师却通过自己的努力,因持续地不断获取外界社会和国家的支持变得更加强大。学院发展有条不紊,这也是这几年我们科研成果比较显著、学术水平迅速提高的一个原因。

学校的主要职能就是培养满足社会需要的高品质人才,而实现这种职能只能靠教学。这种现象在我们学院体现得并不明显。我们学院十分注重教学的规范化和有序化,就目前来说,我们拥有两个国家特色专业,也是湖北省的品牌专业——新闻评论特色班和广播电视新闻学专业,同时还拥有一个国家级的校外实践基地。从课程建设方面来说,我们有国家精品课程、国家视频公开课程以及省级精品课程等,同时国家的规划教材包括中央重点规划的马克思主义工程理论教材我们也主编两本。在整个教学的环节上都非常优秀,在各高校中还是处于领先地位的。

一个学校、一个学院办得好不好,既与学生素养有关,也离不开引领时代的先进思想。李培根校长曾经说过"教学和科研是自行车的两个车轮,教学是后方承重的轮子,科研在前方是把握方向的轮子"。科研的领先可以把学生到学科的前沿,科研的成果可以直接转换为教学的生产力。

在这种理念的指导下,学院尽力将教学和科研各自的优势相结合,从近些年学院自身的经验总结得出,处理协调教学和科研两者的矛盾。我们必须在坚持重视科研的同时,也要加大对教学的投入,加大时间投入、精力投入、经费投入,及时将科研成果转化为教学内容。另一方面,我们要根据教学的需要,不断扩展新的研究方向,探索新的科学问题,这样才能实现科研与教学的有机统一,实现科研与教学的彼此促进。

问:您认为学界与业界之间应该进行什么样的互动?

答:新闻院系与新闻界是利益相关的共同体,从产业链上来说,是上游和下游的关系;从人才供应来说,新闻院系处于上游,其职责是生产传媒专业的人才,传媒产业是新闻院系的客户。失去了传媒人才市场,新闻院系一天也办不下去。从人才培养过程来看,新闻传播专业学生的实践环节基本上要利用传媒的运作平台,没有传媒企业的支持,新闻院系的教育职能是远离实践的空谈。从这些意义上来说,传媒企业和新闻院系是唇齿相依肝胆相照的关系,只有相亲相爱、不离不弃,才能实现双赢。

问:当下的新闻教育存在的不足,主要体现在哪里?

答:如今我们生活在媒介化时代,媒介及其传播的信息充盈于我们全部的社会生活空间,从这个意义上来说,媒介从业者是社会系统不可或缺的重要成员,而以培养传播从业者为目的的高等院校新闻传播系更是肩负着重要的社会期待。作为一个传媒教育工作者,我看到新闻教育欣欣向荣的景象和大家一样高兴,但同时也感到担忧。我觉得,目前新闻教育存在的主要问题是浮躁、功利。具体来说呢,就是:重视硬件不重视软件;重视能力不重视思想;重视技巧不重视操守;重视效率不重视公平;重视教师不重视学生;重视科研不重视教学;重视结果不重视过程;重视政治不重视专业。

举例来说,目前我们看到的是一个个先进的实验教学示范中心,一座座豪华的办公与教学大楼拔地而起,一个个面子工程相继落成,社会有限的物资被大量消耗在硬件设施上。这样做固然有一定的必要性,但是否超过了必要的限度?当院长和系主任的心思瞄准了物质和技术,必然在一定程度上忽视精神建设。这就是视硬件不视软件的一种表现吧!

而上述问题的存在,是多种因素共同作用造成的。社会的评价机制、社会思潮以及教育工作者的办学理念特别是官方的评价机制,过于重视数字,而忽视了数字之外的因素;过于重视硬件,而忽视软件的作用;还有普遍浮躁的社会氛围,对于面子工程、政绩工程的向往,才导致这种教育局面的出现。

所以,作为一个教育工作者,我觉得要使新闻教育满足社会的需要,必须矫正上面的缺失,做到平衡、协调、可持续的发展。

问:对学院未来的发展思路有什么展望与大家分享?

答:对未来发展的期待,不是数字上的期待。对于排名,也不要太在意。我认为学院教育的发展,核心在学科水平,关键在于学生的思想与能力。

现在,全国的新闻传播教育发展得特别快,洗牌的速度也很快。未来的几年内,全国新闻传播学院将面临新一轮的洗牌。学院处在一个历史的拐点,面对机遇和挑战,学院要在坚持和发扬自己办学特色的同时,以学科建设为龙头、夯实人才培养、科学研究、社会服务和平台建设四大基础,凝聚共识,艰苦奋斗。争取培养社会需要、人民满意的新闻人。

我们希望在科学发展观的指导下,发扬华中科技大学"敢于竞争、善于转化"的优良传统,坚持"育人为本、创新是魂、责任以行"的价值观,遵循"应用领先、基础突破、协调发展"的基本方略,建设国内一流的新闻与传播学科。

(本文系作者 2013 年在华中科技大学新闻与信息传播学院创办 30 周年前夕接受记者的专访。采访者:王梦元　谭雨倩)

略论传媒教育的十大关系

在媒介化时代,传播作为社会的黏合剂,对社会机体的正常运行发挥着不可替代的作用。而传播系统的运作始终离不开有思想、有意识、有感情的人,人始终是传播活动的主体。传媒教育的基本职能就是向传媒业界输送专业人才,以满足新闻传播事业发展的需求。自20世纪初期美国率先出现传媒教育以来,传媒教育在其他国家和地区也迅速发展起来。在网络新媒体崛起及整个社会全面转型的今天,中国的传媒教育面临着过去无法想象的困难和机遇。要保持传媒教育的持续、健康发展,满足社会和业界的期待,必须处理好如下矛盾关系。

一、教学与科研

就大学的社会职能而言,它既是为社会培养高级专业人才的工厂,又是社会系统的智库。从人才生产的角度来看,学生是大学能够提供的主要产品,产品的质量高低不仅取决于原材料和生产工艺,更取决于生产者的工作动机和精神状态。大学教师就是专业人才工厂的主要生产者。教学是大学教师的基本工作,教授的职称就来自教学工作,不搞教学,哪来教授?所以教育部规定,教授不担任本科教学工作,就会自动失去教授职务;教学工作量不满,也不能晋升更高一级的教师职务。在这个意义上,教学是大学教师的安身立命之本。同时,大学的职能不仅在于传授知识、培养人才,更重要的还在于它能够创造知识、发现真理。这种创造和发现,显然是通过严谨的科学研究活动实现的。科研不仅是大学的灵魂,而且是衡量大学水平的重要指标。科研与教学工作是相辅相成的,新的科研成果,能够充实教学内容,完善教学手段,吸引学生兴趣,提高教学质量;而持续进行的教学活动,会给科研提出新的课题,在教学相长的过程中,师生相互切磋、彼此砥砺,也会激发各自的灵感,点燃智慧的火花,从而促成科学问题的解决。

教学与科研是大学教育的一对永恒的矛盾。在高度功利化的社会环境下，大学的实际运作，往往使教学的重要性受到忽略。虽然各个学校、学院都强调教学与科研并重，但是在与科研的比较选择中，几乎所有大学的政策导向，都是重科研，轻教学。教学与科研，一手软，一手硬。有的干脆将教学与科研对立起来。特别是在进行教师职务评审时，科研方面的指标，如经费、项目、论文成了绝对的硬指标，可以一票否决，而教学方面的要求则相对要软得多。这是没有远见的短视行为。教学和科研本是一个问题或一个过程的两个方面，两者唇齿相依，相辅相成。教学水平的提高要靠科研来保证，科研的灵感、动力和突破往往来自教学过程。一个没有科研经历、没有学术成就的人，绝对搞不好教学；同样，一个没有经过教学磨炼的人，要搞好科研也是非常困难的。所以，世界一流大学流行的做法是，在坚持重视科研的同时，加大对教学的投入，不仅加大经费投入，而且鼓励教师在时间、精力方面加大投入，及时地将科研成果转换为教学内容，使教学活动紧随科研前沿向前推进；此外，还在政策上鼓励教师根据教学的需要，或者根据教学过程中的新发现，不断地拓展新的研究方向，探索新的科学问题，从而实现科研与教学的有机统一，实现科研与教学的彼此促进。

二、理论教学与实践教学

在人文社会科学领域，新闻与传播各专业是偏重于应用的文科专业。根据教育规律和业界的人才需求，新闻与传播类各专业的大学生应该在规定的学业年限内，掌握系统的理论知识，具备宽广的视野、活跃的思维和突出的专业技能，能够在尽可能短的时间内，胜任业界赋予的各项工作任务，同时具有深厚的专业潜能。要做到这一点，传媒教育单位必须根据业界的需求，做好专业定位，建构合理的课程体系，使理论课程与业务技能课程保持大致的平衡，在第一课堂和第二课堂之间也能保持总体的均衡，这样才能使学生达到知识与能力的协调，既有深厚的理论学养，强烈的职业意识，基础扎实，思维活跃，视野开阔，又有杰出的专业能力，能够适应新闻传播在全行业、全流程不同业务岗位上的自由流动。

要做到理论课程与业务课程的平衡，相对而言不是那么困难。在目前的情况下，新闻传播类各专业理论课程基本上是大同小异。纯理论课程有新闻理论、传播学概论、新闻伦理与法制、马克思主义新闻经典导读等，再加上新闻史方面的课程，如中国新闻史、外国新闻史、广告史、广播电视史等，约占专业核心课程的一半。这些史论类的课程决定了学生基本的知识架构和理论基础，以及思维的广度和深度。而业务方面的课程涉及采访、写作、编辑、评论、摄影及媒介经营与管理等,其内容直接涉及新闻传播的实践操作层面,是相关职业的看家本领。这方面的内容弱了,会影响到学生的职业技能,关系到学生能否在专业上很快上手,迅速进入状态,从而直接影响到学生的就业。合理的课程结构,必须使这两类课程达到或保持总体平衡。史论课程比例过大,业务课程比例过小,则容易造成眼高手低、纸上谈兵;反之,业务课程比重过大,史论课程比重过小,则容易使学生满足于专业技能而忽略理论功底,最终虽然可能使学生成为一流的匠人,但是难以成为有思想、有深度的传播工作者。

在理论与实践教学方面,还有一个课堂教学与实践教学的关系问题。[①] 由于新闻传播专业的特殊性质,注定了实验实践环节在人才培养过程中的重要地位。就在校培养过程而言,理论教学与实验教学并重,不可偏废。特别是业务类课程,如摄影、编辑、采访等,在坚持理论教学的同时,辅之以必要的实验实践,在课堂上或实验室里,让学生自己动手,以验证性实验强化理论教学,有利于提高教学效果,并且强化学生的专业意识。除此之外,由于学校实验实践平台的局限性,要提高学生的职业素质,还需要拿出较长的、成块的时间安排高年级学生到媒体或专业公司进行集中的专业实习。为了保障专业实习的稳定和可持续性,与媒体和专业公司合作建立高水平的实习基地,以协议的方式确定双方的权利与义务,实现学校与媒体、专业公司的互利双赢,已成为当下流行的做法。如华中科技大学新闻与信息传播学院沿京广线实行专业实习基地的布点建设,在与全国性媒体如《人民日报》、新华社、《经济日报》、《中国青年报》、中央电视台、新浪网、腾讯、网易、搜狐等联合建立实习基地的同时,还在郑州、武汉、长沙、广州、深圳等地,与当地主要的传统媒体和新兴媒体建立了稳定的合作关系,每年能安排200人在此实习3~6个月的时间,从而保证了实践环节的高水平运行,进而保证了人才的质量。

理论与实践教学如车之双轮、鸟之双翼,在传媒专业人才培养过程中,不可偏废。由于大学教育毕竟不是职业教育,所以,在整个大学期间,特别是在大学阶段的前半期,应该以理论教学为主,通过系统的理论学习,进行科学的思维训练,开阔视野,夯实基础。要鼓励学生潜下心来,多读些书,像古人要求的那样,板凳要坐十年冷。但是,面向业界的实验实践教学,绝对不能忽略,在整个课程体系中要确保占有一定的比例。即便是在理论教学过程中,也要强化实践意识、专业意识,否则,新闻院系的人才产品将难以受到业界的欢迎。

---

① 苏成雪:《完善实践教学环节,培养创新型复合型新闻人才》,《实践教学改革的理论与实践》,武汉大学出版社2003年版。

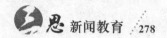

三、研究生与本科生，全日制教育与非全日制教育

到目前为止，国内有几百所大学设有新闻传播院系或专业。而这些院系或专业，除少数二、三本学校外，大部分院系都同时进行着不同层次的传媒专业教育。由于教学资源有限，加上持续多年扩大招生规模，即便是一流的新闻传播院系，也难以满足不同层次传媒专业教育对教学资源的需求，于是便出现了不同办学层次间的矛盾。

新闻院系不同办学层次的关系，大体上涉及两方面的内容。首先是研究生与本科生教育的关系。其中本科生是绝大多数新闻院系在校学生的主体。开办传媒研究生教育的学校不到一百所。其中只有十四所高校同时设有新闻传播学的硕士点、博士点，开展硕士生、博士生培养。近百所学校的新闻院系开办了本科点和硕士点。其他数百所学校的新闻院系只开设了新闻与传播类的本科专业。我们这里所讲的研究生教育与本科生教育，主要是针对前面近百所学校而言的。这些学校的新闻传播院系，教学资源丰富，师资力量雄厚，办学历史相对比较长，有一定的传统和经验。但是面对这些不同层次的学生，在资源分配方面，也有捉襟见肘之感。那么在本科生与研究生之间，孰轻孰重，哪个应该得到优先保障，是不能回避的问题。笔者认为，无论是哪所学校，本科生都应该是立家之本，重中之重，它是大学教育的基础。没有高质量的本科教育，就不可能有好的研究生教育。本科教育的重点是知识的传授以及能力、技能的培养，其目标是向社会提供知识结构合理并且具有较强的专业技能和适应能力的传媒专业人才。而研究生教育则是高级研究型的人才培养，其规格比本科生高，其对师资、办学条件的要求也本科生高。研究生教育，特别是博士生教育的水平，直接标志着一个办学单位的学术水平。质量是研究生教育的生命线。这就决定了，不是所有学院都能够办研究生教育，办研究生的学院也不是所有人都能够参与研究生教育，特别是博士生教育。在本科生、硕士生、博士生之间，应该有一个合理的比例，理想的状态是三者呈金字塔式结构，位于塔尖的是博士生，位于塔基的是本科生，介于两者之间的是硕士生。

对于全日制教育与非全日制教育的关系，也必须予以正视。全日制教育，包括本科生、硕士生、博士生，是大学正规人才培养的主体。其规模的大小决定了学院的基本编制和基本运行经费的下达。不管是什么学校，都把全日制教育当成塑造学校品牌的拳头，集中资源，全力以赴。近年来进行的本科教学评估就是针对全日制教育而言的。非全日制教育，主要指成人教育，本科层次包括自学考试、函授、夜大，研究生层次包括学位课程班等。对于办学单位来说，非全日制教育既是它们拓展社会服务的一种形式，是院系办学经费的主要补充，又是学院预算外的收入来源，可以直接表现为学院教职员工的福利。从直观上看，非全日制的直接目的主要是创收，增进教职员工的福利。非全日制教育的运作，是要讲究效益的，追求投入与产出的最佳比例。在办学资源总体固定的情况下，在非全日制方面投入资源多一些，必然会导致在全日制教育方面的投入减少。对于国家政策确保的重点大学，其基本任务是以全日制的方式，为国家培养高层次的专业人才。事实上，国家现行政策已基本上排除了重点大学从事自学考试等本科层次的非全日制教育的可能。所以，当下全日制教育与非全日制教育的关系，主要是就普通高校新闻院系而言的。虽然普通高校在获取国家资源方面比较困难，需要开展非全日制教育来弥补。但是，不管是全日制还是非全日制，都必须坚持质量至上的原则，都必须有高度的热情和责任心，都要坚持社会效益优先的原则，人才质量始终是教育的生命线。一般大学新闻院系必须坚持质量底线，在确保全日制教育质量的前提下，适度开展非全日制本、专科教育。重点大学在研究生层面，也要确保全日制重点，适度控制非全日制研究生规模，绝不能单纯受利益驱动，只有这样，才能满足社会的期待。

四、大规模生产与精细化生产

传媒教育是工业时代大众化报业发展到一定阶段的产物。这种时代特征不仅决定了工业产品的大规模生产模式，而且决定了新闻传播人才的生产模式。虽然世界上的媒体千姿百态，不同大学各具特色，但在不同的大学不同的新闻传播院系，基本上是按照同一模式、同一规格、同一流程，也就是说按照大工业生产的思路生产品质相同的专业人才，这些专业人才的目标指向也是同一的。可是，如今在工业领域，相同规格产品的大规模生产已逐渐被精细化、个性化生产模式所取代。如生产同一规格或级别的汽车，在颜色、配置方面，消费者会有不同的需求。如果产品完全相同，固然能够满足部分人甚至是大部分人的需求，但是必然会有一部分人因为局部的不满意而转向其他产品。新闻传播专业人才的培养也是如此。同样是面向报纸，不同的报社，如党报、都市报、专业报等对人才的需求会表现出相当的差异；同样是面向电视台，不同的电视台以及电视台的不同频道，对专业人才的规格也会有不同的要求。但是，我们的专业人才教育，培养模式、课程体系乃至教材教案，基本上都是根据统一的国家标准设计，以同一规格的产品，面向不同趣味、不同要求的消费者，这是当前传媒教育界的又一重大问题。虽然社会对新闻传播教育的期待、业界对于新闻传播人才的需求，有相当程度的趋同化倾向，而且对人才质量最低规格具有共同的认知,但是,差异化竞争,个性化生存的现实,要求新闻传播院系对不同用人单位的特殊需求做出及时的回应,以柔性化的课程体系,进行精细化的人才生产,满足社会及媒体的个性化要求。

五、数量与质量

在大学新闻传播院系,数量与质量的关系,既表现在科研方面,也表现在人才培养方面。在科研方面,我们正面临着中国有史以来前所未有的泡沫化浪潮。数量式的粗放经营成为当前中国学术界的主要景观,在经费上追求数量,在成果上追求数量,讲师、副教授是如此,教授、大师级的学者也为数量的膨胀所迷惑。所以我们看到情况是,不少的学校、院系,研究经费在上升,课题数量在增加,研究成果特别是专著、论文、教材的数量也在持续增长,但是真正有分量的、能够经受住时间考验的学术精品不多。在学术成果方面,数量与质量不成比例,这不仅有害于学术的进步,不利于新闻院系的形象和品牌的塑造,而且直接地影响到新闻传播专业人才培养的质量。

在人才培养方面,也面临着质量问题的严峻挑战。在利益驱动下,连续几年的扩招,包括本科生、硕士生的扩招,使大学的人才培养能力扩张到了极限,已经在一定程度上影响到学生的质量。因为同样规模的教学资源,面对数倍差距的学生规模,其效果是决然不同的。[①] 尽管规模扩大对于办学经费的筹措以及人员编制的维持,有正面的效益。但规模扩张一旦超过极限,就必然会影响到人才培养的质量。我们绝对不能以牺牲质量为代价。劣质的传媒教育,不仅误人子弟,而且会贻害社会。我们有必要适度控制新闻传播各专业的招生规模,在师生比上维持一个最佳的比例关系,一方面充分发掘现有的教学资源,另一方面则保证教师有足够的时间从事科研。如果学生的增加伴随着教师工作量的膨胀,超过了可持续发展能够忍耐的极限,则只有牺牲科研、牺牲未来,这是我们不愿意见到的。不管是在科研,还是人才培养方面,新闻传播院系都要坚持追求有质量的数量,质量是前提,没有质量的数量,不仅不会给大学增光添彩,反而会使大学蒙羞。

六、同国际接轨与中国特色

在全球化时代,不仅科学无国界,就是经济乃至教育,也超越了国家的界

---

① 何梓华:《控制办学规模,提高教学质量——新闻教育亟待解决的问题》,《迈入 21 世纪的中国新闻教育》,中南大学出版社 2007 年版。

限,实现了全球范围的大汇流。这种时代背景,决定了科学与教育的发展,必须对外开放,加大国际交流的力度,实现与国际社会最高水平的接轨,以整个世界为平台实现学术资源的优化配置,这样才能主动融入世界经济、科学、教育发展的主流。新闻传播学科与新闻传播教育,在当今的媒介化时代,已成为中外各国的一门显学,因为随着新的传播技术的不断涌现,传播无处不在、无孔不入,全面渗透到社会生活的各个角落、每个环节。它不仅影响到社会的运行,影响到人们的物质生活,更是深刻地影响到人们的精神世界。而在传播技术、传播规律、传播流程及业务准则方面,具有跨越国家、政治乃至意识形态的共同特性。无论什么国家,在新闻传播领域,都有一些共同的话语或者同样必须遵循的规范,如快速、客观、公正、平衡、正义等。正是因为如此,不同国家不同地区的新闻传播院系,存在着极大的交流互动、取长补短的空间。通过学术交流,或者联合举办学术会议,或者交换师资,或者合组学术团队研究共同感兴趣的课题,探索新闻传播学术的前沿问题,与国际接轨,实现新闻传播学术的创新;通过交换学生,增进中外传媒大学生的交流和理解,弥合新闻传播的政治、文化鸿沟,培养人类命运共同体意识,激发课堂的创新氛围,促进教学相长。如果自外于世界传媒教育的主流,置身局外,自娱自乐,无论什么大学的新闻传播院系,都不可能有实质性的进步和知识方面的创新。

我们同时也要认识到,在新闻传播领域,由于媒介本身具有的意识形态属性,以及由国家制度安排所决定的政治及阶级属性,不同国家的特殊国情,也会给不同国家的新闻传播打上特殊的烙印,以至于对同样的传播现象,依据不同的话语系统会做出全然不同的解释,这必然会影响到不同国家的新闻传播教育。中国作为当今世界最大的社会主义国家,而且是具有中国特色的社会主义国家,其新闻传播系统的性质、运行模式、管理制度、社会功能及其对从业者的政治与业务要求,与西方资本主义国家是有显著区别的。所以,中国大学的新闻传播院系在推进与国际新闻传播教育界的横向交流与合作时,既要在技术与业务运作层面与国际接轨,坚持国际标准,以保证国内的新闻传播教育不低于国际水平。与此同时,中国大学的新闻传播院系还要彰显自己的特色,毕竟中国的传媒教育是植根于中国自己的土壤,其培养的人才主要是面向中国的传媒业界。中国的新闻界虽然也认同传媒业务的国际标准,但是在业务准则与政治准则发生冲突时,中国新闻传媒是有自己的不同判断的。政治标准优先于新闻标准,社会责任优先于新闻自由,国家利益优先于媒体利益,是中国新闻传媒不同于西方资本主义国家的关键所在。所以,中国传媒教育有自己必须坚守的底线,绝对不能为国际化而放弃自我,绝对不能全盘西化。

七、教师与学生

在大学,老师与学生的关系应该怎样理解,直接涉及基本的办学理念。老师是学校的根本,铁打的营盘流水的兵,学校这个营盘是靠老师坚守着,学校水平的高低更多地取决于学校的师资水平,所以每个教育家都知道,要以师资队伍建设为本,只有拥有一流的师资,才能有一流的大学。但是就人才培养的过程而言,学生又是办学活动的主体,学校的一切活动都是围绕着学生展开的。一方面,教学相长,教师要成为学术大师,离不开与学生的互动,如果没有学生智慧激发的创新火花,教师要想在学术上实现突破是很困难的;另一方面,现代大学都不是义务教育,政府的拨款有限,大学只有靠向学生收费才能生存。在这个意义上,学生是大学教育的消费者,是学校的"上帝",是我们的衣食之源。从长远的角度看,学生更是代表着学校的未来,是学校、学院将来必须依赖的重要的社会资源。

教师对自己在学校、在人才培养过程中的地位应该有明确的认识。教师的责任是传道授业,启人心智,并且唯有如此,才能在大学里安身立命。学生是教师的服务对象,是我们的衣食之源,没有学生就没有教师的饭碗。教师要平等地对待学生,全身心地投入教学,真心地爱护自己的学生。[①] 最近几年,在中国农村广大地区,许多学校关门了,许多中小学老师被精简,原因就在于没有生源。多数大学目前还感受不到这种压力,特别是重点大学,学费再贵也不怕没有学生。但是,高校之间激烈的竞争,已经从生源争抢延伸到整个培养过程,因为这一过程直接关系到其最终的产品质量。品质低劣的产品不可能赢得市场,教学质量低劣的学校也不可能得到学生及其家长的青睐。所以,学校及新闻院系要重视学生工作,重视学生在人才培养过程中的主体地位。学生工作不仅是主管学生工作的副书记的事情,不仅是学生工作领导小组的事情,而且是全体教师的事情。学校首先要把好进口关,争取最好的生源;其次在培养过程中,也要尽心尽力;同时,要找好出口,教师们要尽其所能帮学生找到最好的归宿。教师的作用不仅限于课堂之上,在课堂之外,教师的言传身教,对学生的成长也有不可忽视的影响。所以,教师作为灵魂的工程师,不仅要为人师表,善尽责任,而且要坚守师德底线,捍卫学校这方净土,为社会的未来固本培元。

---

① (美)肯·贝恩著,明廷雄,彭汉良译:《如何成为卓越的大学老师》,北京大学出版社 2007 年版,第 140-144 页。

八、专职教师与管理员工

大学的员工关系,主要是指教师与管理人员的关系,同时还涉及教师队伍内部的老中青不同年龄段的关系。这两大关系影响到学院的稳定与和谐。一般认为,教师是学校的主体。没有教师,就没有大学。学校之所以能够吸引学生,能够正常运转,是因为有老师传道授业。但是学校的运行,仅有教师是不够的。教师只是大学这部机器的一个组成部分,一个关键的齿轮;没有其他的部件,教师是难以发挥他们作为灵魂工程师的职能的。在这个意义上,管理人员也是大学及院系不可或缺的重要组成部分。他们和教师一样,具有同等重要的存在价值。教师和管理人员的关系应该是唇齿相依、荣辱与共的关系。教师和管理人员,要明确自己在学院的定位,凡属职责范围内的工作,一定要做到位,但不能越位。管理人员和教师只有相互理解、彼此支持、相互尊重,学院才能够正常运转,才能营造一个良好的育人环境。为此,必须提倡平等的价值观,尊重不同岗位员工在权利、地位及人格上的平等。同时,也要承认劳动差异、报酬差异的合理性,但是要防止差异的过大化;否则,将导致教师和管理人员的对立,从而破坏大学及院系的团结和谐。

在教师队伍中又有中老年与青年之别。一般而言,中老年教师是院系的支柱和招牌,院系的历史是他们创造的,院系的光荣属于他们。正是他们搭建了全体教职工赖以安身立命的平台。同时,中老年教师有着丰富的人生阅历以及多年的知识积淀和教学经验,使他们在单位时间的劳动付出和绩效与青年人是不能相提并论的。所以在利益分配方面,必须照顾他们正当的物质权益。另一方面,青年教师是学校及院系未来的希望,是未来的基石,他们思想活跃,敢于创新,深受学生的欢迎,是教学科研的主力军。但在目前的利益分配格局中,青年老师们往往处于弱势地位。而青年时期,又是人生最困难的时期。这时他们最需要一个能够放下宽敞书桌的安静书房。但是这时的他们没有名气、缺少经费、没有项目,正需要院系的扶植。所以,院系在政策上,应该对青年教师予以一定的支持,在最困难的时候,雪中送炭远比锦上添花好得多。要处理好教师与管理人员、中老年教师与青年教师的关系,必须在发展中适当调整院系的利益分配格局,缩小两极分化,使中老年教师与青年教师能够共享发展成果,营造和谐的院系氛围[①];同时,还要在院系提倡青年教师尊重中老年教师,中老年教师也要爱护、提携、关怀青年教师。只有这样,才能形成和谐、温馨的院系文化,

---

① 张昆:《媒介转型对新闻教育的挑战》,《今传媒》2010 年第 9 期。

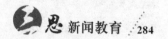

维持正常的学术生态,保证全体员工利益共享、和谐共生。

九、稳定队伍与竞争机制

对于任何社会组织来说,稳定是重要的。稳定是发展的前提,只有在稳定的状态下,才能思考发展之策。但是稳定总是相对的,如果一个社会组织变成了一个超稳定系统,这种稳定不仅难以促进发展,反而会使社会凝固起来,从而在一定程度上扼杀发展的可能性。中国封建社会就是一个超稳定系统,它有周而复始的循环,却鲜有突破性的革命进步。

传媒教育领域也是如此。新闻院系要发展,也要有稳定的环境。院系要稳定,首先要稳定队伍,特别是专职师资队伍。全体教职工安心工作,心无旁骛,就能集中精力完成所有既定的目标。但是,如果队伍太稳定,长期不进不出,几年、几十年一以贯之,就会形成一个超稳定系统。在超稳定的环境里,没有风险意识、危机意识,没有竞争,没有压力,就会不求上进、消磨斗志、尸位素餐。现在社会上许多人认为,高校是最好的避风港,工作最安稳,薪水又高。事实上也是如此,不少高校在老师之间没有竞争机制,没有风险压力,老师们的日子很好过,每周几节课,反复讲,用不着准备,科研上没有课题、经费、文章、专著,也没有压力,每个月工资、津贴照拿不误。进取精神、创新动力都没有了。管理人员方面也有这个问题:责任心不强,奉献意识缺失,专业精神淡漠,自我利益至上。这样的稳定是一种不正常的超稳定,是以牺牲发展为代价的。所以,大学及新闻传播院系要保持活力、永续发展,必须引入竞争机制和合理的评价机制,奖优罚劣,使教学与科研资源向优秀的、富有责任心的教师倾斜,使学院变成一汪活水。同时,还要引进优秀人才,通过顶尖人才的加入,重组学术团队,运用狼入羊群的效应,激活学术团队的潜在能量。当然,当顶尖人才进入院系的学术平台后,还必须处理好"外来和尚"与"本土和尚"的关系。"外来的和尚好念经",是客观现实,但是不能因为对"外来和尚"的过分倾斜,而冷了"本土和尚"的心,对于"本土和尚"与"外来和尚",在物质待遇与精神待遇方面应该保持适度的平衡。

十、院与系(教研室)

院与系(教研室)关系也可理解为整体与局部的关系。根据学院制的精髓,学院是得到学校充分授权的办学主体,在学校的领导下,学院拥有一定的人财物权利,既是组织教学、科研和社会服务的主体,又是一级不完全的财务分配主体;而系(教研室)则隶属于学院,是从事教学、科研工作的实体。在坚持学院集中领导的前提下,如何调动各系(教研室)的积极性、主动性,直接关系到新闻院系的健康发展。

从国内新闻教育界的一般情况来看,院与系(教研室)的关系,用政治学的术语来说,主要有三种形式:中央集权式,联邦式,邦联式。①中央集权式。学院是绝对的权力中心,掌控全院的人财物。各系(教研室)主任由学院任命,履行学院赋予的职能。各系(教研室)是办事实体,而不是权力主体。其好处是便于学院调控,集中力量办大事;不利的是各系(教研室)缺乏积极性、主动性,工作比较被动。②联邦式。其核心在于各系既是办事实体,也是一定程度上的权力主体,拥有一定的人财物控制权。各系(教研室)工作积极、主动,富有创造性,学院也有一定的调控能力。③邦联式。邦联式院系(教研室)结构的核心标志为,各系(教研室)是权力主体,也是办事实体,拥有独立的人财物控制权。学院徒有其表,仅具有形式的意义,对各系(教研室)缺乏必要的调控力,各系(教研室)独立运行。

目前国内新闻传播院系在院与系(教研室)关系上大部分属于中央集权式。学院的权力相对比较集中,控制了人财物,在教学科研及社会服务方面,管得过多、过细,各系(教研室)的自主自为空间过小,主动性、能动性缺失。这在学科发展的上升期是有其必然性的。当新闻传播院系处于爬坡阶段时,需要万众一心,集中力量办大事。但是,当院系的学科发展已经到了一个比较高的平台时,就需要适当调整院与系(教研室)关系,学院要把集中控制的权利适当下放到系(教研室),调动它们的积极性、主动性。同时,又要保持学院必要的调控能力,避免"诸侯坐大,藩镇割据"。只有这样,才能调动院与系(教研室)双方的积极性,进而避免一放就乱、一管就死的局面。

总之,在全球化加速和媒介转型的背景下,传媒教育面临着新的挑战与机遇,这不仅是世界传媒教育界的一般趋势,对我国新闻传播教育而言,更是具有特别的意义。面对特殊的时代环境和变化的业界需求,各大学新闻传播院系必须审时度势,认清各自面临的难题,思考应对的方略。而所有这些问题都或多或少地与以上十大关系相关。所以,处理好以上十大关系,对于我国大学的新闻传播院系,对于整个新闻教育界,甚至对于转型期的我国传媒业,都具有重要的指导意义。

(本文原载于《西南民族大学学报》2010年第11期)

关于一流大学传媒教育定位之思考

随着信息传播技术的突破性的发展,新兴媒体不断涌现,不仅传播格局和媒介生态发生了重大的变化,而且整个社会的结构和运行都在进行深刻的调整。在这个背景下,传播媒介、传媒职业、新闻传播教育成了引领社会前行的力量,从而引起了社会的普遍关注。近年来,一股来自传媒业界的呼吁越来越强烈,其基本诉求在于改革现有的新闻传播教育,以适应业界的变化了的人才需求。各高校新闻院系从不同的角度做出了回应,但是从实际效果来看,虽然有不小进步,但是远远没有满足业界的期待。

一、背景与问题

要分析当下中国的新闻传播教育,有三个时代特点必须把握。

第一,媒介融合与传播生态的转变。由于数字传播技术的发展,媒介融合的趋势愈演愈烈,来自于不同渠道不同介质的信息产品,如文字、图片、音频、视频等,可以承载于一个统一数字平台。原来各种不同媒体画地为牢,各行其道的局面被彻底的颠覆。由此带来了新闻传播机制、信息传播模式、信息消费形态、新闻生产流程、传媒经营形态的变化,这一切又倒逼传媒人才在知识体系和能力结构方面适应再造了的新闻生产流程,满足媒介融合条件下不同岗位对于新闻传媒人才的需求。

第二,互联网崛起,网络巨头携其巨额资本进军传统媒体领域。在中国,以BAT(百度、阿里巴巴、腾讯)为代表的网络巨头,在渡过了与执政党和政府的磨合期以后,已经取得了政府的信任,并且成为党和政府的拱卫力量。12月11日,阿里巴巴正式收购《南华早报》。此前,马云已通过直接、间接、关联公司、个人入股或战略入股等方式,将24家媒体纳入其麾下,包括传统媒体与新媒体。如《第一财经》《光线传媒》《新浪微博》《头条》《优酷》《土豆》《封面新闻》等。这一迹象意味着,传媒产业链条及其生长空间还将得到进一步的扩张。

第三，大国崛起与中国教育的发展。得益于三十年来中国经济的高速成长，高等教育界吸纳了越来越多的资源，加上对外开放的政策，中国高等教育达到了新的水平。一些重点大学综合排名全面提升。北大、清华进入全球顶尖大学的前五十名。其中清华大学的工程教育超越麻省居全球第一。当然不容否认，当前中国的高等教育存在着很多问题，但是世界教育发展的规律表明，一个国家经济上的腾飞，最终必然会推动其教育的提升，美国、德国的历史证明了这一过程。如果说中国未来几十年发展的趋势不变，那么中国大学教育，包括新闻传播教育也会面临一个空前的发展机遇。

以上三个背景因素告诉我们，媒介融合背景下传统媒体式微，并不意味着整个传媒行业出现了危机，相反，随着互联网巨头的渗透与扩张，传媒业的生存空间得以拓展，社会对传媒及关联行业人才的需求将会大大增加。同时，基于综合国力的提升，中国教育发展的机遇自然会惠及新闻传播教育。

中国当前的传媒教育怎么样了？我们可以看下面一组不完全的统计数字。到目前为止，中国有1080个新闻传播类本科专业，分布在637个学校；93所学校设有新闻传播学硕士点，17所院校设有一级博士点，在校大学生约20万人；大约有近5000名在校专职教师服务于新闻传播教育。也就是说，中国大约有四分之一多的高校涉足新闻传播教育，包括985高校、211高校、一般高校、独立学院。可谓规模空前，但是问题也不少。仅就一流大学新闻传播教育而言，有两个问题值得注意。一是人才培养严重滞后于业界的需求。业界实践已经远远地抛离了教育界：全球传播、大数据、数据新闻、社交媒体、文化产业、政治参与、社会转型等，大多数学校的新闻院系都没有跟上；大多数高校的新闻院系仍苦于专业细分化与融合化的矛盾难以自拔。二是学术生态的恶化。新闻传播学科在高校整体学科格局中的地位每况愈下，新闻传播学科对整个人文社会科学的贡献度没有提升甚至在下降，新闻传播学科与其他学科之间的差距越来越大，与其他学科的对话日益艰难。

这些问题的根源在于新闻传播教育的定位不准，思路不清。几乎所有的高校，一流的、二流的、三流的，都是同一个定位，而这个定位都是源自新闻传播教育的职业型特征，千篇一律，没有区隔，没有个性，没有特色，以致受到社会各界的批评。

二、一流大学传媒学科定位的内在矛盾

我们可以比较一下国内外一流大学。在高等教育最发达、信息传播最发达的美国，著名的常春藤盟校，包括哈佛大学、耶鲁大学、普林斯顿大学、哥伦比亚

大学、宾夕法尼亚大学、达特茅斯学院、布朗大学及康奈尔大学,只有哥伦比亚大学设置了新闻学院,而且其主体在于研究生教育。在英国,牛津、剑桥大学都没有传媒专业。日本东京大学也没有传媒专业。其他国家也相似,顶尖大学普遍都没有设置新闻传媒类本科专业,设置该专业者只是例外。所以会出现这种情况,与这些顶尖大学的办学定位直接相关。一流顶尖大学大都定位为学术型研究型大学,以探索真理、追求真知为目的,而很少有功利上的考虑。所以其学科专业的设置,以基础理论学科为重点,致力于知识增量,而不大在意知识的应用。在人文社会科学领域,文史哲经法等学科被置于重要的位置,而一般应用专业,则难以进入校长的法眼。

中国大陆则不同,目前排位在前十位的重点大学,包括北京大学、清华大学、上海交通大学、复旦大学、浙江大学、南京大学、武汉大学、华中科技大学、中山大学等,全部都涉足新闻传播教育,建设了从本科到研究生专业体系。何以如此?恐怕与下面两个因素有关。一是近代中国的历史传统。中国共产党走上执政之路,缘于共产党宣传与武装并重,一手抓枪杆子,枪杆子里面出政权;一手抓笔杆子,笔杆子影响社会舆论,决定人心向背。在此之前的国民党也是如此。孙中山领导的兴中会、同盟会、中华革命党及后来的中国国民党,都把报刊宣传放在非常重要的地位。这种政治传统影响到学校的办学。二是媒介化时代信息传播的重要性。中国现代高等教育起步较晚,正值近代报业繁荣、广播电视兴起的时刻,特别是进入20世纪中后期,尤其是新世纪以来,随着网络新媒体的崛起,传播对社会的影响超越了此前的任何时代。信息弥漫于社会生活的全部空间,像空气一样,无处不在,无孔不入,不仅影响到个体的生产、生活,影响到个体的认知、情感和行为,而且直接影响到社会系统的有序运行。在这个背景下,将传媒纳入重点大学的学科专业体系,就顺理成章了。

根据国家的要求和学校自身的定位,一流大学全部定位为研究型大学,或学术型大学,以探究科学规律,增加知识存量,传承人类文化为己任。可是,新闻传播类专业又具有鲜明的职业教育性质。与传统的人文社会科学相比,新闻传播类专业背后,有一个影响巨大的文化产业,新闻传播类专业分类与这一产业的岗位设置高度相关,或者说相当程度的匹配性。不仅人才需求量大,而且对社会的渗透和影响也极其深远。在人才培养方面,与信息传播相关的知识传授及专业技能的养成占用非常重要的地位,与作为基础学科的文学历史哲学完全不同。从国家教育行政管理部门颁布的专业目录和核心课程体系的要求来看,无论什么类型、什么层次的大学,其新闻传播类专业所培养的都是新闻传播专业人才,属于应用型人才的范畴。

也就是说,一个研究型学术型大学创办的新闻传播类专业实际从事的是职业型教育。而对于这些学科专业水平的评价，按照国内通行的标准和办法，又是完全的学术导向。其评价的指标体系，基本上是有利于研究型学术型的学科专业。如在师资队伍考核方面，非常重视高端学术人才，重视来自海外的博士研究生；特别重视学术论文的发表，尤其是 SSCI、CSSCI 期刊论文的发表；重视重大课题、重视研究经费；重视高级别的尤其是政府颁发的学术奖；变态地追求研究生学位点，起码是硕士点，稍有条件的就要追求博士点。而与技能、专业知识相关的要素在整个评估体系中所占的权重很低，如学生的质量，课程的水平，实务课程教师的业界经历、实验实践环节等。于是，一方面要保证学科的学术水平，要重视研究和论著的发表，另一方面又要进行一流的职业素养教育，让学生具备良好的知识结构和杰出的职业技能。两手都要抓，两手都要硬，实在难以做到。

困难在于每个学科专业的人力资源有限，编制有限，学术型的师资多了，事务型的老师就会缺额，反之亦然。同时每个教师的精力也很有限，能文能武、左右开弓的全才型老师是很少的，顾了教学，可能会削弱科研；重视了科研，教学可能顾不上。学校的经费投入也有限，可能只能满足研究或教学中的一种。学校的办学空间也会在一定的程度上制约办学者不得不在研究与职业教育方面做出选择。总之，在现有的办学格局下，国内一流大学的新闻传播学科普遍纠结于职业型与学术型的矛盾。在这种情况下担任新闻学院的院长，实在是一种苦刑，左右支绌，难以两全，乃至陷于人格分裂的境地。

三、一流大学传媒教育应如何定位

中国一流大学的新闻传播教育究竟应该如何定位？愚意以为，当前中国一流重点大学新闻传播教育的定位，应该是研究型传媒职业教育。这里有两个关键词应该注意。

首先是研究型。既然是研究型学院，在科研方面，就应该有一流的学术研究，致力于传播现象、自然现象、社会现象及人类命运的探索，不仅关注当下的现实，更要回溯既往，前瞻未来。学术研究旨在追求真相，填补空白，探索真理，创新知识，如两河流域的泥板书、埃及的纸草文书、中国的甲骨文，以及先贤对于信息传播的智慧等，今天看来未必实用，但是能够为既有的知识提供增量，填补人类认知的空白，有利于丰富人类的思想，提高人类的心灵境界。

在人才培养方面，在强化技能训练的同时，要注重基础理论、科学方法的教育，引导学生探究传播学理，或透过传播视窗，关注自然、社会和人生的问题，重视批判思维、独立思考，重视开阔学生的视野，提升他们的境界，激发他们的创想。这就是古人所说的道。也就是说,在新闻传播人才培养方面,道应该重于术。在人道、世道的认识,在求道的路径探索和能力建构方面,一流大学的新闻学院应该走在一般大学的前面。

其次是职业教育。新闻传播教育不同于传统的文史哲等学科。社会上没有一个独立的历史学家、哲学家、文学家职业,或者学习了相应的专业,不一定就能够成为历史学家、哲学家、文学家。而新闻传播则不然,社会已经为新闻传播专业准备好了一个庞大的媒介产业,新闻传播学科的每一个具体的专业都可以在这个行业里面找到对应的位置,而且容量巨大。只要愿意,新闻传播学院的毕业生成为职业传媒人绝对不是一件难事。在新闻传播教育中,专业技能不可或缺,新闻的采写编评摄、广告与公共关系策划、媒介经营等,这些不可替代的专业技能,是传媒人的看家本领,是人才培养过程中必须给予学生的。要达到这一目标,就要重视实验实践环节,强化实验装备和实验教学,重视实践基地的建设,发挥实践基地在人才培养过程中的基础性作用。更为重要的是专业精神和职业理想。虽然今天社会化媒体迅猛发展,人人都有麦克风,人人都有摄像机,但是绝不是每个麦克风传播出的都是权威的声音,也不是每个镜头都会对准我们应该注意的方向。众声喧哗之中,人们最需要的还是理性声音的引领,这就是职业传媒人存在的依据。

一流大学新闻传播教育的定位必须将这两个关键词结合起来。一言以蔽之,就是研究型传媒职业教育。坚持这样的定位,就能够将一流大学与一般大学的新闻传播教育区别开来。一流大学的新闻传播教育应该瞄准传媒行业的高端市场,应该占领主流媒体发出权威的声音。为此,从这里毕业的学生,应该独立思考,应该有批判精神,应该有历史的洞察力,应该有广阔的视野,应该有家国情怀。坚持研究型传媒职业教育还有利于将新闻传播专业与其他人文社会科学专业区分开来。新闻传播与其他学科专业一样,为人们提供了一种认识社会和自然的工具,但是新闻传播专业具有差异化的独特的认识视角,其基础在于其独特的知识体系与能力结构。因此,传媒从业者具有对新事物的敏感,更加快速的节奏,更加活跃的联想,更加强烈的批判意识,在承担社会的瞭望者、守卫者的职能方面,新闻传播专业的学生具有其他人文社会科学专业学生难以替代的品质。而在学术研究方面,对新闻传播现象的探讨,或者通过传播视窗研究社会现象、问题,在方法论上新闻传播学科也有其独特的优势,能够在相当大的程度上实现与其他社会科学学科的互补。

四、怎样办好研究型传媒职业教育

怎么才能办好研究型传媒职业教育,是困扰一流大学新闻院系的现实问题。在中国至少目前还没有成功的范例。我以为，如果从如下四个方面努力，或许能够达成目标。

第一，以研究生教育为主，本科少而精。一流大学都是研究型大学，拥有一流的学术精英和研究设施，自然应该以学术研究为主，为社会培养高端的学术研究人才。故以高层次研究生培养为主，是一流大学的必然选择。但是研究生教育不仅是一流大学有，一般大学也有。所以前者的定位也不能与后者混为一团。研究型大学的研究生培养，目标更优、要求更严、水准更高。在研究生之外，本科生教育也不可或缺。本科教育也是一流大学的核心职能。因其拥有一流的师资、一流的设施，加上一流的生源，故在本科教育方面具有其他一般院校无法比拟的优势。要保持这一优势，必须适当地控制本科生的规模。这样一方面可以保证本科层次人才的优良品质，另一方面也能够保证其师资有足够的时间从事学术研究或研究生培养。

第二，研究生阶段，实行学术硕士与专业硕士分流，以学术硕士为主。目前国内已经设立了几十个新闻与传播、出版等专业硕士点，似乎解决了学术硕士、专业硕士分流的问题，其实不然。根据顶层设计，学术硕士的目标是培养研究型人才，是博士教育的前期阶段。唯其如此，其规模不宜过大，教育培养的重点在研究方法、学术规范、问题意识，引领他们进入学术前沿。专业硕士则不然，专业硕士有其鲜明的职业导向性，其直接目标就是培养高层次的传媒从业者，故其教育的重心在于专业知识的系统建构，专业技能的养成，职业理想的型塑。学术硕士与专业硕士目标不一，培养模式和基本要求也大异其趣。但是在国内高校，许多学校并没有理解学术硕士与专业硕士分设的真谛，而是将两者混为一谈。这不仅背离了顶层设计的宗旨，而且削弱了学术硕士的研究性，同时淡化了专业硕士的职业性。一流大学的研究生教育应该明确地将两种研究生教育区隔开来，学术硕士少而精，趋向前沿理论研究，专业硕士适当扩大，注重专业知识和职业技能，以图占领高端传媒市场。

第三，贯彻双师制，实行分类管理。美国大学的新闻教育先于中国，其教育模式对中国有重大的影响。一些知名大学的新闻学院如哥伦比亚大学、密苏里大学的新闻学院，在师资队伍建设方面，就形成了双师制的传统。即他们的师资队伍由来自两方面的人组成，一是具有博士学位、受过系统学术训练的学者们，他们在教授学生基础理论的同时，结合传播专业进行系统的学术研究，其成果表现为论文、专著；二是来自业界或具有业界经验的传媒人，他们一般没有博士学位，没有经受系统的学术训练，但他们具有丰富的传媒从业经验，对传媒内容生产、信息产品分销、传媒管理与经营等环节驾轻就熟，在传播实务类课程教学方面具有不可替代的优势。这两种师资对于一所高水平的新闻学院都是不可或缺的。没有第一种人,就没有学术,研究型大学就会落空;没有第二种人,就没有高效的技能培养,职业教育就会成为泡影。但是国内大学,特别是一流大学的生态环境,并不利于第二种人的生存和发展。有必要改革大学管理制度,对于新闻传播院系,明确实行双师制,两类教师实行分类管理,给彼此都留下足够的成长空间。

第四,产学联通,组建利益共同体。高校的新闻传播教育不同于一般的社会科学教育。新闻传播院系面对着一个庞大的传媒产业。正是这个产业为学院的人才培养提供专业师资、实践环节、人才市场、资源补给地。没有这个行业,就不会有今天发达的新闻传播教育。另一方面,对于传媒行业而言,新闻传播学院又是他们人力资源的基本来源,是他们制定战略规划的重要咨询对象,是传媒发展不可或缺的智库。也就是说,一流大学的新闻学院和传播业界,在客观上是唇齿相依,肝胆相照,共存共荣。这种关系在媒介融合环境下,应该进一步强化,上升到利益共同体的高度。只有从彼此合作中得到双赢,这种关系才能维持下去、发展下去。

总之,一流大学的新闻传播教育应该不同于一般大学的新闻教育,也应该与一流大学内的其他人文社会科学专业区隔开来。如果坚持研究型传媒职业教育的定位,并且在实际运作中保证这一定位落地,就能够使其拥有一流的学术研究,同时又有高端的专业传媒人才培养。在学术研究上,其新闻传播学科将拥有不输于其他人文社会科学学科专业的学术地位,同时保证对新闻传播教育的引领;在人才培养上,则能够拉开与一般大学的距离,占领高端的传媒人才市场,以权威的资讯,服务于社会、国家和人类需要。

(本文原载于《新闻记者》2016 年 2 期)

中国新闻传播教育的发展及其面临的挑战

刘利芳：对亚洲/中国地区传播教育发展的现状和特点，您有什么看法和评论？有哪些因素促成了该地区本科和研究生教育的迅猛发展？

张院长：在我看来，这里所说的"传播"应该是广泛意义上的传播，是包含新闻、传播、广告、公关、广播电视等学科范围的大传播。在亚洲地区，日本的传播学和新闻学起步都比较早，比如在中国大陆出版的第一本新闻学的著作《新闻学》就是由日本学者松本君平1899年编写，1903年译为中文在中国出版的。日本现代新闻学研究和新闻教育奠基人小野秀雄先生在1922年出版了《日本新闻发达史》，1929年在东京帝国大学创立新闻研究室战后改为东京大学新闻研究所，九十年代之后更名为日本综合传播研究所，到了2000年之后成立了综合情报所，成为信息传播的一个学科群。日本的新闻教育和新闻学研究对中国新闻学发展有很大影响，日本的一些新闻学著作被译为中文在我国出版，这些著作的编写体例对中国新闻学发展也有影响，比如台湾学者李湛所著的《世界新闻史》就是按照小野秀雄的《内外新闻史》的模式所著。

关于新闻教育方面我想着重谈一下中国，中国的新闻教育之路是一条坎坷的道路。在20世纪三十年代，中国的新闻教育已比较繁荣。在20世纪三四十年代，复旦大学、暨南大学、燕京大学等教育机构就已有新闻学教育，但在新中国成立之初的院系调整之后，新闻学科有所压缩，所以大陆新闻学的发展主要还是随着八十年代改革开放的进程发展起来的。中国的新闻教育发展到现在已有相当的规模，在中国大陆大概有三百多所学校从事新闻学教育。其中稍低层次的学校包括新闻学的本科教育或者专科教育，较高层次的学校包括新闻学的本科教育和研究生教育，还有一些很好的学校包括新闻学的本科、硕士、博士等一体化教育，像中国人民大学、复旦大学、武汉大学、华中科技大学、清华大学等高校不仅包含新闻学的本、硕、博教育，还包括博士后教育，所以现在中国新闻学教育已经发展成为一个层次更多、要素更全的教育系统。

现在中国大陆的新闻学教育发展很快，规模很大，涉足新闻学教育的人很多,但是在我看来还存在以下一些问题。

第一,新闻学教育良莠不齐。在中国新闻学办得较好的、学科水平和培养出的学生质量都较高的大学数量仍旧不多,其中设有博士点的学校有十七八所,设有硕士点的学校大概有三十多所,被学界和业界所认可的学校数量不多。大多数学校,尤其是新成立的二本、三本、独立院校等的新闻学教育的学科质量得不到保证,师生比严重超标,学生得不到很好的培养。

第二,新闻学教育与业界脱节。新闻传播学科的教育不同于其他学科,它是以庞大的综合信息产业(报业、广播电视业、网络传播业等)为依托,这些产业对人才有强烈的需求。我们应根据这些需求发展新闻传播学教育,且将新闻传播教育的一些环节放到业界中去,但目前,除了少数优质的学校以外,相当数量学校的新闻学教育与业界脱节,业界的发展、业界的动态、业界的需求很难在这些学校的教学计划和教学方案中体现出来,实行的是一种"能拿什么菜就做什么菜,而非客人喜欢什么菜就准备什么菜"的教育方针,这样培养出来的学生无法很好地满足业界的需求,致使在从事媒体工作的人群中,新闻传播类专业毕业的学生比例开始下降,非新闻传播类专业毕业的学生比例慢慢上升。

第三,新闻学教育与社会脱节。我们的教育很少关注社会当下正在经历的重大变化,特别是在中国。不同于西方社会,中国的变化是前所未有的,中国在过去短短的几十年经历了由农业化到工业化,再由工业化到城市化、信息化的转型,在转型期间,不仅人们的生活状态发生变化,社会阶层和社会利益也经历了分化和整合。我们新闻学的教育也应紧随社会的变化,使得培养出来的学生以后可以很快地适应社会,认识社会,在社会中找到自己的归属,准确地为自己的未来定位。所以新闻学教育与社会脱节也是一个很严重的问题。

第四,新闻学教育与国际脱节。过去的新闻教育讲求中国特色。当然,相较于向外开放的经济、对外交流的文化和艺术、同台竞技的体育,我国新闻因我们自身的历史、国情、传统等因素与其他国家有所不同,颇具中国特色。但是在全球化时代,中国作为全球体系中分量越来越重的一个国家,就需要担负大国的责任和义务,发挥大国的影响,很显然需要走出国门。中国的国情会使整个世界的力量格局发生重大的转变,这种情况下我们如果关起国门只一味地强调中国特色和中国传统,是不利于中国走出去的,也不利于在全球化背景中树立中国形象。在全球化时代,中国要实现国家和民族的复兴,实现我们的中国梦,中国的传媒以及未来的新闻从业者扮演着十分重要的角色。在此情况下,我们一味强调中国特色、中国传统等就会产生一些问题,我们就会使用自己习惯的而非西方人所习惯的语言与其交流。我们要使西方人接受我们的文化,接受我们的国家,认同中国的政策,接纳中国的崛起,就要使用他们的语言,懂得他们的规则。与国际常规脱节,这也是中国现代新闻教育面临的问题。

所以,在我看来,中国新闻教育有所发展,规模越来越大,培养出的新闻人越来越多,新闻教育水平也越来越高,但是还存在一些问题,还要引起我们的高度注意。

在我看来,促进新闻教育迅猛发展有以下几个重要因素。

第一,经济社会的发展。近年来中国经济的发展非常迅猛,使得人们的消费能力有所增强,同时人们的信息需求也远非昔日可比。在市场经济的环境下,人们的信息需求超越了地区的、城市的乃至国家的范围,这种更广泛更高的信息需求便是促进新闻教育迅猛发展的因素之一。

第二,民主政治和改革发展的需要。中国要转型就需要舆论动员、需要对政策的宣传、对民众的说服和对舆论的引导,进而就产生了对传媒产业的需求。事实上在八十年代,对改革开放进程的宣传推动了第一批高校创办新闻学专业。九十年代之后的第二批、第三批以至于现在的遍地开花都得益于这种需求。同时,民主政治发展到一定程度之后又刺激了民众对媒体的需求,再与经济文化等因素融合在一起,人们更加关心国家大事和世界大事且有能力拥有更多种类的信息接收终端(电视机、电脑、手机等),而且网络新媒体的发展(比如微博)使得人们对信息参与的门槛降低,从而使新闻传播引起了社会的普遍关注。

第三,高等教育本身。大家普遍认为新闻传播教育属于文科教育,相对于工科教育,投入相对较少,同时需求又大,人们就不约而同将重心放到新闻传播教育上来。所以新闻传播教育在这三十年来发展十分迅猛,也是适应于这种需求。

刘利芳:对于传播教育和研究者而言,亚洲/中国地区传播教育的大发展对我们在二十一世纪有哪些挑战?

张院长:现在传播教育面临的挑战与我刚刚谈到的几个问题是息息相关的。我们现在的传播教育、传媒行业、传播从业者是一体化的,它们怎么在未来适应社会的需求,顺应社会的期待,扮演社会赋予其的重要角色,就必须要解决很多问题。

第一,新媒体的挑战。面对现在迅速崛起且社会广泛参与的社会化媒体(比如微博),如何强化自身的公信力,强化自身的生存基础显得尤为重要。因为在当今形势下,传统媒体尤其是级别很高的传统媒体有走向边缘化的危机,那些参与门槛很低的社会化媒体的影响却越来越大且成为人们生活中不可或缺的信息传播渠道。我们新闻学教育培养出来的学生大部分是走向专业性的传统媒体和一些大众化的网络媒体,如何才能更好地发挥传媒人应发挥的技能性的作用,新媒体带来的挑战是绕不过去的一个坎。

第二,国际化的挑战。在过去,传播的空间是受地理限制的。大海、高山、河流、湖泊固定了一个实体的传播范围和空间,纸张等传播媒介缺少交通工具不可以翻山越岭、渡河渡江,所以传播范围相对固定在一个区域。但在全球化的时代,全球信息资源瞬时共享,想借助某种权利或物质将外面的信息御抵于国门之外是做不到的。如何在这种信息战、思想战、舆论战中立于不败之地,就要求传媒从业者通过被国际同行和全球新闻受众都接受和认可的新闻报道方式进行报道。

第三,技术本身带来的挑战。现在技术发展迅猛,技术更新换代的速度越来越快,这就容易造成技术崇拜甚至唯技术论,这是一个非常严重的问题。技术本身是为了满足人们的需要,是人体的一种延伸,不能为技术而技术。现在很多办学单位已经苦不堪言,不断地购买新的技术设备,在财力上造成很大压力。其实在高校新闻学院并不十分需要最先进的技术设备,在学校需要掌握的是基本技能和思维方法,夯实理论,学校并不是学生的职场,而是其接受教育的场地。但在现今形势下,这种技术带来的压力也是比较大的。

鉴于这几个方面,新闻教育能不能顺利地往前走,能不能真正地满足社会的需要,做到让民众满意,学生满意,社会满意,还未可知。

刘利芳:教学相长,您认为哪些方式能够平衡教学和研究这两者?

张院长:这是一个永恒的话题。古人云"教学相长"。孔子讲学有弟子三千,贤人七十二,他的很多学问都是在与学生的谈话中互相启发出来的。古希腊的柏拉图,在于学生交流过程中坦诚相见,在教学过程中激发思想火花。

我们的传播教育界当然也面临着教学和研究关系处理的问题。这里我可以用一个比方来说明我的观点。我们学院好比一辆自行车,拥有两个车轮,一个是科研,一个是教学。教学和科研总是存在矛盾的,且这种矛盾只有在发展过程中才能够得到解决,在静止的状态下无法解决,就像自行车静止不动时不依附支架无法保持平衡,只有在运动的过程中才可以调节前后轮之间的矛盾保持平衡。科研好比自行车的后轮,负责承重,教学是要有内涵、有创新、有源源不断的新的内容的注入,这就要依靠科研的力量。教学好比自行车的前轮,负责方向的掌控,教学可以引领科研,教学是以社会需求和学生需求为导向的,可以从中发现问题再将其回馈到科研当中,科研解决问题后再回到教学的过程之中,使得教学内容常讲常新。所以教学和科研之间存在矛盾,但可以相互统一,不可片面地讲究科研,也不可片面地追求教学。

刘利芳:您认为传播教育在近期能对亚洲/中国地区的社会变迁有些什么样的影响?

张院长：有非常大的影响。

第一，作为职业传媒人，在社会转型中，在全球化的过程中，在建设和谐的国际关系的过程中扮演十分重要的角色。现如今我们的信息传播非常发达，官方媒体、民间媒体、传统媒体竞相发展，在这种信息高度发展的环境下，人们处于信息的包围之中，无所适从。这种情况下，对权威资讯的要求、对信息解读的要求和对观念的要求更高，传媒职业的公信力和权威性就显得尤为重要。一些网络新媒体（例如博客、微博）和草根媒体平台上，每个人都是新闻源，我们不能要求其新闻来源的真实、客观、理性和负责，但我们可以要求受过专门新闻教育的传媒从业者基于其职业道德、专业素养以及社会责任等来提供客观真实、理性责任的报道和全面、辩证、深刻的解读，这有利于向公众从不同角度透视社会的进程，评价社会事务，提供重要的资讯。普通公众的信息来源更多，得到的信息更加客观理性，公众的可选择性更多，社会才能得到更健全地发展，才能呈现出更为和谐、团结、稳定发展的趋势。所以社会转型对传媒教育提出了很高的要求，且传媒教育在社会转型中扮演重要的角色。

第二，全球化的进程和国际化的进程是不可阻挡的潮流。现在全球化趋势的发展速度和力度已经超出了我们的想象，这种全球力量格局的大洗牌重塑了新的国际关系。从冷战的两极对立到"一超多强"的局势，再到现在的进一步改变，中国逐步的崛起而将成为世界大国。中国以什么样的姿态融入世界、被世界人民所认知和接纳，取决于中国人、中国的政治家和传媒人怎样说话和行事。传媒人通过叙事和报道塑造一个什么样的国家形象，且该形象被其他国家接受和认同，很显然传媒从业者要改进现有的思维方式，进行一场自我的革命，培养跨文化障碍的共通的思维来从事传媒工作，使我们可以用异民族、异文化、被世界所接受和信赖的语言。所以传媒教育对社会变迁具有重大的影响。

（本文系作者2013年接受国际中华传播学会关于亚洲传播教育的专访。采访人：刘利芳）

下 编

Xueke Jianshelun

学科建设论

关于设立冠名教授席的思考

人才乃兴业之本,古往今来,各行各业因人才而兴者比比皆是。不重视人才,对人才弃如敝屣,往往是事业失败的重要原因。东汉末年的曹操,所以能挟天子以令诸侯,最终一统北方,就在于其"唯才是举"。唐太宗之用魏徵,不计前嫌,被传为千古佳话。高等教育是人才密集型行业,特别是重点大学,人才济济。而最顶尖的大学往往是因其拥有一定数量的领袖级人才。人才的竞争已成为大学竞争的核心领域,各个高校,无不在人才竞争战略及策略上殚精竭虑。其中,利用社会资源在学校设置冠名教授(Named Professor)席位,乃是重要的竞争手段。

一、为什么要实施冠名教授制度?

目前,人才竞争不仅在学校的层面进行,更在学科、学院的层面展开。在目前的办学体制下,人才竞争不仅是校长的事,也是院长的职责。在开放办学的格局下,不少学校学习国外知名大学的经验,引进外部资金,设置冠名教授席位。企业或者个人在学校设立冠名教授席,属于公益项目,属于社会责任,没有任何交换条件。1999年,北京华远集团向北京大学光华管理学院捐助500万元,用于"华远管理学讲座教授"的薪水、科研活动和其他必要费用。该教授的起步年薪为20万元,每年的科研经费不低于5万元。2000年4月7日,7家企业出资220万元买下上海交通大学36位名教授的"冠名权"。2007年,上海交通大学制订了《上海交通大学"冠名"讲席教授计划实施办法》,全面启动冠名教授计划。但是由于经济发展水平的制约,以及国人在慈善方面相对保守的态度,在国内高等教育界,实行冠名教授制度的高校属凤毛麟角,少之又少。唯其少见,所以实行起来更有示范意义,更有推广价值。

设置冠名教授席位的本意有三。一是给应聘者尊荣的学术地位,在一般高校冠名教授席位很少,属于稀缺资源,能够得到这一职位者多为学界翘楚或战略科学家。人们可以视钱财如粪土,但是荣誉、地位和尊严,对于绝大多数人而言,是其人生追求的目标。马斯洛的需求层次理论表明,人类最高的需求是其人生价值的自我实现,重点大学的冠名教授席,倍极尊荣,是可遇不可求的。二是优厚的薪酬,在一般的情况下,冠名教授席的职位薪酬要远远高于一般教授职位。从人性的角度而言,物质利益是人的第一需要。人要发展首先就要生存。孟子说:"若民,则无恒产,因无恒心。……是故明君制民之产,必使仰足以事父母,俯足以畜妻子,乐岁终身饱,凶年免于死亡,然后驱而之善,故民之从之也轻。"(《孟子·梁惠王》)三是稳定感,一旦受聘为某一冠名教授席位,将有至少三年的任期,期满还可续任一期。在这一任期,他可以不受年度考核之累,专心致力于学术研究。这三点对于吸引高级学术人才,稳定战略科学家队伍,能够起到积极的建设性作用。所以不少大学不约而同地将此作为学术队伍建设的重要举措。事实上,这一举措与国内社会环境和高校生态也比较适应。国内教育界、企业界高层在谈到人才队伍建设时常说,事业留人、待遇留人、感情留人。冠名教授制度,至少在事业发展空间、物质待遇方面,对高级人才具有相当的吸引力。

应该指出的是,设立冠名教授席位,与旨在提高高等教育全行业的工资收入的绩效工资制度改革并不矛盾,而且是并行不悖的。要提高大学的对于高层次人才的吸引力,必须提高全行业的收入水平。但是如果全行业工资水平是平均上升,在一般教授和战略科学家之间没有适当的差距,也无法起到激励作用。虽然设想通过配套的绩效工资改革,加强绩效考核,在同级员工之间拉开一定的距离,但是由于不患寡而患不均的传统文化基因,这个差距还不足以激发顶尖人才的潜能。在这个背景下,在进行绩效工资改革的同时,在现有的工资体制外,引进社会资源,设立冠名教授席位,来适当地拉开顶尖教授和一般教授的差距,对于调动战略科学家的积极性,占领学术前沿,引领科学发展无疑会产生积极的作用。同时,由于实行的是增量改革,不会影响到一般员工正常的物质利益,所以也不会引起一般职工的反感。

我认为,在学习借鉴欧美国家大学冠名教授制度方面,我们不能继续停留在看的阶段、观摩的阶段,应该开始尝试。因为当下激烈的人才竞争也不容我们静心思考,我们已经没有从容应对的余裕。特别是对于武汉地区的高校,与沿海、北上广地区的高校竞争,没有丝毫的地缘优势可言。在体制内可以操作的各种手段,都难以与沿海、北上广的一流高校相匹敌。加上本地经济发达程度不高,企业的活跃程度、国际化程度及慈善意愿远低于国际水平。我们筹措社会资源的能力受到极大的制约。华中科技大学在中国整个中南地区虽然是一个强势品牌,但是华中科技大学的文科专业,在学校处于从属地位,在社会上的知名度、在校内的话语权还不够强、不够高,以至于在资源分配方面,一直处于劣势地位。文科院系要打翻身仗,一定要学校支持,但绝对不能全赖学校的支持,可以也应该结合学科、专业的优势,走出校门,走向业界,发掘社会资源,设置冠名教授席位,以延揽一流人才,稳定师资队伍。

二、怎么实施冠名教授制度?

在中国目前的情况下,在高等学校大面积设立冠名教授席是有一定的难度的。但是在少数品牌重点高校,如北大、上交大就完全具备条件,而且早已实行。其他如武汉大学、华中科技大学,虽然学校的品牌效应远不如前者,但是在一定地区、行业,还是有相当的号召力。因为其办学历史比较悠久,校友资源比较充沛,特别是其专业教育(如测绘、水电、机械、医疗卫生等)的传统,对某些特殊行业渗透较深,影响很大。如果持之以恒地努力,也是可以做到的。

一般而言,冠名教授席的设置,有两种基本模式。一种是基于某种基金的冠名教授,前述北京大学光华管理学院的"华远管理学讲座教授"就是如此。其本金不动,主要是靠基金滋生的利息来支付讲座教授的酬金和科研经费。这种冠名教授席实施时间比较长,稳定度高,而且资助的力度也比较大。但是其起点门槛也比较高,出资者需要有较大的一次性投入。在发展中国家,在工资水准比较高的情况下,能够一次性拿出一大笔钱设立基金,而且这个基金的年利息还足以支持至少一个冠名教授席的工资津贴,其一次性投入起码在 500 万以上。具有这样财力的企业或基金是不多的。另一种是直接冠名教授席,即它不是以某项基金为基础,而是由某个企业直接出资,与学校约定一定年限,资助若干个冠名教授席,每年经费若干。约定期限结束,这个合约即告完成。如愿意再续前缘,可续签协议。这样入门门槛比较低,如设立一个冠名教授席,每年 10 万,约定期 3 年,其总额也就 30 万元而已。如果是基于某项基金的冠名教授,按照目前的利息水平,其一次性投入则要高得多。所以在目前的情况下,我们设置冠名教授席,应该以第二种为主,虽然其力度、稳定度不如第一种,但是其门槛相对较低,在初创阶段起步比较容易。

那么我们应该向谁去募集这个资金来设立冠名教授席呢?当然是向有钱人,但不是所有有钱人都愿意行善,都愿意出资支持教育。世界上没有无缘无故的爱。最有可能资助大学教育的有两种人。一种是与大学相关专业相对应的行业企业的企业家或高层管理者,对于新闻传播学院而言,与我们有着千丝万缕的联系的行业就是媒体行业,包括新媒体、传统媒体行业,这些行业企业长期以来与我们有着密切的合作关系,其高级管理和主要的技术人才就是来自于我们学校。其他一些与传播有着间接关系的行业企业,部分也有这种可能。另一种是我们的校友。从我们学校、学院毕业的校友、院友,他们事业成功了,对母校的培育之恩长记于心,需要寻找报效的路径。而冠名教授席的设置,对他们而言,可谓名利双收,何乐而不为呢？

我有个不成熟的设想,起步阶段可在华中科技大学新闻与信息传播学院设置10个冠名教授席,分为两个层次,一为10万元,二为5万元。10万元4个席位,5万元6个席位。每年约需70万元,如以3年为期,一共也就是210万元。这里就会产生几个问题:这10个席位是面向外部觅才而设立,还是面向院内既有师资？为什么是10个而不是更多？为什么还分两个档次？我是这样思考的。最初设立的10个冠名教授席,主要面向院内教师,也不排除刚刚从外界引入的杰出教授。之所以这样考虑,是因为目前学校的工资水平比较低,对于高水平的教授缺乏吸引力,也难以稳定队伍。目前的当务之急是稳定现有的高水平教授。至于从外部引进的杰出教授,可以利用学校的人才引进政策,其实这个政策的力度还是很大的。为什么是10个,而不是更多或更少？根据管理学流行的二八定理,通常一个企业80%左右的利润来自它20%左右的项目；一个科研单位,能够做原创性研究的高水平杰出教授往往只有20%左右,而其他80%左右的教师则是做的则是一般的工作。考察当下我们新闻学院的实际情况,师资队伍总盘子不到40人,而其中工作最辛苦,贡献最大的不超过10个人,也就是20%左右。冠名教授席的功能不是扶贫,不是普遍的福利,而是对优秀杰出人才的鼓励。如果把它作为普遍的福利,我们也无法争取到这个资金。但是也不能少于10个,如果少于10个,就必须在最优秀的10个人中再做选择,就会伤害这些优秀分子的积极性。为什么要分两个层次呢？我们要承认人与人是有区别的,这10个优秀教师中,其资历、影响、实际贡献不可能完全一致,把他们分成两个层次,是合理的；同时,只要聘任、评审公正,对于第二层次的教授来说,争取下个聘期进入第一层次的追求,对他们的成长也是个不小的动力。我的设想是,10万元,主要面向教授,而5万元则主要面向副教授。

岗位设置了,钱也募集来了,应该怎么样评审,怎么样聘任呢？这是实施冠名教授制度的关键,这个环节弄砸了,不但不能激励人才,留住人才,激发教师们创新的活力,而且还会产生诸多的副作用。我有一个设想,在冠名教授席的评审、聘任方面,学院只是起辅助作用,只确定应聘者的基本资格(譬如副教授及以上,年龄62周岁以下),负责动员在岗教师申报和资料的审核；而评审和聘任的主导权属于出资方,由出资方组织专家依据严格的学术标准评审,最后由出资方董事会或党委会决定聘任。但是出资方对于受聘者的履职不提任何要求,也不干预其职务行为。这种制度设计,一方面保证了出资者的主导地位,强化了他的责任感、荣誉感,有利于调动其积极性;另一方面,又维护了学术自由,保障了杰出学者的创新研究所必需的物质条件。这是一种多方共赢的制度安排。

三、实施冠名教授制度需要克服什么难题?

冠名教授制度的实施,是稳定优秀师资,激发创新潜能的好办法。但是要把这件好事办好,落到实处,还有许多细致的工作要做。这是对学院治理能力的考验,也是学院领导者智慧和毅力的考验。

首先,要做的第一件事是保证资金持续的来源。事情的开始往往是容易的,毕竟学校、学院累积了多年的社会资源,第一次发掘,比较容易得到业界、校友的响应。但是要持续下去,而且可以想见的是,随着经济发展、物价上涨、居民收入的普遍提升,对于冠名教授基金或工资津贴的规模需求也会越来越高,维持冠名教授席的难度也会越来越大。这就需要在更大的力度上开发社会资源,提供更加优质的社会服务。虽然冠名教授基金属于公益基金范畴,不附带任何条件和义务,但是如果企业在这方面的付出完全没有任何回报,要想长期维持是相当困难的。所以学校、学院也要考虑,让资方感到这笔冠名教授资金的投入是物有所值,至少在增加企业的无形资产方面,在提升其企业品牌方面,能够起到加分的效果。这样学院的冠名教授席才会有源头活水,而且水量会越来越大,乃至汹涌澎湃起来。

其次,要努力协助出资方做好冠名教授的评审、聘任工作。出资方组织专家评审,在某种程度上,隔绝了学院教职工之间的利益关联,因而更有公信力。但是,企业毕竟不同于学校,对于学术水平的评价,对评价标准的掌握,与学校相比会存在较大的差距。要保证企业评价与学校评价的接轨,真正发挥冠名教授席的建设性作用,学院在企业组织的评审、聘任过程中,要提供必要的专业帮助。譬如在评定标准制定方面,哪些条件是必需的?哪些条件可以放宽?哪些标准必须提高?学校的认知可能更加符合实际情况。在资料的审定方面,学校的经验更加丰富。在组织动员方面,学院的工作可以更扎实、更深入、更广泛。广泛的参与能够消除暗箱作业的疑虑。学院的辅助工作做得更细致、更到位,出资方的评审、聘任就会更公平、更公正,其结果就更有公信力,从而更好地发挥冠名教授席的建设性作用。

其三,做好后续的思想工作。冠名教授制度是个好制度,但是这一制度对学校、学院管理者,对于学院的一般职工,对于冠名教授席的得主的意义是完全不一样的。中国是一个刚刚脱离农耕社会的国度,在其传统文化中有着深厚的平均主义的精神基因。孔子曾经说:"不患寡而患不均,不患贫而患不安"(《论语·季氏》)。朱熹对此句的解释是:"均,谓各得其分;安,谓上下相安。"这里的各得其分,就是均分。战国时秦国的商鞅甚至主张,国家应该通过政策法令平衡财富的占用,"治国之举,贵令贫者富,富者贫"(《商君书·说民》)。这一思想对今人影响很大,乃至形成了普遍的社会心理。冠名教授制度的设立,虽然不是动用学校体制内资源,没有影响到校内职工之间正常的利益分配,但是它毕竟拉开了冠名教授与一般教授的收入差距,增加了两者之间的地位悬殊。这对于崇尚平均主义的中国人而言,是不容易得到大家普遍支持的政策。可是不这样做又不行,如果一味地因循守旧,学科就上不去。所以学院领导一定要做好思想工作,结合邓小平的先富后富理论,解开一般教师的思想疙瘩,理顺全体教职工的情绪,这样好事才能办好。

(本文系作者在 2013 年学院 30 周年庆典前夕在学院班子会议上的发言原载于《新闻与写作》2017 年第 6 期)

责任是我最大的驱动力

7月26日,校长李培根院士签署了校党〔2006〕69号文件,决定"聘张昆同志任新闻与信息传播学院院长"。

新任院长上任后有何感想?他准备如何带领武汉地区第一家大学新闻教育机构、正处于快速发展中的新闻与信息传播学院迈向新台阶?他如何看待学生与学院的关系?本刊记者带着这些问题,敲开了院长办公室的门。

一、接受任命:战战兢兢,如履薄冰

《青年时代》(以下简称"YT"):张院长,您好!您是今年暑假正式接任新闻与信息传播学院院长一职的,请问您在接到这一任命前后有何感想?

张昆院长(以下简称"张"):我的心情比较复杂,感到责任重大,战战兢兢,如临深渊,如履薄冰。我们学院有了自己的一级学科博士授予权,学科排名位居全国同行的前列,已经处于一个比较高的平台。但是,我们与北京大学、清华大学这样的高校相比,综合平台优势不大;与中国人民大学、复旦大学等名校的老牌新闻院系相比,学术积淀明显不足;而与东南沿海地区的高校相比,地缘优势也有差距。所以,要想在这一个高的平台上继续向前突破,我的压力是比较大的。

事实上,我对华中科技大学是非常熟悉并有很深感情的。早在20世纪80年代,华中工学院新闻系第一任系主任汪新源就找过我,之后和系主任程世寿、院长吴廷俊也保持着经常性的联系。此外,学校、学院领导对我的工作非常支持。在接任院长前,校领导问我有什么要求,对我提出的学科建设方面的条件非常爽快地答应了:在今后四年内,学校在日常投入的基础上每年再投入30万元,以支持学院的学科建设。学院老一届班子对我已给予了无私的支持,行政交接顺利,工作运行正常。

YT:您作为教授、博导,承担了很重的教学和科研任务;同时您现在又是一院之长,行政事务也非常繁重,像我们前几次采访您,您都在忙于开会。在教学、科研和行政方面,您又是如何来平衡的?

张:刚开始还真有点手忙脚乱的感觉。院长的行政事务太烦琐,会占用很多做学术的时间。但作为院长,肩负的责任重大,必须严格要求自己,不论是教学、学术研究还是行政管理,都必须做得非常到位,在目前的过渡期尤应将履行院长的职责放在首位。所以,我有时候也向老院长(记者注:前新闻学院院长吴廷俊教授)请教,自己也在看一些相关的书籍,不断给自己充电,争取提高效率,同时也不耽误学术研究。

二、学院发展:建国家级文科研究平台

YT:您接任院长工作有几个月了,在我们已经获得了一级学科博士授予权的情况下,能谈谈您对学院未来发展的总体思路吗?

张:我一直在思索这个问题,我在暑假学院召开的第九次学科建设研讨会上总结出"一个中心、两大任务、四个支点、八个意识和十大关系"。当然,这些思路还在进一步的完善之中。

"一个中心",是指以学科建设为中心。无论何时何地,学科建设都是硬道理。学科建设的内涵相当丰富,涉及队伍建设、学科点的建设、人才培养、科学研究等。牢牢抓住这个中心,所有的工作都要围绕这项工作来进行。

"两大任务",是指本科教学评估和科技与传播研究中心的建设。借助评估促进学科建设,促进教学条件的改善,规范教学过程,提高人才培养的质量。科技与传播研究中心的建设主要是通过院内人力资源的整合来凝练新的学术方向,整合研究资源,建立高素质、国家级的文科研究平台。

"四大支点",是指学院建设要以队伍建设、人才培养、科学研究、社会服务为支点。

同时要强化"八个意识",即学科意识、品牌意识、国际意识、竞合意识、团队意识、规范意识、创新意识和忧患意识。

学科意识是建设好学院所需的最基本的意识,一个中心也就是谈的这个。当今是一个树品牌的时代,我们在求量的同时更应该求质,把我们华中科技大学新闻与信息传播学院这个品牌擦得更亮。国际意识则强调,在这个全球化的大背景下,我们不能闭门造车,一定要走出去、请进来,利用社会资源、国际资源,把学院办成开放性、高层次的人才培养中心。我们新闻学院在全国排名是很靠前的,在这样一个高水平的平台上,我们与全国知名新闻院校之间的关系就不能仅仅是竞争关系,更应该寻求一种合作,要有竞合意识,大家既要取得发

展,又不能损害对方,以实现互利多赢。团队意识则要求学院的每一位老师都具备既能当主角又能当配角的大局风范,我们学院好比是一条船,只有每个成员一条心竭尽全力向前划,我们的学院才会以最快的速度前行。规范意识主要指学术规范,严禁出现论文抄袭等学术腐败现象,以维护好我们新闻与信息传播学院这一品牌。创新意识即各方面都要推陈出新,决不能墨守成规、拾人牙慧,只有创新才能发展。最后一个,也是很重要的一个,要有忧患意识。"人生不满百,常怀千岁忧"。在现在的发展过程中,没有忧患意识,不把问题、困难想得多一些,在竞争中就很可能出现大问题。所以不论在多好的形势下,都应该把困难想得多一些,把各种预案考虑得更周全一些,才能获得源源不绝的发展动力。

除了要强化以上八个意识之外,我认为以下这十大关系的理顺也是至关重要的,包括院系关系、师生关系、学生间关系、员工关系、教学与科研的关系、理论教学与实践教学的关系、数量与质量的关系、社会服务与学科建设的关系、积累和消费的关系、入主流与创特色的关系。

三、人才培养:把金字招牌擦得更亮

YT:我们知道,我们学院在招收全日制本科生、硕士生、博士生的同时,也招收了很多成教、网院的学生,您如何看待这种现象?

张:我在"十大关系"中也曾涉及这个问题。我们目前形成了全系列、多层次、多类型的培养机制,学生分不同层次和类型,如全日制、成教自考班、学位课程班等。全日制的学生是最重要的,本科生、硕士生、博士生是我们的主打品牌,我们一定要狠抓质量;对于非全日制的学生,我们也不能盲目追求规模和经济效益而在教学质量上放水,我们一定要顾及自己的品牌,要时不时地用带油的布去把我们这块金字招牌越擦越亮,绝不能泼污水上去。

YT:据我们了解,咱们学院的同学们非常想知道,您作为一个如此年轻有为的院长,对人才的培养有怎样的看法?

张:近年来,随着大学的扩招,学生数量急剧增加,但是教师的数量并没有相应的增长。由于老师的时间精力有限,近年来本科生和研究生的质量均有所下降。因为老师精力有限,带的学生多了,分给每个学生的时间也就少了。而且现在研究生学制也从三年压缩到两年,学生还要用半年左右的时间找工作,真正在校的学习时间是非常短的,这是学界的普遍现象。

而对于教师,我们要求处理好教学与科研的关系。有些老师一味追求学术上的成果,教学的精力投入不够,所以有必要在实质上提升教学的比重;在加强教学地位的同时,也要注重教学和科研的结合,在教学过程中发现科研的新问题,以科研成果来促进教学水平的提高,从而实现一种良性互动。所以,我们准备进一步强化教学工作,对于教学评估不合格的老师实行一票否决制。

四、学生地位:学生也是学院的主体

YT:据有些同学反映,我们学校的学生实习时段集中在毕业前一年的6—8月份,9月开学又要赶回学校上课,实习的持续时间很短,有时刚熟悉实习所在媒体的情况,实习就结束了。您是否想过改变这种情况?

张:这个问题属于理论教学和实践教学的关系。新闻传播是应用型专业,既强调知识结构的合理化,又注重能力的培养。按照当前的情况来看,我们学院理论教学的比例比较大,而能力培养的教学比例相对不足。实践教学应该贯穿于四年的培养全过程中。另一方面,新闻学是一个实践性比较强的学科,在教学过程中,理论教学一定要靠近学术最前沿,实践环节也一定要跟上,要鼓励学生利用课堂和假期实习来完善知识结构,提高自己的能力。

在理论教学方面,也存在着一些设计不合理的问题。比如说一些课程之间存在着重复的现象,研究生课程和本科课程之间也存在着区分不明的现象。根据当前的形势,对理论课程应该进行精炼协调,而对实践教学,则应该加大力度。

YT:在您心目中,学生处于一个什么样的地位?

张:我认为学生和老师是具有相同地位的两个主体。学院办得好不好、办不办得下去,主要看学生,看学生的质量,看学生愿不愿意来,看学生毕业后的去向。从某种程度上说,老师是生产者,学生是消费者。从老师的角度来看,学生的存在决定了老师的存在。我们能维持这么大的师资规模,新闻学院能成为老师的安身立命之所,正是因这些不同类型学生的存在。在这个意义上,甚至可以说,是学生给了我们饭碗。所以,学生工作应该是学院的基本工作。所谓教学相长,作为老师,应该意识到学生的主体地位,保护学生们的基本权益,充分发挥学生在教学过程中的作用。

YT:李培根校长说过:"校友资源是学校最可宝贵的资源。"我们学院近几年建立了不少实习基地,解决了很多学生的实习问题,但在中央级知名媒体的实习机会还是呈僧多粥少的局面。您认为我们学院应如何进一步利用好校友资源?

张:对,这也正是我近期考虑的问题。华中科技大学的新闻教育已有23年的历史,成名的校友应该不在少数。比如北京、上海、广州、深圳等城市肯定都有,所以,我们有必要在每个城市找一个负责人,制一份通讯录,定期开展一些活动。校友资源就像一个富矿,不仅能为我们提供智力和财力支持,还能解决实习和就业问题,我们一定要充分开掘和利用。华中科技大学过去对校友信息的收集管理工作做得还不够,这正是下一步的工作重点之一。

五、个人成才:责任是我最大的驱动力

YT:我们了解到,您在求学道路上两次跨学科,本科学历史,研究生学新闻,博士学的又是政治,这在当时是比较少见的。请问您当时跨学科是出于什么考虑呢?

张:其实这纯粹是一种偶然。我是从农村考出来的,当时想法很简单:"不穿草鞋穿皮鞋",走出去就行了。由于我历史成绩很好,就报了武汉大学历史系。之后选择新闻系也很被动,当时我是历史系的学生会干部,在武汉电台负责一个爱国主义讲座,而武汉大学正需要新闻系的老师,要我留下。这是党的安排,必须服从。所以,我就把事先填报的报考历史系研究生的志愿改为新闻,就这样我去了中国人民大学读新闻系。回来之后,出于对政治的爱好,再加上新闻与政治联系也比较紧,我便在武汉大学读了政治学博士。所以,可能出乎你们意料吧,我这几次选择跟理想并没什么关系。

YT:这样跨多种学科对您目前的学术研究有什么影响?

张:单一的学科背景有其做学问的独特优势,多学科背景也有多学科背景做学问的方法,不能说谁对谁错。但这种跨学科的经历对我还是很有帮助的。我现在所从事的新闻史论、政治传播学的教学,正好把我所学的知识结合起来了。

现在是一个学科交叉和融合的时代,所以我提倡教师和学生都有更开阔的视野,能用新闻学的方法解决其他学科的问题,或是用其他学科的方法来解决新闻学的问题。而且,不仅要跨学科,还要跨学校!我提倡在本校读完博士学位的不能直接留校任教,以避免"近亲繁殖"。

此外,跨学科风险也比较大,因为学制有限,而且学科之间的界限和鸿沟是客观存在的,如果抹不平这一鸿沟,那么以后写论文、做研究就会非牛非马;但如果你结合得很好,那就开拓了一个新的领域。所以,对此一定要持审慎的态度,要根据自己的兴趣、能力等具体情况做选择。

YT:您是"教育部跨世纪优秀人才"入选者,在学术道路上一直被破格提升,您35岁被提为教授,36岁便担任武汉大学新闻学院的院长,这在当时是一个新闻了。那么,能谈谈您成功的经验和体会,来和我们学生分享吗?

张：我这一路走得比较顺，并不是自己有多高的水平，应该说是机遇比较好，还有老一辈对我的提携。经验谈不上，可以说说我的一些体会。我总觉得学校给我发工资，学生交了那么高的学费，并且对我充满期待，我就必须不断努力，不断创新，不断以新的东西呈现给我的学生。

其实就是这样一种强烈的责任感，让我丝毫不敢放松。可能有人会认为我能在学术上取得一定成绩，一定是乐在其中。事实上，我并不认为做学问是一件快乐的事，相反，做学问是件苦差事，但正是由于这种责任感的存在，才促使我在学术上不断攀登。还有一点就是，做学问一定要脚踏实地，要静下来做大量的文献工作，要对学界的相关研究有一个通盘的了解，比如有哪些人在研究、从哪些方面研究、出了哪些成果、还有哪些未研究到或研究得不尽合理，这样才能确定主攻方向和要突破点。所以决不能投机取巧，学术的道路是没有捷径可走的。

六、寄语学生：诚信做人勤奋求学

YT：您是把中国新闻史和外国新闻史合为一体的第一人，以"整体说"开创了新闻史教学新模式，这是一个非常了不起的创新。而我们知道，在文科领域创新是很不容易的，那么您认为应该如何培养学生的创新能力呢？

张：创新不是空口说的，不然就会沦为一个口号。创新必须建立在对目前研究现状的充分了解之上，否则，当你认为自己找到了一个创新点，事实上早就是他人的成果了。所以，文献分析是创新的前提，只有在掌握了大量文献后，你才能准确地找到创新点。此外，创新的形式不是单一的。你填补了一项研究空白，这是创新；你发现他人的结论很牵强，你予以修正，这是创新；别人的研究方法比较单一，你用综合的方法，这也叫创新。所以，创新可以通过方法、结论、分析过程等多种渠道来实现。

YT：如今高校存在一些论文抄袭造假等恶劣行为，您怎么看？您想对这些学生说点什么？

张：对于现在一些学生的论文抄袭现象，我认为这不是一个技术和能力的问题，而是一个品行和道德的问题。"至诚未有不动者，不诚未有能动者"，做人要以真面目示人。不论能力如何，首先要讲诚信，做一个合格的、纯粹的人，这是前提。我始终认为品行、道德比学问更重要。

YT：最后，您能否对学生提出一些希望和要求？

张：学生和老师是我们学院的双主体，学生的质量、学生的成就和学院的整体水平是息息相关的。华中科技大学有一流的师资，同学们一定要利用好各种学校资源,要利用老师这一领路人的指导;但更重要的还是要靠自己的勤奋,将内在的兴趣和责任转化为一种动力,不断去探索、去钻研,这是做好学问的内在因素。

另外,我还想强调一点,有些学生整天忙于家教、销售等兼职工作,还有的同学因为这些兼职工作影响到了学业,这是得不偿失的。我认为,如果不是家里特别困难,就不要牺牲宝贵的学习时间做兼职。同学们要知道现在是学习,也是人生的黄金时间,千万不能因小失大,耽误了大好年华。

后记采访张昆院长不是一件容易的事情,由于他工作非常繁忙,相约三次终得成行。"我们就当是朋友聊天",原定一个小时的采访时间,我们聊了95分钟。采访中,有两个词时常被他提及,那就是"责任"、"学生":"责任是我最大的驱动力"、"学生是学院的重要主体"。"人生不满百,常怀千岁忧"。他的博学、他的幽默、他的亲和力、他的责任意识以及对现状的深刻认识,让我们深受触动。

采访结束后,12:25,记者恰在东一学生食堂看到了正在前几排就餐的张院长,各自吃完午餐后,记者放慢脚步走出食堂,看着他的背影走进了院办公楼——东六楼。

(本文系华中科技大学学生刊物《青年时代》记者对作者的专访,刊载于《青年时代》2006年第3期,记者:喜洋 刘丹 尹雪莹 袁小鹭 李辉)

纪念新闻教育家何微先生

何微先生离开我们已经两年多了。当时,我得知先生故去的噩耗,代表武汉大学及新闻学院星夜兼程赶往西安,出席了当地为他举行的隆重的追悼会。何微先生永远离开了我们,我不愿意相信,但又不能不接受。两年多了,何微先生的音容笑貌,时常在我的脑海中显现,仍然在鞭策着我们这些后辈。其宽厚的长者之风和严谨的治学态度,每时每刻都在激励、鼓舞着我,教我怎样做人,如何做学问。我有今天的进步,应该感谢先生的栽培、提携之处,实在太多。此时此刻,我不由想起先生在武汉大学担任新闻研究所所长期间的几件事情,其为人为文之风,足为我辈楷模。

我最初认识先生,是在1986年7月。当时我刚从中国人民大学毕业,分配至武汉大学新闻系任教。早就听说刘道玉校长为办新闻教育,从西安调来了老报人、著名的新闻学者何微先生,担任武汉大学新闻研究所所长。初来乍到,我自然要拜访各位领导。在一个青年教师的带领下,我们来到了位于北三区的资深教授住宅楼。先生住在三楼,一套大的三居室。一个老人打开大门迎我们进屋,他身材不高,面目清癯,精神抖擞,和蔼可亲,一副典型的学者模样。他就是我们要拜访的主人。我真不敢相信他就是大名鼎鼎的何微教授。一个从延安走来,经过战火洗礼的老报人,在我们的印象中,似乎应该更为高大伟岸,怎么也难与眼前这位忠厚老者联系起来。

先生招待客人的方式很特别。当时天气相当热,我们进门时已经是大汗淋漓。他让我们坐下后,拿出一瓶啤酒,每人斟满一大杯。"权且以酒当茶,欢迎各位!"我们之间的交往就此开始了。从此直到1990年,我隔三岔五地往先生家里跑,多半是一个人去,一聊就是两三个小时。我们谈新闻史,谈新闻界的人物,谈当前新闻理论研究的动态,谈新闻教育的基本理念,一谈就没个完。先生总是那么热心,总是有那么多新的东西,在畅谈的同时也愿意做一个听众,有时谈着谈着连饭也忘了做。这时我才觉得我该离开了,该让他休息了。

先生是一个十分爱护青年人的老者,特别是对于一些爱动脑筋、思考新问题的青年人,他总会给予鼓励。记得在1986年冬,武汉大学新闻系和新闻研究所联合举办了一次高规格的新闻理论研讨会。我在会上发表了一篇论文《宣传过程中的逆反心理》,文中强调了受众的地位,引起了与会专家的注意。其中有一个德高望重的教授表示不同意我的观点。但是先生在仔细阅读了拙作之后,公开肯定了这篇文章的价值,他还建议把它拿到学术期刊上发表。先生的肯定,增强了我的自信心。随后,这篇文章果然在中国社会科学院新闻研究所主办的《新闻学刊》上公开发表了,其论点被人们多处引用。在2000年武汉大学召开的中国财经高级论坛上,天津师范大学新闻系主任刘卫东教授还高度评价了这篇论文。

我从此走上了新闻学术研究的道路。1988年,我在武汉大学申请了一个科研项目"新闻受众研究"。在项目进行的过程中,先生给了我不少启发。他建议把重点放在受众心理研究方面,要注重吸收心理学特别是社会心理学的研究成果。他还提出逆反心理固然值得重视,但传播过程中的从众心理更应该引起新闻学者的注意。先生谈起社会心理学时,眉飞色舞,十分兴奋。先生的观点,引发了我的联想。我之所以能完成这个课题,实在是离不开先生的鼓励。

在我的印象中,先生还是一个开放型的学者。他有自己的专长,长期以来,他一直研究新闻理论、新闻思想史,有不少论著传世;在法学、古文字学方面,也有较深的造诣。但是他对于科学的新发展,对于学科的前沿,对于学术界的热门话题,对于新闻传播界的业务改革,也十分关注。他是一个名副其实的博学者。任何人,不管知识背景如何,都可以找到共同语言与他交流。不只是我,其他的一些朋友,也有这样的感觉。不过,先生在晚年主要的精力还是集中于中国新闻思想史研究。他有一个宏愿,希望在有生之年完成一部中国新闻思想通史。为此,他花费了巨大的精力,从浩如烟海的历史资料中,去粗取精,去伪存真,编成了一部数百万字的史料长篇。这一拓荒性、建设性的工作,为后人的同类研究打下了坚实的基础。

先生严谨的治学态度,也为我们后辈树立了榜样。他经常说,做学问,写文章,是一件十分严肃的事情,要经得起历史的考验。对当时学术界功利、浮躁的倾向,他大不以为然。他身体力行,以身作则。在新闻思想史研究方面,涉及许多古文献,从甲骨文、钟鼎铭文到竹简,有时为了一个复杂的字,他不耻下问,反复鉴别考证,要花上好几天的时间。我经常看到先生拿着放大镜,对着线装书、拓片沉思的情形,他身边的工作人员至今仍不时提到这样的例子。先生的言传身教,影响了新闻系年轻的一代。武汉大学新闻与传播学院能有今天的局面,先生功不可没。

先生来武汉之前,本是国家的高级干部,享受副部级待遇。在武汉大学的几年,已年逾古稀。由于夫人没有随调武汉,先生只身度日。虽然在身边有众多的学生和青年教师,但毕竟不是先生的家庭成员。人到老年,本应儿孙满堂,享受天伦之乐,可是为了事业,先生毅然放弃了家人的陪伴,放弃了优厚的高官待遇。先生的生活十分简朴,从他平时桌上的饭菜,根本看不出他是一个高级干部、知名教授。艰苦、单调的生活,常人无法忍受的寂寞,丝毫没有影响先生对于新闻教育、新闻学术的执着。他对工作、对学生倾注了满腔的热情,对同志表现出了春天般的温暖。在他的身上,集中体现了一个淡泊名利的学者、一个高风亮节的党员、一个诲人不倦的师长、一个宽容厚道的老人所应该具备的全部品质。

1991年9月,我自日本留学归来时,先生已经离休回到了西安。从此,我们见面的机会少了。1993年、1995年,先生在新闻系建系十周年、新闻学院成立时,曾两度回到学校。在我当时的印象中,先生还是那么精神、那么健谈、那么乐观。一次我们在珞珈山盘山公路上散步时,他行进的速度叫青年人自叹弗如。打那以后,我们只有书信往来,有时节假日,还是我们先收到他的贺卡。先生的心中始终有我们的位置,我们也无时不在挂念着先生。

我没有也不敢设想先生会离开我们。但是,两年前的清明节后,我最不愿意见到的事情发生了。先生终于放下了他的事业,放下了他未完成的书稿,离我们而去了。"泪飞顿作倾盆雨。"我们惊呆了!他的同事、他在武汉的学生,无不悲痛伤感。两年多过去了,先生走得可好?如果有天国,我想先生一定还在牵挂着我们,一定还在牵挂着我们新闻学院。可以告慰先生的是,他的事业后继有人,武汉大学新闻学院已经在他奠定的基础上,上了一个新的台阶:我们已经拥有了自己的博士点,在原有的新闻学、广播电视新闻、广告学之外,又创办了播音与主持艺术、网络传播专业。最近根据学校安排,新闻学院与印刷工程学院联合组建了新闻与传播学院。新的学院拥有一个博士点、三个硕士点、七个本科专业,其教学水平、办学规模均有了很大的提高。我们有信心把新闻与传播学院办得更好。

何微先生,请安息吧!

(本文系作者为纪念著名新闻学者何微先生逝世三周年而作。何微先生是从延安走来的老报人、新闻理论家。20世纪80年代,何微先生应武汉大学校长刘道玉之邀,来武汉任武汉大学新闻研究所所长。笔者在武汉大学工作时,曾受到何先生的提携、栽培之恩,未尝敢忘,谨以此文纪念何微先生)

承先启后,继往开来

今天,新闻学院新一届行政班子正式起航。和四年前不同,当时大家对我并不了解,我是凭学校党委一纸任命来履职,如今我们的管理团队是出自学院全体教职员工选择,是大家的意志。

在我们新的管理团队中,我是承先启后的角色。从过去四年走来,向未来四年走去。所以2006至2010年间,在我的记忆中印象深刻,挥之不去。由于全体同仁的共同努力,在过去四年,我们在人才培养、科学研究、队伍建设、学科发展方面取得了显著的成绩,这些成绩激发了我们的光荣感、自豪感,我们分享了由此带来的快乐。不容否认,过去的四年,也留下了不少的遗憾,工作中有不少短板,如队伍建设、社会服务的力度还有待提高,我们也一起承受了。今天,新的管理团队起航,历史即将尘封,我不胜感慨。在此我首先要感谢过去几代学人为学院奠定的基业,从汪新源教授、程世寿教授,到吴廷俊教授,感谢学院全体同仁对上一届行政团队的支持,特别要表达的感谢是,上一届班子的主要成员石长顺教授、舒咏平教授,他们在班子中扮演的主要角色,他们勤恳敬业的精神,他们对学院、学科的贡献,是我们新团队珍视的宝贵财富。

由于大家的信任,我们新的管理团队取得了未来服务学院四年的资格。对此我们深表感谢,同时也感受到肩上担子的分量。在这个时刻,我不想用沉重的语言讲述未来,但理智时常在提醒我,将来的道路不会平坦;我也不想用玫瑰色描绘愿景,但我坚信学院的文化之根,传统的优势与团结的力量,能够助推学院跃上新的平台。新闻学院是全体教职员工的学院,学院的发展也赖于全体员工一起给力。作为新管理团队的班长,我在此恳求各位同仁多多监督、支持学院的工作,古人说,知屋漏者在宇下,知政失者在草野,学院的发展需要各位的智慧和力量;同时我们团队将加强与全体教职员工的沟通,改进服务,倾听民意,以民意作为施政的出发点。没有大家支持的管理团队,是没有未来的。

相对于在座的各位老师,我是学院的一个新人。我没有参加二万五千里的长征,但我能够体味万里跋涉的艰辛;我的求学过程没有接受华科大文化的洗礼,但是也有深厚的华科大情结。我爱华中科技大学,也深爱我们的学院。四年前我从珞珈山来到喻家山,一路走来,我深切地感到我们的学院是一个肝胆相照,休戚与共的命运共同体,是一个充满了温馨、理解、包容和信任的大家庭。作为共同体的一分子,作为家庭的一员,我为我们的学院感到骄傲和自豪,也愿意为学院的发展,为我们共同的事业,贡献自己的绵薄之力。

谢谢大家!

(本文系作者在 2011 年初华中科技大学新闻与信息传播学院行政班子换届会上感言)

发展公共关系学科，
满足社会的沟通需求

大家上午好！今天，第九届公关与广告国际学术论坛暨中国公共关系学会第一次学术年会在香港美丽的浸会大学举行。来自世界各地近两百位代表与会，可谓群贤毕至，老少咸集，盛况空前。

在此，我作为主办方之一的华中科技大学，作为中国新闻史学会的代表，对各位嘉宾的到来表示热烈的欢迎，同时也要感谢作为东道主的香港浸会大学传理学院、香港城市大学媒体与传播系的各位同仁为会议所做的精心的准备！谢谢你们！

本次会议与往届的不同，是两个会议合二为一。在十年前的2007年，由华中科技大学与城市大学两家联合在武汉成功地举办了首届公关与广告国际学术论坛，由此揭开了公关学术在中国新的发展历程。此后这一论坛相继在中国港澳台地区及美国、泰国、新西兰等地举行，这次在香港是梅开二度。同时，由于中国公关关系学会在2015年的正式成立，这一成熟的国际性学术论坛就转身为中国公共关系学会学术年会，两者合二为一，今年是第一次亮相，今后将成为常态。

会议结束之后，我们还会紧接着在浸会大学举办第三期战略传播与公共关系工作坊，试图将战略传播与公共关系人才的培训纳入会议的议程，如果能够持之以恒，相信会在相当的程度上促进中国公共关系事业和公共关系学术的发展。

十年前，我们在筹备首届公关与广告国际学术论坛时，没有想到，公共关系学科、公共关系学术会有今天如此的繁荣，这一方面拜时代所赐，我们的时代、我们的社会，需要公共关系，需要有效沟通。另一方面，我们还要感谢为中国公共关系学科、公共关系学术挖井栽树的人。人道是赤水不忘挖井人，前人栽树后人歇荫。这里我特别要感谢香港城市大学的李金铨教授、何舟教授，正是我们之间推心置腹的合作创制了这个论坛。一直持续九届，而且还会继续办下去。今天李老师身体有恙，没有出席，我们在这里要祝福李老师早日康复！

我们还要向中国公共关系学科的首批开拓者们致意,特别是明安香先生、余明阳先生。今天明安香先生能够出席此次会议,真是蓬荜生辉,我们要感谢他们,铭记他们的开拓创建之功。

今天我们置身在全球化、信息化的环境下,发展与困难同在,风险与机遇并存,为了社会的和谐进步,文明的延续发展,我们比过去任何时候都更加需要公共关系,更加需要有效沟通,更加需要增强组织和公众间的相互理解和良性互动,更加需要发展和繁荣公共关系学科。前不久我和陈先红教授一行到美国访问,一个重要发现,就是公共关系学科的生命力。现在美国大学的教职,公共关系背景的需求旺盛,而传统新闻传播专业的岗位需求也比较疲弱。

我本人虽然不大懂公共关系,但是对公共关系学科的未来充满信心。正是因此,我们在国内学科布点全面收紧的情况下,自设了国内第一个公共关系博士学位点。我坚信公共关系学科前途无量,当然我也认识到公共关系学科任重道远。展望明年,中国共产党即将召开十九大,我们这个论坛也将迎来第十届。为了给我们的公共关系学科一个好的彩头,所谓一元复始,万象更新。我建议第十届公关与广告国际学术论坛暨第二届中国公共关系学会学术年会移师武汉。武汉曾经是我们这个论坛的出发地,明年的重新出发,一定会更加精彩。我和我的同仁们,在武汉恭候大家的光临!

再次感谢浸会大学领导、老师和同学们为本次会议的辛劳付出,感谢城市大学媒体与传播系同仁们的精心筹备,感谢庄凌公关公司对本次会议的赞助!谢谢你们!

最后祝第九届公关与广告国际学术论坛暨第一届中国公共关系学会学术年会圆满成功!祝第三届战略传播与公共关系工作坊圆满成功!

谢谢大家!

(本文系作者 2016 年 12 月 3 日在香港浸会大学召开的第九届公关与广告国际学术论坛暨第一届中国公共关系学会学术年会开幕式上的致辞)

讲好中国故事,树立国家形象

大家下午好!今天非常高兴,在这个艳阳高照、春光融融的初春时节,第一届"讲好中国故事"创意传播国际大赛正式启动,来自各地的专家、学者齐聚一堂,切磋国际传播的理论与实践问题,对于中国的持续发展和崛起,对于国际传播、公共关系、跨文化交流的学术探讨具有重要的意义。在此,我代表华中科技大学新闻与信息传播学院,向各位嘉宾、各位同仁的莅临表示热烈的欢迎。同时,我也要向国家外文局长期以来对我们的支持表示衷心的感谢!

我们十分幸运,能够生活在这个伟大的时代,见证了世界历史的风云变幻,大国兴衰,传媒转型,社会变革。今天为讲好中国故事这个命题聚会在一起,主要是基于三个原因:

第一,日益全面、日趋紧密的全球化进程,使得地球的空间越来越缩小,各地区、各国家的联系不断加强,作为国际社会行为主体的国家即使再强大,也不能自绝于全球体系,闭关自守只能是自取灭亡。在这一自然历史进程中,我们国家怎么样才能顺利的融入全球体系,在融入的过程中,怎么样才能得到国际社会、其他国家的认同和接纳,取决于在这一过程中呈现的国家形象。

第二,今天我们置身于信息传播高度发达的媒介化时代,基于信息传播技术的突破,各种新的传播媒介层出不穷,海量的信息弥漫于我们全部的生活空间,无处不在,无孔不入。现在我们面临的问题不再是信息缺乏,信息饥渴,而是信息过剩。面对潮水般涌来的信息,人们不是去拥抱,而是回避、逃避。在这种背景下,如何提高信息传播的有效性,增强传播的针对性,强化信息内容的不可替代性,是我们必须解决的重大问题。

第三,中国持续崛起的态势,已经并且还在继续地改革世界的力量对比。自20世纪80年代以来,因为改革开放而蓄积的动能继续地释放,中国的综合国力持续提升,GDP连续三十多年高速增长,现已经超过日德英法诸强,仅次于美国而居全球第二。一个普遍认可的预计,那就是未来20年内,中国的GDP将会超过美国居全球第一。当中国强大起来了,还会如今天一样平和与谦逊吗？还会遵循由西方列强制订的国际规则吗？大国在忧虑，小国、邻国也在观望。他们需要了解中国的真正意图。我们必须回应他们的关切。

所以，了解中国，认识正在发展、正在崛起的中国，是当前国际社会的重大需要。在中国这片壮丽的河山、富饶的土地上，正在上演着一幕幕惊天地、泣鬼神的话剧，流传着千万个动人的真切故事，它们是发展的中国、充满活力的中国的现实写照，也是最能够打动人感动人的内容。

我们要在世界上树立富有文化魅力的、和平的中国、负责任的全球大国形象，就需要面向世界讲好在中国这片土地上发生的故事，或者在全球舞台上由中国人扮演重要角色的感人故事。这是外国公众了解中国、认识中国的切入点。

向世界人民讲好中国故事，不仅是职业传媒人的责任，每一个中国人，每一个能够接触到外国人的中国人，都有这个义务；另一方面，每一个中国人都还有可能是外国人亟待了解的中国故事的主人公，都有可能是彰显中国形象的流动的名片。我们还期待热爱中国的外国朋友们，也能够成为讲述中国故事的高手。

今天我们在这里开会，举办讲好中国故事大赛，就是为了讲好中国故事，就是为了发现、培养更多的会讲故事的人，就是为了在国际舞台进一步擦亮中国的名片，就是为了在国际社会树立理想的中国形象，就是为了增强各国人民、全球舆论对崛起中国的理解和认同。在今日中国，可以说，悠悠万事，唯此为大。

故事天天有，精彩须高手。今天高朋满座，群贤毕至，聚焦中国故事，探索传播艺术，可以想象我们的目标一定会实现。预祝我们的会议圆满成功！

（本文系作者在 2017 年 2 月 27 日在北京第一届"讲好中国故事"创意传播国际大赛启动仪式暨专家研讨会上的致辞）

媒介化时代的国家传播战略

大家上午好！今天是个黄道吉日，阳光普照，万里无云。我看了皇历，今天宜嫁娶宜结盟宜开会，到处充满了喜气，我们在此相聚，共话互联网＋时代的国家传播战略。在此我谨代表华中科技大学新闻与信息传播学院，代表国家传播战略协同创新中心，代表协同中心的各合作方，向来自长城内外、大江南北、海峡对岸的各位嘉宾、各位朋友、各位专家，表示热烈的欢迎。特别要提及的是，在我们这个论坛召开的同时，国内至少有五个学术会议同时召开，大家千里迢迢，拨冗与会，共襄盛举，我在内心十分感动。同时，也要对各位长期以来对我们协同中心的支持，表示衷心的感谢！

各位嘉宾，各位朋友，我们今天生活在同一个信息时代，媒介化的环境包围着我们。弥漫的信息洋溢于我们全部的生活空间，无处不在，无所不有。信息与传播不仅影响到人们的认知、情感和行为，更是决定了社会系统的运行。由于互联网的爆炸性发展，时间与空间被大大压缩，事件、运动及其过程的节奏也空前加快，过去几年、几十年才能终结的历史过程，如今在短短几天便可完成；而历史过程本身释放出的能量，早已不能用匀速的刻度来衡量。今天瞬间爆发的社会事件，其影响历史的动能可能相当于平时百十年的积累。互联网改变了社会的结构和运行，互联网＋更是增强了社会变革的爆发力，从而在更高的层面考验人类的智慧。

我们的国家传播战略协同创新中心正是在这个环境下应运而生的。中心瞄准新形势下国家乃至全球层面重要传播实践难题和重大需求，以国家传播战略的基础理论和系列关键问题为对象，按照"政产学研用"有机融合的指导思想，围绕"基础理论研究、重大难题突破、政府决策支撑"三项重点任务，致力于通过各协同单位在机制体制改革方面的不断探索和创新，进行深度融合，真正实现跨区域、跨学校、跨学科、跨行业的互动联合，形成高校、院所、政界、业界与军方的互补优势，使中心的科研能力、学科建设和人才培养水平达到倍增效果。为此，本中心既做基本学理的探讨，拓展新闻与传播学研究的思维空间；又有对策性研究,以为政府、业界及其他相关方提供政策咨询。

本协同中心的主要工作有三。一是举办大型民调。去年底今年初,本中心组织进行了名为"中国民众的世界观念"大型民调,在国内五大城市进行了科学的抽样调查,调查的第一手数据已经发布,相关的研究成果正在陆续发表中。从2016年起,此项民调将改为"中美两国公众的世界观念",同时覆盖美国、中国,在两个国家委托在地权威的调查公司,分别抽取2500个样本,试图了解中美两国公众是怎么样认识对方、怎么样认识自己、怎么样看待世界的过去、现在和未来,怎么样认识在过去一年发生的重大事件,以及他们怎么样认识自己的朋友和敌人等。这一民调应该会给我们提供不少有趣的数据。我们充满期待。

二是编纂国家形象传播蓝皮书。在全球化、信息化的背景下,国家作为国际关系的主体,其战略目标的实现与否,在相当的程度上与其在国际社会的形象呈现直接相关。理想的国家形象有利于赢得目标国家公众的认同、理解和支持,进而会影响到目标国家的政府决策;反之,丑陋的国家形象,只会增加国际社会的反感、厌恶乃至唾弃,徒增国家发展的困扰。自改革开放以来,中国经济实现了长足的进步,与此同时,中国的国家形象也有相当的改善,但是与我们的期待尚有一定的距离。本蓝皮书将专题研究中国国家形象传播与建构等问题,今年的蓝皮书本应发到各位的手中,因为出版社的问题,估计到月底才能出来。

三是举办国家传播战略高峰论坛。协同创新中心自2013年成立以来,连续举办了两届国家传播战略高峰论坛,今天是第三次。每次盛会,都是高朋满座,群贤毕至,奇思喷涌,妙想迭出。这是思想的盛宴,是智慧的裂变。它让我们看到了国家传播战略的新格局。在这里特别要感谢熊澄宇教授、蒋晓丽教授、荆学民教授、董天策教授、江作苏教授,他们连续三次拨冗参会,和我们分享他们的高见。本次论坛不同于既往的特点有三,一、前两届嘉宾代表主要来自学界,本次嘉宾代表的来源,除了学界,还有业界、军界、政界的学者;二、在地区分布上,前两届主要是来自大陆地区,本届嘉宾代表还有来自新加坡与我国台湾地区的学者,观察问题的视角有了新的拓展;三、在关注的议题上,本次论坛体现了与时俱进的精神,以"互联网+时代的国家传播战略"为题,在延续前两届论坛的主题国家形象、公共外交之外,将传统媒体转型与媒体融合战略、政治传播与社会治理、国家公共关系与品牌战略等纳入本次论坛讨论的范围。所以我们有理由期待本次论坛能够取得超出前两届的成果。

除此之外,本中心还接受政府、业界及相关各方的委托,进行各项策略性研究。

各位嘉宾、各位同仁,相逢是缘。这个缘就是我们对国家传播战略这一重大议题的共同兴趣,就是我们对我们国家的深厚感情,就是我们对人类前途命运的殷切关怀。在今天这个互联网＋时代,传播的价值与意义早已超越了传播本身,传播不仅仅为我们提供精神的滋养,开阔我们的眼界,延伸着人类的想象力和创造力,更为重要的是,传播还变成了一种能够改变世界的物质力量。在这个意义上,从国家乃至全球的层面思考国家传播战略,在这个问题上奉献我们的智慧,对于国家,对于人类都是有益的一件幸事,用司马迁的话说,"小子何敢让焉。"我相信这种缘分不仅能把我们相聚在一起,而且还能够维系下去;不仅能够滋润我们的共同兴趣,还能够增进我们彼此深厚的情谊。

预祝第三届国家传播战略高峰论坛圆满成功,也祝各位嘉宾、各位朋友在汉期间精神愉快!

(本文系作者在2015年12月召开的"第三届国家传播战略高峰论坛"开幕式上的致辞)

品牌传播与国家传播战略

今天风和日丽,是农历大雪以来难得的好天气。我们在喻家山下,在华中科技大学新闻与传播学院,隆重举行第二届国家传播战略高层论坛暨第三届品牌传播论坛,可谓高朋满座,群贤毕至。在此,我谨代表华中科技大学新闻与传播学院向各位专家、各位嘉宾的到来,表示热烈的欢迎,同时对各位老师们长期以来对我们学院的支持,表示衷心的感谢!

我们之所以要举办国家传播战略高层论坛,是因为在全球化、信息化的背景下,如何处理国家间、民族间的信息传播与心灵沟通,直接关系到不同国家、民族之间的彼此认知和相互理解,甚至直接影响到世界的和平和安宁。古往今来,发生在人类社会的各种冲突乃至战争,莫不源自国家、族群之间的误解。只有化解彼此间的误会,才会使多样化的人类社会和谐共生,共存共荣。

古希腊哲学家柏拉图曾经说,国家是个人的放大,个人是国家的缩小。信息传播是个人之间、国家之间,个人与国家之间的联系纽带。没有信息传播,就不会有作为有机体的社会,更不会有国家。传播是社会、国家的黏合剂,我们说人是天生的社会动物,在本质的意义上,就是说人是能够驾驭和充分利用传播的动物。

今天我们置身于媒介化社会,小到个人,大到国家,要适应在日益紧密的网络化环境中生存,首先要解决的关键问题,就是克服交流的屏障,实现无障碍的传播。通过传播,显示自己的存在,表达自己的诉求,展现自己的形象,同时也全面深入地了解我们的对象,了解他们的态度、情感及其行为的趋向,从而实现彼此平和的互动。在这个意义上,传播是个人、组织、国家面临的重大问题,是高于一切的重大需求,是国家战略棋局中不可忽略的关键点。

正是基于这一考虑,我们华中科技大学与几个老大哥学院和业界、政界朋友,共同组建了华中科技大学国家传播战略协同创新中心。希望以此为据点,聚结国内外关心国家传播战略研究的同道朋友,共同探索,彼此砥砺,建设一流的国家智库,服务于国家的紧迫需要。去年12月21日,我们在华中科技大学举办了第一届国家传播战略高层论坛,今天是继去年之后的第二届。我们希望能够把这个旗帜继续打下去。

今年的第二届国家传播战略高层论坛与第一届最大的不同,是把它与我们的另外一个论坛品牌传播论坛联合在一起举行。这里我想向各位嘉宾简要介绍一下品牌传播论坛。早在2001年,我们学院就认识到新媒体发展必然改变广告和公关的大趋势,成立了品牌传播研究所;并于2001年8月、2002年4月,分别在乌鲁木齐、江阴市举办了第一、第二届品牌传播论坛。最近十多年来,品牌传播在全国发展迅猛,并得到了朝野普遍的认同。

我们认为当今的品牌传播,早已超越了过去的一般意义上的产品和服务品牌,大家不仅意识到自主品牌对于国家形象建构的重要意义,而且国家品牌意识也日益深入人心。习近平就任总书记以来就多次强调要走品牌发展之路。在国家制度层面,建立了"首席品牌官"与"品牌经理"职业岗位;在企业组织层面,品牌管理中心纷纷建立;在社会服务层面,品牌传播公司、媒体品牌传播中心在不断问世;而在教育层面,一些大学如华南理工大学等成立了品牌传播系。我院舒咏平教授还主持了国家社会科学基金重点课题"中国国家形象建构中自主品牌传播困境与对策"。

从近年来国内品牌传播的发展情况来看,品牌传播与国家形象建构形成了越来越大的交叉覆盖面,特别是在跨国商贸与文化交流方面,两者共同关注的兴奋点越来越多、越来越大。在国家形象建构这一焦点话题之中,经济领域是最具活力的因素,在其中,国家品牌的意义显得格外突出。品牌构成世界各大国国家形象的重要内容,是国外民众感受一国国家形象的直接载体之一。就国家传播战略而言,纳入品牌传播,有利于推动国家传播战略的落地,而对品牌传播来说,进入到国家传播领域,对于发挥品牌传播的政治功能,提升品牌传播的影响力,是再好不过的选择。所以把国家传播战略与品牌传播两个论坛合在一起,可能会产生一加一大于二的效应。

华中科技大学是一个以工科、医科为主体的大学,新闻传播学科在学校学科体系中体量不算大,但是学校高层非常重视新闻传播学科的发展。我们新闻与传播学院的历史不算长,但是目前也到了以学科建设为龙头的阶段。我们看准了未来国家发展、社会进步之所需,我们愿意为国家传播战略和品牌传播研究,建设一个公共的交流平台。

各位嘉宾,各位朋友,我们有幸共同生活在一个沸腾的大变革的时代,我们正在一起见证中国崛起的历史,见证世界力量格局的重新调整。我们在见证历史时,其实也在创造属于自己的历史。我们今天的会议,今天会议上各位专家的宏论,将会载入史册。伴随着大国兴起的,不仅是权力中心的转移,世界学术中心也会随权力中心的变化而变化。一百年前新闻学诞生,七十年前的传播学术,欧美社会都走在中国的前面。当中国真正成为第一经济强国时,中国学术落后的局面难道还会一如昨日?

我相信,也期待,21世纪属于亚洲,更属于中国;我相信,也许不需要太久,中国的传播学术将会随着中国综合国力的上升而引领世界。我们现在致力于国家传播战略、品牌传播的研究,各位嘉宾、各位同仁的努力,可能会汇成推动中国前进的巨大动力。在这个意义上,我们没有理由不坚持,没有理由不努力。

祝我们论坛圆满成功!也祝各位嘉宾在汉期间身体健康,心情愉快!

(本文系作者2014年12月在第二届国家传播战略高层论坛暨第三届品牌传播论坛开幕式上的致辞)

与时俱进,推动与落实国家传播战略

大家上午好!今天是一个非常好的日子,天空晴朗,风和日丽。一轮朝阳驱除了昨日的严寒。在大家的共同见证下,第四届国家传播战略高峰论坛正式举行。来自大江南北、大洋彼岸的朋友们欢聚一堂,共襄盛举。可谓高朋满座,群贤毕至。有故知,更有新交,彼此交流,其乐融融。在此,我谨代表华中科技大学新闻与信息传播学院、华中科技大学国家传播战略协同创新中心向各位嘉宾、各位朋友表示热烈的欢迎。同时我也要借此机会向各位长期以来对本论坛的支持表示衷心的感谢。

我们今天能够聚在一起,应该是拜时代所赐。正如大家所知,当今时代的两大特征:全球化和信息化。从历史上看,全球化始自15、16世纪,经工业革命、两次世界大战,如火如荼,特别是电子技术、网络技术的发展,世界的空间大大压缩,地球村由神话变成了现实。在政治、经济全球化的背景下,没有国家能够自绝于全球体系而独善其身。当代中国正是借全球化的东风实现了国家的腾飞。我们可以比较一下2001年中国加入世界贸易组织前后经济实力的变化。各种数据表明我们是全球化进程最大的既得利益者。相反最近几十年,西方世界开始了没落的过程,他们不是从自身寻找原因,而是怪罪于全球化。所以一个奇怪的现象出现了,英国正式启动脱欧,意大利也跃跃欲试,美国新当选总统废弃了前任总统奥巴马费尽千辛万苦达成的TPP。一股反对全球化的逆流正在生成。相形之下,中国反倒成了推进全球化、倡导自由贸易的旗手。这一逆转,真是叫人眼花缭乱。至于社会信息化,由于网络技术的突破,传统媒体在与新兴网络媒体的较量中渐处下风,基于网络的社会信息系统的变化正在重构我们的社会;另一方面,以传统媒体为代表的主流媒体和更多地代表草根的社交媒体之间的鸿沟越来越深,正在严重地撕裂着我们的社会。美国特朗普正是在主流媒体普遍唱衰下当选为美国总统的。

这种时代特征不仅在影响着西方世界,也是决定当代中国未来发展的重要背景。首先,中国作为全球化的最大的既得利益者和全球化进程的重要推手,不可能参与美国引领的贸易保护主义大合唱,而必须以更大的力度推进全球化,推进自由贸易,将已经启动的一路一带计划做得更加扎实。为此,中国必须在更大的程度上得到国际社会的理解、认同和接纳。其次,中国持续几十年的经济发展和技术进步,一方面为未来的腾飞打下了坚实的基础,另一方面由于利益分配的不合理,社会的贫富差距过大,一些深层次的社会矛盾在逐步积累,需要更多、更有效的社会沟通、政治沟通,寻求共识,加大改革,化解矛盾,重建和谐。这一背景,就决定了,在中国未来发展,在实现中国梦的历史进程中,传媒人、社会信息系统将会扮演越来越重要的角色。

以目前的情势而论,中国的国家战略,即关于国家生存发展的总体方略,可以用两句话概括:一是做好中国的事,建设好自己的家园。二是扮演好全球角色,服务于世界的和平发展。第一句话的要义,在于发展好自己的经济,并且应该是和谐的可持续的发展,在发展的基础上,解决好利益分配问题,做到公平正义,实现族群和谐,社会安定,平稳发展。第二句话的关键,是在国家综合实力提升的基础上,在全球体系中扮演与自己的实力相称的世界公民角色,履行大国责任,展示大国气度,维护世界的和平与稳定,为人类文明的发展延续做出中国自己的贡献。其中,第一句话是第二句话的前提和基础。

国家战略的最终实现,取决于两方面力量的动员:物质力量、精神力量。能够感动人心、争取民意精神力量的,最主要还是社会的信息传播系统。所以,要实现国家战略,必须要有与之配套的国家传播战略。在更高程度上动员社会信息系统服务于国家战略。从国家顶层设计高度,统筹规划,制定国家传播战略,具有事关全局的重大意义。

正如中国的国家战略,国家传播战略也可从两个面向去理解。第一,面向国内。要赋予传播系统守望环境,沟通上下,联系内外,传承文化,监督权力的职能,在政策和法律层面,给传媒营造宽松的生存环境,支持传统媒体与新兴媒体的融合发展,发挥传媒人的创造力,促成社会的和谐稳定,增强社会的凝聚力、向心力,增强人们对国家的归属感、认同感、自豪感。第二,面向国外。要尽力维持传媒机构的专业性和公信力,尊重文化差异,增强对外传播的针对性、贴近性,讲好中国故事,传播好中国声音,展示中国的良好形象,增强在国际社会的吸引力、感染力,进而影响国际舆论,影响世界各国的态度,最终为中国的崛起营造良好的国际舆论环境。

本论坛正是呼应国家的战略需要由华中科技大学国家传播战略协同创新中心设立的,在国家层面致力于传播战略与策略的研讨,今年是第四届。自创设以来,论坛得到学校和社会各界的支持。华中科技大学将国家传播战略协同创新中心作为重点智库支持,每年有固定的经费投入。今年的论坛与过去不同,作为会议议程,我们还增设了一个发布环节。而发布的内容正是落实国家传播战略的两个重要举措。一是《第一届"讲好中国故事创意大赛"》,这是本中心研究员陈先红教授主持的国家社会科学基金课题组开发的重要的公共产品,联合教育部、中宣部、国家外文局等单位,在全国范围内举行中国故事创意大赛,本次发布意味着该活动的正式启动。这是一个非常富有创意的活动。二是《中美民众的"世界观念"调查报告》发布。这个报告依托于我主持的国家社会科学基金重大课题"跨文化传播中的国家形象建构研究",得到了国家传播战略协同创新中心的经费支持。这是一个年度调查项目,每年一次,同时在美国和中国进行。大量一手数据表明了中国和美国民众如何看世界、如何看对方、如何看自己,以及中美两个民众对近年世界重大事件、重大问题,对世界未来的认知和态度,相信这些数据会引起大家的兴趣。我们拭目以待。

我们始终将本论坛定位为学术论坛,为此不仅剔除了一般会议的繁文缛节,如我们的开幕式简化的不能再简化,直奔主题;而且在议题设置方面,本着学术研讨无禁区的原则,拓展了会议议题的思维空间。这次会议还有一个变化,除了来自海外的知名学者外,还有代表中国率先走向世界的实业界代表。当今中国能够称雄于世的民用工程技术领域,除了水电大坝、高铁、航天,再就是桥梁工程。稍后,中铁大桥局集团有限公司总经理胡汉舟先生会给我们分享"架起沟通世界的桥梁"的报告。

各位嘉宾,各位朋友,今天我们为了共同的兴趣相聚于光谷,为了中国国家战略的实现,而思谋从传播领域贡献我们的智慧。我们在思想上是同道,在知识上是师友。同道师友之间,可以不设心防,真诚交流。明代作家冯梦龙说:"合意友来情不厌,知心人至话投机"。我想这应该是本次论坛的真实写照。

祝第四届国家传播战略高峰论坛圆满成功,祝各位嘉宾、各位朋友精神愉快,一切顺心!谢谢!

(本文系作者2016年11月27日在第四届国家传播战略高峰论坛开幕式上的致辞)

华文传媒与华夏文明

大家上午好。今天是个好日子。早上手机中的皇历提醒我，今天是农历七月初七，中国的情人节。皇历还提醒我，今天宜出行、交易、开会。在这个浪漫、喜庆的日子，来自海内外的各位前辈、各位朋友，为了研讨华文传媒与华夏文明传播，相聚在喻家山下，可谓高朋满座，群贤毕至。在这里，我想代表华中科技大学新闻与信息传播学院全体同人，热烈地欢迎各位的光临。邓丽君曾经表白，月亮代表她的心。此时此刻，我想，武汉天气也许最能够代表我们学院师生员工的心情。作为火炉的武汉，以前所未有的凉爽拥抱各位，一场潇洒的夏雨不仅热情地为各位嘉宾洗尘，而且还带来久违的武汉蓝。

各位先进，各位同仁，在20年前，也是在这个美丽的校园举行了首届华文传媒与华夏文明传播研讨会，由此开启了一个重要的学术领域，由此搭建了一个重要的学术平台，由此决定了各位彼此亲爱的缘分。我真是佩服当时会议的策划者，他们高瞻远瞩，提出了一个历久弥新的重大主题。这一主题伴随着大中华的崛起，延续二十年，至今仍有探讨、深思、拓展的空间。

20年来，华文传媒与华夏文明传播国际研讨会相继在兰州大学、香港中文大学、厦门大学、新加坡南洋理工大学、河北大学、台湾政治大学、黑龙江大学举行。今年是第九届，回到了初始的出发点。

20年前，我们的会议在水中召开，乘游轮，溯江而上，浩浩荡荡，在学术探讨之余，饱览壮丽的三峡风光；今天，我们虽然不能下水了，但是在充满灵气的喻家山下探究真理，却不失仁者的乐趣。山中方一日，世上已千年。远离尘嚣的纷扰，在理念的王国中求索，也许更加符合学术会议的宗旨。

各位先进，各位同仁，我们今天能够在此相聚，全赖前辈学人的开拓。吃水不忘挖井人。作为后学晚生，在此我要向方汉奇教授、郭振羽教授、程世寿教授、吴廷俊教授、郝晓明教授表示感谢；还要感谢承办过会议的兰州大学、香港中文大学、厦门大学、新加坡南洋理工大学、河北大学、台湾政治大学、黑龙江大学的同仁。

今天是第九届会议。九是最大的数字，也是数字系列中最重要的节点。我们非常重视这次会议的筹备工作。为了办好这次会议，会务组付出了最大的努力。除了老师，主要是学生志愿者承担了大量的服务工作。在此，我也要向他们表示感谢与慰问。

昨天晚上，组委会专门讨论了华文传媒与华夏文明传播研讨会的未来。各位专家、同仁充分地肯定了这个会议的重要价值，并且一致要求，将这个重要的论坛持续地进行下去。会议的三个主办方也达成了共识，我们将竭尽全力，继续办好这个重要的学术论坛。我相信，有各位鼎力的支持，我们这个会议一定会越办越好！

最后，祝九届世界华文传媒与华夏文明国际学术研讨会圆满成功！祝各位在汉期间精神愉快，一切顺利！

（本文系作者2015年8月20日在"第九届世界华文传媒与华夏文明国际学术研讨会"开幕式上的致辞）

乐观　责任　感恩

思者无疆,研究中的他高谈阔论历史,躬身政治传播;师者传道,课堂中的他旁征博引传授,语重心长指导;治者有方,身为院长的他放眼教育未来,在一个又一个新闻教育的十字路口探索前行……他就是张昆教授。

在天气渐寒的十月的一个上午,张昆教授抽出了两个半小时的时间,在办公室坐下,泡上一杯茶,向我娓娓讲述了他从一名隐溺于浩瀚书海自在挥墨的青年学生,到一位投身于新闻教育上下求索的中年教授的经历。

徜徉于新闻历史的长河中,品味着中西传播思想之精华,进行了如何经世济用的思索,伴随着张昆教授的,始终是三个关键词,那就是"乐观"、"责任"与"感恩"。

一、一路走来:无"新闻梦"却成"新闻人"

他1980年进入武汉大学攻读历史系,后求学于中国人民大学新闻系,在任教期间,不断为自己充电,攻读法学博士,最终研究新闻历史和政治传播。张昆教授的每一步都走得扎扎实实。事实上,看起来"有条不紊"、"步步为营"的这条路,却是"无心插柳柳成荫"。采访中,我看到了他机缘巧合背后的强大内心,那就是"单纯"和"乐观"。

周晓荷(以下简称"周"):张教授,在采访前,我有些忐忑,因为在翻阅资料的过程中发现,您的研究方向之一是新闻传播史,却和很多学者一样,很少讲自己的"历史",很少"传播"自己。

张昆(以下简称"张"):对于过去的事情,我一般只有在与自己的研究生交流的时候讲一些,因为他们有了解老师的需要,我就尽量满足他们;但在公开场合,我确实很少谈论私事,主要就是讲学术、讲学科、讲学院。

周:那今天能不能给我"开个小灶",讲讲您过去的故事呢?

张：(点头微笑)其实,我是一个典型的农民的孩子,家里人丁不兴旺,我是唯一的儿子。

幸运的是我出生于1962年,那时自然灾害刚过,整体环境缓和,生活条件还算不错。但我父亲在我8岁的时候就去世了,两个姐姐也先后出嫁,所以我很早就和母亲承担起家庭的重任。

至今我还记得小时候在生产大队,我半天上学、半天出工赚工分的日子。当时,一个整劳力是十分,成年女劳力八个工分,而我只有十多岁,就从三工分做起,放牛、拾粪、看瓜地。在那种情况下,那种体制下,穷人家的孩子什么都没有,哪能有梦想考大学,连"大学梦"都没有,谈何"新闻梦"呢?

但是这并不是说我没有接触新闻。那时候在生产大队,经常开会,不是斗私批修,就是读报纸、文件。我年轻,又在小学读书,所以我的工作之一就是在会上给群众读报。还记得1972年尼克松访华那期的报纸,就是我读的;而且,别看是在农村,初中时我也开始知道"两报一刊"社论的威力了。

周：那还是与新闻很有缘分的。

张：(点头,兴趣盎然地继续)嗯。我还做过很多其他工种,做泥瓦匠当小工,站在晃晃悠悠的脚手架上,接其他人往上面抛的砖,从上面吊下面的水泥浆。那个时候生活艰难,我干一天是三毛钱,还是很满足的。现在想想那些吃苦的日子,还是深有感触。

周：嗯,正所谓"穷人的孩子早当家"。那知道有大学,并开始萌发"大学梦"是在什么时候呢?

张：我清楚地记得自己第一次知道这个世界上有"大学"这个东西是在什么时候。那是在上小学三年级,生产大队表彰先进,我作为学校唯一的三好学生代表,跟生产大队很多农民一起受表扬。奖品是一个笔记本,笔记本的彩色插页,就是当年武汉大学的大学生扛着红旗在校园里游行。

周：哦,武汉大学,您后来就考到了那里。

张：对,从那以后,我就知道有大学这个地方。高中时期,我仍旧半工半读,上午上课,下午摘棉花。我参加了农田水利建设,挖河填湖,抗旱防洪,生理上严重透支。在那样的生活境况下,连生存这一基本要求都没有保障,更谈不上自我价值的实现。于是,"跳龙门"成为我当时的想法,我想考大学,改变现状。

周：于是,您就报考了武汉大学的历史系。

张：是的。考大学时选择读历史系纯粹源于兴趣和爱好,没有其他功利的、复杂的目的,更没有想到以后会成为新闻人。

二、回首往事：谦道幸运因有贵人相助

从农村走出到大学汲取营养，24岁登上大学讲台，31岁被破格提拔为副教授，35岁再次破格晋升为教授，36岁成为当时武汉大学新闻与传播学院的院长，执掌武汉大学新闻学，如今身兼数职。一路走来，助了他一臂之力的是"不服输"、"首战就是决战"的责任心，回顾这些，张昆教授说得最多的词却就是"贵人相助"。

周：您进入武汉大学求学的那段时间应该说是我国新闻传播事业势如破竹快速发展的开始，这种态势是不是影响到了身为历史系的您的人生选择和发展方向。

张：应该来说，还是有一定的影响。大学期间，国家发起爱国主义教育运动，武汉人民广播电台要录播一个节目，叫作"中国近代史讲座"，这个节目共100多期，因为我是学生会学习部长，自然成为该讲座的主编。同时，我还在校报当记者。1984年毕业前夕，武汉大学、华中工学院都在筹办新闻学专业，我就作为老师留了下来，参与创办武汉大学新闻学系。

当时考虑到自己不是科班出身，怕做老师会误人子弟，于是就将已经报上去的历史系研究生志愿改为中国人民大学新闻系研究生。

周：那个时候考研容易吗？

张：由于是改报志愿，一共只复习了40多天，当时同去考试的6个人中，只有我自己以高分被录取。

我对自己有这么个评价：一方面还算努力，另一方面我不服输，一旦下定决心，就要全力以赴，要么不干，要么就干好。就像兵法上说的：首战就是决战。我认为这种态度非常重要。无论对自己的研究，还是一些社会事务，或者是学院的工作，我始终坚持这样的原则，也在一定程度上得到别人的认可。人家说："这个人是个干事的人，"大家都喜欢干事的人，不喜欢浮夸的人。这就意味着我们平时要少说些话，多脚踏实地地干活，这样你的做法、思路才最终会得到别人的认可。做事情、做学术不能搞花架子，做一件事情，就要树一块碑。

周：现在听您谈以前的故事，感觉并非想象中那么容易，但您讲起来的时候，看待挫折举重若轻，做出选择不带功利，这些是现在很多年轻人身上没有的。

张：嗯。也许就像你说的，我这个人很是乐观。很多人都说我们这一代很苦，但我不这么认为，我觉得我们这一代很幸运，我本身就非常幸运。虽然小时

候穷,但不至于没有饭吃;在生产队出工,受到农民的照顾;上大学时国家给予很多资助,不收费还有奖学金,又碰到了很多好老师;毕业后找工作、分房子都不需要花费过多,如此说来,我们怎么不幸运呢?

我的学术之路很顺畅,一方面是正好顺应了国家需要,另一方面在中学、大学、单位,我遇到很多"贵人",朋友、同事、学界老前辈,正是很多热心人士的关爱和提携,让我比较顺利地发展,所以我在内心深处非常感谢这些老前辈和同事、朋友。

周:充满感恩?

张:是的。在我看来,做人有三个关键。一是要感恩。不感恩,就会索取无度,总觉得别人对不起你。我愿意做吃亏的事,人吃点小亏真的无所谓。二是要有责任感。不管是对家庭、对单位,还是对社会、对国家,责任感都会让人产生一种不服输的劲头一往无前的动力。三是要知足。不要有无限制、无休止的欲望,其实人的生活能够达到基本的、必要的条件就可以了。两千多年前,柏拉图就教导我们,要摒弃不合理不合法的欲望,我很认同。学会知足就不易产生失意感、顿挫感,快乐自然而来。

三、畅谈学术:开辟新闻史研究新视野

新闻传播史和政治传播学,一个似乎是埋在书中的隐学,另一个是经世济用的显学。张昆教授,就在沉甸甸的历史和现实中,开辟着新的视野,构建起新的桥梁。重塑新闻传播的整体历史观是他孜孜不倦的追求,"中西融会、古今贯通、三位一体"是他对新闻传播史的精辟概括。谈起学术,张昆教授立即调整了坐姿,微微前倾,神采飞扬。

周:您在学术上的潜力似乎很早就显现出来了,我听说,张教授二十多岁写的文章已然有了四十几岁的人的成熟老练?!

张:这不敢当。如果说我的文笔还不错,这也许跟早期的训练有关。

我非常感谢武汉大学图书馆给我提供广泛的图书以及那个时候老师的无私指导。他们愿意跟学生讨论问题,学生也能够坐下来潜心读书。

年轻时,我的记忆力很好,加上看书没有功利性目的,完全是出于兴趣,于是熟读了很多经典。现在看来,这就是一种人文积淀,我受益匪浅。直至今日,李达《政治学大纲》中关于政治的论述我还能信手拈来。

大学时,我一度对宫廷政治非常感兴趣,进行了一个关于宦官的专门研究。由于我发现以往学者研究的多是东汉之后的宦官制度,于是就想进行先秦的研

究,以求突破。这个研究非常专业,甚至有些生僻,我阅读了大量图书以搜集资料,例如《十三经注疏》《国语》《左传》《史记》等。那个时候这些古书都没有标点,而且还是繁体字,读起来非常辛苦,但我硬是把这个课题给做了下来。直至今日,我还非常怀念那种学术研究和创新的冲动,那是个非常有意思的过程。

后来,我又受到从哈佛归来的哲学博士吴于廑教授的影响,树立了看待历史的宏观视野。我非常感恩,感恩自己那个时候有这么好的老先生引路。但现在,我身为一个老师,深觉自己做得不够;此外,外面的世界很精彩,新闻学作为应用型学科的性质让很多学生坐不下来,他们已经少了"板凳要坐十年冷"的劲头了。

周:嗯,您的宏观视野促使您发现新闻史研究中的一些问题,于是在 20 世纪 90 年代中期,您将新闻传播制度、新闻传播思想发展历史与新闻传播事业有机融合,共同纳入新闻传播史的内核,拓展了新闻史的研究范围,这在当时应该是个很大的创新吧?!

张:以往都是学新闻的来做新闻史,但因为我本来是历史学专业的学生,很自然地就将成熟的历史学科体系作为新闻史的一种参照,用历史体系对照新闻体系,做比较研究。

至少在我看来,20 世纪 90 年代初的新闻史研究,虽然有很多成就,但也有很多重要的缺憾。第一,中外分治,这样就导致我们讲中国新闻史时看不到世界新闻史,讲世界新闻史时看不到中国新闻史。同时,我们经常致力于探讨某一国家、地区新闻传播产生、发展、演进的历史,勾勒了其纵向演进的基本线索,例如讲美国通史、英国通史,只有纵向,没有横向,没有交汇,没有互动,这样就很难建立起整体的历史观。第二,我们新闻史研究只注重新闻事业(如报社、电台、电视台、通讯社等)史。但新闻事业的产生、发展和变化,总是在一定的制度架构下进行的,制度安排确定了新闻传播历史演进的舞台空间。同时,光说制度、事业还不够,制度是建立在人的理念基础之上的,我们的新闻工作者有思想、有情感、有观念,这些是行为的决定力量,因此,人类传播与接受信息的行为和动机无疑也是新闻传播历史的基本内容。这样,就可以得出结论,一个完整的新闻传播史概念,应该由以下三个最重要的层面构成:一是制度,二是观念,三是事业。

我认为,新闻传播史在空间上应该是中外融会的,在时间上应该是古今贯通的,在内容上应该是三位一体的,即"中外融会、古今贯通、三位一体",这才应该是整体的历史观。

周:《传播观念的历史考察》《中外新闻传播思想史导论》都是在这种整体历史观下考察传播思想发展脉络的成果?!

张：是的。刚才我也说过了，我国的新闻史发展由于长时间的认识偏差，虽然成果汗牛充栋，却并不均衡。一般而言，学术界对于事业史、制度史的关注和讨论，其成果远远超出了观念史，这么说来，观念史研究仍旧是一个薄弱环节。在这个基础上，我写了《传播观念的历史考察》，以专题形式对包括柏拉图、约翰·弥尔顿、罗伯斯庇尔、梁启超、小野秀雄、列宁、毛泽东在内的中外最具代表性的历史人物的政治思想和传播（新闻、宣传）思想进行了梳理，同时对传统新闻学进行反思。后来的《中外新闻传播思想史导论》正是这本书的增订版，加入了孟子、马基雅维利、马克思、恩格斯、戈尔巴乔夫等的新闻观念与苏联的新闻改革，邓小平以及中共第三代领导集体的新闻宣传思想，还加入了历史上关于出版自由的论战，台湾地区报禁开放前的新闻道德观念等内容。

周：嗯。这么说来，新闻传播史的内容可谓纷繁复杂，那么在这样一个整体历史观的视野下，您认为复杂的传播史发展有没有规律可循呢？

张：我们应该首先明确传播发展的含义。在我看来，传播发展指的是与社会发展相适应或超前于社会系统的信息传播事业的整体性发展。新闻传播乘时间之舟，在经由溪流、小河、大江直奔大海的过程中，其本身也实现了由简单到复杂，由少到多，由小到大的跨越。

在此基础上，我认为，传播史发展还是有规律可循的。规律首先表现为不同国家、民族的新闻传播历史是共性和个性的统一，比如说，各国新闻传播发展阶段大致相似，市场和技术都会对媒介发展水平产生决定性影响，等等。其次，新闻传播历史是纵向演进和横向发展有机统一的历史，前者象征了历史的深度，后者赋予前者以更丰富的历史内涵和现实空间。从整体脉络看，新闻传播也存在着内在逻辑，它是从低级到高级螺旋式演进的辩证运动过程。我们说，这个过程中，不同国家、民族在不同的历史时期表现出不同的个性特征，但蕴涵着本质上的一致性；同时，它既是一个纵向的时间链，又是不断扩展的文明之扇。

周：刚才说了那么多，都是您在中国新闻史研究观念上的革新；我认为您还有一个创新，那就是将隐学"新闻史"和显学"政治传播"融合，这样一个融合点是如何找到的？

张：这应该跟本科的教育有关，在本科阶段，研究历史哲学的吴于廑老先生对我影响非常大，他思想深邃，注重运用已经证实的史料，进行"人人心中都有，人人笔下皆无"的研究。

我研究历史，兴趣不在考据，而是史料的重新解读，用宏观视角进行理性思辨。同时，由于我很喜欢政治科学，在政治研究中始终关注两个问题：一是政治发展的历史背景和政治本身的历史过程；二是政治过程（包括决策、管理等）中的信息传播。从这两个点切入,我发现政治离不开历史、离不开传播,传播与政治同生共存。这就正好和我的新闻史、政治传播根基相契合了。于是,在特定历史条件下考察政治传播,考察大众传播的政治功能,考察危机公关、国家形象传播,等等,研究体系就构建起来了。

周:原来如此。您曾经在《论传播发展的八个维度》中将相对独立的政治环境置于传播发展考察维度的首位,还论证了传播发展是政治社会得以实现的前提;这可不可以视为您对传播发展与政治文明之间互动关系的一种看法?

张:事实上,传播与政治之间的关系非常复杂。

首先,在任何政治体制下的传播事业发展,都有赖于政治法律环境的宽松。在一个宽松的政治环境下,媒体才能保持相对独立的政治法律地位,保持独立的"报格"、"台格"、"人格",实现业务活动的自我开展,践行自身的社会责任。因此,政治文明程度决定了媒介系统的政治法律地位及其活动的空间,没有政治文明,媒介发展是不可能的。

其次,被政治体制环境限制的媒介发展,反过来又是政治文明发展的标志,它与政治文明的三个层面——意识、制度、行为都有着密不可分的联系。正如你所言,传播是政治社会得以形成的前提,也是政治文明的前提,它为政治过程提供了不可缺少的信息资源,塑造着人们的政治意识,调节着人们的政治行为。

因此,总体来说,政治文明程度与媒介发展程度成正比例关系,它们共生共荣。但是,只有当政治系统与媒介系统之间保持适度的张力,媒介系统自身维持多元结构时,整个社会的政治文明才更容易实现。

周:可以看得出来,无论您的传播史还是政治传播研究都是与时俱进的。那么,您的这种创新的意识是如何培养的呢?

张:这种创新不是有意识的,而是在研究过程中不断寻找自己的兴趣点从而自然达到的。在这个过程中,读书无疑非常重要。"板凳要坐十年冷"不是假话,兴趣是最好的老师,学者要坐下去深入思考,自然就会有所成就。

周:从您开始进行研究到现在已经20多年了,以前的很多观点现在看来难免陈旧,听说曾经有一位学者建议您将网上公开的20世纪80年代的部分文章删除,认为其不合时宜,却被您拒绝,这种拒绝时出于一种什么考虑呢?

张:学者要与时俱进,这毋庸置疑,因为人们总是会受到认识能力的限制、认识对象的影响,认识本身就是从表象到实质的过程。我认为今日之我可以非昨日之我,但是一定要正视昨日之我的存在,昨日之我是什么样子,要保持原状,这是对历史的尊重,是对历史的负责、对读者的负责。

四、置身教育：新十字路口下忧心忡忡

学者加上院长的双重身份，带给张昆教授的是更大的科研压力和更多的对于新闻教育的思索，"中国新闻教育上一个十字路口还没有过去，又出现了新的十字路口"，说起新闻教育，他似乎有些忧心忡忡。

周：如今，身为学者、老师、院长的您，会不会感觉有些疲惫？

张：说实话，我并没有感受到特别痛苦。首先，我很喜欢我做的学术，另外，我的喜好比较单纯，生活要求不高，平时看看电视，读读书，写写东西，非常知足。

但是身为院长之后，我感到压力接踵而至。我性格不服输，认为自己要在各方面率先垂范。在教学方面要站在第一线，在科研方面要立于前沿。要调动学院的资源，自己必须在学问上过得去。所以，行政工作反倒促进了自己的学术研究，这样在快乐中学习是非常开心的。

周：您是国务院学位委员会第六届学科评议组新闻传播学组成员，也是教育部新闻传播学科教学指导委员会副主任。应该说，投身新闻研究这么多年，又担任了种种角色，您对学科发展应该也有自己的想法。

张：嗯。从新闻传播学作为一级学科被确定下来，在研究中就一直存在一些客观问题。整体来说，研究的水准有待提高，学术的规范有待加强，在赢得社会科学界、自然科学界同行尊重方面有很多路要走。我们新闻传播的学术研究，对于社会科学通用的学术规范应用得不多，应用性学科特点太明显，这样就没有赢得学术界足够的重视。如何改变现状，让学界肯定新闻传播学，让业界接受我们的人才，是我们必须面对的问题。

周：于是，您提出了开放办学的思路。

张：是的，开放办学有两个考虑。现代社会是媒介化社会，传播渗透了社会的"毛细血管"，而社会的发展又影响媒介的发展，二者水乳交融。在这样的形势下，学界要敞开门，业界也需要接纳学界，二者互为伙伴，互惠互利，实现双赢。这种合作不是表面的，而是全方位的、战略性的，二者要合作培养、消化人才，这是第一个开放。第二个开放就是向学界开放，有两个含义：一是向社会科学、自然科学开放，新闻传播的问题依靠单一视角解决不了问题，需要多学科的关照；二是向国外开放，我们不能关在家里唱卡拉OK，要走出国门，与一流的大学互动，让我们的学生在更高的平台上深造。学院跟英国、美国、日本、新加坡、澳大利亚及我国香港地区等国家和地区的一些学校都有很好的合作关系，发起

"海外华文报纸与华夏文明传播学术会议"、"公关与广告国际学术论坛"等,已成为学术界的一个品牌。

周:几年前您在中外著名新闻传播学院院长论坛上曾经说过"新闻教育面临十字路口",这样一个十字路口过去了吗?

张:这个十字路口还没有过去,现在整个新闻教育界仍旧处于一种非常彷徨、无助的状态。上次的十字路口主要是考虑到新闻教育的泡沫化、人才需求的相对饱和,但现在又有新的问题出现。

那就是网络出现导致传播格局的变化,在一个媒介融合的时代里,现实变了,环境变了,可是我们新闻教育还沿用传统的专业、模式、课程体系、教材,老师还是按照原来的思路讲授。这种因循守旧、不思进取,是非常不好的。

媒介融合下,我们的很多东西都需要改。媒体更需要全能记者,需要"多面手",而现代新闻教育仍旧是按照老的专业设置培养人才,这就与现实的人才需求不相适应。要变,很痛苦;但若不变,我们就无法提供媒体需要的人才。

媒介找不到合格产品,我们提供的产品不合格,如此就出现了脱节。现在的新闻教育,除去泡沫化,学校培养与业界需求的脱节是新的十字路口。这显然不是一个人、一个院长、一个学院能够解决的,需要整个社会的联动。而我们,作为新闻教育的直接参与者,更是任重道远。

在两个小时的时间里,张昆教授坦诚直言。说往事,面带微笑,充满感激;谈学术,身体前倾,严肃认真;讲学科,似有忧虑,却未失望。

采访结束,他简短与我告别,就提起厚厚的文件夹,去赶下午前往南昌的火车,在新闻传播的道路上继续求索着。

(本文收录于《政治传播与历史思维》,华中科技大学出版社2010年版。记者:周晓荷)

特色办学显实力　锐意进取求发展

2006年7月26日,华中科技大学校长李培根聘请张昆教授为华中科技大学新闻与信息传播学院院长。张院长1986年毕业于中国人民大学新闻学院新闻学研究生班,同年分配至武汉大学新闻系任教,24岁就踏入了新闻教育界,36岁就担任武汉大学新闻学院院长,44岁时被华中科技大学引进。张院长走进华中科技大学,来到了喻家山,使华中科技大学新闻与信息传播学院的办学特色更加鲜明,并且进一步展示了学院的办学实力。

走进张院长十来平方米的办公室,门边的电脑桌上散放着一些刚批阅的文件与文稿,茶几上有几杯茶,显然上一拨拜访者刚走。在访问中,还不断有老师、学生敲门找张院长谈事情。张院长的确很忙,但真正走近他,就会发现他虽身为院长,还带着从本科生到博士生的课,但他忙而有序,处理事情效率极高。办公室右角那一柜书,虽只是冰山一角,但可以印证外界对张院长作为一个学者的一致评价:非常勤奋,著作颇丰,在学术上很有造诣。

记者:张院长您好,据了解您到华科后不到半年的时间就与学院上下融为一体,能说说您与华中科技大学新闻与信息传播学院的这段情缘吗?

张昆:由于进入新闻教育这个圈子很早,加上平时的学术交流和其他活动,我和华中科技大学新闻与信息传播学院前三任系主任、院长都有很好的合作关系。

刚一过来我就对学院的历史与传统、学院的队伍构成及其特征进行了深入的了解,同时与老师进行了全面的沟通,对学院的精神与文化有了深刻的感受。我很欣赏这里的团队精神:全体教师形成了一股强大的向心力和凝聚力,大家积极探索、锐意进取;全院班子一条心,共同面对现实和问题,共同应对机遇和挑战。

记者:在外界看来,华中科技大学新闻与信息传播学院一直以强劲的态势在发展,您认为目前学院在全国的新闻院系当中处于一个什么样的位置?

张昆:的确,目前学院正以强劲的姿态在蓬勃发展:2003年成为新闻学博士点;2005 年成为一级学科博士点,是全国 6 家拥有新闻传播学一级学科博士授予权的院校之一;2006 年,"媒介技术与传播发展研究中心"获准成为湖北省人文社科重点研究基地。与此同时,在中国管理科学研究院的《2006 中国大学研究生院评价》中,学院的新闻学二级学科评为 A＋＋学科,名列全国第三;在《2006 中国大学文学专业 A＋＋级学校名单》中,学院广播电视新闻专业和新闻学专业分别名列全国第二和第三。2007 年,国家人事部批准华中科技大学新闻与信息传播学院设立新闻传播学一级学科博士后流动站,同年,新闻学专业被评为国家级特色专业。

我认为全国的新闻学院大致可分为三个梯队。第一个梯队是中国人民大学、复旦大学的新闻学院,这两个新闻学院建立得很早,有很长的历史积淀,占据了最高的位置:有一级学科博士点、一级学科重点学科,而且还是 211 工程、985 工程重点支持的学校。第二个梯队是中国传媒大学、武汉大学、华中科技大学、清华大学、北京大学、暨南大学、厦门大学等高校有博士点的新闻学院,这类新闻学院大概有十来所。第三个梯队是其他没有博士点的新闻学院。

记者:华中科技大学新闻与信息传播学院于 1983 年建系,当时是全国第一个在理工科为主的高等学校创办的新闻系,新闻学院在这个以工科为主的学校办学有什么特色?

张昆:华中科技大学新闻与信息传播学院是以人文社科为基础,实行人文社科与信息计算机及通信等工科交叉而成的新型学院。学院一直以文理工交叉培养复合型新闻传播人才为办学特色,走新闻学与传播学并重、传播文化与传播科技结盟的办学新路。

作为全国第一个在理工科为主的高等学校创办的新闻学院,我们学院从一开始就秉承文科与工科交叉的办学理念,坚持走锐意创新、特色取胜的路子。这体现为以下几点。

第一,华中科技大学办新闻学院走的是一条不同于中国人民大学、复旦大学、武汉大学的路子,那就是立足于交叉、注重应用、以实践为导向。在交叉上体现为文理交叉、文工交叉以及文文交叉。学院注重培养既有扎实人文社科功底,又能掌握现代化传播工具的复合型新闻传播人才。学院最早把计算机、数据库作为新闻专业的核心课程,把高等数学作为必修课程,而且让学生学会开汽车。学院还依靠我校作为工科院校的传统和优势办了全国第一个网络传播专业,在全国办了唯一一个新闻评论专业方向班。这条新路子成为华中科技大学新闻教育的一大特色。

学院在师资队伍的建设上同样强调应用、注重实践经历。办学伊始,学院新闻业务课教师几乎全部来自新闻实务第一线。新闻系创办人、华中工学院院长朱九思,就是个老新闻人。朱老原先在《晋绥日报》做过副总编辑,接着到《天津日报》担任总编辑,后来担任湖南人民广播电台台长。朱院长把自己在新闻界的朋友、一些著名高校的毕业生请来当老师,新闻学院第一任系主任是当时在《湖北日报》做主任的复旦大学毕业生汪新源。他从各个学校、媒体挖了一些中国人民大学、复旦大学的毕业生,组建了新闻系最早的师资班底。这个传统一直被传承下来。

第二,包容性强。学院实行开放办学,老师的来源多且背景宽。老师大都具有多种学科的知识背景,这构成了学科交叉融合的基础。我常说我们学院是一个"移民学院",四任院长以及大部分老师都是从外面来的,这既避免了近亲繁殖,又杜绝了门户之见、派系之争。学院是一个"大熔炉",老师们不管来自哪里,不管以前的学科背景是什么,只要来到了学院,都会马上融入这个大集体,与学院的发展同呼吸、共命运。

最后一点是效率高。教师队伍虽只有三十几人,但学院设有四个系:新闻学系、广播电视学系、传播学系、广告学系。有正常的本科生、硕士生、博士生的招生规模,这一切得以高速正常运转。全院老师有着高效率的工作素质,这也是工科院校的独特优势。

面对全国新闻教育即将开始的新一轮大洗牌,张院长提出了学院发展的新思路:育人为本,依法治院,文工交融,追求卓越。将一个锐意进取的新闻学院展现在人们眼前。

记者:说到老师,您先前谈到了学院的队伍建设的特色是包容性强,老师的来源多且背景宽,您能谈谈队伍建设吗?

张昆:学院的队伍建设是目前一个很大的问题(说到这里,张院长眉头开始紧锁,脸上有了凝重的表情),学科的发展能不能上一个新水平与人有关系,与队伍有很大关系,要以人为本,要有一个好的机制来建设我们的队伍。

目前我们的队伍呈哑铃结构:两头大中间小。年龄大的资深教授占比较大的分量,年轻老师占比较大的分量,中间的四十几岁的中间力量比较少。面临未来几年老教师的退休高峰,中间力量有一下子接不上去的危机。

要解决这个问题,第一个渠道是从外面引进人才,虽然难度比较大,学院还是要花大力气努力去做。第二个渠道是学院自己培养。学院正采用一种激励性的竞争机制,让青年人脱颖而出。第一,院内实行学校统一的考评机制,让学生成为教学评价的主角;第二,要开阔老师的视野,增强老师的风险意识和责任感,通过竞争机制,面向国内外选聘主讲教师。在市场化的大环境下,让大家都感到有风险、有竞争、有压力,这样学院才能成为一汪活水。我常挂在嘴边的一个说法是把狼引到羊群中来,羊自然会跑动起来,跑得慢的被吃掉,跑得快的则越跑越健壮。

这两个渠道中最稳定的还是学院自己培养。但自己培养是以杜绝近亲繁殖为前提的。学院的政策是不直接选留自己的博士。目前人才市场已经告别了紧缺时代而进入了过剩时代,学院要瞄准一流学校,引进一流人才。

记者:去年学院开了不少大型的学术会议,您常在公开场合强调要开放办学,您能谈谈您的这条思路吗?

张昆:是的,我所说的开放办学,一是要依托媒体,二是要进行国际交流。在2007年,新闻学院一共办了六个大型会议,其中有两个国际学术会议。学术交流是一个牛鼻子,我们要坚持走国际化道路,瞄准学术的最前沿,给学生和老师营造一个开放的平台。

学院跟英国、美国、日本、新加坡、澳大利亚等一些知名学校都有很好的合作关系。去年学院和新加坡南洋理工大学在我国台湾地区联合主办的"海外华文报纸与华夏文明传播学术会议"已成了学术界的一个品牌。去年10月份与香港城市大学联合举办的"公共关系学术论坛"也是一个规格很高的学术会议。明年学院将与美国密苏里大学新闻学院合作在我校举办"媒体融合"国际学术会议。

记者:据了解,学院最近将全面改善硬件设施提上了日程,比如实验室、器材,包括办公室的建设等,对此您有什么看法?

张昆:在硬件设施上,学院在国内高校中属于中上水平,虽不能和中国人民大学、复旦大学相比,但我认为培养人才不能一味追求豪华、追求奢侈,人才培养在设备上的追求是无止境的,特别是在传播界,传播技术的更新换代太快,要想完全跟上业界的节奏,没有一个学校能办得起。设施建设的主要目的在于培养学生的基本技能和新闻意识以及基本的动手能力,要赶上业界可以到媒体实习。虽然不需要最豪华硬件设施的,但要做到有最低、必要限度的设施保障。

记者:最后,请您谈谈您对学院未来的看法。

张昆:现在全国的新闻传播教育发展得非常快,洗牌的速度也很快。未来四五年内全国新闻传播学院将面临新一轮的洗牌,学院处在一个历史的拐点。面对机遇和挑战,学院要在坚持和发扬自己办学特色的同时,以学科建设为龙头,夯实人才培养、科学研究、社会服务和平台建设四大基础,凝聚共识,艰苦奋斗,争取使华科大新闻学院能够进入第一梯队的行列。

(本文系《新闻与写作》杂志对作者的专访,发表于《新闻与写作》2008年第3期,记者:付玲)

关于学院发展的基本思路

今天是我们华中科技大学新闻与信息传播学院历史上一个重要的日子。在岁末年初、金猪献瑞之际，我们学院建院以来首届教职工大会顺利召开，全院在岗与离退休教职工和学校领导欢聚一堂，共商学院发展大计。这对于规划学院的未来发展，明晰我们的战略策略，具有非常重要的意义。

党政班子换届以来，就新班子的工作思路，一直没有同全体老师进行全面的沟通。之所以迟迟没有进行，主要在于班子的主要成员，对学院的全盘情况、对学院的历史与传统、对学院的队伍构成及其特征，没有全面的了解。在这种情况下，即使勉强作一篇"施政演说"，恐怕也是差强人意，不会有好的效果。如今，新班子上路半年了，班子自身的磨合已经告一段落，对班子自身、对学院家底的理解，已经八九不离十，"空降兵"和"地面部队"已经融为一体，班子成员已经能够用同一的思维审视我们面临的现实、问题、机遇和挑战。现在到了应该整理我们工作思路的时候了。

在给大家做这个报告时，我应该首先感谢老师们对我们班子工作的支持，感谢老师们贡献的意见。实际上，我的报告内容，都是来自大家思想的火花。我特别要感谢上一届班子特别是吴廷俊教授对我们的支持，我们的思路可以说是在不自觉地延续他们确定的传统；我还要感谢程世寿教授对我的启发，他对新班子面临的形势的分析言犹在耳，当我们欢聚一堂共议发展战略时，他却躺在医院的病房里，在这里我想提请各位老师，一起为我们尊敬的程教授祈祷，祝愿他早日康复！

我的报告分为三个部分：一是对学院办学水平的评估；二是对影响学院发展的十大关系的分析；三是奋斗目标和工作思路。

一、对学院办学水平的估量

我们学院经过20多年的建设、几代人的奋斗，如今究竟达到了什么水平？

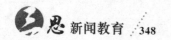

与国内兄弟院系相比,我们的特色优势何在?我们学院目前还存在着哪些问题和不足?这些都很有了解的必要。因为它不仅关系到我们的荣誉感、归属感、自豪感,更是我们从现在走向未来的出发点。

1. 衡量学科发展水平的标准

如何衡量一个学科的发展水平及其在国内同行中的地位?这种衡量的标准是一成不变的吗?我以为,这种标准是因时而异的,而目前通行的衡量指标主要有以下七条。

一是人才培养规格上的差异。这种规格在不同时期也大不相同。在20世纪80年代,主要是看有没有硕士点、博士点。如今则看是否有一级学科博士点,是否有博士后流动站。

二是科研水平的高低。过去主要是看有没有成果发表平台——学术杂志,现在主要是看:是否有省级重点文科基地,是否有教育部重点文科基地,是否有国家985科技创新平台,是否是211工程重点建设项目,是否拥有国家级重大攻关课题。

三是重点学科的有无。省级重点学科、国家级重点学科的有无,不仅决定着学科地位的高低,而且影响到经费投入的多少。

四是在民间学术机构中的位置。新闻传播学科的民间学术组织,主要有新闻教育学会及其下属的各种分会、中国新闻史学会、中国传播学会等,各个学校新闻院系的教职工在这些学会中占有什么位置,也十分重要。

五是在政府权威学术机构中的位置。目前国家一级政府权威性学术机构主要有国务院学位委员会新闻传播学学科评议组、教育部社会科学委员会、教育部教学指导委员会。能否进入这些机构,不仅意味着当事者的学术水平,更标志着所在单位整体水平的高低。

六是学术队伍及其重量级学者的影响力。这主要看各院系重要学者的知名度、影响力,其代表性著作的引用率,权威期刊文章数量的多少等。

七是学生就业及学术出路。一个院系学生的出路如何,社会对其学生的评价如何,学生在学术界、业界的发展情况怎样,也是衡量所在院系办学水平的重要指标。

2. 本院的办学水平

根据上述七个指标来综合权衡,中国人民大学、复旦大学、中国传媒大学、武汉大学的新闻学院的综合实力远高于其他学校。这四个学校的新闻学院,在博士后流动站、重点学科、文科基地、国家重大课题、985工程、211工程、国务院学位委员会学科评议组、教育部社会科学委员会以及学生的出路等方面,全面领先于其他学校。

我们学院的情况：目前有一级学科博士点，但没有博士后流动站；没有教育部文科基地，国家重大攻关课题没有突破，没有985国家创新平台；没有国家重点学科；在所有的民间学术组织中，我们只有副会长、副主任或常务理事；在国家级权威学术机构中，只有教育部教学指导委员会有一个副主任、教育部社会科学委员会学风委员会有一个委员，其他的都没有进去；学术队伍中重量级学者的数量及其影响力也远逊于中国人民大学、复旦大学、中国传媒大学；学生就业出路比上述四个学校都要差，这方面的例子很多，如《南方都市报》奖学金、新闻专业招聘会举办地点的选择等。

在既有的基础上，我们还是充分地发掘了我们的潜力。2006年度的全国大学排行榜出炉。相关数据表明：在研究生办学水平的评估中，我院新闻传播学一级学科下面的两个二级学科，新闻学和传播学分别排名为全国第三位和第七位。其中新闻学排在前三位的是中国人民大学、中国传媒大学、华中科技大学。在本科专业排行榜上，本院广播电视新闻专业排名全国第二位，新闻学专业排名全国第三位，传播学和广告学均排名全国第七位。

综合以上因素，我认为华中科技大学新闻与信息传播学院的整体水平，应该属于第一梯队摆尾，第二梯队前列。而第二梯队之中，北京大学、清华大学、浙江大学、暨南大学等，各有特色，它们虽然没有一级学科博士点，但是其综合品牌优势、地域优势、学科特色，绝对不能低估，稍不留意，它们转瞬之间就会超过我们。

所以，我们没有休息的资本，必须继续创业，再上层楼。

3. 学院的独特优势

20多年来，我们华中科技大学新闻与信息传播学院形成了自己的传统和办学特色。这主要表现在如下四个方面。

一是求实严谨的学风。有一句大家十分熟悉的话：学在华工、玩在武大、爱在华师。华中科技大学工科的影响无处不在。工科要求的严谨、求实、细致的学风，深深地影响了置身于其中的新闻传播学。

二是团结协作的精神。多年来，华中科技大学给人的印象一直是团结，尤其是班子的团结，令人佩服。或许内部也存在矛盾，但在涉及学院生存和发展的关键时刻，学院上下能够毫无疑义地一致对外。

三是独特的办学理念和研究方向。自1983年以来，华中科技大学一直秉持文科与工科交叉、传播学与新闻学并重、传播科技与传播文化结盟的办学理念。这是影响中国新闻传播教育的一面旗帜。当然，这面旗帜到目前为止更多的是给人一种外在的或形式化的感觉，它的确赚了不少同行的眼球。这种办学理念，深深地影响着学院老师的科研方向。近20年来，学院在新闻史研究特别是专门史研究、新闻传播改革研究、新闻法研究、新闻传播伦理研究、新闻策划研究、电视研究、媒介经营管理研究、广告学研究、品牌传播研究、网络传播研究等领域取得了引人注目的成果。在人才培养方面,我们最早创立了网络传播专业人才培养模式,在国内新闻学界、新闻传播业界产生了较大的影响。

四是丰富多元的师资结构。我在许多场合都说,华中科技大学新闻与信息传播学院是一个"移民学院",我们的老师来自五湖四海。但同时,我们的学院又是一个大熔炉,"不要问我从哪里来,我的故乡在远方"。一经融入新闻学院这个命运共同体,我们就成了正宗的"华工新闻人"。从第一任系主任汪新源教授到程世寿教授、吴廷俊教授,他们的第一学历都不是华中科技大学,但谁能怀疑他们深厚的华工情结。我们学院和我们学校一样,有一种我至今尚不完全明白的整合机制,这种机制使我们学院能够海纳百川,能够兼容并包。正是这种机制锤炼了我们的学院精神,塑造了我们的学院文化。它有效地避免了近亲繁殖,避免了其他兄弟学院经常出现的派系之争和窝里斗现象。

4. 学院存在的不足

当前学院存在的问题与不足,集中表现在如下五个方面。

一是师资力量总体匮乏,且结构极不合理。这是当前面临的最大问题。在师资方面,我院现有专职教师30人,其中,教授11人,博士生导师8人,副教授9人,讲师2人。在校新闻传播学专业学生1029人,其中,本科生743人,硕士研究生247人(留学生5人),博士研究生39人。师生比接近1∶35。这还是问题的表层,实质问题是队伍结构不合理。我有一个比喻,新闻学院教师队伍呈哑铃结构:老教师、青年教师多,40岁左右的中青年教师少。11个教授中50岁以下的只有2人。35岁以下的青年教师冒头的少。青黄不接,有断代之虞。未来四年,学院将面临老教师退休高峰。中青年教师怎么顶上去?目前的教师队伍盘子偏小,怎样建立一个结构合理、充满活力的学术队伍等,是不容回避的问题。

二是缺乏地缘优势。武汉地处中国腹心,九省通衢,自古就是战略要地。但如今这种地理位置反倒成了一种拖累。中国当前的社会发展,其动力源在于东南沿海,后来扩散到周围边疆地区。因此,原来的优势变成了劣势,而原来的劣势反倒成了优势。在这种情况下,武汉与北京(政治、文化中心)、上海(经济、文化中心)以及广州与深圳(开放前沿)相比,完全失去了原有的优势,收入没有后者高,视野也没有后者开阔。所以,在人才竞争方面,武汉的劣势十分明显。

三是学校政策环境与支持力度不足。华中科技大学是一个以工科、医科为主体的学校,学校的资源分配自然会向这些优势学科倾斜;学校以工科为主的管理模式,也不利于文科科研的发展。如现在学校对学院实行财务包干制,而在核算经费的诸多条件中,对教学工作量实行标准课时(100人以上的大课堂),可文科一般招生规模小,小班上课是常态,这对文科院系十分不利,文科院系的老师必须用更多的精力去挣课时。由于这一原因,学院从学校获取的办学经费相对不足,无法满足学院继续发展的需要。

四是社会偏见的消极影响。一般认为,新闻传播学属于文科,因而综合性大学更有利于新闻传播学科的发展。在工科院校,缺乏支撑新闻传播学的人文社会科学院系,人文积淀薄弱。所以,北京大学与清华大学、武汉大学与华中科技大学,它们在办学水平上基本相当,但社会评价明显偏向于前者。也就是说,工科院校办新闻传播教育,在同等条件下,要比综合性院校困难得多,要付出更多的艰辛。但这是短期内无法改变的现实,我们必须立足于现实,以加倍的努力克服这些偏见的消极影响。

二、关于学院发展的十大关系

我们面临着空前的机遇,同时也面临着难以预估的困难。怎样才能在现有的基础上,排除万难,推陈出新,履行我们的社会责任,提升新闻传播学科的发展水平,取决于我们对以下十大关系的处理。

1. 教学与科研的关系

大学是培养人才的工厂。教学是大学老师的基本工作,教授的职称来自教学工作,不搞教学,就不能称为教授。所以教育部规定:教授不担任本科教学工作,就会失去教授职务;教学工作量不满,也不能晋升更高一级的职务。在这个意义上,教学是大学老师的安身立命之本。同时,大学的职能不仅在于传授知识、培养人才,更重要的是它能够创造知识、发现真理。这种创造和发现,显然是通过严肃的科学研究活动实现的。科研不仅是大学的灵魂,而且是衡量大学水平的重要指标。科研与教学工作是相辅相成的,新的科研成果,能够充实教学内容,完善教学手段,吸引学生的兴趣,提高教学质量;而持续进行的教学活动,会给科研提出新课题,在教学相长的过程中,师生相互切磋、相互砥砺,也会激发老师和学生的灵感,从而促成科学问题的解决。

但是教学与科研是高校一对永恒的矛盾。在实际运作中,教学的重要性常受到忽略。虽然各个学校、学院都强调教学与科研并重,但是在与科研的比较选择中,几乎所有大学的政策导向,都是重科研,轻教学。教学与科研,一手软,一手硬。有的干脆将教学与科研对立起来。这是没有远见的短视行为。教学和科研本是一个问题或一个过程的两个方面,二者唇齿相依,相辅相成。教学水平的提高要靠科研来保证,科研的灵感、动力和突破往往来自教学过程。一个没有科研经历的人,肯定搞不好教学;同样,一个没有经过教学磨炼的人,要搞好科研也是非常困难的。我们在坚持重视科研的同时,要加大对教学的投入,加大时间投入、精神投入、经费投入,及时将科研成果转换为教学内容;另一方面,要根据教学的需要,不断拓展新的研究方向,探索新的科学问题,这样才能实现科研与教学的有机统一,实现科研与教学的彼此促进。

2. 入主流与创特色的关系

我们新闻学院依存于一个以工科、医科为主体的大学,在一般外界人士看来,我们的新闻学科是不入流的,因而难以得到社会的承认。这就决定了,新闻学科要得到社会的认同,必须进入新闻学术的主流,只有这样,才不至于被边缘化,才能够领袖群伦。在入主流方面,有一些规定动作,一些不能回避的重要领域,正是在这方面,我们还不是很强。如新闻学理论、传播学理论就是如此。要在学科前沿站稳我们的位置,必须在入主流方面下功夫。

但是入主流,不等于简单地随大流,在入主流的同时,还应该彰显自己的特色。我们的特色是什么?文科与工科的交叉,传播学与新闻学并重,传播技术与传播文化的结盟。这是我们的旗帜,外界凭此识别我们与其他学校新闻学院的区别,我们一定要坚持自己的特色。其实,我们的这一特色并不鲜明,几个老教授表示担忧:我们的红旗到底能够打多久。翻翻我们的家底,我们到底有多少交叉的成果呢?我们不仅要在入主流上下功夫,同时也要在交叉上用力气。最近我们成立科技与传播研究中心,就是这种努力的体现。

入主流与创特色还表现在人才培养方面,新闻传播人才的培养,有通用标准,教育部颁发的本科生专业目录及主干课程设置,就是主流的、通用的要求。任何学校的新闻院系,都必须遵循这一要求。但是,在具体的办学过程中,各个学校还是可以根据自己学校的传统和既有的教学资源,办出自己的特色。长期以来,我们新闻学院就重视新闻传播实务,紧随时代的脚步,适应业界的需求,所以我们在国内最早创办了网络新闻专业。最近以赵振宇教授为首的团队,创办了新闻评论特色班,也是我们的特色。这种特色的坚持与我们在主流阵营中的地位并不矛盾,反而加强了自己在主流阵营中的地位。

3. 数量与质量的关系

数量与质量的关系,既表现在科研方面,也表现在人才培养方面。在科研方面,我们正面临着中国有史以来前所未有的泡沫化浪潮。数量式的粗放经营成为当前中国学术界的主要景观,在经费上追求数量,在成果上追求数量,讲师、副教授是如此,教授、大师级的学者,也为数量的膨胀所迷惑。这种情况在我们学院也有一定程度的表现,我们的经费在上升,课题数量也在增加,特别是专著、论文、教材的数量也在持续增长,但是真正有分量的学术精品不多。数量与质量不成比例,这对于学院形象和品牌的塑造十分不利。我们要坚持追求有质量的数量,质量是前提,没有质量的数量,不仅不会给我们增光添彩,反而会使我们蒙羞。

在人才培养方面,我们也面临着质量问题的挑战。在利益驱动下,连续几年的扩招,包括本科生、硕士生的扩招,使我们的人才培养能力扩张到了极限,已经在一定程度上影响到学生的质量。尽管扩招对于办学经费以及编制的维持有正面的效益,但是,我们绝对不能以牺牲质量为代价。我们有必要适度控制招生规模,在师生比上维持一个最佳的比例关系,一方面充分发掘现有的教学资源,另一方面应保证老师们有足够的时间从事科研。如果学生的增加伴随着老师工作量的膨胀,超过了可持续发展能够承受的极限,则只有牺牲科研、牺牲未来,这是我们不愿意见到的。

4. 学科建设与社会服务的关系

学科建设是学校发展的永恒主题。但是学科建设需要巨大的资源投入,在目前的办学体制下,完全依靠学校的这一主渠道,是不可能的。学校的工作千头万绪,需要投入的地方很多,需要照顾的重点更多,新闻学院要想在学校资源分配格局中占据优势地位,实在困难。此外,作为学院的主体,我们教职员工的福利改善,也需要有坚强的财力后盾。自然,我们的工资、津贴主要是由国家财政提供的,但是在此之外,实际上学院通过社会服务自筹的部分也占有相当大的比例。所以,无论是就学科发展,还是教职工的生活来说,我们都需要拓展社会服务。

目前学院的社会服务,主要是成人教育和横向科研。其中,成人教育占了大头。从现在的水平来衡量,我们的社会服务还有较大的拓展空间,离我们的现实需要还有一段距离。最近几年,院社会教育部向学院上缴的部分,基本上稳定在80万元左右。横向科研项目的经费提成,实际上都归了项目负责人本身。过去,在社会教育部之外,还有网络教育,在高峰时,网络教育这一块每年向学院提供130万元。如今由于国家政策转变,网络教育转型,这一块的收入不过几万元。也就是说,现在学院通过社会服务获取的收入总共不到90万元。这不多的一部分还要弥补行政运行事业费的不足。能够拿来分配的可支配财力也就70万元左右。这与我们的期望值相距甚远。在其他学校、院系,社会服务的任务太重以致冲击到学科建设,而我们这里社会服务的规模还太小,尚需进一步拓展。

5. 员工关系

员工关系,既涉及教师与管理人员的关系,又包括中老年教师与青年教师的关系。这两对关系影响到学院的和谐与稳定。我们一直认为,老师是学院的主体。没有老师，就没有大学。学校之所以能够吸引学生，能够正常运转，是因为有老师传道授业。但是学校的运行，仅有老师是不够的。老师只是大学这部机器的一个组成部分，一个关键的齿轮，没有其他部件，老师是难以发挥他们作为灵魂工程师的职能的。在这个意义上，管理人员也是学院不可或缺的重要组成部分，他们和老师一样，具有同等重要的存在价值。老师和管理人员之间应该是唇齿相依、荣辱与共、肝胆相照的关系。老师和管理人员，一定要明确自己在学院中的定位，凡属职责范围内的工作，一定要做到位，但不能越位。老师和管理人员之间，相互理解、彼此支持、相互尊重，学院才能够正常运转，才能营造一个良好的育人环境。为此，我们要提倡平等的价值观，在承认劳动差异、报酬差异的合理性的同时，也要防止这种差距的过大化。否则将导致老师和管理人员的对立，从而破坏学院的团结与和谐。

此外，在老师队伍中又有中老年与青年之别。一般而言，中老年教师是学院的支柱，是学院的招牌，学院的历史是他们创造的，学院的光荣属于他们。正是他们搭建了我们赖以安身立命的平台。同时，中老年教师有着丰富的人生阅历和多年的知识积淀，因而青年教师在单位时间的劳动付出及其绩效与他们是不能相提并论的。所以，在利益分配方面，必须照顾他们正当的物质权益。另一方面，青年教师是学院未来的希望，是未来的大师，是未来的基石。但学院目前的利益分配格局中，青年教师往往处于弱势地位，工作量比较少，计算工作量的规则对他们也不是十分有利。而青年时期，又是人生的关键时期，也是最困难的时期。用孙旭培老师的话说，就是最需要书房的时期。在最需要书房的时期，他们缺少名气、没有经费，没有项目，需要我们的扶持。所以，学院在政策上，应该对青年教师予以一定的支持，在最困难、最需要帮助的时候，要雪中送炭。

要处理好教师与管理人员、中老年教师与青年教师的关系，必须在发展中合理调整学院的利益分配格局，适当缩小两极分化，营造和谐的学院氛围。这种调整必须在利益普遍增长的前提下进行，在普遍做加法的情况下进行，只存在多加少加的问题，不存在加与减的问题，只有这样，才能保证大家利益共享、和谐共生。

6. 稳定队伍与引进竞争机制的关系

对于任何社会组织来说，稳定都是重要的。稳定是发展的前提，只有在稳定的状态下，才能思考发展之策。但是稳定总是相对的，如果一个社会组织成了一个超稳定系统，这种稳定不仅难以促进发展，反而会使社会停滞不前，扼杀了发展的可能性。中国封建社会就是一个超稳定系统，它有周而复始的循环，却没有突破性的革命进步。

我们学院要发展,必须要有稳定的环境,学院要稳定,首先要稳定队伍。大家安心工作,心无旁骛。但如果队伍太稳定,不进不出,几年、几十年一以贯之,就成了一个超稳定系统。在超稳定的环境里,没有风险意识、危机意识,没有竞争,没有压力,就会不求上进、消磨斗志、尸位素餐。现在,社会上许多人认为,高校是最好的避风港,工作最安稳,薪水又高。事实上也是如此,在不少高校,在老师之间没有竞争机制,老师们的日子很好过,每周几节课,反复讲,用不着准备,科研上没有课题、经费、文章、专著,也不要紧,每个月工资、津贴照拿不误。进取精神、创新动力都没有了。管理人员也有这个问题。没有责任心,没有奉献意识,没有专业精神,自我利益至上。这样是很稳定,却牺牲了发展。所以,学院要引入合理的评价机制、竞争机制,使学院变成一汪活水,流水不腐。用一句不文雅的话说,就是要引狼入羊群,在被吃掉的危险面前,羊能不拼命地奔跑吗?

7. 院系关系

院系关系也可理解为整体与局部的关系。根据学院制的精髓,学院是得到学校充分授权的办学主体。在学校的领导下,学院拥有一定的人财物权利,既是组织教学、科研和社会服务的主体,又是一级不完全的财务分配的主体。而系则隶属于学院,是从事教学、科研工作的实体。在坚持学院集中领导的前提下,如何调动各系的积极性,直接关系到学院的健康发展。

从校内外的一般情况来看,学院与各系的关系,用政治学的术语来说,主要有三种形式:中央集权式、联邦式、邦联式。①中央集权式。学院是绝对的权力中心,掌控人财物。各系主任由学院任命,履行学院赋予的职能。各系是办事实体,而不是权力主体。其好处是便于学院调控,集中力量办大事;不利之处是各系缺乏积极性、主动性,工作较被动。②联邦式。其核心在于各系既是办事实体,也是一定程度上的权力主体。各系工作积极主动,富有创造性,学院也有一定的调控能力。③邦联式。其核心标志为,各系是权力主体,也是办事实体。学院徒有其表,仅具有形式的意义,没有调控力,各系独立运行。如华中理工大学原来的文学院。

目前我院的院系关系基本上属于中央集权式。学院的权力相对比较集中,管的事过多,各系的自主性、能动性缺失。这在过去有其必然性。当学院处于上坡阶段时,需要万众一心,集中力量办大事。现在学院的发展已经到了一个比较高的平台上,需要适当调整院系关系,应将权力适当下放,调动各系的积极性、主动性;但是又要避免诸侯坐大,藩镇割据。要避免一放就乱、一管就死。只有这样,才能调动院系两个方面的积极性。

8. 师生关系

老师和学生的关系非常重要。一方面教学相长,老师要成为大师,离不开与学生的互动;另一方面,现代大学都不是义务教育,政府的拨款有限,大学只有靠向学生收费才能生存。在这个意义上,学生是大学教育的消费者,是学校的"上帝",是我们的衣食之源。从长远的角度看,学生更是代表着学校的未来,是学院将来必将依赖的重要社会资源。

我们教职员工能够在新闻学院这个大家庭里安身立命,靠的是我们的学生,没有学生就没有我们的饭碗。我们到农村去看看,许多学校关门,许多中小学老师被精简,原因就在于没有生源。我们现在还感受不到这种压力,毕竟我们是重点大学,学费再贵也不怕没有学生。但是,高校之间激烈的竞争,已经从生源争抢延伸到整个培养过程,因为这一过程直接关系到其最终的产品质量。所以,我们要重视学生工作,重视学生在学校工作中的主体地位。这里要提请大家注意,学生工作不仅是主管学生工作的副书记的事情,而且是大家的事情。我们首先要把好进口关,争取最好的生源;其次在培养过程中,也要尽心尽力;同时,要找好出口,帮毕业生找到最好的归宿。此外,教师作为人类灵魂的工程师,还要为人师表。最近几年,由于市场经济的消极影响,在不少地方,斯文扫地,师德不彰,不仅败坏了老师和学校的形象,也消极地影响了学生。我们要尽力避免这一现象。

9. 不同办学层次间的关系

不同办学层次间的关系,涉及两方面的内容。首先是研究生教育与本科生教育的关系。我们学院是国内新闻人才培养层次最齐全、系列最完备的院系之一。从本科生、硕士生、博士生,一应俱全。其中,本科生是立家之本、重中之重,它是大学教育的基础。没有高质量的本科教育,就不可能有好的研究生教育。本科教育的重点是知识的传授以及能力、技能的培养,其目标是向社会提供知识结构合理并且具有较强的专业技能和适应能力的新闻传播专业人才。而研究生教育则是高级专门的人才教育,其规格比本科生高。从某种意义上说,研究生教育是既要里子又要面子的教育。特别是博士生教育,更是标志着一个办学单位的学术水平。质量是研究生教育的生命线。这就决定了,学院只有部分人能够参与研究生教育,特别是博士生教育。在本科生、硕士生、博士生之间,应该有一个合理的比例,理想的状态是三者呈金字塔式结构,位于塔尖的是博士生,位于塔基的是本科生,介于两者之间的是硕士生。

全日制教育与非全日制教育间的关系,也是我们必须正视的一对矛盾关系。全日制教育中,本科生、硕士生、博士生是正规大学人才培养的主体。其规模的大小决定了学院的基本编制和基本运行经费的下达。不管是什么学校,都把全日制教育当成塑造品牌的拳头,集中资源,全力以赴。目前进行的本科教学评估就是针对全日制教育而言的。非全日制教育,如成教、自学考试、学位课程班、高校教师学位班等，对学院来说，既是拓展社会服务的一种形式，学院办学经费的主要补充，又是学院预算外的收入来源，直接表现为学院教职员工的福利。从直观上看，非全日制的直接目的是创收，增进教职员工的福利。非全日制教育一定要讲究效益，追求投入与产出的最佳比例，所以它必须有所为有所不为。但是不管是全日制教育还是非全日制教育，都必须坚持质量至上的原则，坚持社会效益优先的原则，都必须以高度的热情和责任心，全力以赴，绝对不能纯粹受利益驱动。

10. 积累与消费的关系

马克思告诉我们，物质利益是人们一切行为的出发点。如果不考虑人们的物质利益，调子唱得再高，人们也不会跟我们走。特殊时期，号召人们做出牺牲，会有人积极响应，但和平时期要调动人民的积极性，没有物质的刺激是不行的。如前所述，我们目前在创收方面面临着很大的困难。我们教职员工的收入又处于比较高的位置，而他们的期望值还很高，并且还要继续上升。人性就是如此。做加法容易，做减法难。收入上去了，大家不一定夸奖，可一旦下来了，一定会挨骂。但是我们必须面对现实，国家的大环境变了，政策变了，再期望像过去那样坐地收租，也不再现实。当然，我们要充分利用政策。现在我们正全力争取开办新闻传播专业硕士教育。但是最后的结果如何，还是未定之数。老班子给我们留下了一个比较殷实的家底，但我们不能坐吃山空。人生有起伏，道路有曲折。我们不能总期望前面是阳光大道，要有过苦日子的准备，要有以丰补歉的意识，要为学科发展预留资源，培植发展潜力。当然，坚持开源是硬道理，我们要全力以赴扩大社会服务，积累物质资源，夯实发展基础，进一步改善办学条件，在此基础上增加教职员工的福利。

以上十大关系，关系到学院工作、学科发展、员工生活的方方面面，具有全局性的意义。只有统筹兼顾，妥善处理，才能落实学院的发展战略。

三、奋斗目标和工作思路

现在我们正面临着新一个五年计划的开局，国民经济和社会的持续进步，以及学校的超常规发展，给我们学院的可持续发展注入了绵绵不绝的动力。在这个承前启后的重要时刻，我们承担着社会、学校和学院师生的重托。我们一定要秉持学校"育人为本"、"创新是魂"的基本理念，履行自己的社会责任，主动汇入国家、社会、学校发展的大潮，与时俱进，再攀高峰。

本届党政班子的基本方略，可以用十六个字来概括：以人为本，依法治院，文理交融，追求卓越。以人为本，即以学术队伍、管理队伍的建设与完善为本，以培养高级新闻传播专业人才为本,这是学院得以立身于世的前提;依法治院,即要使学院运行在法治的轨道上,增强院务的公开与透明,发挥教职员工的积极性、主动性与创造性,实现学院运行的规范化和程序化;文理交融,即要充分发挥学校的办学优势,坚持我们学院长期以来"应用为主、交叉见长"的传统,彰显我们的学科特色;最后,利用社会、学校以及新闻传播专业发展的势能,利用学科自身发展蓄积的能量,在学科竞争的舞台上,追求卓越的新境界。

今后三四年是新闻与信息传播学院发展的机遇之窗。抓住了这个机遇,我们就上去了,就进入了国内新闻学界的顶尖行列,融入第一梯队;若失去了这个机遇,则恐怕又要等上十年。我这样说是有道理的,绝不是危言耸听。原因有三:一是近两年国家重点学科、教育部文科基地、博士点、博士后流动站将开始新一轮申请,为我们提供了新的机遇;二是国内主要新闻学院面临班子换届、著名学者退休,可能会出现一定的震荡;三是我们的骨干教授在三四年后也将大量退休,会给我们学科建设带来一定的冲击,但也会给队伍成长、人才引进预留空间。综合这些因素,我们认为近三四年中国新闻传播学界将面临新一轮大洗牌。

我们的工作思路,具体地说,体现在如下三个方面。

1. 奋斗目标

未来五年,新闻学院的发展目标集中表现为五点。其一,在现有的省级重点文科科研基地科技与传播研究中心的基础上,申报教育部文科重点研究基地。教育部文科重点研究基地强调唯一性、不可替代性。目前国内新闻传播学领域的四个基地,各具特色:中国人民大学的基地重点在新闻学;复旦大学的基地突出传播学;中国传媒大学的基地突出广播电视学;武汉大学的基地重点在媒介经济。我们的基地特色在哪里?我们的定位是科技与传播研究。其二,冲击国家重点学科。现在国内新闻传播学二级学科国家级重点学科有三个:中国人民大学的新闻学,复旦大学的传播学,中国传媒大学的新闻学。今年,我院打算集中力量以新闻学申报国家级重点学科。其三,完善人才培养链,建设新闻传播学博士后流动站,同时开办新闻传播专业硕士教育。其四,建立一支结构合理、充满活力的学术队伍。其五,推出一批学术精品,彰显我们的学科特色。其中,前三项目标是硬指标,完全操之在人,实现的难度很大,但要争取实现其中的一个;后两项目标,基本上操之在我,相对比较容易,但内部的争议可能更大些,但一定要努力实现。总之,经过五年的努力,我们要全面提升学院的科研水平和办学水平,争取进入新闻传播学界第一梯队的行列。

2. 强化六个意识,奠定学院发展的精神基础

1)责任意识

李校长在学校暑期工作会议上强调,学校社会责任的充分履行,关键在于强化各个责任主体的责任意识。树立社会责任意识,切实履行自己的社会责任,是学校也是我们学院每个成员的基本义务。学校教育的兴衰关系到国运的兴衰,而学校教育的发展,与学校每个成员履行职责的情况直接相关。办好学校,不只是校长、书记的事情;同样,办好学院也不只是院长、书记的事情。校长、书记,院长、书记,还有全体员工,都在一条船上,这条船能否安全地驶向彼岸,取决于全体成员的努力。正是在这个意义上,才有"国家兴亡,匹夫有责"之说。要发展我们的学院,老师、管理人员、教辅人员,包括学生,都有不可推卸的责任。学校发展了,与有荣焉;否则,我们是罪责难逃。

2) 忧患意识

要强化忧患意识。"人生不满百,常怀千岁忧","生于忧患,死于安乐"。我一直认为,我们学校也好、学院也好,目前所处的地位是前人打拼的成果,它给了我们一个相当高的平台,但是这个地位是不稳固的。我们还处于爬坡阶段,犹如逆水行舟,不进则退;群狼环伺,稍不留心,就有跌倒的危险。最近三四年是新闻学院的机遇窗口,抓住了这个机遇,就能一举登上山顶;失去这一机会,就只有长期在山腰徘徊。

3) 团队意识

长期以来,社会科学研究基本上采取个体、单干的形式进行,各自为战,不求他人。现在情况改变了。随着学科的日益交叉、融合,随着社会的复杂化,研究对象涉及的范围的广泛性及解决问题的方法的多样性,远非独立的个体能够适应。个体户式的研究难以应对当今社会跨领域、跨学科的综合性问题。也就是说,社会科学研究也需要集体攻关,需要集中各个方面、各具优势的有生力量,彼此协作,打歼灭战。我们要把学院看成是一个命运共同体,并且要明确自己在这个共同体中的角色定位,个人服从整体。在处理与同事间的关系上,我们要本着彼此尊重、互谅互让的原则,从而保持整个团队的和谐。我们要有团队意识,兄弟同心,其利断金。既然是团队,就要有领头人,大家要买账,彼此不服气,力量互相抵消,团队就垮了。皮之不存,毛将焉附?我们要热爱我们的团队,热爱我们团队寄身的平台,热爱我们的家园。团队、平台、家园,是我们的安身立命之所。

4) 国际意识

在全球化背景下,新闻传播教育、新闻传播学术也国际化了。原版教材的使用,外国客座教授的聘用,日益频繁的国际学术会议,大量的留学生,以及就业市场的国际化等,要求我们具有国际视野和包容全球的胸怀。绝对不能坐困愁城,更不能夜郎自大。我们要大胆地走出去,出席国际学术会议或联合举办国际会议、洽谈新闻传播领域的国际合作项目、探索与国外著名新闻院系联合办学的新路径。同时,我们还要大量地引进来,引进外国教材、外国教授,引进外国留学生。我们还要争取利用国际资源,西方国家有很多非营利性的基金会,如果这些基金会没有政治背景,利用其基金是完全可行的。

5) 精品意识

我们还要有精品意识。经过20多年的建设,我们学院已经拥有自己的学术品牌。孙旭培教授的新闻改革研究、新闻法研究,吴廷俊教授的新闻史研究,在国内学术界享有盛誉。我们需要更多的学术大师、更多叫得响的学术成果。但是,一个不好的迹象是,我们最近成果不少,但是精品不多,通过权威期刊、出版社推出的成果不多。我们提倡精耕细作,打造学术精品,对于好的成果,还要予以适当的包装;在人才培养方面,我们也要适当控制规模,规范教学运行,建设高水平的实习基地,提高教学质量,以培养高水平的专业人才。

6) 规范意识

当前中国学术界普遍浮躁,剽窃成风,造假成风,功利意识几乎主宰了整个学术领域。这种状况直接影响了社会各界对学者的认知,学者的品格、风骨受到极大的扭曲,学界的公信力受到极大的削弱。所以,当务之急是弘扬科学道德、遵循学术规范,坚持做人与做学术并重,以创新为第一追求,杜绝造假、剽窃之风。去年教育部社会科学委员会成立了学风建设委员会,就是为了整治这一现象。除了尊重学术规范外,在财务管理方面,在教学运行方面,在人事管理方面,都要力求规范,避免铺张浪费,避免近亲繁殖,避免粗制滥造,要擦亮新闻学院的学科品牌。

3. 以学科发展为中心,抓住两大任务,夯实四个支点

新闻学院20多年的历史表明,学科发展是学院工作的生命线。什么时候学科意识明确了,什么时候狠抓了学科建设,学院的发展就顺利;反之,学院建设就会陷入困境。学科建设的内涵非常丰富,它涉及学科点(博士点、一级学科、流动站)的建设、队伍建设、科研项目、成果与经费。这是一个需要进行战略思考、统筹规划的大问题。

学院的发展必须始终坚持以学科为中心,没有学科内涵的发展,是没有灵魂的发展。投资再多,人数再多,赚的钱再多,如果学科点没有上水平、没有领军人物、没有学术平台、没有战略性课题,这绝不是一个高水平的学院,至多只能算是一个工厂或企业。我们打造高水平的、一流的新闻学院,首先必须在学科上立得住,站得稳。在此基础上,我们才有可能实现国家级重点学科的突破。

在坚持学科建设中心地位的前提下,在最近两年,我们一定要全力完成两个任务。

第一个任务是文科科研基地的建设。围绕着文科科研基地建设,凝练学术

方向,整合研究力量,构筑高水平的创新平台,是我们当前的重要战略选择。我们的科技与传播研究中心,目前已经通过了湖北省教育厅专家的评审,即将成为省文科重点研究基地。今年我们完成了2006、2007两个年度的课题招标。在2008年,该中心的课题招标将纳入教育部基地课题招标体系。如果教育部开放下一轮文科重点研究基地申报,我们将奋力一搏。

第二个任务是本科教学评估和省部级实验示范中心的建设。本科教学评估在当前是天字第一号工程。学校主管校长宣称:谁要是在评估中砸学校的锅,他就砸谁的饭碗。这样的狠话能够从校长的口里讲出来,可见评估在学校工作中的分量。评估是对当前本科教学工作的全面检验,关系到学校未来的资源分配,关系到学院未来的发展空间。与其被动地迎接评估,不如主动地做好工作。新班子上任半年来,在本科评估方面做了大量的工作,得到学校的好评。还有三个月,教育部专家就要来到学校。我们一定要全力做好这件事情。与本科教学评估相联系的,还有省部级实验教学示范中心的建设。这是对本科评估任务的支撑与延伸。因为优秀的实验教学平台,归根结底是为教学服务,是以学生为本的体现。我们近年做的主要工作:一是硬件建设,包括"多功能实验平台项目"的建设、实验室的调整扩大、演播厅的建设落实等;二是软件建设,包括系列文件的形成与执行,如实验课的教学计划、实验课的管理规范、实验课指导教师职责、实验室的工作日志等,这需要各个系、各位实验教师的密切配合。

不论是学科建设,还是两大任务的实现,都有赖于如下四个重要的战略支点。

一是学术队伍建设。人才是学院之本。没有一支充满活力的学术队伍,没有大师级的学术带头人,要想进占学术前沿,是绝对不可能的。考虑到未来五年,我们学院将面临学术带头人退休高峰,及时补充师资乃是必要之举。在队伍建设方面,我们的基本方针是高水平、多来源、宽背景、梯度结构。高水平,意味着高起点,只有高水平的国家级的学术带头人,名校的博士、博士后才有可能进来。多来源,即来源的多样化,避免近亲繁殖。这是新闻学院的传统。新闻学院是个新办的学院,学院绝大部分老师都具有在其他学校求学的经历。今后我们仍将坚持这一传统,兼容并包,海纳百川。最近学院通过了一个文件,明确规定,我们新闻学院自己培养的全日制博士不直接留校。宽背景,即要求老师具有多种学科的知识背景,以适应新时期学科交叉融合的趋势。梯度结构,即在队伍建设方面,要注重年龄结构的合理性,老中青要有合理的比例,以防止过渡中突然的断档。我们计划在四年后,将新闻学院的师资队伍扩展到40~45人的规模。

二是人才培养。人才培养是我们的本职工作。从本科生、硕士生到博士生,从全日制到非全日制,都要贯彻质量意识、责任意识,在保证质量的前提下,延伸人才培养链,适时申报建立博士后流动站,使我院成为规格最齐全、水平最高、质量最好的新闻传播人才培养基地。此外,由于研究生教育改制,三年变两年,如何适应这一变化,在不降低教学质量的前提下,对硕士生的培养方案进行合理的调整,是我们必须认真面对的。在本科教育方面,重点要抓国家级规划教材建设,争取实现省部级精品课程建设的突破。

三是科学研究。科研与教学是大学工作不可分割的两个方面,尤其是研究型大学,科学研究占有更加重要的地位。在科研方面,我们要处理好应用研究与基础研究、入主流与创特色、数量与质量的关系,提高科研水平,打造学术精品,建设学术平台,彰显学科特色。要努力使科研成果尽快转化为生产力,转换为教学内容,促进教学水平的提高。要扩大对外学术交流,充分利用国际资源,增强与国际同行对话的能力,提升我们在国际学术界的话语权。

四是社会服务。社会服务的重要性,我在前面已经论述过了。当务之急,是拓展社会服务的空间,促进社会服务类型的多样化、精细化,提升社会服务的质量,通过社会服务,筹措办学经费,反哺人才培养和科研事业,促进我们学院的良性循环。为此,我们必须适当开办新闻传播专业硕士、函授学生、网络教育,为学科发展打下坚实的基础。

总之,我们正处在一个新的历史转折点,面临着创造历史的决定性时刻。机会、荣誉、成功在向我们招手,但是要将它们揽入怀中,还需要我们付出艰巨的努力。我们必须同舟共济、肝胆相照、精诚团结、艰苦奋斗,以创造属于我们的光辉灿烂的明天。在这里,我谨代表党政班子表示,我们将团结一心,不负重托,全力以赴,为我们学院战略目标的实现,贡献自己的力量。

(本文系作者于2006年末在华中科技大学新闻与信息传播学院职工大会上所做的报告,代表新一届党政班子阐述基本的工作思路)

关于学院研究生培养改革与学科建设的思考

大家上午好！今天我们举行新闻与信息传播学院第十一次学科建设研讨会，会议的主题是研究生教育，指导思想是"规范运行，培元固本；深化改革，提升品质"。今天我想在这里讲三个问题。

一、研究生教育与学科建设

1. 学院研究生教育的历史

1）第一阶段：1985—1995 年

1985—1995 年，我们学院没有硕士学位授予权，招收培养硕士研究生主要采取三种方式：一是自己招生，送到外单位培养、授予学位，如刘智、刘燕南送中国社会科学院新闻系师从陈柏生、徐耀魁；二是自己培养，到外单位申请学位，如辛智敏、王艾军、周萍、陈惠娟、冷智宏、雷动天到复旦大学新闻系申请学位，刘洁、别社红、邓长海、朱丽到郑州大学申请学位。这种情况持续多年。还有一种方式，就是在校内社会学硕士点下招生，授予社会学硕士学位。

2）第二阶段：1996—2002 年

直到 1996 年，我们学院才获得新闻学硕士学位授予权，才算是真正自己招生、自己培养、自己授予学位。我们这次获得的硕士点在全国范围应该是属于第六批新闻学硕士学位点。1996 年第六批取得新闻学硕士学位授予权的除了我们外，还有清华大学、南京师范大学、浙江大学等。这就是说，硕士点的取得与和我们同时建系的武汉大学相比，晚了整整 10 年。

2000 年，我们又获得传播学硕士授予权，与武汉大学（1998 年，第七批）相比，我们仅仅只晚了 2 年。

大约与此同时，我们学院还依托高等教育研究所的博士点，招收新闻传播教育方面的博士研究生，在自己没有博士点的情况下，尝试博士研究生的培养工作，为下一步申请博士点打下了坚实的基础。

3) 第三阶段,2003年至今

我院2003年获得新闻学博士点,2005年进而获得新闻传播学一级学科博士点,2007年获得新闻传播学一级学科博士后流动站,2009年进入国务院学位委员会新闻传播学学科评议组。硕士生培养规模扩大,研究生培养链延伸到博士阶段,并且实现了从二级学科博士点到一级学科博士点的跨越。

2. 研究生教育在学院工作中的地位

1) 研究生教育是学院的基本工作

学院是教书育人的地方,是生产高层次专业人才的人才工厂,而我们培养的学生中,研究生占有相当的比重。正常情况下,我们每年招收本科生170名左右、硕士生80人左右、博士生近20名。研究生占学生总数的1/3。由于研究生是高学历教育,其就业途径及学术出路远比本科生要好,所以在质量上,研究生的这个1/3的重要性不一定比另外那个2/3低。所以对研究生培养工作再怎么估计都不为过。

2) 研究生导师是学院员工的主体

我们学院现有在岗专职教师30人,其中担任研究生导师者约24人(含博士生导师12人),占老师总数的80%。也就是说学院的绝大多数老师都参与了研究生培养工作,或者说研究生导师是学院职工的主体。

3) 毕业研究生是学院办学水平和社会资源的集中体现

相对于本科生,研究生属于高端产品。研究生的水平在很大程度上标志着学院的水平。因为,从学生可以看到他身后的老师,从老师则可以看到他置身的学科。一个高水平的研究生,是一张昭示自己存在的名片,能够给他的母校长脸;相反一个不怎么样的研究生,则会给母校抹黑,甚至砸掉母校的招牌。

已经毕业的研究生同时还是学院重要的社会资源,是学院赖以发展的资本。他们是学界或业界的精英,要么掌握着一定的话语权,要么掌握着大量的社会资源,学院要发展,要仰仗他们。一个有历史的学院,校友资源是其发展的重要凭借。

3. 研究生教育与学科建设的关系

研究生教育与学科建设是一体两面的关系。一方面,不同层次的学位点标志着所在学科的发展水平。一个只有硕士学位授予权的学院,与拥有博士点的学院,在办学水平上显然不在一个层次。拥有高层次的学位点,不仅意味着荣誉、权利,更意味着责任。另一方面,研究生的导师队伍是学科建设的实际承担者。学科建设名义上是学院全体员工的事情,其直接利害关系却集中在研究生导师特别是博士生导师身上。还有一点必须提及的是,与研究生相关的一些重要的学术岗位,直接关系到学术界的话语权。学科建设达到较高的水平,则其研究生的教学和科研的水准自然不会低,其导师队伍的影响力和话语权也不会小。

4. 目前学科发展水平的评估

1) 一般指标

到目前为止,全国有六个新闻传播学一级学科博士点,包括中国人民大学、复旦大学、中国传媒大学、武汉大学、华中科技大学和清华大学。

目前国内新闻传播学一级学科博士后流动站有七家,包括中国人民大学、复旦大学、中国传媒大学、武汉大学、华中科技大学、清华大学、暨南大学。

2009年,我们学院的代表正式成为国务院学位委员会新闻传播学学科评议组成员,其他成员分别来自中国人民大学、复旦大学、清华大学、中国传媒大学、武汉大学。

此外,我们学院还是教育部新闻学科教学指导委员会副主任委员单位;在中国新闻史学会领导成员中,有我们学院的两个副会长;在中国传播学会领导班子中,也有我们的两位副会长;我们学院还是中国新闻传播教育学会副理事长单位。

以上数据表明,我们学院已经跻身于国内新闻传播教育界的前列。

2) 2008年学科评估

2008年学科评估有四个一级指标:学术队伍,科学研究,人才培养,学术声誉。

在一级学科中,全国高校具有"博士一级"授予权的单位有6个,参加本次评估的有6个;具有"博士二级"授予权的单位有8个,参加本次评估的有5个;具有"硕士一级"授予权的单位有28个,参加本次评估的有12个;具有"硕士二级"授予权的单位有70个,参加本次评估的有8个。全国高校共有31个单位参评。

全部参评单位按"学术队伍"指标项得分排序,华中科技大学"新闻传播学"学科此项指标得分为69.92分,在总体中排名第15位。前面14位分别是:中国人民大学,中国传媒大学,复旦大学,武汉大学,上海交通大学,清华大学,北京大学,天津师范大学,华东师范大学,浙江大学,厦门大学,南京大学,中国政法大学,苏州大学。

全部参评单位按"科学研究"指标项得分排序,华中科技大学"新闻传播学"学科此项指标得分为71.67分,在总体中排名第7位。前面6位分别是:复旦大学,中国人民大学,中国传媒大学,清华大学,上海理工大学,浙江大学。

全部参评单位按"人才培养"指标项得分排序,华中科技大学"新闻传播学"学科此项指标得分为64.15分,在总体中排名第9位。前面8位分别是:中国传媒大学、中国人民大学、厦门大学、南京大学、复旦大学、浙江大学、武汉大学、北京大学。

全部参评单位按"学术声誉"指标项得分排序,华中科技大学"新闻传播学"学科此项指标得分为83.79分,在总体中排名第6位。前面5位分别是:中国人民大学、复旦大学、中国传媒大学、清华大学、武汉大学。

综合排位,华中科技大学"新闻传播学"学科总分为72分,在总体中排名第7位。前面6位分别是:中国人民大学、中国传媒大学、复旦大学、清华大学、武汉大学、浙江大学。

3)应该怎么看待这次评估

必须承认,这次综合评估,我们的排名下降了。应该怎样看待这次名次下滑?上次综合评估,中国传媒大学、武汉大学没有参加,我们排名第四。这次它们都参加了,我们的实力在它们之下,我们的排名自然会下滑,浙江大学排名超越我们,位居我们之前,倒在意料之外。

以下几个因素值得我们注意。

(1)新对手——武汉大学、中国传媒大学、浙江大学的加入。

(2)此次评估材料截至2007年底,对我们明显不利,此前我们没有省重点学科、省精品课程、国家精品课程、国家特色专业、国家重大课题、横向经费少、科研产出少。

(3)指标的设置不合理,如浙江理工大学加入进来,我们的长处难以显示出来。

(4)在材料准备方面,我们是立足新闻传播学科自身,没有像兄弟院系那样在学校的层面整合其他学科的力量。

(5)客观地说,我们自身确实存在问题。在学术队伍、科学研究、人才培养方面与一流大学差距较大。唯一令我们自豪的是学术声誉。

二、近6年来研究生教育的总体估价

1. 近6年来研究生培养的基本成就

1)办学层次日臻丰富,专业布点日趋合理

我院于2003年获得新闻学博士点,2004年正式挂牌招收博士生;2005年获得新闻传播学一级学科博士学位授予权,顺其自然地获得了传播学博士点,从此传播学与新闻学两条腿同时走路,新闻与信息传播学院名副其实。2007年教育部批准我院创设广播电视传播学博士点和广告与公共关系硕士点。至此,学院拥有了三个博士点和四个硕士点。2008年获得湖北省新闻传播学一级重点学科,办学水平上到一个新台阶。2009年,我们向教育部申请创设广告与公共关系博士点以及编辑出版学硕士点,前期准备工作已经基本完成。

与此同时,我们还大力推进了研究生层次的国际化进程。2004年后,我院的留学生人数也逐年攀升,国别扩大到了韩国、越南以及多个非洲国家,而且还有了几名博士留学生。2009年,学院在澳门地区成功举办传播学会展公关硕士班。另一方面,我们还坚持与香港、台湾地区有关高校互换研究生,推选优秀博士研究生与国外一流大学举行联合培养。

可以说,近6年来学院的研究生工作是一年一个新台阶。学院的办学层次与体系构建基本到位,办学空间不断拓展。更为重要的是,为适应2年制的硕士研究生办学模式的转变,学院于2007年,经过上上下下几轮认真讨论、反复修改和审定,最终按照一级学科统领二级学科的方式,确立了4个专业的研究生(包含博士)教学培养课程方案,这是学院研究生培养历史上一件举足轻重的基础性工作。对于博士生、硕士生毕业开题、答辩等重要程序,学院研究生管理部门也都做出了相关规范。

2)教师队伍结构日益优化

2003年以前,由于历史原因,学院拥有博士学位的教师仅钟瑛与李贞芳两人,博士化程度不足10%。2004年学院博士招生当年,就有8名教师考取,其中本院4人,外院4人。此后,年年都有青年教师考取本院或外院博士生,喜讯不断,捷报频传,具有博士学位的教师队伍不断发展壮大。2006年,刘洁老师获得管理学博士学位,张昆博士从武汉大学被引进我院;2007年6月,学院首届新闻学博士出炉,何志武、范龙老师成为学院自主培养的首批博士毕业生;同年毕业的还有孙发友、陈先红与余红;2008年、2009年,连年都有教师获得博士学位。加上这几年引进的5位青年博士,学院教师如今的博士化程度已经超过40%,接近50%。

教师的职称水平也大幅提高。2003年以前,学院的正教授只有10人,且几乎都是50岁以上,中青年教授比例非常小,副教授8人,博导1人,人才梯队青黄不接。即便是2004年,博导也只有4人。2004年后,学院的迅猛发展打开了教师们评聘职称的上升空间。到今天,学院在岗教授14人,博导13人,副教授8人,年龄结构也比较合理,中青年教师在高级职称中占据了较大比例,在学院研究生培养工作中发挥着越来越重要的作用。

实际上,教师学历与职称的提升只是一种表象,更重要的是,要获得博士学位,学校有许多硬指标,比如在权威期刊发表文章几篇,在职博士还需要获得省级奖励,评教授需要多少文章、多少科研项目及经费,等等。因此,教师们在获取博士学位、申报高一级职称中所必须付出的努力与获得的教学科研成果,这些才是最主要的收获。这些成果不仅是教师个人的成果,也是学院的成果,当这些成果一个一个、一年一年汇聚起来后,学院就硕果累累了,学院的学科发展就得到了有力的推动。

3) 研究生生源质量日益提高

过去,学院招收的硕士研究生主要来源于湖北、河南、湖南等几个湖北周边省份,优质生源主要来自武汉大学、厦门大学以及本校等几所有限的"985"知名大学。当然,当时招生人数少决定了研究生生源的先天不足。现在,即便是学校研究生进行招生制度改革,以经济手段控制研究生招生规模,学院硕士研究生导师由高峰期的一个导师带七八个研究生压缩至 3 个,优质生源的来源依然十分广泛,除了招收到来自武汉大学、厦门大学和本校的优质生源外,学院于 2007 年招收到了来自北京大学的优质生源,2008—2009 年招收到了来自南京大学、西安交通大学等校的优质生源,这是学院研究生培养质量上水平的一个重要标志。

从研究生报考与录取比例上,我们可以更加清晰地看到生源的火爆。2007 年以来,我院的学生报考与录取比一直是全校第一,报考与录取比一直都稳定在 10∶1 左右,也就是说,10 个报考我院的学生中,只有 1 个人才有可能被录取,这使得我们有更多的机会选拔到优质生源。这也是近几年来我院研究生在各类专业竞赛中屡获佳绩的重要原因。

4) 学科的整体地位趋于稳定,提升了在学界的发言权

应该说,我们学院经过多年努力,夯实了学科根基。学院在新闻传播学界享有一定的,甚至可以说是越来越大的发言权。2003 年以来的每一次博士点评审,我们学院都是评审单位;2007 年的国家重点学科评审,我们学院是 6 个评审单位之一。今年国务院学位委员会新闻传播学科评议组改选,由 7 个单位组成,分别是中国人民大学、复旦大学、中国传媒大学、武汉大学、清华大学、中国社会科学院新闻与传播研究所,还有我们学院。

2. 研究生培养方面存在的问题

我们在研究生培养方面取得了显著的成绩,但也存在不少问题。问题产生的原因来自两个方面,一是外部,二是内部。对于外部问题,有很多是我们无法解决的,而且是学校里各个文科院系共同面临的问题,我们可以向校领导和有关部门建言,但目前只能是适应环境,所以在这里我们把注意力更多地放在内部问题上,把问题讲透讲全面,以便更清楚地认识我们自己,从而避免谈成绩时骄傲自大,谈问题时妄自菲薄,以便今后做出改进。

首先谈来自外部的问题。外部问题主要表现为:学校研究生院近年来政策变动频繁,从招生到培养到学位评定到经费发放,几乎每一个部门,没有一个政

策能够延续一年以上,政策多变导致下面无所适从;更严重的是,研究生院这几年来主要领导也在更换,新领导新思路、新思路新政策,热闹无比。这直接关系到各院系研究生培养的经费问题,2008年突然改为硕士生2年下拨1100元,并且是2个硕士生下拨一个人的经费,博士生也是每2人下拨一个人的经费,这里就不多说了。

我们重点谈内部问题。内部问题主要表现在如下几个方面。

1) 教学管理与运行不够规范

在研究生培养方面,最突出的问题就是管理与运行过于随意,不够规范。在具体的教学过程、成绩评定、学位论文、答辩等各个主要环节,随意性太强,甚至在某种程度上失控,学院的管理还不到位,这在一定程度上导致了研究生培养质量的下降。这一点,我们在下一个部分会详细探讨,此处不作赘述。

2) 硕士生培养质量下滑

前面我们说生源来源质量大幅提高,这里又说质量下滑,看起来的确是一个悖论。但静下心来思考,就能够得出一些深层次的东西。生源来源好与最终质量好并不是简单的对等关系,正如材料好不一定产品好,因为中间还有一个至关重要的加工环节。同样,我们的问题也出在加工环节,也就是研究生培养的具体环节中,而质量下滑的直接标志就是硕士生理论功底薄弱和硕士论文水平下降。

由于硕士生学制转换,由三年改为两年,而学分和课时量没有多大的变化,可学习年限缩短了三分之一,而二年级的安排是雷打不动的,实习加上毕业论文,于是所有的课程都压缩在第一学年,学生疲于奔命,一些研究性课程所需要的课外阅读、课堂讨论都大大弱化、简化。在这种情况下,研究生课程与本科生课程拉不开距离,学生的理论素养大打折扣。

硕士论文更是问题成堆。在硕士研究生毕业不需要公开发表论文之后,硕士生的培养就演变为课程学习和论文答辩两个部分,而课程学习集中在第一年;论文答辩集中在第二年的春季学期,一般是在5月份,实际集中在5月底6月初。基本上,在第二年的绝大多数时间里,我们的硕士生遍布全国各地实习找工作,学生与导师基本上见不着面,少数学生甚至不到答辩时不与导师联系,有的连电子邮件都不发。因此,导师对硕士生的论文指导存在着巨大的空洞,那种缺乏前期理论成果、加班加点个把星期一挥而就的硕士论文的质量水平是显而易见的,从论文格式、逻辑结构、参考文献等诸多方面,毛病一大堆。而论文评阅与答辩之间的时间间隔又只有两三天时间,专家提出的修改意见得不到有效执行,大家又不想做恶人,所以答辩专家的无奈心理我相信大家是深有体会的。

3) 统招博士生培养质量参差不齐

从我们已经毕业的博士来看,应该说我们的博士生质量水平是比较高的,比方说吴廷俊教授指导的范龙于 2007 年毕业,2008 年获得湖北省优秀博士论文,这是我院第一篇省级优秀博士论文,也是迄今为止唯一的一篇;孙旭培教授指导的滕鹏于 2007 年毕业,2008 年获得国家社科基金;吴廷俊教授指导的郑素侠于 2008 年毕业,2009 年获得国家社科基金;其他已毕业的博士生多数也都获得了省级社科基金;在读的博士生中,张昆教授指导的刘祥平于 2009 年获得国家社科基金。这些都是优秀的部分。但是在我们学院的博士生里面还有不少不够优秀的,我们要从学院全局的高度上来看问题,这样才能看得清楚、看得真切,才有利于真正推进学院的博士生培养工作。

博士生培养中的一个明显问题是按期毕业的博士比例偏低,学校对全日制博士生的培养年限明文规定一般为 3~5 年,最长不超过 8 年,但培养经费最多下拨 4 年,第 5 年就不下拨培养经费了。也就是说,学校实际上对于博士生的正常培养年限界定是 3~4 年。按照这个标准,3 年、3 年半、4 年毕业的都属于正常年限毕业。我们审视一下我们 2004 年招收博士生以来按正常年限毕业的博士生状况,得出这样一组数据:

(1) 2004 年招收博士生 11 人,按期毕业 6 人;
(2) 2005 年招收博士生 12 人,按期毕业 7 人;
(3) 2006 年招收博士生 13 人,按期毕业 10 人。

考查这几年的数据,我们发现:按正常年限毕业的博士生比例不高,2004 级是 54.5%,2005 级是 58.3%,2006 级是 76.9%。

考察不能按期毕业的博士生,发现问题集中在缺乏权威文章上。有人会说不能按期毕业是因为一边工作一边读书太辛苦,个人的精力顾不过来。这话有一定的道理,但不全对,因为不能按期毕业的人里面有人是一边工作一边读书的,也有纯粹是学生身份的。经查实,2004 级以来,每一级都有一半以上的一边工作一边读书的博士按期毕业,既然多数人都能够做到,为什么其他的就做不到呢?当然,我们不能强求每个博士都是精兵强将,参差不齐是客观情况所允许的,但我们是新闻传播学界的后起之秀,不像复旦大学、中国人民大学、中国传媒大学甚至武汉大学那样根深叶茂,人才辈出,社会景仰,要达到那样一种程度,我们还有很漫长的一段路要走。博士生是学院人才培养质量的名片,我们必须把这张名片做好,培养出一个又一个、一批又一批高质量的博士生,几十年如一日地做下去。所以,这些拿不出权威文章的博士生们,是我们客观认识乃至于检讨自己人才培养水平的一面镜子。

这些未能按期毕业的博士生中,有些博士生,不仅学院工作人员联系不上他们,连自己的导师都联系不上他,到底是工作了、出国了还是怎么了,或者是不准备继续读下去了,总要有一个明确的说法。我想相关导师要担负起自己的职责,导师应该掌握自己的学生的行踪,因为我们的研究生实行的是导师负责制。学院的学生一旦下落不明或者出了意外,这是一个非常重大的事故,不仅学生本人受到影响,学院的声誉也会遭到破坏。谁来承担相应的责任?我们必须防患于未然。

4) 少数导师指导研究生定位不清、责任不明

前面我们谈了研究生培养中存在的种种不尽如人意之处,其实,有些问题跟导师也有直接关系。为什么有些导师长期都联系不上自己的研究生?为什么研究生的论文质量严重下降?为什么许多研究生不懂起码的学术规范?为什么一些研究生不知道做人的起码底线?为什么研究生的就业状况不尽如人意?等等,都可以在老师这里找到原因。如果学生在校的时候,导师平时管理严格,不仅关注课堂之上,而且关注课堂之外;不仅指导学生脚踏实地地读书,而且将他们带到学科的前沿,手把手地教他们做研究;不仅提出必须达到的基本条件,而且提出更高更新的愿景;则这种状况应该不会大量发生。我们的大多数指导老师是好的,是负责任的。但是不可否认的是,也有一些老师责任心不够强,定位不够明确,缺乏必要的职业精神和专业意识。在这种情况下,期待他们言传身教,是非常困难的。

我们提倡指导老师引导学生参与到自己的课题研究中来,没有课题或课题较少的导师也应该将学生引导到自己的学术兴奋点上,和学生一起读书、研究、交流,教学相长,彼此促进。只有这样,学生才会感到有事可做,才能得到老师的解惑释疑,才能进驻到学术的前沿。要让学生感受到自己的价值,感受到这个专业、方向的价值,老师就必须与时俱进。自己有一瓢水,才能给学生半瓢水。跟学生在一起,就能够逼迫老师进步。导师除了教学生做科学研究、撰写论文外,还要教学生做人做事。事实上,做人总是在做事的前面。在这方面,我们年轻老师要向资深教授学习。

三、改进研究生教育,提升学科发展水平

1. 加强队伍建设

1) 队伍的规模与水平

我们的学术队伍与学科发展的需求不相适应,既存在量的问题,也有质的问题。从量的方面来看,目前国内主要大学新闻学院在师资队伍规模上大体可分为三个层次。

第一个层次的学院拥有专职师资 50 人左右,如武汉大学、中国人民大学、复旦大学、中国传媒大学、湖南师范大学、陕西师范大学、河北大学、河南大学等。

第二个层次的学院拥有专职师资 30 人左右,包括华中科技大学、北京大学、清华大学、浙江大学、南京大学等。

第三个层次为专职师资在 20 人以下的院系。如华中师范大学新闻系、中央民族大学新闻系等。

我们这么大的一个学院,和中国人民大学、复旦大学、武汉大学的新闻学院拥有几乎完全相同的学科平台,一个一级学科博士点、四个二级学科博士点、四个本科专业、四个硕士点、一个博士后流动站,我们的专业师资比中国人民大学、复旦大学、武汉大学少了约 20 人。规模小,不仅意味着我们的师资要比这些学院的老师承担更多的岗位责任,更苦更累,也在一定程度上决定了我们科研产出的规模,毕竟 30 人的力量难以与 50 人相匹敌。

与我们同一个层次的北京大学、清华大学、浙江大学,虽然人数跟我们差不多,但是它们的办学规模比较小,而且它们队伍的个人品质应该说比我们好得多。特别是北京大学、清华大学,它们的老师每个都是专家级的人才,它们的"分子"和"分母"都一样。相比起来,我们的"分母"大,"分子"小,能够站出来与兄弟院校的专家相比的人并不多。每年能够持续发表论文、出版专著、拥有在研课题的老师在我们的队伍中大约只有一半。也就是说,我们的队伍在质的方面也存在着问题。

摆在我们面前的首要任务要做大基本盘,使我们的队伍在量上实现突破,从而摊薄我们老师的教学任务,以便有更多的精力从事学术研究。事实上学校给我们的编制还有较大的余地,41 个编制,我们几乎空着 10 个编制,学校又不给我们缺编费。

现在的主要问题是我们面临的福利瓶颈,本来,由于国家政策的改变,我们的创收渠道越来越窄,教职工的福利难以保障。再增加我们的队伍,一锅三十人的饭,要四十人来吃,怎么能够吃饱呢?但是,我们如果不做大我们的队伍,我们的整体水平上不去,学科地位上去不去,将来拓展社会服务的能力也会受到制约。

此外,从质上来看,我们的队伍中,特别是中青年学者中,重量级的、得到学界认可的领袖级学者不多。老一辈学者中,孙旭培先生、吴廷俊先生等,大家都公认。最近一轮的教育部人文社会科学奖,我们表现一般。我们不能总靠老将出战。学科的发展需要青年学者迅速崛起,我们会为他们留下位置。

最近我看了吴院长在第六次学科发展会议上的讲话,我很感动。实在是佩服上届领导班子能够在2000、2001年两年内相继引进杨伯溆、舒永平、梅琼林、赵振宇、孙旭培五位教授(其中杨伯溆、梅琼林当年申请特批为教授)。步伐不可谓不大。2006年以来,我们也做了一些工作,但步伐太小了,进展不显著。今明两年我们一定要加大力度,要着眼于2012年国家重点学科评审。为此我们还必须转换人才引进策略。从今年开始,我们要把重点放在学术带头人的引进上,重点要瞄准国内外有一定影响的中青年学术骨干,我们可以到学校争取应有的政策;应届博士生原则上不直接进院,必须经过流动站考核。

2)学科特色与学术方向

与队伍建设有关的还有学术方向和学科特色。引进人才不是盲目的,需要什么样的人,必须从学科建设的迫切需要出发,而不能够捡到篮里都是菜。我们要根据现有的学术资源,立足于办学传统和特色,进一步凝练学科方向,在重要的学术方向优先配置人力资源。

我们将要重点关注的学科方向有新闻传播史论方向、新媒体传播方向、影视传播方向、策略传播方向。

3)学风建设

队伍建设还包含了学风建设问题。最近一段时间以来,关于学术造假与学术打假一直是社会各界关注的焦点。年初浙江大学的一个院士、最近又有武汉理工大学的校长涉嫌学术不端,不管当事人是否主观故意,都给所在学校造成了极为恶劣的影响。《长江日报》的一个评论员说,不要使武汉成为学术腐败的重镇。现在看到的学术造假事件,多与研究生相关,都是出自导师与研究生联合署名的文章。一般是学生抄袭他人文章,和老师一起署名,老师又没有仔细审阅,于是问题就出现了。我们学院目前没有发现类似的事情,应该说我们有很好的传统。去年的一级学科评估,我们学院的学术声望排在第六,是四个一级指标中排位最靠前的。但是,在社会普遍浮躁和指标化、数据化考核盛行的今天,保不准哪一天,问题就会出现在我们的身边。所以,我们对此要高度重视,本着热爱真理、实事求是的精神,展现我们学院的学术实力,绝对要避免造假、剽窃等学术不端行为。

4)职业精神与社会责任

在建设我们的导师队伍时,还要强调教师的职业精神和社会责任。教师是一个崇高的社会职业,是人类灵魂的工程师,自古以来就是社会教化、传道授业的承担者。但是,由于市场经济的风行、功利意识的渗透,整个教育行业都出现了异化的苗头。有些地方、学校,一些导师根本没有尽到自己的责任,对学生不闻不问,学生感受不到温暖,得不到学业上必要的指导,更不用说履行教师的社会责任了。我们学院总体情况不错,但有一些迹象也值得我们关注,有个别老师对学生日常学习放任自流,对学位论文把关不严。更有甚者,有个别老师把老师间的矛盾带到学生中去,让学生成为替罪羊。这是绝对不能允许的。

2. 落实规范运行

我们这次会议的主题就是建章立制、规范运行。为什么要确定这个主题,原因在于,我们的研究生教育长期以来一直存在着很大的随意性。运行不规范,没有规矩,秩序不严,从而难以保证质量。学校的政策经常变化,初一、十五不一样,学院有学院的院情,怎么方便就怎么做,想怎么做就怎么做,其他学院基本上都是这样,所以整个研究生教育跟本科教学比起来反差很大。本科教育运行规范,有章可循;研究生这块随意性就比较大。我们学院要在研究生教育方面率先建章立制,规范我们的教学行为,保障培养秩序。虽然这样做可能会吃力不讨好,但这样费力气做是值得的。

研究生管理与运行的规范化,要抓主要环节。具体要抓如下几个方面。

(1) 招生、命题、阅卷。招生、命题、阅卷(包括初试、复试),也要规范。命题要考虑难易适度,各个知识板块的比例也要协调;阅卷,要严格参照标准答案,不能从局部小团体利益出发,随意降低标准。

(2) 指标分配与双向选择。目前的研究生(特别是硕士生)招生指标,基本上是平均分配,每人三个,好坏一个样。这恐怕值得商榷,是否应该联系到培养质量、就业状况而作一些浮动?学生和指导老师的双向选择也应该予以规范,时间、程序、选择的原则等,要有明确的规定,同时还要有一些人性化,顾及学生和老师双方的面子。

(3) 课程讲授与评议。研究生教学过程中最大的问题是授课的随意性,学生们意见很大。现在一些课题基本是以学生自己讲述为主,老师讲一个绪论,再分配任务给学生,各人自己做PPT(幻灯片)。这样做当然有好处,但是回避了老师的责任,学生还是要听老师讲述自己对相关领域的独到见解,老师应引导学生做研究,启发学生的思维。本科生课程有学生评议,研究生没有这一环节。现在看来,是否应该补上这一环节,值得我们讨论。

(4) 成果发表。学生发表论文,不管是否和老师联名发表,老师都是第一责任人。要有一个规定,学生发表论文之前,必须交老师审阅,老师同意后方能发表。

(5) 奖学金评定。奖学金是研究生工作中涉及利益分配的重大问题。这项工作应该有科学的评估指标体系,遵循严格的程序,公正合理,公开透明,才能把好事办好。

(6) 开题报告与答辩。硕士论文、博士论文的开题十分重要,好的开头是成功的一半。开题报告会应该怎么开,答辩专家怎么组成,怎么评分等,要有明确的规定。论文的评审也要有明确的规范，双盲评审要落到实处，要建立博士论文评审专家库，具体专家的选择应该遵循随机性原则；硕士论文不能在教研室内封闭循环，应该实行一定的交叉和回避；答辩委员会的组成要尊重指导老师的意见，指导老师也要服从学院的统一调整。

（7）学生申诉。如果学生对老师的教学情况不满，或者对老师给予的考试成绩、论文答辩成绩不满意，可以遵循确定的程序进行申诉。学院应该制定这方面的具体规则。

3. 强化研究生就业与思想政治工作

最近一个时期以来，研究生的思想政治工作和就业问题越来越严重。应该引起我们的高度注意。

现在学生的思想状况十分复杂，不仅在政治思想方面，而且在个人交往及一般的精神健康方面，也存在问题。对此，院学工组负有不可推卸的责任，但是这也不全是学工组老师的责任。研究生指导老师也有责任，老师在指导学生专业学习的同时，还应该是学生的朋友，应该在与学生的交流中，告诉他们该怎么做人，树立怎样的人生观、价值观。只有学工组和指导老师结合起来，才能把研究生的思想政治工作做好，才能保证学院的稳定。

最近一个时期以来，学生就业特别是研究生就业问题引起了社会的普遍关注。最近网上流行一个名词叫"被就业"。今年我们学院的就业工作逆势而上，在数量上，一次性就业率上升了近70%；在质量上，研究生的就业层次也普遍上升。这是一个好现象。但是，我们的就业率毕竟没有达到100%，还有一部分学生没有找到满意的工作，学院对此是无法坐视不管的。学院有义务帮助学生找到自己满意的岗位，学院的义务必然要分解到学工组以及各位指导老师那里。在目前的情况下，研究生就业是极为重要的工作。我们要各尽所能，把自己的社会关系、社会资源全部调动起来。尽一切努力解决学生的就业难题。

研究生教育是关系学院全局、影响到社会和谐及可持续发展的重大工作，我们必须振奋精神，以负责的态度，正视我们工作中存在的问题，群策群力，以创造性的思维和科学精神，探索解决问题的具体办法，使我们学院的研究生教育登上一个新的台阶，为我们学校和学科的发展，为我们国家的新闻传播事业和经济社会的繁荣，做出我们应有的贡献。

（本文系作者2009年暑期在华中科技大学新闻与信息传播学院研究生工作研讨会上的发言）

新闻与信息传播学院学科建设中长期规划

一、28年新闻与传播学科的建设成就及历史经验

华中科技大学新闻与信息传播学院(以下简称学院)历经28年的发展,虽数易其名且内部组织架构又经多次调整,但始终秉持"文理交叉见长,复合特色取胜"的办学宗旨,团结协作,开拓创新,在学科建设、人才培养、科学研究、社会服务和国际交流等方面取得了突出成绩。工科院校办新闻与信息传播,人文底蕴先天不足是事实,但后天拼劲十足,注重学科特色与勇于创新,铸就了新闻传播学科在全国新闻与传播教育界的实力与高度。这28年,创造了新闻与信息传播学院的璀璨历史,也见证了华中科技大学日新月异的发展变化。

(一)学科建设的历史成就

1. 学科品牌与学术声誉

学院从20世纪80年代的"应用为主,交叉见长",发展到90年代的"走新闻传播科技与新闻传播文化相结合的道路,实行人文学科、社会科学与自然科学、技术科学的大跨度交叉",一直具有鲜明的特色,在新闻与传播教育界、学界独树一帜。作为国内非综合性大学开设的第一个新闻学科,创办全国第一个网络传播专业,新媒体与网络传播方向已经成为学院的特色品牌;设立了国内新闻传播教育界唯一的新闻评论实验班。新闻学、广播电视新闻学专业被评为国家级特色专业。

学院现有新闻学、传播学、广播电视与数字媒体、广告与媒介经济4个博士点;新闻学、传播学、广播电视与数字媒体、广告与媒介经济4个硕士点,还有新闻与传播、出版2个专业硕士授予点;新闻学、广播电视新闻、传播学(网络与新媒体)、广告学及播音与主持艺术5个本科专业;新闻学专业下设新闻评论实验班,建构起从本科生、硕士生到博士生全程式新闻传播人才教育体系。

学院拥有新闻传播学一级学科博士点(2005)与博士后流动站(2007),是全国同类学院中唯一一家拥有两个国家级特色专业的新闻学院,是国务院学位委员会新闻传播学科评议组成员单位、教育部新闻学科教学指导委员会副主任单位、国务院学位委员会新闻与传播专业学位教育指导委员会成员单位、中国新闻传播教育学会副会长单位。在中国管理科学研究院《2006中国大学研究生院评价》中,我院新闻学二级学科位列全国第三,传播学二级学科名列全国第七;在《2006中国大学文学专业Ａ＋＋级学校名单》中,我院广播电视新闻专业和新闻学专业分别名列全国第二和第三。

2. 一流的学术团队

学院拥有一支学术实力强、学缘多样、老中青结构合理的教学科研团队,其中有国务院学位委员会学科评议组成员、教育部新闻学科教学指导委员会副主任、中国新闻史学会副会长、中国传播学会副会长、吴玉章奖获得者、教育部人文社会科学成果奖获得者、教育部跨世纪优秀人才、教育部"马克思主义理论研究和建设工程"首席专家、国家社科基金重大项目与重点项目主持人等。学院师资力量雄厚,其中,教授14人,博士生导师13人,副教授10人,讲师9人,青年教师队伍中博士所占比例达70％以上,40％的教师有出国、出境学习、培训的经历。形成了以知名教授为首、中青年教师为主体的充满活力的学术团队。

学院现有湖北省文科重点研究基地"媒介科技与传播发展研究中心",组建了新媒体与网络传播研究、政治传播研究、整合营销传播研究等学术团队。目前,该基地已经成为国家级文科重点研究基地、国家"985"哲学社会科学创新平台联盟的主要成员之一。近5年的总经费达400余万元,课题完成率达95％。

3. 一流的学术成果

学院承担了国家社科基金重大招标课题"互联网管理与中国特色网络文化建设",国家社会科学基金重点课题"应对突发事件舆论引导系统构建研究"、"多媒体技术与新闻传播",教育部文科重点研究基地重大资助课题"1978—2008中国新闻传播史研究"、"中国媒介改革与政治文明建设研究"与教育部跨世纪人才培养计划项目"世界新闻通史研究"。同时,还承担了一批国家社科基金、教育部人文社科基金、湖北省人文社会科学基金及中央各部委的委托研究项目。

近年来,学院出版教材、专著40余部,其中12部获省级以上奖励,全院教师发表学术论文600多篇。获吴玉章奖1项,教育部人文社会科学成果奖1项,湖北省社会科学成果奖(政府奖)8项,湖北省普通高校教学成果一等奖2项。在人民出版社、高等教育出版社、社会科学文献出版社、复旦大学出版社、武汉大学出版社、华中科技大学出版社等出版了一系列标志性的学术成果,如

"中华新闻传播学者文丛"、《当代中国新闻改革》、《新记〈大公报〉史稿》、《国家形象传播》、《新闻传播法学》等;在权威期刊《新闻与传播研究》等上发表一百多篇学术论文。

4. 一流的学生

学院以培养既有扎实人文社科功底又能掌握现代化传播技术的复合型现代新闻与信息传播人才为目标。每年招收博士生20人左右、硕士生100人左右、本科生180人左右,在校全日制学生1千余人。历届毕业生在国内权威媒体、党政机关、大型企事业单位有上佳表现,在国内高端人才市场创下了很好的口碑。据统计,学院在南方报业集团的校友就有40多人。在近几年的文科计算机大赛、中国大学生广告文化艺术节学院奖、中国大学生公关策划大赛、中国网络广告大赛和中国广告艺术设计大赛中屡获大奖。平均每年都有20%的本科毕业生被美国、英国等国家或地区的优秀院校录取。一批杰出校友为学院赢得良好的声誉,如1999级广电专业的张萌毕业后进入中央电视台,先后参与新疆罗布泊科考、2005年重新测量珠峰高度与神舟六号载人飞船、2008年5·12汶川地震、2010年泰国红衫军与政府军警冲突、2011年日本大地震等重大报道。校友王茂亮先后担任深圳商报社总编辑、深圳广播电视集团总裁,校友唐源涛担任湖北日报社总编辑等。

(二) 学科建设的历史经验

1. 交叉融合,出奇制胜

学院以"应用为主,交叉见长"为特色,本着"敢于竞争,善于转化"的基本理念,探索新闻与传播学教学改革和研究的创新之路。

1983年建系至1991年,新闻系确定了"应用为主,文理渗透"的办学方针。"应用为主"是针对新闻学自身的学科特点来讲的。新闻业务课教师几乎全部来自新闻实务第一线。"文理渗透"是针对华中工学院以理工科为主并拥有多种学科的学校特点而言的。立足于学校的工科优势,利用相关资源,探索新闻人才培养的新路径。

1992—1997年,学院进一步坚持"应用为主"并与时俱进地开放办学。20世纪90年代中期以后,学院将学科建设理念进一步凝练为"走新闻传播科技与新闻传播文化相结合的道路,实行人文学科、社会科学与自然科学、技术科学的大跨度交叉",致力于新闻学教改和研究创新。其标志是在1996年获得了国家社会科学基金重点课题"多媒体技术与新闻传播"。

1998—2006年,是学院"大跨度交叉"的发展期,学科发展的总体思路是以人文、社科为基础,实行人文社科与电信、信息等工科的远程交叉,使传播文化与传播科技结盟,培养既有扎实的人文、社科功底,又能掌握现代传播工具的现代化新闻与信息传播人才。

2007年以后,学院坚持"育人为本,依法治院,文工交融,追求卓越"的办院方略,本着顶层设计、问题导向的原则,建设大跨度学科交叉的创新平台,不断完善人才培养链。体现新闻传播学科实力的关键性指标不断地增长与丰富,巩固并提升了学科地位。学科结构更趋合理,学术生态更趋和谐,学术空间更趋宽松。

2. 开放办学,海纳百川

学院先后与国内一些知名大学签订了合作办学协议,实现资源共享;与美国、英国、澳大利亚、新加坡以及我国香港地区、澳门地区、台湾地区等10多个国家和地区的高等院校、科研院所建立了交流与科研协作关系。多年来,学院与新加坡南洋理工大学在国内外联合主办"海外华文报纸与华夏文明传播学术会议",与香港城市大学联合举办"公关与广告国际学术论坛",已成了学术界的品牌。派遣本科生与研究生去美国伊利诺伊大学、香港城市大学、中国台湾铭传大学等著名高校进行学习交流。

3. 需求导向,崇尚实践

鉴于新闻学科的应用性质,学院坚持业务课程教师必须有媒体经历的办学传统。作为全国第一个以理工科为主的高等学校创办的新闻系,新闻业务课教师几乎全部来自新闻实务第一线。新闻系创办人、华中工学院院长朱九思就是个老新闻人,具有深厚的新闻情结。新闻学院第一届系主任是当时在《湖北日报》当主任的复旦大学毕业生汪新源。第二任系主任程世寿也来自报界。崇尚实践的办学传统一直贯穿于学院的人才战略与课程改革之中,并成为学院文化的重要内容。

学院重视实践教学,注重培养学生的实践能力,如今已是硕果累累。

(1)不断创新理念,丰富实践教学内涵。开展集中专业实习与校园媒体实践相结合、课堂实验教学与创新团队孵化互为补充的实践新模式,改进实践教学内容,形成了独具特色的实践教学体系。

(2)改革专业实习管理,将各系的专业实习指导统一纳入学院管理,变实习指导教师轮流化为实习指导教师固定化。实习基地涵盖《人民日报》、新华社、《中国青年报》、《经济日报》、《光明日报》、南方报业集团、南方电视台、湖南广电集团、深圳广电集团、深圳报业集团等中央级、省级主流媒体或高端媒体。实习管理制度的改革,有效整合了各种社会资源,搭建了高水平的实习平台,成功地推介了新闻与信息传播学院品牌。

(3)制定新的人才培养方案。加强课程实习、专业实习、实验教学、社会实践和社会调查等实践教学环节,以能力培养为导向。学院以培养高素质的复合型人才为目标,注重理论与实践相结合,在发展经费紧张的情况下,积极改善实验实训条件。

(4)鼓励与扶持创新团队建设,在全国大赛中锻炼队伍。自2007年以来,"红树林团队"与"第二视觉团队"连续在国家级公共关系大赛、广告大赛、教育部"全国文科大学生计算机大赛"上获大奖。2011年,学院代表队又获得"全国文科大学生计算机大赛"一等奖两项、二等奖一项。

4. 引领时代,敢为人先

学院在理工科大学背景中发展起来,形成了文工交融的鲜明特色。学风严谨扎实,成长较快,在华中地区具有较大影响。1983年,当时的华中工学院创办第一个新闻系,成为单科院校创办新闻专业成功的范例。学院立足于交叉,体现为"文理交叉、文工交叉、文文交叉"。学院的人才培养以实践为导向,培养既有扎实人文社科功底又能掌握现代化传播工具的复合型新闻传播人才。学院在全国新闻学专业中最早开设"高等数学"、"自然科学概论"、"数据库"和"微机原理"等课程,而且让学生学会开汽车。1998年,在全国首创网络新闻传播学专业。2005年,创办国内第一个也是唯一的一个新闻评论实验班。勇于创新,敢为人先,为学院发展赋予不竭动力。

二、新闻与传播学科发展存在的主要问题

成绩只能说明过去,发展必须面对未来。在媒介转型、业界竞争、院系竞争白热化的背景下,学院教职工必须有自我反思的勇气与责任,勇于直面学科发展所面临的紧迫问题。整体而言,学院目前与国内外一流新闻院系的主要差距在于:一是学术研究上的重大创新性成果比较少;二是学术团队的国际化程度有待提高;三是学科的社会影响力亟待巩固与强化。

(一)学科比较的差距

1. 与美国密苏里大学、中国人民大学、复旦大学新闻学院的比较

1)美国密苏里大学新闻学院的经验

美国密苏里大学新闻学院创建于1908年,在美国新闻业界和教育界享有很高的声誉。目前学院在全美排第二名,新闻专业占第一名。师资队伍分为专业实践课教师与学术教授两种。优秀的师资队伍、全美最丰富的硬件资源、"密苏里方法"(通过实践学习新闻和广告)与良好的媒体资源,是美国密苏里大学成功的法宝。本科生教育侧重六大方向,即融合新闻学、期刊新闻学、摄影新闻

学、平面和数字新闻学、广播电视新闻学、策略性传播;硕士生教育强调专业化与学科设置的细化,与社会学、法学、管理学交叉形成 28 个专业方向;博士生教育侧重理论和方法论。在国际新闻传播教育界,享有盛誉。相比之下,我们学院在历史传统、师资队伍、学术创新、办学条件、社会影响等方面有很大的差距。

2) 华中科技大学、中国人民大学、复旦大学新闻学院的优势

如表 1 所示,中国人民大学新闻学院、复旦大学新闻学院不仅具有悠久的办学历史和深厚的学术积淀,而且在学科平台、学术团队、办学条件等方面占尽了优势。我们与他们的差距,不是短期内所能消除的。

表 1　华中科技大学、中国人民大学、复旦大学新闻学院的优势

学校	专业教师	重点学科	科研基地	研究特色	实验室	国家级特色专业	长江学者
华中科技大学	33	省级一级学科重点科	省级文科重点研究基地"媒介技术与传播发展研究中心",新媒体与社会发展创新基地(国家"985"三期创新基地)	新媒体	省级实验教学示范中心(2007)	新闻学(2007),广播电视新闻学(2009)	—
中国人民大学	51	国家级一级学科重点学科	教育部人文社会科学重点研究基地"新闻与社会发展研究中心","985"二期、三期国家哲学社会科学创新基地	新闻学	国家级实验教学示范中心(2008)	新闻学(2007)	聘香港城市大学媒体与传播学院教授祝建华为"长江学者讲座教授"
复旦大学	49	国家级一级学科重点学科	教育部人文社会科学重点研究基地"信息与传播研究中心","985"二期、三期国家级哲学社会科学研究创新基地"传播与媒介化社会研究基地"	传播学	国家级实验教学示范中心(2009)	新闻学(2007)	聘香港中文大学新闻与传播学院陈韬文教授为"长江学者讲座教授"

2. 华中科技大学新闻与信息传播学院的劣势分析

置身于中国新闻传播教育的大背景下,比较而言,我们学院存在着发展不够、差距明显的问题。具体来说,我们学院的劣势表现在以下四个方面。

(1) 传统的新闻学与传播学优势已被中国人民大学、复旦大学等老牌高校

抢占,在这方面华中科技大学新闻与信息传播学院很难超越。中国人民大学、复旦大学有深厚的历史积淀,加上学校的大力支持,"211"、"985"单独立项资助,同时拥有国家级一级学科重点学科。中国人民大学、复旦大学拥有华中科技大学无法比拟的区位优势、师资队伍、学科传统和社会资源,并据此占领新闻传播学的传统学科高地。

（2）缺乏国家级文科重点研究基地或学术平台。中国人民大学、复旦大学、中国传媒大学、武汉大学都有国家级文科重点研究基地,其投入的力度及其持续性有国家体制的保障;华中科技大学新闻与信息传播学院目前只有省级文科重点研究基地,科研投入和连续性缺乏保障。

（3）在国家重大问题、重大需求方面话语权缺失。

（4）人才队伍建设仍需加强,国际化程度有待提高;重点学科有待进一步突破;实验设备的配置还需与时俱进,尽量向业界实战标准靠拢。

（二）制约学院发展的主要问题

1. 学科特色优势在弱化

"文工交叉,应用见长"曾经是华中科技大学新闻与信息传播学院的早期特色,也是学院在业界与学界的一张亮丽的招牌。但随着网络媒体的发展与三网融合的推进,一些兄弟院系纷纷挺进网络传播的教学与科研领域,学科趋同现象严重削弱了学院固有的特色与优势。

2. 产学研结合还需进一步加强

（1）基础理论研究导向鲜明,应用研究与对策研究薄弱。经过多年的积累与发展,学院的基础理论研究导向鲜明且富有特色,但随着大众传媒与社会的互动日益频繁,随着高校服务于社会的呼声越来越高,随着学院通过"自我造血"功能谋求经济自主、提高学术生产力的需求越来越紧迫,应用研究与对策研究的薄弱也日益凸显。

（2）学术研究"顶天"但没有"立地",服务产业与行业的能力不强。将高水平的学术研究成果有效转化为社会生产力,服务于政府与公司企业的决策、媒体发展以及社会大众的需要,是高水平新闻院校的重要体现。在保持学术独立与自主的前提之下,学院的学术研究呈现出"顶天但没有立地"的特点,服务产业与行业的功能不强。

（3）学科的社会渗透力与学术影响力还有较大的提升空间。优势学科在引领学科发展和应用发展方面缺乏可持续性,服务于政府、媒体、企业或科研机构的重大成果仍显不足。除了要加强对经济增长、社会进步和国家安全具有重要战略意义的基础性、前瞻性研究外,学院还要发展跨学科的、前沿性的信息传播研究,能产生重大经济或社会效益的关键技术创新和集成创新。

3. 学科建设环境及内部机制有待完善

(1)学术队伍的结构还需进一步优化。学院的文工交叉特色在新媒体时代尚未得到充分彰显。学院在网络传播方面曾经走在前列并已有相当积累,但从目前来看,无论是教学还是科研,我们对新媒体时代尚无足够有力的回应,也未能在实质上走在全国前列,这是值得警惕和重视的。如何进一步明确网络传播的专业定位与学术定位,如何巩固并发展新媒体研究的优势,怎样才能在新媒体语境下实现新闻传播学科的整体升级与转型,如何优化现有的师资队伍与整合现有的学术资源,这是学院凝练"新媒体与社会发展"研究方向时不得不面对的现实问题。

(2)学术氛围不够浓厚。与国内某些一流新闻院校相比,学院的学术氛围还不够浓厚,这主要表现在如下几个方面:一是教师参加国内外学术会议不够积极;二是因组织管理措施不得当导致教师和研究生参与学术讲座的主动性还不够;三是学院内部的学术交流不够充分;四是部分教师对"终身学习"与学术提升的重视不够。

(3)竞争与协作机制有待进一步完善。尽管近年来学院的各级各类科研项目与科研经费不断攀升,但尚未形成较为明显清晰、由多位教师合作参与、在国内居稳定领先地位的研究领域,亦即学院的特色研究方向。学院教师的研究方向过于分散,竞争与协作机制不完善,不利于学院组建学术团队争取大项目、攻关大课题,不利于凝练特色学术方向,严重影响了学院的学术影响力。

4. 学生对高端人才市场的占有率有待提高

随着实践教学改革与实习基地的提升,学生对高端人才市场占有率有所改善,但其市场占有率仍有待提升。出口决定入口,学生的就业直接影响到学院的招生状况。抢占高端媒体的重要岗位,进驻大公司与知名企业的关键岗位,打造优秀的创新团队,发挥校友资源的作用,提升专业实习平台与就业层次,将成为学院发展的重要议题。

三、学科建设的指导思想和基本原则

(一)学科建设的指导思想

以科学发展观为指导,发扬华中科技大学"敢于竞争、善于转化"的优良传统,坚持"育人为本、创新是魂、责任以行"的价值观,遵循"应用领先、基础突破、协调发展"的基本方略,建设国内一流的新闻与传播学科。

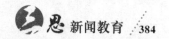

(二)学科建设的基本原则

1. 整合学术资源,凸显交叉融合特色

紧紧围绕教育部重点文科研究基地建设、国家"十二五"科研发展规划的相关要求,整合学术资源,交叉融合并实现学术创新。实现科研工作的思想转变、工作重心转变、科研模式转变和组织形态转变,提升现有的学术平台。

2. 坚持需求导向,引领业界发展

立足新闻传播学科,发挥学校的计算机、电信、经济管理、社会学、医学等专业优势,在培育新闻传播研究的新生长点的同时,培养新闻传播技能强、通信与计算机能力强的复合型传播人才。吸收工科院系科研团队建设经验,积极探索适合文科特点的研究团队建设之路。围绕"新媒体与社会发展"方向,以解决政府、媒体、公司或企业的重大问题为牵引,以制度创新为手段,提高教师科研成果的转化能力,服务于社会的重大需求。

3. 特色发展,差异化竞争

"媒介融合"对职业新闻传播工作者与公民的媒介素养提出了更高的要求,也使新闻教育面临新的严峻挑战。应对"媒介融合"趋势,学院需要从专业设置、课程改革、培养模式、师资队伍建设等方面进行改革创新,必须整合全院的教育资源来重新规划设计新专业方向,理清专业边界,旨在造就一批新型新闻传播人才。因此,需要以本科教学改革为龙头,推动硕士生、博士生培养方式的改革,实现"特色发展"与"差异化竞争"的目标。

四、新闻传播学科的未来愿景及具体目标

(一)学院进一步发展的优势分析

第一,华中科技大学拥有一流的工科与医科背景,学校的学科门类齐全,办学层次趋于完整,而且把超常规发展人文社会科学作为学校的战略目标,以建设世界一流综合性大学为未来愿景,这为学院深入开展文工交叉的科学研究和人才培养创造了良好的条件。

第二,华中科技大学新闻与信息传播学院在传统的新闻传播史论、网络新媒体、策略传播等领域已拥有较高的品牌地位。学院最早创办网络传播学专业,拥有湖北省人文社科重点研究基地"媒介技术与传播发展研究中心"、国家"985"三期"新媒体与社会发展创新基地"。"文工交融"的特色比较鲜明,代表着一种新的探索方向。

第三，基于互联网、手机与下一代广播电视网的新媒体的发展，为学院培养新媒体专业人才、服务新媒体行业发展以及解决与此相关的重大社会问题，提供了难得的战略机遇。

第四，学院拥有一支精干且战斗力强的师资队伍。老中青教师梯队合理，由领军人物、骨干力量、新生力量组建的学术队伍结构健全。

第五，学科地位不断巩固，学院发展已经站在一个新的历史起点上。目前，学院拥有新闻传播学一级学科博士点(2005)、新闻传播学一级学科博士后流动站(2007)，是国务院学位委员会新闻传播学科评议组成员单位(2009)，教育部新闻学科教学指导委员会副主任单位(2006)、中国新闻史学会副会长单位(2000)、中国新闻传播教育学会副会长单位(2008)，拥有两个国家级特色专业(新闻学专业、广播电视新闻专业)，省重点文科研究基地"媒介技术与传播发展研究中心"(2006)、省一级学科重点学科(2008)、省实验教学示范中心(2008)，还拥有国家级精品课程"外国新闻传播史"(2009)、国家视频公开课程"传播的历程"(2011)、湖北省精品课程"广播电视专题与专栏"(2009)与"新闻评论"(2008)。2008年，学院获"211工程"三期建设项目的大力扶持，2010年又获"985"三期建设项目的重点支持。

(二)新闻传播学科的未来愿景

目前阶段对于中国新闻传播教育界而言，面临着全局性的大洗牌。各新闻院系所处地域的差异，相关政策与学校投入力度的不同，社会转型与媒体融合的趋势，新闻传播、学科人才竞争白热化，都可能重构新闻传播院系的力量格局。在这个背景下，顶尖的新闻院系与我们学院的距离有拉开的趋势，而后面的追兵离我们越来越近。"逆水行舟，不进则退"。围绕华中科技大学在2020年建设成为国际一流知名大学的全局性战略目标，学院必须尽心竭力，发挥全体员工的想象力与创造力，力争在2020年成长为具有国际一流水平的新闻传播学院。学院的综合实力要居于国内同类院系五强之列。

(三)学科发展的具体目标

1. 建设新闻与传播学国家一级学科重点学科

对照《国家重点学科建设与管理暂行办法》，参照学院已经获得的一些标志着学科水平的重要指标，学院在学科方向、学术队伍、人才培养、科学研究、学术氛围等方面，已经具备申请国家一级学科重点学科的要求。下一轮国家一级学科重点学科可能于2012年启动，这是学院必须重点争取的发展机遇之一。学院要全力准备，争取实现国家一级学科重点学科的突破。

2. 建设教育部文科重点研究基地

目前，国内新闻传播学界有 4 个教育部人文社会科学重点研究基地（中国人民大学新闻与社会发展研究中心、复旦大学信息与传播研究中心、中国传媒大学广播电视研究中心、武汉大学传媒发展研究中心）。我们学院的"媒介技术与传播发展研究中心"只是湖北省文科重点研究基地。教育部今明两年可能启动新一轮交叉学科基地建设的申报工作，对此，我们要做好充分准备。只有跻身于国家级的创新研究平台，源源不断地从外部获取学院发展所必需的资源，激活内部的学术潜力，才能确保并提高本学科的全国优势地位。

在华中科技大学"985 工程""新媒体与社会发展创新研究基地"建设项目的基础上，借助学校投入的建设经费，依托湖北省文科重点研究基地"媒介技术与传播发展研究中心"，凝聚学院新媒体研究的学术资源，联合法学院、马克思主义学院、社会学系、外语学院、文学院、公共卫生学院、电信系、计算机系的相关学科，围绕新媒体的法律规制、新媒体的政治传播、新媒体的跨文化传播、数字新媒体技术、网络传播等课题，积极争取将湖北省文科重点研究基地"媒介技术与传播发展研究中心"升级为教育部文科重点研究基地。

3. 建设国家级创新团队

创新团队建设也是学科建设的重中之重。目前，学院只有一个校级教学团队——国家特色专业新闻学专业核心课程的教学团队。在此基础上，学院要整合优势资源，冲刺国家级教学团队；同时，在学生创新团队建设上要取得更大的成果。围绕着科学研究和学科建设，学院要组织力量，着眼于新媒体传播以及新媒体语境下新闻与传播学科的整体转型与升级，建设一个国家级的创新团队。

4. 长江学者特聘教授、讲座教授设岗

借鉴其他新闻院校的已有经验，结合华中科技大学的品牌优势，加大人才引进力度，实现长江学者特聘教授、讲座教授设岗的突破，提升学院的国际化程度与社会影响力。

5. 实现教育部人文社会科学奖、国家教学成果奖等重大奖项的突破

学院应争取教育部人文社会科学成果奖二等奖以上的重大奖项，在教学成果奖方面，也要实现国家级成果的突破。

（四）学科建设的基本内容

1. 学术队伍建设

根据学科发展的需要，建设一支以中青年学者为主体的、国际化的、结构合理的、充满活力的学术队伍。建设拥有跨学科知识、跨文化思维、跨媒体技能的

师资队伍,强化教师对科学工具的使用能力。通过培养与引进相结合的方式,打造一两个学术团队,以点带面,促进学术队伍整体实力的提高。以"新媒体与社会发展研究"为龙头,以项目锻炼学术队伍,以队伍凝聚研究方向。

(1) 全方位引进人才,将具有各个专业背景和各个年龄段的专业人士,充实到学院的教师队伍中来,形成师资队伍的多元化结构。继续建设高水平的教师队伍,特别是从国外一流大学引进一批优秀学者,形成若干个具有特色和优势的学术团队。

(2) 聘请国际高端学者为教师开展专业培训,与国际主流专业机构进行学术交流,派遣中青年专业骨干教师去国外进修,拓宽教师的学术视野,更新教师的知识系统,活跃教师的科学思维,刺激教师的改革意识。

(3) 将聘请业界精英人士进入教学环节作为一种长效机制。聘请活跃于新闻与信息传播界的业界精英进入课堂;同时鼓励青年教师,特别是业务课程教师到媒体兼职,或者定期挂职,提升课程教学的前沿性和实用性。

(4) 为中青年教师参与高端科研项目创造条件。一方面,鼓励中青年教师积极申请和开发具有前沿性的科研项目;另一方面,将中青年教师编入重大科研项目的团队,让他们担当重要任务,为提高他们的学术水平和科研能力提供良好的学术环境。同时,探索通过与业界衔接、与学界衔接、与技术行业和相关专业领域衔接、与国际专业教育科研机构衔接等途径,提高师资队伍的教学能力和学术水平。

2. 创新平台建设

"985工程优势学科创新平台项目"是以国家和行业发展急需的重点领域和重大需求为导向,围绕国家科技发展战略和学科前沿,加大学科结构调整力度,促进学科交叉,大力提高建设学科的科技创新能力和解决制约经济社会发展的重大瓶颈问题的能力。

本着顶层设计的理念,学院要立足于"985工程三期"立项,面向社会重大问题和重大需求,围绕新媒体与社会发展的相关议题,集结学校相关院系的研究力量,以科研促教学,加大学科建设力度,建设跨学科创新平台。

3. 重点学科建设

针对我国新闻教育界院系间的学科竞争态势,学院以"985工程三期"的"新媒体与社会发展研究基地"建设为基础,争取新闻传播学国家一级学科重点学科,确保获批一个国家二级学科重点学科,巩固和提升学院在全国新闻传播学界的学科地位。

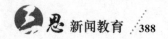

五、新闻传播学科建设的保障措施

在经历了 28 年的快速发展后,华中科技大学新闻与信息传播学院正面临新的战略选择。学院处在前后十年发展的关键点上,尽管已经有了一定基础和势能,但前有标兵,后有追兵,竞争异常激烈,只能尽力往前赶。学院必须把握形势,摸清实际,抓住有利时机,切实解决好前进道路上的矛盾和问题,积蓄内涵,打好基础,努力促进第二个十年发展的新跨越。未来十年,学院要借鉴国外新闻传播学教育的经验,洞悉媒介融合趋势与国内新闻院系的竞争态势,做好学院的远景规划与近期规划,提高学术团队的国际化程度,推出学术研究的重大创新性成果。

1. 改革学院管理,形成良性的运行机制

在媒介融合的趋势下,我国的新闻传播教育面临较大的变革。学院应努力争取学校的支持,为教学改革提供更为宽松的环境、更为有力的支持。大力推进本科教学改革,进一步完善本科各专业培养方案,制订新的教学计划,明确教育思想与专业理念,完善新闻传播人才培养模式。同时加强学院管理机制和管理体制改革,健全教研室和教学团队,强化各系的办学主体地位,改革绩效考核体系,调动教职员工的积极性。

2. 营造良好的学术氛围

围绕"新媒体与社会发展"方向,拓展学院的研究视阈,积极组织高水平、前沿性、国际化的学术讲座,营造良好的学术氛围,调动师生的科研积极性。鼓励教师之间的学术探索、争鸣与合作,抢占新闻传播学研究的学术前沿与高端领地。围绕基地项目、"985 工程三期"建设项目以及重大课题的申报,凝练学术方向,锻炼学术队伍,打造有社会影响力的学术团队,提升特色研究方向的学术水平。

3. 拓展社会服务,增进员工福利

瞄准政府、媒体以及企业的需求,将学术成果积极转化为现实生产力。建言献策,开展各种决策咨询工作,巩固和加强学院在业界的影响力。整合学院的优势师资力量,为政府、企业、科研组织提供配套的咨询服务与培训服务。

开源节流,增进职工福利,稳定师资队伍。目前,学院的服务空间在压缩,营收能力在萎缩,财务面临困难。一方面,学院应尽可能地开辟新的社会服务空间,拓展新的社会资源;另一方面,必须秉持节约的原则,集中财力服务于人才培养和科学研究,增进教职工的福利,稳定师资队伍。

4. 争取多方投入,改善办学条件

新闻传播学科的实践性特征,使得学院必须争取学校加大对新闻学院的硬件投入,补充、更新教学实验器材,完善办学条件。依托即将安装调试完毕的演播厅,改善实验教学环境。建设多功能、跨媒体、可扩展的教学平台,稳步推进实践和实验教学改革,进一步维护与提升专业实习平台。

总之,华中科技大学新闻与信息传播学院在未来五到十年间,应该本着"敢于竞争,善于转化"的理念,发扬优良传统,团结全体员工,努力克服前进中的各种困难,调动一切积极因素,力争在未来十年内使学院学术水准进入国际一流水平,学院的综合实力居于国内同类院系五强之列。

(本规划在 2010 年末 2011 年初即开始酝酿,2011 年 3 月,由作者本人提出大纲,起草小组提出草稿,6 月 18—19 日,学院全体教师集中两天召开全体会议进行研讨,集思广益,在吸收多方意见后,由作者本人修改定稿)

携理念与时俱进,倾思想铸就华章

记者:张教授您好!很高兴能邀请您来做本期《今传媒》的嘉宾。能谈谈您担任华中科技大学新闻与信息传播学院院长之后学院的变化及学院取得的成就吗?贵学院在学科建设方面有什么特色?

张昆:很高兴能够成为《今传媒》的嘉宾,也很愿意与《今传媒》的读者交流,分享我在办学与研究方面的体会。

我是2006年7月应华中科技大学校长李培根院士的邀请就任华中科技大学新闻与信息传播学院院长一职的。迄今快六年了。这个时间说长不长,说短也不短。客观地说,这几年我干得很辛苦,连带着我们的管理团队,一直打拼下来,大家都喊累。回头来看,成果也不少,付出的辛劳,流出的汗水,还是值得的。

应该说,在我担任院长之前,华中科技大学新闻与信息传播学院就有一个比较好的基础,在2003年、2005年分别获得了新闻学二级学科博士点、新闻与传播学一级学科博士点。到2006年为止,是全国新闻传播教育界六个拥有一级学科博士点的单位。学院的学风淳朴,教师之间也比较团结,在国内教育界同行中有较好的口碑。所以我的工作平台和起点是比较高的,如果说做了一些工作,也是在前人的基础上、在前人的肩膀上做的。

在六年院长任内,在学科建设方面,我们主要做了以下几个方面的事情。

一是队伍建设。我到任时,学院师资队伍结构不甚合理,在青年与老年教师之间存在着明显的断层,一些资深教授成就斐然,在学界业界有很高的声望,但青年教师中露出头角者很少。青年人如果上不去,学科的发展就没有后劲。为此,学院一方面加大引进人才的力度,另一方面则改进用人机制,完善内部环境,激活人力资源的存量。下大力气培养青年教师,在项目申报、国际交流等方面,尽可能地给青年教师创造出头的机会,同时帮助青年教师站稳讲台,引导他们在教学科研方面同步发展。这些措施,在现在看来是有效果的,这两年我们学院的大部分成果、大部分项目都是50岁以下的老师贡献的。

二是科学研究。我到任前,学院老师的科研项目特别是国家级项目很少,从社会争取到的横向研究经费也不多。近年来学院加强学术方向凝练,面向国家的重大需求或重大问题,努力组织学术团队,跨专业跨学科集体攻关,这些努力效果十分显著。2011年,学院成功申请了国家社会科学基金课题六项,其中重大课题一项,重点项目一项,青年项目两项,普通项目一项,后期资助项目一项,在同类院系中居于首位。2012年,截至今日,我们又成功申请国家社会科学基金课题四项。要知道,我们新闻学院一共只有32位专职教师。这样的教师规模,能够取得这样多的国家级课题,同行们都很吃惊。大量的国家级项目的获得,使得我们的老师、研究生自然进入了国内学术的前沿,提高我们的学科品质。

三是平台建设。六年来我们学院还致力于学科平台建设。2006年底,我们成功建设了湖北省文科重点研究基地"媒介技术与传播发展研究中心";2007年,我们成功申请并建立了新闻传播学一级学科博士后流动站;2008年,我们的新闻与传播学科成功进入湖北省一级学科重点学科的行列,新闻传播学科被列入学校"211工程"建设项目;2010年,我们学院的"新媒体与社会发展研究中心"被纳入"985"第三期建设规划。在此基础上,学院围绕着两个国家重大课题打造两个特色研究(新媒体研究方向和战略传播研究方向)团队,并取得了一系列研究成果。

这些工作为学院的学科建设打下了坚实的基础,为今后学院在人才培养、科学研究、社会服务方面的提升开了一个好头。

记者:我们知道,您特别注重人才的培养,根据社会对人才的需求及贵学院特色制定了一系列有效可行的培养计划,在人才培养方面有自己的独特见解及培训模式,为社会输送了大量的优秀传媒人才。请问您和您的团队是如何做到这一点的?

张昆:华中科技大学是国内工科院校最早创办新闻专业的学校,新闻学专业也是本校最早创办的文科专业。在一个没有人文社会科学基础的学校办新闻教育,华中科技大学走的路子完全不同于其他综合性大学。在华中科技大学新闻教育初创时,老校长朱九思老先生确定了基本的办学理念,那就是"文工交叉,应用领先"。一路走来,我们学院在坚持原有传统的基础上,推陈出新,适应社会和传播业界需求的变化,不断革新课程体系,不断完善人才培养模式。所以我们培养的人才,一直受到社会的好评。

如今,我们处在一个传播科技飞速发展的时代,媒介的使用方式、运营观念都发生了根本的变革,融合媒介、全媒体的理念及转型实践势不可挡,与此同时,在高度发达的传播技术的推动下,社会大众已经结束了信息饥渴,人们不再苦于信息匮乏,而是企求传媒的思想引领。在这种全新的环境下,传媒人才的需求也发生了重大的变化,当前传媒业界急需的是具有一定思想高度的复合型全能新闻人才。他不仅要懂新闻理论,娴于新闻技能,精通传播技术,而且要有多学科的宽广视野和严谨求实的科学态度;不仅能够胜任单一媒体单一岗位的工作要求,而且能够实现跨媒体不同岗位的自由流动。近年来,传媒教育最大的问题在于,高校的专业设置越来越细,特别是新闻传播专业的人才培养模式与媒介融合的现实渐行渐远;同时,在具体的教育实践中,越来越重视业务技能的培养,而在相当程度上忽略了学生健全人格、批判思维的养成和思想境界的提升。传统的新闻教育已无法适应信息化时代媒介融合的实践发展需要。

面对来自业界的跨媒体全能型新闻人才培养需求,必须打破传统的专业界限,促进新闻传播学与理工学科、人文社会学科以及新闻传播学科内部各专业间的交叉融合,探讨基于知识、能力、思维及人格全面发展的复合型全能新闻人才培养的新理念、新路径。

为此,我们学院主要做了以下几件事情。

一是采取切实的措施,建立双师型师资队伍。从业界引进师资,从业界聘请兼职教师,选派教师到业界挂职,以及吸引业界资深人士到学院挂职的做法独树一帜,使得新闻传播教育密切追踪业界实践,人才培养很好地适应实践的需要;与此同时,教师来源的多元化不仅丰富了教师队伍的知识结构、学缘结构,更重要的是体现了学科交叉的办学特色定位。

二是根据业界新的人才需求,不断调整课程体系。2006年,新的教学计划调整思路发生了重大变化,实行文科大平台＋专业小平台＋专业方向课程的课程群组合。2009年,为了顺应媒介融合的趋势,进一步体现学科交叉的特色,我们打开学院内四个专业的方向课程壁垒,每个专业设计出核心课程组,供院内其他专业学生选修,以增强学生的复合知识和能力。

三是加强专业建设、课程建设和教材建设。近年来,学院先后建设有两个国家级特色专业,两个省级品牌专业;一门国家级精品课程,一门国家级精品视频公开课程,三门湖北省精品课程;三本教材入选"十一五"国家级规划教材,两位教授入选教育部马克思主义理论建设工程重大教材首席专家。

四是强化实践环节,通过业务课程实训、实验课程实训、创新团队实训等环节,使得学生的复合能力实训贯穿于整个大学学习阶段。业务类课程要求学生课余进行新闻传播业务实践,在课堂上提交实训作品;通过融媒体全流程一体化教学和实验,学生在复合能力的竞技实训中得到锻炼和提升;同时,组建了多个学生创新实践团队,如红树林团队、第二视觉团队等,在专业教师的指导下,吸引学生参与编剧、导演、制作、策划等新闻传播综合业务创作实训,全面培养和增强学生学科交叉的专业特质。近三年来,广播电视学专业的学生参加全国高校文科计算机大赛并获得 3 项一等奖(电子杂志《呀！基诺》、《我的低碳王国》、《票》)、3 项二等奖;广告学系学生参加全国广告设计大赛获得 2 项二等奖。同时,探索基于一体化实习工作平台的实习项目组的运作,与人民日报社、新华社、中央电视台、湖北日报传媒集团、湖北广电总台等中央及省市媒体共建实习基地达 20 余个,真正做到了实习贯穿新闻传播专业四年学习的始终。

这些努力收到了很大的成效。近年来学生的综合素质和专业素质有很大的提高,就业状况有很大的改善,在学界、业界均有很好的口碑。

记者:改革开放以来,我国新闻的研究发展取得了很大的进步。您的主要研究方向为外国新闻史、传播思想史、政治传播学等领域,据了解,您获得了很多项国家研究课题,取得了很多科研成果,据说,许多课题很有代表性,能具体谈谈吗?

张昆:在新闻传播学领域,我是一个后学者。我不是一个聪明人,但是比较努力。在读书的阶段,有名师指点,在工作时期,又有开明的领导提携、引领。所以在学术研究方面,颇有心得。在 1996 年,我就成功地申请了一个国家社会科学基金青年项目。当时我在武汉大学工作,这也是武汉大学的第一项国家级社科课题。随后在 2001 年、2006 年又相继获得两个国家社会科学基金课题。2011 年,我和华中科技大学的战略传播研究团队又成功申请了国家社会科学基金重大课题"跨文化传播中的中国国家形象传播建构研究"。

这些年来我的主要精力不在学术研究方面。1998 年,我当时被任命为武汉大学新闻学院院长,随后又担任武汉大学大众传播与知识信息管理学院副院长,就一直没有消停。2006 年到华中科技大学担任新闻与信息传播学院院长。行政事务繁多,接连不断的会议,还要考虑创收以解决老师的福利,还要给本科生、研究生上课,跟业界的交往应酬也不少,很难安静下来思考学术问题。所以有不少选题存在脑子里,有些课题开题了,就是没有很好地做下去。想起来,实在是惭愧。这届院长任满后,我将不再担任任何行政职务,做一个纯粹的老师,认认真真地做自己想做的事情,写几篇像样的文章。

在学术兴趣方面,近二十年来,我主要集中在以下几个方面。

一是新闻传播史。我在大学读书期间,第一专业就是历史学。研究生时期是新闻学。这样担任教师工作后,学术兴趣自然就实现了新闻学与历史的交叉,新闻史的研究就成了我的第一方向。在新闻传播史研究方面,开始时我很关注世界史体系的建构,主张打破国别史的格局,建设世界新闻传播通史体系。1994 年,我出版了第一本大学教材《简明世界新闻通史》,试图做到中外合璧、古今贯通。这本书出来后,受到了学界的好评。2006 年,在复旦大学出版社出了《中外新闻传播思想史导论》。2008年,又在高等教育出版社出版了《中外新闻传播史》。还就新闻史的理论与方法发表了一些论文。这些研究成果,很快转化到教学过程中,在2009年,我主讲的"外国新闻传播史"被评为国家精品课程;2011年,我主讲的"传播的历程"被评为第一批国家视频公开课。

二是政治传播学。我一直对政治学有很浓厚的兴趣,大学时期就读过不少政治学方面的经典著作。我的博士阶段学习的就是政治学。在政治学领域,我选择了一个与传媒联系密切的议题,即政治社会化。2003年,我在博士学位论文的基础上,出版了《大众媒介的政治社会化功能》,这本书在政治学界产生了较好的反响。还有一个议题,就是对外传播与国家形象建构。我承担的四个国家社会科学基金课题中,有三个就属于这一议题领域。近十年来,我在这方面发表了二十多篇论文、出版了一本专著。目前在研的国家社会科学基金重大课题"跨文化传播中的中国国家形象建构研究"正在紧张进行,可望实现较大的突破。

三是新闻传播教育。我一直工作在新闻传播教育的第一线。担任新闻传播院系的基层领导快二十年。而且经历了两个学校——从武汉大学到华中科技大学的转变,这两个学校的新闻学院都是国内较好的新闻学院。对于新闻传播教育、专业人才培养有自己的感受和理解。最近几年,我围绕新闻传播教育陆续发表了二十几篇论文,专著《新闻教育改革论》即将出版。

记者:2011年,在"十七届六中全会"上,我国提出了文化体制改革。文化的大发展、大繁荣也将为中国传媒发展提供良好的现实环境,您认为传媒单位应该如何利用这一有利条件去实现传媒的跨越式发展呢?

张昆:在"十七届六中全会"上,我国提出了文化体制改革。对于中国传媒事业而言,这是一个再好不过的机遇。改革开放以来,中国累积了巨大的物质财富,国家的综合实力,特别是硬实力上了一个新的台阶。国家的GDP(国内生产总值)总规模超过日本居于世界第二,军事国防实力也大大增强。与硬实力的大幅增长不同的是,国家的文化软实力——在国际社会的感召力、亲和力和影响力并没有得到相应的提升。

因此,中共中央、国务院非常重视软实力的建设,试图通过文化体制改革,激发活力,促进国家文化事业、文化产业的全面可持续发展,借助于文化交流,特别是跨文化传播,客观、全面地展示中国的形象,传播中国的声音,解读中国的政策,提升中国在国际社会的感召力、亲和力和影响力。为了实现这一目标,国家在政策层面,推出了许多刺激传媒产业发展的政策,同时,国内的城市化进程、资讯技术的发展及传播的全球化,提高了民众的文化消费能力,从而极大地扩张了文化市场。中国传媒界应该抓住这一历史机遇,加大改革力度,全面提升自己的竞争力,做大做强传媒产业。

记者:在您多年的新闻传播研究中,您认为中外新闻传播史的发展有什么共同点吗?新闻传播在发展过程中需要坚守什么样的准则?

张昆:新闻传播史一直是我关注的重要领域。关于新闻传播史的演进,我惯于作宏观、整体的思考。过去我不大赞同按国别史的方式编纂新闻史——虽然国别史研究是世界史研究的基础。在世界新闻史的总体框架中,可以看到不同国家、不同地区新闻史演进的脉络。这一脉络有其共性,如大的历史阶段的划分,同类性质媒体内容及表现风格的相似性等。但是,因为地理、文化、政治及经济因素的影响,各个国家新闻传播史发展进化的路径有相当的差异。如同一历史阶段的起点可能会不同,同一性质媒体在组织结构形式上千差万别,其政治法律地位也有天壤之别;同是新闻媒体,不同的国家对其角色及其功能的期待也不尽相同。

但是,同在一个蓝天之下,不同国家、地区的新闻传播媒体及其同业者,在履行自己的社会职责时,也要遵循一些共同的基本规范。如真实、客观、公正、平衡的报道原则。政府及其他非政府组织,也应该尊重新闻媒体及其从业者在遵循新闻传播规律前提下自由报道的权利,这也是文明社会的共识。

记者:您认为我国传媒的业界和学界应该进行怎样的互动及合作才能实现传媒融合从而促进我国传媒业的快速综合发展呢?

张昆:新闻院系与传媒业界是利益相关的共同体,从产业链来说,是上游与下游的关系。从人才供应来说,新闻院系处在上游,其职责是生产传媒专业人才,传媒产业是新闻院系的客户,也是新闻院系产品的主要目标市场。失去了传媒人才市场,新闻院系一天也办不下去。从人才培养过程来看,新闻传播专业学生的专业实践环节基本上要利用传媒的运作平台,没有传媒企业的支持,新闻院系的教育职能是远离实践的空谈。同时新闻院系业务课程的教学,急需具有丰富业界经验的实战型老师,即便是兼职教师,也大多来自传媒业界。从学科内涵来说,新闻院系是传媒产业的智库,其教学和研究所涉及的大多是传媒运作过程中发生的问题,其具体的研究成果能够帮助业界克服困难、少走弯路。传媒业界要制定科学的发展的战略,高起点、全面协调可持续发展,必须借助于新闻院系的智力资源。从这些意义上看,传媒企业与新闻院系是唇齿相依、肝胆相照的关系,只有相亲相爱、不离不弃,才能实现双赢。

华中科技大学新闻与信息传播学院在办学过程中,一直秉持以服务求生存、以贡献求发展的理念,尽全力与传媒业界建立互惠互利的战略合作关系。我们与中央、省级不同性质的传媒集团,与沿海一些经济发达的地级市传媒集团,实现了富有成效的合作。如人民日报社、湖北日报传媒集团、湖北广电总台、深圳报业集团等,不仅是我们重要的专业实习基地和兼职教授的主要来源,而且对方也把我们学院视为它们重要的智库,我们的一些教授也成为他们的战略企划顾问。学院承担了不少媒介委托的横向研究课题,不仅给我们补充了物质资源,而且促进了教学与科研的结合及科研成果的转化。有一个典型的例子,浙江嘉兴日报社就通过战略合作关系,把我们学院作为他们员工继续教育的基地,每年该报社在我院举办两次中层干部专题培训班;同时本院作为他们的智库和战略策划中心,在该报近年来的历次改版、评论版建设中,都由我院相关教授策划,提出决策方案。该报还为我院学生设立了"《嘉兴日报》奖学金"每年奖励十名优秀的学生、研究生,每人奖励5000元。现在这两个单位,可以说是你中有我、我中有你,真正做到了互惠互利。

记者:当今的时代是信息时代。新兴媒体的兴起对纸媒冲击很大,中国的众多报刊走上了产业化和集团化的道路,纸媒要发展壮大,必须找准两者之间的平衡点,您能从新闻传播的角度谈谈您的认识吗?

张昆:关于纸媒的未来,欧美国家的传媒人士很悲观。事实上,最近十年来,欧美主要国家的纸媒市场在萎缩,发行量下降,广告营收也在下降,甚至一些历史悠久的纸媒停出纸质版改出电子版,或者干脆停刊。所以,有人预言,要不了几十年,世界上最后一张报纸就会消亡。

我的看法不是那么悲观,至少对中国纸媒还有一些信心。为什么呢?其一,中国是一个纸媒后发国家,中国纸媒从来没有达到饱和状态。何况现在中国的城市化进程还在加速之中,新近融入城市的"移民"对报纸还有大量的需求。其二,中国的书写阅读文化非常发达,传统悠久,阅读已经成为中国识字者的一种基本的生活方式,这一点与欧美国家有很大的不同。其三,中国的经济还在持续高速发展,虽然新媒体崛起分去了不小的一块蛋糕,但是纸媒的绝对经济总量还在增长,这一点也不同于欧美。在欧美,新媒体经济总量的增长,就意味着纸媒的萎缩。正是因为这些因素,在世界纸媒市场,风景数中国独好。

但是我们也要清醒地认识到,网络新媒体对纸媒的挑战日益严峻,同时随着媒介融合的发展,纸媒的网络数字化生存也提上了日程。在这个背景下,纸媒也面临着转型,一方面要继续发掘传统纸质文字阅读方式的潜力,使纸媒的内容与形式更加贴近读者,提高纸媒的服务品质,让读者扔不掉报纸;另一方面,纸媒必须推进合理化经营,合理配置传播资源,在集团化的框架内,对信息资源进行一系列深度开发,降低成本;与此同时,纸媒还要充分利用数字传播新技术,努力探索纸媒的数字化生存,延伸、拓展报纸的发展空间,这不仅是把报纸简单地搬到网上,而是要借助网络数字技术,使传统的纸媒具有更加强大的信息服务功能和更低的运行成本。

记者：在这些年的新闻与传播研究过程中，您认为中国传媒的发展在那些方面还需努力和完善呢？您有什么好的观点或建议？不妨和我们分享一下！

张昆：如今的世界已经高度一体化了，高度发达的信息网络已经使得"地球村"成为现实。信息系统是整个社会系统的神经。在这个背景下，中国与世界已经无法分离，世界是包含中国的世界，中国是世界整体的难以分割的一部分。即便如此，中国在世界体系中的独特个性还是不能忽视的。

从传媒事业及产业的发展来看，中国传媒在中国社会的改革、转型过程中扮演了十分重要的建设性角色。中国近三十年经济的腾飞，离不开新闻传媒的助推。但是，相对于社会的强大需求和民众的期待，中国传媒系统还有进一步完善和改进的空间。

第一，新闻传媒在表达民意方面，还要加大力度。早在19世纪40年代，马克思就把报纸看成是人民的喉舌。它必须代表民意，为民发声。这种民意应该是最广泛的、多样化的，它是政府决策的依据。胡锦涛总书记在视察人民网时就强调，他非常重视媒介反映的人民的意见和诉求。

第二，在监督公权力方面，还要进一步加大力度。目前新闻传媒对公权力的监督，还有很多不尽如人意之处。监督对象的层级比较低，对监督的审批程序过严，异地监督受到比较严格的限制等。在建设社会主义民主的过程中，必须进一步发挥新闻传媒的舆论监督功能。

第三，在传承文化与社会教化方面，尚需发挥更大的创造力和想象力。新闻传媒是传承文化和社会教化的重要渠道。但是目前这方面的效果还不尽如人意，需要尊重传播规律，改进方式方法。

第四，在社会效益与经济效益方面，要做到两者间的平衡。新闻传媒是社会公器，具有意识形态性质，必须追求社会效益；但是，新闻传媒还是企业，必须遵循经济规律，以最少的投入产出最大的经济效益。在最好的情况下，两者可以兼顾，如果不能兼得，则应做到社会效益优先。目前我国传媒界存在的突出问题之一，就是传媒对于经济效益的过度追求，在一定程度上忽视了社会效益。

记者：您担任《今传媒》杂志学术顾问已经很多年了，您对我们刊物有什么寄语或期望呢？

张昆：《今传媒》杂志办得很不错，我很爱看。《今传媒》也是我们学院师生发表文章的重要阵地。从国内新闻传播类学术期刊生态来看，《今传媒》上升的势头比较好，其学术含量及其对业界的指导和引领作用在不断加强。希望《今传媒》今后越来越好。建议杂志多延请知名学者，多发现、支持青年学术新秀。

同时,与其他杂志进行差异化定位,强化自身的特色,只有这样才能提高自身的学术品位。我相信《今传媒》会有一个更好的前景。

（本文系《今传媒》杂志对作者的专访,原载于《今传媒》2012年第6期,记者:雷小毅）

转型时期的新闻教育与学科建设

大家上午好！在今年秋天温度最宜人的日子，我们迎来了各位先进和同仁，在此我代表华中科技大学新闻与传播学院的全体师生向各位表示热烈的欢迎，同时，对于各位长期以来对我们学院的支持表示衷心的感谢！

在华中科技大学这所新中国创办的大学，新闻传播学科是一个年轻学科，迄今不过32岁；在中国新闻传播教育界，华中科技大学的新闻学科也属于青年之列。但是在新闻传播业界、新闻教育界先进的提携、帮助之下，华中科技大学新闻与传播学院已由当初草创时的一个本科专业，现今发展为拥有五个本科专业、六个硕士点，其中四个学术硕士点，两个专业硕士点，还有一个一级学科博士点，一个一级学科博士后流动站。2013年教育部发表的全国一级学科评估结果表明，华中科技大学的新闻传播学科位居国内同类学科前五位。

华中科技大学新闻传播学科发展至今，走了一条不平坦的道路。其间虽然历经曲折，但是几代传播学人，心系学科，怀抱理想，矢志不移。特别是1998年建院以来，学院历任领导非常重视学科建设，将学科建设视为学院的生命线。自此开始，学院每年一次学科建设会议，雷打不动，每次会议一个主题，试图解决一个问题。今年的学科建设会议是第十五次，会议的主题是新闻传播类专业的综合改革。

之所以提出这个议题，是因为我们和各位先进、各位同仁一样，面临着同样的问题，经受着同样的冲击。一是源于经济持续高速发展的社会的整体转型，二是传播技术革命带来的媒介格局的断裂式变化。两者直接地导致了生产关系和上层建筑的结构性变迁。尤其是后者，对于新闻传播业界、新闻传播学界具有重要的意义。从社会发展史的角度看，人类技术形态的变革，会直接地推动知识创新与学科的不断分化与融合。从古希腊时期基于口语传播传统所形成的修辞学，到印刷技术催生的出版学、报学，以及广播电视技术基础上建构起来的传播学，技术变革引发的知识领域的转型、重组或裂变，其影响难以估量，但又线索清晰。如今网络新媒体技术的突破性发展，带来了传播领域的结构性转型,不仅对传媒人才培养提出了全新的要求,而且终将打破既有学科边界,更新新闻传播学科的内涵,甚至有人担忧,新闻传播学科向何处去?业界焦虑,学界也在焦虑。

当此关头,新闻传播学科应该怎么办?我们应该如何认识社会和媒介行业的变迁,如何回应社会和业界最新的需求?我们应该培养什么样的人才?应该以什么样的理论体系解释当今现实、引领今天的实践?

我们也焦虑,时代在变,环境在变,行业在变,我们岂能不变?于是,去年,还是在这个地方,我们召开了第十四次学科建设研讨会,主题是学科建设。不同的是上次只有学界的代表。上次会上专家的高见,启发了我们的思维,引发了学院同仁对于变革的预期。

今年六、七月份,我们组织全体教职工进行调研。兵分三路,一路向北,包括北京、天津、河北;一路朝东,包括江苏、浙江、上海;一路向南,主要是广东的广州、深圳、汕头。每到一地,都要调研当地的重要媒体或相关企业,拜访当地重要的传播院系,同时还要与当地的校友座谈。与此同时,我们还通过国际会议、校级交流的方式,对我国港台地区及美国等地知名新闻院系进行了跟踪了解。多方的信息汇聚,使我们受到了巨大的冲击。本学期初,三个小组分别报告调研所见所思,引起了学院教职工的深思,深思的结果,是对于改革的共识。

我们正是在此基础上,策划了此次研讨会。我们希望以此为契机,审视社会结构和媒介环境的变迁,回应社会与行业的需求,以互联网思维,厘清专业定位,重构知识体系和组织体系,实现学科的转型与升级。我们认为这是一次涉及面广、综合性、整体性强的全面改革,它将影响到华中科技大学新闻传播学科未来十年甚至更长时间的学科发展。

这里我想从宏观、中观、微观三个层面,向各位先进、各位同仁简要汇报一下我们的思路,望各位专家能够为我们把脉。

第一是宏观层面。

在学术研究方面,凝练学科方向,重新谋划学科布局,围绕基础理论、战略传播、网络新媒体传播三大支点,组建学术团队。

在平台建设方面,整合"211""985"相关资源,集中力量发展2011国家传播战略协同中心,强化、支持媒介技术与传播发展研究中心和广播电视与新媒体研究院的建设。

在教学组织方面,重构教研组织体系,设立新闻传播基础教研部,涵括中外新闻传播史、新闻传播理论及研究方法等方面的师资;组建新闻传播实务教研部,以融通思维,打破媒介及专业界限,组建跨专业跨媒介的以内容生产为主体的教学团队,负责采写编评摄、广告策划创意经营、广播电视节目制作、播音主持等传播业务类课程的教学研究;设置实验与实践教学部,负责实验实训、社会实践和专业实习。

在专业特色方面,以媒介融合的实践需求为导向,从基础理论与创意思维、内容生产、管理、产业、技术为轴线,重构新闻传播专业的知识体系,进一步强化新闻评论、融合新闻报道、出镜记者、品牌传播与公共关系等专业特色。

第二是中观层面。

其一变革培养模式,强化通识课程以拓展宽度,革新专业核心课程以提升高度,夯实基础,注重交叉,重构人才培养方案。大学前两年在课程设置上强化人文和科学素养、反思能力和基础技能的培养;大三大四主修专业核心课程,增进学生专业核心能力培养,并以工作坊、课程板块(组)等形式,以问题、项目带动学生新闻传播技能的整合性提升;健全通识课程结构,完善人文社科及自然科学基础学科知识环节;强化学科基础课程的普适度,集中于史论、方法、技术、产业以及实务性课程的基础性教学;突破专业界限,强化专业核心课程的开放性、研究性,在3~4年级阶段开设相关课程包。鼓励学生阅读经典,与前贤对话,并将其纳入总学分。新增2~3个特色班,选取具有发展优势的方向进行重点建设。可与信息学科合办新媒体产品与开发实验班;与公共卫生学院合办健康传播方向特色班,以学科交叉锤炼专业特色。

其二是优化师资结构。根据学科和专业发展的需要,建设一支以中青年学者为主体的,学经历俱佳、国际化、结构合理的教师队伍。改变以媒介为知识链接的师资结构,以课程群为知识创新的纽带,通过自由组合,内部协商,合理分工,专家评鉴,建立健全若干个教研创新团队;以重大问题和项目为导向进行知识的研发、创新与传播普及,促进师资的合理流动与高效配置。完善"双轨制"师资体制:以问题为导向,瞄准重大基础理论问题和前沿问题,引进海内外高端人才;通过设立基金、项目制、短期讲学、系列讲座等方式,引入海内外业界高端师资,吸收业界前沿知识与信息,强化业界师资和导师队伍建设。同时鼓励青年教师,特别是业务课程教师到媒体兼职,或者定期挂职,提升实务教学的前沿性。

特别要提的是,进一步完善学院的冠名教授席位及相关制度,引进社会资源,激励业绩突出的教授和富有潜力的中青年学者。目前有十个冠名教授席位。下一步随着教师队伍的扩大,还将扩大名额,同时增加奖助力度。增强学者的光荣感和归属感。

其三是改革实践实验教学。重点突出融合媒体实验室在专业改革中的基础性平台作用。外引社会资源,整合院内实验资源组建融合媒体实验室,争取将其建设成为国家级实验室。依托华科大医、工科优势,推进融合媒体实验室与医、工科实验室资源的协作；在数据挖掘、新媒体产品、健康管理、创意思维等方面促进交叉，将融合媒体实验室提升为创新创业的高端平台。加强与媒体单位的合作与联系，以项目承包制、实习基地建设以及创新创业项目等方式，拓展实践平台和相关资源。

第三是微观层面。

在微观层面，真正落实以学生为中心的办学理念，致力于完善学生的知识结构和专业能力，强化学生的反思能力、批判意识和社会责任感。

其一，在课程体系调整上，要以媒介融合带来的生产关系变革为导向，重新梳理新闻传播专业的知识逻辑，通过加、减、分、合等手段，建设适应媒介技术变革的开放的课程体系；完善与新媒体技术相关的知识领域，增加新媒体传播理论、技术及实践操作性课程，包括技术哲学、融合新闻报道、数据挖掘与数据新闻等课程；减去一些与现实不太适应的操作性课程，淘汰部分内容陈旧的课程；打通分列不同媒介形态的实务性课程，搭建全媒体融合的采写编评摄播、策划创意等实务课程体系；对于一些具有较好延展性的课程，可以扩展学分，乃至分设多门课程，组建课程包，如围绕融合新闻报道、科学传播、政治传播、公共关系等范畴组建较为系统的课程包。

其二，努力提升学生的综合素养。注重学生合理知识体系的建构，拓宽学生的视野，鼓励学生选修或辅修与其他社会科学、自然科学课程，俾能左右逢源，触类旁通，增强学生的后劲。注重学生的理论素养，强化历史、哲学、逻辑与新闻传播学科的关联，活跃学生的思维，增强学生的反思能力和批判意识；致力于完善学生的人格，鼓励学生独立思考，培养其锐意进取，敢于创新的意志品质；重视学生的人文情怀和专业理想，激励学生敬畏生命，同情弱者，捍卫公平，维护正义。

其三，强化学生专业技能。推动业务技能的进阶式培训，实现四年技能培训的不断线。即低年级以培养基础的专业能力为主，在高年级设立业务技能进阶提升的工作坊或创新团队，以工作坊方式促进学生的业务技能。针对业务课的特点，大幅更新和完善案例库，以案例教学带动专业技能训练。以研究项目、栏目制作等方式，引入业界高手参与主讲业务课程，组织指导工作坊。

其四，健全教学资源共享机制。尝试与我国台湾地区世新大学、美国密苏里新闻学院及英国西敏寺大学共建国际课程。探索与世界知名大学建立校际、院际合作关系的国际合作的人才培养模式，如实施"2＋2"、"3＋1"等培养模式，实施国际联合培养。建立与京、沪、汉等地著名高校新闻传播院系的核心课程资源共享机制。积极推进在汉地区主要高校新闻院系教师互聘、课程互选、学分互认。

总之,这次改革涉及面广,不仅事关专业定位的厘清、知识体系和组织体系的重组,更在一定的程度上涉及教职工的现实利益。加之来自体制的惰性、技术创新的不确定性,以及市场短期波动的诸多因素,使这一过程充满风险和挑战。兹事体大,我们一时难下决断。

各位先进、各位同仁,我们深感经验匮乏,视野狭隘,面对当前挑战实在难以一己之力应对。今天请来各位先进、各位同仁,就是要借各位的智慧,各位的经验,帮助我们解决当下的难题,为我们的想法会诊把脉。望各位专家不吝赐教!

再次向各位先进、各位同仁表示衷心感谢,也祝各位在汉行程一切顺利,精神愉快!

(本文系作者2015年11月5日在华中科技大学新闻与信息传播学院第十五次学科建设研讨会上的致辞)

推进交叉融合,实现学科的跨越式发展

一、会议小结

基于学校总体发展战略,我院新闻传播学科相继被纳入"211"与"985"工程三期建设规划。在学校的支持下,学院的各项工作进展顺利。随着"985"与"211"工程第三期建设的全面展开,文科基地及创新平台建设也逐渐加强。在这个大背景下,我院第十次学科发展研讨会顺利召开。本次会议旨在抓住机遇,推进学科的交叉和融合,实现新闻传播学科的可持续发展。会上,八个教授从不同的视角做了报告,各小组进行深入讨论,尤其是青年老师的发言,涉及个人的定位与职业规划,这些都对学院的决策提供了参考,开阔了我们的视野。

二、学科交叉融合有其历史必然性

1. 科学发展的历史必然

科学发展的轨迹是综合—细分—综合。早期的综合是对自然现象与社会现象的整体描述,如柏拉图的《理想国》和孔子的《论语》。而科学的进步在于对整体的打破,细分不同的研究领域,天文、物理、化学、生物等学科的诞生标志着科学的深入发展。但是,自然与社会现象并不单纯,而是多维的、多种因素的复合体,单一、细分的科学方法难以解决复杂的现实问题。

新的综合阶段,不是为综合而综合,而是基于重大问题或重大的社会需求,缘于学科的交叉和融合,这种交叉不是自下而上,而是自上而下,强调顶层设计。

2. 新闻传播学科的独特性格

传播学本身是不同学科交叉融合的结果,其四个开创者分别是政治学家拉斯韦尔、社会心理学教授卢因、实验心理学教授霍夫兰以及社会学家拉扎斯菲尔德。同时,生物学家贝塔朗菲的系统论、数学家申农的信息论及维纳的控制论也对传播学产生了重大的影响。

3. 工科院校的独特背景

由于我校是以工科为主体的综合性大学,缺乏深厚的人文底蕴,文科学院能够依托的只有技术学科。创办者朱九思院长是新闻人同时又是教育家。以上两者的结合,形成了学院早期"应用为主"、"文理渗透"、"交叉见长"的办学方针。

三、交叉融合的历史传统

1. 学院发展的历史阶段与交叉融合理念的演进

学院发展的历史就是学科专业交叉融合的历史。学院的发展经历了三个阶段:第一阶段是从建系之初到1997年,这是"引进渗透"阶段;第二阶段是从1997年到2007年,这是"大跨度交叉"阶段;第三阶段是从2008年至今。

2. 学科交叉融合的成果

在人才培养方面,我院探索出新的人才培养模式,建构了"交叉渗透"的课程体系,率先新编出版了一套高质量的教材,组建起一支复合型的师资队伍,培养了一批复合型新闻传播人才,取得了网络传播专业、国家级特色专业、省级品牌专业等成果;在科学研究方面,我院发表和出版了一批交叉性的科研成果,吴廷俊、钟瑛、赵振宇、袁艳等教师承担和完成了一批交叉复合性的重大科研项目;在学科建设方面,2003年获新闻学博士学位授予权,2005年获得新闻传播学一级学科博士授予权,2007年省级重点文科基地,2007年获得新闻传播学一级学科博士后流动站;在队伍建设方面,涌现了一批在学界享有盛誉的跨学科带头人,如吴廷俊、孙旭培,培养了一批富有闯劲的中青年学者,如石长顺、赵振宇、钟瑛、舒咏平,且拥有一批朝气蓬勃的后备力量。

3. 对交叉融合现状的评估

目前学院的学科交叉主要停留在课程改革方面,由于文科与工科知识杂糅,故深度不够;虽促进了人才培养,但没有落实到学科创新上,没有形成合力;学科交叉主要限于文科内部各学科之间,大跨度的文科与工科交叉还有待突破。

四、处理交叉融合过程中的矛盾关系

1. 主动选择与被动跟进

在新一轮学科融合大潮中,是主动投入还是被动跟进,其结果大不一样的。

主动有利于抓住先机,有利于确立自己的主体地位,有利于争取更多的资源,而被动跟进往往吃力不讨好,事倍而功半。

2. 基础领域与新的创新领域

抓交叉,促融合,不等于放弃传统的基础领域。我院的基础领域是新闻传播史论、传播业务、广播电视、广告等,是安身立命之本,绝不能放弃。交叉融合必须立足于基础领域,结合重大问题或社会需求,来发掘新的学科增长点。

3. 顶层设计与底层设计

过去的交叉研究,多数是基于个人的兴趣,自下而上设计研究选题,属于底层设计。其优点在于能够发挥研究者的积极性,但不利于对重大问题或社会需求做出及时响应。新一轮交叉融合则是以顶层设计为主导。其优势在于顺应社会需求,关照学科全局,有利于打破学科壁垒,进行组织协同。

4. 现实与前瞻

交叉必须立足于现有的平台、队伍、学科实力等现实情况。同时,我们还要有前瞻性思维,考虑到未来十年、二十年的学科发展态势,在前瞻性思维的引导下,重新设计我们的学科,以此制定学科交叉融合的整体战略。

5. 主流与非主流

主流与非主流的关系是相对的。新的交叉点未必是主流,但不排除在将来成为主流的可能性。现在的基础领域固然是主流,但是随着传播生态的变化,媒介格局的演变,主流也可能成为非主流。而战略家的高明之处在于抓住机遇,促进非主流向主流的转化。

6. 以我为主与自我单干

传统社会科学的特点在于以个体研究为主。可是,随着社会问题复杂程度的提高,重大问题往往非单一方法、手段所能解决,因此,多学科的协同作战是时代的要求,但是这种协调必须以我为主,确立本学科在协同中的主导地位。

五、如何在学科交叉融合中实现自己的学术价值

1. 怎样实现个人的重新定位

要正确认识交叉,交叉不等于要求对涉及的学科有同等程度的了解,只是在学科接触界面上的交叉,比科普深入一点。我们一定要清楚自己能够干什么,优势何在,劣势何在,以及怎样才能实现个人学术价值的最大化。担任主角和配角都是必要的,是同样重要的,为重大课题、重大需求当配角,是值得的。交叉就要进入其他领域,这必然意味着要做出一定程度的放弃,要有好的心态和开放性,放低身段,向其他领域的专家学习时要更谦卑。

2. 利用时代赐予的契机,占领学术高地

我们的机遇在于需求的累积和释放、投入增加以及官方与业界的重视。要善于抓住机遇,这有利于最大限度地掌控资源,有利于占领学术高地。毕竟,机不可失,失不再来。

3. 交叉融合过程中应注意的几个问题

交叉不能成为一种口号、一种时髦。交叉有风险,有成功的诱惑和失败的教训。但也要记住,交叉不是目的,真正的目的是为了学科的创新。

六、学科交叉融合的基本思路

第一,聚焦"新媒体与社会信息安全",以建立国家级文科基地和985创新平台为目标。

第二,以新闻传播学院为主体,整合学校相关学科的学术资源。

第三,培植新的学科增长点,如新媒体传播、信息安全技术、传播法学、传播社会学、媒介管理、危机传播与公共关系、媒介经济等。

第四,在传播技术的革新、网络的多媒体融合的大趋势下积极创建"媒体融合专业"。

第五,以现有的实验设施为基础,打通各个实习平台,建设媒体融合实验中心。

七、推进交叉融合,实现学科的可持续发展

第一,解放思想,提升学科融合的水平。将学科交叉从"物理"反应提升到"化学"反应的层面,把"交叉"提升到"融合"的层面。以社会需要为动力,以教学、科研实践为途径,通过学科交叉、融合,达到学科创新和专业创新的目的。

第二,着眼未来,实现学科的重新规划。要以世界一流大学传播学院为参照系,立足于国家社会发展、传播事业进步、社会需求变化,重新规划未来学科发展蓝图。

第三,围绕战略重点,集中资源,发挥资源的最大效益。

第四,完善评价机制,并给予宽松的环境,在传统研究与交叉研究之间应保持平衡。

第五,要改变哑铃结构,实现中间突破,营造一个好的用人机制,充分发挥人的潜能,加强队伍建设。

(本文系作者在2010年新闻与信息传播学院第十次学科发展研讨会上的总结发言)

新闻学院 2007 年工作报告及 2008 年工作思路

对于我们新闻与信息传播学院来说,2007 年是一个非常重要的年份。这一年,我们随着时代的进步而进步,取得了不少成绩。但是,由于国家宏观政策的改变,以及过去长期积压下来的一些问题,特别是高等教育方面存在的问题的爆发,使学院的发展面临着新的难题。要保持学院的可持续发展,实现学院人才培养和学科建设的全面升级,在这个时刻,我们党政班子非常希望与全院教职工交流沟通相关情况,希望全体老师能够献计献策,群策群力,在继承学院优良传统的基础上,锐意创新,追求卓越,办党和人民满意的新闻传播教育,服务于国家、民族振兴的伟大事业。现在我代表学院党政领导班子向各位报告 2007 年工作情况及 2008 年工作思路。

我的报告分为三个部分。第一,2007 年学院工作小结;第二,目前的形势与存在的问题;第三,2008 年工作重点及思路。

一、学院 2007 年工作小结

在过去的 2007 年,学院的各项工作千头万绪,十分繁忙。面对日益激烈的学界竞争和业界迅猛的发展变化,学院党政班子根据去年职工大会上通过的办学思路,牢牢抓住学科建设这个"牛鼻子",坚持科学发展观,在妥善处理教学与科研的关系、入主流与创特色的关系、数量与质量的关系、学科建设与社会服务的关系、员工关系、稳定队伍与引进竞争机制的关系、院系关系、师生关系、积累与消费关系的基础上,围绕着学科平台建设和本科教学评估及省级示范试验中心建设两大任务,夯实队伍建设、人才培养、科学研究、社会服务四个战略支点,取得了一定的成绩。现按照事情的不同性质,从五个方面予以报告。

1. 人才培养

人才培养是学校的基本工作,也是学院一切工作的重中之重。本年度,我们新闻与信息传播学院在各类各级人才培养方面,投入了大量的精力,并取得了显著的成果。总体来讲,本年度人才培养方面的工作,有五个重要的亮点,成绩斐然,可圈可点。

第一个亮点是博士后流动站的申报成功。博士后流动站的设立,是衡量学科发展的重要指标。设立博士后流动站的前提是拥有博士点。所以,争取设立博士后流动站是继立博士点之后进行的又一轮高水平竞争。设立博士后流动站不仅意味着人才培养链的延长,而且意味着在未来的人才竞争、队伍建设中占据了更有利的地位。但是直到去年为止,全国新闻传播院系只有三个博士后流动站,分别设于中国人民大学、复旦大学、中国传媒大学。今年申报的学校虽然不多,但都是重量级的对手。由于我们准备充分,各项工作到位,在国家人事部组织的专家评审中,我们和武汉大学新闻学院在第一轮全票通过。博士后流动站的设立,对于学院的学科建设具有十分重要的意义。它一方面拉近了我们与新闻传播教育界第一梯队优秀院系的距离,另一方面延伸了我们的人才培养链,为学院的队伍建设营造了一个重要的补充基地。这是我们未来可持续发展的重要保障。

第二个亮点是本科评估工作的顺利通过。为了 2007 年的本科评估,各位老师,包括学院后勤管理、学生工作方面的老师们,连续奋斗了多年,付出了大量的心血。经过大家的努力,我院的本科教学运行更加规范,效率更高,质量更好;各个教学环节的衔接更密切,各个专业的人才培养目标更加明确,定位更加准确,培育模式和教学方案更加科学,各门主干课程的教学水平更高,学院的教学管理也更加到位,对老师和学生的服务也更加细致、周全。在评估期间,评估专家对我院的本科教学工作给予了高度评价。现在看来,这次评估,对于我院人才培养工作具有很大的促进作用,其影响将会在今后一段时间里充分显现出来。现在的问题是,如何保持评估时的工作状态,如何保持已经取得的教学成果,并且在此基础上,继续推进我们的本科教学改革,提高我们的办学水平。这里我还要向大家报告一个最新消息,在本月 8 日学校教学工作大会上,我院荣获"2007 年度本科教学工作优秀奖"。全校文科院系只有两个学院获此殊荣,这是非常不容易的。

第三个亮点是国家级特色专业的获得。今年本科教学工作的另一个主要成绩,就是新闻学专业顺利通过国家级特色专业评审。新闻学专业是我们学院创办得最早的专业,也是实力最深厚的专业。自 1983 年创办以来,新闻学专业就秉持文工交叉,应用见长的办学理念,在构建合理的知识体系的基础上,坚持实践导向,注重能力培育,在国内新闻传播教育界树立了一面旗帜,成为单科院校新闻专业成功的范例。这次获评为国家级特色专业,乃是实至名归。当然,我们也必须认识到,我们的新闻学专业在今天的媒介化社会中,与社会的要求相比,还存在着一定的差距。尤其是在人才培养方面,我们满足社会的多样化需求,满足复合型、创造型人才培养要求的能力还很有限。

第四个亮点是研究生的规范化管理。研究生的教学与管理,一直是学院人才培养面临的重大难题。由于硕士生的学制转换,由三年改为两年,过去三年的课程没有精简,学生们普遍压力很大;同时,由于近年来学生生源多样化,特别是来自非新闻传播专业的学生越来越多,而我们的培养计划和课程体系仍是一个模式,这个模式假定所有研究生都是新闻传播专业的科班出身;另外,由于新媒体的不断涌现,现有传播格局发生了巨大的变化,媒介的运行和管理,新闻传播的具体业务,远非过去所能相比,可是我们的教育理念、课程设置、讲授内容基本上仍停留在20世纪。所以,从上届班子开始,就一直想解决这一问题。本届班子上任伊始,就把研究生课程体系和培养模式的改革置于重中之重的位置。经过一年多的酝酿,今年正式启动。为了一次性解决问题,不留死角,我们设立了专家小组,由吴廷俊教授负责,经过多次反复,最后经院学位委员会审议通过。应该说2007年版的硕士生培养方案,既考虑到了学院现有的办学条件,又有一定的前瞻性;既考虑到社会人才需求的刚性,又注意到培养过程的弹性;没有"因人设庙",但是又考虑到充分发掘现有的人力资源;既立足于现实,又向老师们提出了与时俱进的要求。当然,要想通过一次修改而达到至善的境界,也非常困难。希望各位老师能够以大局为重,全力推行新的培养方案。

第五个亮点是创新的学生工作。学生工作是学院工作的生命线,正是因为有了学生,才有了专业和系,才有了学院,才有了教职员工在此服务的依据。没有学生,就没有学院的一切。如果有一天,学院招不进学生,在校的学生也找不到工作,这个学院就失去了存在的价值。在过去的2007年,学生工作也可圈可点。学工组围绕着党团建设、学风建设、学生就业以及贫困生资助,进行了卓有成效的工作,取得了显著的成绩。特别是学生就业,国内各大学兄弟院系都面临着共同的困难,我们的学工组想办法、找门路,急学生之所急,将招聘市场搬到学校,在一定程度上,彰显了我们学院的专业优势。当然这方面的工作还有待于进一步加强,还需要全体老师共同努力。

总之,在2007年,我院的人才培养工作富有成效,在学院各项工作中尤其引人注目。最近刚刚报上的一些数据,也令人鼓舞。在全国首届公关策划大赛中,我院两个团队分别获得了金奖和银奖,另有六篇作品分别获得第二届全国大学生广告艺术大赛三等奖和优秀奖。2006级传播学研究生徐剑桥的网络评论获得湖北省新闻奖一等奖。2004级秦天同学力克群雄,捧得全国音乐艺术大赛金钟奖。学院的学风也有很大的好转,除新生年级外,13个班级获得优良学风班的称号,占所有班级的86%。2004、2005级学生四级通过率分别为91%和

88.65%,比过去有较大的提高。

2. 科研与学术交流

科研与学术交流在 2007 年也有长足进步。可以说 2007 年是学院历史上的科研年,其最大的亮点是学术会议频密、学术交流活跃。

在 2007 年,我们学院一共举办了六个大型学术会议:第二次全国传播学本科教育联席会议,海外华文报纸与华夏文明传播国际学术研讨会,2007 年度中国网络传播年会暨"新新论坛",2007 新媒体与公共关系创新学术研讨会,全国广播电视论坛暨第二届中国广播电视学研究会年会,新世纪第三届新闻评论高层论坛。其中,有两个是国际性学术会议,另外四个为全国性学术会议。应该说这六个学术会议的召开都非常成功,不仅在学界造成了一种气势,增强了学院在相应学术领域的话语权,推出了我们的代表性学者,而且创新了举办学术会议的运作机制。过去我们因为与新加坡南洋理工大学成功合办海外华文报纸与华夏文明传播会议而获得学界的好评。今年的会议又有新举措,赵振宇教授主持的新世纪第三届新闻评论高层论坛与业界合作,我们出品牌,对方出钱,开成了国内新闻评论的顶级盛会;广告系承办的 2007 新媒体与公共关系创新学术研讨会,与香港城市大学合作,对方注入资金 8 万元,并且还得到业界的资助。这种新机制对于学院以后的学术活动,具有很大的示范意义。

在对外交流方面,也取得了一定的成果。最近,我们接待美国密苏里大学新闻学院的代表,就今后两院的学术交流与合作达成了框架性意向。两院准备正式建立姊妹学院,联合主办国际学术会议,同时互派教授讲学。明年四月,该院媒体融合系主任将来我院讲学一周。同时,学院还向学校申请了一个讲座教授指标,并请来了美籍华人李大久教授来院讲课 4 个月。学院还利用湖北省资助计划,请来美国纽约州立大学传播系教授洪俊浩、美国北卡罗来纳州立大学教授于慧明、美国港桥大学大众传播系教授俞燕敏、香港中文大学教授陈韬文教授来院讲学。在与国内兄弟院系的合作方面,也有一定的进展。今年上半年,学院主要领导和老院长吴廷俊教授到北京、上海主要新闻传播院系访问学习,取得了一定的成效。

在科学研究方面,我们新闻学院在 2007 年也表现不凡。虽然在冲刺教育部重大攻关项目方面没有成功,但顺利地进入了第二轮。由钟英教授牵头申报的国家社会科学基金重大攻关项目,也进入了第二轮,虽然最终结果没有出来,但我们还是有一定的信心的。2007 年学院申报成功的纵向课题有四项,一个教育部人文社会科学基金项目(余红)、三个湖北省社会科学基金课题(石长顺、何志武、陈少华),一个武汉市社会科学基金课题(孙发友),纵向经费实到 5.9 万元;横向课题 11 项,到校经费 39.8 万元,其中吴廷俊教授三项、陈先红教授两项,余其敏副教授两项,赵振宇教授、石长顺教授、何志武副教授、唐志东副教授各一项,纵向经费实到 39.8 万元。此外,学校文科基金支持到位 5.7 万元,各类科研项目实到经费 51.4 万元。这一数字虽然比去年要少近 30 万元,但是今年争取项目比去年范围更广,参与者更多。在此之外,学院老师还在学校研究生院争取教改项目 4 项(张昆教授、赵振宇教授、孙发友教授、陈少华副教授各一项)。通过学校教务处争取到两个湖北省教学改革项目,即舒咏平教授的"创新导向、文工交叉的新闻传播类专业实验实践教学研究及实践"和胡怡副教授的"新媒体时代的广播电视实践教学创新模式研究",还有赵振宇教授主持的学校教学改革项目"新闻评论特色班教育改革与研究"。

今年,我院老师公开发表的研究成果,到目前为止,发表学术论文 109 篇,其中权威期刊 27 篇,核心期刊 34 篇;出版专著 6 本。均高于去年的水平。

3. 队伍与平台

队伍建设是学科发展的基础,没有一流的队伍,就不可能有一流的学科。同时,一流的队伍又必须要有空间足够的栖息平台。没有平台,队伍来了也无法稳定。所以,2007 年学院的重要工作之一,就是建立创新的学术平台。以去年成立的华中科技大学媒介技术与传播发展研究中心为基础,通过整合队伍,凝练学术方向,终于在 2007 年将该中心建设成为湖北省文科重点研究基地。我们没有以此为满足,我们希望能够再接再厉,建设国家级文科重点研究基地。为此目标,我们以国家级文科重点研究基地为榜样,按照国家级文科重点研究基地的模式运作。我们利用学校的经费支持,执行国家级文科重点研究基地的运行规范,实行研究课题的招投标。在 2007 年,共资助四个大课题、两个青年基金课题,投入经费 32 万元。目前,这些资助项目进展情况良好。应该指出的是,媒介技术与传播发展研究中心不仅以资助的方式支持具有一定潜力的研究团队,拓展新的研究领域,而且和学院各系、所相结合,资助支持了一系列的学术会议。这些努力,得到了国内学界的普遍认同。去年年末,我们的媒介技术与传播发展研究中心参加了国内文科基地和"985"创新基地联席会议,成为该组织的观察员。

在平台建设上,还有一点必须向各位老师汇报。在 2007 年,我们学院在国家一级学会中国新闻史学会下面,设立了一个二级学会中国新闻教育史研究会。至少在新闻传播教育方面,我们走在了国内同行的前列。

在队伍建设方面,虽然我们引进人才的力度还不够大,一共只进了三个博士。在一些核心课程上,我们的师资有断档之虞。但是在队伍建设机制方面,在继承过去传统的基础上,我们做了一些探索。比如在人才引进方面,为了避免近亲繁殖,我们制定了相应的规则,在一定程度上限制本院应届博士生直接留校,而将目光主要瞄向国内外其他一流高校。配合着新闻传播学一级学科博士后流动站的建设,今后引进青年博士必须先进入流动站,加强考察,择优录取。在队伍管理方面,既强调竞争又强调合作,既追求效益又追求和谐。在这种情况下,队伍的团队精神不仅没有削弱,而且得到了一定的加强。

4. 保障条件

我们学院是一个包容多种要素的大系统。学院的正常运行,有赖于各个子系统的有力配合。虽然老师和学生始终是学院的主体,但是学院的保障系统,包括实验室、资料室、办公室,还有专司社会服务的社会教育部,对于学院的人才培养和学科建设具有重大的影响。

在2007年,学院的保障条件建设也有显著进展。特别值得报告的是实验室建设。我们学院的所有专业都是应用型文科专业,在人才培养过程中,试验实践环节占有十分重要的地位。学校对于新闻学院的实验室建设十分重视,过去对文科专业的试验经费投入,主要集中于新闻学院。但是必须指出的是,近年来,特别是进入21世纪以来,学校对新闻与信息传播学院的经费投入远远落后于人才培养的客观需求,远远落后于兄弟院系的发展水平。在高等教育新一轮质量工程建设中,新闻传播教育领域将建设16个国家示范试验中心。按我们学院目前的地位,我们必须进入这个阵营。去年,经过多方面的努力,我们争取到了学校一百万的经费,对学院主要实验室的设备进行了更新。同时,说服学校党政领导,将新闻传播学院的演播室建设列入了2008年学校建设规划。在去年年末的省级示范试验中心评审中,我们学院的试验中心荣膺湖北省普通高校示范试验中心。这一成绩,为我们以后冲击国家示范试验中心打下了基础。

此外,学院的资料室建设、办公室的运作,相对于过去,也有一定的起色。

这里还要提及的是,我们的社会教育部的工作。大家都知道,去年国家高等教育政策发生了重大变化,教育部重点直属高校停止招收自考生,在职博士生正式关门,加上前几年发生的网络教育的转型,学院的社会服务领域日益压缩,创收工作面临着空前的压力。但社会教育部的同志,还是完成了承包任务。

5. 党群工作

领导我们事业的核心力量是中国共产党。我们学院虽然是一级基层教学科研单位,党总支的核心保障作用也是不可忽视的。2007年,学院党总支围绕党的十七大,开展了一系列有声有色的学习和组织活动,召开党的民主生活会,广泛听取群众意见,激发基层党组织的活力。学院工会在党总支的领导下,也进行了卓有成效的工作。

特别应该指出的是,学院在筹组校友会方面的努力。学院自成立以来,已有20多届本专科毕业生走向社会,他们大多数活跃在新闻传播及广告业界,成为行业的领军人物。这是学院发展可以仰仗的重要的社会资源。这些校友与学院同气连枝,为学院的发展做出过重要贡献。特别是校庆、院庆期间,捐钱捐物,或者提携校友,关照实习的师弟师妹。但是,过去这些校友服务学院的行动,多是自发的,没有一个固定的组织将他们的活动纳入有序的轨道。鉴于此,学院决定主动联系各地校友,组建校友分会,搭建校友联系沟通的平台,为他们营造精神家园。这一活动已正式启动,现在,湖北校友会、江苏校友会、广东校友已经成立了校友会筹备会,其他地区也开始了筹备工作。在这里我们要感谢为此付出辛劳的各位老师,像申凡教授、余其敏、刘洁老师,特别是已经退休的周泰颐教授,以七十岁高龄,不顾劳累,和年轻人一起奔波,实在令人感动。

总之,在2007年,学院的各项工作均取得了一定的成绩。这些成绩的取得,得益于全体教职工的共同努力。这是全院上下通力合作的成果。在此,我代表学院党政班子向全体教职员工的努力与奉献,表示崇高的敬意和衷心的感谢!

二、目前形势与存在的问题

目前我们学院处在历史发展的一个重要的转折关头。既面临着机遇,又面临着挑战。而且是挑战大于机遇。有很多新的问题在困扰着我们,影响到我们的决策,制约着我们的发展。具体来说,有下列问题是我们必须正视的。

1. 新闻传播教育的整体困境

自20世纪80年代以来,中国新闻传播教育随着改革开放和新闻传播事业及社会经济的发展而发展。这种发展,可以从四个方面审视。首先是新闻专业办学点的迅速增长。20世纪50年代中期,中国人民大学新闻学专业成立前后,全国只有5个新闻专业点;1994年,全国新闻专业点增加到66个;到2004年底,全国新闻传播专业办学点一共达到661个。从事新闻教育的学校在20世纪80年代只有十几所,到2004年底达到200多所。而且学校的性质也发生了重大变化,从正式的高等院校到独立学院、二级分校,从国家重点院校逐步到地方学校、地方分院,从综合性高校到各类专业院校、师范学院,办学点四面开花。其次是在校学生的规模空前增加。在20世纪80年代初期,全国高校新闻院系的学生规模不大,在校学生不过几千人,可是现在中国新闻院系的在校学生规模已经达到12万~13万人,每年走向社会的毕业生由20世纪80年代的数百人到现在的每年3万多人。再次是新闻传播专业人才培养系列的延展。20世纪80年代初期,全国只有中国人民大学、复旦大学、北京广播学院三所学校有新闻学硕士点,新闻人才培养的主流产品是本科生,专科生是重要补充。如今拥有新闻传播类硕士点的学校达到 88 个,拥有新闻传播学二级学科博士学位授权点的学校达到 13 家,其中拥有新闻传播学科一级学科博士学位授予权的学校达到 6 家。新闻传播人才培养系列得到全面的延伸。此外,社会对新闻传播类专业的期待也在上升。

新闻传播教育的迅猛发展背后,潜藏着深刻的危机。危机使得这种发展难以持续下去。危机主要表现在以下三个方面。第一,质量和数量不成比例。从总体情况来看,国内高校新闻传播院系的学生数量在急速膨胀,从 20 世纪 80 年代的在校生数千人,到如今的 12 万~13 万人,速度太快,增幅太大。与此同时,新闻传播人才的培养质量却在下降。第二,学校的专业结构和社会的人才需求结构不成比例。目前从人才市场反馈回来的信息表明,国内新闻传播院系的专业结构调整严重落后于社会需求结构的变化。这主要表现为,新闻传播业界最需要的人,新闻院系不能够提供。第三,社会的总需求和总供给不成比例。从这几年中国新闻传播业发展的实际情形来看,新闻传播业界对于新闻传播人才的总体需求,总体来看应该是增长趋缓,或者是基本稳定。可是由于新闻教育的爆炸式发展,新闻传播类专业人才的总供给扩张太快,远远超过了需求。

此类危机已经在现实的层面表现出来。首先,作为一种普遍现象,新闻传播类专业的毕业生就业情况已经远非昔比,有越来越多的新闻传播专业类学生不得不到其他行业求职,即使到媒体就业,其就业的单位级别和工作环境也无法与 20 世纪末相比。学生与家长的满意度每况愈下。这虽然在某种程度上与学生的期望值有关,但是业界人才需求的相对饱和及其多样化趋势,使得新闻传播教育界无法跟上时代的步伐,乃是一个客观的现实。其次,在进口方面,也存在着越来越严重的问题。过去新闻传播类专业在招生时是香饽饽,基本上都是文科专业中的第一类热门专业,能够进入该专业的学生,基本上都是第一志愿,第二志愿或调节生非常少。可是近几年来,新闻传播类专业的生源越来越成问题。第一志愿者越来越少,调节生越来越多,学生对专业的忠诚度、归属感越来越低,这反过来又影响到学生学习的积极性、主动性,进而影响到学生的质量。这是一个恶性循环。这些情况表明,新闻传播教育的黄金时代已经过去了。对此,我们必须加以正视。

2. 高校普遍性的财务危机

近几年来,教育不公是舆论界批评的重要领域。最近一个时期以来,高校财务危机又成为社会舆论关注的焦点。许多高校债台高筑,收到的学费不足以偿付银行利息,甚至有些学校长期欠发老师的工资、津贴,学校的正常运行难以为继。应该说,我们华中科技大学情况还算是比较好的,欠银行的债务不是很大,到去年年底,约 8 亿元人民币,而且还在继续削减中。相对于我们这么大的学校,这点债务实在算不了什么。但是,由于持续的通货膨胀,国家财政拨款无法跟上学校发展的步伐,员工加薪的期望,加上还贷压力,学校在财务运行上也比较困难。发展是硬道理,学校要发展,要上新的水平,必须要有新的增长点,必须要上新的项目。这样一来,势必会压缩学校在其他方面的正常开支。事实上,近几年来,学校下拨各院系、各职能部门的行政运行费逐年下降,这必然会对各院系的日常运作产生一定的影响。

3. 政策导致的营收困难

前面说的高校普遍面临的财务危机,是就学校层面而言的。就学校内部二级办学实体而言,由于近年来,国家相关政策日益收紧,我们的社会服务空间不断压缩,学院的财务状况更显困难。

首先是因为网络教育的转型。在开始阶段,网络学院的学生可以进入大学校园,对于落榜高中生有很大的吸引力。所以,我们利用自己的学术品牌,能够每年招生网络大学生数百人。在高峰时,网络教育能够为学院赚回一百多万元的纯收入。可是在几年前,网络教育转型,在读网络教育学生不能进入学校,而是在纯粹意义上利用网络资源进行学习,这在很大程度上消减了学生报考的积极性。如今,网络教育这一块,每年能给学院创造的收入,少到几乎可以忽略不计。

其次是自学考试助学班的停办。我们学院是湖北省自学考试新闻学专业的主考单位,办自学考试助学班,这个身份是很有吸引力的。过去,我们每年助学班招生百余人。在 2006 年,由于社会教育办公室的努力,一年招收了 200 多人。仅自学考试这一块,社会教育部每年向学院上缴 100 万元左右。可是在 2007 年,教育部命令禁止教育部直属高校招收自学考试助学班。这一重要收入来源也断了。

最后是在职博士和高校师资班。本来在职博士或博士学位课程班也是一个重要的收入来源。2007 年,我们在这方面做了大量的工作,招了四五十位博士。但是,学校在去年年底决定禁止把在职博士作为一个创收的渠道。硕士方面,高校师资班也大大压缩,过去每年一个班可以招 30 人左右,现在只有 10 人。硕士学位课程班则由于国家统考一年比一年难办,生源也一年比一年少。

面对日益艰难的环境,学院社会教育部采取了一系列措施,如开办短期非学历的培训班,与澳门相关单位联合办学,与学校留学生学院联合办学,与学校继续教育学院合作开展专科学历教育等。这些努力收效不大,解决不了根本问题。加上学校连续两年压缩行政运行费用,学院的财务运行非常紧张、困难。

4. 基本建设上存在的巨大缺口

直到今天我们还可以说,我们学院是国内一流的新闻传播院系之一。但这仅是就历史传统、师资力量、学术水平而言的。如果就办学条件、基本建设情况而言,我们与业内先进者还存在着很大的差距,这必然会妨碍学院整体水平的提升。

在办公条件上,学院在校内无法与经济学院、管理学院、公共管理学院相比;在校外兄弟院系,我们无法与复旦大学、中国人民大学、武汉大学相比。我们的办公楼空间小、陈旧,无法容纳学院全体教职工。我们的教授,甚至我们刚刚退居二线的老领导,在学院都没有自己的办公室,更不用说副教授、讲师了。学院的办学条件的改善,有两个基本来源:一是学校的投入,中国人民大学、复旦大学、武汉大学,都是学校加大投入;二是学院自筹,华中科技大学管理学院、经济学院等都是这样。这些能够自筹经费建大楼的学院的领导、职工固然能干,但主要还是学科的有利因素。这些学科应用性强,具有充沛的校友资源和强大的筹资能力,这是我们所不能比的。我们的学科生存比较艰难,主要是因为政策环境的制约,如直到今天新闻传播学的专业硕士还没有起步,我们自身的力量难以发挥出来。

在实验设施方面,学校近几年对我们学院的投入远远低于兄弟院校的投入水平。应该说,在2000年前,华中科技大学新闻与信息传播学院的实验室建设是走在全国新闻教育界的前列,学校对新闻学科的实验室建设十分重视,而且对文科专业的实验投入基本上集中于新闻学院,所以在2000年前,我们学院的实验室积淀了几百万的固定资产。但是自2000年以来,学校对学院的实验设施投入大不如前,以致实验设备老旧,无法配套,而且数量少,不敷使用。直到今天,我们学院还没有一个设施完备的专业演播室,这一点我们甚至连一些二流的院系都不如。相形之下,其他兄弟院系则加大投入,如中国人民大学、复旦大学、武汉大学等校的新闻学院,由于学校全力支持,其实验系统实现了全面的更新。武汉大学新闻学院的实验室更是在2006年被评为国家级示范实验中心。我们在硬件设施上与兄弟院系的差距有拉大的趋势。

资料室建设是学科建设的重要内涵。但是在这方面我们也显得比较落后了。我们的资料室为学科建设、人才培养做出了重大的贡献,但是,近年来,我们在图书资料购入,在馆藏文献规模以及在馆藏文献的管理、开发、利用方面,与学科发展和人才培养的客观需求还有很大的差距。跟兄弟院系相比,我们在这方面还有更多的事情要做。

5. 业内竞争空前激烈

新闻传播教育界的黄金时代已经过去,但是新闻传播教育界的过度竞争依然存在。我们在国内新闻传播教育界处于什么位置?是不能回避的重大问题。我认为,国内新闻传播教育界大体上分为三个层次或三个梯队:第一个层次或梯队是中国人民大学、复旦大学的新闻学院,这两个新闻学院建立得很早,有很深厚的历史积淀,人才济济,队伍豪华,有"211"和"985"国家工程的支持,拥有丰沛的学术资源和物质资源,从而占据了学界的最高位置;第二个梯队包括中国传媒大学、武汉大学、华中科技大学、清华大学、北京大学、暨南大学、厦门大学等的新闻学院,这类有博士点或博士后流动站的新闻学院大概有十来所;第三个梯队是其他所有没有博士点的新闻院系,其数量有数百家之多。客观地说,华中科技大学新闻与信息传播学院应该属于第二梯队。

第二梯队的定位,说明了我们离第一梯队还有相当的距离。中国人民大学、复旦大学的新闻学院,不仅有历史积淀,而且有现实的优势,短期内我们实在难以企及。即使在第二梯队,武汉大学、中国传媒大学的新闻学院的综合实力也明显强于我们;北京大学、清华大学的品牌优势令我们难以望其项背,其新闻学院的不足之处仅在力量的整合程度上,一旦整合成功,整体发起力来,我们将难以匹敌;浙江大学、暨南大学、厦门大学等的新闻学院,虽然在总体实力上稍弱于我们,但是其地缘优势和充沛的社会资源,使得它们有可能在很短的时间内迅速崛起。所以在第二梯队阵营,我们的地位也不是那么稳定,洗牌随时可能进行。第三梯队阵营的竞争与分化十分激烈,在未来五六年间,不排除有脱颖而出者跻身于第二梯队的行列。从总的态势来看,我们是前面目标遥远,后有追兵,中间还有强有力的竞争对手。我们必须甩开膀子大踏步前进,只有这样,才能保持我们在第二梯队中的地位。否则,不进步,或进步慢了,都有可能被甩在后面。

以上五个问题,直接影响、制约着学院未来的发展。我们必须正视这些问题,并且采取正确的措施,将其消极影响降至最低限度。只有这样,我们才能克服困难,在现有基础上,实现学院的再一次飞跃。

三、2008年工作重点及思路

现在我们学院处在一个关键的历史时刻。一方面,国内新闻传播教育界面临着新一轮的大洗牌;另一方面,由于国家政策的改变及业界人才需求的变化,新闻传播教育的可持续发展面临着空前的困难。我们必须大踏步地向前走,坚定地迈向既定的目标,最终实现我们的理想。如果不是这样,我们不仅连目前的地位都保不住,甚至还会由此下滑,被后起者赶上,这是我们绝对不愿意看到的。

1. 2008年工作重点

为了抓住学界大洗牌的机遇,在近两年内,我们一定要努力做好以下几件事情。

第一,打基础,练内功,规范运作,提高质量。我在多个场合讲过,我们学院经过几代人的建设,在科研和人才培养方面,已经达到了较高的水平,我们的摊子铺得够大,架子已经够高,跑马圈地的时代已经过去了。现在的问题是要打基础、练内功,走提升内涵的发展道路。所谓打基础、练内功,就是在学科建设、人才培养、科学研究方面,不搞花架子,而是多做一些实实在在的工作。本月7日,学校党委组织部在学院进行干部的民主考评,很多老师提出了建设性意见,他们建议,应该把提升内涵、增强学科实力作为优先于一切的目标来抓,虽然公关、运作是必要的,但毕竟还是要以实力为基础。这应该引起我们的深思。我们要着眼于长远的目标,从具体的事情着手。在队伍建设方面,既要做加法,加大引进的力度,又要致力于机制的建设;在人才培养方面,不仅要努力改善物质条件,而且要把培养模式、课程体系的改革放在重要的位置;在科研方面,不仅要重视各种课题立项的数量、经费的数量,更要重视重大战略课题的组织和申报,项目的检查和结题,以及科研成果的出版;在专业建设方面,不要盲目铺摊子,而是要立足于把现有的本科专业、硕士点、博士点办好。只有这样,我们的办学水平才会提高,才能树立我们的品牌。

第二,瞄准更高的目标,冲击国家重点文科基地、国家示范试验中心,有效组织重大战略课题的申报。与中国人民大学、复旦大学、中国传媒大学、武汉大学相比,我们的平台差不多,规模差不多,为什么得到的评价相差那么大?我们到底差在什么地方?我认为我们差在没有国家级科研平台、国家级硬件设施以及国家级重大战略课题。"985"创新平台我们无法进入,在以工科为主的学校单独为一个文科专业立项进行重点建设,是极难做到的。但是,对于国家级重点文科研究基地、国家级示范试验中心,我们可以申请;对于重大的战略课题,我们可以组织力量集中攻关。这些基地、中心、重大战略课题的获得,是名利双收,对于学科的发展具有战略性支撑作用。如国家每年向国家文科重点研究基地投入70万元,每年向国家示范试验中心投入50万元。学校一年给我们学院的运行经费也不过40万而已呀!所以,在未来两年,我们一定要在这些方面实现突破。

第三,拓展社会服务空间。如前所述,由于国家宏观政策方面的原因,近年来我们的社会服务空间在不断压缩,网络教育转型了,自学考试停办了,在职博士班停办了,学院自己服务社会、筹措办学资源的能力大大削弱。这是天灾,不是人祸。我们不能与天抗争。但是我们也必须看到,在这些停止的服务项目之外,还有一些空间有待于我们去开拓。例如:与海外办学单位联合办学,或与留学生学院联合培养本科生、硕士生;开办职业资格证培训班,如公共关系策划师资格证培训班；与地方政府机关或新闻媒体合作办硕士学位课程班。当然，最重要的就是利用国家政策开办新闻传播专业硕士教育。我们目前只是遇到了暂时性的困难，只要努力，我们是可以渡过难关的。在这里，我要向全体老师呼吁，恳请大家都来关心、支持学院的社会服务工作。如果大家能将自己平时积累起来的社会关系、人脉资源拿出来，或牵线搭桥，或出谋划策，或直接参与，我相信学院的社会服务工作一定能够另辟蹊径、开创新局。学院将制定鼓励社会服务的相关政策，以奖励全体员工在这方面的贡献。

第四，努力改善办学条件。在前面报告过我们学院的基本建设方面还存在着很大的缺口。在人才培养方面，我们的实验环节还比较薄弱，实验设备台（套）数量少、性能落后，实验室空间小，无法容纳现有的学生，实验室开放的时间、对学生服务的质量都有待于进一步改善。目前学院的实验中心还是省级示范实验中心，说明我们离国家级水平还有很大的差距。在今明两年，我们要利用学校政策支持，将演播室建设排上日程；同时，购买一批急需的实验设备，完善现有的实验体系，在此基础上，进一步改善我们的管理，完善我们的服务。在办公条件方面，我们目前的境况是相当糟糕的，教授没有自己的办公室，在学校文科院系不多见，我们就是其中之一。学校已经决定将东六楼的四、五两层交给新闻学院，现在只等技术教育中心搬迁。一旦技术教育中心迁离，我们将及时调整办公用房，合理配置房产资源，争取让我们的教授、副教授能够在学院里有自己的办公桌，有自己的学术活动空间。除此之外，我们还要努力改善教职员工的生活条件，增进教职员工的福利。我们经常讲要以人为本。以人为本的基本内涵之一就是切实维护和增进人的利益，尊重人的权利。马克思早就教导过我们，利益是人们行为的出发点。我们固然要强调奉献，但是不能把奉献作为我们的政策基点。只有切实地增进了人们的福利，人们奉献的积极性才能得以保持。

2. 基本工作思路

学院的基本工作思路可以概括为以下几个方面。

一是增强创新意识，凝练学科方向，建设一流队伍。创新不仅是一个民族、一个国家的灵魂，更是一个学科、一个学院在学界立足的精神支柱。学院要实现跨越式发展，必须以创新作为一切工作的原动力。只有创新，才能另辟蹊径，走别人没有走过的路；只有创新，才能彰显自己的特色，才能在强手如林的学界显示自己的存在；只有创新，才能实现对历史的超越。一个满足于躺在先辈功劳簿上的民族，是没有希望的民族；一个沉湎于昔日辉煌的学院，注定是一个没有前途的学院。我们要把创新的精神注入学术队伍的灵魂中，在人才培养方面创新，在科研方面创新，在社会服务方面也要推陈出新。通过持续不断的创新，与时代同步,与社会同步。要贯彻创新的理念,必须依托现有的学术资源,进一步凝练学科方向,实现与其他强势学院的差异化定位,走特色竞争之路,做到人无我有、人有我强。

二是加大平台建设力度,支持学科的整体提升。我们学院已经有一个相当不错的平台,有博士点、博士后流动站,有省级重点文科基地和国家级特色专业。但是与国内顶尖级学院相比,我们还有很大的差距。到目前为止,我们还没有二级学科重点学科,更谈不上一级学科重点学科,没有国家级文科重点研究基地,更谈不上"985"创新平台,没有自己公开的学术期刊。所以,立足于现有的平台,我们能够争取到的学术资源十分有限。除我们自己的省级文科重点研究基地外,我们老师科研项目和经费的主要来源,只能是国家社会科学基金、教育部人文社会科学基金、省人文社会科学基金,渠道单一。而在中国人民大学、复旦大学、武汉大学,他们的国家级文科重点研究基地每年可以给学院提供两个重大招标课题,其"985"创新平台给学科的支持经费达2000多万元。这方面的差距,对于我们的队伍建设、学科发展十分不利。今明两年,我们要集中力量,争取在平台建设上有所突破,为我们的老师营造一个宽松的学术环境和充裕的生息空间。

三是发掘校友资源,强化社会网络。在这个几乎完全市场化的背景下办学,仅凭学校的资源配给是远远不够的。学校固然是我们的办学资源,特别是物质资源的最主要的来源,但绝不是全部的来源。要运作一个学院,除了物质资源以外,还要有广泛深远的社会关系,充沛的人脉资源,以及来自社会的道义支持。我们必须眼睛向外,开门办学,要充分利用社会资源,关起门来在家里唱卡拉OK是不行的。在这方面,我们可以利用以往毕业的学生,这些学生分布在祖国的四面八方,大江南北,有不少是新闻传播业界的领袖之才。我们拥有19届本科毕业生,专科生更多。他们对母校、对母院怀有深厚的感情,常思报效学校学院,只是一时苦于没有合适的机会和渠道。此外,我们学院在日常运作中又常感到社会资源枯竭,在处理学生实习、就业安排、社会服务拓展等问题上,不像北京大学、中国人民大学、复旦大学这些名校,有强大的体制化的校友网络支持。开发校友资源,正是我们今后工作的着力点。2007年,学院开始了这方面的工作。今明两年,学院要促成各地院友,以地方大都会为中心,建立起院友会。必须明确,建立院友会绝不是为了向他们要钱,绝不能把院友当成金主。建立院友会只是为了给院友提供更好的服务,给院友建设精神家园和交流平台,通过服务各地院友,来争取院友对学院各项工作的支持。

四是开源节流,增进职工福利,稳定师资队伍。前面多次说过,仅就社会服务而言,目前学院处于历史上最困难的时刻。我们的社会服务空间在压缩,各种营收能力在萎缩,学院的财务面临着严重的困难。在这种情况下,我们必须想尽一切办法,尽可能地开辟新的社会服务空间,拓展新的社会资源;同时,我们必须秉持节约的原则,压缩一切不必要的开支,集中财力服务于人才培养和科学研究,致力于增进教职工的福利,改善其物质生活。只有这样,我们才能稳定师资队伍,队伍稳了,我们的事业才有希望。

五是加强班子建设,提高执政能力。一个组织、一个团体的生存与发展,主要取决于它是否有一个坚强的领导集体,这个领导集体的眼界是否开阔,决策是否正确,意志是否坚定。学校领导将进一步提升新闻学院办学水平的历史重任托付给我们这一届领导集体,我们深感责任的重大,如履薄冰,如临深渊。为了不辜负学校领导和学院全体教职员工的期待,我们必须加强班子建设,将学院党政领导班子建设成一个团结、廉洁、高效的战斗集体。同时,作为学院一级领导机构,我们还要更加谦卑,进一步增强服务意识,深入地倾听民意,真正做到情为民所系,权为民所用,利为民所谋。我们的权力是党和人民授予的,我们一定要谨慎使用,杜绝滥用、误用权力,更不能以权谋私。我在这里还要吁请各位老师,在学院振兴、学科发展的过程中进一步发挥主人翁精神和责任感,关心和支持班子的工作,监督班子的决策和施政。

各位老师,各位同仁,我们现在处于一个重要的历史时刻,我们正在创造属于自己的历史。固然,我们面临着诸多的困难,前进的道路也不平坦,但是,只要我们用心努力,只要我们勤于耕耘,只要我们精诚团结,就一定会有所收获。我始终坚信,有广大老师的参与,有学校领导和社会各界的支持,我们的目的一定能够达到!

(本文系作者于 2008 年 1 月 17 日在全院教职工大会上的报告)

新闻学院 2009 年工作总结与 2010 年工作思路

在学校党委、行政的正确领导下，我们学院面对世界金融风暴带来的冲击，团结奋战，克难前行，在人才培养、科学研究、学科建设等方面取得了不少成绩，在此我代表学院党政班子向全体老师、全体同仁表示衷心的感谢和崇高的敬意。现在我代表学院党政班子总结 2009 年的工作并提出 2010 年的工作思路，请大家审议。

一、2009 年工作总结

2009 年学院的工作可以说是亮点迭出，精彩纷呈。我主要从四个方面做一个简要的梳理。

1. 人才培养

学校是培养高级专业人才的工厂，人才培养是学校和学院的基本工作。2009 年，我们学院在人才培养方面做了大量扎实的工作，并且取得了突出的进展。特别是本科教学管理，在 2009 年，我院继 2007 年、2008 年两次获得学校本科教学优秀学院的称号后，第三次捧回了本科教学优秀学院的称号。

1）大力推进本科教学改革，明确教育思想与专业理念，完善新闻传播人才培养模式

在教育思想大讨论的基础上，学院于 2009 年 5 月召开了专题会议，集思广益，五易其稿，进一步完善本科各专业培养方案，制订了新的教学计划。各专业在教学计划、指导思想方面作了重大调整，充分利用其他专业的核心、精华课程，扩大学生使用融合媒介的能力，增大学生选课的自主性，体现教师的指导作用。同时，认真开展了专业边界再设计，积极推进了各专业的交叉整合，改革了人才培养模式，加快了新闻学特色专业建设。

课程和教材建设也取得了重大的突破。2009 年我院有一门课程被评为国家级精品课程——张昆教授的"外国新闻传播史"。同时，赵振宇教授今年出版

的两本国家级规划教材：《现代新闻评论》（第二版）、《新闻报道策划》都获得了学校的奖励。另外，何志武教授的《新闻采访》和刘洁教授的《新闻传播学毕业论文写作》被选入华中科技大学教学质量工程第三批精品教材。

教学研究也有较大的进展。陈少华主持的"基于学科交叉的传播学专业人才培养模式研究与实践"被评为省级教学研究项目；陈先红主持的"TRS实学创新教育模式在广告公关专业中的应用研究"和闫隽主持的"基于主动实践理念的报纸编辑课教学方式改革"被评为校级教研项目。

2）实践教学和试验教学改革成果显著

2009年，学院大力推进实践教学改革，为了提高学生的实践平台，学院专门成立了院实践教学协调小组，投入巨资，由顾建明、郭小平、鲍立泉、甘世勇组成，顾建明为组长。小组一成立，就立即利用学院的社会资源，学院领导和一些资深教授也全力支持，在很短的时间内，沿京广线的北京、郑州、武汉、长沙、广州、深圳，联系数十家媒体、公司，建立学院的专业实习平台，一下子把学院的专业实践基地提升至省会以上城市的权威和核心媒体，为学生的成才创造了条件。

与此同时，学院的实验课程教学改革也有了较大的进展。继2008年学院建成了湖北省普通高校实验教学示范中心之后，学院在实验教学手段革新、实验教材建设方面加大力度。"品牌传播策略"、"广告摄影与平面广告"、"报纸编辑与电脑排版"获得本科实验教学工作优良实验课程称号，学院也因此获得本科实验教学工作优良院（系）称号。

2008年，我院四个本科专业的毕业实习与论文环节都在规范化的基础上取得了突出的成绩。从毕业实习成果看，无论是本科实习的组织、指导、管理，还是学生的实习作品及整理汇集都是令人满意的。在学校的专业实践评比中，广播电视新闻专业实习学生获得学校优秀实习团队的称号，新闻学专业学生获得良好实习团队的称号。

3）人才培养质量有了明显的提高

2009年，学校十分重视人才培养质量。鼓励教授在第一线给本科生讲课，同时强化试验课程的教学。据统计，2009年，学院60岁以下的教授全部在给本科生授课，同时在2008—2009学年第2学期本科课堂教学质量评估中，我院共有21名老师授课，其得分均在85分以上，优质课堂率为100%，处在前三位的为石长顺、刘瑛、陈先红。在全校2008—2009学年度教学质量优秀奖评审工作中，我院取得优异成绩，赵振宇获一等奖，刘洁、顾建明、孙发友、刘瑛、赵星耀、周婷婷、李贞芳获得二等奖。

2006级和2007级学生英语四级考试通过率获得长足进步。2006级有185

人参加英语四级考试,通过人数为181人,通过率为97.84%,其中优秀人数为5人,优秀率为2.76%。2006级英语四级考试通过率最高的为传播班与新闻1班,通过率都达到了100%。2007级共有174人参加英语四级考试,通过人数为156人,通过率达到89.66%,其中优秀人数4人,优秀率为2.56%。

4) 教学管理的规范化建设取得了显著的进展

为了提升人才培养质量,学院在教学运行和管理方面,强化了规范意识。在本科层面,院系都加强了开学和中期检查,教师之间的相互听课、交流切磋得到推广。在学生方面,则加强学风建设和纪律意识,学生的到课率明显提升。在2008—2009学年度第二学期校教务处组织的学生到课情况实查中,我院被抽查学生应到人数109人,实到106人,到课率为97.25%。在2009—2010学年度第一学期校教务处组织的学生到课情况实查中,我院被抽查学生应到人数173人,实到173人,到课率为100%。学生对学院的归属感和专业荣誉感显著加强。2009年,我院共转入15人,转出10人,净增5人。在转出的10人中,传播学7人,新闻学1人,广电2人。

在研究生方面,学院在暑期召开的第十一次学科发展研讨会的主题,就是规范化管理问题。在会议上,强调了研究生培养的质量意识,理清了人才培养的各个环节和具体流程,明确了指导老师和管理部门在其间的权利和责任。特别是在研究生的招生、录取环节,中期检查(分流)环节,开题环节,论文评审及答辩环节,制定了必要的规矩,对于防范培养过程中的失序状态,起到了很好的保障作用。这些努力,对于进一步提高教学质量、彰显学院品牌,起到了极大的推动作用。

5) 教学团队和学生的创新团队建设取得了突出的成果

2009年,学院在教学团队建设方面迈出了历史性的一步。张昆教授领衔的"新闻学国家级特色专业教学团队"获评为校级优秀教学团队称号,这也是我院第一个获此荣誉的教学团队。据学校评审专家的意见,我们的这个团队完全有实力竞逐省级乃至国家级教学团队。这是我们2010年教学团队建设的重要基础。

与此同时,我们学院的学生创新团队建设也有重大进展。在陈先红博士的红树林团队纳入学校启明学院之后,胡怡老师的V2第二视角团队、余其敏老师指导的"漂流书会"等相继成立,并且在国内的一些重大赛事中取得佳绩。如在胡怡老师的指导下,方鹏、韩林志、钟林三位同学凭借作品《近与远》获得了第二届全国大学生(文科)计算机设计大赛二等奖(此项目没有一等奖)。

6) 学生工作创新成就斐然

在2009年,学院学工口结合专业组织开展了一系列学生的思想教育和文化活动,如多次承办全校性的学生科技文化活动:"主持人大赛"、"罗丹之眼摄影大赛"、"中文配音大赛",心理文化节之"短信铃声大赛"等。党委书记路钢亲临我院参加学生党支部组织生活会,对我院将学生党建工作与专业学习实践密切结合的做法表示肯定,并作为典型进行宣传。学工口还鼓励学生积极参加课外实践活动,组织并扶持学生创新社团,在奖励评优时明确向取得成果的同学倾斜;尽力协调我院创新团队与启明学院的关系,力争获得更多的支持;严明学生学习纪律,辅导员深入课堂宿舍检查监督;与宣传部密切合作,争取校内外稳定的实习实践岗位。共有 8 个班级获"学校优良学风班"称号(一年级不参评);学院"多维创新基地"获评学校"学生创新活动先进集体",学院获"学生创新活动先进单位"。面对金融危机给学生就业带来的严峻形势,学院发动全体教职员工动员各类资源为学生找岗位、找工作;争取各系对学生就业工作的支持,每半个月公布一次各系的就业情况。学院不少教师不计报酬、不惜牺牲自己的业余时间,组织学生开展读书沙龙,自选题目引导学生开展项目研究活动,对各类学生活动有求必应,目前在学院已初步形成"人人关注学生,人人服务学生"的良好育人格局。

2. 科学研究与学术交流

2009 年,我们学院的科学研究与学术交流工作也是亮点迭出。在研究课题方面,我们和三峡总公司的合作项目正式签署、启动,这是一个全院参与的重大课题,也是一个检验学院综合实力的机会。到目前为止,该项目进展顺利,部分子课题已经完成初稿。钟英教授主持的重大课题进展良好。特别要提出的是,今年我们学院又获得了一项国家社会科学基金课题,即石长顺教授的"中国广播电视公共服务研究",还有三项教育部人文社会科学基金课题,即申凡教授的"网络传播心理学研究"、刘英老师的"互联网使用对医患互动的影响研究"以及闫隽老师的"国际贸易摩擦中的舆论策略"。这样大面积的中标,展示了我们学院的科研实力和学术潜力。

在研究成果方面,也有令人满意的表现。在 2009 年,我们学院的老师出版专著 7 本,教材 6 本,译著 1 本,共 14 本书。与去年持平。其中,在国家一级出版社人民出版社出版了 3 本书。去年,我院老师发表论文近 90 篇,比前年略低,但其中在 A 类期刊发表了 3 篇,比去年多了一篇。同时,为了彰显学院的学术品牌,学院和出版社合作,准备集中推出学院博士生导师自选集,目前第一批 8 本书稿已经提交出版社。

我们不仅推出了数量可观的研究成果,而且这些成果还得到了学界的高度评价。在 2009 年,学院在科研成果获奖方面创本院历史最高纪录。张昆教授的专著《国家形象传播》获教育部人文社会科学成果专著奖三等奖,填补了我院该奖项的空白。有三项成果获得湖北省社会科学优秀成果奖,其中,石长顺教授的论文《手机电视:新收视时代媒介格局的重构》获得二等奖,这是湖北省社会科学成果奖设奖以来我院新闻传播类作品获得的最高奖;钟瑛教授的专著《中国互联网管理与体制创新》、孙发友教授的专著《新闻报道写作通论》均获得三等奖。刘洁教授的专著《主导·协作·博弈——当代媒介产业与政府关系》获得武汉市社会科学成果奖一等奖,这也是该奖设立以来新闻传播类研究成果获得的最高奖。

在 2009 年,学院还联合我们的战略伙伴,在境外举办了两场国际学术会议。2009 年 8 月,我们学院与新加坡南洋理工大学传播学院合作举办了海外华文传媒与华夏文明传播第六届学术会议;10 月,我们又与香港城市大学媒体与传播系以及澳门人力资源协会联合举办了第三次公关与广告国际学术论坛。需要特别指出的是,按照国内的消费标准,如果在国内召开同样规格的国际学术会议,作为主办单位至少要筹资 50 万,可是我们以国际合作的方式,自己仅仅只花了 5 万元。这是我们学院的优良传统,在这里我要向我们学院的合作方新加坡南洋理工大学传播学院、香港城市大学媒体与传播系的同仁表示感谢。

与此同时,我们的学术交流活动也日益频繁。学院遵循顺访原则,并充分整合了国际交流处和人文素质基地的资源和资金,大大减少了学院在学术交流方面的开支。在 2009 年,学院共举办学术交流 20 场、14 人次,演讲者来自美国、英国,以及我国香港地区、台湾地区和内地等地 14 个高校和企事业单位。根据暑期第十一次学科发展研讨会的精神,应教师们的要求,学院推出了"新闻学院晒书会",目前已经举办了 10 期。李贞芳博士主持的传播方法论坛受到学生的普遍好评。博士沙龙即将登场。

虽然我们是一个规模不大的学院,是一个比较穷的学院,可是我们办了不少大事,搅动了学界的一池春水。在 2009 年,我们学院研究成果丰硕,学术活动频繁,亮点迭出,精彩纷呈,得到了学界的好评。其根本原因在于我们抓住了这个时代的特点,找到了一条适合学院特点的办学思路。

3. 学科建设

2009 年还是我们学院学科建设取得显著成绩的一年。我们继 2007 年新闻学专业被评为国家级特色专业后,广播电视专业在 2009 年又被评为国家级特色专业。今天刚得到消息,特色专业建设经费方面,广播电视新闻专业的 20 万元和新闻学专业的余款 40 万元已经全部到位。在一个单一的二级学院中,同时拥有两个国家级特色专业,在学校文科学院,在国内兄弟新闻院系,我们是唯一的一家。它说明我们的新闻学科在国内新闻学界、新闻教育界处于领先地位。

我们的学科发展还表现在队伍建设方面。我们的学术队伍不仅稳定,而且经受了金融危机考验和其他兄弟院系的高薪诱惑。我们的中青年学者在迅速成长。我记得,在我刚来华中科技大学的时候,曾经用哑铃形容我们的人才结构。当时我认为,如果中间层次不能挺身而起,青年一代不能茁壮成长,华中科技大学新闻与信息传播学院就不可能持续稳定健康地发展。但是最近的情况表明,我的担忧显然是多虑了。从最近两年的情况看,我们学院 50 岁以下的青年教师发展势头超乎想象。2008 年,我们取得三项国家社会科学基金课题,一个教育部人文社会科学基金课题,其得主全部是 50 岁以下的青年人;2009 年学院获得一项国家社会科学基金课题、三项教育部人文社会科学基金课题,其中有两项是青年人所得;2008—2009 年,学院在 A 类学术期刊上发表了学术论文 6 篇,其中 5 篇的作者是 50 岁以下的青年人;2008—2009 年,学院共获得教育部人文社会科学奖、湖北省社会科学成果奖、武汉市人文社会科学奖共五项,其中三项得主是 50 岁以下的青年人。可以说,青年人正在逐步成为学院的教学研究中坚,正在扛起学院未来发展的大梁。当然,这不是说老同志的作用不重要,相反,越是这样的时刻,越是需要老同志把握继续稳步前进的方向。

我们学院的平台建设也在顺利推进。继 2007 年设立广播电视传播硕士点、博士点、广告与公关硕士点后,在 2009 年,我们经过论证,学院与学校学位审议委员会都通过了增设广告与公关博士点、编辑出版硕士点的决定。这样,在我们的新闻与传播学一级学科博士点的基础上,设立了新闻学、传播学、广播电视传播学、广告与公关四个博士点,新闻学、广播电视传播学、广告与公关、传播学、编辑出版五个硕士点。由此,我们的学科结构更趋合理,学术生态更趋和谐,学术空间更趋宽松。当然,由于国务院学位委员会正在修订新的专业目录,我们新增加的硕士点、博士点暂时没有纳入招生,但纳入招生只是时间的问题。

还要特别指出的是,我们新闻传播学一级学科博士后流动站已经正式启动,现在已经有两个博士后研究人员正式进站。博士后流动站作为优秀师资的蓄水池,将在我院的学科建设中发挥重要作用。

与此同时,我们还围绕新媒体,聚焦重大的社会需求和社会问题,在全校范围内,整合相关的学术资源,试图建设跨学科的创新平台。应该说,我们的这一思路早在 2006 年就已经提出,我们已经获得批准的湖北省文科重点研究基地——"媒介技术与传播发展研究中心",就是这一研究平台的雏形。到目前为止,我们的思路得到了学校高层的初步认可。下一步的目标,就是以此为基础,申报教育部文科重点研究基地,同时申报"985"三期创新平台建设计划。这是一个为学科永续发展奠基的重大过程,如果我们的设想能够变成现实,我们学院将会站立在一个全新的历史起点上,真正名副其实地居于学界的一流强者之列。

4. 管理与后勤保障

最近三年多来,我们在人才培养、科学研究和学科发展等方面都取得了持续的进步,其成就令人瞩目,有口皆碑。这是我们学院全体教职工共同努力的结果。过去,我们在一般场合主要是讲专职教师的贡献,这是应该的。但是,在我们这些老师辉煌成就的背后,是全体管理人员和教辅员工的默默无闻的奉献。

大家都清楚,近年来,学院的办学规模在持续扩张,学院的办学层次在不断丰富,学科点、专业点也在不断增加,与此相应,学院的专职教师队伍也在成长。但是,我们的管理人员和教辅员工不仅没有增加,反而在减少。本来,我们的管理人员和教辅员工就不多,要运作这么大的一个学院,真是难为他们了。武汉大学新闻学院的办学格局和规模与我们差不多,但其管理人员和教辅员工有近20人。所以,我们学院的管理人员和教辅员工往往是一人多岗,一个人干几份活,但只能拿一份工资。如我们的办公室主任、人事干事、行政干事、博士后流动站秘书是由一个人兼着,我们的研究生秘书、科研秘书、学术交流秘书也是由一个人担任。武汉大学的实验室有4个编制,我们只有两个,其中一个还要兼任会计。武汉大学资料室有3个编制,我们只有一个。作为一个老师,我本人深深感到他们的不易,他们面临的难处丝毫不亚于专职老师们。我们一定要换位思考,彼此理解,相互尊重。

在2009年,我们学院的管理与后勤保障同样出彩。我们的资料室在全体老师的配合下,利用学校图书馆的大力支持,在继去年完成书库和借阅室搬迁后,又成功地完成了整个资料室的信息化工程。为我们的科研和人才培养打下了坚实的基础。我们的实验室在满足正常教学需求的基础上,正在推进演播室的设备安装工程。我们的学生工作也卓有成效,在力保没有大事故的基础上,在学生就业、思想工作、组织发展、贫困生资助等方面走在同行的前列。教学、科研、行政管理各岗位的人员,也在各尽其责,费尽心力,以创造性的劳动服务于我们学院发展的伟大事业。没有他们的付出,我们学校这个大机器就无法运转。

总之,在过去的2009年,我们学院在全体教职员工的共同努力下,在教学、科研、学科建设、社会服务及管理与教辅诸方面,都取得了不错的成绩。正因为如此,我们学院才能在前辈铺设的轨道上继续前行。

二、目前存在的问题

在全球性金融危机的冲击下,我们学院团结奋斗,在各项工作方面均取得了显著的成绩。但是，冷静地环顾我们置身的世界，审视我们生存的环境，就会发现我们面临着重大的问题，甚至是严重的危机。

1. 严峻的形势

第一，我们必须正视当前的形势。我认为目前的形势有三个重要的特点。一是环境大变化。金融危机带来的经济萧条和近年来舆论界对高等教育的负面评价，使得高校新闻传播院系的生存与发展越来越艰难。特别是部属重点新闻院校的新闻学院，由于国家政策严令禁止办成人教育，而面对行业需求的专业学位又没有开办，这就使得新闻学院与其他学院如管理学院、法学院相比，在开拓社会资源方面处于劣势，严重地影响到教职员工的福利。同时，始于20世纪末期的媒介融合趋势，改变了业界的人才需求，一方面媒体业界人才需求相对饱和，另一方面，媒介的人才需求出现了多样化的态势，新闻院系的毕业生在就业时能够专业对口的很少，而媒体面向高校觅才，也不限于新闻传播专业。还有一条，我们学院生存在一个以工科、医科为主体的大学，学校的政策导向和资源分配原则，自然会向工科、医科倾斜，学院的外向拓展能力受制于国家政策，内部又受制于学校的学科生态，所以我们的生存和发展，相对于过去，困难是大大地增加了。

第二，学科大洗牌。在国内新闻传播学科领域，几十年的发展演变，已经形成了目前的基本格局：三个"世界"，边界清晰。但是新的环境变动，使得不同新闻院系的地位远不是那么固定，"第一世界"、"第二世界"、"第三世界"的边界日益模糊，甚至出现彼此间的咬合、楔入，从而造就了这样的可能：传统的第一世界强势学科稍不注意，可能会被"第二世界"所超越，"第三世界"也有可能超越"第二世界"。由于地域的、政策的差异，以及各个学校投入力度的不同，新闻传播学科领域的大洗牌在所难免。

第三，人才大流动成为常态。学科之间、学院之间、学校之间的竞争主要体现在人才竞争方面，各校之间高价挖人，有的甚至连整个团队一起挖，加剧了学科大洗牌的可能性，增加了学科生存、发展的不确定性。这种情况开始于其他学科，现在，新闻传播学科人才竞争的苗头也越来越明显。今天如果我们有人调到其他学校，我们不必震惊；同样，明天有人进入我们学院，我们也不必奇怪。我们必须注意这一深刻的变化。

2. 学科建设后劲乏力

第二个必须正视的问题是，我们的学科建设后劲乏力。这几年我们超常规的发展，几乎耗尽了我们学院20多年来积累的潜力。我们学院在学科发展方面存在两个显著的短板。

一是学术队伍建设的短板。我们的学术队伍总的盘子偏小，全院专职教师仅为32人,在全国6个拥有一级学科博士点的学院中,我们和清华大学最少,但是清华大学的队伍我们是不能比的,他们的分子与分母是一样的,可我们的分母大、分子小,他们单个人的产出远远超过我们。中国人民大学、复旦大学、武汉大学、中国传媒大学新闻学院的规模要大大超过我们。过小的人力资源规模,严重地制约了我们的产出。同时,在我们的队伍中,中青年学科带头人得到学界业界认可的比较少,真正能够为他们证明身份的压箱之作还很少。此外,我们学院的专职教师的学经历结构也不很合理。专业老师中,具有国外完整留学经历的老师不多,目前还没有一个真正意义上的洋博士,所以师资队伍整体上缺乏国际视野;担任业务课程教学的青年骨干老师,大多没有业界的工作经历,所以课程教学一般是空对空。过去令我们自豪的实践特色开始褪色了。

二是平台的短板。过去我多次在不同的场合说,我们学院有一个不错的平台,有一级学科博士点,这很难得。但这是相对于一般高校的新闻院系而言的,相对于国内新闻教育的第一方阵,我们的学科平台还不够高,还有很大的差距。至少,到目前为止,我们学院还没有国家级文科重点研究基地,而中国人民大学、复旦大学、武汉大学、中国传媒大学有;我们没有独立的"985"创新平台,而中国人民大学、复旦大学、武汉大学、清华大学有;我们没有国家级重点学科,而中国人民大学、复旦大学、中国传媒大学有;我们没有国家级实验教学示范中心,而中国人民大学、复旦大学、中国传媒大学、武汉大学、暨南大学、南京大学有。平台建设的短板,不仅制约了我们获取国家与社会资源的能力,限制了学院学术潜力的发掘,而且影响了我们的对外学术交流。

3. 民生福利亟待改善

民生福利亟待改善是当前我们必须关注的重大问题。近年来,由于国家相关政策的突然改变,我们学院的自学考试助学班停办,这可是我们长期以来主要的收入来源。学位课程班的生源基本枯竭,新闻传播的专业学位又没有启动,短训班基本上没有什么效益,所以我们学院的创收面临着巨大的压力。2009年,尽管我们十分努力,社会教育部的工作人员也尽职尽责,我们的创收只有110万元,比去年下降约20万元。明年的形势还要严峻,因为自学考试助学班完全没有了,只有开拓新的来源。在这种情况下,我们要维持过去的福利水平,实在是太困难了。我们党政班子做出的教职工福利水平稳定三年不变的承诺,面临着空前的压力。

比较学校的几个兄弟院系,如法学院、社会学系、管理学院,我们的学科建设、学科水平不比它们低,甚至要高于它们,但是,因为它们有专业学位,社会服务的门路比我们广,自筹资金的能力比我们强,所以它们的小日子比我们红火。在某种意义上,可以说我们学院面子光鲜,而里子却不怎么样。这种情况必须改变。

我们必须要聚全院之力,谋思良策,拓展社会服务的空间,提升我们的创收水平,改善我们全体员工的基本福利。

三、2010年的工作思路

虎年即将来临,在新的一年,自然会有不少的机遇,但是也会有更多的挑战在等着我们。我们应该怎么做,才能把我们学院的潜力充分发掘出来,才能调动全体员工的积极性,使我们的学科建设上一个新的台阶?

我认为虎年不仅应该成为新闻学院的有为之年,而且可能成为我们学院的成功之年。首先,虎年会给我们不少的机会,如新一轮国家文科基地建设,"985"三期建设工程的启动,新闻传播专业硕士学位的开设等,将会在很大的程度上改变中国新闻传播教育与学科建设的基本生态。如果我们抓住了机遇,战胜对手并取得胜果,就会在很大程度上加强我们的地位,提升我们的排名。

在即将来临的虎年,我们学院要努力抓好三件大事。

1. 以学科建设为龙头,促进学院全面发展

学科建设是学院发展的永恒主题。在学科建设上,必须抓住两个关键。

首先是人才。在2010—2011年,学院要充分利用国家和学校的鼓励政策,引进一流的创新型人才,以改变我们目前的人才结构。学院和我们的全体老师都要敞开胸怀,准备接纳引进的学术带头人,要形成一个良好的氛围,让一流的人才进得来,进来后又留得住,干得愉快。特别是对于新进的青年教师,要给他们创造一个良好的成才环境。过去我们做了一些工作,实践证明是很成功的。如适当减轻青年教师的教学工作量要求,在年终劳务酬金分配方面设置一定的共享基数,缩小青年教师与资深教师的差距,设立青年科研基金以资助青年教师参加国内外学术会议,组织青年学术骨干申报各级各类基金课题。下一步,我们还要借鉴其他学院成功的经验,思考怎样处理"外来和尚"与"本土和尚"的关系,"外来的和尚好念经",所以要发挥"外来和尚"的带动作用。但是毕竟"本土和尚"是教师队伍的主体,只有把"本土和尚"的积极性调动起来,学科水平才上得去。所以,我们要处理好这两者的关系,把握好两者的平衡。

其次,我们要围绕新媒体,集结学校的相关资源,打攻坚战,以湖北省文科重点研究基地媒介技术与传播发展研究中心为基础,申报国家文科重点文科基地建设立项。这实际上,有两件大事要做。一是解决省级文科重点研究基地的可持续发展问题。当初,我们建设省级文科重点研究基地,得到了学校的资助。原来学校党委书记同意每年学校资助30万,连续资助四年。但是由于学校领

导换届,学校对基地的资助只拨了两年,后面的两年没有落实。我们要想办法争取学校兑现资助的承诺。二是做好扎实的准备工作,营造出一种舍我其谁的气势,争取申报成功。要知道申报国家文科基地是一场硬仗,是一个复杂的系统工程。需要全院总动员,需要全体员工的参与。事实上,我们在前几年已经做了一些工作。我们已经连续三年进行了基地课题招标,出版了数期基地简报,建立了基地网站。最近,我们还在筹备出版基地年度研究报告《中国新媒体发展研究2010卷》。这还不够,要争取申报成功,首先要保证在学校能够出线,这也是一场苦战。学校出线后,还要面对更强大的对手。我们要有必胜的信心,并且形成一种非我莫属的气势。这是成果的基本条件。

2. 开源节流,稳定员工福利水平

近年来,学院面临的社会创收不断减少,主要是因为一些不可抗拒的政策原因。但是,为了学科的持续发展,我们必须殚精竭虑,变不可能为可能。我认为目前的当务之急就是开源节流,其中又必须以开源为优先考虑。开源是硬道理。所谓开源就是拓展社会服务领域,发掘新的创收手段与渠道,提高学院的创收能力。要做到这一点,就必须调动全体员工的积极性,只有全体职工都被动员起来,都视创收为自己不可推卸的责任,想方设法,就没有克服不了的困难。学院党政班子高度重视这一问题,并且制定了奖励措施,提高奖励的额度。去年,我们为浙江嘉兴学位课程班奖励赵振宇教授,今年我们又为北京班奖励钟英教授。学院将信守承诺,该奖励的一定兑现。

同时,学院社会教育部也要进行创造性的工作,只要努力,提升创收还是有很大的空间的。鉴于国家学位委员会准备启动新闻传播专业学位,社会教育部应该做好申办的一切准备工作。由于此次专业学位的论证,在新闻传播一级学科下,有新闻传播和出版两个专业学位点,我们要牢牢地抓住这两个点。一旦启动就要申报成功。另一方面,我们还有进一步发展我们的学位课程班,在继续办好北京的网络与电子出版班的同时,还要与合作方合作,开办广告与攻关班(或整合营销班)。从目前的情况看,北京的合作方是很有诚意的,而且有相当的运作能力。其次,我们还要致力于开拓专业培训市场,开办面向新闻发言人、通讯员、首席品牌官、公关人员等的培训班,在这方面有很大的市场空间可以发掘。当然,专业培训项目难度比较大,我们必须重新开发课程及教材,而且讲授的方式方法与大学课堂决然不同,它要求知识标准化、课程模块化、授课演讲化,既要有较高的学术水准,又要生动活泼、不断地抖出包袱。还有一点必须引起我们的注意,那就是自学考试助学班的善后问题。目前该助学班到了最后论文写作阶段,随后还有申请学位、外语考试等事项,社会教育部要做好相应的服务工作,争取使该班能够圆满结束。

开源是硬道理,节流同样也不能忽视。现有的政策环境使我们的开源工作受到较大制约,这就使得节流显得尤其重要。我们全体教职员工要有过苦日子的准备,特别是干部们,要发扬艰苦奋斗的传统,精打细算,争取以最小的投入产出最大的效益。我们要尽量压缩行政运行费、招待费及其他一切不必要的开支,同时对于人才培养、学科建设等重大事项,又必须确保投入甚至要加大投入。虽然创收减少了,但学科建设不能下滑,教职工的福利也不能下滑。这是我们的基本底线。

3. 加强规范化管理,保障教学科研水平的稳定提升

前面我以较大的篇幅说明学院的管理与后勤工作的成绩,表达了我们对于行政与教辅工作人员的感谢。但是在这里我还必须指出,我们的管理还有待进一步规范化。人才培养、科学研究、学科建设的管理,要设计科学的程序,一切具体运作都要根据程序来,只有程序正义,最后的结果才可能合理、合法。下一步要重点落实研究生培养过程的规范化管理,对于不同的环节,乃至全过程,都要贯彻法治精神,照章办事。还有财务管理、创收管理等,都要进一步强化规范意识。

我们强调规范化管理,不是不讲人情,不是否认以人为本的基本原则。规范化的管理或法治精神,与以人为本的原则是并行不悖的。关键在于,我们在设计规范、程序的时候,要充分考虑到人的主体性、人的权利、人的价值与人的尊严。管理作为一种服务,如果能够依据程序法则,在尊重全体教职工的前提下,行使自己的管理职责,不仅能够营造一个和谐的人际环境,而且能够大大提高我们的生产效率。

即将到来的2010年,是富有挑战性的一年,它给了我们很多的机遇,又使我们面临着严峻的挑战。我相信我们能够走出目前的困难,曙光就在前面。我深信学院的精神和文化力量,只要我们团结奋斗,拿出我们的虎虎生气,虎年就一定能够带给我们丰厚的回报。

(本文系作者在2009年底华中科技大学新闻与信息传播学院教职工大会上的报告)

新闻学院 2014 年工作总结与 2015 年工作建议

2014年是新闻与信息传播学院工作最繁忙、任务最艰巨、成就最突出的一年,也是我们这一届行政班子任期的最后一年。在学校党政领导的支持下,学院上下团结一致,共同奋斗,在人才培养、科学研究、队伍建设、社会服务、学生工作、党的建设等方面取得了全面的丰收。过去我做工作报告时,总是把工作报告与下一年的工作安排联在一起。明年开年,学院将实行行政班子换届,关于明年的工作,应由下一任班子决定。所以在这里,我主要讲2014年的工作总结,同时对学院2014年及以后的工作,只是提出建议。

一、2014 年学院工作总结

各位老师、各位同仁,学院2014年的工作可以说是全方位推进,也取得了多方面的成绩。现从如下几个方面给大家总结。

(一)队伍建设

对于任何一个单位、任何一个部门、任何一个行业,人才是兴业之本。没有一流的人才,就不可能有一流的学科,这是被实践证明了真理。2014年,学院牢牢抓住人才建设这个根本,将学院的发展建立在强大的人才队伍基础上。为此,学院做了以下几个工作。

学院从未来发展的前景出发,坚持重用中青年教师,给他们压担子,给它提供施展抱负空间。在2014年,打破常规,从杰出的青年副教授中,破格遴选了两个博士导师。青年人出头,不仅让青年群体看到希望,而且也激发了中老年教师的热情与活力。在校内外产生了很好的反响。学院鼓励青年教师走出国门,拓展视野,2014年,阎隽老师从英国牛津大学学成归来,牛静老师派到了美国,李华君老师争取到了日本电通广告的三个月进修资格,现在正在东京。

为了吸引一流的人才,让优秀的教授能够潜心学术,并且从工作中得到光荣与自豪。2014年,学院自己向社会募集资金270万元,目前已经到位150万元,在学院设立了10个特殊岗位。在学校工资及津补贴之外,实现特殊岗位津贴。分为两个层次,第一层次每个岗位10万元(共设4个),第二层次每个岗位5万元(共设6个)。这样大面积设置特聘岗位的做法,在国内兄弟院系属于首创,在校内也是第一次。学校领导给予了很高的期待。我们计划今年放假前或明年初完全落实这一工作。

学院坚持业务课程教师必须有业界的经历,缩小学界与业界的距离,提升学生的适应性。2014年,学院实施了从业界引进精英人才补充业务师资的计划,从湖北日报传媒集团引进了王溥总编辑。学院还配合教育部推进的卓越新闻传播人才培养基地建设的千人计划,派遣顾建明副教授到光明日报挂职一年。同时,我们并没有放松学者型队伍的扩容。在2014年东湖论坛上,我们从海外邀请了4位优秀博士参加,争取从中确定一到二位最终引进。目前相关工作正在进行中。

这里要告诉大家一个迟到的喜讯,郭小平老师入选华中科技大学华中学科晨星岗。到此为止,新闻学院共有华中科技大学华中学者不同级别的岗位6个,是学校文科院系最多的之一。此外,张梅兰考取并获得国家二级心理咨询师资格,胡经纬、杨丽萍获得国家三级心理咨询师。

在国内新闻教育界,我们的学术团队的结构及学术实力,可以毫不夸张地说已经进入一流的行列。我们的基本盘不大,但是富有活力、创造力,人均产值高,贡献大,这已得到了学界的公认。

(二)人才培养

2014年上半年,学院迎来了校内本科专业评估。这是为迎接下半年教育部专业审核评估所做的校内先期评估。经过全院上下同心协力,我院专业评估工作取得了优异的成绩:全校文科专业共有3个专业获评优秀,我院有2个,即新闻学专业和广播电视学专业。另外,传播学和广告学专业获评良好。为此,学校给予奖励30万元。下半年,教育部专业审核评估过程中,专家组给予新闻学院高度的评价。在评估反馈大会上,评估专家组组长中山大学前校长黄达人第一个提到新闻学院为学生统一安排高层次实习平台的工作,给予高度称赞,也为新闻学院在校内各学院间赢得了良好的口碑。

在课程建设方面,也取得了重大的突破。赵振宇教授主持的《社会进程中的公民表达》入选国家级视频公开课计划,是我们学院的第二门国家视频公开课;陈先红教授主持的《公关的智慧》获批2014年度湖北省省级精品视频公开课。继续建设研究生高水平、国际化课程,今年我院有3门课程通过评估:张昆教授《新闻传播思想史研究》、余红教授《传播效果研究》、郭小平副教授《中西方电视节目模式与创意研究》。作为课程建设的重要一环,学院的教材建设也有进展,钟瑛教授主编的《网络传播导论》入选教育部十二五规划教材。另外,邓秀军主编的《出镜记者案例分析》、何志武主编的《广播电视新闻采访与写作》列为校级立项建设教材。

学院加强了学位申请审核和学位论文检查。对申请博士的学生严格资格和条件审查。不但全面执行博士生学位论文双盲评审,而且今年还组织硕士论文进行盲审。2013年国务院学位办、研究生院对我校2013年授予博士学位的论文进行随机抽检,9月研究生院反馈信息我院7篇博士论文全部合格,导师分别是:屠忠俊(2个学生)、吴廷俊、石长顺、张昆、赵振宇、舒咏平。

在师资建设方面,2014年也有显著进展。何志武教授获评华中科技大学"教学名师",于婷婷老师获得校教师教学竞赛一等奖;龚超老师在湖北省第四年青年教师教学竞赛中获得文科类二等奖第一名。张昆教授以《中外新闻史》课程组、何志武教授以《新闻采访》课程获评华中科技大学课程责任教授。

特别要报告的是,2014年学院在学生校外实践基地建设方面取得了重要的进展。本着"校院共建、本硕共享、内外联通"的原则,学院将本科阶段、硕士生尤其是专业硕士的实践基地打通建设,将校内实践平台与校外实践平台打通,同时发挥学校与学院以及业界三个方面的积极性。学院在9月中旬召开了卓越新闻传播人才与实践基地建设研讨会,新华社、中新社、湖北日报、南方日报、广州日报、长江日报等报业集团,中南传媒集团、长江出版集团等出版机构,中央人民广播电台、湖北广播电视台、武汉广播电视台等广播电视台,玺桥国际传媒、上海精英公关等公关广告公司以及新浪、腾讯、土豆(优酷)视频等互联网公司等知名媒体出席了会议。

在过去的2014年,学院在实验室建设方面成绩突出。学院实验中心共接待计划内实验课25门,课程学时764学时。本年度新增教学仪器设备台套及价值:154台(套)、225.71(万元)。其中电视设备改造36台(套),98.6万元;北大方正报纸编辑软件升级68套:17万元;电视非编实验室设备改造项目90.892万元。截止到今天,在最近6年内,学院争取学校、教育部的投入,加上学院自己的配套,投入在实验室建设上的资金高达1364万元。经过近六年的建设,我们学院的实验室从硬件装备上实现飞跃,不仅无中生有建设了演播厅(近600万),而且对已有实验装备实现了全面的升级。从硬件上,我们的实验室已经超过了武汉大学的水平。

顺便提一下,2014年,学院还投资40万,对新闻系、传播系、广告系、广播电视系的办公室进行了装修。当然也有遗憾,广告系、广播电视系的办公室比较小,有待进一步改善。为了配合湖北省艺术联考,学院还利用省考试院的资金建设了十二个标准化考场。

在2014年,学院加速推进了境外学生交流。8月份,新闻学院实施了与台湾铭传大学的学生交流活动,我们学院的师生二十多人到台湾地区,台湾地区十多人到我们学院,进行学习和参访,增进了相互理解。

由于多方面的努力,我们学院的学风明显向好,办学条件显著改善,人才培养质量显著上升,得到了学校及社会的普遍好评。

(三)科学与学术交流

2014年是新闻学院科研与学术交流工作持续稳定发展的一年。在课题立项方面,我们保持了良好的势头。2014年,学院各类科研课题共计78项,科研经费903.612万元。其中,新立项国家自然科学基金课题一项,是李卫东副教授的《大数据环境下移动社交网络治理体制研究》,国家社科基金课题3项,分别为:舒永平教授的《中国国家形象建构中自主品牌传播困境与对策研究》(重点课题)、徐明华副教授的《多语种国际受众的媒体使用特点与我国对外传播力提升研究》(青年项目)、邓秀军副教授的《基于用户行为大数据分析的微博反腐机制研究》。还有多项教育部人文社会科学基金、湖北省社会科学基金课题、校自主创新课题多项。

在科研成果获奖方面,2014年新闻学院又取得了丰收。2014年湖北省社会科学成果奖揭晓,学院一举获得4项。张昆教授的专著《旗报——〈深圳特区报〉史稿》获得二等奖;张明新副教授的专著《媒体竞争分析:架构、方法与实证》、赵振宇教授的论文《系统论视野下的突发事件舆论引导框架构想》、何志武教授的论文《网络民意与公共政策的民间智库》分别获得三等奖。在省内高校新闻传播学科获奖数量上,我们继上一届稳居第一位。

2014年,新闻学院举办了多次重要的会议。7月初,我们在学校举办了第十四次新闻传播学科建设高峰论坛;8月份,我们在泰国举办了第七届广告与公共关系国际学术论坛;9月份,我们在学校举办了实践教学改革与校外实践基地建设研讨会,邀请国内知名媒体和企业人事官员和有关专家,取得了很好的效果;11月份,我们在华中科技大学举办了中国新闻教育史学会2014年年会,确定了中国新闻传播教育史研究的新思路;12月,我们又成功地举行了国家传播战略协同创新中心2014年度的高峰论坛。这一系列学术会议的召开,扩大了华中科技大学新闻传播学科的影响。

在平台建设方面,学院继续支持国家传播协同创新中心的运作。在2014年,协调中心组织进行了大型民调"中国人的世界观",旨在向世界报告中国人的对世界、对全球事件的认识;组织编撰中国国家形象年度蓝皮书(2014),在12月份,成功举办国家传播战略协同创新中心2014年度高峰论坛,初步奠定了在国内国家形象研究方面的领先地位。同时,学院还与中国公共关系协会联合创办了华中科技大学中国公共关系研究中心。网络传播研究中心还联合中国新闻史学会网络传播研究会出版了《新媒体社会责任年度报告》,该报告由钟英教授主编,在学界业界产生了较大的反响。此外,湖北省重点文科基地科技与传播研究中心,湖北省新媒体与广播电视研究院等机构等也运作顺利。

这里还要向各位老师报告的是,依托于学院的几个学会。一个是石长顺教授任会长的湖北省新闻传播教育学会,自2013年成立以来,运作良好,成为省内新闻传播教育研讨的中心。2014年12月,湖北省科技新闻学会换届,决定邀请张昆教授担任该会第五届会长。它是一个省级一级学会,也是一个重要的学术平台。有了这两个省级平台,今后学院组织学术活动的空间将会更大。此外,由我们学院担任会长的中国新闻史学会中国新闻传播教育史分会在换届后,也运作良好。

我还有向各位报告的是,在2014年,学院还邀请学界名流、业界精英面向师生举办了21场学术讲座,这些讲座在武汉地区产生了较大的影响。李贞芳教授主导的传播学方法沙龙即将迎来第100期。这个沙龙在国内影响很大,李贞芳老师开始在没有任何支持的情况下办起来,真是功在学校,利在社会。在此我要向她表示敬意。还有一点,我要提醒各位,2014年,学院启动了新一轮学术著作出版资助计划,这次主要是面对副教授以上的中老年教师,学院已经准备了足够的资金,希望大家踊跃申报。

(四)社会服务

社会服务一直是我们学院的一个短板,它承载着太多人的期待。它不仅是我们向社会提供正能量的重要渠道,更是我们获取社会资源,改善办学条件的重要途径。作为新闻学院的院长,我一直很惭愧。学院教职工的福利没有大幅度的改善,一直是我心中的痛。2014年,由于大家的共同努力,我们在维持原有的学位课程班、专业培训项目的基础上,实现了社会服务的重大突破。

这个突破主要表现在承接湖北省艺术专业年考。这是一个破天荒的举措。艺术类联考是国家高考的一部分,组织这种考试实际是在履行国家的考试部门的部分职能,这对于学院的办学能力、组织能力是一个全面的考验。它不仅是考学生,更是对学院的大考。现在回想起来,还真有些后怕。过去几百个播音主持学生,我们弄下来都要累个半死。现在学生规模放大20倍,大家想想,一万多学生,如潮水般涌来退去,如果出一点事情,那可不是小事。所以我们期待着这样一个大考,又害怕这个大考。因为它只能成功,不能失败。稍有疏漏,那将是我们不能承受的大错,甚至是犯罪行为。我们组织了一个强有力的班子,实行了全面的动员。事实表明,我们学院顺利经受了这次大考,而且考得成绩还不错。湖北省人事考试院的领导多次对我讲,没有想到华科大新闻学院能够做得这样好,为国内同类考试树立了一个样板,并且多次让其他学校来此学习。学校领导也对我们的工作做了充分的评价。

我们能够在艺术年考这件事情上取得这样的成绩,不仅是因为有一个强有力的、高度负责的领导班子,更重要的是,我们有一支特别能忍耐、特别能坚持、特别能战斗的队伍。人吃五谷杂粮,谁没有大灾小病,那个家庭没有自己的麻烦,可是在这些大考中,我们的队伍经受了考验。今天考完了,冷静下来,可是考试期间的一幕幕,仍然历历在目,我一辈子都不会忘记。石长顺教授为这次考试付出了十几天的自由,同志们,生命诚可贵,自由价更高啊!在考试期间,好几次在我的办公室,我们的李磊书记,在谈话时,谈着谈着就睡着了。李贞芳教授,在倒数第二天的下午,吃晚饭时,实在坚持不住了,但是只要求我们找人晚上替换一下。第二天照常走上考场。办公室的王主任,他儿子从国外回来,短短相聚后,又要离开,正好碰在一起,却没有因此影响工作,想方设法让大家吃得好一些。我特别不能忘记的是,我们的志愿者学生,在走廊去做志愿者,晚上风大气温低,手冻得冰凉,有的发烧了,如果是在家里,哪会吃这个苦。我也是做爸爸的人,我真心疼他们。没有这些人的投入和付出,我们的这一仗很难打好。

当然这只是看得见的一部分,就像大海上的冰山。其实水面下的部分更大。我这里讲的只是发生在十天内的事情。其实这件事情从7月份开始到12月份,历时5个月,前面的四个月筹备工作是水面下的作业,工作量巨大,就我亲历的与省考试院的碰头会就有七八次,期间涉及调查研究、系统开发、流程设计、考试安排、网上收费、考试大纲、样卷制作、专家库建设、标准考场建设、志愿者培训等,哪个环节都会反复多次,最后的考试手册有八十多页。同志们,我们不能忘记这背后的工作,在水面下付出的辛劳!

同志们,老师们,正是因为大家的共同努力,今年我们学院的社会服务取得了巨大的成绩。这个成绩直接地反映在我们的福利改善上。去年,我们学院年终人均发放酬金2.6万(包括经费本),今年我们应该会有一个比较大的增幅。我们争取达到人均4万。

(五)学生工作

2014年的学生工作也是风生水起,成就斐然。大体上有四个方面。

第一,学生的党建工作。学工组发挥创造性和想象力,将党的建设与课堂相结合,突出专业性,与时代热点相结合,强调实效性,与年级工作相结合,形成系统性。学工组以新闻学院广播电视学专业教学为依托,举办"党在我心"红色视频大赛。以新闻学院广告学专业教学为依托,举办"学生社区党建"策划创意大赛。鼓励学生党员结合课堂所学知识,主动思考学生党建活动的有效形式,通过研究讨论学生喜闻乐见的党建活动,促使学生党员思考和认识基层党建工作。组织毕业班党员帮扶低年级学生。加强毕业生党性教育,提高党员责任意识,实行"党员寝室"1帮1的对低年级党员的帮扶工作。组织优秀毕业生党员总结经验,为低年级同学提供智力支持。

第二,开展丰富多彩的学生活动。学工组精心组织社会实践团队,《寻找第57个民族——"穿青人"暑期社会实践队》获得湖北省社会实践优秀团队,新闻学院连续四年获此荣誉。2014年,新闻学院连续第11次获得校科技创新活动表彰中获得优秀组织单位奖,V-fun第二视觉创新团队获得先进集体奖。我院有近三分之一的学生参与了"创青春"志愿者工作,5位学生参与的项目共计获得金奖三个,银奖一个。v-fun团队作品《不创不青春》获得创青春微电影大赛优秀影片奖。这是我院首次在全国大学生创业大赛中获奖。学院依托"千寻"摄影大赛,获得优秀组织单位奖。新闻学院是唯一一个文科院系获奖的单位。学院学生周翔宇在东九楼举办了个人摄影展。我院学生作品《生命意识教育读本》、《宋衣清影》在第七届中国大学生文科计算机设计大赛中获全国二等奖。新闻学院官方微信平台现有粉丝接近1500人,远远超过学院总人数。在2014年湖北高校微信影响力排行中,新闻学院连续四次排名院系级第一名。学院微信平台已经成为学院对外宣传的有力窗口。此外新闻学院的"博闻"训练营于10月首次开营。

第三,学风建设。新闻学院获评"2013—2014学年度本科生教师班主任工作先进单位",全校仅六个学院获奖,新闻学院为唯一文科院系。陈少华获评"我最喜爱的教师班主任",陈少华、李华君、刘锐、邓秀军获评"优秀教师班主任"。2014年,学院出现了11个优良学风班,13级6个班级、12级6个班级、11级1个班级获奖,获奖率在全校名列前茅。同时,学院有5项国家级大学生创新项目结题,20项校级项目结题,9项院级项目结题。另有10个项目通过审批,总参与人数达100人次。

第四,维稳工作。学院开设职业指导与心理咨询室。学工组领导及时接待学生咨询事情,解决学生感情、就业困惑;通过多种方式正面引导,提高学生对心理健康的认识;建立心理危机预警机制,关注学生心理状况;建立危机上报系统,及时更新学生信息。学院于2014年大年初八派出辅导员姚坦奔赴四川、重庆等地解救误入传销学生 2010 级学生沈凤娜。学生返校后与家长保持密集沟通,解决经济和学业困难,为学生顺利毕业保驾护航,经耗费大量时间精力,目前学校已下发学位证、毕业证。学院非常重视重度抑郁学生的安抚、帮扶精神分裂症学生、个别指导转专业留级学生,成功地化解了多起危机事件。

第五,就业与资助工作。在就业工作方面,2014 年我院学生就业率较往年相比稳中有升:截至 9 月,本科生就业率 88.27%;截止到 12 月,研究生就业率 91.45%,在全校文科院系中名列前茅。资助工作方面,学院顺利发放人民奖学金、国家奖学金、国家励志奖学金、国家助学金、人民网奖学金、博闻奖学金、嘉兴日报奖、硕博学业奖学、研究生三助、本科生困难补助等奖助学金,全年约 600 万,无差错无投诉。

(六)管理改革

2014 年,学院在管理方面做了进一步的改革,对于此前改革方案不完善的地方做了新的调整。首先,在教师队伍的分类管理方面,对于首聘期教师的考核指标过高的情况,针对个人实际情况和学科建设需要,适当考虑其他学科的情形,做了适当的调整。调整后的指标体系,虽然降低了难度,但是也需要付出一定的努力。对于营造宽松的环境,促成师资队伍的成长,有积极的意义。学院还就教师工作量的计算标准做了较大的修改,确定了不同职级的基本工作量。对于具体计分项目也有较大的变化,原来有的一些计分项目,现在取消了,同时却增加了一些原来没有的项目,对于应该受到重视的一些项目,现在增加了它的权重,如教师上课等,同时还引入了志工的概念,如教师担任学生的学业导师在学院就不计算工作量。其次,对于管理与教辅岗位的考核,学院也做了较大的改革,在保持一个基本数的基础上(相当教师平均所得的 80%),做一些差异化的安排,基本的思路是打破大锅饭,实行多劳多得,这是一个老的原则。我们的所有改革措施,都是根据民主的原则,通过集体讨论,并且经过全民公决,这在其他单位是无法想象的。

当然,所有的改革只有在增加了蛋糕的基础上,才有实际的意义,才能顺利地推进。今年对新闻学院来说,是个好年景,学院的财力增加了,使我们的增量改革有了可能。但是我们也清楚,任何改革,都只能解决特定的问题,不可能一劳永逸,说不定,解决了这个问题,又会带来其他的问题。我们只能在行动整改,边改边行。

这里我还要就学院的行政教辅工作讲几句。学院现有教职工约 50 人,管理教辅 13 人。除去学工组的四个人,真正的属于管理教辅的只有 9 个人,包括饶军。这是一个非常精干的队伍,我走了许多其他的院系,人大、复旦、武大,所有与我们相同相似的学院,其管理与教辅人员都比我们的多。我们的教辅管理队伍一直是超负荷的运行。每一个岗位,都是一个相当于其他单位几个人。如办公室、资料室、实验室。2014年,学院干了这么多的事情,管理与教辅系统也一起承担了压力。如果说成绩是大家的,我想也有他们的一份。我们要充分地理解在这些同志,要充分地肯定他们的工作。当然,管理教辅方面的工作也有进一步改善的空间,我们大家要一起努力。

(七)党的建设

学院的工作推进,学院的安定与和谐,学院的学科建设,都离不开党的建设。2014年,学院在党的建设方面做了大量的工作。而这些工作都与学院的各项工作深度关联,或者直接落实到各项具体的工作之中,无缝对接,为学院的建设与发展,起到了保驾护航的作用。

具体而言,党的建设工作的第一件事是根据中央的统一部署,有序地推进党的群众路线教育,根据省委、学校部署的节奏和程序,一个环节一个环节地落实,不搞花架子,从而使学院每个干部、每个党员都受到一次心灵上洗礼,提高了政治觉悟和党性观念。

第二件事是党政班子建设。毛泽东曾经讲过,在组织路线确定以后,干部就是决定的因素。因为干部的主要职能就是引领与服务,能不能为群众指明方向,能不能为群众提供完善的服务,能不能为群众提供良好的榜样示范,取决于干部的思想水平、协调能力、政治素质和大局意识。学院党总支根据学校的统一安排,组织学院班子进行了民主生活会,互相提意见,相互帮助,找出工作中的问题,解除思想上的疙瘩。同时,在班子的范围内,坚决贯彻中央八项规定,严格控制三公经费,主要是公务接待,严肃政风。

第三件事是群团工作,解决群众的实际困难。学院党总支非常重视群团工作,特别是工会工作,关注群众关注的事情,把群众的冷暖始终放在心里,尤其对于弱者,对于需要帮助的人,伸出热情之手。大家都知道柳泽花副教授的不幸,学院党总支、行政和工会想方设法向学校有关部门申诉,呼吁加大救助的力度。尽管有段时间,柳泽花的家属不理解学院的作为,甚至以过激行为在网上无端地攻击学院的党政领导,但是学院党政领导还是一如既往地位其奔走,最终使其问题得到了圆满的解决。

由于有党组织在学院发挥核心保证作用,新闻学院才能在较长时期维持稳定,保持和谐的局面,有利于统一了学院思想,凝聚了全院的意志,为学院跨越式发展打下了坚实的思想和组织基础。

二、2015 年学院工作建议

各位老师,各位同仁,我这是第八次在学院做年度工作报告,也是最后一次以院长的身份向各位报告学院的工作。八年来,在各位老师、各位同仁的鼎力支持下,我得以前后主持过两届行政班子,为大家服务,为学校尽力,对你们的支持我在此表示衷心的感谢。八年来,由于大家的共同努力,学院的各项工作均取得了显著的成绩。

八年前,我就任院长时,学院只有 28 个专职教师,我们先后引进了近 20 名教师,如今专职教师达到了 37 人,其年龄结构学缘结构职称结构更加合理。

八年前,学院的学科排名,占位为全部参加排名的院系的 40%,如今我们的新闻传播学科位列全国第五位,占位为全部参加排名院系的前 10%。

八年前,我们处于全国新闻传播学科的权力核心之外,如今我们是国务院学位委员会学科评议组成员单位、中国新闻传播教育学会副理事长单位、中国新闻教育史学会会长单位等。

八年前,我们在学校学科建设中处于边缘地位,如今我们的新闻学科被纳入了 211、985 工程的重点建设范畴。

八年前,我们的年终劳酬分配人均只有 1 万元,如今达到了人均约 4 万元。

八年前,我们学院每年只有一个国家社会科学基金课题,如今每年至少有三个国家课题,并且实现了重大课题的突破。

八年前,我们学院只有一项湖北省社会科学成果奖,如今,每次评审我们都可获得四项以上。

八年前,我们学院只有一门校级精品课程,如今我们一门国家精品资源共享课、两门国家视频公开课,四门湖北省精品课程等。

这一切都是大家共同努力的结果,正是因为这些进步,我们的学院已经站立在一个比过去更高的学术平台之上,是中国新闻传播学界的不可忽视的重要存在。我们的新闻学院未来怎么发展,我相信新的领导班子会有大智慧。我不想在这里下指导棋。在这里我只想提几条建议。

第一,改善办学条件是当务之急。这里我要表达我的歉意,历史给了我八年时间,但是由于种种原因,我没有能够为学院建设一栋大楼,我将终身引以为憾。因为没有独立的大楼,没有必要的空间,我们的教授、副教授没有自己的工作室,我对不起我的老师们!希望新一届领导能够实现我们的梦想,完成建设新闻传播大楼的夙愿。我们这届班子没有建起自己的大楼,但是我们为建设大楼积累了 700 多万资金。八年前我上任时,吴院长留给我 220 万元的家底。如果我们能够把东六楼盘下来,顶上加一层,再装上电梯,进行内外装修,大约1000万也就够了。我们再化点缘,在财务上是可以做到的。

第二,学科建设要立足长远。我们新闻传播学科目前在国内处于比较领先的地位,但是在未来10年、20年里,我们的学科建设之路应该怎么走?应该以什么姿态与其他兄弟院系竞争?我们的核心竞争力何在?我们学科发展的基本战略应该怎样确定?我是有些担心的。谋划学科,应该有战略眼光,应该有前瞻思维,应该有大格局。应该考虑未来社会的发展趋势,行业的发展趋势,学科的发展趋势,还有考虑国家和社会的重大需求,这是我们谋划学科发展战略的基本出发点。

第三,内涵发展应先于外延扩张。现在华中科技大学新闻学院的基本盘做得已经够大的了,本科层次有五个专业,涉及文科、工科、艺术学科;在研究生层次,有四个学术硕士点,两个专业硕士点;在博士层次,有五个二级学科博士点;还有一个新闻传播学一级学科博士后流动站。我们的摊子不能再铺大了,尤其是不能再办新的本科专业了。要把有限的人力资源、学术资源投入到学科内涵的提升上。摊子一大,就会力量的浓度就会稀释,在学科竞争中就会失去力道。

第四,科研教学应协调发展。大学以人才培养为本,但高水平的人才培养,需要高水平的学术引领。没有一流的学术,没有高水平的科学研究,人才培养的质量就没法保障。大学不是一个独轮车,教学与科研,犹如一辆自行车。前轮为科研,引领办学方向,后轮承重,乃是教育的根本。在未来的学科发展中,教学与科研必须两手抓,两手同时要硬,不可偏废。只有两者协调发展了,学院的学科建设才可能更上层楼。

第五,队伍建设应常抓不懈。人才问题是制约学科发展的关键。华科大有今天,得益于朱九思老校长在全社会鄙视臭老九时,敢冒风险引进人才。我们要发展我们的事业,就要大力引进人才,重用人才。在人才问题上,我们要有气度,要有胸怀,要有雅量。要包容不同的学派、不同的见解,要敢于引进比自己高的人,要敢于给外来人高于自己的薪酬,要能宽容人才的缺点,绝对不能用放大镜地看人才的瑕疵。一个学科的发展,不可能指望所有人一起冲,学科的突破性的发展,往往取决于少数的个别人天才的发挥。

第六,学生始终是学院工作的中心。学生不仅是家庭的中心,更是学院的中心。学院的基本职能就是培养学生,学院是一个人才工厂,我们在此安身立命,就是因为教书育人的责任。我过去的老领导吴高福说,学生要盘,越盘越活,不盘就怂了。我非常赞同。怎么盘学生,要给学生更多的资源,让学生参加更多的活动,把学生放在那个激发潜能的风雨场。我们要给学生更多的关心,给学生工作更多的投入,对学生工作组给予更多的支持。千万不要小瞧学生工作，学工组的老师离学生最近，最了解学生，而现在的学生不一定比老师差。过去老师比学生厉害，是因为老师掌握着比学生更多的资讯，现在不然，在网络信息技术发达的情况下，对某些问题，学生掌握的可能比老师更多，反应更敏捷。孔子讲教学相长，在今天更有现实意义。

第七，院风建设关系到学院的生命。我和吴院长有一个共识，一个学院的发展，在很大的程度上取决于这个学院的风气。我认为，华科大新闻学院有一个好的传统，也是主流的文化精神，那就是团结、包容、严谨、创新。因为有这个传统，新的学术思想能够在这里生根发芽，各种不同学派能够和谐共生，在与兄弟单位的竞争中，能够以集合的群的力量制胜。当然，其中也有一些不和谐音。前一段时期，吴院长、申凡老师对我讲，学院的风气有些变了，一些不好的迹象在滋生。我是感同身受。在这方面，我不想多说，我想大家都有同感。70年代，毛泽东说了个三要三不要，其中两要两不要可以为我们共勉，那就是，要团结不要分裂，要光明正大不要搞阴谋诡计。学院是我们共同的家，我们是生死与共的兄弟姐妹。这使我想起台湾女歌手苏芮的一首歌《牵手》："因为爱着你的爱，因为梦着你的梦，所以悲伤着你的悲伤，幸福着你的幸福"。在我们这个家庭，你的爱，你的梦，你的悲伤，你的幸福，何尝不是我的牵挂！我们要相互体谅，相互理解，把新闻学院建设成为一个充满着温馨和爱意的家。

今天我们的学院已经32岁了，在这个大家庭，在这个铁打的营盘，我们逗留的时间再长，在历史的视野里最终也不过是一个匆匆过客。我们会给它留下什么呢？各位老师，各位为同仁，我相信我们有一个共同的愿望，那就是通过我们共同的努力，在华中科技大学新闻与信息传播学院的历史上书写我们的光荣和骄傲！我们一起努力吧！

（本文系作者2015年春节前夕在华中科技大学新闻与信息传播学院教职工大会上的工作报告）

新闻学院 2015 年工作总结

大家好！在刚刚过去的 2015 年，我们学院团结一心，各项工作取得了显著的进展。现在我代表学院党政班子，向各位报告羊年学院的工作。由于学院党政班子即将换届，基于行政伦理，今天我就不讲明年的工作安排。我想从八个方面汇报 2015 年学院的工作。

一、人才培养

人才培养是学院的基本职能，也是学院的主导性工作。在 2015 年，学院在人才培养方面，做了大量基础性的工作，取得了一些标志性的成果。

第一，2015 年 11 月，学院启动了湖北省专业综合改革课题"新闻传播专业综合改革试点"。学院组织全体教职工兵分三路，在京津冀、苏沪杭、广深三大战略区的新闻院系、传媒文化产业及校友，同时进行了深度调研。9 月份新学期开学后，各调研组汇报分享了调研的收获和体会，在此基础上研讨了学院的综合改革问题。经过多轮的讨论，形成了学院新闻传播学科综合改革总体方案。11 月，学院第十五次学科建设研讨会隆重举行，来自国内各地学界、业界的同仁近三十人与会，就学院的综合改革方案进行了深入的讨论，提出了许多建设性的意见，为学院今后的进一步改革，做了充分的准备。

第二，教学改革进一步深入。何志武教授主持的《卓越新闻传播人才质量标准与质量保证体系构建的研究与实践》入选省级教改课题；唐海江教授主持的《媒介融合背景下新闻学专业的建设与改革研究》、何志武教授主持的《卓越新闻传播人才质量标准与质量保证体系构建的研究与实践》同时入选学校教学改革课题。同时，学院还有国家级"大创"项目 2 项；校级"大创"项目 14 项。

第三，课程建设有重大进展。赵振宇教授主讲的《社会进程中的公民表达》入选国家视频公开课。张昆教授主持的《外国新闻传播史》成功升级为国家精品资源共享课，并实现了内容升级。到目前为止，学院有两门国家精品视频公开课(张昆:传播的历程),一门国家级精品资源共享课(张昆:外国新闻传播史),一门国家级精品课(张昆:外国新闻传播史)。研究生课程方面,钟瑛教授主讲的《网络传播理论》、陈先红教授的《中外公共关系比较研究》、李贞芳副教授的《广告与公共关系效果研究》通过了研究生院的高水平国际化课程评估。同年,学院还有五本教材入选学校教材建设规划,包括陈少华主编的《网络编辑教程》、李卫东主编的《网络应用模式与战略》、邓秀军主编的《新媒体视听节目制作》、邓秀军主编的《出镜记者案例分析》、何志武主编的《广播电视新闻采访与写作》。

第四,在研究生培养方面实现了招生和培养的重大改革。2015年,学术型硕士全部实行推免,专业型硕士为全国统考。同时开始实施学术硕士3年制的培养方案,要求学生须在CSSCI发表学术论文方可取得毕业资格。今年硕士招生人数97人,其中学硕38人,专硕43人,少骨计划8人,西部计划1人。今年新增外国留学生13人,其中硕士5人,博士5人,普通进修生3人。

第五,质量意识深入人心,相关措施得力而有效。加强学位申请审核和学位论文检查。对于同等学力申请硕士学位者,加强了质量把关。对申请博士的学生严格资格和条件审查。不但全面执行博士生学位论文双盲评审,而且对一般硕士学位论文也进行盲审。2015年,我院博士论文盲审一次性通过率为95%。

二、学生工作

11月,清华大学举行范敬宜新闻教育奖颁奖仪式,全部十个奖项中我院推荐的候选人拿了三项,清华大学的领导戏称是华中科技大学得奖的专场,其中就有我们的两个学生,一个本科生,一个硕士生。这是2015年学院学生工作的一个缩影。

学生工作千头万绪,大体上分类,有党建与思想政治工作、学生奖助学金工作、学风建设与创新团队、学生社团与专业实践以及就业等内容。在党建工作方面,有许多创新。其一,将党建工作和专业特色结合起来,突出连续性。学院举办了一系列富有特色的活动,如"党报评读"大赛、"我为中国呐喊——读报·评报·编报"、"党在我心"红色视频大赛、"学生社区党建"策划创意大赛、"思辨风云"红色辩论赛、"红剧经典"配音活动、组织党员参加湖北省走转改之"百名记者下基层",还有马克思主义新闻观学习讨论等。其二,将党建工作与时代热点相结合,强调实效性。如组织学习十八届四中全会精神,组织学习讨论《中国共产党发展党员工作细则(2014版)》,编制《新闻学院党员党建制度汇编》,开展

"武汉创建全国文明城市"研讨会,组织"三严三实"主题研讨会,组织十八届五中全会精神学习研讨会,组织党章党纪和廉洁自律条例研讨。其三,将党建工作与年级工作相结合,形成系统性特色。如组织新生入党前教育,组织二年级以上党员开展党员寝室挂牌、划分责任田,组织三年级党员先锋服务队出征,组织高年级党员开展党员身份亮牌,组织毕业班党员帮扶低年级学生。其四,将学生支部与教工支部相结合,发挥互补性。如组织新闻师生支部"贯彻落实十八大精神,反对形式主义,按新闻规律办事"的师生研讨,组织广告师生支部赴红安县进行调研及红色教育活动,组织传播师生支部开展"新闻法制"精神研讨,组织广电师生支部拍摄红色视频。

在学生资助方面,2015年,学院资助工作处理近600万奖助学金,公开公正透明,无差错、无投诉,受到学生欢迎。胡怡老师获评"我最喜爱的教师班主任",鲍立泉、陈少华、彭松获评校"优秀教师班主任"。2015年12个班级获得优良学风班。2015年学生发表核心期刊论文十余篇。在研究生宿舍文化节中,有两间宿舍被评为"十佳宿舍"。2015年学院足球队冲进学校足球八强,江蓉获得新生杯羽毛球单打冠军。在就业方面,学院逆全国就业困难潮而动,就业率稳中有升。2015年,一次就业率94.7%。

三、研究团队

学科的发展水平取决于其学术团队的水平,只有一流的学术团队才能支撑起一流的学科。华中科技大学新闻与信息传播学院这几年的发展引人瞩目,一个重要的因素就是我们学术人才的崛起。2015年,张明新教授入选中组部拔尖人才,国内新闻教育界仅有两人。到此为止,我们学院有新世纪人才2人,拔尖人才1人、跨世纪人才1人,中央马克思主义理论建设工程首席专家2人。这在国内同类院校中是很难见到的。

我们的学术带头人不仅获得了重要的学术声誉,得到了国家、社会和业界同行的认可,而且还占领了学界重要的位置。目前我们学院设立有两个国家级二级学会,中国新闻史学会新闻传播教育史专业委员会、中国新闻史学会公共关系专业委员会,这在国内是唯一的一家。学院还有两个省级一级学会,湖北省新闻传播教育学会、湖北省科技新闻学会。

到目前为止,学院在国家一级学会担任副会长者两人:张昆、吴廷俊;担任国家二级学会会长者两人:张昆、陈先红;担任国家二级学会副会长者九人:石长顺、钟英、何志武、张明新、唐海江、郭小平、欧阳明、王溥、陈少华(中国编辑学会电子网络编辑专业委员会副主任委员兼秘书长);还有省级一级学会会长两人(张昆、石长顺)。我们在学界的占位是很高的,很多学校都羡慕我们。

学院已有六位学者入选华中学者,包括张昆、钟英、石长顺、赵振宇、唐海江、郭小平;另外学院自设的冠名教授制度已经正式落实,十个冠名教授已经正式到岗。为了鼓励在岗教师的积极性、创造性,激发老师们的想象力,学院还准备再增设两个教授岗。

经过多年的建设,我们的学术队伍结构也十分合理,年龄结构、学缘结构、专业结构等都非常好。全部在岗的38位教师中,40后的只有赵振宇教授一位;50后的有石长顺、舒永平、孙发友、欧阳明、唐志东5位;60后的有张昆、钟英、刘洁、何志武、陈先红、胡怡、余其敏、顾建明、陈少华、李贞芳、袁艳11位;70后的有余红、王溥、唐海江、郭小平、张明新、李卫东、闫隽、邓秀军、彭松、鲍立泉、徐明华、甘世勇12位;80后的有牛静、李华君、于婷婷、周婷婷、刘锐、龚超、曾一帆、张梅兰、彭媛9位。35~54岁的老师占全体老师总数的60%,其中教授10人,占总数的2/3,是学院绝对的主力军。按职称计,我们有教授15人,副教授16人,讲师助教7人。有26位教师具有博士学位,具有业界经历的老师9人,占教师总数的23.6%。无论是从那个方面讲,华中科技大学新闻与信息传播学院的学术队伍,在国内同行之中,都应该属于最亮眼的队伍之一。

四、科研与学术交流

2015年学院的学术交流十分活跃。学院通过学校国际教育学院搭桥,与纽约电影学院达成了联合培养学生的协议。5月份,张昆院长率团访问了美国华盛顿乔治·梅森大学,并签署了交流合作协议。同时拜访了华盛顿的新闻界,参访了甘尼特传媒集团总部,参加了《今日美国》当日的编前会议。还与美国卓越公关集团商讨了合作事宜。8月份,又与来访的中国台湾政治大学传播学院院长一行达成师生交换初步协议。

2015年学院学术交流的精彩之笔,还是密集召开的学术会议。2015年5月,中国科技传播论坛——新媒体与农村科普分论坛在华中科技大学举行。6月,中国新闻史学会新闻传播教育史专业委员会2015年年会在重庆工商大学举行,这次会议有一个重要的亮点,那就是一些资深老院长参会及新老院长的对话。8月,第九届华文传媒与华夏文明传播国际学术研讨会在我们学校隆重举行,汇集美国、法国、韩国、新加坡、日本及我国港澳台地区和大陆学者百余人,围绕九大议题展开讨论,并出版会议论文集。与此同时,中国新闻史学会公共关系专业委员会成立大会及第一届战略传播与公共关系工作坊在学校举行。这在中国公共关系教育史上具有重要的意义。11月初,第十五届学科建设研讨会暨新闻传播学专业综合改革研讨会在学校召开，这次会议就学院未来的专业及学科建设进行了深入的讨论，并达成了共识。11月末，政府传播与国家形象学术研讨会暨中国公共关系学会第二期战略传播与公共关系工作坊在广东外语外贸大学召开。12月，中国新闻史学会新闻传播教育史专业委员会常务理事会暨中国新闻教育年鉴编委会第一次会议在广州中山大学进行。12月下旬，第三届国家传播战略高峰论坛在我们学校召开。这次论坛不同于过去，在会议主题、参会人员、会议组织方面都有创新和突破。最后，在2015年收官时，陈少华老师举办的2015年网络舆情信息监测应用与知识管理研讨会在学校举行。如果按农历年，年内我们学院将在新西兰举办第9届公关与广告国际学术研讨会。这一连串的学术会议，在学界引发了阵阵涟漪，受到学界业界的好评。

在科研方面，2015年是一个盘整的年份。今年没有全国性、省级的评奖，国家社会科学基金重大、教育部重大项目的申报没有成果，国家、教育部人文社会科学项目的申报收获也大不如前，各只有一项。国家社会科学基金是牛静的《新媒体环境下中国参与建构全球媒介伦理的路径研究》，教育部人文社会科学基金是张梅兰的《土家仪式传播与土家族文化价值观建构研究》。但是在论文发表方面，成果比较显著。截至目前为止，学院2015年发表论文论文72篇，其中SSCI论文2篇，《新华文摘》全文转载1篇，CSSCI：30篇（其中27篇为第一作者，3篇为第二作者），CSSCI扩展版4篇。前不久，网上流传一个数字，比较统计8所重点大学新闻传播学院2010年9月至2015年9月间在新闻传播学四大权威期刊的文章发表情况。其中人大、复旦、中国传媒大学各有自己的刊物，他们在自己的刊物上发表的论文远多于在其他刊物发表的论文。除这三个学校外，我们学院在四大权威期刊上的论文数量最高。其中，在《新闻与传播研究》发表论文17篇，《国际新闻界》47篇，《新闻大学》21篇，《现代传播》65篇，在四大权威期刊发表论文总量为150篇，总量超过清华大学（120篇）、北京大学（104篇）、武汉大学（104篇）、暨南大学（104篇）。

除此之外，2015年学术专著的出版也是丰收年。2015年出版专著11本，教材3本。邓秀君的专著被纳入2015年华中科技大学学术丛书。有我们学院主导、中国新闻史学会新闻传播教育史专业委员会组编的《中国新闻传播教育年鉴》正式启动。

五、社会服务

社会服务是学院的重要职能之一。社会服务不仅是学院履行社会责任的基本途径，也是学院的知识资源、科研资源转化为生产力的重要途径。在2015

年,学院加大了与湖北日报社报业集团、黄冈日报报业集团的合作,在实习实践基地建设、媒体发展战略咨询等方面,取得了不俗的成绩。

特别要指出的是,我们学院与湖北省人事考试院的合作。继去年成功地举行了第一次湖北省高考戏剧表演艺术类(播音主持、影视编导)年考的基础上,2015年,第二次艺术年考做得更加成功。今年的艺术联考虽然规模较去年有所减少,成本上升,但是由于我们加强了管理,同时争取了学校的政策支持,我们的盈利还是比较可观,这是今年我们学院年终绩效酬金的主要来源。2015年学院在职硕士研究生招生51人,自考生长线生50人,在职硕士答辩45人,除此之外,还举办新闻业务培训班3期,110人次,社会教育部2015年毛收入125万。正是因为这些努力,我们学院今年年终的绩效津贴才能达到我们的预期。虽然各项统计数据尚待核实,但是今天我在这里可以负责任地向各位报告,今年年终奖酬金标准不会低于去年,我们会争取略高于去年,争取让大家过一个温暖的春节。

六、基本建设

在基本建设和办学条件改善方面,2015年我们学院也有突出的成绩。

其一,2015年学院的实验教学示范中心成就斐然。2015年7月,建成依托新闻与信息传播学院的独立界面的"新闻与传播实验中心"网站,从实验室介绍、规章制度、精品课程、获奖作品、教改成果、社会实践创新、资料库等方面,全面展示实验室的风貌与建设成果。8月,新闻与传播实验教学示范中心力克群雄,取得了走出学校竞争国家级教学示范中心的权利,目前仍处于教育部的评审阶段。

其二,在2015年,学院在实验室建设方面投入75.7万,购置了20台数码摄像机、30架数码相机。对于担任业务课程教学的专业教师,如摄影摄像课程,我们为他们更新了配置了先进的专业实验设备。同时,为了扶持大学生创新团队,尤其是为第二视觉团队的校园电影的拍摄提供设备支撑。2015年,学院争取学科办160万元的学科建设费投入,用于购置电影制作系统,支持校园电影向院线发行延伸。

其三,2015年,学院与湖北晴彩视讯有限公司组建联合实验室——华中科技大学-晴彩视讯新媒体联合实验室,对方投资2400万元。该项目已经正式立项。

这里我特别要要各位老师报告的是,经过我们的努力,学校终于决定将整个东六楼交给我们新闻与传播学院。教育技术中心将整体搬迁。这在学校校长办公会上已经通过。我们已经根据学科的发展需要，提出了东六楼的改建与装修计划。按照这个计划，我们将专门拿出空间，建设45个教师工作室，也就是说，每个教师都有属于自己的标准化工作室，只不过在面积、朝向、楼层方面略有不同，我们会制订合理的分配规则，真正做到物尽其用。

七、党团工作

党的建设是学院一切工作顺利展开的重要保证。在2015年，学院在学校党委的统一领导下，学院党总支和院行政加强班子的组织建设，根据党中央的八项规定和十八届四中全会、五中全会的精神，确定学院的发展战略和工作思路。党总支十分重视和谐工作环境的营造，创造性地做好老师、学院的思想工作，保证了学院的稳定和谐。党总支非常重视离退休教职工，细致地关心他们的生活，周到地组织老教师探访踏青活动。在院工会的精心组织下，学院大部分教职工参加了学校的教职工趣味运动会、师生羽毛球赛和师生篮球赛等等。学院工会开展各项文体活动，组织教职工代表参加学校"共筑和平梦诗文朗诵比赛"，新闻学院凭借诗朗诵《百年中国梦》，获得全校一等奖。工会继续在每位老师生日的时候送上生日祝福与蛋糕。学院班子的工作作风和工作绩效有了显著的提高。

这里我特别要感谢在学院行政管理岗位上工作的老师们。我过去多次讲过，新闻学院虽然是个小学院，但麻雀虽小，五脏俱全。我们在前面说到了学院在各个方面的成绩，所有这些成绩的取得，都有管理部门同志在背后的奉献和支持。比如说我们的创收，特别是艺术联考，管理岗位的老师是整体性的全方位投入。老师们则只有不到一半的人参加。本科、研究生的教学、科研等工作，也需要行政的保障。我走过很多地方、不少学校，我们学院在行政管理岗位上人力资源配置是最少的。无论是办公室、资料室、实验室，我们的人员都少于其他兄弟院校。就办公室而言，武汉大学新闻学院有一个办公室主任、一个副主任，一个组织人事干事，一个行政干事，我们这里只有办公室主任一个人单挑。实验室，武汉大学有五个人，我们这里只有两个，其中一个还要担任学院的财务。我们学工组的工作也超越了其自身的定位，有重大的事情，这些年轻人都抢着上，如艺术年考、学术会议等到处都有他们的身影，我们学院的年鉴就是学工组的张梅兰同志负责编纂的。各位老师，各位同仁，我们学院是一个团结的集体，有成绩有功劳，大家都流出了自己的汗水；有困难有委屈，大家也要一起来分担。在这里我要代表学院党政班子向各位管理岗位的老师们表示敬意。

八、财务工作

2015年,学院的行政运行预算总额为471.03万。其来源主要为教务处下达的人才培养经费约180万,研究生院下达培养费约60万,研究生院下达学业助学金146.96万,文科办下达2011平台经费20万,人事处下达的人才引进基金35万。学院经费主要投向本科生培养(90.62万)、研究生留学生教育(208.65万,主要是助学金)、科研与学术交流(88.5万)、人才引进(35万,专款专用)、党政运行(31.19万),还有一块机动费(18.01万)。到目前为止,学院的运行应该是很顺利的,没有因为缺钱而办不成的事情。钱是有用的,但是钱不好用,账不好报。本来2015年自然年已经结束,但是还有很多老师经手的费用没有报销,所以我们无法进行决算。

这里我想就大家最关心的年终绩效津贴的情况向大家做个汇报。截至2016年1月11日,学院拥有可支配现金,账户450/0302402000的酬金288.642667万,账户450/0303402000的酬金62.854037万,合计351.496704万。此外,学院工资津贴账户,除去2月份的工资津贴,尚有约78万结余,加上既有酬金,总共429.49万。为了下一年的运行,这429万中要留下50万。只剩下379.49万。另外,今年的省艺术年考的专家及服务人员相关酬金尚未结算发放,估计得安排60万,减去这60万,只剩下319万。由于新的财务制度,我们年终发放奖酬金时不能再发0107的经费本,所以这319万就是我们全部的奖酬金家当。

除以上可分配现金外,截至2016年1月11日,学院0107经费本,尚结余350.47万。其中账户450/0107402002办学提成经费136.426339万,账户450/0107402026成教办公经费85.177439万,账户450/0107450011报名费提成费128.888801万。还有其他行政运行经费结余款约900万元。两者相加,共约1200余万。应该说,学院目前的财力,相对于以前有了相当程度的提高。为以后办公大楼的改建装修打下了坚实的基础。

各位老师,各位同仁,2015年是一个艰困的年份,也是一个丰收的年份。由于大家的共同努力,我们战胜了重重的困难,取得了有目共睹的成绩。在此,我代表学院党政班子向各位的支持和奉献,表示衷心的感谢;同时向各位老师在教学科研、在管理服务岗位上取得的成就,表示由衷的敬佩。

当然,回首2015年,我们的工作也存在着一些不足,譬如,我们的社会服务还有待于进一步拓展,科研的潜力没有充分地发掘出来,因为任期的原因我们的管理有所懈怠,对各位教职工的服务还不是很到位,等等,在此,我代表学院党政班子向大家表示诚恳的歉意。

最后,我代表学院党政班子提前给大家拜年,祝大家猴年吉祥,大发大旺,身体健康,万事如意!

(本文系作者于 2016 年 1 月 11 日在学院职工大会上的工作报告)

新闻学院 2016 年工作报告

各位老师,各位同仁:大家好!今天正值腊月十六,恰好是民间的尾牙,学院召开全体职工大会,我代表学院党政班子向各位报告总结学院 2016 年的工作。年关将近,在此我代表学院党政班子感谢各位老师在 2016 年辛勤的工作和奉献,同时向各位老师们拜个早年,祝大家新年愉快,万事如意!

老师们,2016 年对于我们学院来说,是一个重要的年份,一个重要的节点。就国家层面而言,十三五计划开始谋篇布局,党的十九大正在紧锣密鼓筹备当中,一个新的时代即将拉开帷幕。在学院层面,2016 年也不平凡。总的来讲用十二个字可以概况。评估年、转型年、双一流、党建年。评估年,2016 年国家启动了第四次全国一级学科评估,这个评估将影响到未来五年乃至十年的学科发展的大局;同时学校又启动了研究生教育博士点硕士点的合格评估。转型年,2016 年学院运行管理面临重大转变,研究生方面,博士生招生考试改考核制,硕士生学术硕士全部推免,且改二年制为三年制,专硕面向全国考试招生。本科方面,年度评估制度顺利实施。财务方面,学校改变了院校创收分成比例,学院的比例大大降低。双一流,2016 年学校启动了双一流建设工程。新闻传播学科在文科中的领先地位决定了新一轮资源分配的重要性。党建年,大家都感受得到,补交党费,政治学习的强化,学院党委、党总支的改选,等等。

现在回过头来看,2016 年的工作,真是千头万绪,困难重重,但因为我们的共同努力,一切都非常的顺利,当然也存在着一些问题。下面我从三个方面进行汇报!

一、2016 年学院的工作及成就

关于 2016 的工作,我准备从下面五个方面梳理。人才培养、科研与学术交流、社会服务、学科建设、党的建设与工会工作。

1. 人才培养

人才培养是学院的基本职能,学院首先是一个新闻传播人才培养基地。我们的人才培养涉及不同规格,不同产品。从本科、硕士、博士到博士后。本科有全日制、也有自学考试。硕士阶段,有专硕也有学硕,有全日制双证生,也有同等学力申请硕士学位的学生。博士阶段有全日制双证和同等学力申请学位的单证生。博士后的规模不大,却是学院人才培养链的一个重要环节。

在本科方面,我们在维持正常教学运行的前提下,尝试着探索新闻学专业的综合改革。加强评论特色教育研讨和实践,先后举办华中科技大学新闻评论教育 2015 年会和新闻评论开放教育建设研讨会,邀请 9 位全国知名评论员担任学院兼职教授和新闻评论中心研究员;加强网络传播教育的总结和重新发力,先后举办了优秀毕业生系统讲座和网络传播专业创办 20 年研讨会。课程建设有新的突破,2016 年 7 月,张昆教授主讲的外国新闻传播史获得首批国家级精品资源共享课的称号。李卫东副教授主持的《网络与新媒体应用模式》获批 2016 年度华中科技大学 MOOC 课程立项建设项目,同时获批省级精品在线开放课程。此外,袁艳副教授主讲的"媒介地理学"、"媒介批评理论"获批全英语授课课程。甘世勇主持的教改课题"基于媒介融合的广告设计类课程实验创新教学研究与实践"分别获得校级和省级教改课题立项。李卫东主编的《组织传播原理》、甘世勇和舒咏平主编的《融合广告设计》获得校精品教材建设项目立项。新闻学院获 2016 年本科毕业设计(论文)优秀院(系)。学院本科教学工作综合评定为良好。其中本科教学管理工作评定为优秀。

研究生方面,以提高研究生培养质量为核心,积极贯彻落实《华中科技大学研究生教育改革实施方案》。考虑培养质量与社会需求等因素,完善研究生招生指标分配办法,确定 2017 年学术型硕士全部实行推免,专业型硕士为全国统考。2016 年,学院开始实施学硕 3 年的培养方案,并且学生需在 CSSCI 发表学术论文方可取得毕业资格。考虑培养质量与社会需求等因素,完善研究生招生指标分配办法,确定 2017 年学术型硕士全部实行推免,专业型硕士为全国统考。为了全面考察和选拔优秀人才,自 2017 年起,新闻学院博士生招生考试实行申请考核制选拔模式,为此,制定一系列管理办法和细则。探索留学生培养的管理体系,保证培养质量。今年新增外国留学生 9 人,其中硕士 2 人,博士 7 人。现在我院在读外国留学生已达 25 人。

2016 年度学院实验中心共接待计划内实验课 23 门,课程学时 668 学时。为提升专业学位研究生高水平实验课程建设的需要,本年度引进学校双一流建设经费购置了数码摄影、摄像设备一批。学院现有教学仪器设备 1275 台套,价值 1234.8 万元。教学科研仪器设备完好率在 95% 以上。

学生工作是学院工作的重要方面,学生工作稳住了,学院的大局才稳得住。学院学工组创造性地开展学生工作,始终把学风建设放在首位,始终重视学生的全面发展,始终关注学生的思想健康。2016年,学院优良学风班率100%。大二及以上18个班级均被评为优良学风班,5个寝室获评优秀寝室。教师班主任工作再创佳绩。教师班主任工作深入学生群体,彭松老师获评"最喜爱的教师班主任",鲍立泉、胡怡、李卫东、牛静共4位老师获评"优秀教师班主任"。建立学院心理咨询室,重视心理健康教育和宣传,为学生提供专业的指导;建立心理健康预警机制,结合新生自传、心理筛查等工作,建立学生档案;完善心理健康宣传机制,通过qq群、微信公众号等线上渠道普及心理健康知识。学院本着公平公正公开的原则,顺利评选发放各项奖助学金,全年约600万,无差错无投诉;认真开展三助岗位培训,保障研究生助学金的按时准确足额发放;认真做好研究生的国家助学贷款相关事务性工作;积极开展资助育人主题活动。新闻与信息传播学院2016届本科毕业生共181人,截止到2016年12月,一次就业率达97.24%,位居全校第一。承办第三届"金飞燕"海峡两岸大学生微电影大赛,举行"观陆听台"两岸文化交流座谈会。

2016年新闻学院学生在各方面表现不俗,为学院增添了光彩。新闻学院分团委获评2015—2016年度华中科技大学五四红旗团委称号。学院组织学生参加中国大学生计算机设计大赛,获国家级二等奖4个;参加全国大学生广告公关策划大赛。获国家级三等奖1个,省级一等奖1个,二等奖2个。在第二届"互联网+"全国大学生创新创业大赛中,吴洁、李丹琦2人获得金奖。在娃哈哈·首届全国名校广告创意精英赛中,邱成等人获得创意银奖。在上海国际大学生广告节上,陈昱君等3人获得网络人气奖及优胜奖,李亚彬等3人获得命题组一等奖。全国大学生评论大赛获奖人数位居第一,获得全国高校校园文化建设优秀成果一等奖。全国"新闻先生新闻小姐"评选获得桂冠。新闻学院14级陈艺获评"新闻小姐"。2015级硕士生张松超,获得华中科技大学研究生品德模范。2015级硕士生张宇,获范敬宜新闻教育奖之"新闻学子奖"。2014级本科生刘亚光获2016年世界华语辩论锦标赛湖北赛区冠军。2015级播主班学生洪煜东,荣获2016年"创青春"中航工业全国大学生创业大赛第十届"挑战杯"大学生创业计划银奖、第九届中国大学生计算机设计大赛国家级一等奖。

学生的成就凝聚着老师的心血。如果说学生是学院的中心,那么教师就是学院的主体。在2016年,学院的老师辛勤劳动,也取得了显著的成绩,得到了校内外的普遍认可。赵振宇教授主持的《网络时代新闻评论人才培养创新体系的构建与实施》获得华中科技大学教学成果一等奖;胡怡副教授主持的"V—fun团队:一种广播影视实践教学的创新模式"获得"中国新闻学与传播学教学改革创新项目"奖;顾建明副教授主持的"培养中国特色社会主义新闻评论员——华中科技大学评论学社创新评论人才培养之路"获得第九届高校校园文化建设优秀成果一等奖。龚超老师获得2016年度湖北省青年教师教学竞赛一等奖,并被推为全省五一劳动奖章候选人。张昆教授获批2016年度湖北名师工作室主持人,这是我院此项工作的突破。余红教授因主持"传播学理论和研究方法"而获批华中科技大学课程责任教授。甘世勇、彭媛、曾一帆获校教师教学竞赛二等奖。甘世勇、彭松、闫隽获教学质量奖二等奖。

2. 科研与学术交流

2016年我院的科研成果全面丰收,学术交流丰富多彩,影响广泛。全院在研项目75项,在研合同经费总额共计932.8万,累计到款601.7万,2016年到款69.4万。纵向课题8项,公开发表学术论文60多篇,专著4部,教材2部。在国内外举办学术会议11场次。申请了一院一校国际交流项目、国际科研联合平台建设项目,以及国际学术会议支持项目等。

科研立项。2016年学院省部级各类课题立项8项。其中,国家社科基金课题2项:陈先红教授的"讲好中国故事的'元叙事'传播战略研究",何志武教授主持的"基于新媒体的民意表达与公共政策的互动机制研究"。中国记协委托课题1项,鲍立泉主持。湖北省社会科学基金课题2项:牛静副教授的"公众在社交媒体上的自我表露与意见表达行为调查",邓秀军副教授主持的"新媒体纪实影像叙事:文本的解构与话语的重构"。还有武汉市委托课题2项、湖北省新闻出版广电局委托课题1项及学校自主创新基金资助课题13项。

据不完全统计,2016年全院发表论文共计60多篇,其中1篇被《新华文摘全文转载》,6篇在《新闻与传播研究》发表,还有3篇SSCI期刊论文。公开出版四部专著:何志武的《重构——"三网融合"对广播电视新闻传播的影响》、李贞芳的《公共关系调研与评估》、赵振宇的《应对突发事件:舆论引导系统论》、欧阳明的《新闻报道叙事原理研究》。特别要指出的是,由中国新闻传播教育史学会主编的《中国新闻传播教育年鉴(2016)》正式出版,全书126万字。

学院教师的学术成果得到了业界、学界的高度认可。2016年,学院有四项成果获得湖北省社会科学成果三等奖。包括石长顺教授的专著《中国广播电视公共服务》、张昆教授的系列论文《当前中国国家形象建构的误区与问题(系列论文)》、邓秀军副教授的论文《微博反腐中的用户行为研究(系列论文)》、李卫东副教授的论文《微博舆论传播的复杂网络拓扑结构模型及其演化机制》。

2016年国外、国内(主要是港澳台)学者专家来访13人,学术讲座8人(美国学者6人、新西兰学者1人、台湾地区学者1人)。具体包括纽约城市大学布鲁克林学院的鲁曙明教授,美国爱达荷大学的朱平超教授,美国桥港大学的俞燕敏教授,美国亚利桑那州立大学的吴旭副教授,美国阿拉巴马大学的周树华教授;新西兰梅西大学 Theodore Eugene Zorn,Jr. 教授,中国台湾铭传大学的杨志弘教授;美国纽约州立大学的洪浚浩教授,新加坡联合早报网助理副总裁的周兆呈,战国策传媒集团董事长的吴春城,香港城市大学李喜根教授,美国宾夕法尼亚大学钟布教授,香港浸会大学刘志权教授等。

2016年,学院申请到3项双一流国际交流项目:一项是与美国伊利诺伊大学厄巴纳香槟分校的"一院一校"合作计划,二是与国际中华传播学会、美国密歇根州立大学的国际科研联合平台建设项目。获得学校连续支持三年。张昆、陈先红、龚超一行三人专程赴美参加 NCA 国际学术会议,与中华国际传播学会会长钟布、副会长周淑华,以及前会长魏然等签署了共建国际科研合作研究平台的协议,将在学术论坛、科研项目、人才培养、暑期学校等方面展开实质性合作。与密歇根州立大学传播艺术与科学学院院长普鲁布·大卫,华人传播学者李海容会谈,就高级科研平台搭建、2+1模式"战略传播研究生"联合培养、师资互访等方面展开合作协商。并将在战略传播、计算传播学、传播生理学、传播科学与艺术等前沿教学和研究领域进行合作探索。与此同时,我们与 UIUC 媒体学院院长和广告系主任经过两次会晤,两轮商谈,就"3+2"本硕连读项目、"创意传播"study abroad 项目,展开深入探讨并达成合作意向。期待明年正式签约和启动。

学院还大力支持青年教师参加国际学术交流。全额资助袁艳副教授代表学院参加在日本举行的国际传播学会。全额资助张明新、徐明华、李华君、张梅兰、李贞芳、于婷婷六位教师参加在香港举办 PRAD 国际学术会议。

2016年是学院的学术会议年,全年共举办了11次高水平的学术会议。年初,第八届公关广告国际学术论坛在新西兰举行;5月5日,华中科技大学新闻评论特色教育十五年会议在学校举行;7月,联合湖南红网在湖南益阳举行第六届中国新闻评论高峰论坛;10月19日,联合阿里巴巴在武汉举行华中科技大学新闻评论开放教育建设会;11月13日,陈少华教授主持召开了第二届数字时代出版国际化与中国出版走出去研讨会;11月19日新闻系主办的第二届中国青年新闻史学者论坛顺利举行;11月下旬,由国家传播战略协同创新中心主办的第四届国家传播战略高峰论坛顺利举行;12月初,第一届 PRSC 学术年会和第九届公关广告国际学术论坛暨第三届战略传播与公共关系工作坊在香港举行。随后,由传播系主办的"网络与新媒体专业教育创新高峰论坛",由学院承办的"全国新闻传播学博士点课程建设交流会"相继在学校举行。在国内产生了积极反响。

国家传播战略协同创新中心2016年11月还在北京、武汉分别举办了三场新闻发布会。11月27日在武汉举办的"第一届讲好中国故事创意传播国际大赛"和"中美两国公众的世界观念调查(2015—2016)"新闻发布会。在北京举办的"中美民众文化交流与国家印象调查报告(2015—2016)"的新闻发布会。这些发布会在国内外产生了相当的影响。

3. 社会服务

在2016年,新闻学院的社会服务工作也有很大的进展。这里首先要提出的是挂靠学院的四个学会的工作。张昆担任会长的中国新闻传播教育史学会,陈先红担任会长的中国公共关系学会,石长顺担任会长的湖北省新闻传播教育学会,张昆担任会长的湖北省科技新闻学会。这四个学会在2016年也非常活跃,除了举办学术会议外,还组织出版蓝皮书、专著、论文集,组织翻译国外名著,组织编纂教育年鉴,充分彰显了我们学院在学界的存在感,进一步擦亮了华中科技大学新闻与信息传播学院的品牌。11月4日,中国新闻传播教育史学会在沈阳举办了2016中国新闻传播教育年会暨马克思主义新闻观教育研讨会,同时举行中国新闻传播教育年鉴(2016)的首发式,在学界产生了巨大的反响。中国公共关系学会2016年末在香港的会议,实际是一场国际学术会议,群贤毕至,老少咸集。特别是其举办的战略传播与公共关系工作坊——嘉惠学界,受到了国内外的普遍好评。石长顺教授主持的湖北省新闻传播教育学会在组织湖北新闻教育界学术研讨,推进教学改革,帮扶地方新闻教育等方面,成就斐然。12月初,2016年湖北新闻与传播教育学会暨"传媒转型与新闻传播教育重构"论坛在中国地质大学举行,来自国内一流的学者与会,将省内关于新闻传播教育的研讨提高到了一个新的水平。

2016年社会服务的重头戏,当然是湖北省艺术年考的组织实施。通过这场考试,充分展示了新闻学院的组织力、战斗力。2016年不同于2015年,报考人数有所下降,而运行成本又大幅上升。经过前面两年的运行,大家知道了这是一场艰巨的战斗,挑战了我们体力和脑力的极限。

学院成教办公室的工作也很有成效。2016年在职硕士生招生103人,在职硕士生全国联考通过43人,通过率全校第一。在职硕士生应答辩43人,实际答辩10人,通过9人。剩余34名学生严格按照先开题,后盲审,论文撰写时间不少于8个月。对同等学力者申请硕士学位严格把关,保证了质量,维护了学院的声誉。

关于年终结算,本想在这里报告。但由于学校与学院的创收分成比例到今天也没有最终确定,所以学院总的决算还没有办法拿出来。尽管今年创收压力大,成本上升,困难重重,但我们想办法挖潜,尽力向学校争取政策。我只在这里向大家报告,今年年终的奖酬金分配标准不变,分配总盘子与去年持平,约

300万元。至于教学科研奖励及其他小额劳务,等明年开年会再来核算。虽然说总量与去年持平,但也有个别老师会有一定起伏。我必须说明,我们的分配方案、我们算的账不是很精细,但是我们在一个锅里吃饭,账又能精细到什么程度呢？家里人过生活,经济账宜粗不宜细。太精细了就容易算掉兄弟的情分。所以我希望大家能够多多包涵。

4. 学科建设

在2016年,学校启动了双一流建设项目。学院在双一流建设上瞄准国际知名高水平学科这一总体目标,经过精心组织,合理配置资源,在校内竞争中取得了良好的成绩。其中,我院国家传播战略协同创新研究中心入选华中大智库项目；媒介与文明学术前沿创新团队入选文科前沿团队项目；媒介融合课程入选专业学位研究生高水平实验课建设,战略传播课程入选学科交叉博士生培养创新团队项目；新媒体研究实验室入选文科大数据中心建设项目。同时,我院申报的国际合作项目分别入选学校"一院一校"计划、高端外专引智计划和国际联合科研平台培育计划。在双一流项目建设上开了好头。特别要强调的是,媒介与文明创新团队通过招标、自由申报、专家遴选,确立了团队建设的主要研究项目,分别是：中国传播史、政治传播、视听新媒体、风险传播以及媒介地理学等项目。2017年学校将推进教学攀登计划和研究生相关项目,学院将继续努力。

2016年上半年,教育部正式启动了第四轮全国一级学科评估。2016年4月,学院接到学科评估通知后,立即展开全院动员,并成立评估工作组,进行规划安排,收集数据,分析利弊。此轮学科评估与第三轮评估有很大不同。一是整体评估数据更为全面,不仅包括科研成果、师资方面,教学方面和人才培养方面比重显著增加,同时还重点提出了社会服务案例方面的要求。二是整体涉及面更为广泛。不仅是本院老师的教学科研成果,还包括院友数据、在校生相关数据,以利于做全面整体评价。三是以一级学科方式参与评估。学院组建了以唐海江为组长的评估工作组,在党政各部门的大力支持下,评估工作小组做了大量的工作,填写核实相关表格42个,数据收集整理以及上报工作于暑期顺利完成。2016年下半年进入数据核查和异议环节,评估小组组织专人处理,以利于评估结果的客观、真实和公正。目前评估结果还未公布。但不论整体评估结果如何,此轮评估大致能够把我院在学科方面的整体情况反映出来,以明确下一轮学科评估周期的重点建设工作。在这里要向评估小组的唐海江、郭小平、张明新、余红、李华君、熊丽萍、杨秀清及学工组的部分同志表示感谢。

本次评估,给我们最深刻的教训就是我们的师资队伍的基本盘太小了。过去我们在队伍发展方面,过于审慎。现在在岗教师总数只有37人。而同样水准的新闻学院,基本上都在50人以上。前天我们评职称,晋升了一个教授,有三个人晋级为三级教授。但是我们要知道，在未来不到五年时间，我们将有五位重要教授将要退休。这个问题如果再不引起我们的重视，将来会出现严重的后果。上海外国语大学今年一次引进了7个人，两个教授五个博士。暨南大学的专职教师70多人，这次评估他们的数据急剧上升。本学期刚开始不久，学院经过深入调研，广泛征求意见，结合学院的规划，正式推出了十二个岗位的人才引进计划，面向海内外征贤。就其力度而言，这是新闻学院建院以来前所未有的重大举措。学院班子还专门北上到北京知名高校走访宣传。到美国等相关高校宣传，吸引人才。下学期初，我们将对引进人才做最后的决定。

5. 党的建设和工会工作

党的建设是学院学科发展的政治保障。2016年，学院根据学校党委的统一安排，精心组织政治学习，以组织建设为学科发展保驾护航。在学校党委的指导下，学院顺利地完成了院党委、学院各支部的换届。根据中央及学校"两学一做"学习教育要求，学院通过动员大会、发布计划、跟踪学习等举措，结合专业、把握节点不断推进学习教育；充分借助新媒体传播优势，依托"党员学习网"学习党章党规、系列讲话，进行集中知识测试；建立党费台账，规范党员每月缴纳党费制度；配齐支部班子，坚持选优配强。在学生层面，继续开展"党旗领航工程"，通过入党动员大会、翻转课堂、微党课、参观校史馆、红旗渠调研等活动，丰富了党内学习形式、调动了全体党员积极性。学院党旗领航工程在本年度获得新华社报道，增强了我校"党旗领航工程"的影响力和传播力。

2016年，学院党总支高度重视学院工会工作，加强对教职工大会的领导，顺利完成工会的换届工作，同时指导工会完成了校两代会换届选举工作。学院基层工会在依法保障全体教职工参与本单位民主管理和监督，维护教职工的合法权益，充分发挥教职工的积极性和创造性的同时，积极参与学校的各项文体活动。在各种节庆时段，院工会在遵守财务制度和财务能力的基础上，为全院教职工发放了节日慰问物资。

总之，在2016年，新闻学院在学院党政班子的领导下，克服了种种困难，各项工作开展顺利，取得了显著的成果。这一切，都是我们全体教职工共同努力的结果。在此我要代表学院党政班子向全体老师道一声感谢！

二、问题与期望

在2016年，学院的工作取得了显著的成绩，但是毋庸讳言，学院的工作、学院的建设还存在着不少的问题，离国家与社会的要求，离学生与家长的要求，离老师们的愿景还有相当的距离。当前的问题有哪些呢？

作为一个教育工作者，也作为一个管理者，经过长期的观察，我认为学院目前存在的问题主要表现在如下三个方面：

首先，在精神层面，凝聚力、团队精神缺失，紧迫感缺失。我在外面走得比较多，很容易将本院与其他学院做些比较。最近我到中国传媒大学去了几次，明显地感到了他们团结的力量和集体的精神。现在传媒大学开会，他们的老师们不仅会很自觉地参加会议，而且自告奋勇地参加会议的接待，并且是自己开着私家汽车帮忙接送客人，不讲任何条件。我问这些参与接待的老师们，为什么要这样做，他们不约而同地说，学院的事情就是他们自己的事情，自己家的事情自己不管，还有谁会管呢？他们的凝聚力空前地强。同时他们也有紧迫感、危机感，有目标，有追求。另外还有一所大学的新闻学院，那就是暨南大学新闻学院，这次一级学科评估，他们的指标上升得很快，其实这背后，就有着他们的团队精神和内在凝聚力。反观我们，我感到我们的紧迫感没有了，凝聚力也不如前，团队意识也不强，我们的教职工缺乏对学院这个共同体的认同感。也有部分人，缺乏对学校、学院的归属感和感恩意识。仿佛自己是局外人，仿佛现有的一切都是应该的，只有学院对不住他。当然这种情形的出现，主要原因在我，在我们班子的疏忽。这种状态不改变，我们很可能会掉下来。

其次，物质待遇瓶颈。大家可能已经有所察觉，国家的经济发展已经进入新常态，经济增长速度在逐步下降，各种分配政策也越来越收紧。学校最近出台的分配政策，对学院一级越来越不利。最近几天，我和詹书记往学校跑了多次，因为创收的分成学院部分降低了。要保证我们老师年终的分配水平不降低，一方面我们要开源，另一方面也要节流。同时还要向学校争取政策。但所有的事情都有一个度，希望我们的收入只升不降看来是不现实的。我们都是现实的人，是人就有各种需要。需要的满足与否直接影响到队伍的稳定。

其三，队伍规模与质量堪忧。我们队伍的基本盘子偏小，而且在近几年还会出现退休高峰，如不及时补充力量，连正常的教学科研就无法维持，更不用说与其他强校竞争了。现在问题不仅出现在教师队伍，我们的管理队伍、实验室资料室管理也面临着断档。2017 年，学院实验室、资料室、办公室都会出现退休老师，现在看来还很难有人能够补上。我们必须把队伍建设、壮大队伍作为当前的重要工作，作为工作中的重中之重。

学院在岗教职员工中，我可以说是比较资深的。刚进入 55 岁。比我大的不到 10 个人，40 个人比我小。我先后在两所"985"高校任职。在学院层面担任领导职务近二十年。虽然我到华中科技大学，到我们学院工作只有十年半的时间，但我对学院的了解还是比较深的。我们这个学院家底并不丰厚，经不起折腾。学院即将面临换届，事实上我早做好了交接的准备。今后不管是谁做院

长,都需要大家的配合,大家的团结。所以,在这里我想给各位老师们提几点希望:

第一,我们要坚持团结、乐于奉献、勇于进取。团结就是力量,这力量是铁,这力量是钢。我们学院是比较团结的,但还要更加团结。我们的员工有一定的奉献精神,但是还不够。我们的老师有一定的参与意识,但还不够强烈。学院的事情是大家的事情,关系到大家的利益;即便不是同一个方向,不是同一个团队的活动,我们参加一下,拓宽我们的视野也不是一件坏事。不能否认我们的制度不是那么公平,机制不是那样灵活,再高明的精算师,再有智慧的领导人,也不可能把一切都摆平。我们要算大账,计大利,成功不必在我。不能太计较自己的得失。但有人总是抱怨自己得到的少了,总是提出这样那样的要求。很抱歉,我是一个数学不好的人,算账不是我的特长。我们还要有进取的精神,不要小富即安,现在的状态,不是一种稳态,一切都在变化之中。前有目标,后有追兵。稍不小心,打个盹,别人就追上来了。

第二,要解放思想,开拓视野,激发想象力。我们还要进一步解放思想,打开眼界,登高望远,不要故步自封,夜郎自大。要打破各种束缚,解放我们的思想,激发我们的想象力。过去有这么一句话,思想有多远,我们就能够走多远。我们的思想有多远呢?我们有雄心吗?我们有梦想吗?一个没有想象力,没有梦想的学院、学科,是不会有前途的,即便现在处于优势地位,也不可能长久。

第三,要有自我革命的精神准备,最大的敌人可能不是别人而是自己。我们处在一个变革的时代,一切都在变动不居之中,我们只有与时俱进,才能赢得自己的空间和舞台。但是现实的我们,往往有很多沉重的负担,这种负担既来源于人性的弱点、人的惰性,也来源于既有的利益格局。一无所有的人很容易投身革命,而既得利益往往会成为人们继续前进的拖累。在这个改革的时代,我们要有破釜沉舟的勇气,要敢于首先向自己开刀,只有这样,我们才能无所畏惧,勇往直前。

各位老师,各位同仁,今天的工作报告只是梳理了 2016 年的工作,以及我本人作为一个管理者对学院现状的反思和期望。至于 2017 年的工作计划,留待换届后的新班子来思考。2016 年的工作千头万绪,难免会挂一漏万,欢迎大家指正。

谢谢各位!最后祝大家新年愉快,身心康健,事业发展,梦想成真!

(本文系作者代表学院领导班子在年终职工大会上做的 2016 年工作报告)

三十而立,再创辉煌

大家上午好!今天对于我们华中科技大学新闻与传播学院来说,是一个重要的日子,也注定是一个难以忘记的日子。我们在这里隆重纪念华科大新闻传播教育创办 30 周年。对于人生而言,30 岁是一个重要的节点,孔老夫子曾经说三十而立,如今,华科大新闻传播教育已然 30 年了。也许大学的生命周期不同于个人,但是华科大新闻教育的 30 年,其成就绝对是值得纪念的,是令人骄傲和自豪的。在这里,我要代表华科大新闻与传播学院的全体师生,对于各位嘉宾、各位领导、各位同仁、各位校友的莅临和祝贺,对于长期以来支持我们办学的业界和学界的前辈和同仁,表示衷心的感谢!

30 年前的 1983 年,华科大的前身华中工学院顺应中国新闻事业发展的紧迫需求,正式创办了新闻学专业,并且以一个独立的学系建制,规划新闻学科的发展。30 年来,在学校的正确领导和业界同仁的大力支持下,经过几代学人的奋力打拼,华科大新闻学科早已今非昔比,已然步入国内一流新闻院系的行列。

回首过去 30 年的历程,我们不禁心潮激荡,豪情满怀。

30 年前,华中工学院刚刚创立新闻专业时,新闻学系只有一个本科专业,1983 年只招收了干部专修科学生,第二年开始招生新闻学本科生。如今华科大新闻与传播学院在本科层次设有五个专业,包括新闻学、广播电视学、广告学、传播学、播音与主持,招生类别涉及文科、工科、艺术三大门类;在研究生层次设有五个学术硕士与博士专业,即新闻学、传播学、广播电视与数字媒体、广告与传媒经济、公共关系,还有两个专业硕士,即出版、新闻与传播。在此之上,还有一个新闻传播学一级学科博士后流动站。经过 30 年的建设,我们建立了从本科、硕士、博士,到博士后的完整的人才培养体系。30 年间,从喻家山下走出的新闻学子,有全日制本科生 3009 人,研究生 1306 人,其中博士生 111 人。还有通过网络教育、自学考试等形式毕业的本科生、专科生数千人。他们活跃在国内传播业界,或者党政部门、教育系统、经济文化领域,为国家建设发挥着他们的聪明才智。

30 年前,华中工学院新闻系师资队伍建设从零起步。在整个 80、90 年代,队伍一直维持在 20 人左右,虽然他们大多来自业界,有很好的知识与能力结构,充满了活力,但是规模偏小,难以满足学科发展的需要。如今,新闻与传播学院拥有近 40 名专职师资,行政、教辅团队 13 人。教师队伍中,有 14 名教授、15 名副教授;教授副教授中,有三人是国务院政府特殊津贴获得者,一名教育部跨世纪人才、两名教育部新世纪人才,两名中央马克思主义理论建设工程首席专家。教师队伍中,有 80% 以上者拥有博士学位,其来源也呈现出多样化的特征。来自不同学校、不同学科的人才齐聚在新闻学院这个大家庭,形成了休戚与共的命运共同体。大家为了人民满意的新闻传播教育,为了自己钟情的新闻学术,努力奋力,共同创造了新闻与传播学院辉煌的历史。

30 年前,华中工学院新闻系的基本职能是教学,人才培养是压倒一切的中心工作。从 80 年代到 90 年代中期,我们学院基本上是一个教学型学院。1998 年,新闻与传播学院成立,意味着一个新时代的开始。在坚持人才培养中心地位的同时,学院结合教学、媒体及社会的需求,鼓励老师们开展独创性的科学研究工作。学院在研究方向的凝练、科研团队组建、重大项目预研及奖励政策方面,采取了许多措施。学院在职能方面逐渐转型为教学科研并重。目前新闻学院有一项国家社会科学基金重大课题顺利结题,一项国家社会科学基金重大课题、两项国家社会科学基金重点课题在研,同时在研的还有国家社会科学基金课题十多项。学院还建设有湖北省重点文科研究基地媒介技术与传播发展研究中心。同时作为学科平台,学院的"新媒体与社会发展研究中心"单独列入 985 工程三期建设项目。目前学院正以创新平台"国家传播战略协同创新中心"为基础,与中国人民大学、复旦大学、解放军南京政治学院、国家外文局、湖北日报传媒集团、湖北广播电视台实行战略协同,试图在国家传播智库建设方面有所突破。

30 年前,华中工学院新闻学系成立时,白手起家,一无所有。在教学、科研、社会服务等方面,不仅与那些老牌的新闻院系天壤之别,就是新办的兄弟新闻院系,我们也无法与之相比。经过 30 年的持续努力,几代人的奋力拼搏,我们学院在一张白纸上画出了美丽的图画,实现了华科大几代新闻学人的梦想。2012 年底,根据教育部正式公布第三次全国一级学科评估的结果,华科大的新闻传播学科位居全国同类学科的前五名。

30 年奋力的历史,成就了华科大新闻传播教育的辉煌。前人栽树,后人歇荫。我们今天能够在此安身立命,我们能够在此学有所成,我们能够享受教书育人的成就感,我们能够沐浴业内先进的荣光,首先应该感谢华科大新闻传播教育的创立者原华中工学院院长朱九思先生。正是他科学决策和精准定位,规划了华科大新闻传播教育 30 年行进的路径。我们要感谢我们的首任系主任汪新源先生,1983 年,他在朱校长的感召下,从湖北日报部主任的任上来到喻家山就任新闻系主任,筚路蓝缕,以启山林,其开拓奠基之功彪炳史册。我们要感谢程世寿教授,作为华中工学院、华中理工大学新闻学系的第二任系主任,在困难环境下的坚守,他不仅捍卫了新闻教育的营盘、稳住了队伍,而且注入了信心,做大了学科和专业;我们还要感谢吴廷俊院长,他作为华科大新闻与传播学院的第三代掌门人,为学院的发展导入了强烈的学科意识,并在其任内实现了建设博士学位点的突破。我们要感谢申凡教授、程道才教授、汪苏华教授、李幸教授、黄匡宇教授、周泰颐教授、孙旭培教授、屠忠俊教授、胡道立教授、戚海龙教授及其他一切为新闻学院发展做出过贡献的老师们,我们还要感谢刘春圃书记、汪佩伟书记、唐燕红书记、陈钢书记,在这里,我还要特别提到王益民教授、姚里军教授,他们虽然驾鹤西去,但是他们的贡献将永远铭刻在学院的记忆里。

华科大新闻传播教育能够有今天的成就,还得益于新闻业界的鼎力支持。回溯历史,在我们学院创办初期扮演关键角色的几个老师就是来自新闻界,如汪新源主任来自湖北日报,王益民教授、戚海龙教授来自长江日报,程道才教授来自湖北人民广播电台,周泰颐教授来自内蒙古日报。后来,包括湖北地区在内的各大城市的中央级、省市级新闻媒体、广告公司不仅是我们学生就业的主要市场,是学生专业实践的重要基地,而且给学院直接注入了大量的物质资源。在此,我代表华科大新闻与传播学院向业界朋友表示衷心的感谢。

我们不能忘记长期以来一直支持、提携我们学院的学界先进。中国人民大学的方汉奇先生、甘惜分先生、何梓华、郑兴东先生,复旦大学的宁树藩先生、丁淦林先生、童兵先生、李良荣先生,中国传媒大学的赵玉明先生,台湾政治大学的李瞻先生,正是他们的支持、提携和鼓励,才是我们前进的动力。

老师们、同学们,站在今天的时间节点上,反思我们三十的历史,我认为有下面四条经验值得注意。

第一是敢于竞争、善于转化。华科大新闻传播教育从零起步,在一张白纸上描绘新闻教育的蓝图,殊属不易。而学校的高平台要求,又决定了我们不能安于平庸。我们必须迎难而上,艰苦奋斗,敢于竞争,发挥自己的创造力与想象力,化被动为主动,变挑战为机遇。华科大新闻与传播学院三十年的历史,是艰苦奋斗的三十年,也是勇于竞争,克难前行的三十年。没有这种进取意识和创新精神,没有这种转化的智慧,我们的学院就不会取得今天的成就。

第二是锐意进取,勇于创新。华科大新闻传播教育不同于其他大学,作为国内工科大学的第一个新闻学专业,作为华科大的第一个文科系,他没有前例可循。由于师资队伍及其他教学资源的限制,在课程体系设计方面,他不可能像综合性大学那样,建构以人文社会科学为基础的培养体系;但是华科大新闻学人另辟蹊径,大胆革新,果断地将高等数学、计算机语言、科学技术史等纳入课程体系,这一新的做法,令学界业界耳目一新,后来逐渐为其他综合性大学所采纳,而成为新闻教育界的主流。在世纪之交,当网络呈现迅猛崛起的态势时,华科大新闻与传播学院大胆地尝试创办网络传播专业,1998年,华科大首次以2+2的模式办起了国内第一个网络专业。进入新世纪后,我们又在新闻专业教学改革的基础上,设立了新闻评论实验班,以满足媒体对于评论人才的需求。这些做法受到了业界、学界的普遍好评。

第三是面向社会,开放办学。新闻传播学科作为一个应用学科,作为文科中的工科,其依托的传媒产业是靠数字技术装备起来的,新闻传播教育要引领时代、引领行业,其成本是相当高昂的。要获得发展传媒教育所需的全部资源,仅仅依靠学校是远远不够;同时,新闻传播教育是否能够满足社会、满足行业的人才需求,也取决于它是否对业界、社会的需求做出了适当的反应。我们学院30年来最成功的就是"以服务求生存,以贡献求发展"的办学方针。而其服务、贡献的对象就是社会、就是传媒业界。面向业界、面向社会,是为了贴近业界、社会的需求,使其办学更具有针对性,同时还能争取更多的办学资源。

第四是兼容并包、百家争鸣。在全国目前602所新闻院系中,华科大新闻与传播学院的办学规模绝对不属于最大的行列,其装备也绝对不是最先进的,我们的硬件设施可能还不如一些二本三本学校的新闻院系。但是我们拥有新闻教育界最值得珍惜的学术氛围和学院文化,从而使学院成为具有高度凝聚力的命运共同体。学院兼容并蓄,包容不同的学派、不同的学术观点,鼓励不同的观点进行充分的争鸣,尽力为学者营造一个宽松的学术环境;同时在引导竞争的前提下,鼓励协作精神、增强团队意识,所以我们学院能够在争取国家重大课题、回应国家社会重大需求方面,取得一定的成绩。

回顾历史,我们的心中充满了自豪,同时又心存感激。展望未来,虽然存在着这样那样的不确定性,但是,我们却充满了信心。

今天我们处在一个新的历史转折点。持续三十余年的高速经济发展,使得中国已然和平崛起为一个世界大国。未来的中国无疑将比今天更加强大。随着中国综合国力的全面提升,中国的文化教育事业,特别是高等教育也将得到充分的发展,这种不可阻挡的势能必将推动中国新闻传播教育攀上一个新的阶段。还有一个不能忽视的趋势,就是波及整个中国的社会转型,即农本经济向市场经济、农业社会向城市社会的转型,越来越多的农村人口被卷入到市场经济大潮之中,融入城市社会,这在相当的程度上拓展了信息传播市场。与此同时,数字技术革命带来的媒体融合浪潮,改变了媒介的基本生态和传播模式,传媒的社会功能也发生了巨大的变化,这一切必然会对传媒从业者提出新的要求。这些新的趋势,对于当前的中国的新闻传播教育既是空前的机遇,又是严峻的挑战。

我们的任务和使命,就是要抓住这难得的机遇,充分地利用各种可能,勇敢地迎接一切挑战,实现华科大的新闻教育之梦。要描绘这个梦想可不是一件容易的事。在未来十年、二十年,乃至下一个三十年,华科大新闻与传播学院将会具备比今天更加优越的办学条件,不仅拥有独立新闻大楼,拥有一流的教学实验设施和文献中心,而且还会为教师们提供便利的办公和研究设施,为学院的师生交往提供足够的公共空间。未来的华科大新闻与传播学院将会拥有更加强大的师资队伍,师资队伍的年龄、学经历、专业结构将会更加优化,在这支充满活力的队伍中,将会有更多具有国际性影响力的学者,能够在更大的程度上决定中国新闻传播学界的议程。未来的华科大新闻与传播学院,将是一个更加开放的国际化高级传媒人才培养基地和学术中心,将会有更多的来自世界各地的留学生汇集于此,学院与国际一流传播学院的合作方式将会更加多样,其国际学术活动将会更加活跃。也就是说,未来二十年、三十年的华科大新闻与传播学院将会建立在远高于今天的学科平台之上。

但是这样辉煌的明天,这样美妙的梦想,绝对不是等出来的,更不是靠出来的。它需要我们脚踏实地地干,需要我们始终如一,毫不松懈。我们非常清醒,前面路还很漫长,还有很多曲折,要达到最终的目的,不仅需要付出百倍的努力,更要选择正确的路径,采取准确的策略。我们将充分利用中国经济文化大发展的难得契机,利用中国文化及传媒行业发展催生的强大需求,在现有的优势与基础上,发扬敢于竞争、善于转化的优良传统,建设强大的开放而富有活力的学术队伍,进一步巩固和提升华科大新闻学院在学术领域的领先地位;我们将加强与业界的合作,与之建立互利双赢的可持续发展的建设性关系,在服务与贡献业界的同时,在物质资源方面,争取来自业界更多的支持;我们将进一步扩大对外学术交流,加强与国际一流新闻学院的合作关系,在合作研究、师资交流、学生交换、互认学分等方面迈开更大的步伐;我们将根据媒介生态及传播模式转型的新趋势,探索新媒介环境下传媒人才需求的变化,进一步改革课程体系和人才培养模式,加强课程建设和教材建设,突显试验实践环节的重要地位,以提高新闻传播人才的质量。

各位嘉宾、各位领导、各位校友,老师们,同学们,我们坚信,传媒教育是天底下最光彩的事业,它将影响到人类的命运。新闻引领时代,光荣属于新闻教育。今天我们在此纪念华科大新闻传播教育创办 30 周年,不是为了发思古之幽情,而是为了弘扬我们的传统,传承我们的文化,更是为了积极地面向未来。

在历史的长河中,今天只不过是历史在时间上的延续,而且注定了将成为明天的历史。为了使不确定的明天,变得确定下来,为了使辉煌的愿景早一点实现,老师们,同学们,校友们,让我们携起手来,沿着前辈开辟的道路,共同打拼,一起拥抱新闻传播教育灿烂的明天!

(本文系作者 2013 年 10 月 4 日在"纪念华中科技大学新闻传播教育创办 30 周年大会"上的讲话)

开启新闻传播学科的未来

在人类传播史上，能够生活在今天的信息社会之中，是我们莫大的幸运。从人类出现到语言的使用，几百万年间，人类生活在十分单一的媒介环境中，嘴巴是我们祖先基本的交流手段。到了距今万年左右，由于文字的发明，手书文字成了社会沟通的主要手段。再往后约几千年，印刷技术发明，近代报刊问世，随着工业革命的进展和报纸的大众化进程，人类进入了以报纸为主要介质的大众传播时代。20世纪初期以来，广播电视相继问世并且迅速普及，大众传播的生态日趋多样化，人类的社会生活空前紧密，大众媒介在社会生活中扮演的角色也越来越重要。传播现象的复杂化，与此相关的一系列社会问题、传播问题、技术问题的重要性、紧迫性，促成了新闻学、传播学的产生，引发了学界对于新闻传播现象的理性关注。到20世纪末期21世纪初，以网络为代表的新兴媒体迅速崛起，新的传播手段层出不穷，传播形式花样翻新，传播模式全然变革，各种令人眼花缭乱的传播现象，对新闻传播学提出了拓展、创新、变革的要求，这种要求越来越强烈，终于成为当下推动新闻传播学发展的主要动力。

根据历史唯物主义的原理，人类社会的历史从来都不是匀速演进的。可能在一个相当长的时间段内，历史演变的速度相对比较缓慢，处于渐进的量变之中，令人浑然不觉；而在另一些特别的时间段内，似乎是长期积累的能量得以爆发，历史的演进突然加速，因为质变取代了量变，在短短的数天乃至一年时间内，能够实现平时数十年乃至数百年的进步。也就是说，在历史进化途中，关键时刻的一天、一年，其释放的能量可能相当于平和时期的几年、几十年甚至几百年，犹如火山喷发，其瞬间的能量爆炸性膨胀。由此观之，当今的媒介化时代，可以说是新闻传播史上最重要的关键时刻，历史上从来没有出现过像今天这样精彩的传播局面，百花齐放，万物竞生，人们比过去任何时代都耳聪目明，传播对社会生活渗透的深度与广度也超过了以往的任何时代。这种的新传播格局，对于今天的新闻传播学界，既是一种机遇，也是一种挑战。

新闻传播学正是在20世纪末21世纪初新媒体迅猛发展、媒介生态格局突变、媒介化社会及数字化生存等因素的牵引下,实现了突破性的发展。在中国而言,一些新的传播现象、一些与传播有关的社会问题、一些与传播直接相连的重大需求,不仅是学界、业界关注的焦点,而且成为执政党和政府机关在顶层设计时优先考虑的对象。新闻传播学科、新闻传播学各大研究领域、新闻传播教育界,从社会、从业界、从政府获得了越来越多的资源。相对于其他人文社会科学,新闻传播学展现出显学的姿态。在这一背景下,新闻传播学界人才辈出,研究成果汗牛充栋,新闻传播教育也蒸蒸日上。几乎所有"985""211"大学都开设了新闻传播学相关专业,进行本科、硕士甚至博士阶段的人才培养。所有这些,都表明新闻传播业、新闻传播学、新闻传播教育在21世纪初这个人类新闻传播史的关键节点上,焕发了空前未有的活力。

　　一个学科的发展,往往是与一批杰出学者的兴起分不开的。而这些学者的崛起,又得益于其所处的时代环境的滋养。20世纪中期以来传播学的勃兴,既是那个时代传播发展的产物,也是那个时代一批杰出学者贡献的结晶。政治学家拉斯韦尔的宣传分析、社会学家拉扎斯菲尔德的传播效果理论、社会心理学家库尔特·卢因的"把关人"理论、实验心理学家卡尔·霍夫兰的说服研究,以及施拉姆的集大成。没有他们的创造性贡献,就不会有今天蔚为大观的新闻传播学体系。

　　如今,世界新闻传播学的发展又来到了一个关键的历史节点。新的数字技术带来不胜枚举的新兴媒体,新媒体与传统媒体共生的格局面临着各种新的问题,传播手段、形式的变化带来的传播模式变化,媒体融合背景下专业人才需求的演变,媒体融合时代传统媒体的生存与发展战略,网络化时代的传播自由与社会责任,新的媒介格局决定的社会变迁,全球化语境下国家软实力建构与传播体系发展等,这些问题都不是原来意义上的新闻传播学所能完全解释的。传统意义上的新闻传播学本身需要突破,需要新视野、新方法、新理论,需要拓展新的思维空间。这种需要对于新闻传播学而言,是一种巨大的推力。在它的推动下,新闻传播学才有可能在现有的基础上实现新的超越。这一切都有赖于一批富有创造精神的杰出学者群体的崛起。而在科学探索方面,最富有创造精神的是新锐的青年学者。因为他们没有包袱、没有负担,视野开阔,思想解放,勇于进取。正是基于对学科责任的认识,华中科技大学新闻与信息传播学院决定与华中科技大学出版社联合推出这套《新锐新闻传播学者论丛》。

　　《新锐新闻传播学者论丛》第一批收入了十二本专著。包括鲍立泉博士的《技术视野下媒介融合的历史与未来》,刘锐博士的《信息监控与网络治理:社会化媒体实名制研究》,刘瑛博士的《互联网健康传播:网络使用与健康行为》,于婷婷博士的《基于在线互动与感知价值的网络购物行为研究》,邓秀军博士的

《塑造角色,重构身份——纪录片叙述者的主体性研究》,郭小平博士的《环境传播:话语变迁、风险议题建构与路径选择》,李华君博士的《政府公关:理论、载体、形态、实践》,牛静博士的《新闻自由权利的保障与约束》,闫隽博士的《国际贸易摩擦中的舆论壁垒及我国媒体的对策》,徐明华博士的《入世后的中国电视文化安全与全球化应对策略》,周婷婷博士的《中国新闻教育的初署》,张梅兰博士的《隐喻:在历史与现实的双重叙事中完成》。这些著作既有对新闻传播历史和理论的探讨,又有对当下新闻传播实务变革的深入研究;既涉及传统媒体,又关注了网络新媒体带来的新变化;既有基于政治视角的分析,又有基于产业经济视角或文化视角的探究;既立足于国内新闻传播的历史与现实,又有全球视野的关照。这些著作没有例外,都是以作者原来的博士论文为基础,经过一段时间的沉淀和再思考,在大幅度修改、补充的基础上完成的。其作者都是近年来从国内外著名高校引进(或选留)的博士生、博士后。他们虽然在学历背景、专业背景及从业经历上都不尽相同,但是出于对新闻传播、新闻传播教育的共同兴趣和强烈的社会责任感,从不同的学校、不同的地方、不同的专业走到了一起,成为同一命运共同体的成员。

这套论丛的公开出版,对于上述青年学者来说具有重要的意义,他们过去虽然发表了不少论文,在学术界已小有名气,但是独立地出版专著大多还是第一次。通过这些著作,不仅比较全面系统地表达了他们对复杂的新闻传播现象的独特理解,展现了他们的不俗的才华和天才创意,而且显示出他们广博的学科视野、扎实的理论基础和深厚的学术素养。这标志着他们学术生涯中一个新的阶段的开始。另方面,对于华中科技大学新闻与信息传播学院来说,也是学院青年新闻传播学者研究实力的一次展示。华中科技大学新闻与信息传播学院创建伊始,就坚持以人为本的办学理念,尤其是师资队伍建设,成为学科建设的重中之重。近十年来,华中科技大学新闻与信息传播学院新补充的师资基本上来自校外,来自业界的精英,来自国内外其他知名高校的优秀博士、博士后。在有些高校成为普遍问题的近亲繁殖、派系内斗现象,在华中科技大学新闻与信息传播学院已经绝迹。来自五湖四海的学者,怀抱着共同的理想,共同的兴趣,将不同的专业、学历、经历融汇于一炉,形成了华中科技大学新闻学院包容多元、兼收并蓄、开拓进取、锐意创新的文化传统。这套文丛的公开出版,乃是华中科技大学新闻与信息传播学院办学理念的具体体现。

《新锐新闻传播学者论丛》正式付梓,正值华中科技大学新闻与信息传播学院创办30周年的前夕,也是我们新闻与信息传播学院向华中科技大学奉献的一份厚礼。三十而立。这30年的历程,实在是不平凡。30年前,华中工学院(华中科技大学的前身)领国内工科院校风气之先创办新闻系(专业)时,在校内是唯一的文科专业,白手起家,只有单一新闻学本科专业;如今在人才培养方面,本科层次有新闻学、广播电视学、广告学、传播学、播音与主持艺术五个专业,硕士研究生层次,学术硕士有新闻学、广播电视学、广告与公关、传播学四个硕士点,专业硕士方面有新闻与传播、出版两个专业硕士点,博士层次有新闻学、传播学、广告与传媒经济、广播电视与数字媒体四个博士点。在此之外,还有两个国家级特色专业、一个国家级校外实践基地、一门国家精品视频公开课、一门国家级精品课、一门国家级精品资源共享课。科学研究方面,在30年前的华中工学院新闻系,教学是重中之重,科研仅仅体现在教材编写;如今,华中科技大学新闻与信息传播学院是国内新闻传播的学术重镇,截至2012年底,学院不到40人的学术团队仅在研的国家社会科学基金资助课题就有15项,其中国家社会科学基金重大课题两项,还有两项教育部重大课题(马克思主义理论建设工程教材)首席专家。学科建设方面,在30年前,华中工学院新闻学系只有本科、只有教学,根本谈不上学科;如今华中科技大学新闻与信息传播学院是国内较早拥有的新闻传播学一级学科博士学位授予权的单位之一,还拥有一个新闻传播学一级学科博士后流动站,新闻传播学科还是湖北省一级学科重点学科。在学术研究、人才培养、社会服务等方面,华中科技大学新闻传播学科在学界、业界都得到了正面的评价。今天这套新锐学者论丛的问世,更是彰显了华中科技大学新闻传播学科的活力。

梁启超的《少年中国说》曾感动化育了几代中国人。"故今日之责任,不在他人,而全在我少年。少年智则国智,少年富则国富,少年强则国强,少年独立则国独立,少年自由则国自由,少年进步则国进步,少年胜于欧洲,则国胜于欧洲,少年雄于地球,则国雄于地球。红日初升,其道大光;河出伏流,一泻汪洋;潜龙腾渊,鳞爪飞扬;乳虎啸谷,百兽震惶;鹰隼试翼,风尘吸张;奇花初胎,矞矞皇皇;干将发硎,有作其芒;天戴其苍,地履其黄;纵有千古,横有八荒;前途似海,来日方长。"每读及此,我都热血沸腾,不能自已。如果把这段话置于科学发展的语境,同样也是适用的。新闻传播学科是一个年轻的充满生机的学科领域,它的永续发展,也需要青年的朝气与活力。只有造就一支强大的青年学者队伍,激发青年学者内在的潜力,新闻传播学科的发展才会有源源不竭的动力。虽然我们已经不再年轻,但是作为过来人,我们深知青年学者们正是需要社会支持、帮助的族群。我们应该想方设法为青年学者的成长创造各种必要的条件,要努力营造出宽松自由的环境,要尽量解除束缚他们想象力、创造力的物质和精神障碍。

《新锐新闻传播学者论丛》得以顺利出版,首先要感谢国家"985"工程建设项目的资助。由于学界同仁的鼓励及学校领导的支持,以华中科技大学新闻传播学科为主体的"新媒体与社会发展研究基地"得以在华中科技大学"985"三期建设工程中单独立项。其次，我们还要感谢华中科技大学出版社关心和支持，特别是出版社总编辑姜昕琪教授和责任编辑们，他们为这套丛书的策划出版费尽心力。当然，我们还要感谢这套丛书的十二位作者，正是他们的努力耕耘，我们才得以享用这份精美的学术大餐。

我们期待着《新锐新闻传播学者论丛》的出版能够给中国新闻传播学科的建设和发展带来新的正能量，期待着这套文丛的问世，能够引起中外学界、业界的正面回应，期待着这批青年学者能够再接再厉，在科学思维和学术探索方面攀上新的台阶、进入新的境界。

(本文系作者2013年为"新锐新闻传播学者论丛"所做的序言)

关于编纂《中国新闻传播教育年鉴2016》的思考

在人类社会发展史上,没有比今天信息时代更能说明传播重要性的历史阶段了。信息传播作为维系社会共同体的粘合计,将分散的个体聚合成彼此相依、不可须臾分离的有机体。信息弥漫于人类生活的全部空间,渗透到社会系统的每个角落、各个层面。它就像空气,影响到人类的呼吸,丰富着人类的思想,引导着人类的行为。在社会系统的延续发展中,传播不仅在守望着社会、传承着文化、维系着社群,而且其本身就构成了人类生存的环境。作为人类环境的信息传播,不仅制约着人类的思维空间及其生存与发展的物理空间,而且决定了人类的精神境界。传播与社会同生共存,是历史进化的铁则。

一、没有新闻教育就没有新闻业

正如无法想象一个没有传播的社会,我们同样也无法想象一个没有新闻传播教育的传播业。新闻传播从自发的社会活动演变成一个根系发达、枝繁叶茂社会事业,除了社会需求的拉动,传播技术的支撑之外,还有一个十分重要的因素,那就是一批批具有专业技能和职业理想的传媒人的涌入。人自始至终都是传播的主体,是人类社会及其传播历史的主人。在传播本身进化的历史上,传媒人始终是决定性的因素。但是,传媒人不可能在真空中成长起来,传媒人的成长不仅需要空气、水分和阳光,更需要导师的教导与引领。就像医生、历史学家、天文学家一样。

信息传播作为一项社会职业,在西方社会,其早期历史上的行吟诗人,可以说是最早的传媒人和历史学家。在荷马史诗中,既有历史故事的陈述,也有最近新闻的报道。罗马帝国时期手抄新闻作者的新闻职业特征已经十分鲜明。在中国,新闻传播的早期历史最早则可以追溯到周朝,其宫廷中的史官,就承担着记录新闻和历史的职责。蔡元培先生主张,新闻与历史同源,他在为徐宝璜《新闻学》所做的序言中说:"余惟新闻者,史之流裔耳。古之人君,左史记言,右史记事,非犹今日新闻中记某某之谈话若行动呼?"当然,他也深知新闻之与史又有差异:"两者虽记以往之事,史所记不嫌其旧,而新闻所记愈新愈善,其异一;作史者可穷年累月以成之,而新闻则成之于俄顷,其异二;史者纯粹著述之业,而新闻则有营业性质,其异三;是以我国虽有史学,而不足以包新闻学。"①在专业史官之外,朝廷还有"采诗之官,王者所以观风俗,知得失,自考正也"②。更有甚者,中国古制还规定:"从十月尽正月止,……男年六十,女年五十无子者,官衣食之,使民间求诗。""故王者不出户牖,尽知天下所苦。"③新闻传播由来已久,在东西方古代史上都可以得到印证。

万物皆有史,皆有其从来。英国历史学家卡尔·贝克尔在《人人都是自己的历史学家》一文中指出:"每个普通人,同你我一样,记忆种种说过做过的事情,并且只要没有睡着也一定是这样做的。假定这位'普通先生'早晨醒来而记不起任何说过做过的事情,那他真要成为一个失去心灵的人了。……正常地说来,这位'普通先生'的记忆力,当他早晨醒来,便伸入过去的时间领域和遥远的空间领域,并且立刻重新创造他努力的小天地,仿佛把昨天说过做过的种种事情联系起来。没有这种历史知识,这种说过做过事情的记忆,他的今日便要漫无目的,他的明日也要失去意义。"④新闻传播源远流长,新闻传播教育也不是无源之水,无根之木。

虽然我们还无法找到教育史上资料,来清晰说明古代社会如何培养职业新闻人。但是一个普通人,要成为能够记录与传播事实,胜任采访、写作、编纂的传播者,显然是需要一个复杂的学习或培训过程的。现有的一些证据表明,古代罗马最早第一批手书新闻采写者多是奴隶出身,作为奴隶主的会说话的工具,他必须得到系统的技能训练才能进入职业角色,这种培训多以师傅带徒弟的方式进行,在工作中学习。而中国古代的史官,多具有家族传统,子承父业,或者兄终弟及是职业技能培训的主要途径。春秋时期的襄公二十五年,齐国的崔杼杀了国君,"大史书曰:崔杼杀其君。崔氏杀之,其弟嗣书,而死者二人。其弟又书,乃舍之"⑤。另一个众所周知的事实是,司马迁的作为太史令,就有家学渊源,他的父亲司马谈也担任过太史令。

关于古代新闻传播教育,因历史久远,资料湮没无闻,很难勾勒其全貌。可

---

① 蔡元培著:徐宝璜《新闻学》序。
② 《汉书·艺文志》。
③ 《春秋公羊传》。
④ (英)卡尔.贝克尔著:《人人都是自己的历史学家》,转引自张耕华著《历史哲学引论》,复旦大学出版社 2004 年版,第 153-154 页。
⑤ 《十三经注疏·春秋左传正义》。

以肯定的是,古代社会有传播活动,有职业传播人,但是没有社会化的职业传播教育,这和其他行业十分相似。我们对古代传播描述,更多的是根据片段材料的拼合,其间有很多想象的成分。虽然历史学家也需要想象力,但是决不能过于依赖想象,更不能陷入想象的泥坑而不能自拔。应该说,对古代传播及传播技能的培养情况,我们确实所知有限。这一方面是历史本身的原因,时代的长河滚滚向前,大浪淘沙,能够沉淀下来的,自然只是少数有分量的重量级的存在物。另一方面则是人们历史意识的缺失,没有及时地记录或保存相关的文献,或者是记录了,而因为种种原因而泯灭,从而给今人认识传播教育历史造成了困扰。

二、历史是新闻教育的起点

今天我们处在一个发达的信息社会,而支撑、维系这个社会的就是信息传播系统。这一系统直接源自于欧洲文艺复兴及随之而来的工业革命的需求。当信息传播与工业社会彼此互动,从而加速了社会历史的进程时,近代的新闻传播教育便应运而生了。在20世纪初,从美洲大陆到欧洲大陆,在不同的国家相继出现了大学新闻教育,并且形成了不同的传媒人才培养模式,而这些模式又随着全球化的进程,为其他国家和地区所借鉴乃至吸收。中国的新闻传播教育正是在这个背景下发展起来的。

我们一般把1918年北京大学新闻学研究会的成立视为中国新闻教育的开端。从此开始,一系列标志性的事件,逐步地拉开中国现代新闻教育的序幕。1922年,厦门大学成立了新闻学部(于1926年停办)。1924年,燕京大学新闻系成立,不久就因其先进的教学理念和高质量的人才培养,确立了在民国新闻教育中的地位,被视为民初中国大学新闻教育的"最优秀者"。1926年9月,复旦大学首次以新闻系名义正式招生。3年后,复旦大学正式成立新闻系,其首任系主任为留学日本早稻田大学的谢六逸教授。1936年南京大学前身金陵大学创立"电影与播音专修科",成为中国高等电影广播教育的源头。1946年,暨南大学新闻学系在上海成立。共和国建立后,中国人民大学于1955年成立新闻学系。由此新中国高等新闻教育事业开始发展起来。

截至2015年底,全国681所大学开设新闻与传播类专业。而"985""211"大学中开设新闻与传播类专业的比例高达55.9%。这些学校拥有新闻与传播类专业教师6912人(其中硕士以上2943人)。设有1244个本科专业点,其中新闻326个,广电234个,广告378个,传播学71个,编辑出版82个,网络与新媒体140个,数字出版13。其本科生在校学生总规模达22.5691万人。在此之外，还设有新闻与传播学一级学科博士点 15 个，一级学科硕士点 75 个，二级学科博士点 3 个，二级学科硕士点 13 个。① 正如大家所知道的，有些重点大学的研究生规模超过了本科生。中国新闻传播教育的繁荣发展，可谓洋洋洒洒，蔚为大观。中国新闻传播教育界不仅已然成为中国高等教育重要的组成部分，而且因为其大量的专业人才培养和定向输出，成为支撑当代新闻传播体系的重要支柱。

作为一个新闻传播教育者，面对着全球化、数字技术发展和社会转型带来的挑战，面对着无所不至的信息和无所不能的传播，面对着学校所能与社会所需的差距，不仅深感自己肩负的责任重大，而且逐渐地失去了方向感。如何才能胜任新闻传播教育的天职，怎样才能满足社会的期待？虽然我们可以从许多渠道获得不少的知识资源和理论资源，诸如传播学研究、新闻学研究、传播法学研究、传媒经济研究、新闻传播实务研究、新媒体研究、品牌传播研究等等，来引领我们的思维，相关的研究成果也是汗牛充栋，但是对于新闻传播教育能够起到本质性资鉴作用的当代历史资源的发掘和累积，对于当下中国新闻传播教育的新发展、新变化、新成就、新问题的客观记录和整理，基本上还是付之缺如。如果说过去没有这方面的研究，没有进行这方面的开发、积累，是因为认识方面的原因，或者是新闻传播业发展的程度还不够，那么，今天则完全不同。新闻传播与传媒教育的发展已经达到了这样的程度，以至于我们有足够大的物质资源和工具条件，来做我们的前人想做而没有做的工作。我们不能再任由这些历史资源随水漂流，湮没无闻。置身于新闻传播教育这个以培养历史记录者为天职的行业，我们在关注自然与社会变迁的同时，也应该关注、记录自身的历史，千万不能让我们的后人也重复我们今天的遗憾。

三、时代呼唤《中国新闻传播教育年鉴》

亡羊补牢，犹未为晚。从现在开始，编纂一本中国新闻传播教育年鉴，是解决新闻传播教育当前问题，满足社会的期待的可靠途径。所谓年鉴是以年为时间单位，全面、系统、真实地记录上年度特定领域新发展、新变化、新成就、新问题，有文字、有图片、有表格、有文献目录，有统计数据，有名著解读，有人物研究，有事件解析，有个案解剖，有全局纵览，有政策分析，具有数据权威、及时反应、连续出版的特点，兼具工具性、学术性和政策性。

年鉴这种出版物，最早出现于欧洲，英国科学家培根在其《大著作》中，就引

---

① 本数据系中国教育部新闻传播学类教学指导委员会 2015 年底的统计数据。

用了外国年鉴中有关天体运动的材料。事实表明，至少在 13 世纪中叶欧洲就已经有了类似年鉴的出版物。随着经济文化的发展，年鉴编纂出版遍地开花。大到全球政治经济，小到一个地区、一个城市、一个单位；宏观者如综合年鉴，全面记录特定地域的政治经济文化的综合发展变化，微观者仅涉及一个个具体的领域，如军事、卫生、体育、传媒等。在当代中国，年鉴的编纂出版空前繁荣。仅在经济领域，就有经济贸易、人口普查、宏观经济、能源电力、金融保险、石油化工、钢铁冶金等年鉴。在新闻传播领域，除 20 世纪 80 年代开始出版的《中国新闻年鉴》外，中国社会科学院新闻与传播研究所在 2016 年又推出了《中国新闻传播学年鉴》。前者主要服务新闻传播业界，后者则重在新闻学术。这两本年鉴都与新闻传播教育有一定的联系，涉及新闻传播教育的某些内容，但又不能完全涵盖新闻传播教育，不能全面地满足新闻传播教育界的期待。于是编纂一本《中国新闻传播教育年鉴》，全面、系统、客观、连续地记录中国新闻传播教育的新发展、新变化、新问题、新成就、新经验，记录中国新闻传播教育的当代历史，保持中国新闻传播教育的文脉，为后人研究今天的新闻传播教育留下宝贵的第一手文献，是时代的要求，也是业界的期待。但是，这部《中国新闻传播教育年鉴》在内容建构方面，还须《中国新闻传播学年鉴》、《中国新闻年鉴》有所区隔，以避免内容的重复和资源的浪费。

正是基于这一认知，中国新闻史学会新闻传播教育史研究会决定承担起这一历史的责任。在经过多次周密论证，反复讨论后，新闻传播教育史研究会组成了年鉴编委会，拿出了《中国新闻传播教育年鉴 2016》编纂大纲和具体篇目。从 2015 年 5 月到 2016 年 7 月，编委会动员了一百多人参与编写，经编辑部审定，最终完成的样稿近 150 万字。在编委会第三次全体会议上，又广泛听取委员们意见，在此基础上编辑部对文稿又进行了修改、精简，最终定稿。今天呈现在读者面前的《中国新闻传播教育年鉴 2016》是中国新闻传播教育史研究会全体同仁共同努力的成果，也是中国第一本以新闻传播教育为主体的年鉴。

我们期待这本《中国新闻传播教育年鉴》的出版，能够在服务中国新闻传播教育、促进新闻传播学术发展方面做出一点实实在在的贡献。其一，通过这本大型年鉴能够汇集、记录、保存大量的与新闻传播教育有关的数据、文献，年复一年地坚持下去，一本接着一本地出版下来，积沙成塔，这就是一部中国新闻传播教育的历史资料长编，其保存历史之功，不言自明。对于后来者认识今天的历史，是莫大的帮助。其二，这本年鉴因为全面地呈现中国新闻传播教育的实况，各大学院、各种流派、各种风格、各种模式、各种理念，尽展所长，对于每个新闻传播教育者，每个新闻学院院长、新闻系主任，在其决定本院（系）的办学方针、发展战略、路径选择时，提供了重要的参照系，是一种不可替代的学习、借鉴资源。其三,我们今天正处于一个转型的时代,全球化进程、社会转型、媒介转型不仅影响到社会的运行,更是直接影响到新闻传播教育。时空的压缩,使得新闻传播教育的环境顷刻间发生了根本的改变,其服务的传播业界发生了变化、业界对传播专业人才的需求也发生了变化,可是,新闻传播教育界本身的办学格局一如旧制,培养模式、课程体系、人才规格、办学理念、研究方向等,与社会变化和行业需求完全脱节。如何解决当前面临的问题,需求从历史中,从同行的成功的经验中获取智慧。而《中国新闻传播教育年鉴》正好可以满足这一需求。其四,本年鉴对于教育新政策、业界新动向、政治新变化的深入解读,对于新闻传播教育者,对于新闻院系的领导人也会有一定的帮助。

四、《中国新闻传播教育年鉴2016》的架构与不足

为了满足新闻传播教育发展的客观需求,我们希望这部年鉴既要全方位覆盖中国新闻传播教育的全部要素,又要突出重点,聚焦当下学界、业界关注的问题;既要有全面的综述性归纳,又要有深入的个案分析;既要有扎扎实实的统计数据和量化分析,又要有深刻的定性研究;既要立足国内新发展、新经验,又要兼顾国际和境外,注重新闻教育的他山之石;既要深入分析顶尖高校一流新闻院系的经验,也要关注一般院校面临的问题和苦恼;既要全面梳理新闻传播教育的完整人才链,又要突出本科和研究生的重要地位等等。所有这些考虑,成了我们构思这部年鉴的出发点。

《中国新闻传播教育年鉴2016》全书140万字篇幅。由三个大的板块组成。

第一板块总论篇旨在回溯、梳理中国新闻传播的历史,分两个部分,一是中国新闻传播教育简史。这一部分近五万字,简明扼要地勾勒了中国新闻传播教育的历史,从萌芽、生长、开花以致结果,线索分明,脉络清晰。第二部分是不同类别新闻传播教育发展综述,从九个方面分别综述了外语院校、民族院校、工科院校、体育院校、师范院校、农林院校、军事院校、兵团院校以及独立学院新闻传播教育发展演化的历史及现状。这一板块总的基调是历史回顾,解决过去的遗留问题,梳理不同类型的高校新闻传播教育从无到有、由昨至今的脉络,帮助读者建构起中国新闻传播教育历史的整体观。

第二板块是平台与人物篇。这一板块旨在彰显中国新闻传播教育的主体,从行业(专业)组织、新闻院系、研究生硕博士学位授权店、博士后流动站,到对中国新闻传播教育产生过重大影响的教育家们,成为本板块的核心内容。此版块由五个部分组成。第一部分是新闻传播教育界行业组织与专业学会介绍,分别就国务院学位委员会新闻传播学学科评议组、全国新闻与传播专业学位教育

指导委员会、教育部高等学校新闻传播学类教学指导委员会、中国新闻史学会、中国高等教育学会新闻学与传播学专业委员会、中国高等教育学会广告专业委员会、中国高等教育公共关系教育委员会、中国新闻文化促进会传播学分会、中国新闻史学会新闻传播教育史专业委员会的沿革、性质、职能及其活动做了全面的梳理和分析。第二部分就国内最具影响力的十五所新闻传播学院,包括中国人民大学、中国传媒大学、复旦大学、武汉大学、清华大学、华中科技大学等,就其历史沿革、办学理念、培养模式、课程体系、科学研究、社会服务等做了比较全面的梳理。第三部分研究生教育和博士后流动站。在这部分综述了全国新闻传播学博士点、硕士点设点情况、招生情况,介绍各一级学科博士点、二级学科博士点、跨学科博士点的办学情况及其特色;同时综述了全国现有的新闻传播学一级学科博士后流动站的运行情况,各主要站点的特色等。第四个部分教育家研究,这可以说是本年鉴的亮点。它不仅包括对七位已故新闻教育家,如陈望道、谢六逸、王中、安岗、顾执中、罗列、马星野,还对十位不在院长、主任岗位的老院长、主任做了口述史的研究。如此集中地对这些影响中国新闻传播史的教育家的教育理念及其办学实践的探索,在国内学界还是第一次。第五个部分是新闻传播学教授名录,《中国新闻传播教育年鉴2016》共收录了115名教授,虽然每个教授只有600字篇幅,但也基本上勾勒了其学术轮廓和个性特征。

  第三个板块是成果与政策。这个板块旨在综述和解读中国新闻传播教育界的教学成果、专业与学科评估、教育政策及各种统计数据,也分为五个部分。第一个部分包括专业、课程、教材、实验室建设、教学成果奖和各级名师奖。第二个部分是各类学生竞赛。第三个部分是专业与学科评估,主要是本科专业评估、专业硕士评估和博士点评估,重点是由国家学位中心进行的一级学科评估。第四个部分是科学研究与学术交流。这部分为与既有的《中国新闻传播学年鉴》相区隔,对各类项目课题只做了统计意义上的梳理,对于学术研究成果、学术会议的综述、介绍也仅限于新闻传播教育领域。第五个部分是收录了与新闻传播教育紧密相关的重要文件和权威的专业统计数据。

  这部《中国新闻传播教育年鉴2016》虽然凝聚了编者和作者的心血,虽然编委会做了大量的工作,群策群力,集思广益,但是毕竟是第一次尝试,没有陈规可循,没有经验借鉴。所以必然地会留下不少的瑕疵和遗憾。譬如,因为参与者众,年鉴前后行文的风格难以完全统一;不同章节之间,同一主体的内容因为分属于不同的作者,而每位作者都力求小而全,难免会出现重复;有些章节的内容出自本单位的作者,有些作者是事主的学生,与对象的距离相对近了些,在中立性方面不一定能够做得令人满意;在体系结构方面,因为顶层设计不够完善,有些应该覆盖到的地方还没有覆盖到,例如台港澳地区,2016版就没有涉及;个别篇章行文不够规范,有的过于简练有的又过于铺陈,以致部分章节缺乏必要铺垫,或显得较为冗长。虽然问题不少,但是作为中国教育史上第一本《中国新闻传播教育年鉴》,其开拓建树之功,也是不容忽视的客观存在。

  作为年鉴的编者,我深信,《中国新闻传播教育年鉴2016》作为一本具有资料性、权威性、政策性、及时性的信息密集型工具书是应时而生的,它应该会在中国当代新闻传播教育史上发挥积极的建设性作用。但是我们深知,以我们现有的力量在一个比较短的时间段内,完成如此规模的工作量,还需要大量的整合,出现这样那样的问题是免不了的。我们能力有限,但是有自知之明。好在这本年鉴会继续出版下去,2016年版存在的遗憾,应该会在2017年得到解决,随着2018、2019年版的相继推出,我相信,《中国新闻传播教育年鉴》一定会逐步地趋于成熟,臻于至善。

见证历史,传承文脉

大家上午好!今天,是中国新闻教育界重要的日子。中国新闻教育史学会2016年学术年会与马克思主义新闻理论研讨会,在龙兴之地辽宁大学隆重举行。来自全国各地一百多位代表齐聚一堂,还有我们敬爱的前辈、新中国新闻传播教育的开拓者们莅临大会,可谓高朋满座,群贤毕至,盛况空前。会议还有一个重要的议程,由本会组织编纂的首部中国新闻传播教育年鉴举行首发式。在此,我谨代表中国新闻传播教育史学会向莅临会议的各位前辈、各位代表表示热烈的欢迎,向承办会议的辽宁大学新闻与传播学院领导和教职员工表示衷心的感谢!

本次会议与过往会议最大的不同,是老少咸集,中国新闻教育界三代领军人物共襄盛举。我们敬爱的何梓华院长,赵玉明会长,童兵教授,吴高福院长、罗以澄院长、邱沛篁院长、郑保卫教授、刘建明教授等和我们一起见证这个重要的时刻。我想起了32年前在中国人民大学读研究生的时候,记得我第一次拜见何梓华老师,是在1984初春研究生复试的时候,当时我拿着武汉大学吴高福老师的介绍信叩门,办公室里有一个器宇不凡的男老师,我问他何梓华老师在哪?没想到他就是何老师,真是尴尬。在中国人民大学的时候,童老师还是讲师,跟我们讲课,用今天的话说,是学生心中的男神,我和一个同学到童老师在中国人民大学那个两居室的家里去拜访过两次。那时,刘建明老师、尹韵公老师是在读博士,经常到我们这些师弟的宿舍聊天。其间,罗以澄老师调到武汉大学新闻系,他和另一个中国人民大学的校友胡武教授到中国人民大学来看我,我就请他们到学校食堂吃5毛钱一个的肉饼,现在想起来实在是有点不恭敬,当时我们太穷。我忘不了敬爱的赵玉明教授对我的提携,在他担任中国新闻史学会会长时,提拔我担任了副会长,当时应该是最年轻的一个。邱沛篁教授洪亮的歌喉更是新闻教育界每次会议的必备节目,给我们这些晚辈后学留下了深刻的印象。

这些事情、经历,仿佛就在昨天,平平淡淡,然而正是这些平凡的故事构成了我们的历史。我们就是在这些故事的基础上，创造着我们的生活，从昨天走到今天，从今天迈向未来。中国新闻传播教育的历史，如果从1918年北京大学新闻学研究会肇始，将近一百年。其早期的初创阶段，筚路蓝缕，以启山林，无数前辈学者的努力贡献，除极少数青史留名者外，绝大多数都湮没无闻，即使想要在浩如烟海的文献中打捞，也不是一件容易的事情。甚至最近三四十年，我们亲身经历的历史，仅凭记忆的碎片，已经很难建构起原来的模样。当我们想要追寻过往，凭吊英雄，缅怀昔日的光荣，抒发思古之幽情时，便会感到很多的遗憾，因为记忆的局限，很多客观存在的事情、甚至我们自己参与的事情都已经从我们的记忆中消失了。

往者不可谏，来者犹可追。我们新闻教育史学会的全体同仁们，正是怀着这份深厚的历史情结，和对于新闻教育、对于历史的责任感，下定了为中国新闻传播教育记录历史的决心。事实上，今天新闻传播与传媒教育的发展已经达到了这样的程度，以至于我们有足够强大的物质资源和工具条件，来做我们的前人想做而没有做的工作。我们不能再任由这些历史资源随水漂流，湮没无闻。置身于新闻传播教育这个以培养历史记录者为天职的行业，我们在关注自然与社会变迁的同时，也应该关注、记录自身的历史，千万不能让我们的后人也重复我们今天的遗憾。于是我们决定着手编纂中国新闻教育年鉴。

今天我们处在一个重要的历史节点，历史上难得的转型期。信息时代的来临，网络新媒体的崛起，不仅重新建构了我们的社会，而且传播系统本身，也正在经历重大的转型。新闻传播教育也面临着空前的机遇和挑战。根据马克思主义的历史观，历史从来不是匀速发展的，有的时候，短短的几天释放的能量可能会相当于平时的几年甚至几十年。现在正是累积的历史能量大爆发的时期。中国新闻教育在短短的三十年间，已实现了爆炸性发展，如今已经是儿孙满堂，洋洋大观。截至2015年底，全国681所大学开设新闻与传播类专业。而"985""211"大学中开设新闻与传播类专业的比例高达55.9%。这些学校拥有新闻与传播类专业教师6912人（其中硕士以上2943人）。设有1244个本科专业点，包括新闻学、广电、广告、传播学、编辑出版、网络与新媒体、数字出版。其本科生在校学生总规模达22.5691万人。在此之外，还设有新闻与传播学一级学科博士点15个，一级学科硕士点75个，二级学科博士点3个，二级学科硕士点13个。新闻传播教育的辉煌发展，书写了我们这一代新闻教育工作者的光荣和骄傲。

我们所以不惜人力物力要把这段历史完整地记录下来，主要是出于两个考虑。一是记录历史，传承文脉。新闻传播教育不同于其他教育领域，其输出的新闻传播专业人才，是社会的守望者，历史的记录者，是公平正义的捍卫者，是人类文化精神的传承者。传播系统是否有序运行,事关社会的和谐、国家的稳定、文明的延续。而这一切又取决于传媒人才的供给。随着信息时代的来临,新闻传播教育迅猛扩展,面对媒介转型带来的挑战,教育工作者急需从新闻教育史本身获取智慧,从我们的成功中获取自信,继承和传扬中国新闻传播教育的精神力量。二是服务业界,提供资鉴。有两句话可以说明历史的价值。以史为镜,可以明得失。因为历史是循着螺旋式上升的轨道发展的,所以常常会出现惊人的相似。在这个意义上,可以说历史是现实的教科书,相似的问题可以利用相似的解决办法。同时,年鉴的内容囊括全国,甚至瞭望世界同行,因而能够拓展新闻教育工作者的视野,为业界同行提供决策的参照系。

我没有想到我们的理念能够得到同行如此热烈的响应,我们的倡议一经发出,很快得到学会同仁热情的支持。学会很快组织起编委会、编辑部,拟定并完善编纂大纲,编写任务的分派也出乎寻常的顺利,一切均在掌控之中,一切都在按计划运行,每一个节点的把握都十分的精准,可以说是无缝对接。作为学会的会长和编委会的主任,我切实地感受到学会的团结,学会的力量,什么叫学术共同体,什么叫精神家园,有了这一次编纂中国新闻教育年鉴的经历,我有了切身的体会和感悟。

我深知这本中国新闻教育年鉴的出版,因为时间仓促,肯定会存在这样那样的不足,从体系安排、内容设计,到行文风格,与我的期待也存在着相当的差距。但是我很自信地感到,这本带着油墨香味的年鉴,作为中国新闻教育界当代历史的记录,为我们当今的新闻教育提供了不少的正能量,对于新闻传播教育工作者,对于当下的新闻教育改革,一定会产生正面的效益。第一,它从宏观的视野全面梳理了中国新闻传播教育从无到有,从小到大,从单一到多元的发展演变的历史;第二,借助于这本年鉴,我们能够全面地掌握中国新闻传播教育的全部家底,多少学校办新闻教育,多少专业、多少学科,师资配备,物质条件,等等,我们能够了然于胸;第三,我们还能够借助于这本年鉴,摸清中国新闻教育的江湖,新闻传播教育的各个流派,各代表性院系的办学理念、教学风格的差异,培养模式和课程体系的特色,学术研究的异同等,在这本年鉴中也有充分的体现;第四,它还能够帮助我们解读了现行的教育政策,及教育政策的演变;最后,也是最重要的,这本年鉴还为我们保存了大量的数据和文献,从宏观到微观,从表层到里层,从整体到细节,事关新闻传播教育的各种数据和文献资料,一应俱全,为业界和后来的研究者提供了莫大的便利。

面对这本中国新闻传播教育年鉴,我满怀着自豪和感激之情。在此我要感谢新闻教育史学会的各位同仁的理解和支持,要感谢各位前辈学者的关心和鼓励,要感谢各位作者、编者的辛勤付出,还有出版社编辑的全力配合,如果没有这些外在的助力,我实在是无法想象我们的目标是否能够达到。昨天,我在武汉飞往沈阳的飞机上,眺望着舷窗外面的云海,鸟瞰下面的群山和湖泊,心潮激动,难以平静。乃口占七律一首,贺中国新闻教育年鉴公开首发,现请各位指教:

秋风送我入沈阳,漫天云海映舷窗。
群贤汇聚龙兴地,同谱济世大文章。
教化自古经国事,传媒功过联八荒。
书生报国无他途,皇皇年鉴飘墨香。

献丑了,诗写得不好,但是可以表达我此刻的心情。

再一次感谢辽宁大学新闻传播学院为此次会议辛勤的付出,感谢老师们学生们的奉献,特别要感谢各位前辈学者的鼓励和支持。

最后祝中国新闻教育史学会 2016 年学术年会暨马克思主义新闻理论研讨会圆满成功,祝各位领导、各位专家、各位同仁心情畅快,身体健康。

(本文系作者于 2016 年 11 月 5 日在辽宁大学新闻与传播学院召开的中国新闻传播教育史学会 2016 年学术年会暨马克思主义新闻理论研讨会上的致辞)

后记
Postscript

雁过留声，岁月无痕。不知不觉间，一个普通得不能再普通的家庭生日宴，将我送入了知天命之年。年已半百，双鬓斑白，过去一直自以为年轻的我似乎也沾染上无法抵挡的风尘和沧桑。五十岁了！回首过去，我竟有一半的时间耕耘在新闻教育战线，作为一名教师默默服务了25年。面对桌上的《新闻教育改革论》书稿，二十五年来从教生涯中发生的各种事情，像过电影似的一幕幕浮现在我的眼前。

31年前，我考进了武汉大学历史系，专业是我自己选的，属于第一志愿。1983年秋，全国研究生统一考试填志愿，我报的是武汉大学历史系世界史专业，想师从著名的世界史学者吴于廑教授。志愿刚刚填写完毕，系领导就找我谈话，说学校要组建新闻学系，开办新闻教育，急需师资。学校决定从中文、历史、经济、哲学等相关院系抽调一批老师，并且在1984年应届毕业生中选留一些优秀毕业生担任师资。我被选中了。但是当时的我十分不情愿，因为我对历史学特别是世界史有着浓厚的兴趣。然而，按照当时的组织原则，组织决定了的，只有服从，没有丝毫讨价还价的余地。我只有到刚刚成立的新闻系报到，好在当时的新闻系领导认识到专业知识、专业背景的重要性，鼓励我报考中国人民大学新闻系的研究生。只有不到两个月的时间，我重新报名，仓促复习，皇天不负有心人，我终于考取了中国人民大学1984级研究生。冥冥之中，命运之神改变了我的人生轨道，中国因此少了一个世界史教授，而多了一个新闻教育工作者。

我的新闻教育生涯开始于中国人民大学。1984—1986年，我在中国人民大学新闻系新闻学研究生班学习，开始了与一些新闻学大师的交往。我们非常有幸，方汉奇先生、甘惜分先生、张隆栋先生、何梓华先生、郑兴东先生、秦珪先生、蓝鸿文先生、童兵先生、郑超然先生、刘明华先生等，这些大师级学者一一来到课堂，给我们上课，与我们交流，从新闻学理论、新闻业务到新闻史，初窥新闻学殿堂的路径，我开始领略到新闻学科独有的魅力，意识到作为一个新闻教育工作者的社会责任，一种使命感油然而生。1986年我顺利完成了学业，如期回到武汉大学新闻系,担任外国新闻传播史的教学研究工作。自此一干就是20年,其间我从助教起步,1991年升讲师,1993年破格晋升副教授,1997年晋升教授。而且在刚开始时,我只是一个普通教师,1993年,担任新闻史论教研室主任,1995年担任武汉大学新闻学院新闻系主任,1998年更是被学校任命为武汉大学新闻学院院长,那年我才36岁。战战兢兢、如履薄冰,我自认没有能力做好这个院长,深感无法承受之重。正好武汉大学在1999年实行院系机构大调整,新闻学院与图书情报学院合并为大众传播与知识信息管理学院,我改任该院第一副院长。2000年底,武汉大学与武汉测绘科技大学、武汉水利电力大学、湖北医科大学合并,在此基础上,新闻学院又从大众传播与知识信息管理学院剥离出来,与原武汉测绘科技大学的印刷工程学院合并,重组武汉大学新闻与传播学院,我仍任第一副院长,直到2006年。在武汉大学,我不仅度过了美好的大学时代,而且它还给了我作为一个教育工作者的完整经历。没有在武汉大学打下的坚实基础,没有武汉大学一些前辈学者的栽培,没有在武汉大学新闻学院的历练,就没有我的今天。

2006年7月,我应华中科技大学校长李培根院士的邀请,正式加盟华中科技大学,受命担任新闻与信息传播学院的院长。华中科技大学新闻传播教育的发端几乎与武汉大学同时。1983年,教育部在同一个批文上批准武汉大学、华中工学院等十几所大学创办新闻学专业。武汉大学、华中工学院于同年正式设立独立的新闻学系。不过,华中工学院的招生要比武汉大学早半年,武汉大学的首届学生是1984年进校的,而华中工学院在获得教育部批文后当年就招进了第一批干部专修班学生。1983—2006年,华中工学院先后改名为华中理工大学、华中科技大学。其新闻学系在20世纪90年代曾短暂纳入文学院。1998年,华中理工大学正式成立新闻传播学学院。2000年,华中理工大学在与同济医科大学等校合并的基础上,改名为华中科技大学。23年来,华中科技大学新闻传播学教育历经汪新源、程世寿、吴廷俊三位院长(主任),在他们的共同努力下,华中科技大学新闻传播学教育形成了与其他大学新闻学院迥然不同的办学理念与风格。

作为国内工科大学创办的第一个新闻学专业,华中科技大学的新闻学专业拥有自己的办学传统。根据我的理解,这一传统主要表现在以下四个方面。

第一,学科交叉,应用领先。与其他综合性大学的新闻院系不同,华中科技大学的新闻教育纯粹是白手起家。它不仅是国内工科大学的第一家,也是华中科技大学的第一个文科系(专业)。华中科技大学的新闻学专业成立的时候,没有任何基础。其最初的师资除了直接从业界引进一批具有丰富实践经验的记者、编辑外,就是利用学校的工科院系教师资源,在学科交叉的基础上建立和发展新闻教育。所以当时华中工学院新闻学专业的课程设置在国内新闻教育界独树一帜,率先在新闻专业课程体系中设置高等数学、计算机、数据库、自然科学概论、科学技术史、汽车驾驶等课程。华中科技大学的新闻传播教育不仅重视专业与学科的交叉,而且重视新闻学专业的应用与实践特质。老校长朱九思先生就主张,新闻业务课程的教师,必须有新闻实践经验,没有新闻实践经验的老师,不能担任新闻业务课程的教学。学院的科研工作,也要围绕着新闻媒体的现实需要展开,突出应用,强化服务媒体的能力。在这种环境下,华中科技大学新闻与信息传播学院的人才培养和科学研究,在国内新闻学界异军突起,显示出旺盛的活力。

第二,面向业界,产学结合。华中科技大学新闻传播教育开办伊始,就意识到新闻传播教育必须开门办学,必须面向新闻业界,通过服务业界来筹措社会资源,以求得自己的生存和发展。在人才培养上,一直重视建立高端的专业实习基地,瞄准国内中心城市的主流媒体,建立稳定的互利双赢的合作关系。这一方面保证了学生专业实践的高起点,在专业能力培养方面与业界最高水平接轨,也为学生毕业后的就业提供了便利,为他们进入国内主流媒体打下了坚实的基础。另一方面,华中科技大学新闻与信息传播学院历届领导,还高度重视直接从新闻业界精英中聘请高水平的专职教师。在20世纪80年代,第一批专职教师大部分来自《湖北日报》、湖北人民广播电台、《长江日报》等知名媒体,都是这些媒体的业务骨干,如首届系主任汪新源就是《湖北日报》理论部主任。在世纪之交,又从业界引进了石长顺、赵振宇、何志武、孙发友、胡怡等。正因为如此,华中科技大学新闻业务类课程的教学水平得到了国内同行的高度评价。在科研方面,二十多年里,华中科技大学新闻与信息传播学院一直重视面向业界横向合作项目,"以服务求生存,以贡献求发展",是华中科技大学的基本理念,也是新闻与信息传播学院的指导思想。学院历届领导高度重视业界的需求,关注业界发展面临的重大问题,主动研究这些问题,以学院的学术资源为业界提供智力支持。

第三,全球视野,接轨国际。在全球化时代,传媒作为社会的守望者,肩负着重大的历史责任,作为传媒专业人才的摇篮和研究中心,新闻传播院系自然要有包容天下的胸襟和洞彻全球的视野。华中科技大学新闻与信息传播学院创办伊始,就十分注意国外新闻传播教育的历史与现状,并且试图通过各种渠道与国外知名大学的新闻传播院系建立各种学术交流和合作关系,力图在坚持中国特色的前提下,实现与新闻教育国际常规的接轨。所以国际同行的经验和智慧,也成为华中科技大学新闻传播教育发展的重要资源。二十多年来,美国、英国、澳大利亚、新加坡、日本等国家和地区的一些知名大学的新闻传播学院,如密苏里大学、日本北海道大学、英国威斯敏斯特大学、新加坡南洋理工大学等,与华中科技大学新闻与信息传播学院建立了富有成效的合作关系,不仅在师资交流、学生交流方面成就显著,而且建立了以学术会议为平台的合作交流机制,推动了华中科技大学走出国门,接轨国际的进程。

第四,敢于竞争,善于转化。华中科技大学新闻传播教育起步较晚,与国内外新闻传播教育界的一些重镇,如中国人民大学、复旦大学、密苏里大学相比,无论是在基础设施、学术传统,还是人力资源上,都有较大的差距。在一些重要的领域,如新闻传播学基础理论研究方面,这些传统名校拥有后来者无法超越的优势。作为后来者,华中科技大学新闻传播教育该怎么办?应该走一条什么样的道路?二十多年里,华中科技大学新闻与信息传播学院坚持"敢于竞争,善于转化"的精神,承认差距,但是不服输。坚持在特色化办学的道路上前行,勇于竞争,当然不是与强手正面碰撞,而是进行不对称的竞争。尺有所短,寸有所长,在差异化竞争中,彰显自己存在的优势。事实上,华中科技大学新闻与信息传播学院在新闻人才的培养方面,注重业务能力、突出评论特色的优势,得到了业界的普遍好评;在学术研究方面,华中科技大学在新媒体与社会发展、政治传播、新闻史研究、新闻法学、电视研究、品牌研究等方面积累了丰富的成果。2011年,新闻学院在国家社会科学基金项目申报方面,一举获得六项,其中国家社会科学基金重大项目一项、重点项目一项、普通项目一项、青年项目两项,后期资助项目一项,在全国同类院系中位居第一。

我有幸能够加入华中科技大学新闻与信息传播学院这个团队,作为学院行政与学术的主要负责人,深感责任重大,唯恐辜负学院师生乃至学校领导的重托,辜负社会大众的期待。但是六年来,学院同仁、学校领导对我的工作给予了大力支持,学院的人才培养、科学研究、社会服务、学科建设也实现了长足的进步,并且得到了学界、业界的充分肯定。我坚信,这个充满活力的以工科、医科为优势学科的综合性大学,其未来的目标应该是名副其实的世界一流的综合性大学。要实现这一目标,必须建设强大的人文科学与社会科学专业。在媒介化时代,新闻传播学科跨越人文科学与社会科学两大领域,并且与工程、艺术等学科直接相连,所以新闻传播学科应该是华中科技大学学科综合发展战略的一个重要支点。没有一流的新闻传播学科,就不可能有强大的人文科学和社会科学,更不可能有真正的综合性大学。在这个意义上,我一直认为,办好新闻与信息传播学院,是学校未来发展的需要,更是社会的普遍期待。

为了办好让社会满意的新闻传播教育,这几年来,我在教学研究及学院管理之余,比较深入地思考了下列问题:理想的新闻传播教育,究竟应该以培养什么样的人才为自己的目标?换言之,来自新闻传播学院的专业人才,应该具备什么样的条件,达到什么标准?这是我们首先必须考虑而且绝对不能回避的问题。改革开放前,有一个笼统的说法:又红又专。后来有所谓的一专多能的说法。随后又有上手快后劲足的要求。这些讲法没有错,但是又不能说完全准确。我以为,在当今这个媒介化时代,一个合格的传媒人才首先必须具备理性的批判精神。所谓批判精神,就是站在一个比现实更高的层面上,能够独立运用各种高度的思维技巧,对历史或现实作理性的甄别和审视,对人或事进行深刻分析和解剖,以期发现问题和解决问题。其目的是在现实的基础上超越,以实现更大的发展,其着眼点是光明的未来。在此基础上,还须有健全人格、人文情怀、责任意识、协作精神、学习能力、全球视野和专业技能,只有如此,新闻工作者才能胜任自己的职责,满足社会的需求。

此外,我还进一步考虑了如下问题:在一所研究型大学里新闻传播教育应该坚持什么样的培养模式?应该建构什么样的课程体系?应该怎样认识和理解学生在教育过程中的地位?应该如何发挥学生的积极性、主动性和创造性?如何才能推进教学相长?在人才培养的动态过程中,应该如何处理新闻院系与媒体单位的关系?应该怎样理解理论教学与专业实践的关系?应该怎样建设一支充满活力、结构合理的师资队伍?如何发挥新闻学院作为传媒业界及政府智库的作用?如何在服务社会、贡献地方的同时开拓新的教学资源?同时,在与学界、业界同行的交流中,我们还深刻探讨了当前新闻传播教育存在的问题,这些问题的症结何在,应该从哪些方面着手解决这些问题。如果说,当前中国新闻传播教育已经到了非改革不可的地步了,那么应该从哪些方面推进我们的改革?等等。这些问题一直萦绕在我的脑际,挥之不去。我必须首先说服自己,如果连自己都弄不清楚这些问题,怎么能够履行一个学院院长的责任?怎么能够尽到一个教育工作者的义务?所以,这些年来,我一边坚持扮演好一个教师的角色,一边坚守新闻学院院长的责任,努力推进在人才培养和科学研究方面的常规工作,狠抓质量,提升办学水平。此外,我还利用各种场合、各种平台,就上述问题与同行交流,其中不少内容还直接形诸文字,在各种学术会议或期刊上发表,在一定范围内引起了国内外同行的呼应。

应该说,最近几年我在新闻传播教育方面的这些思考,厘清了长期以来在新闻传播教育方面的一些认识误区,加深了对于人才培养、科学研究特殊规律的理解,对于我作为一个教师的教学科研活动,作为一名院长的院务管理及学院的学科建设,都发挥了积极影响。自2006年夏我到华中科技大学任职至今,已六年有余,在全院同事的支持下,学院的各项工作顺利展开,并取得了显著的成就。

在人才培养方面,学院致力于教风学风建设,立足于业界新的变化,改革人才培养模式和课程体系,加强课程和教材建设,努力改善办学条件,强化实践教学平台,着力发展学生创新团队,这些努力成效显著。六年来,学院有两个本科专业——新闻学专业、广播电视新闻专业分别被评为国家级特色专业和湖北省品牌专业,一门课程被评为国家精品课程,一门课程被评为国家视频公开课程,三门课程被评为湖北省精品课程,两位教授入选国家马克思主义理论建设工程教材首席专家,三本教材入选国家"十二五"教材建设规划。学生的专业实践平台大大提升,最近三年,我和院党政班子多次走访国内权威媒体和一流的文化企业,沿京广线布点建设了数十个高水准的专业实践基地。学生的创新团队也屡创佳绩,仅在2011年的全国文科大学生计算机大赛上,学院学生团队就获得了两个金奖、一个银奖、一个优胜奖。学生的精神面貌焕然一新,日常教学也呈现出良好的局面。

在科研方面,学院的老师们也精诚团结,围绕着学院的特色方向,组织学术团队,集体攻关。不仅面向国家重大需求、重大问题,而且直接服务于业界需求,向业界拓展研究空间。最近四年,学院先后取得两项国家社会科学基金重大课题、一个国家社会科学基金重点项目、两个教育部马克思主义理论建设工程重大教材建设项目,仅2011年一年就获得国家社会科学基金各类资助课题六项,在国内同行中居于首位。学院还致力于科研平台建设,先后建成了湖北省文科重点研究基地"媒介技术与传播发展研究中心",同时与中共湖北省委宣传部联合成立了"网络传播与新媒体发展研究中心",与湖北广播电视总台联合建立了"湖北广播电视总台华中科技大学广播电视研究院",学院还准备与湖北省政府联合建设"华中科技大学战略传播研究院。"老师们的科研成果也相当突出,近年来,学院老师每年出版教材专著都在十几本以上,发表论文120篇以上。学院与中国三峡总公司的联合攻关项目"三峡工程新闻传播信息库开发及应用研究"即将完成。在研究成果获奖方面也创了历史新高。在最近三次湖北省社会科学成果奖评选中,学院共有八项成果获奖,其中二等奖两项(为湖北省新闻传播类最高奖),在2009年教育部人文社会科学成果奖评选中,学院也有一本专著入选。

在学科建设方面,华中科技大学新闻与信息传播学院在六年来也有了长足的进步。2007年,学院继2005年取得新闻传播学一级学科博士学位授予权(全国第五家)后又获批成立一级学科博士后流动站;2008年,学院的新闻传播学科被评为湖北省一级学科重点学科。学科及专业建设有条不紊,在国内的综合排名稳步提升。学院还非常重视对外学术交流,与美国密苏里大学、马萨诸塞州立大学、英国威斯敏斯特大学、格拉斯哥卡利多尼亚大学、澳大利亚的昆士兰大学等建立了日益密切的学术交流与合作。在学术队伍建设方面,各项工作进展顺利。近年来，学院致力于营造和谐的学术氛围，在鼓励竞争的同时，又推进协作。在资深教授的传帮带下，中青年学术力量迅速成长，在成果发表、项目申报及社会服务等方面，青年教师表现十分抢眼。一个以中青年教师为主体的结构合理、充满活力的师资队伍正在形成。这不仅昭示着学院未来发展的后劲，也意味着学院与时代同步，与业界、与社会、与国际同行的联系更加紧密。

华中科技大学新闻与信息传播学院这些年来人才培养、科学研究及学科建设等工作的全面进展，是全体教职员工共同努力的结果。它不仅丰富和完善了华中科技大学的学科与专业体系，增强了其在人文与社会科学方面的总体实力；而且丰富了在媒介化时代中国新闻传播教育多元化发展的历史经验。我作为华中科技大学新闻与信息传播学院的一员，虽然未能全程参与其全部的历史，但是最近六年的工作，尽心尽力，使我的血液中已经融入了华中科技大学的基因，我本身也成为这个机体不可分割的一部分。我为我新的同僚、同学，也为我们新的命运共同体骄傲，更为我们新闻与信息传播学院自豪！

在这里，我把我在工作之中、工作之余的探索、总结和思考，把我的心得、体会和感悟，把我百思不得其解的困惑、烦恼和忧虑，把我自以为得意的一些奇谈怪论，结集奉献给各位读者，一方面是想报告我本人及华中科技大学新闻与信息传播学院最近的情况，另一方面则希望在新闻传播教育方面得到大家的指教。我深知，新闻传播教育既不同于一般的文科专业教育，与工科教育也有很大的区别，可以说它是文科中的工科或者是工科中的文科。新闻传播行业依赖于高新技术装备，其承载的却是深厚的社会文化和人文精神。新闻传播教育远比一般高等教育复杂，其内在规律自然也有一个渐次呈现的过程。同时作为一个凡夫俗子，个人缺乏穿越时空的洞察力，要认识这一复杂的现象，还需要由表及里、由浅入深。必须承认，在新闻传播教育领域，我还是一个年轻的后来者，对教育问题的认识十分肤浅，这本小书可能会给读者以隔靴搔痒之感，甚至全然错误。我愿意坦露我的感受和认识，也真诚地期盼着诸位方家的斧正。如果能够因此而引起新闻传播教育界的关注，那就超越了我原先的目标了。

张昆
2012 年 8 月 1 日于华中科技大学喻园

补记

对于我来说,2016年是一个很特别的年份。这是我自中国人民大学新闻学院研究生毕业后从事新闻教育的三十周年,也是我从武汉大学调来华中科技大学工作的第十年。三十年前,我是一个刚刚毕业的毛头小伙,现如今,早已年过半百,两鬓皆霜。

四年前,我在华中科技大学出版社出版了一本《新闻教育改革论》。该书出版后,得到了学界、业界的好评。四年来,应教学和管理工作的需要,我在新闻人才培养、教学改革和学科建设等方面,做了一些纵深拓展性思考,其成果多以论文的方式在学术期刊上,或者在网络上公开发表,不少学界同仁、老师和同学们表示认同,并且建议集纳出版。今年初,华中科技大学出版社总编辑姜新祺教授正式建议我,在原《新闻教育改革论》的基础上,加以补充、增订、完善,再出新版。根据这些鼓励和建议,我将这几年新发表的有关新闻教育的文章、报告,搜集整理,竟然有十三万余字,相当于原书总篇幅的50%左右。两者相加,近40万字。在此基础上,我重新调整了结构,修订了原来的错讹,形成了这本新书的初稿。拙作临近出版之际,华中科技大学原校长李培根院士欣然作序,加上2012年《新闻教育改革论》初版时,武汉大学原校长、著名教育家刘道玉教授的序言,为本书增色不少。这两位校长,都是我尊敬的师长。刘道玉老师是我大学时代的校长,也是我心中的英雄,是他引领我步入教育的殿堂;李培根院士,即学生心目中敬爱的根叔,是我的领导和知己,正是他在十年前把我调进了华中科技大学,给了我全心服务新闻教育的黄金十年。在此,我要向两位校长表达我衷心的感谢,感谢他们多年来对我的鼓励和提携。

在这本小书中,我尝试着探索了三个方面的问题。

其一,新闻学院应该培养什么样的人?什么样的学生是社会需要、行业欢迎的传媒人才?这种传媒人才在知识、能力、人格结构方面有什么特点?要培养出这样的专业人才,新闻院系的领导和教师们应该怎么做?等等。我认为,当下新闻传播领域最需要的是具有人文情怀、理性精神和职业能力的传媒人。

新闻传播教育不能满足于职业技能的养成和专业知识的灌输,新闻传播人才培养的当务之急乃是专业之魂的铸造。在人才培养过程中,重点不在于提升学生的智商,而在于强化其善良的秉性和仁爱之心。在专业能力的培育方面,与其重视操作的技巧,不如强化发现的能力和批判、反思的精神。只有这样,我们的学生才有可能成为一个有深度、有广度、有长度、有温度的传媒人,成为一个可爱的人,一个值得人们信赖的人。

其二,面对社会转型、媒介结构转型及人才需求的变化,新闻传播教育应该怎么办?环境变化了,需求改变了,可是新闻教育界一如既往,专业结构雷打不动,仍然是条分缕析,不断地细分,新闻、广播电视、出版、广告、网络与新媒体、电子出版等,还有继续分化的趋势,专业壁垒森严,完全没有考虑到业界媒体融合的态势,完全没有注意到人才市场跨专业、跨行业、跨国界就业的态势。在教学手段、课程体系、培养模式等方面,也延续了过去几十年来的传统,基本上没有变化。对于数字化时代教育手段、传播技术革新的成果,新闻院系及教职员工也很少利用。这一切必然会影响到新闻教育的适应能力。我们无法想象,十年前、二十年前,对莘莘学子具有极大诱惑力的超级火爆的新闻传播类专业,现在招生进口和就业出口两个方面都面临着问题。这不能不引起我们的思考。我在华中科技大学十年来,在人才培养方面尝试了一些改革,虽然受制于现有的教育体制,变革的空间有限,但还是力所能及地在课程体系、教材编纂、课程建设、实践环节、第二课堂、创新创业等方面,进行了一些探索,颇有小成,得到了学校领导和学界、业界同仁的肯定。

其三,在信息化时代,互联网+蔚为时尚,教育改革众所瞩目。尤其是高等教育改革,继"211工程"、"985工程"之后,一流大学一流学科建设即所谓"双一流"建设方兴未艾。在这个大背景下,新闻传播学科应该怎么办?在坚持人才培养的前提下,新闻传播学科应该怎样强化文化传承与创新,怎样加强社会服务,怎样提升学术水平?在坚持本土化和中国特色,服务中国社会发展的目标任务下,新闻传播学科该如何与国际常规接轨,与国际学术主流对话,彰显我们的存在感,为世界新闻传播学术的发展做出中国自己的贡献?在高度市场化的经济环境下,在争取学校资源的同时,还有没有办法筹措社会资源,保证教师有一个体面的收入,维护老师们的自豪感和成就感,保护他们的积极性和创造性?在学科竞争、学校竞争日益激烈的语境下,新闻学科应该怎样结合学校的具体情况,发掘学校固有的资源潜力,扬长避短,寻觅差异化发展的路径,彰显自己的学科特色?等等。这些问题近年来一直困扰着我,百思难解,又不得不思考。

以上思考一半是我作为一个老师的天职使然,另一半则是作为一个新闻学院院长的职责所在,所谓在其位,谋其政。一个一千余人(包括教职工、学生)的学院,正常平安运行尚且困难,何况还要谋划发展,对于资质平平的我而言,实在是勉为其难。如今院长卸任在即,才感到一种莫名的轻松。清理三十年来尤其是近十年来在新闻教育上的思维碎片,回顾自己的心路历程,不由自主地心生感慨。

我要感谢上苍对我的关照,感谢命运对我的垂青!想我这个草根出生的农民的孩子,能够脱下草鞋,穿上皮鞋,走进仙境般的大学校园,接受最好的人生和学术教育,后来还为人师表,甚至当了教授、院长,实在不是我当初的梦想。我幼年丧父,与母亲相依为命,但母亲还是坚持让我念完了中学。她虽然没有文化,但是知道教育的重要。她总是告诫我,要心存善念,无论如何不要做害人之事。我那时候最大的愿望是能够做一个农村民办教师,或者考一个中师,有一个商品粮户口,如此而已。后来的一切远远超出了我的想象。从中学到大学,从助教到教授,一路走来,我遇上了很多贵人,他们教育我,提示我,批评我,提携我,不断地校正我人生的航道,使我每一步都迈得比较坚实。这些贵人中,有我的老师,我的领导,我的朋友,我的同事,还有我的学生,没有他们的帮助,就没有我的今天。所以我在感谢上苍和命运之神时,还要感谢我命中的这些贵人们。

这三十年,我一直工作在新闻教育战线,不曾须臾离开。1998 年 9 月我被任命为武汉大学新闻学院院长,后来因院系调整,我又担任大众传播与知识信息管理学院副院长。2006 年调任华中科技大学新闻与信息传播学院院长至今。近二十年我一直在院系主要管理岗位上,秉持当老实人,做老实事的宗旨,老实做人,认真做事。有成绩,也有过失;有优点,也有缺点。我不想辩解,因为这一切都已成为历史,都一一记录在案。历史不能假设,也不能篡改。但是我要加以说明的是,在我任内,我在做事的时候,因为时间仓促,思虑不周,行事难免粗糙,难免冲撞、甚至伤害了一些同事、朋友,这绝对不是我的本意,绝对不是有意为之。借这本小书问世之机,我在此向他们表示歉意。

本书能够顺利出版,我还要特别感谢华中科技大学出版社总编辑姜新祺教授。作为好朋友,姜教授对这本书内容的选编提出了很多建设性意见。华中科技大学出版社的编辑们为本书的编校付出了不少的精力,在此一并致谢!

张昆

二〇一六年九月二十四日于喻家山